한국사

2

구석기, 신석기 문화

국사편찬위원회

자문위원

한 병 삼

편찬위원

김 정 배 윤 무 병 임 효 재
최 몽 룡

집필(구석기문화와 신석기문화)

권 이 구 박 선 주 박 영 철
박 희 현 배 기 동 백 홍 기
신 숙 정 안 승 모 이 기 길
이 융 조 임 효 재 장 호 수
정 영 화 정 징 원 최 복 규
한 영 희 한 창 균

기획 · 편집

신 재 홍 변 승 웅 이 근 택
고 혜 령 고 성 훈 고 숙 화
나 애 자 박 한 남 윤 병 희
최 원 식

복간 간행 : 김 용 곤 · 장 득 진

한국사 간행취지

우리 겨레가 앞으로 어떻게 살아갈 것인가 하는 문제는 우리들은 물론 우리와 더불어 살아가는 세계인들의 관심사일 것이다. 이에 대한 해답은 과거에 어떻게 살아왔는가 하는 우리 역사에 대한 인식을 통해 찾을 수 있을 것이라고 생각된다.

본 위원회에서는 이미 1970년대에 『한국사』 25권을 간행하여 해방 이후 한국사의 연구성과를 집대성함으로써 한국사에 대한 인식을 새롭게 한 바 있다. 그 이후 한국사회는 놀라운 성장과 발전을 이루었고 역사학계도 상당한 연구성과를 축적하였다. 이러한 변화에 발맞추어 한국사학계는 새로운 『한국사』 편찬의 필요를 느끼게 되었다.

이에 본 위원회는 일차적으로 한국사 연구지원비를 마련하여 역사학계로 하여금 1980년대 중반까지 연구성과가 미진하다고 생각되는 분야를 연구할 수 있도록 하였다. 이어서 1989년부터 1990년까지의 준비를 거쳐 1991년에는 '신편 한국사 편찬위원회'를 따로 구성하고 총 60권에 달하는 새로운 『한국사』를 편찬하기로 하였다. 그리고 다음과 같은 『한국사』 편찬의 목표를 세웠다.

① 한국의 역사와 문화에 대한 객관적 인식의 토대를 제공할 수 있는 한국사를 편찬한다.

② 민족의 창조적 문화활동과 민족사의 내재적 발전을 드러내는 한국사를 편찬한다.

③ 최근까지의 연구성과를 체계화하고 새로운 영역을 개척함으로써 한국사 연구의 지평을 넓힌다.

④ 한국사 연구와 관련하여 고고학·인류학·사회학·경제학 등 인접학문의 연구성과를 수용하여 한국사 인식의 폭을 넓히는 데 기여한다.

새로운 『한국사』를 펴내면서 우리 모두가 바라는 바는, 민족의 통일에 대비해야 하고 급격히 변화하는 시대상황 속에서, 한국사 연구자의 깊이 있는 연구를 도와주고 독자들의 역사인식을 드높일 수 있는 길잡이 구실을 할 수 있었으면 하는 것이다.

국사편찬위원회 위원장

목　차

Ⅰ. 구석기문화

Ⅱ. 신석기문화

개 요

I

우리 나라의 선사시대는 구석기시대와 신석기시대가 그 대부분을 차지하고 있으며 수십만년 전에 시작해서 약 3천년 전에 끝나는 시기이기도 하다. 지난 '70~'80년대 초 국사편찬위원회에서 《한국사》(1 고대 : 한국의 선사문화, 1973년)와 《한국사론》(13 : 韓國의 考古學, 1983년)을 발행한 이후 현재까지 구석기시대와 신석기시대에 관한 연구가 축적되어 이번에 다시 이 시대의 연구성과를 정리하여 내놓게 된 것은 매우 뜻있는 일이다.

그러나 이렇게 연구업적이 늘어남에도 불구하고 이미 지적된 문제점들이 제대로 정리되지 못하고 그 대부분을 다시 우리 학계에서 되풀이하여 논하고 있는데, 이는 한 학문이 발전하기 위해서는 얼마나 험하고 긴 길을 가야만 하는가를 잘 나타내준다고 하겠다. 그러므로 여기서는 구석기시대와 신석기시대 순으로 현재의 연구성과와 문제점들, 즉 이들 연구와 관련된 학술용어의 문제, 각 집필자에 따른 시대구분 문제를 비롯하여, 자연환경, 화석인골, 유적·유물과 선사인들의 생활, 그리고 주변문화와의 관계 등을 개괄하고, 이에 따른 문제점을 거론해서 가능한 한 빨리 여러 학설들이 정리·정착되어 구석기시대와 신석기시대에 대한 연구가 발전하는데 도움이 되었으면 한다.

II

다른 학문뿐만 아니라 구석기시대를 연구하는데 있어서도 합리적이고 적합한 학술용어를 사용하는 것은 가장 기초적이고 중요한 문제의 하나이다. 그런데 우리 나라의 구석기시대 연구 내용을 보면 우선 여러 학자들이 사용한 각 분야별 학술용어가 거의 학자마다 달리 표현하고 있어 독자들이 혼란을 피할 수 없게 하고 있다. 특히 제4기 지질학, 화석인골, 구석기유물, 생활 등과 관련된 용어에서 한글·한자·구미어 등을 이용한 異名同義語가 가장 많이 사용되고 있어 서로 다른 뜻인 것으로 혼동하기 쉽다.

간단하게 분야별로 예를 들면 Pleistocene(홍적세, 플라이스토세, 갱신세), Clay(염토, 점토, 클레이), Silt(뻘, 실트), Homo erectus(호모 에렉투스, 직립원인, 곧선사람), Homo sapiens sapiens(호모 사피엔스 사피엔스, 현생인류, 슬기슬기 사람), Flake(격지, 박편, 剝片), Chopper(쵸퍼, 외날찍개, 일면찍개, 찍개), End-scraper(밀개, 끝긁개), Handax(握斧, 주먹도끼, 양면핵석기), 주거지(住居址, 막집터, 집자리) 등이 있다. 그리고 이러한 용어들이 하나로 통일되어 쓰이기까지는 적지 않은 시간과 노력이 필요하기 때문에 개설서 성격의 글에서는 우선 독자의 이해를 돕기 위해 문장 처음에 나타나는 학술용어에 대해서는 괄호 속에 다른 것과 병기해 주는 것이 좋을 것이다. 외국의 경우, 통일된 학술용어가 나타나기까지는 거의 1세기의 긴 기간이 걸린 예도 있듯이 최종적으로 가장 합리적이고 상징적이며 적절한 용어가 선택되는 데에는 많은 시간이 요구되기 때문이다.

우리 나라의 구석기시대는 현재 전기·중기·후기 구석기시대로 나뉘어 연구되고 있으며 구석기학자 거의 전부가 이러한 시기구분에 동의하고 있는 것으로 보인다. 그런데 우리 나라 구석기시대 시기구분의 기본틀은 서구의 제4기 편년체계와 구석기시대의 시기구분에서 많은 영향을 받았으며, 특히 석기의 형태학을 근거로 먼저 구석기시대의 시기를 구분하고 지질학적 층위를 포함하여 동반된 동·식물화석의 상대연대는 물론, 검출된 절대연대가 있을 경우 이를 참고로 구석기 편년에 활용하고 있다. 그러나 대부분의 구석기 유적에서는 동·식물화석이나 검출된 절대연대가 많지 않아 석기의 상대편년을 중심으로 구석기시대를 구분하고 있는 것이 현재의 실정이다. 따라서 석기형태에 의한 구석기유적의 편년과 시기구분은 제4기의 지질층서와 동·식물화석, 절대연대 등으로 계속 보완, 수정되어야 할 과제로 남아 있다.

우리 나라의 전기 구석기시대는 중기 홍적세 초기부터 후기 홍적세 초기 즉 마지막 간빙기 후반까지 해당하는 시기(약 70만년 전부터 약 10만년 전)이며, 중기 구석기시대는 후기 홍적세 초기부터 중기(약 10만년 전부터 약 4만년 전)까지이고, 후기 구석기시대는 후기 홍적세 중기부터 후기(약 4만년 전부터 약 1만년 전)까지로 구분하고 있다.

구석기시대 사람들의 생활과 문화를 이해하기 위해서는 당시의 자연환경을 연구하지 않으면 안된다. 무엇보다도 구석기시대의 기후변화와 밀접한 관계를 갖고 있는 제4기 지질시대의 빙하 주변현상인 강안단구와 해안단구의 형성, 바위은거지의 형성과 동굴의 퇴적층, 해수면의 변화, 황토의 퇴적, 얼음쐐기(Ice wedge)와 사태(Solifluction)현상, 유적의 퇴적층 형성 등은 물론 동물화석과 식물화석인 꽃가루 등의 연구를 통하여 고기후와 구석기시대의 자연환경을 복원할 수 있다. 그런데 이러한 모든 연구들이 제4기학 연구에 포함되는 분야로 우리 나라에서도 제4기학회가 10여년 전에 발족하여 활동하고 있으나 아직까지 이 분야의 연구성과는 개척단계에 있기 때문에 분야별로 보다 많은 전문가의 참여와 진전된 연구성과가 요망되고 있는 실정이다.

우리 나라의 제4기는 홍적세와 충적세로 나뉘며 다시 홍적세는 전기·중기·후기로 3분된다. 우리 나라 홍적세의 시작은 국제기준에 따라 약 180만년 전으로 보는 견해도 있고, 중부 동해안의 해안단구에서 검출된 고지자기 자료의 경우는 중국의 것과 비슷한 약 240만년 전으로 보는 주장도 있으나, 아직 자료의 증가를 더 기다려 보아야 할 것이다. 중기 홍적세의 시작은 약 70만년 전으로 보는 견해가 많고 홍적세가 끝나고 충적세가 시작되는 시기를 대부분의 학자들은 약 1만년 전으로 보고 있다. 따라서 우리 나라 제4기의 편년은 기존의 틀 속에서 우리 나라의 편년자료를 증가시켜 한반도 자체의 편년을 정립하는 문제가 중요한 과제이다.

구석기시대의 동물화석자료는 주로 석회암동굴에서 발견되고 있으며 북한의 검은모루, 용곡 1호, 청청암, 해상, 만달리동굴과 남한의 제주도 빌레못, 점말, 두루봉, 금굴 등에서 동물화석이 출토된 바 있다. 이러한 동물화석은 각각 중기·후기 홍적세에 해당하는 것으로 분류되었는데 이 중에는 사슴과, 소과, 말과, 돼지과, 고양이과, 곰과, 하이에나과, 개과, 코뿔소과, 코끼리과, 쥐과, 영장류 등이 포함되어 있고 물소, 원숭이, 큰쌍코뿔소 등 더운 기후와 맘모스, 털코뿔소, 동굴하이에나 같은 추운 기후에 살던 동물들도 발견되었다. 동물화석의 분석연구는 種의 분류와 결정이 가장 중요하다. 왜냐하면 이러한 연구가 제대로 되어야 이들의 상대연대와 고기후 연구에 이바지할 수 있기 때문이다. 그런데 현재로서는 이러한 종의 결정이 다소 무리하게 진행된 경우도 보이고 있어 장차 극복해야 할 과제이다.

꽃가루분석이 이루어진 유적으로는 공주 석장리, 점말, 두루봉, 용곡 1호 동굴 등이 있으나 화분의 수가 적어 용곡 1호 동굴의 경우를 제외하고는 이들의 통계학적 분석 가치를 활용할 수 없는 실정이다. 용곡 1호 동굴의 화분분석도 TL연대, 동물화석의 분석과 함께 하층을 중기 홍적세 중기의 기후로 설명하고 있으나 화석인골과 함께 후기 홍적세의 기후로 해석하는 것이 타당하다. 한국의 화분분석의 문제는 유적층에서 충분한 수의 화분이 검출되어 통계적으로 유효하게 처리할 수 있는 수준의 것이어야 할 것이다. 현재로는 지리학 및 지형학 분야에서 구석기유적이 아닌 분지나 동해안의 늪지에서 행해진 화분분석도 적극적으로 활용해야 하겠다.

우리 나라 전기 구석기시대에 속하는 화석인골은 아직까지 발견되지 않았으나 중기 구석기시대에 해당하는 화석인골이 북한의 용곡 1호 동굴, 덕천 승리산동굴(덕천인), 역포 대현동동굴(역포인)에서 발견되었다. 후기 구석기시대의 화석인골은 덕천 승리산동굴(승리산인), 만달리동굴(만달인), 금천동굴에서 출토되었으며 남한에서는 상시바위은거지(상시인), 흥수굴(흥수아이) 등에서 발견되었다. 화석인골 가운데 용곡 1호 동굴과 만달리동굴, 흥수굴에서 나온 것은 아래턱뼈와 함께 완벽한 두개골이지만 다른 것들은 치아 또는 두개골편에 지나지 않는다. 화석인골들은 그 자체의 특징으로 편년될 수 있는 것도 있지만 대부분은 함께 출토된 유물, 절대연대 등을 참조하여 연대를 정해야 한다. 부족한 화석인골편만으로 무리하게 상대연대를 정하다가는 큰 오류를 범하기 쉽기 때문이다.

우리 나라의 구석기유적은 현재 한반도 전체에 널리 분포하여 곳곳에서 발견되고 있으며 구석기시대에 속하는 모든 유적은 지금까지 약 40여 곳이 발굴조사되었다. 전반적으로 큰 강가에서는 야외유적이, 석회암지대에서는 동굴유적이 발견되고 있으며 여기서 전기·중기·후기 구석기가 모두 나타나고 있다. 큰 강유역으로는 두만강유역(종성 동관진, 웅기 굴포리, 부포리유적), 대동강유역(상원 검은모루, 덕천 승리산, 역포 대현동, 평양 만달리, 승호 화천동, 상원 용곡동 동굴), 한강유역(단양 수양개, 양구 상무룡리, 제천 창내, 양평 병산리, 제천 명오리유적, 점말동굴, 단양 금굴, 상시바위은거지), 한탄강유역(연천 전곡리, 연천 남계리유적), 임진강유역(파주 금파리, 파주 가월리·주월리, 고양 원당유적), 금강유역(공주 석장리, 청원 샘골유적, 청원 두루봉동굴), 섬진강유역(승주 곡천·금평·죽산, 화순 대전, 곡성 옥과유적), 보성강유역 및 제주도 빌레못동굴 등에 구석기유적이 분포하고 있다.

구석기유적을 분류할 때는 인류활동의 증거 즉 석기제작과 사용흔적이 있는 유적과 순수한 고생물유적을 구분하는 것이 혼동을 피하는 길이다. 구석기시대 유물은 인공유물인 석기가 중심이 된다. 전기 구석기시대 유적(검은모루, 전곡리, 금굴, 주월리·가월리)으로 구분되는 곳에서는 모두 공통적인 석기들이 발견되고 있으며 석기의 형태학적 분석으로 전기 구석기로 분류되고 있다. 이러한 석기들은 주먹도끼(양면핵석기), 뾰족찍개, 박편도끼(가로날도끼), 다각면원구, 쵸퍼(일면찍개), 쵸핑-툴(양면찍개), 돌핵긁개, 박편석기(긁개, 등손잡이칼 등)류와 함께 출토되는 것이 특징이다. 중기 구석기유적(굴포리, 석장리, 빌레못동굴, 용곡 1호 동굴, 명오리, 수양개, 상무룡리, 남계리, 병산리)에서는 주로 박편석기인 긁개, 첨기(찌르개), 칼, 끝긁개(밀개), 송곳(뚜르개), 조각칼(새기개), 톱니날, 홈날, 대형석기인 주먹도끼, 박편도끼, 쵸퍼, 쵸핑-툴 등과 르발르와 돌핵이 분류되고 있다. 후기 구석기유적(굴포리, 부포리, 석장리, 만달리동굴, 창내, 수양개, 상무룡리, 곡천, 금평, 죽산, 대전, 옥과)에서는 박편과 돌날로 만든 소형석기가 섞여서 나오는데 이들의 비율은 유적에 따라 다르다. 그러나 긁개, 칼, 첨기 이외에 전형적인 끝긁개, 조각칼, 송곳, 세석인과 세석인석핵, 유경첨기 등이 보이며 대형석기(주먹도끼, 찍개 등)도 함께 발견된다. 문제는 전기·중기·후기 구석기에서 대형석기들이 큰 차이 없이 분류되고 있고 그 밖에 다른 석기의 분류에서도 오류가 나타나는 것으로 보아 구석기를 제대로 분류할 수 있는 능력에 문제가 있는 것으로 보인다.

우리 나라의 구석기시대에서 생활과 관련된 유물과 유적으로는 석기, 동물화석, 예술품, 주거지 등이 발견된다. 석기는 사냥(주먹도끼 등), 도살(칼, 박편도끼 등), 가공 및 예술품제작(긁개, 송곳, 조각칼 등)용으로 사용될 수 있고, 유적에서 발견되는 동물화석들은 당시 사냥감이었던 것을 보여준다. 예술품이 석장리유적, 점말, 두루봉, 용곡 1호 동굴에서 발견되었다고 하나 용곡 1호 동굴의 뼈로 된 얼굴예술품 이외의 것은 학계에서 의견의 일치를 보지 못하고 있다. 주거지는 석장리, 굴포리, 제천 창내, 화순 대전유적에서 발견되었는데 땅에 기둥을 박고 주위를 가죽이나 나뭇가지, 풀 등으로 덮고 그 속에서 생활한 것으로 추정되고 있다. 확실한 주거지의 발견과 복원이 요망된다.

한반도와 가까운 중국, 시베리아, 일본의 구석기를 우리 나라의 구석기와 비교연구하면 우리 나라의 구석기를 연구하는데 여러 가지로 기여하는 바가 큰데, 이들의 구석기는 모두 전기·중기·후기 구석기로 구분되어 있으나 연대의 차이가 많이 나타나고 있다. 중국의 구석기유적은 전기부터 후기까지 300여 곳이나 되고 편년도 약 100만년 전부터 약 1만년 전까지 다양하다. 시베리아의 구석기유적도 전기부터 후기까지 수백 곳에 달하고 전기의 상한도 홍적세 중기에 해당하며 후기 구석기는 약 1만년 전에 끝나고 있다. 일본의 경우는 구석기유적이 현재 1천여 곳에 달하고 최근에는 약 50만년 전에 해당하는 전기의 주먹도끼유적이 발견되었다고 하며 후기는 약 1만년 전에 끝난다. 앞으로는 중국의 화북과 동북지역, 시베리아의 연해주, 아무르강, 바이칼호, 앙가라강, 알타이지역 및 일본의 구주지역 등의 구석기문화와 더욱 밀접한 관계를 갖고 비교연구가 이루어져야 한다.

Ⅲ

신석기시대의 학술용어 사용문제는 구석기시대의 경우보다는 덜한 편이지만 학자마다 異名同義語를 빈번히 되풀이해서 사용하는 예가 자연환경(홍적세=갱신세, 후빙기=현세=完新世=沖積世=post-glacial=holocene, 활엽수=넓은잎나무, 개암=구실잣밤, 패총=조개더미, 짐승=동물), 인골(인골=사람뼈), 유적·유물연구(주거지=집터, 즐문토기=빗살문토기=빗살무늬토기, 간석기=마제석기, 골기=뼈연모)

등의 분야에서 적지 않게 나타난다. 특히 유물분야에서 이러한 예가 많이 보이며 전반적으로 기존의 용어를 한글로 풀어 쓰는 경향이 있는데, 경우에 따라서는 더 이해하기 힘드므로 용어 사용에 신중을 기하고 궁극적으로는 신석기학자들이 점진적인 용어 통일에 힘을 모아야겠다.

신석기시대의 시기구분과 편년은 대략 고기(조기)(B.C.10,000~B.C.6,000), 전기(B.C.6,000~B.C.3,500), 중기(B.C.3,500~B.C.2,000), 후기(B.C.2,000~B.C.1,000)로 나뉘는데 학계에서 이를 공용하고 있다. 다만 고기는 최근 제주도 고산리유적의 조사를 계기로 한층 더 관심을 갖게 되었으나 자료의 증가를 필요로 하고 있는 실정이다. 북한의 시기구분과 편년은 남한의 것과 차이가 나며 주로 유물의 상대연대에 의해 결정된 것이지만 남한의 경우에는 유물의 상대연대와 함께 방사성탄소연대를 참조하였다는 것이 장점이다.

신석기시대의 자연환경연구는 자연히 제4기 후빙기(충적세-약 1만년 전부터 현재까지)의 기후와 당시 동·식물을 대상으로 하게 되는데 현재 우리 나라의 후빙기 기후변화의 틀은 서구의 것(Preboreal, Boreal, Atlantic, Subboreal, Subatlantic, Present)을 참고로 하지만 현지에서 주로 화분, 방사성탄소연대, 해수면의 변화 등을 중심으로 고기후를 복원하고 있다. 우리 나라는 지역에 따라 굴곡의 차이가 있지만 전반적으로 약 1만년 전부터 서서히 따뜻해지다 약 6,000년 전쯤에 상당히 따뜻해지고 그 이후로는 기온이 조금씩 내려가다 4,000년 전쯤에는 쌀쌀하고 습해지며 약 2,400년 전에는 한랭했던 것으로 보인다.

식물상과 동물상은 지금의 현생종과 큰 차이가 없으며 활엽수(참나무 등)와 침엽수(소나무 등)계통은 각각 기후가 온난하거나 한랭했던 것을 시사한다. 동물로는 우제목(사슴, 노루, 누렁이 등), 멧돼지, 산양, 물소, 사향노루, 식육목동물(살쾡이, 곰, 늑대, 호랑이 등), 족제비과(수달 등), 쥐과동물 등 20여 종, 물개, 바다사자, 고래 등 바다동물, 꿩, 오리 등 조류, 참돔, 대구, 상어, 다랑어 등 어류, 굴, 바지락, 홍합, 전복 등 패류 40여 종 등 다양하게 발견된다. 그러나 동·식물관계의 전문가가 드물어 종의 분류에 문제가 될 수 있어 전문가의 양성이 시급하다.

신석기시대의 인골연구는 함북 회령과 웅기, 황해도 해주출토의 두개골을 골측정학적 방법으로 계측조사한 지수를 중국, 시베리아, 일본 등의 신석기

두개골의 것과 비교연구한 것이 있다. 그런데 한국의 것은 북방시베리아 계통의 두개골보다는 북중국의 것과 더 가까운 지수를 보인다고 한다. 그러나 이러한 연구에 연대도, 욕지도, 상노대도 등에서 나온 자료들이 누락되어 있어 장차 보완조사가 반드시 필요하다.

신석기시대의 유적은 주로 유물포함층과 패총 등으로 형성되어 있고 거기서 주거지와 무덤 등이 발견된다. 현재까지 발견된 유적은 400여 곳에 이르는데 주로 큰 강(두만강, 압록강, 대동강, 한강, 낙동강 등)유역과 해안(동, 서, 남해안)지역 및 도서(서해, 남해도서), 내륙(중부, 남부지방) 등지에 분포하고 있어 신석기인들의 생활무대를 알 수 있다. 중요한 유적이 있는 지역으로는 평북・자강도(미송리, 신암리, 세죽리 등 7곳), 평남・평양・황해도(궁산리, 청호리, 금탄리, 용곡 2동굴, 지탑리 등 12곳), 함경도・양강도(원수대, 농포동, 송평동, 서포항 등 8곳), 서울・경기도(암사동, 미사리, 시도, 신촌 등 8곳), 강원도(오산리, 교동, 내평리 등 4곳), 충청도(둔산동, 상시, 도담리, 휴암리 등 7곳), 전라도・제주도(대흑산도, 소흑산도패총, 고산리, 북촌 등 7곳), 경상도(동삼동, 수가리, 상노대도, 영선동, 연대도, 봉계리, 송죽리 등 17곳) 등이 있다. 장차는 내륙지방에서의 유적조사가 더욱 요망된다.

신석기시대의 유물로는 토기, 석기, 골각기, 예술품 등이 발견되며 특히 토기는 편년과 문화성격을 밝히는데 중요하다. 고기 신석기시대에는 고산리에서 납작밑섬유질토기, 융기문토기, 가압된 석제 화살촉, 첨기, 세형돌날, 세형돌날석핵, 토제 동물머리 등이 나왔다. 전기 신석기시대의 토기는 지역에 따라 특성이 있지만 납작밑토기, 융기문토기, 민무늬토기, 빗살무늬토기(AI, BI), 찍은무늬토기 등이 있고 석기는 찍개, 밀개, 긁개, 첨기, 화살촉, 결합낚시, 작살, 그물추, 찔개살, 돌톱, 도끼, 돌칼, 그물추, 숫돌, 추모양석기, 괭이(서포항), 보습, 낫, 창, 갈돌, 갈판 등이다. 골각기는 첨기, 송곳, 찔개살, 작살, 낚싯바늘, 삿바늘, 창끝, 예새, 흘리개, 괭이, 낫 등이 있다. 그런데 한편 절대연대의 검증이 없는 춘천 교동의 유물이 오산리 이른 시기의 유물과 유사하다고 하여 오산리와 같은 시기로 분류 편년하는 것은 매우 신중을 요하는 일이다. 중기 신석기시대의 토기는 주로 태선문토기, 빗살무늬토기(AII, BII), 타래무늬토기, 융기문토기, 빗살무늬토기(사격선무늬, 삿자리무늬) 등이며 석기는 타제석부와 자귀, 타제석촉, 마제석부, 마제석촉, 끌, 대팻날, 갈판, 갈돌, 공이, 숫돌, 자귀, 마치, 칼, 긁개, 그물추, 괭이, 삽 등이 있다. 골각기는 창끝, 화살촉, 작살, 찔개살, 홀리개, 송곳, 바늘, 예새 등이 보인다. 후기 신석기시대의 토기는 빗살무늬토기(AⅢ, BⅢ), 이중구연토기, 민무늬토기, 뇌문토기, 융기문토기(금탄리, 남경, 궁산리) 등이며, 여기서 융기문토기는 북한의 편년에 문제가 있을 수 있다. 석기는 숫돌, 갈돌, 갈판, 공이, 도끼, 끌, 대팻날, 괭이, 화살촉, 그물추, 칼, 자귀, 마치, 유견석부(곰배괭이) 등이 있다. 골각기는 창끝, 화살촉, 작살, 홀리개, 찔개살, 송곳, 예새, 칼, 낚시, 바늘, 숟가락, 櫓, 바늘통, 괭이, 첨기, 시문구 등이 발견되었다.

신석기시대의 예술품으로는 동물의 치아 또는 뼈로된 장신구(수식), 개머리(토제), 뱀, 망아지 조각품, 멧돼지(토제), 새(납석제), 사람얼굴(패각제, 토제), 돌 또는 패각제 팔찌, 여성상(토제), 자안패모양(토제) 등이 있어 토테미즘, 애니미즘, 샤머니즘과 관련된 의례, 주술, 신앙생활을 추정할 수 있다. 신석기인의 의생활은 바늘, 麻絲, 바늘통, 방추차 등의 유물로 미루어 옷감 등을 짜서 사용하였고, 식생활은 동·식물자료로 보아 수렵, 어로, 채취, 농경을 통해 식량을 확보하였으며, 주생활은 여러 유적에서 발견된 주거지(동굴, 바위은거지, 움집 등)를 이용하였다. 그리고 움집(원형, 말각방형, 장방형 등) 4, 5기에 20명 정도가 혈연 및 씨족공동체를 형성하여 상부상조하는 사회생활을 한 것으로 추정된다.

장차 한국의 신석기시대를 보다 깊이있게 연구하기 위해서는 중국의 동북지방, 내몽골, 바이칼호, 연해주, 아무르강유역을 비롯하여 일본의 규슈·혼슈지방 등의 신석기문화와 지속적으로 비교연구해야 될 것이다.

〈鄭 永 和〉

Ⅰ. 구석기문화

1. 구석기시대
2. 구석기시대의 유적과 유물
3. 구석기시대의 생활
4. 주변지역 구석기문화와의 비교

Ⅰ. 구석기문화

1. 구석기시대

1) 구석기시대의 시기구분

(1) 구석기시대의 개념

구석기시대란 Lubbok이 1865년에 신석기와 함께 최초로 정의한 용어인데 현재는 인류가 출현하기 시작하여 돌을 깨트리거나 떼어내어 도구를 만들어 쓰던 시기인 기원전 약 1만년 전 신석기시대가 시작될 때까지의 인류문화사의 가장 오래된 문화단계를 말하며 주로 채집과 사냥으로 살던 시대이다. 인류문화사의 99% 이상이 구석기시대에 속하며 신생대 제3기의 Pliocene에서 신생대 4기(Quaternary)의 홍적세의 말엽에 이르는 긴 시간 속에 일어난 인류문화시대이다. 현재까지 알려진 바로는 인류는 약 5백만년 전에서 8백만년 전에 나타난 것으로 알려져 있는데 최초의 인류인 Australopithecus는 도구를 사용하였을 가능성은 충분히 인식되지만 석기를 제작한 증거는 아직 발견되지 않고 인류의 최초의 석기는 동아프리카에서 약 260만년 전에 Homo habilis에 의해 제작된 것이 오래된 것이다. 그러나 세계의 다른 지역에 있어서는 이보다 훨씬 뒤에 구석기문화가 시작되었다. 동아프리카에서 호모 헤빌리스가 약 150만년 전에 Homo erectus로 진화하여 인류의 환경에 대한 적응력이 크게 향상되고 당시의 기후의 변동으로 인하여 인구의 이동이 잦아지게 되었을 때 일부 호모 에렉투스가 아프리카를 떠나 아시아지역으로 들어오게 되었다.

아시아지역에서 가장 오래된 구석기유적은 근동지역의 Ubeydia유적, 자바의 Sangiran과 Trinil유적, 그리고 중국 하북성에 있는 泥河灣지구의 東谷陀

와 小長梁 등의 유적들인데 대략 백만년 이전에 형성된 유적으로 보고 있다.[1] 한반도에서 볼 때는 호모 에렉투스가 아프리카로부터 퍼져 나와 아시아대륙을 가로질러 왔다고 할 때 한반도가 최종 종착지인 셈인데, 현재 한반도와 가까운 지역인 하북에서 이미 약 100만년 전에 고인류의 서식이 이뤄지고 있었다는 점을 고려하고 이후 중부(중기) 홍적세 기간 동안 이 고인류가 지속적으로 서식의 범위를 넓혀 갔다고 한다면, 중부 홍적세 이른 시기에 한반도에 퍼져 들어왔을 가능성을 배제할 수 없을 것이다.

한반도내에서 구석기유적이 확인된 것은 해방전 1930년대에 함북 종성 潼關鎭에서 상부(후기) 홍적세에 속하는 동물뼈와 함께 흑요석편이 2점 발견된 것이 최초의 구석기유물이었다.[2] 그러나 이 발견이 우리 나라 선사시대의 서막의 일부를 차지하기는 1960년대 남한과 북한에서 구석기유적이 발견되어 한반도의 구석기문화를 새롭게 인식하면서부터이다. 당시 남한에서는 공주의 석장리유적이 처음으로 발견되었고 북한에서는 굴포리유적에서 구석기문화층이 신석기층 아래에서 발견되어 한반도내에서 구석기문화가 존재하고 있다는 사실이 다시 한번 확인되었다. 그 이전까지는 한반도에서는 구석기문화가 존재하지 않는 것으로 널리 인식되어 왔다. 이러한 견해는 1945년 이전부터 일본인학자에 의해서 한반도의 선사문화가 신석기시대에 비로소 시작된다는 주장[3]에서 비롯된 것으로 동관진에서 홍적세에 해당되는 유물이 발견되었음에도 이러한 견해가 지속되었다는 것은 다분히 식민주의적인 경향을 반영하는 것이다. 이제는 함경도에서 제주도 그리고 동해안에서 서해안에 이르는 한반도의 전지역에서 많은 구석기유적이 발견되어 한반도내에 홍적세 기간 동안 고인류가 살았었다는 것은 의심할 여지가 없는 것이며 그 시대적인 폭도 중부 홍적세에서 시작하여 빙하시대의 말엽 또는 후빙기 초엽에 이르는 시기까지 지속되었음이 확인되고 있다.

---

1) Wei. Qi., Paleolithics from the Lower Pleistocene of the Nihewan Beds in the Donggutuo site, *Acta Anthropologica Sinica Beijing 4-4*, 1985, pp. 239~300.

2) 直良信夫, 〈朝鮮潼關鎭發掘舊石器時代の遺物〉(《第一次滿蒙學術調査硏究團報告》 6-3, 1940).

3) 藤田亮策, 〈朝鮮の石器時代〉(《東洋史講座》 18, 1940).

가. 도구재료와 인공흔적

구석기시대 동안 돌을 가지고 도구로 제작하는 방법은 다양한 편인데 돌을 갈아서 도구로 다듬는 방법은 이 시기 동안 개발되지 않았으며 여러 가지의 방법으로 돌을 깨트려내거나 압력을 가하여 떼어내는 방법들이 사용되었다. 물론 석기만이 도구로 사용된 것은 아니다. 아마도 인류의 출현 이래 혹은 인류 이전의 단계에서부터 나무를 도구로 사용하거나 제작하였을 가능성은 충분히 있지만 이러한 도구가 인류의 초기단계의 유적에 남아 있는 경우가 없다. 특히 뼈나 뿔을 이용한 골각기들이 오스트랄로피테쿠스의 도구로 사용되었을 가능성이 Raymond Dart교수에 의해 제기된 바 있으나 그 동안의 유적형성과정과 화석학적인 연구의 결과 인위적인 것으로 보기 어렵다는 견해가 보편적이다.[4)]

구석기시대 초기에 유기물도구의 존재의 가능성이 어떻든 간에, 구석기시대의 전반을 통하여 고인류가 도구를 제작하는 주요한 재료로 이용한 것은 돌을 보편적으로 사용하였으며 유기물로는 나무·뼈 그리고 뿔 등이 재료로 이용되었다. 돌은 주변에서 흔히 있는 종류의 돌을 이용하는 것이 보편적이었지만 인류의 진화와 함께 좋은 석재를 구하기 위해 장거리탐사를 하는 경우도 많이 발견되고 있다. 유럽에서는 플린트가 주요한 석재가 되고 있지만 아프리카에서는 硅岩이나 화산암 등이 많이 사용되었으며 이러한 종류와 함께 흑요석이나 쳐트 종류의 치밀한 입자를 가진 것들이 전세계에 보편적으로 선호되었다. 石英岩도 오랫동안 꾸준히 사용된 석재인데 특히 동아시아의 구석기유적에서 흔히 보이는 석재이다. 한반도내에서는 전기나 중기, 즉 시기가 올라가는 유적에서는 규질암이나 석영암들로 만들어진 석기가 보편적인 반면 후기 구석기가 되면 밀도가 치밀하고 고른 석재를 선택하는 경향을 볼 수 있으며 흑요석이 장거리 운반되어 사용되기도 하고 수성퇴적암류인 泥岩이나 頁岩 등이 돌날(石刃, blade)석기를 만드는데 사용되고 있음을 알 수 있다.

최초의 석기사용은 아마도 자연적으로 깨어진 날카로운 돌을 이용한 경우

---

4) Brain, C. K., *The Hunters or the Hunted : An Introduction to African Cave Taphonomy,* University of Chicago Press, Chicago, 1981.

일 것이다. 그러나 우연히 일회적으로 이용한 석재일 경우에 자연적으로 이루어진 날과 그 구별이 지극히 어렵다. 석기가 인공적으로 만들어진 것인지 아닌지는 물론 석기에 남아 있는 가공의 정도 그리고 그 가공의 정도에서 읽어낼 수 있는 규칙성이 주요한 근거가 되지만 자연적으로 이루어진 변형과 거의 구별할 수 없는 경우가 흔히 있다. 석기의 판정에 가장 중요한 단서는 그 석기가 발견된 상황이 가장 중요한 것이다. 설령 자연석이라고 하더라도 유적내에 존재한다면 석기로 이용되었을 가능성이 많은 것이며 이를 흔히 사용석재라고 부르는 것이다. 그래서 어떠한 지층에서 어떠한 물건들과 함께 출토되는지, 그리고 인위적으로 가공 또는 운반된 증거들이 있는지에 대하여 충분한 검토가 석기의 판정에 중요한 관건이라고 하겠다. 일반적으로 자연적으로 깨어진 흔적들보다는 인위적으로 가공된 박편흔이 박리각이 크고, 또한 박리가 연속적으로 이루어지는 경향이 있지만 이것이 절대적인 기준이 될 수는 없을 것이다.

인위적인 가공의 유무에 대해서는 석기뿐 아니라 骨器에 대하여서도 많은 논란이 있다. 갈아서 만드는 기법이 도입된 신석기와는 달리 구석기시대에는 타격에 의한 가공으로 골기를 제작하는 경우가 많기 때문에 골기에 보이는 변형이 자연적, 즉 다른 동물이나 지질적인 과정에 의하여 이루어진 것인지 인위적으로 가공된 것인지에 대한 판정이 쉽게 이루어질 수 없다. 특히 골기에 대해서는 일찍부터 골각기문화설(Oesteo-dontokeratic culture)이 제기된 바 있는데 우리 나라에서도 동관진유적에서 출토된 뼈들이 가공된 것이라고 주장된 이래 꾸준히 골각기의 존재가 구석기시대 도구연구에 있어서 주요한 테마가 되어 왔다. 근래의 서구의 골각기에 대한 연구에 의하면 흔히 인위적으로 만들어진 것으로 판단된 많은 유물들이 단순히 지질학적인 변형이거나 동일한 지점을 반복적으로 사용하던 다른 종류의 동물들, 즉 하이에나 또는 개과의 짐승들에 의해서 채집되고 변형된 것들이라는 것이 유적형성연구의 최근 성과로 밝혀지고 있다.[5] 그래서 골각기의 존재에 대해서는 적극적인

5) Behrensmeyer, A. K., The taphonomy and paleoecology of Plio-Pleistocene vertebrate assemblages of Lake Rudolf. Kenya, *Bulletin of the Museum of Comparative Zoology 146-10*, 1975, pp. 473~578.

증거가 없으면 바로 인위적인 것으로 판정하는 데는 많은 어려운 점이 있다.

나. 구석기제작기법

석기를 제작하는 방법은 다른 물질문화의 제작보다는 훨씬 단순하지만 크게 몇 가지 석기제작기법이 구석기시대 동안 나타난다. 원석에서 돌을 떼어내는 방법에 따라 던져떼기법 · 모룻돌법 · 직접타격법 · 간접타격법 · 가압법 등이 있다. 시대가 내려올수록 석기는 정교해지는데 이것은 석기제작기법이 점진적이지만 고인류의 인지를 더 많이 필요로 하게 되는 방향으로 진화해 온 것을 보여준다. 반대로 시대가 올라갈수록 원시적인 기술이 사용되고 이러한 기술로 만들어진 석기는 그 형태가 불규칙하며 또한 기능적으로 분화되어 있지 않다. 그래서 석기의 제작기법은 구석기시대를 구분하는데 중요한 근거가 되며, 석기의 제작기법의 발달은 인류의 진화 정도와 밀접한 관계가 있다고 하겠다.

석기를 제작할 때 원석에서 떨어져 나온 돌조각을 *剝片*(격지, Flake)이라고 부르고 돌조각이 떨어져 나온 원래의 돌덩이를 *石核*(몸돌 · 돌핵, Core)이라고 부른다. 박편과 석핵은 떨어져 나온 언저리의 볼록한 두덩, 즉 타격혹의 유무에 따라 구분된다. 타격혹이 있는 편이 박편이 되고 석핵에서 박편이 떨어져 나온 부분은 오목한 구덩이가 남아 있게 되어 있다. *石刃* 또는 돌날은 박편의 한 종류인데 양측면이 평행으로 되어 있고 길이가 길죽한 것을 말하는데 편의상 흔히 길이가 폭의 두 배 이상이 되는 것을 말한다. 박편이 떨어져 나올 때 힘을 받은 면을 타격면이라고 부르며 박편의 떨어져 나온 면을 배(腹, ventral surface), 그리고 반대편, 즉 바깥 부분을 등(背, dorsal surface)이라고 부른다(〈그림 1〉).

던져떼기는 가장 원시적인 석기제작기법으로 돌을 던져서 깨트려진 돌의 모서리를 바로 사용하거나 부서진 돌의 모서리를 가공하여 사용하는 방법이다. 석재를 던지지 않고 커다란 돌 위에 내리쳐서 손에 든 돌을 가공함으로써 석기를 만드는 방법을 *臺石法* 또는 모루떼기 등으로 부르는데 이는 단단한 규질암의 석기를 만드는데 많이 사용되는 기법으로 찍개 등의 큼직한 석기를 제작하는데 많이 사용되었다. 이 모루떼기의 특이한 기술의 하나로 양

〈그림 1〉 박편과 석핵

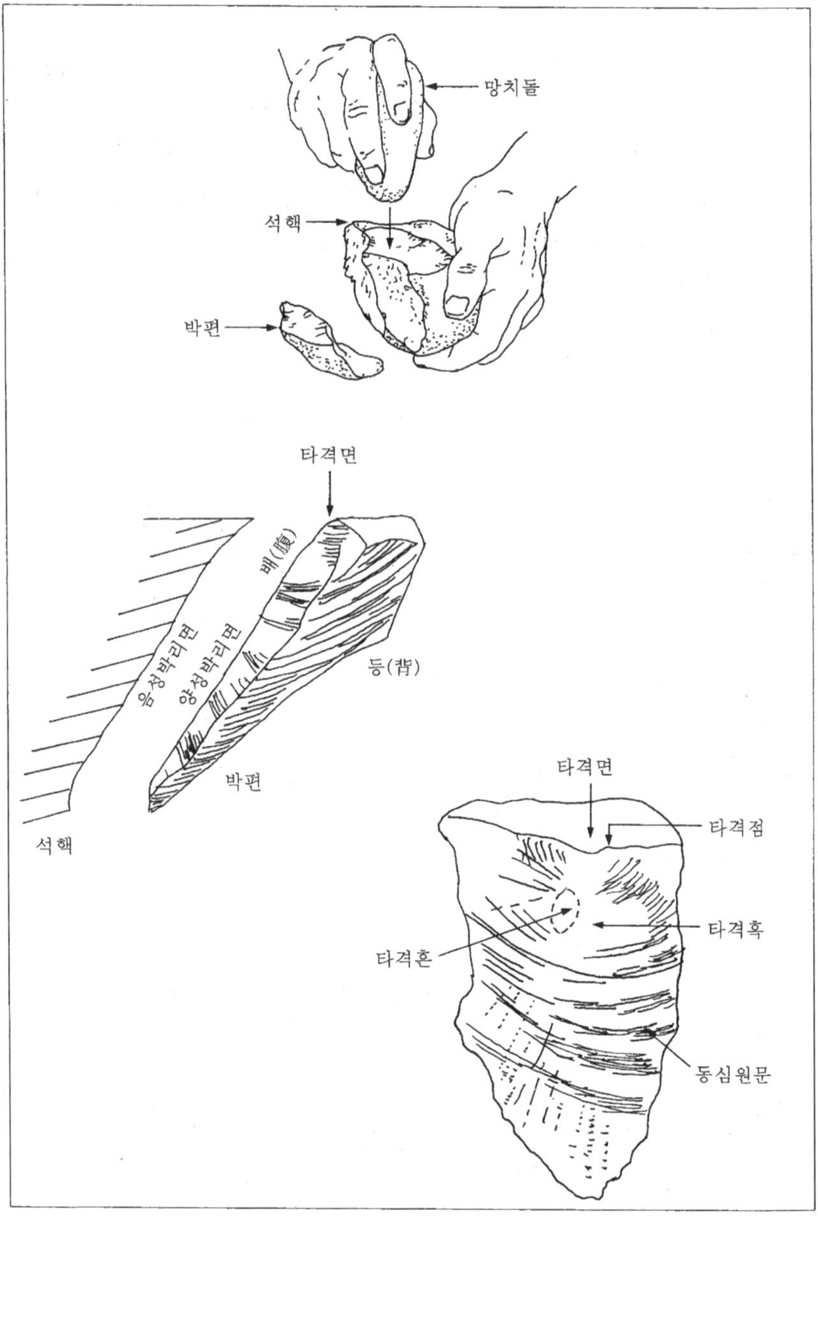

극타격법이 있는데 이는 석재를 모루 위에 고정시켜서 석재의 끝을 돌망치로 때려서 박편을 제작하는 방법을 말한다. 이러한 기법은 중국의 周口店유적에서도 발견되었는데 이 경우에 질이 좋지 않아서 다른 기법으로 석기제작이 어려운 석재를 이용하는 하나의 방법으로 생각되고 있다. 양극타격법에 의해 제작된 석편은 양쪽 끝에 박리흔이 남아 있으며 대석의 중간에 많은 흠집이 발견되는 것이다.

돌망치를 사용하여 다듬어야 할 석재를 한 손에 잡고 깨트려 다듬어서 제작하는 기법을 직접타격법이라고 부르는데 구석기제작에 있어서 가장 보편적으로 사용되는 기법이다. 이 기법은 전기 구석기에서부터 석기를 이용하는 전시기에 걸쳐서 사용되었다. 직접타격법에도 상당히 다양한 기술이 포함되어 있는데 망치돌의 크기와 모양에 따라서, 그리고 원석을 손에 들고 타격을 가하는 경우 외에도 무릎이나 허벅지 등에 붙여서 타격하는 경우 등의 다양한 기법이 있어서 석기의 정련도가 직접타격법에 의해서 제작된 석기라 할지라도 다르게 나타날 수 있는 것이다. 모루떼기나 직접타격법에 의한 박편혼은 대부분 깊고 큰 것이 특징이다. 직접타격법은 기술이 발달하면 뿔이나 나무로 된 망치를 이용하여 석기를 제작하게 되는데 납작한 모양을 가진 훨씬 세련된 모양의 석기를 만들 수 있게 된다. 이 기법을 軟質망치타격법이라고 부르고 있는데 석기의 표면에 남은 박리흔이 얕고 긴 것이 특징이다. 그런데 이 기법은 유리질이 많은 석재, 즉 플린트·흑요석 또는 처트 등의 석재에 사용될 수 있으며 규질암이나 석영암계통의 석재를 다듬는 데는 한계가 있다(〈그림 2〉).

간접타격법은 원석 위에 뾰족한 끝을 가진 쐐기를 원석 위에 대고 망치로 쐐기의 머리 위를 때려 박편을 떼어내는 방법인데 이는 석재를 가공하는 기법으로서보다도 길고 측면이 날카로운 긴 박편, 즉 석인을 얻기 위한 방법으로 널리 사용되고 있다. 이 기법은 타격에 투여된 힘을 대단히 좁은 지점에 모으게 함으로써 힘이 가해지는 방향을 일정하게 하고, 그 강도를 높임으로써 효율을 높이는 것이다.

加壓法은 망치로 때리는 것이 아니고 뿔 등의 단단한 물질로 만든 뾰족한 도구를 원석에 대고 힘을 가하여 박편을 떼어내는 방법이다. 특히 가슴가압

〈그림 2〉 석기제작기법

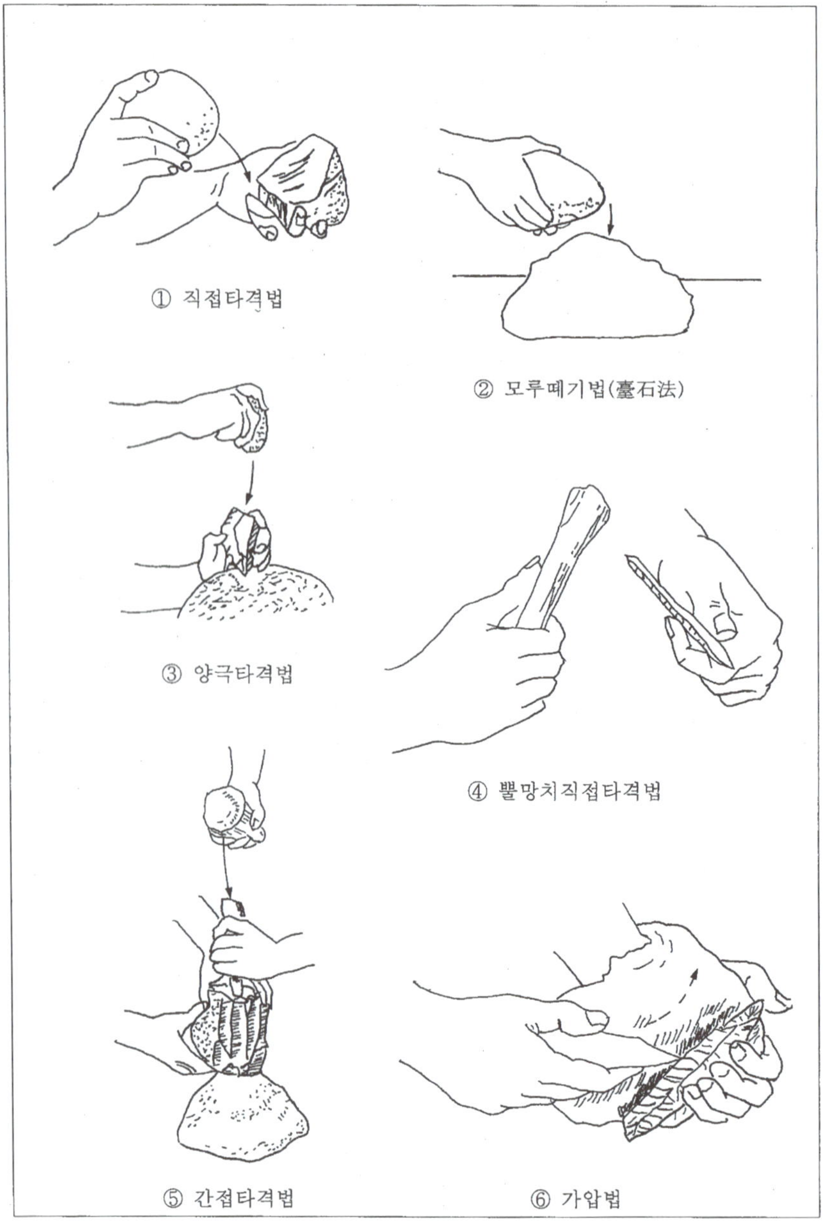

법은 대형의 석인을 제작할 때 쓰이는데 이는 뾰족한 쐐기를 나무의 끝에 달고 반대편에는 편평한 나무를 달아서 가슴에 대고 밀어서 크고 긴 박편을 만드는 방법으로 긴 경우는 30㎝ 이상의 석인을 제작할 수도 있다. 이러한 경우에는 석재를 특별히 처리하기도 하는데 플린트나 흑요석 등의 유리질이 많은 석재를 땅속에 넣고 불에 구어서 박리에 쉽도록 만든 다음에 가슴가압법으로 석인을 떼어내는 것이다. 가압법 중에 석기를 2차가공하기 위하여 사용하는 경우에는 뿔이나 나무로 만든 뾰족한 끝을 가진 가압도구를 가공할 부분에 대고 밀어서 좁고 긴 박편을 떼어내는 것으로, 이러한 방법으로 가공한 석기에는 얕고 좁으며 기다란 박리흔이 석기의 중심을 향하여 뻗어 있는 것이 보통이다.

석기를 깨트려내는 데 있어서 타격면을 미리 가공하는 기법이나 최종 석기의 모양을 미리 모암에 만들어 놓고 깨트려내는 방법들도 있다. 이러한 기법은 대단히 발달된 기법으로 중기 구석기 공작의 기술적인 지표로 사용되는 Levallois기법이나 후기 구석기의 대표적인 석기형태인 석인제작기법이 대표적인 것이라고 할 수 있다. 석인기법이 극도로 발달한 것이 중석기문화에 해당되는 세석인제작기법이다. 이 세석인제작법은 타격면의 가공과 세석인을 떼어내는 순서 등에 의해서 대단히 많은 기술적인 변형들이 나타나고 있어서 이 시기만 해도 분명히 지역적 제작기법의 차이가 뚜렷이 나타나는 것을 볼 수 있다. 중석기시대의 석기제작의 또 다른 특징으로는 세석인이나 석인을 이용하여 조합식석기를 제작하는 것이다. 이 시기에 가장 정교한 타제석기들이 만들어졌다.

다. 구석기의 형태와 기능

유물을 분류하는 것은 연구의 편의를 위하여 유물을 여러 가지 각도에서 구분하여 이해를 쉽게 하기 위한 방편인 것이다. 구석기는 형태나 기능이나 뚜렷하지 않은 점이 많아서 분류에 많은 어려움이 있는 것이 사실이다. 흔히 주먹도끼·찍개·다각면원구·긁개·박편·석핵 등의 명칭으로 구석기를 분류하는 것을 볼 수 있다. 이러한 명칭들은 석기의 형태나 추측되는 기능을 근거로 붙인 것이다. 어떤 면에서는 대단히 혼란스럽고 애매한 분류이지만, 구석기시대 인류가 남긴 흔적의 대부분은 석기에서 찾을 수밖에 없기 때문에 구석기고고학자는 이 석기의 분류에 많은 노력을 기울이고 있는 것이다. 서양에서는 몇몇의 구석기고고학자들이 시도한 분류방법이 널리 통용되고 있는데 각 지역의 석기공작양상을 토대로 분류한 것들이다. 유럽에서는 프랑스의 F. Bordes의 분류법이나 Courant의 분류법 등이 널리 사용되며 아프리카에서는 M. Leakey의 분류나 Clark and Kleindinst의 분류가 사용된다. 우리 나라에서도 이러한 분류법들이 소개되어 통용되고 있으며 한편으로 독자적인 용어나 한글로 된 용어체계도 사용하고 있다.[6)]

그런데 구석기는 형태에 의한 분류를 하는 것이 보편적이지만 이러한 형태적인 명칭들이 이미 기능적인 면을 암시하는 경우가 많아 석기공작연구에 애로가 되고 있는 점이 있다. 예를 들어 흔히 「찍개」라고 부르는 도구는 어쩌면 찍는 행위와는 전혀 관계가 없을 수가 있는 것이며 또한 「긁개」도 마찬가지이다. 연구자가 「긁개」였을 것라고 생각하는 것이지 그것이 실제로 긁개로 사용되었던 것인지는 많은 경우에 확인할 방법이 없다. 오늘날 고고학자가 사냥에 사용하였을 것이라고 판단한 석기는 전혀 사용되지 아니한 것일 수도 있으며 사냥이 아니라 나무의 껍질을 벗기는데 사용하였을 수도 있는 것이다. 실제 석장리구석기의 연구에서 드러난 이러한 문제점은 아직도 여러 논문에서 반복되고 있다.[7)] 석기는 시대가 올라가면 갈수록 형태가 정형화되는 경우가 드물며 비교적 형태가 정형화되었다고 하더라도 그 기능이 한 가지에 국한되었을 가능성은 거의 없는 것이다. 시대가 내려오는 경우에도 형태적인 정형성은 많이 향상되었다고 하더라도 그 기능의 추정에는 오류를 범할 가능성을 배제하기는 어려운 것이다. 왜냐하면 오늘날 고고학자들의 시각에서 보는 기능이라고 하는 것은 과거의 실제적인 용도와는 커다란 차이가 있을 수 있기 때문에 구석기공작에 대한 기능적 연구는 근본적인 한계를 가지는 것이다.

최근에는 석기의 기능을 확인하기 위한 실험고고학적인 방법을 사용하고

---

6) 손보기, 〈층위를 이루는 석장리 구석기문화〉(《歷史學報》 35·36, 1967), 1~25쪽.
———, 〈석장리의 자갈돌-찍개 문화층〉(《韓國史硏究》 1, 1968), 1~62쪽.
鄭永和, 〈舊石器의 名稱 및 形態分類〉Ⅰ(《韓國考古》 3, 1976).
———, 〈舊石器의 名稱 및 形態分類〉Ⅱ(《嶺南史學》 7·8, 1978), 105~171쪽.
7) 손보기, 《한국구석기연구의 길잡이》(연세대 출판부, 1988).
———, 《석장리선사유적》(동아출판사, 1993).

있다.[8] 입자가 곱고 밀도가 지극히 고른 석재, 플린트·쳐트 또는 흑요석 등으로 만든 석기들에 남은 흔적을 용도별로 구분하는 방법을 실험을 통하여 만든 기준을 가지고 판단해 내는 방법이다. 이것은 석기의 기능적인 판단을 위하여 획기적인 방법이기는 하지만 문제는 흔적을 확인할 수 있는 석재의 종류가 한정되어 있다는 점이 있고 모든 행위가 석기에 흔적을 남기는 것은 아니며 아직 완벽하게 구분되는 것은 아니라는 점이다. 물론 이러한 석기사용흔의 분석 이외에도 식물미세석립분석이나 아미노산분석을 통하여 일부 유물의 용도를 확인할 방법도 개발되고 있지만 아직은 기능적인 연구는 한계가 있다.

석기문화의 이해에 가장 심각한 난관이 되는 것은 석기는 다른 고고학적 유물과는 달리 원석에서 시작되어 부스러기돌이 되는 전과정을 거치는 동안 점차로 줄어들면서 각 단계에서 용도가 달라지고 여러 가지의 용도가 한 석기에도 동시에 나타날 수 있다. 그래서 유적에서 드러난 석기들의 용도가 알려진다고 하더라도 그 지점에서 발생한 행위를 모두 반영한다고 볼 수는 없는 것이다. 그래서 가장 보편적으로 사용하는 분류법들은 대부분 형태나 제작과정상의 단계를 위주로 체계를 만들고 있다. 현재 한국구석기연구에 사용되는 분류와 용어의 체계는 각 학자들마다 차이가 있다. 먼저 서구의 용어들을 한글화하여 사용하고 있는 경우[9]로 이 분야의 선구적인 점에서 평가되어야 할 것이지만 각 분류와 용어의 개념이 정확히 제시되지 않고 사용하고 있다는 점이 가장 큰 흠으로 지적될 수 있을 것이다. 특히 기능적 용어들을 사용하고 있지만 판단의 근거가 제시되지 않아서 오히려 혼란이 일고 있다. 다음은 프랑스의 구석기용어들을 소개하여 적용하고 있는 경우[10]로, 세부적인 용어들을 곧바로 적용할 수 있는지에 대한 문제가 있지만 구체적이고 엄격한 분류기준이 있어서 분류의 정확성을 기할 수 있다. 그리고 아프리카의 구석기공작의 분류체계를 도입하여 전곡리구석기유물을 분석한 경우[11]인 이

---

8) Keeley, L., *Experimental Determination of Stone Tool Uses, Microwear Analysis,* The University of Chicago Press, Chicago, 1980.
Keeley, L. & N. Toth, Microwear polishes on early stone tools from Koobi Fora, Kenya, *Nature 293-5832*, pp. 464~465.

9) 손보기, 앞의 글(1967), 1~25쪽 · 앞의 글(1968), 1~62쪽.

10) 鄭永和, 앞의 글(1976 · 1978).

분류체계의 특징은 석기의 제작공정상의 단계를 1차적으로 구분하고 난 다음에 석기의 형태적 분류를 시도하고 있다는 점이다.

석기분류의 시작은 형상적인 변형이 어떻게 이루어졌는가를 파악하는 것이다. 변형의 위치, 정도 그리고 기술적인 차이 등에 의해서 구분이 이루어지는 것이다. 그런데 현재 한국구석기연구에 있어서 가장 큰 문제점은 변형의 유무의 판단과 제2차적인 변형이 가지는 의미에 대한 해석의 문제이다. 이것은 도구로 사용된 「석기」를 정의하는 문제와도 관련이 있다. 실제로 유적에서 발견되는 많은 석기(광범위한 정의에서)들은 전혀 사용되지 아니한 폐기된 석재 내지는 부산물인 것이다. 제2차적인 가공이 뚜렷하여 석기의 사용목적이 드러나는 석기들은 큰 문제가 없으나 형태적으로 볼 때 사용했음직한 석기, 즉 예를 들어 한쪽이 예리한 커다란 박편을 어떻게 분류하여야 하는가는 쉽지 않은 문제이다. 흔히 이러한 석기들을 「사용된 석기」로 분류하고 있고 구체적인 기능을 지칭하는 명칭을 부여하는 경우가 많은데 이러한 경우에 사용된 것과 사용되지 않은 것을 구별하는 방법이 개발되지 않는 한 혼란이 야기되는 것이며 분류의 기준은 의미가 없게 되는 것이다. 그런데 또 다른 한편으로 사실 석기공작을 이해하는데 있어서 이러한 석기가 기능적으로 중요성을 가질 수도 있다는 점에서 어려운 점이 있는 것이다. 많은 석기들은 2차가공이 없이도 사용하였을 것이다. 그럼에도 불구하고 분류의 일관성을 유지하기 위해서는 제2차적인 가공이 없는 석기의 경우에 뚜렷한 사용흔적을 발견하지 못한다면 사용된 도구의 범주에 넣지 않는 것이 혼란을 피하는 최선의 방책이다. 전혀 2차가공이 없는 석기를 도구의 범주에 넣어서 분류하는 경우는 주관적인 판단에 지나지 않으며 도구로 판단하는 데는 분명한, 즉 혼돈되지 않는 기준이 제시되어야 할 것이다. 예를 들어 「칼」이라고 부르는 석기는 전혀 가공이 없는 박편이나 석편의 한 부분에 날카로운 직선부위가 있으면 칼이라고 부르고 있는데 전혀 타당한 분류가 아니다. 칼이라고 부르는 것은 분명히 기능적 설명의 명칭인데 그러한 석기가 칼이라

11) 배기동, *The Siginificance of the Chongokni Paleolithic Stone Industry in the Paleolithic Tradition of East Asia, Ph. D. dissertation in the Department of Anthropology*, University of California, 1988.

는 기능을 수행했는지에 대한 객관적 근거의 제시가 없다면 고고학자의 주관적인 의지의 표현일 뿐인 것이다. 이러한 점은 가장 과학적이어야 할 구석기고고학의 방법론에 대한 몰이해로부터 비롯되는 것이라고 생각된다.

라. 행위의 복원

구석기인들의 행위를 복원하는 것은 가장 어려운 고고학작업 중의 하나일 것이다. 이것은 대단히 한정된 자료를 가지고 이루어져야 하기 때문이다. 행위를 복원하기 위한 자료는 결국 석기와 그 출토양상, 동물뼈와 그 출토양상 그리고 유적에 남은 구조물이 전부일 것이다. 간혹 유기물이나 고인류 자신의 인골이 발견되어 중요한 단서를 제공하지만 대단히 희귀한 경우이다. 복원을 더욱 어렵게 만드는 것은 유적이 형성된 당시의 상황을 현재의 발굴상황에서 확인하기가 대단히 힘든 작업이라는 점이다. 오랜 기간 동안 많은 변형을 거친 고고학적인 자료에서 고인류의 행위의 단서를 발견하는 것은 고도의 훈련된 관찰이 필요한 것이다. 이러한 훈련은 고인류의 행위의 흔적을 자연적인, 즉 유적이 형성된 이후에 이루어진 지질학적·생물학적 그리고 화학적 변형으로부터 분리시키는 작업인 것이다. 이 작업이 이루어진 이후에 고인류의 행위를 판단하게 되는 것이다.

고인류의 행위를 복원하는데 가장 중요한 자료는 유적의 구조와 환경 그리고 석기와 골기와 같은 유물들이다. 석기는 고인류의 행위를 직접적으로 반영한다. 석기가 가지고 있는 기능적인 성격도 고인류의 행위를 반영하거니와 석기의 제작공정이나 기법도 고인류의 행위나 사고를 반영하는 것이다. 유적내에서 각종의 석기가 발견되는 양상은 그 지점에서 고인류의 행위를 보여줄 수 있다. 이러한 행위복원을 위하여 고고학자들은 흔히 석기편을 토기편과 마찬가지로 맞추어 그 축소과정을 복원하고 작업이 어떻게 이루어졌던가 그리고 어떤 부분이 외부로 반출되었던가를 추정하는 것이다.

동물뼈화석도 고인류의 행위를 복원하는데 석기와 마찬가지로 중요한 단서이다. 동물뼈에 남아 있는 도살흔 등의 인공의 흔적, 또는 파손된 뼈의 모습, 그리고 뼈부위의 출현빈도 등이 고인류의 경제활동을 추정할 수 있는 좋은 단서를 제공하는 것이다. 석기와의 공반관계도 고인류의 행위를 추정하는데 중요한 자료가 된다. 적은 양의 석기와 많은 양의 골편, 다량의 석편과 소량의 골편, 많은 양의 석편과 골편, 등 다양한 조합양상에 따라 유적에서 벌어졌던 고인류의 행위가 무엇인지 추정해 낼 수 있는 것이다.

(2) 구석기시대의 시기구분

일반적으로 구석기시대는 전기(Lower), 중기(Middle) 그리고 후기(Upper)로 나누어진다. 그리고 후기 구석기가 끝나고 지속되는 신석기시대 이전의 석기시대를 중석기(Mesolithic) 또는 지역에 따라 후후기 구석기문화(Epi-Paleolithic Culture)라고 부르고 있다. 한반도의 구석기문화들도 이러한 시기구분을 따르고 있다. 구석기를 전기·중기 그리고 후기로 구분하는 것은 기본적으로 석기공작기술의 발전의 의해 이루어진 것이다. 전기에는 비교적 제2차가공이 적고 큼직한 석기가 많이 발견되고, 중기 구석기에서는 기능이 분화된 작은 석기들이 다수 출토되고 중요한 기술적인 변화로 르발르와기법이 도입되는 시기이다. 후기 구석기에 이르면 훨씬 더 정교한 소형석기들이 보편적으로 사용되고 석인기법이 나타나게 되는 것이다. 그리고 현대인의 특성이라고 생각되는 요소로서 예술적이거나 신앙적인 표현을 볼 수 있게 되는 것이다. 전기 구석기시대는 인류의 시작 또는 석기문화의 시작에서부터 중부 홍적세의 말기까지의 시기를 말하며 중기 구석기는 이 시기 이후에서 3만 5천년 전경까지의 기간, 그리고 후기 구석기는 약 1만 2천년 전까지의 기간을 말하는 것이 보통이지만 지역에 따라 문화가 시작되는 시점이 다를 수 있다.

구석기시대의 편년으로는 절대연대측정법인 포타슘-아르곤(K/Ar)연대측정법, 방사성탄소연대측정법(^{14}C dating method), 우라늄시리즈법(Uranium series), 열형광측정법(TL dating method), 전자공명법(ESR) 등의 연대측정법들이 이 시기의 유적의 연대를 구성하는데 사용되고 있으며, 이외에도 지자기연대법(Paleo-magnetism)이나 산소동위원소법(^{16}O/^{18}O method) 등이 이 시기의 지층을 해석하는데 중요한 기법을 제공하고 있다. 특히 포타슘-아르곤연대측정법은 화산쇄설물을 시료로 하는데 구석기시대의 연구에 가장 중요한 연대측정기법이다. 후기 구석기문화를 연구하는 데는 방사성탄소동위원소법이 중요한데 우리 나라에서도 석장리의 후기 구석기문화의 연대를 측정하는데 사용된 바가 있다. 일반적으로 구석기시대에는 연대를 측정할 수 있는 시료가 발견되는 경우가 드물기 때문에 절대연대가 있는 유적과 상대적으로 비교하여 연대적인 서열을 결정하는 방법을 흔히 사용하고 있다. 이러한 방법에는 단구의 발달과정을 비교하는 등의 4기지질학적인 지층해석을 통하여 시간 순서를 정하여 나가는 방법이다. 세계의 기후변화를 알게 해주는 산소동위원소비교법은 깊은 바다에서 채취된 해양코어(Deep sea core)의 각 층위의 산소동위원소 ^{16}O과 ^{18}O의 양을 비교하여 각 시기별 기온변동을 알아내는 방법인데 구석기지층의 상대적인 서열을 정하는데 사용될 수 있는 것이다. 지역에 따라서는 고동물상이나 고식물상의 변화가 상대적인 연대서열을 정하는데 도움을 주고 있고 석기공작의 양상도 문화의 상대적인 편년에 중요한 자료가 되는 것이다. 한반도의 홍적세의 기후변화도 세계적인 홍적세 기후변화의 체계 속에서 이해할 수 있으며 동일한 편년체계를 사용하고 있다.

구석기문화가 나타난 시기는 신생대 제3기의 말엽에 해당된다(〈표 1〉). 이 시기는 오늘날의 환경보다는 온난한 기후로 생각된다. 그런데 인류의 획기적인 문화의 진화가 일어난 시기는 우리가 흔히 洪積世 또는 氷河時代라고 부르는 제4기지질시대이다. 고고학에서 이 시대는 약 167만년 전부터 시작되는데 Olduvai Event가 끝나는 시점에 지구의 地磁氣가 正지자기에서 逆지자기로 바뀌는 현상으로 그 경계로 삼고 있다. 이후 약 73만년 전까지의 기간을 하부(전기) 홍적세, 그 이후 12만 5천년 전까지의 기간을 중부(중기) 홍적세 그리고 약 1만 2천년 전까지의 기간을 상부(후기) 홍적세라고 부르고 있다. 흔히 홍적세를 알프스빙하의 발달과 퇴진을 연구하여 Günz, Mindel, Riss 그리고 Würm의 4개의 빙하시대로 구분하였으나 1970년대에 심해퇴적물을 연구하여 이보다 훨씬 많은 단계의 빙하시대가 확인되었는데, 지난 70만년 동안 17번의 빙하시대가 있었다는 것이 알려지게 되었다(〈표 2〉). 이러한 연구를 통하여 Milankovich의 기후주기이론이 맞아 들어가는 것이 확인되어 빙하시대는 큰 주기가 10만년, 중간 주기가 4만년, 그리고 작은 주기가 약 2만년을 단위로 나타나는 것이 확인되었다. 이러한 기후주기는 인류의 진화와 확산 그리고 문화의 발달에 커다란 자극제로 작용하였으며, 크게 볼 때 기후변화와 문화발달의 단계가 일치하는 경향이 보이는 것이다. 홍적세 동안 유럽의

〈표 1〉 홍적세 시기구분 및 인류와 문화의 발달

연 대	지질시대구분					
	기(紀)	세(世)	지자기	홍적세세분	인류진화	석기발달
		홀로세(충적세)			현생인류출현	중석기
10,000						후기 구석기
				상부홍적세 웨이크셀(뷔름)		중기 구석기
128,000			브룬헤스정자기	에미안	호모 사피엔스출현	
	제 4기	플라이스토세 (홍적세)		사알(리스) 중부홍적세 홀슈타인 엘스터(민델)		
730,000					호모에렉투스(직립원인)	전기 구석기
			마츠야마역자기	하부홍적세		아슐리안
1,600,000	제 3기				초기호모집단 오스트랄로피테쿠스	올도완석기공작

〈표 2〉 심해퇴적물 코어 V28-238의 층서에서 보이는 기후복원과 추정연대

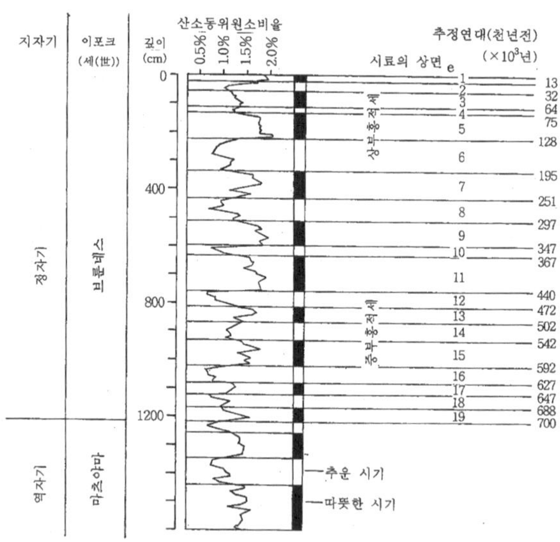

북부와 북미대륙의 북부지역은 빙하로 덮혀 기후의 변화에 따라 진퇴를 하였으나 한반도나 동북아시아지역에서는 빙하가 발달하지 않았다. 물론 氷期에는 빙하기후의 영향을 받아 식생과 동물상의 변화가 확인되고 있으며 해수면의 하강이 관찰되고 있다. 특히 황해는 수심이 낮아서 빙하에 의한 해수면의 변동으로 노출되는 대륙붕이 엄청나게 커서 이 지역의 기후, 특히 강수량의 큰 변화를 가져오게 되었을 것으로 보인다. 마지막 빙하기 동안은 동지나해에 이르는 황해의 대부분은 육지이었을 것이며 발해만 등 극히 일부에 호수같이 바다가 남아 있었을 것이다. 그리고 노출된 저지는 인류서식의 공간을 제공하였을 것으로 보이며 아마도 한반도로 확산해 오는 경로가 되기도 하였을 것이다(〈지도 1〉).

한국구석기연구에서도 전기·중기 그리고 후기 구석기로 구분하고 이에 뒤따르는 시기를 중석기로 구분하여 사용하고 있지만 아직도 각 시기의 절대연대는 분명하지 않으며 유적들의 편년은 그간 몇몇 학자에 의해서 시도되었지만 앞으로 지속적으로 논의되어야 할 구석기연구의 과제이다. 한국구석기문화나 홍적세유적의 편년이 쉽게 확립되지 않는 것은 구석기자료와 4기지질학적인 자료에 근본적인 한계가 있기 때문이다.

첫째로 구석기관련의 유적이나 유물의 절대연대가 극히 적다는 것이다(〈표 3〉). 그리고 얻어진 절대연대라고 하더라도 신뢰할 만한 연대는 거의 없는 실정이다. 우라늄시리즈법, 열형광법, 포타슘-아르곤법 그리고 탄소연대측정법 등이 사용되기는 하였지만 신빙성있는 편년체계를 확립하는 데는 큰 도움이 되지 못하였다. 사실 탄소연대측정법이나 포타슘-아르곤연대측정법이 가장 신뢰도가 높기는 하지만 탄소연대는 연대측정의 범위가 후기 구석기문화에 국한되며 포타슘-아르곤연대법은 우리 나라에 화산지형이 많지 않은 관계로 적용할 수 있는 유적이 별로 없다.

두번째의 문제점은 4기지질학이 발달하지 못한 점이다. 절대연대측정이 불완전한 상황에서 편년의 중요한 자료는 층위이지만 상대층서를 확립할 수 있는 4기지질학적인 연구가 본격적인 궤도에 이르지 못한 것이다. 이 4기지질학적인 방법은 당시의 환경을 이해하는 데도 대단히 중요한 분야인데 만일 유적형성 당시의 환경을 이해할 수 있다면 간접적인 방법의 상대편년도 가능할 것이다.

〈지도 1〉 2만년 전 한반도부근 지형 · 바다와 설선

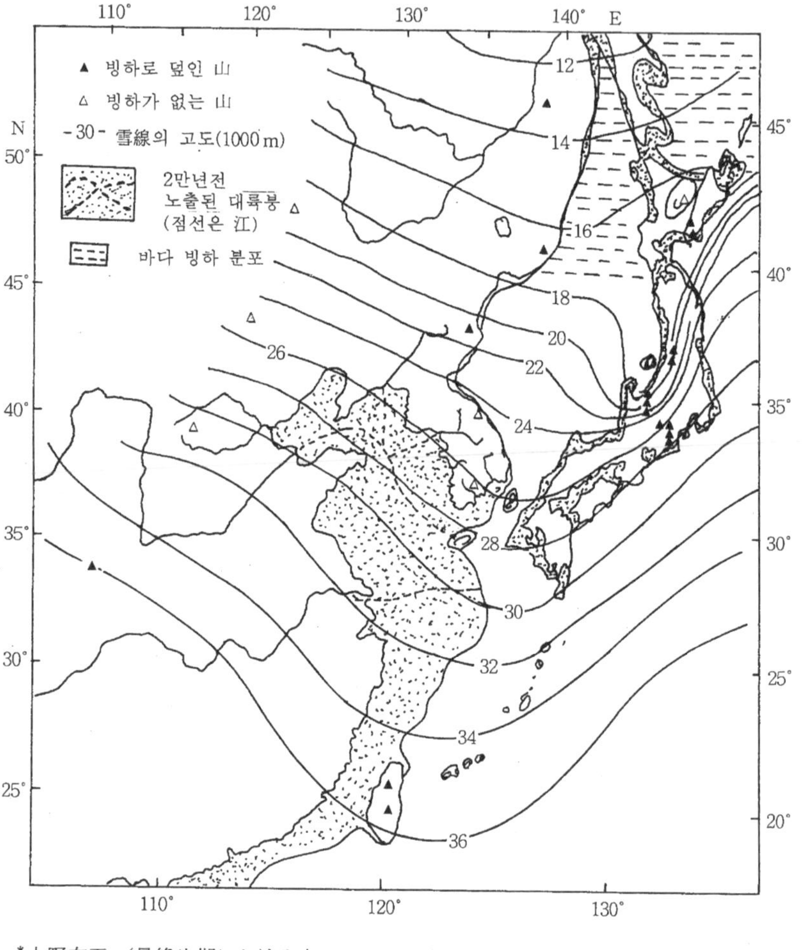

*小野有五, 〈最終氷期における東アジアの雪線高度と古氣候〉(《第四紀硏究》 26−3, 1988).
岡村道雄 編, 《ここまでわかった日本の先史時代》(角川書店, 1997).

〈표 3〉 한반도내 구석기유적 절대연대치 현황

유 적 명	층 위	연 대	측 정 방 법
가월리	실트층	190,00±24,000	발열형광법
가월리	최상부 크랙층	235,000±16,000	발열형광법
금굴	2층	185,000	전자회전반응법
금굴	4층	107,450	전자회전반응법
밀전리동굴	1층	166,000±미상	발열형광법
밀전리동굴	2층	109,000±미상	발열형광법
밀전리동굴	3층	10,200±미상	발열형광법
상시	5층	30,000	우라늄시리즈법
상시	6층	32,000	우라늄시리즈법
상시	7층	37,000	우라늄시리즈법
석장리	2층 언땅트기	17,000±미상	미상
석장리	5층 언땅트기	35,000±미상	미상
석장리	6층 늪지앙금	40,000±미상	미상
석장리	7층 비탈쌓임	50,270 이전	탄소연대측정법
석장리	집자리	20,830±1,880	탄소연대측정법
석장리	집자리 아래	30,690±3,000	탄소연대측정법
양문리	오소층 상단	72,500±6,200	발열형광법
옥과	지표하 75~90㎝	23,000년 전	일본 아이라화산재
용곡동동굴	10/11층	82,000±8,000	발열형광법
용곡동동굴	8층(1문화층)	71,000±2,000	우라늄시리즈법
용곡동동굴	9층(2문화층)	46,100±2,000	우라늄시리즈법
용곡동동굴	9층(2문화층)	49,900±2,000	우라늄시리즈법
용곡동동굴	석순	503,000±10%	발열형광법
용곡동동굴	석순	457,000±10%	발열형광법
용곡동동굴	석순	482,000±10%	발열형광법
용곡동동굴	석순	408,000±10%	발열형광법
용곡동동굴	석순	413,000±10%	발열형광법
용곡동동굴	석순	460,100±10%	발열형광법
장파리	실트층 최상부	73,500±14,000	발열형광법
전곡리	지표하 283㎝	7만년 내지 9만년 전?	일본아소 4화산재
전곡리	현무암	690,000±60,000	포타슘-아르곤법
전곡리	현무암	600,000±200,000	포타슘-아르곤법
전곡리	현무암	400,000±100,000	포타슘-아르곤법
전곡리	현무암	600,000±200,000	포타슘-아르곤법
전곡리	현무암	120,000±170,000	포타슘-아르곤법
전곡리	제2크랙층 상면	29,400±1,900	발열형광법
전곡리부근	하천퇴적내 실트	46,050±5,430	발열형광법
전곡리부근	하천퇴적내 실트	48,200±6,690	발열형광법
절골동굴	아래층	943,825±21,802	발열형광법
점말용굴	4층	40,000±미상	우라늄시리즈법
점말용굴	6층	13,700±700	탄소연대
점말용굴	5층	66,000+30,000/-18,000	우라늄시리즈법
주월리	실트층	116,000±7,300	발열형광법
태탄동굴	상층	96,000±미상	발열형광법
태탄동굴	중층	41,000±미상	발열형광법

세번째의 문제점으로 석기유물과 고생물자료가 가지고 있는 한계이다. 석기나 동물뼈들이 보이는 형태적인 다양성이나 구성요소의 다양성이 크면 클수록 편년이 쉬워지겠지만 한반도의 자료는 변화의 폭이 두드러지게 나타나지 않고 있다. 물론 자료의 수효가 그다지 많지 않은 점도 있지만 현재까지의 자료에서 보이는 변화양상은 편년작업을 어렵게 만들고 있다.

석기공작은 전기 구석기의 원시적 특성이 상당히 오랫동안 지속되는 반면 중기 구석기문화의 특성인 르발르와기법은 두드러지지 않아서 전기와 중기의 구분이 어렵고 기술적인 면에서는 후기와 구분이 될 따름이어서 시대구분에 큰 도움이 되지 못하고 있다. 물론 일부학자들은 르발르와기법의 존재에 대하여 언급하고 있으나[12] 한반도와 중국에서는 이 전형적인 르발르와기법은 보기가 힘들다. 왜 이러한 석기문화의 보수성이 오랫동안 지속되었는지는 다른 항목에서 언급되겠지만 적어도 석기의 기술적인 발달을 가지고 나누는 연대편년은 한계가 있다. 석기뿐 아니라 홍적세의 편년에 가장 보편적으로 사용되고 있는 생물층서법도 한반도에서는 큰 도움이 되지 못하고 있다. 동물의 구성이 크게 변화하지 않고 있으며 동물의 골격학적인 특성도 뚜렷한 변화를 보이지 않고 있어서 시기구분이나 환경복원에 어려운 점이 많다. 이러한 문제점은 아직도 동아시아지역에서 출토된 고동물의 화석의 비교연구가 이루어지지 않았다는 점에서 앞으로 달라질 가능성이 있기는 하지만 근본적인 문제가 해결된다고 생각되지는 않는다.

가. 전기 구석기시대

전기 구석기를 유럽지역과 아프리카에서는 각기 독특한 이름으로 부르고 있는데 유럽에서는 Abbevillian문화와 Acheulean문화가 해당되며 아프리카에서는 Oldowan문화와 아슐리안문화가 전기 구석기에 해당되는 문화이다. 이중 올도완문화는 호모 헤빌리스에 의해 약 250만년 전에 시작된 구석기문화로 동아프리카에서 약 150만년 전에 호모 에렉투스가 개발한 아슐리안문화가 출현할 때까지 지속된 가장 원시적인 석기문화이다. 아슐리안석기공작은

12) 崔茂藏, 〈堤原鳴梧里B地區遺蹟 發掘調査報告〉(《忠州댐水沒地區 文化遺蹟發掘調査綜合報告書》考古・古墳分野Ⅱ, 忠北大 博物館, 1984), 3~112쪽.

아슐리안주먹도끼로 상징되는데, 큼직한 석핵 또는 대형박편의 양면을 가공하여 만든 것으로 여러 가지 평면형태로 분류되고 있으나 일반적으로 타원형 또는 뾰족한 끝을 가진 첨두형이 많다. 아프리카에서는 약 150만년 전에 이미 이러한 형태가 출현하고 있으며 10만년 전, 즉 중부 홍적세의 후반까지 널리 사용된 석기문화이다. 이 석기공작은 전형적인 주먹도끼 이외에도 찍개류·긁개류·다각면원구·정형화된 석핵들 등을 포함하고 있으며 석기제작기법이 올도완에 비하여 훨씬 발달하였음을 알 수 있다. 아프리카의 일부 삼림지역은 이후에도 Sangoan문화라는 주먹도끼의 전통이 지속되었다.

동아시아지역은 아프리카 외의 지역으로는 가장 오래전에 고인류가 서식한 지역인데 쟈바의 Sangiran에서는 약 100만년 이전으로 올라가는 것으로 보이는 호모 에렉투스가 발견되었고 중국 하북성의 니하만에서는 약 100만년 전의 것으로 보이는 석기문화가 발견되었다. 그래서 이 지역은 호모 에렉투스가 가장 북쪽으로 진출한 지역이 된다. 그런데 동아시아지역은 오랫동안 유럽과 아프리카지역과는 달리 전기 구석기시대에 아슐리안주먹도끼가 발견되지 않은 찍개문화권으로 간주되어 왔으나[13] 최근에 한반도의 전곡리에서 서구의 아슐리안형 주먹도끼가 다수 발견되어 전통적 견해를 부정하는 증거로 제시되고 있다. 그 밖에도 중국 산서의 公王嶺유적들, 광서의 百色유적이나 몽고 등의 전기 구석기유적에서도 원시형주먹도끼로 보이는 석기들이 다수 발견되어 전기 구석기시대 동안 아슐리안형의 석기공작이 동아시아에 전혀 존재하지 않았다는 것은 아니라는 점이 확인되었다.

한반도에서는 많은 지점에서 전기 구석기유물이 발견되었다고 주장되고 있는데 하부 홍적세로 올라갈 수 있는 유적은 아직 보고된 바 없으며 발견될 가능성도 그다지 많지 않다. 현재까지는 중부 홍적세에 형성된 것으로 보이는 유적에서 출토된 석기들이 가장 오래된 것으로 알려져 있다. 한반도의 전기 구석기의 특징은 석기가 정형화되어 있지 않고 불규칙하고 임의적인 성격이 강하게 나타난다. 주먹도끼류나, 다각면원구, 찍개류 그리고 긁개류들

---

13) Movius, H. L. Jr., Early Man and Pleistocene Stratigraphy in southern and Eastern Asia, *Papers of the Peabody Museum of American Archaeology and Ethnology*, Harvard University, Cambridge, 1944.

이 나타나는데 대부분이 많지 않은 박리면으로 덮혀 있고 2차가공을 보이는 것의 수효가 극히 제한되어 있는 것이 특징이다. 祥原의 검은모루유적이나 평양의 용곡동굴유적, 전곡리를 비롯한 임진강과 한탄강의 몇 지점들, 동해안의 심곡리와 도화리유적, 단양의 금굴유적 등이 이 시기에 형성된 것이라고 주장되고 있다. 이러한 지점의 형성연대에 대해서는 여러 가지의 논란이 지속되고 있는데 연대의 범위가 여하간에 석기문화는 2차가공이 뚜렷하지 않고 타격면가공 등의 발달된 기법이 나타나지 않는 전기적인 특성을 잘 보여주고 있는 것들이다.

검은모루의 석기들은 한반도에서 가장 오래된 인공유물이 될 가능성이 있지만 이 석기라고 주장되는 것들이 인공이 가해진 것인지에 대한 의문이 제기되고 있다.[14] 석기의 수효가 극히 적을 뿐 아니라 석기의 가공이 불확실하고 퇴적과정이 애매하여 국제적인 논쟁의 하나로 남아 있다. 용곡동동굴의 하부층에서 발견된 석기들은 대단히 불규칙한 것들인데 찍개·다각면원구 그리고 박편 등으로 구성되어 있다. 이 석기들은 인골과 함께 출토되었다는 점이나 불확실하기는 하지만 절대연대(약 4만년 전에서 7만년 전)가 알려진 유물이라는 점에서 중요한데 이 석기들은 전기 구석기의 원시적인 특징이 그대로 남아 있는 석기공작이라고 하겠다.

전곡리유적에서 출토된 아슐리안형 주먹도끼를 비롯한 석기문화는 한반도의 전기 구석기문화를 대표하는 석기공작으로 그 양이나 단일유적으로서의 규모 등에 있어서 단연 최대의 유적이라고 할 수 있다. 이 유적에서는 아슐리안형 주먹도끼 이외에도 비교적 잘 다듬어진 석기들이 다수 포함되어 있는데 찍개·다각면원구·긁개와 주산알모양의 석핵 등이 포함되어 있다. 이 유적의 연대에 대해서는 여러 가지 견해가 제기되고 있는데 전기 약 40만년 전의 전기로부터 약 4만년 내지 5만년 전의 유적이라는 설에 이르기까지 제기된 설의 범위가 가장 큰 유적의 하나이다. 최근에는 최상부층에서 약 2만 5천년 전의 일본에서 날아온 화산재가 발견되었다는 보고도 있었고, 또한 중간층에서 9만년

---

14) 김신규·김교경, 〈상원 검은모루 구석기시대 발굴보고〉(《고고학자료집》 4, 1974), 3~39쪽.
鄭永和, 〈韓國舊石器文化硏究의 諸問題〉(《人文硏究》 16, 嶺南大, 1994), 281~312쪽.

전쯤의 화산재가 발견되었다는 보고도 있었다.[15] 그러나 기반암의 연대가 약 30만년이라는 K/Ar연대가 있는데 이를 토대로 지형적인 변천과정이 짧은 기간에 일어났을 것이라는 점을 고려하여 대략 20만년 전까지 올라갈 수 있는 유적으로 보는 것이 현재로서는 타당한 추정으로 보인다. 파주의 금파리·주월리와 가월리, 고양의 원당 등의 유적에서도 전곡리와 유사한 석기공작들이 발견되었으며, 이외에도 한탄강과 임진강을 따라 여러 지점에서 석기산포지가 확인되었는데 이러한 유적들도 연대의 범위가 전곡리와 그다지 큰 차이를 보일 것으로는 생각되지 않는다. 단지 지표층에 가깝게 나타나는 경우에 후대의 퇴적일 수도 있을 것이며 또한 현무암대지 위의 퇴적이 늦은 시기까지 이루어질 수 있는 낮은 지역이라면 연대의 차이가 있으리라고 보인다.

단양의 금굴유적도 전곡리와 유사한 석기들을 포함하고 있는데 다양한 단계의 원시형 주먹도끼와 찍개류·다각면원구 등이 보고된 바 있다. 이 유적은 동물뼈들과 같이 발견되어서 당시의 환경을 복원하는데 주요한 자료를 제공하고 있다. 금굴의 제1층을 60만년에서 70만년 전, 그리고 제2층을 45만년 전으로 주장하고 있는데[16] 연대 추정에 무리가 있는 듯하다. 이 유적의 연대를 동물상을 토대로 이 유적의 하부층들은 중부 홍적세 후기로 추정하는 의견도 있다.[17] 이러한 유적 이외에 전기 구석기로 추정되는 석기가 출토된 유적으로는 심곡리와 도화리가 있는데 이러한 유적들은 해안단구에서 발견된 유적이다. 유물의 수효가 많지는 않지만 원시형의 주먹도끼류도 포함되어 있고 이러한 유적이 발견된 지점들이 동해안이라는 점에서 앞으로 한반도내에서 고인류의 확산문제에 대하여 새로운 시사를 던지는 유적들이라고 하겠다. 그리고 이러한 유적들은 앞으로 한반도에 대한 제4기지질학적 연구가 본격적으로

---

15) 최성락·坂田邦洋, 〈南海岸地域 考古學遺跡에서의 火山灰層의 調査－先史遺蹟의 編年을 위한 硏究－〉(《歷史의 再照明》 한림과학원총서 31, 1995), 97～145쪽.
早田勉, 〈始良火山の噴火〉(《始良火山の噴火, 始良火山の噴出後の九州とその人びと－2万年前の石器文化》, 九州舊石器文化硏究會, 1996).

16) 손보기, 〈단양 도담리지구 유적발굴조사보고〉(《忠州댐水沒地區 文化遺蹟發掘調査綜合報告書》 I, 충북대 박물관, 1984), 15～100쪽.
———, 〈단양 도담리지구 유적발굴조사보고〉(《忠州댐水沒地區 文化遺蹟延長發掘調査報告書》 I, 충북대 박물관, 1985).

17) 崔茂藏, 〈韓國舊石器時代의 自然環境〉(《韓國考古學報》 19, 1986), 5～18쪽.

진행된다고 하면 연대에 대한 보다 정확한 추정이 가능할 것으로 판단된다.

한반도 전기 구석기의 가장 큰 문제점은 석기공작의 원시성에 있으며 이와 동시에 주먹도끼공작의 출현으로 인하여 이 두 가지 특성이 어떻게 공존하고 있는가에 대한 해석의 미비라고 하겠다. 그리고 전기적인 석기공작 특성이 언제 출현하여 어느 시기까지 연속되며 또한 발달된 석기공작집단과의 공존 유무가 앞으로 연구의 과제라고 하겠다.

나. 중기 구석기시대

중기 구석기는 일반적으로 석기공작에서 조정된 타격면을 이용한 석기제작이 나타나는 것을 기준으로 삼으나 동아시아지역과 같은 곳에서는 이러한 기법, 즉 르발르와기법이 잘 나타나지 않기 때문에 상부 홍적세의 초기, 즉 약 10만년 전에서부터 약 3만 5천년 전까지의 시기에 속하는 석기공작을 지칭하기도 한다. 그런데 중국에서는 중기 구석기를 약 20만년 전까지의 시기로 지칭하는 경우도 있어서 시간적인 범위도 통일된 것은 아니다. 사하라 이북의 아프리카나 유럽에서는 Neanderthal인에 의해 제작된 중기 구석기문화를 흔히 Mousterian이라고 부르는데 이는 프랑스의 중기 구석기유적인 무스띠에(Moustier)에서 온 말이다. 다른 지역에서는 중기 구석기공작(Middle Paleolithic 또는 Middle Stone Age)으로 부르는 것이 보통이다. 중기 구석기시대에 살았던 네안데르탈인을 비롯한 Homo sapiens들은 죽은 자를 매장한 흔적이나 신앙의 흔적들, 그리고 원시적인 조각예술품들을 남기기 시작한다.

한반도와 중국을 포함한 동아시아지역에서는 르발르와기법이 현저하지 않고 소형석기는 증가하게 되는데 많은 지역에서 전기 구석기시대의 원시적인 석기전통이 지속되고 있고 이는 주먹도끼의 전통이 두드러지게 발달하지 않은 것과 관계가 있는 것으로 보인다. 소형석기들도 많은 가공을 보이는 것은 극히 적으며 전반적인 형태가 전기 구석기적 특징과 구분이 되기 어려운 점이 많다. 한반도내에서도 석장리의 일부 중간층, 명오리출토의 석기문화, 굴포리 하층의 석기문화 등이 중기로 분류되고 있지만 석기의 가공이 비교적 정교하여진 현상 이외에 뚜렷한 기술적인 변화를 볼 수 없다.

굴포리 하층문화는 굴포리 1기문화라고 부르고 있는데, 석기가 대단히 불규칙하고 비정형적인 것들이 발견되고 있다. 현재 흔히들 약 10만년 전의 것으로 보고 있지만 연대에 대해서는 아직 확실한 자료가 없다. 이 유적에서 출토된 석기들은 대부분 직접타격에 의해 만들어진 것으로 찍개와 석핵·격지·모룻돌 그리고 칼이라고 부르는 석기가 발견되었다. 명오리에서는 많은 유물들이 출토되었는데 대형석기들로는 주먹도끼·찍개 그리고 석핵 등이 출토되었고, 박편석기로는 찍개·박편도끼·칼·송곳·홈날석기·첨기·긁개 등의 다양한 석기가 보고되었다. 이러한 석기의 분류에는 약간의 문제점이 있는데 채집된 석기의 1/3이 다듬어진 석기로 분류하였으나[18] 2차가공이 뚜렷이 드러나는 석기는 별로 많지 않다. 그리고 이 유적에서 르발르와기법이 언급되고 있는데 전형적인 것인지 또는 유사한 것인지에 대하여 아직 밝혀지지 않고 있다. 일반적으로 르발르와기법을 사용할 수 있는 석기제작이라고 한다면 외견상 훨씬 정형화된 석기형태를 가져야 할 것으로 생각된다.

단양 수양개유적의 하부층에서도 중기 구석기로 주장되는 석기유물들이 채집된 바 있는데 첨기·주먹대패 그리고 찍개로 명명된 것들이 채집되었다.[19] 석장리의 중부층, 즉 제7과 8 그리고 9문화층에서 출토된 석기들도 중기 구석기로 주장되고 있으나,[20] 이에 대해서는 강력한 반론이 제기되었다.[21] 앞의 두 문화층 제7과 8문화층의 유물들은 전기 구석기로 분류된 문화층들, 즉 이 하부의 문화층들과 석기의 형태상 그다지 큰 차이를 보이지 않고 있어서 구석기공작으로 인정하는데 문제점이 될 수 있다고 하겠다. 그런데 제9문화층, 즉 자갈돌찍개문화층에서는 가공이 뚜렷한 석기들이 출토되었는데 르발르와기법에 대하여 언급하고 있으며 르발르와지수도 제시하고 있다. 그런데 르발르와기법에 의한 석기가 분명하지 않고 전반적으로 이 기법이 적용되었을 만큼 석기의 정형화가 이루어지지 않았다는 점에서 회의적이다. 이러한 중기 구석기문화 외에도 제주도 빌레못동굴의 석기들도 이 시기로 분류되고 있고 용곡동의 중부층의 석기들도 이 시기로 분류되지만 전기

---

18) 최무장, 앞의 글.

19) 이융조, 〈단양 수양개구석기유적 발굴조사보고〉(《忠州댐水沒地區 文化遺蹟發掘調査綜合報告書》 I, 충북대 박물관, 1984), 101~86쪽.

20) 손보기, 〈석장리의 전기－중기구석기문화층〉(《韓國史硏究》 7, 1972), 1~58쪽.

21) 鄭永和, 〈韓國의 舊石器〉(《韓國考古學報》 19, 1986), 63~103쪽.

와 구분할 만한 뚜렷한 특징은 보이지 않는다. 앞으로 이 중기 구석기문화의 설정은 형태학적인 연구와 함께 지질학적 그리고 고생물학적 연구를 통하여 연대의 설정에 노력을 기울여야 할 것으로 생각된다.

다. 후기 구석기시대

후기 구석기는 좁고 긴 돌날이 등장함으로써 시작되는 시기이다. 아프리카의 일부 지역을 제외하고는 대략 3만년 내지 5만년 전에서부터 약 1만년 전의 빙하가 끝날 무렵까지의 시기에 나타난다. 돌날은 흔히 쐐기를 대고 때리는 간접타격이나 가슴눌러떼기의 기법으로 만들 수 있다. 그리고 가공에도 눌러떼기의 기법이 대단히 흔하게 사용되고 있다. 이 시기에는 돌날을 이용한 다양한 형태의 소형석기들이 나타나는데 이 시기의 대표적인 석기로는 끝긁개와 손잡이가공칼 등의 석기가 두드러지게 증가하고 彫刻刀라는 특이한 석기가 발달하게 되는데 이는 골각기제작을 위한 도구로 알려져 있다. 골각기가 대단히 증가하게 되는데 특히 16,000년 전에서 시작된 프랑스의 Magdalenian문화에서는 작살 등의 풍부하고 다양한 골각기가 나타났다. 후기 구석기는 현생인류, 즉 호모 사피엔스 사피엔스에 의해서 만들어졌는데 지구상의 대부분의 지역에서 거주하고 있었다. 북쪽의 추운 지역에서는 대형동물의 사냥이 보편적으로 이루어지고 있었으며 동부시베리아에서는 이 대형동물을 좇아서 베링해를 건너 신대륙으로의 이주가 이루어지게 된다. 이 시기에는 사냥과 채집생활이 훨씬 효율적으로 이루어지고 따라서 사회조직이 복잡해지기 시작하였다. 예술활동이 본격적으로 시작되었음을 장신구·조각품이나 동굴벽화를 통하여 알 수 있다. 이 후기 구석기문화는 약 1만년 전에 나타나는 細石刃으로 대표되는 중석기문화로 발전하게 된다.

한반도의 후기 구석기문화에서는 석인기법이 출현하고 또한 소형석기의 가공이 눈에 띄게 정교해지며 석재는 입자가 고르고 치밀한 것을 선택하는 경향이 두드러지게 나타난다. 석장리·만달리·굴포리·수양개·상무룡리·창내 등의 유적에서 후기 구석기공작이 발견되었는데 밀도가 고른 석재들을 사용하고 2차가공이 분명하게 남아 있고 일부 석기들은 가압법으로 다듬어 석기가 앞선 시대에 비하여 훨씬 정교하다. 만달리·석장리·상무룡리 등의 유적에서 흑요석이 채집되었는데 흑요석은 이 유적들 주위에서 구할 수 없는 것이어서 백두산 등의 화산암지대로부터 상당히 원거리를 운반하여 온 것이 틀림없는 것으로 보인다. 석기들을 보면 석인의 끝을 가공한 이른바 밀개라는 것이 특징적이며 석인을 제작하기 위한 쐐기형 또는 배모양의 석핵이 보인다. 수양개유적에서는 자루가 달린 화살촉 또는 창촉 같은 것들이 다량 발견되었다. 일부 석기들은 가압법으로 가공되었다고 주장되기도 한다.

만달리의 석기는 모두 13점이 출토되었는데 이 중 9점이 흑요석이다.[22] 간접타격법과 가압법에 의해 가공되었고 쐐기형의 석핵이 포함되어 있는데 석인기법의 연구의 좋은 자료이다. 상부 홍적세 말기 또는 충적세 초기의 중석기문화로 보고 있으며 골기도 포함되어 있다고 주장되고 있다. 보고자는 이 유적을 약 2만년 전에 형성된 것으로 추정한다. 굴포리의 상층문화도 후기 구석기로 분류되고 있는데 이 유적에서는 뚜렷한 석인기법은 보이지 않으나 석기의 모양새가 가압법에 의해서 제작되었을 것으로 보이는 것이 있다고 하여 후기로 분류되고 있다. 북한지역에서는 용곡동의 상층문화도 후기 구석기로 분류되고 있다.

수양개유적은 석장리와 함께 남한지방의 최대의 후기 구석기유적으로 후기 구석기시대의 석기문화연구에 대단히 중요한 자료를 제공해 주고 있다. 舟形석기, 즉 배모양의 밀개는 석인석핵의 한 종류인데 발굴자는 이러한 전통이 북중국지방의 석인석기전통과 통하는 것으로 보고 있다. 양면가공의 주먹도끼와 함께 Aurignacien기법의 밀개도 포함되어 있는데, 이 유적 역시 연대가 분명하지 않아서 앞으로의 과제인데 발견된 단구의 연대를 추정하여 석기공작의 연대를 밝히는 방법이 가장 유력하지만, 이 유적에서 출토된 有頸式석기나 배모양의 밀개 등으로 미루어 연대가 후기 구석기의 후반에 속할 가능성이 많은 것으로 생각된다. 상무룡리에서도 흑요석을 포함한 후기 구석기유물이 출토되었는데 이 유물들의 연대를 약 5만년 전에서 1만년 전으로 추정하고 있다.[23]

석장리의 상부 3개 문화층이 후기 구석기로 구분되었다. 아직도 불확실한

---

22) 김신규·김교경·백기하·장우진·서국태, 〈평양부근 동굴유적 발굴보고〉(《유적발굴보고》 14, 1985).
김용간, 《조선고고학전서－원시편 석기시대》(1990).

23) 최복규 외, 《상무룡리》(강원도·강원대 박물관, 1989).

점이 많지만 이 문화층은 새기개와 밀개들이 특징적이며, 이 문화층과 연관된 유구로 주거지유구가 보고되었는데 이 유구내에서 많은 석기들이 채집되었으며 배모양의 밀개라고 하는 석인석핵류가 출토되었다. 이 유적의 후기 구석기층 중에서 오래된 것으로 판단된 제10문화층에서는 탄소연대측정법에 의해 30,690±3,000년 전의 연대가 그리고 집자리유적에서는 20,830±1,880년 전의 연대가 나온 바 있다. 그래서 적어도 후기 구석기의 연대적인 범위는 밝혀진 셈이다. 이러한 유적들 이외에도 후기 구석기시대에 속한다고 보는 석기공작으로 금굴의 상층·창내유적·대전리유적, 금평유적 등이 있다. 이러한 유적들도 정확한 연대는 없으나 석기의 형태나 지형적인 위치 등을 토대로 추정한 것이다.

한반도 후기 구석기공작의 출현시기와 그 발달과정에 대한 설명이 아직도 불충분한 상태이다. 이 석기공작이 전기·중기의 원시적인 특성을 가진 석기공작들과 어떠한 연속적 상관성이 있는지에 대한 고찰과 함께 고인류의 확산과정을 고려한 연구가 있어야 할 것이다. 현재 당면한 또 다른 과제의 하나는 후기 구석기의 석인석기공작과 세석인석기공작과의 관계이다. 그 변화에 시기와 기원에 대한 검토가 후기 구석기 후반의 문화적 양상과 중석기의 시작을 이해하는데 관건이 될 것이다.

〈裵基同〉

2) 구석기시대의 자연환경

(1) 제4기의 지질과 자연환경

가. 제4기란 무엇인가

약 46억년이라는 지구의 역사 속에서 현재 우리가 살고 있는 시대는 약 6,500만년 전에 시작하는 신생대 후반부의 끝부분에 해당한다. 신생대는 제3기와 제4기로 나뉜다.[1] 제3기의 존속기간은 신생대의 대부분을 차지하고 있

1) 19세기 유럽에서는 지질시대를 나누는 단위로 제1기(Primary), 제2기(Secondary), 제3기(Tertiary), 제4기(Quaternary)와 같은 낱말이 쓰였다. 이같은 용어 가운데 제1기와 제2기라는 말은 현재 거의 쓰이지 않고 있다. 제1기와 제2기를 대신해서 각각 고생대와 중생대라는 용어가 오늘날 널리 쓰인다. 제4기란 말은 1829년 Jules Desnoyers가 처음 사용하였다.

으며, 오늘날 우리의 삶과 더불어 계속되고 있는 제4기의 시간범위는 아주 짧아 신생대 전기간의 4%도 차지하지 못한다.

제4기 동안 지구상의 기온은 제3기에 비하여 많이 떨어졌고, 추운 기후와 따뜻한 기후가 번갈아 나타났다. 이러한 기후변화에 가장 큰 영향을 주었던 것은 빙하작용이다. 빙하작용이 되풀이하여 일어나 기후가 바뀔 때마다 지역에 따라 지형과 지질이 변하였고, 땅 위에 사는 동식물의 분포범위와 구성관계를 포함하여 생태계 전반에 걸쳐 변화가 일어났다.

추운 기후로 말미암아 얼음이 늘어나고 바닷물의 온도가 떨어지면서 바닷물 속에 사는 有孔蟲이나 작은 유기물의 생태환경에도 변화가 나타났다. 그리고 그런 생물체에서 분석한 산소동위원소($^{18}O/^{16}O$)의 비율은 과거의 바닷물 온도를 알아내는 데 많은 도움을 준다.[2] 바다를 넓게 덮었던 얼음덩어리 밑에 살았던 종류일수록, ^{16}O에 비하여 증발이 더딘 ^{18}O의 상대비율이 높게 나타난다. 빙하작용의 영향이 클수록 유공충과 같은 생물 안에 들어 있는 ^{18}O의 양은 늘어난다. 산소동위원소 분석자료에 따르면[3] 중기 갱신세 이후 지금까지 19번에 걸친 커다란 기후상의 변화로 추운 기후와 따뜻한 기후가 되풀이되었음을 보여준다. 춥고 메마른 환경 속에서 쌓인 황토층의 연구도 과거의 기후변화를 추정하는 데 자주 이용된다.[4]

제4기에 들어와 기온이 떨어지면서 오랫동안 덥고 따뜻한 지역을 중심으로 살았던 적지 않은 짐승 종류가 지구상에서 그 모습을 차츰 감추게 되었다. 그러나

---

2) Shackleton, N. J., and A. H. Opdyke, Oxygen Isotope Palaeomagnetic Stratigraphy of Equatorial Pacific V28-238 : Oxygen Isotope Temperatures and Ice Volumes on a 10^5 Year and 10^6 Year Scale, *Quaternary Research 3*, 1973.

3) Martinson, D. G., N. G. Pisias, J. D. Hays, J. Imbrie, T. C. Moore and N. J. Shackleton, Age Dating and the Orbital Theory of the Ice Ages : Development of a High-Resolution 0 to 300,000-Year Chronostratigraphy, *Quaternary Research 27*, 1987.

4) Kukla, G. J., Loess Stratigraphy of Central Europe, K. W. Butzer and G. L. Issac eds., *After the Australopithecines*, Mouton Publishers, The Hague · Paris, 1975.

Zubakov, V. A., and I. I. Borzenkova, *Global Palaeoclimate of the Late Cenozoic*, Elsevier, Amsterdam · New York · Oxford · Tokyo, 1990.

Liu, T., ed., *Quaternary Geology and Environment in China*, Science Press, Beijing, 1991.

오직 사람만은 기후변화에 잘 적응하고 번성하여 지금은 지구 곳곳에서 발자취를 남기며 살고 있다. 그래서 제4기는 사람의 시대(Age of Man)라고 일컫기도 한다.

나. 제4기의 시기구분

가) 제3기와 제4기의 경계

제3기와 제4기의 경계시기를 언제로 잡을 것인가에 대한 논의가 체계있게 이루어지기 시작한 것은 1948년 런던에서 열린 국제지질학회 학술대회(International Geological Congress)부터이다. 이 모임에서는 추운 기후의 동물상이 나타나는 이탈리아 남부의 Calabria지역에 있는 바닷물 퇴적층을 제4기가 시작하는 첫 단계로 다루었다. 이 곳에서 조사된 몇몇 퇴적층은 근래에 이르기까지 국제지질학회와 국제제4기학회에서 제3기와 제4기를 가르는 기준으로 이용되었다. 그런데 1970년대에 들어와, 칼라브리아의 Vrica지역에 발달된 바닷물 퇴적층을 기준으로 제3기와 제4기의 경계를 긋는 논의가 일어났고, 이에 대한 새로운 연대측정값이 163만년 전으로 발표되었다.[5] 현재 국제지질학회에서는 이 연대를 제3기와 제4기의 경계로 잡고 있지만, 이 시대를 연구하는 모든 학자가 그와 같은 연대값을 절대기준으로 받아들이는 것은 아니다.

앞에서 말한 것처럼, 제4기를 특징짓는 요소로서 추운 기후의 출현을 들 수 있는데,[6] 지구상에서 추운 기후의 직접 영향을 받는 기간과 강도는 지역마다 차이가 있을 수 있다. 북극이나 남극에 가까운 고위도 지역일수록 추위의 영향을 빨리 받게 된다. 예를 들어 뉴질랜드에서 넓은 범위에 걸쳐 빙하

---

5) Tauxe, R. E., N. D. Opdyke, G. Pasini and C. Elmi, Age of the Pliocene-Pleistocene boundary in the Vrica section, southern Italy, *Nature 304*, 1983.
제4기의 처음 연대를 따질 때, 탄자니아 올두바이의 Ⅰ·Ⅱ층에서 조사된 고지자기의 분석결과가 활용되기도 한다. 마츠야마 역전기 동안 잠깐 나타났던 올두바이正常亞期(Olduvai Normal Subchron)의 연대값은 187~167만년 전으로 나왔다. 따라서 브리카에서 나온 연대값은 올두바이 정상아기의 윗부분보다 조금 늦다(E. Aguirre and G. Pasini, The Pliocene-Pleistocene Boundary, *Episodes 8-2*, 1985).

6) 그러나 지구상에 나타난 빙하의 출현이 반드시 제4기를 규정짓는 요소는 아니다. 알래스카에는 8백만년 이전, 그리고 남극대륙에는 4백만년 이전에 일어난 빙하의 흔적이 있다(Lumley, H. de, Cadre chronologique absolu, paléomagnétisme, chronologie paléontologique et botanique, esquisse paléoclimatologique, séquences culturelles, H. de Lumley, sous la direction de, *La Préhistoire Française, tome I*, Eds. du C. N. R. S., Paris, 1976).

작용이 영향을 끼치는 시기는 약 240만년 전으로 거슬러 올라가며, 이 무렵에 북반구에도 빙하작용이 일어났다. 그리고 북반구에서 빙하작용이 차츰 강도 높게 영향을 끼치기 시작한 것은 약 90만년 전 이후의 일이다.[7]

중국에서는 황토층·빙하퇴적·동물화석·꽃가루분석 등을 통하여 제3기와 제4기의 경계시기를 248만년 전 또는 350~400만년 전으로 잡을 수 있다는 두 가지 방안을 제시한다.[8] 그런데 중국에서는 248만년 전을 경계로 제3기와 제4기를 나누는 기준이 일반으로 적용되고 있다.[9]

한편 선사시대에 살았던 동물의 지역별 출현과 분포범위, 진화관계 등도 제3기와 제4기를 구분하는 자료로 활용되고 있다. 쥐·말·돼지·코끼리·사슴종류 등의 화석을 통하여 제3기와 제4기의 연대를 나누는 방안도 많은 학자들에 의하여 제시되고 있다. 예를 들어 추운 곳에 어울려 사는 나그네쥐종류(*Lemmus*)가 북아시아에서 유럽으로 옮겨간 것은 약 350만년 전이다. 아프리카에서 코끼리(*Elephas*)는 약 400만년 전에 모습을 드러낸다.[10]

제4기를 특징짓는 것 가운데 하나는 사람의 출현과 문화의 발전이다. 우리의 먼 조상으로 볼 수 있는 남쪽사람원숭이(*Australopithecus*, 南方猿人)는 이미 500만년 이전에 두 발 걸음으로 걸었고, 손쓴사람(*Homo habilis*, 能人)은 250만년 전, 곧선사람(*Homo erectus*, 直立猿人)은 170만년 전에 나타나고 그 뒤를 이어 중기 갱신세 후반부에 슬기사람(*Homo sapiens*)이 나타난다. 뗀석기는 손쓴사람의 단계부터 제작되기 시작한 것으로 연구되고 있다.

한국의 제3기와 제4기의 경계시기에 대해서 여러 가지 견해가 있다. 동해안 중남부 지역의 제4기 계단식 언덕(terrace)을 연구한 자료에 따르면, 이 곳에 분포하고 있는 제4기 이른 시기의 퇴적층이 지형 고도 약 80m 이하의 산기슭에 적은 규모로 퍼져 있고, 붉은 갈색을 띠며, 풍화를 받은 특징을 보여준다고

---

7) Beu, A. G., A. R. Edwards and B. J. Pillans, A Review of New Pleistocene Stratigraphy, with Emphasis on the Marine Rocks, M. Itihara and T. Kamei, eds., *Proceedings of the First International Colloquium on Quaternary Stratigraphy of Asia and Pacific Area, Osaka, Japan, 1986*, 1987.

8) 周慕林 等, 《中國的第四系》(地質出版社, 北京, 1988).

9) Liu, T., J. Han and B. Yuan, Quaternary Research in China, *Korea·China Quaternary-Prehistory Symposium*, 단국대 한국민족학연구소, 1992.

10) Klein, R. G., *The Human Career*, The Univ. of Chicago Press, 1989.

한다. 그리고 가장 이른 시기에 속하는 지층에서 이루어진 古地磁氣의 분석결과가 마츠야마 역전기(Matuyama Reversed Chron)에 해당하므로 이 지역에 나타나는 제4기의 처음은 약 250만년 전으로 거슬러 올라간다고 추정되었다.11)

북한의 함경북도 김책-어랑지역에 펴져 있는 제4기의 현무암이 열형광법에 의하여 측정되었다. 이 곳에는 네 단계에 걸친 현무암층이 발달하였고, 1단계(180~160만년 전)와 2단계(130~110만년 전)에 형성된 현무암층 아래에 제4기 자갈층이 각각 쌓여 있는 것으로 발표되었다.12)

위에서 말한 바와 같이 제3기와 제4기를 나누는 기준은 연구지역과 그 대상에 따라 여러 가지 차이를 보여준다. 지역별 빙하작용의 범위와 강도, 퇴적의 성격, 고지자기, 동물화석의 진화상 특성, 사람종류 화석의 체질상 변화 등 어디에 초점을 맞추는가에 따라 제4기의 처음 연대설정에 차이가 진다.

우리 나라에 적용할 수 있는 제3기의 마감과 제4기의 처음 연대에 대해서는 앞으로 좀더 많은 자료를 통하여 검토되어야 할 것이다. 최근 국제지질학회에서 공인을 받은 브리카지역의 연대값을 바탕으로 그 경계를 어림잡아 약 170만년 전으로 잡을 수 있다. 그렇지만 우리 나라와 가까운 중국, 그리고 우리 나라 동해안의 중남부지역에서 조사된 자료를 참고할 때, 제4기의 처음 연대를 약 250만년 전으로 올려 잡는 것도 충분히 가능하다고 생각한다.

나) 갱신세

제4기는 갱신세(Pleistocene)13)와 전신세(Holocene)로 나뉜다.

---

11) 이동영, 〈한국 동해안지역의 제4기 지층발달과 층서적 고찰〉(《박물관기요》 8, 단국대 중앙박물관, 1992).
―――, 〈제4기 층서〉(《한국의 지질》, 대한지질학회, 1997).

12) 김종래·정남섭, 〈김책-어랑지역에 발달되여 있는 제4기 현무암의 열형광년대와 분포특성〉(《지질과학》 1992-4).

13) 'Pleistocene'이란 말은 1839년 영국의 지질학자 Charles Lyell이 처음으로 제안하였다. 라이엘은 이 시기의 한 특징으로서 당시에 살았던 바다 연체동물의 대부분이 현생종과 비교해서 형태상 특징이 거의 같다는 점을 예로 들었다. 이 용어에 대응하는 말로 'Diluvium(Diluvial Epoch)', 곧 洪積世라는 낱말이 있다. Diluvium이라는 개념은 성경에 나오는 노아의 홍수설에 근거하여 과거의 지질변화를 설명하려고 19세기 초반 유럽에서 사용되기 시작하였지만, 오늘날 학계에서는 학술용어로 받아들이지 않는다. 제3기에 비하여 새롭게 변했다는 의미를 지니고 있는 'Pleistocene'을 更新世라고 옮기는 것이 본래의 뜻에 더 어울린다고 생각된다.

갱신세는 다시 전기·중기·후기로 잘게 나뉜다.[14] 1973년 오스트리아의 Brug Wartenstein에서 "중기 갱신세 층서와 문화변동의 유형(Stratigraphy and patterns of cultural change in the Middle Pleistocene)"이라는 주제로 심포지움이 열려, 중기 갱신세의 처음과 마감연대에 대한 논의가 있었다. 여기서는 다음과 같이 중기 갱신세의 처음과 마감연대를 설정하였다.[15]

① 중기 갱신세의 처음 : 고지자기에 말하는 마츠야마 역전기와 브륀 정상기(Bruhnes Normal Chron)의 경계를 중기 갱신세의 시작으로 잡는다. 이 경계시기 이후, 고위도지역에서 추운 기후가 뚜렷하게 영향을 끼치며, 앞에서 말한 고지자기상의 변화는 지구 곳곳에 널리 적용할 수 있다.

② 중기 갱신세의 마감 : 마지막 간빙기가 시작하기 전의 앞 시기로 잡는다.

이상의 내용을 참고로 할 때, 중기 갱신세의 처음은 약 73만년 전, 그리고 그 마감은 약 13만년 전으로 볼 수 있다. 따라서 후기 갱신세는 흔히 이야기하는 마지막 간빙기(Last Interglacial)와 마지막 빙하기(Last Glacial)를 포함한다. 마지막 빙하기 동안 가장 추웠던 BP15,000년 무렵, 바닷물의 높이가 낮아져 서해는 육지로 드러났고, 동해는 한국과 일본에 둘러싸인 커다란 호수와 같은 모습을 지녔다.

다) 전신세

갱신세와 전신세의 경계시기, 곧 전신세[16]의 처음 시기를 언제로 잡을 것인가에 대한 기준은 1969년 빠리에서 열린 국제제4기학회 학술대회에서 설정되었다. 이 모임에서는 BP10,000년[17]을 전신세의 시작으로 받아들였다. 이

---

14) 한편 북한에서는 이와 같은 시기구분에 대하여 하세·중세·상세라는 용어를 사용한다(림경화·리혜원, 《조선의 지질》, 과학·백과사전출판사, 1987).

15) Butzer, K. W. and G. L. Issac, eds., *After the Australopithecines*, Mouton Publishers, The Hague·Paris, 1975, pp. 857~872·901~903.

16) Holocene이란 말은 Paul Gervais가 처음 제안하였고, 1885년 국제지질학회에서 이 용어를 받아들였다. 全新世는 完新世 또는 現世(Recent)라고도 불린다.

17) BP는 'before the present'의 줄임말로서 서력 기원후(AD) 1950년을 기준으로 한다. 예를 들어 서력 기원전(BC) 8,050년은 BP10,000년에 해당한다. BP라는 시간단위는 절대연대측정방법이 발달하면서 널리 쓰이고 있다.

러한 연대 기준은 스칸디나비아지역에서 특히 잘 들어맞는다.[18]

전신세는 마지막 빙하기의 뒤를 잇는 시기로 흔히 후빙기(Postglacial)라고 불리기도 한다. 전신세에 들어와 바닷물은 오늘날과 거의 비슷한 높이에 다달았으나, 시기와 지역에 따라 높낮이의 차이가 조금 드러나기도 하였다. 현재 한국에서는 전신세의 바닷물 높낮이의 변화에 관하여 대체로 두 가지 견해가 있다. 첫째는 BP6,000년 이후, 한국의 바닷물이 오늘날과 같은 높이에 다달았으며 변함없이 계속 유지되었다는 것이다.[19] 둘째는 BP6,000년 이후에도 작은 규모로 바닷물 높이의 변화가 일어났다는 주장이다.[20] 그런데 최근 경기도 일산지역에서 연구된 자료에 따르면, 약 BP5,000~2,500년 사이의 바닷물이 지금보다 몇 미터쯤 높은 곳에 있었던 것으로 나타난다.[21]

다. 우리 나라의 제4기

가) 빙하 주변지대의 쌓임층

백두산과 같은 높은 지대를 제외하고, 우리 나라에서는 빙하의 영향을 직접 받았던 지역이 거의 없는 것으로 현재 연구되고 있다. 그렇지만 추운 기간 동안, 우리 나라의 대부분 지역이 빙하의 주변으로서 기후상의 영향을 받았던 흔적이 나타난다.

대체로 산비탈 쪽의 쌓임층은 그보다 위에서 흘러내려온 퇴적으로 이루어지며, 그 퇴적 안에는 크고 작은 돌조각들이 섞여 있고, 부분에 따라 언땅트기현상을 함께 지닌 곳도 있다. 한편 산비탈을 벗어난 평지 쪽에는 주로 언땅트기현상에 의한 쐐기모양의 토양구조가 잘 발달하였다.[22] 이런 구조는 북한강·남한강·한탄강·임진강·보성강유역 등에서 조사된 구석기유적 언저

---

18) Harland, W. B., A. V. Cox, P. G. Llewellyn, C. A. G. Pickon, A. G. Smith and R. Walters, *A geologic time scale*, Cambridge Univ. Press, 1982.

19) 박용안, 〈한국 황해(서해)의 프라이스토세 후기 및 홀로세(현세)의 해수면변동과 기후〉(《한국제4기학회지》 6, 1992).

20) 조화룡, 《한국의 충적평야》(교학연구사, 1987).
이동영·김주용, 〈지질환경조사〉(《자연과 옛사람의 삶》-일산새도시개발지역 학술조사보고 1, 한국선사문화연구소, 1992).

21) 이동영·김주용, 위의 글.

22) 이동영, 〈제4기 지질학과 고고학의 공동연구〉(《선사문화》 2, 1994).

리에 잘 발달되어 있다.

우리 나라에서는 후기 갱신세 기간 동안 두 차례에 걸쳐 언땅트기현상이 있었던 것으로 보인다. 언땅트기현상은 따뜻한 시기에[23] 쌓인 것으로 보이는 붉은 찰흙층 또는 붉은 갈색 찰흙층에 발달되어 있다. 이러한 현상이 일어난 시기는 산소동위원소 분석자료와 비교할 때, 4기 곧 BP73,910(±2,590)~58,960(±5,560)년, 그리고 2기 곧 BP24,110(±4,930)~12,050(±3,140)년 사이의 시기와 대비시킬 수 있다고 추정된다. 북한에서는 아직까지 언땅트기현상에 의하여 이루어진 퇴적층이 보고되지 않은 것으로 생각된다.

춥고 습한 기후의 영향을 보여주는 것 가운데 하나가 석회암동굴에 쌓인 낙반석이다. 물리풍화작용에 의하여 동굴의 천장이나 벽을 이루었던 석회암이 흔히 겨모양으로 쪼개져 동굴 안에 쌓이게 되는데, 이런 현상은 점말 용굴에서 잘 나타난다.[24] 따라서 춥고 습한 시기에 쌓인 퇴적층일수록 지층의 두께가 두터워지는 경향이 있다. 그와 같은 특징은 외부 기후의 영향을 직접 받기 쉬운 동굴의 입구 쪽에서 잘 나타난다. 반면에 따뜻하고 습한 시기에는 석회마루층이 발달하고, 동굴 안에 쌓인 퇴적에 화학풍화작용이 영향을 끼친다.[25] 동굴 안에 쌓인 흙은 화학풍화작용을 강하게 받을수록 붉은색을 띠는 경향이 짙다.

나) 계단식 언덕(단구)

따뜻한 기후가 나타나는 동안 바닷물과 강물의 높이가 높아지고, 이러한 물의 영향을 받아 바닷가나 강가에 계단식으로 언덕을 이루는 지형이 발달한다. 물의 작용으로 말미암아 쌓인 자갈과 모래가 특징있게 나타난다. 우리 나라의 동해안 중남부지역에는 약 250만년 전부터 지금까지 높이를 달리하는 계단식 언덕이 지역에 따라 4~5개 정도 나타난다.[26] 첫째 언덕은 전신세, 둘째 언덕은 후기 갱신세의 마지막 간빙기, 셋째 언덕은 중기 갱신세, 넷

---

23) 이 시기에 이루어진 찰흙에는 고령토(kaolinite)의 성분이 높다(이동영, 위의 글).

24) 손보기 · 박영철 · 한창균, 《점말동굴 발굴보고》(연세대 박물관, 1980).

25) 이동영, 앞의 글(1994).

26) 포항 남부의 바닷가에 발달되어 있는 계단식 언덕의 지형을 현재의 바닷물 높이와 비교하여 보면 다음과 같다. 제1단구 : 3~5m, 제2단구 : 10~15m, 제3단구 : 35~42m, 제4단구 : 50~60m, 제5단구 : 70~80m(이동영, 앞의 글, 1997).

째와 다섯째 언덕은 전기 갱신세 이른 시기에 쌓인 것으로 연구되고 있다.[27]

우리 나라의 내륙지방에도 계단식 언덕이 발달되어 있다. 함경북도 강안리(동관진),[28] 강원도 하화계리,[29] 경기도 병산리유적[30] 등에서는 둘째 언덕 퇴적층이 잘 나타난다. 그리고 평안남도 승리산동굴과[31] 평양 만달리동굴[32] 등에는 둘째 언덕과 대비되는 강물 퇴적이 들어 있다. 평양시 상원군 용곡리 제1호 동굴 아래에 쌓인 강물 퇴적도 후기 갱신세의 마지막 간빙기 동안에 쌓인 것으로 추정된다.[33]

계단식 언덕 위에 쌓인 지층에서 구석기시대의 유물이 자주 나오고 있으며, 그 퇴적시기는 대체로 중기 구석기시대 이후에 속하는 것으로 보인다. 몇몇 구석기유적에서 조사된 유적의 퇴적관계는 강가에 자리잡고 있는 구석기시대의 유적을 시기별로 구분하는 데 많은 도움을 준다.

북한에서는 큰 강줄기의 하류지역을 기준으로 할 때, 하세층은 40~120m(예 : 오랑천층, Orangchon Formation), 중세층은 20~90m, 상세층은 10~40m(예 : 장덕층, Jangdok Formation) 높이에 계단식 언덕이 퇴적되어 있는 것으로 연구되고 있다.[34]

다) 짐승화석

우리 나라의 갱신세 짐승화석은 석회암지대의 동굴에서 주로 나온다. 우리 나라의 강가나 들판의 토양이 일반으로 산성을 띠고 있기 때문에 시기가 오래 될수록 짐승화석이 보존되어 남아 있는 경우는 거의 없다. 그런데 동굴이

---

27) 이동영, 위의 글.
28) 德永重康·森 爲三, 〈豆滿江沿岸潼關鎭發掘調査報告〉(《第一次滿蒙學術調査硏究團報告》 2-4, 東京, 1936).
29) 최복규, 〈홍천 하화계리 중석기시대 유적의 조사 연구〉(《박물관기요》 9, 단국대 중앙박물관, 1993).
30) 한창균, 〈병산리 구석기유적〉(《선사문화》 4, 1996).
31) 고고학연구소, 〈덕천 승리산유적 발굴보고〉(《유적발굴보고》 11, 1978).
32) 김신규·김교경·백기하·장우진·서국태, 《평양부근 유적발굴보고》(1985).
33) 한창균, 〈용곡 제1호 동굴유적의 시기구분과 문제점〉(《박물관기요》 8, 단국대 중앙박물관, 1992).
34) 림경화·리혜원, 앞의 책.
Academy of Science, *Geology of Korea*, Foreign Language Book Publishing House, Pyongyang, 1996.

아닌 지역에서 갱신세의 짐승화석이 나오는 곳이 함경북도지방에 분포한다. 황토층이 발달한 강안리유적과 장덕리 일대의 토탄층에서 털코끼리(맘모스)와 같이 추운 지역에 어울려 살았던 짐승화석이 발견되었다. 이 밖의 전신세에 쌓인 조개더미에서 짐승뼈가 나오기도 한다.

지금까지 우리 나라의 구석기유적에서 발굴된 짐승화석은 대체로 중기 갱신세 늦은 시기 이후에 속하는 것으로 생각된다.[35] 갱신세에 살다가 지금은 이 땅에서 사라진 종류로는 코뿔이·짧은꼬리원숭이·하이에나·털코끼리 등이 있다. 북한에서는 구석기시대의 늦은 시기에 들어와 현대 動物相의 모습이 뚜렷하게 나타나고, 한반도의 동북지역에 털코끼리—털코뿔이동물상이 이루어졌던 것으로 보고 있다.[36] 이러한 동물상은 전신세에 들어와 자취를 감춘다.

남한의 점말·금굴·두루봉·구낭굴 등과 북한의 검은모루·승리산·대현동·화천동·마답리·용곡리·청청암·해상 등의 동굴에서 갱신세의 여러 가지 짐승화석이 발굴된 바 있다. 몇몇 유적에서 나온 짐승뼈가 각각의 시기를 특징짓는 표준화석으로 활용되는 경우가 있다. 예를 들어 검은모루유적의 경우, 습들쥐·상원갈밭쥐·상원말·넙적큰뿔사슴 등이 이 유적을 전기 갱신세로 가늠하는 표준화석으로 이용되고 있다.[37] 그러나 각 짐승화석의 정확한 種의 감정, 각 종의 시기별 분포, 동굴퇴적의 연대, 당시 자연환경의 배경 등이 설득력 있게 이루어지지 않았기 때문에 그와 같은 짐승뼈를 표준화석으로 설정하기에는 여러 가지 문제를 안고 있다.

라) 꽃가루분석

갱신세의 꽃가루분석은 구석기유적을 중심으로 이루어지고 있다. 주로 석

---

35) 만달리 절골에 있는 동굴의 아래층에서 나온 짐승뼈를 가지고 열형광법(TL dating)으로 측정한 값이 BP943,825±21,802년으로 나왔다. 그런데 여기서 나온 동물상은 상원 검은모루유적의 것보다 조금 늦은 시기의 특징을 지니고 있는 것으로 보고되었다(김교경·전영수, 〈절골동굴(아래층) 화석산지의 년대〉, 《조선고고연구》 1990—1). 현재 북한에서는 검은모루유적의 연대를 100만년 전으로 보고하였지만(김용간, 《조선고고학전서(원시편 : 석기시대)》, 과학·백과사전종합출판사, 1990), 이 동굴의 퇴적상황을 검토할 때, 그보다 시기가 훨씬 뒤떨어질 것으로 추정된다(한창균, 〈북한의 구석기유적 연구〉, 《白山學報》 48, 1997).

36) 김신규, 〈우리 나라 구석기시대의 포유동물상〉(.《조선고고연구》 1986-2).

37) Academy of Science, 앞의 책.

회암지대의 동굴유적에 쌓인 퇴적층에서 분석이 실시되었고, 털코끼리가 나온 장덕리의 토탄층에서도 분석결과가 발표되었다. 지금까지 한반도에서 이루어진 꽃가루분석작업은 대체로 후기 갱신세(또는 중기 갱신세 늦은 시기)와 전신세에 쌓인 지층에서 실시되고 있다. 석회암지대의 동굴퇴적 또는 강가나 바닷가에 쌓인 토탄층에서 꽃가루분석이 주로 이루어지고 있다.

마지막 빙하기의 이른 시기로 추정되는 꽃가루분석이 경상남도 거창군 가조분지에서 이루어졌다. 이 곳에는 추운 기후에 어울려 사는 가문비나무(*Picea*)와 자작나무(*Betula*) 종류의 비율이 높게 나왔다.[38] 마지막 빙하기 늦은 시기로 보이는 장덕리유적의 꽃가루분석자료는 당시 이 일대에 초원지대가 발달하였고, 지금보다 한랭하고 습한 기후가 형성되었음을 알려준다.[39] 용곡 제1호 동굴의 아래층에서는 따뜻한 기후를 좋아하는 수삼나무(*Metasequoia*), 솔송나무(*Tsuga*) 등의 꽃가루가 나오기도 하였다.[40] 황해북도 평산군 해상동굴의 퇴적층에서 습하고 따뜻한 것을 좋아하는 날개호두(*Pterocarya*), 풍향나무(*Liguidambar*) 등의 꽃가루가 나왔는데, 이 퇴적층의 형성시기는 아직까지 분명하게 드러나지 않았다.[41]

중기 갱신세의 따뜻했던 어느 한 시기에 쌓인 것으로 추정된 두루봉 2굴의 지층에서는 소나무(*Pinus*)와 오리나무(*Alnus*)의 꽃가루가 많이 나왔다.[42]

후기 갱신세로 보이는 점말 용굴의 퇴적에서 나온 꽃가루를 분석한 결과는 빙하기라 할지라도 이 지역 일대에 아주 심한 추위가 닥쳐오지 않았음을 알려주며, 이러한 점은 나무숯의 연구에 의하여 뒷받침되었다.[43]

---

38) 조화룡·장 호·이종남, 〈가조분지의 지형발달〉(《한국제4기학회지》 1, 1987).

39) 박준석·최현모, 〈털코끼리가 발견된 함북 화대군 장덕리 4기층의 층서와 고지리적 환경에 대한 고찰〉(《문화유산》 1962－4).

40) 전제헌·윤 진·김근식·류정길, 《룡곡동굴유적》(1986).

41) 습하고 따뜻한 것을 좋아하는 꽃가루 종류가 나오는 점을 들어, 해상동굴의 퇴적층 형성이 전기 갱신세에 가까운 것으로 보고 있는데(김홍걸, 〈평산군 해상동굴 퇴적층의 포자－화분조합에 대한 고찰〉, 《조선고고연구》 1992－2), 북한에서는 대체로 중기 갱신세 후기에 속하는 것으로 다루고 있다(김용간, 《조선의 구석기시대》, 사회과학출판사, 1984).

42) 이융조, 《청원 두루봉동굴 구석기유적 발굴보고서》 I (충북대 박물관, 1983).

43) 손보기, 〈한국 구석기시대의 자연〉(《한불연구》 1, 1974).

———, 〈한국 구석기문화의 연구〉(《韓國史硏究》 19, 1978).

후기 갱신세의 늦은 시기에 해당하는 수양개유적의 지층에서는 춥고 습한 기후에 어울려 사는 꽃가루 종류가 많이 나왔고, 이런 환경 속에서 소나무와 같은 나무의 성장상태가 좋지 않았음을 보여주는 나무숯이 조사되었다.[44]

대체로 전신세의 식물상은 오늘날과 비교해서 큰 차이가 없는 것으로 나타난다.

마) 이웃 나라의 기후변화－중국

우리 나라의 제4기에 대한 연구성과가 적기 때문에 지금까지 나온 자료만 갖고서는 우리 나라 제4기의 기후변화를 짜임새 있게 서술하기란 매우 어렵다. 특히 연대가 올라가는 시기일수록 아직까지 밝혀 내지 못한 문제점이 많다. 비록 우리 나라의 경우는 아니지만, 우리와 비교적 가까이 있는 지역에서 이루어진 연구성과는 우리 나라의 제4기를 이해하는 데 도움을 줄 수 있다고 생각된다. 그 보기로 중국을 들어 알아보기로 하겠다. 다음에 서술하는 내용은 중국에서 일어난 커다란 기후변화의 물결을 9단계로 묶은 것이며, 전체 9단계 안에 크고 작은 변화가 27차례 있었다.[45]

① 첫번째 단계(BP2.48～2.3Ma[46]) : 제3기 말의 上新世(Pliocene)에 비하여 추워지기 시작함. 후기로 가면서 따뜻하게 변함. 티베트고원에 빙하가 나타남.
② 두번째 단계(BP2.3～2Ma) : 초기는 추웠고 후기는 따뜻함. 전체로 보아 온난하고 습했음. 북중국에 초원지대가 늘어남.
③ 세번째 단계(BP2～1.7Ma) : 전기 갱신세 기간 동안 가장 따뜻하고 습했던 시기로서, 초기에는 습하고 추웠으나 후기에는 습하고 따뜻했음.
④ 네번째 단계(BP1.7～1.4Ma) : 초기에는 온도가 낮았으나 후기에는 따뜻해짐. 메마른 기후가 나타나기 시작함.
⑤ 다섯번째 단계(BP1.4～1.1Ma) : 초기의 추운 기후가 오래 지속되고, 후기에는 추운 기후와 따뜻한 기후가 되풀이됨. 북중국지역의 춥고 메마른 기후로 인하여 삼림이 줄어들자 그 곳에 살던 많은 젖먹이동물들이 남쪽으로 이동.

44) 이융조, 〈한강유역의 구석기문화〉(《先史와 古代》 1, 1991).
45) 그러나 중국에서도 학자에 따라 248만년 전 이후에 일어난 기후변화의 시기구분과 횟수에는 차이를 달리하기도 한다(Tong, G., and S. Shao, The Evolution of Quaternary Climate in China, Z. Zhang, ed., *The Quaternary of China*, China Ocean Press, Beijing, 1991).
46) Ma는 백만년을 가리키는 단위임.

⑥ 여섯번째 단계(BP1.1~0.8Ma) : 전기 갱신세 기간 동안 가장 메마르고 추웠던 시기. 후기(BP0.9~0.8Ma)에 들어와 더 추워져서 북중국이 빙하의 주변지대 환경(periglacial environment)으로 바뀌고, 할빈과 주구점에서 언땅트기현상에 의한 쐐기모양의 토양구조(ice-wedge)가 발견되며, 오늘날보다 약 11~12℃가 낮았던 것으로 추정됨.

⑦ 일곱번째 단계(BP0.8~0.5Ma) : 따뜻하고 비교적 습했음. 초기에는 따뜻하고 후기에는 습함. 기후변화가 자주 있었던 것은 아니지만 그 변동의 폭이 큼. 추울 때는 빙하가 티베트 남부지방의 산기슭 아래까지 확장됨.

⑧ 여덟번째 단계(BP0.5~0.2Ma) : 덥고 조금 메마른 기후가 특징을 이루는 가운데 메마른-습한 기후의 변화가 자주 일어남. 초기에는 춥고 후기에는 더웠음.

- BP0.5~0.4Ma : 비교적 추웠음. 주구점동굴에는 물리풍화작용을 받은 퇴적물이 쌓임.
- BP0.4~0.2Ma : 따뜻하고 습함. 따뜻한 것을 좋아하는 주구점동물군이 요동반도 쪽으로 퍼짐. 오늘날보다 3~4℃ 높은 것으로 추정됨.

⑨ 아홉번째 단계(BP0.2Ma~현재) : 메마르고 추운 가운데 메마른-습한 그리고 추운-따뜻한 기후변화가 나타남.

- BP200~150Ka[47] : 메마르고 추웠음.
- BP150~90Ka : 후기 갱신세 기간 동안, 가장 따뜻하고 습했던 시기. 오늘날보다 2~3℃ 높고, 지역에 따라 황해의 바닷물이 지금보다 5~7m 높았음.
- BP90~50Ka : 초기에는 온난하고 후기에는 메마르고 추웠음. BP70~53Ka 사이, 북중국에 툰드라와 초원지대가 발달하고, 온도는 지금보다 약 10℃ 낮았고, 황해의 바닷물이 현재보다 50~60m 낮아짐.
- BP50~10Ka : 후기 갱신세 기간 동안, 가장 메마르고 추웠던 시기. BP23Ka 무렵, 기후가 급격하게 나빠지고, 북중국에 사막 툰드라(desert tundra) 또는 초원지대가 나타나며, 현재보다 약 12℃ 낮음. BP21~12Ka 사이에 바닷물 높이가 지금보다 150m까지 낮아짐. BP13Ka 이후 추위가 조금씩 풀리기 시작.
- BP10~7.5Ka : 기후가 온난하게 바뀜. 초기에는 추웠으나 후기에는 비교적 따뜻하고 습함. 전신세가 시작하는 시기.
- BP7.5~5Ka : 전신세 기간 동안 가장 기후가 따뜻했던 시기. 지금보다 4~5℃ 정도 높았음.
- BP5.0~2.5Ka : 앞 시기보다 메마르고 추워짐.
- BP2.5Ka~현재 : 온도가 낮고 메마른 시기.

---

47) Ka는 천년을 가리키는 단위임.

248만년 전부터 지금까지 중국에서 일어난 9단계의 커다란 기후변화를 살펴보았다. 이 가운데 248~140만년 사이는 따뜻한 기후가 우세하였고, 140~80만년 사이는 추운 기후가 우세하였고, 80~20만년 사이는 따뜻한 기후가 우세하였으며, 20만년 전 이후로는 추운 기후가 우세한 것으로 나타난다.

라. 앞날의 과제

오늘날 제4기의 연구는 여러 분야에서 이루어지고 있다. 지질학·고생물학·기후학·고인류학·고고학 등에서 제4기의 기후와 자연환경의 변화 그리고 옛사람의 체질과 그들이 이루어 놓은 문화가 어떤 상관관계를 지니고 있는가를 밝히려고 노력한다. 따라서 현재의 제4기연구는 그와 같은 여러 분야에서 얻은 성과를 분석·비교·검토하는 종합과학으로 발돋움하고 있다.

제4기와 관련된 종래 우리 나라의 고고학연구는 알프스지역(예 : Günz, Mindel, Riss, Würm)이나 중국지역(예 : 鄱陽 Poyang, 大姑 Taku, 廬山 Lushan, 大理 Tali)에서 세워진 빙하체계의 틀을 빌려 설명되는 경우가 적지 않았다. 그렇지만 그와 같은 빙하기의 구분방법 자체에 여러 가지 문제가 제기되고 있는 까닭에 우리 나라의 제4기에 직접 적용하는 데 한계가 뒤따른다.

우리 나라에서 제4기연구가 여러 분야 전문가들의 공통되는 관심 속에서 자리를 잡기 시작한 것은 근래의 일이다. 연구의 역사도 짧고, 그 성과 또한 많지 않기 때문에 우리 나라의 제4기연구에는 아직까지 해결되지 못한 많은 문제가 있다. 앞에서 말한 바와 같이 제4기에 대한 연구자료는 선사시대의 자연환경뿐만 아니라 그러한 환경 속에서 이루어진 선사인들의 생활방식을 밝혀 내고, 유적의 형성과정과 문화층의 시기를 추정하는 데 커다란 도움을 준다. 따라서 한국고고학의 연구를 한층 높이기 위해서 무엇보다 필요한 것은 우리 나라의 제4기에 대한 체계가 하루빨리 확립되어야 한다는 점이다. 제4기에 대한 남북한의 학계가 공동작업을 통하여 한국의 선사고고학 분야에 두루 활용할 수 있는 성과를 얻을 수 있도록 우리 모두 큰 관심을 보여야 할 것으로 생각된다.

〈韓昌均〉

(2) 식물상과 동물상

선사시대의 자연현상을 알아보려면 흔히 古植物相 또는 古動物相이라는 용어를 사용하여 유적에 나타난 생물학자료를 연구하게 된다. 여기서 말하는 相의 의미는 어느 특정한 식물 또는 동물을 뜻하는 것이 아니라, 넓은 의미에서 기후구 또는 어떠한 지역의 생태를 대변하여 주는 모임(群)의 성격을 말하는 것으로서, 선사시대의 이 모임성격을 지금의 생태환경과 비교연구하여 예전의 자연환경상태를 유추하게 된다.

구석기시대의 시간배경은 신생대 第四紀(Quaternary period) 가운데서도 更新世(Pleistocene epoch, 1만~180만년 전)에 해당되며, 이 기간을 기후상태로는 氷河期라 부르고 있다. 그러나 이 경우 빙하기의 의미는 갱신세에 내습하였던 양극지방과 고산지역을 중심으로 한 빙하의 확장을 뜻하며, 지구 전지역의 빙하화를 뜻하는 것은 아니다. 지금까지 조사된 바로는 일부지역에서 빙하의 확장을 겪는 동안 같은 시기의 저위도지역에서는 상당한 강우량이 있어 多雨期로 불리고 있으며, 중위도지역 역시도 큰 강을 중심으로 여러 개의 段丘가 형성되어 있음으로 보아 적잖은 강우량이 있었던 것으로 추정되고 있다. 現世(Holocene epoch, 현재~1만년 전)에도 기후변화가 있듯이 빙하기 동안도 여러 차례의 기후변화가 있었던 것으로 조사되어 있다. 빙하기 동안의 큰 기후변화는 일반적으로 추위가 크게 내습하였던 4번의 주기(예, 알프스지역 빙하주기, Günz · Mindel · Riss · Würm의 순서)와 그 사이 기간의 빙하후퇴기로 나누고 있으며, 이것을 氷期(Glacial age)와 間氷期(Interglacial age)로 각각 부르고 있다.

갱신세 동안의 기후변화 상황은 퇴적물과 고식물 및 고동물을 통하여 나타나게 되는데, 고생물학자료는 흔히 화석이라 묶어서 부르게 된다. 이론적으로 생물상은 기후변화에 따라 변하도록 되어 있지만 생물의 특성에 따라 변화양상은 일정한 시간을 두고서 나타나게 마련이다. 예를 들면 동물이 스스로의 이동이 가능하여 기후변화에 민감한 한편 식물은 후퇴와 전진의 속도가 늦어 고생물자료 평가에 시간 차이를 보일 수 있으며, 또한 일부 동물은 기후변화에 매우 민감한 반응(예, 설치류와 쥐종류)을 보여 짧은 기간에 대단위 이주를 감행하는데 비해 또 다른 일부는 현지 적응형 내지는 절멸형으로 나타나기도 한다. 따라서 고생물자료의 환경평가는 퇴적상태와 선사유적의 문화상까지도 종합하여 평가하게 된다.

가. 연구방법론

흔히 화석으로 표현되는 선사시대의 식물상(flora)과 동물상(fauna)자료는 당시의 환경을 말하여 주는 모든 요소가 남겨져 전해지는 것이 아니라 그 가운데서도 극히 일부분이 보존되어 알려지게 된 것들이다. 화석의 보존은 예를 들어 꽃가루의 경우는 염토·뻘로 이뤄진 산성토양에서 보존 가능성이 높지만, 동물화석은 오히려 알카리성토양에서 더 잘 남아 있기에 화석종류와 토양환경에 따라 그 정도가 다르다 하겠다.

환경연구에 필요한 고식물과 고동물자료의 범위와 보존여건을 살펴보면 다음과 같다. 우선 식물자료의 경우를 보면 가장 일반적인 것이 현미경조사를 통하여 이뤄지는 꽃가루분석(花粉分析 ; pollen analysis)이며, 흔한 경우는 아니나 숯·나무·잎·열매 따위의 식물 그 자체 또는 그 자국(negative prints)이 남은 경우로 나눠 볼 수 있다. 동물자료는 물고기·조가비·젖먹이동물의 뼈 또는 껍질이 화석화된 것들이 있으며, 물고기와 조가비는 구석기유적에서 발견되는 사례가 흔하지 않으나 이러한 자료는 해수면변화와 선사인의 활동범위 연구에도 도움이 된다. 동물상연구에서 가장 일반화된 자료는 역시 젖먹이동물이며, 이것들은 자연환경 외에도 진화정도 및 절멸시기의 연구를 통하여 유적의 편년을 연구하는데 도움이 된다.

자연환경연구에서 가장 기본적이면서도 어려운 문제는 자료의 정확한 감정과 이들에 관한 적절한 평가에 관한 문제이다. 이 문제는 인위적 측면에서 잘못이 일어나는 경우도 있으나, 자료의 희귀성과 자료 자체의 문제점에서 발생되는 경우도 적지 않다. 전자의 경우는 비교자료의 불충분과 감정자의 숙련도를 고려할 수 있으며, 후자의 경우는 자료가 당시의 자연상태에서 비롯된 것이 아니라 사람에 의해 선택된, 즉 집을 짓거나 불을 때기 위하여 또는 채취나 수렵의 대상이 되었던 경우를 상기하여 볼 수 있다.

선사환경은 층위별 또는 시대별 연구가 이루어져야 변화상을 읽을 수 있게 되며, 여기에다 서로 다른 지형과 지역 차이에 따른 연구가 병행될 수 있으면 더욱 바람직하다. 그러나 이러한 바람은 다양한 형태의 유적조사 그리고 인접과학과의 밀접한 공동연구를 통하여 이뤄질 수 있으며, 여기에는 유적의 시료채취로부터 시작하여 각 분야에서 분석된 자료를 통합·정리·평가하여야 하는 고고학분야의 책임도 예외가 될 수 없다.

나. 식물상자료

식물상자료의 보존은 식물의 일부분이든 또는 꽃가루이든 염토·뻘질의 고운 입자의 토양에서, 그리고 알카리성보다 산성토양의 환경에서 가능성이 더 높은 편이다. 그러나 어느 경우든 시간이 흐를수록 잔존의 가능성은 낮아지며, 특히 꽃가루 경우는 樹種에 따라 파괴율·번식경로·방출 빈도수가 다르기에 분석결과에 대한 단순비교와 해석은 오류의 위험이 뒤따르기도 한다.

나뭇잎이나 열매의 경우는 육안으로 보이는 그 자체에 대한 식물분류가 연구의 시작이 된다. 그러나 나무와 숯의 경우는 수목해부학 전공자에 의한 식물의 세포조직에 대한 구성형태의 조사가, 그리고 꽃가루분석은 시료의 화학처리과정을 거친 후 화분학전공자에 의한 현생꽃가루와 도감에 의한 형태비교과정을 거쳐 검토가 시작된다.

환경연구와 관련하여 고고학에서 가장 선호하는 분석방법은 꽃가루분석으로서, 이것은 꽃가루가 선사인에 의해 선택되는 것이 아니라 자연적 이동과정에서 퇴적에 포함되게 된다는 점과 여러 종류의 식물상자료를 동시에 수집할 수 있다는 점 그리고 퇴적의 층위별 연구가 가능하기 때문에 더욱 그러하다. 선사유적을 대상으로 우리 나라에서 최초로 시도된 식물상자료의 연구는 1973년에 보고된 충남 공주군 석장리유적의 경우이었다.[1] 이 유적의 후기 구석기시대 층위(C-14연대, 20830±1880BP)에서 출토된 숯에 대한 수목감정과 꽃가루분석 결과는 지금으로 보아서는 매우 초보단계의 것이었으나,[2]

---

1) Sohn Pow-key, *The Upper Palaeolithic Habitation, Sokchang-ni, Korea: A summary report*, Yonsei Univ. Museum, Seoul, 1973, p.23, 18 photo and 36 draw.

2) Shon Pow-key, 위의 글.
손보기, 《석장리 선사유적》(동아출판사, 1993).

한국고고학사에서의 의미와 고고학에서의 식물학분야 응용이라는 점에서는 매우 의의가 크다.

그 후 구석기시대 유적에서의 식물상자료연구는 충북 제천 점말동굴,[3] 충북 청원 두루봉 2굴,[4] 경기 연천 전곡리,[5] 평남 상원 용곡 1호 동굴[6] 등지에서 대표적으로 이뤄졌다. 그러나 이 후속된 연구의 경우 분석의 의의는 있었다 하겠으나 확인된 꽃가루의 수가 미흡하여 용곡 1호 동굴을 제외하고는 생물학적 평가요건을 크게 밑도는 분석이었다고 할 수 있으며, 이것은 현재 우리 나라의 고고학계가 당면하고 있는 문제점이기도 하다.

이러한 현실적 문제점을 감안하면서 지금까지의 식물상연구에 관한 성과를 간추려 보면 다음과 같다(〈표 1〉·〈표 2〉).

〈표 1〉 꽃가루분석

	용곡1동굴 8지층	용곡1동굴 9지층	용곡1동굴 10지층	용곡1동굴 11지층	용곡1동굴 12지층	석장리	점말동굴	두루봉 2굴	전곡리
Concentristes 조류			12						
Sphagnum 물이끼			1						
Briales 녹색이끼	8		1						
Hymenophyllun 잔부채이끼	1		4						
Osmundaceae 고비과	2	6	9	37	4				
Osmunda 고비	13					+			
Onoclea 아산고사리	2		1						
Polypodiaceae 고란초과	11	4	26						
소 계	37	10	54	37	4		4	16	

3) 손보기, 〈한국구석기시대의 자연-특히 점말동굴의 지층별 꽃가루분석과 기후의 측정-〉(《한불연구》 1, 1974).
4) 이융조, 《청원 두루봉 제2굴 구석기문화의 연구》(延世大 博士學位論文, 1983).
5) 文化財硏究所, 《全谷里遺蹟發掘報告書》(文化財管理局, 1983).
6) 인류진화발전사연구실, 《룡곡동굴유적》(김일성종합대출판사, 1986).

Cycadaceae 소철과	3								
Ginko 은행나무	4						+		
Abies 전나무		1	1				+	+	
Picea 가문비나무	7					+	+		
Tsuga 솔송나무	2	1	1				+		
Larix 이깔나무			4				+	+	
Pinaceae 소나무과	3								
Pinus 소나무	22	17	7	51	72	+	+	+	+
Metasequoia 수삼나무	2	1	6						
Taxodium 탁소디움	1		10						
Cryptomeria 삼나무	6								
Cupressaceae 편백과	1		16						
Magnolia 목련	5	11	8			+			
Acer 단풍나무			4			+			
Liquidambas 풍향나무			3						
Tilia 피나무			2				+	+	
Betulaceae 자작나무과	7								
Betula 자작나무	5						+	+	
Alnus 오리나무	4					+	+	+	
Carpinus 서어나무	2		1				+	+	
Quercus 참나무	7		3				+	+	+
Fagus 너도밤나무	2						+		

Juglandaceae 가래나무과	3								
Juglans 가래나무	2		1				+		
Pterocarya 날개호두나무	2		7						
Carya 나도호두나무	2								
Ulmus 느릅나무	2		1				+		
Zelkowa 느티나무	4								
Myrica 소귀나무			1						
Ilex 감탕나무	3	3	1				+		
Polygonaceae 여뀌과			5						
Chenopodiaceae 명아주과	10	4		53	5		+		
Compositae 국화과			1						
Iridaceae 붓꽃과			9						
미확인종	7	12	10	9	4		+	+	
소 계	124	50	102	113	81		344	409	6
AP/NAP(개수)	101/16	34/4	77/15	51/53	72/5	-	299/12	322/59	2/4
AP//NAP(%)	86/14	89/11	84/16	49/51	94/6	-	96/4	85/15	-

*① 용곡 1호 동굴(층위별 · 종류별, 인류진화발전사연구실, 앞의 책, 155~159쪽).
석장리(손보기, 앞의 책, 1993 및 Sohn Pow-Key, 앞의 글, 1973).
점말동굴(손보기, 앞의 글, 1974).
두루봉 2굴(이융조, 앞의 책).
전곡리(文化財硏究所, 앞의 책).

② 목록에 나타난 이외의 꽃가루 확인종(참고문헌, ①과 같음)
석장리 : 쥐똥나무 · 수련과 · 석송과 · 백합과 · 사초과
점말동굴 : 밤나무 · 녹나무 · 사시나무 · 버드나무 · 주목 · 더글러스전나무 · 쑥 · 끈끈이주걱 · 벼과 · 포자 및 미확인종 일부
두루봉 2굴 : 주목 · 진달래 · 쥐똥나무 · 사초과 · 벼과 · 백합과 · 부들 · 쑥 · 현삼

〈표 2〉 수목해부 감정자료

유 적	수 종	문 헌
석장리 집자리층	오리나무 · 상수리나무 · 단풍나무	손보기, 앞의 책 Sohn Pow-Key, 앞의 글
두루봉 2호	참나무 · 소나무 · 단풍나무	이융조, 앞의 책

① 식물상자료 전반을 통해 볼 때 우리 나라 구석기시대의 기후상태는 매우 추운 기후를 나타내는 극지기후나 툰드라기후와는 거리가 멀었다고 하겠으며 또한 이와는 반대성격의 열대기후 또는 전형적 아열대기후도 아니었던 것으로 판단할 수 있다.

② 〈표 1〉에 나타난 식물상의 전반 구성은 지금의 중위도권 온대지방의 삼림과 비교되는 종류들로서 일부 種은 온난(낙엽성활엽수 : 너도밤나무 · 참나무 · 자작나무 · 오리나무 · 서나무 · 피나무)과 한랭(상록성침엽수 : 전나무 · 솔송나무 · 소나무 · 가문비나무)의 정도를 서로 달리하기에 시기에 따른 기후변화가 어느 정도 있었던 것으로 추정할 수 있다.

③ 꽃가루분석이 이뤄진 유적들 가운데서 퇴적이 연속성을 보이고 또한 비교적 긴 시간을 두고 쌓인 곳은 용곡 1호 동굴과 점말동굴이다. 이 가운데서 완벽한 자료라고는 할 수 없으나 비교적 다량의 꽃가루가 층위별로 밝혀진 곳은 용곡 1호 동굴이며, 이 곳을 중심으로 선사환경을 살펴보면 다음과 같다.

③-1. 용곡 1호 동굴 퇴적의 꽃가루분석 시기는 8지층(아래퇴적)부터 12지층(위퇴적)까지 5개층이며, 이 5개층의 퇴적시기와 기후상황에 대하여 보고서는 8~10지층이 갱신세 전기와 중기(제4기 하세 Q1과 중세 Q2로 기록)로서 아열대성이 강한 온대성기후의 식물상, 그리고 11 · 12지층이 갱신세 후기(제4기 상세 Q3으로 기록)의 한대성 온대기후로 특징지어진다고 기록하고 있다.[7)]

③-2. 보고서의 기록과 연관하여 용곡 1호 동굴의 퇴적과 문화상에 대하여 학자들은 의견을 달리하고 있으며, 보고서의 기록에는 무리가 있다고 판단된다. 퇴적형태와 문화상으로 보아 용곡 1호 동굴의 8~10지층은 4빙기 전반부(4~8만년 전)에 그리고 11지층은 4빙기 후반부(1~4만년 전)에 각각 퇴적된 것으로 평가할 수 있다. 보고서는 8지층의 석기형태와 TL연대측정 결과를 바탕으로 동굴퇴적이 四紀 전시기에 걸쳐 쌓인 것으로 보고 있으나, 동굴퇴적의 양상과 출토된 화석인골의 특징 및 문화상 등은 보고서 주장을 그

7) 인류진화발전사연구실, 위의 책, 162~163쪽.

대로 받아들이기에 무리가 있다는 것을 보여주고 있다. 따라서 여기서는 용곡 1호 동굴의 퇴적을 4빙기(1~8만년 전)의 양상으로 보아 검토하도록 한다.

③-3. 용곡 1호 동굴의 식물상 분석결과는 木本類(Arboreal Pollen, 이하 AP로 기록)가 30종, 草本類(Non-Arboreal Pollen, 이하 NAP로 기록)가 4종으로 밝혀져 종의 구성에서 목본류가 초본류보다 우세(AP : NAP=88% : 12%)한 편이고, 층위별로 볼 때에도 11지층을 제외하고는 4개 지층 모두에서 목본류가 점하는 꽃가루수가 초본류를 능가하고 있다.

③-4. 감정된 목본류의 구성은 중위도권의 온대성식물들로 특징지어지며, 이 종류들은 지금도 한반도에 넓게 펴져 있는 종류들이어서 넓은 의미에서는 지금의 기후상황과도 비교할 수 있다.

③-5. 층위별로 식물상구성(포자류 제외)을 살펴보면 4빙기 전반부는 다양한 종의 구성(8지층 25종, 9지층 7종, 10지층 21종)을 보이는 한편, 후반부(11·12지층)에는 소나무와 명아주과 2개 종만이 검출되어 후반부는 기후상황이 전반부보다도 많이 퇴조되었다고 말할 수 있다.

③-6. 지금도 한반도에 넓게 펴져 있는 소나무는 용곡 1호 동굴의 경우 4빙기 대부분의 시기에 걸쳐 우점종(8·9·12지층과 우점종에 조금 못미치는 11층 포함)을 차지하고 있으며, 식물상 구성측면에서 전반부보다는 후반부 경우 빈도수가 높아 후반부의 기후 퇴조현상을 다시 한번 확인시켜 준다.

③-7. 식물상 구성측면에서 4빙기 전반부는 후반부보다도 다양한 식물들로 짜여져 있고 빈도수 역시도 분산되어 있다(9지층이 8·10지층에 비해 단조로운 것은 꽃가루 감정수가 다른 층에 비해 절반 이하인 점도 영향이 있었을 것임). 이 점은 전반부의 기후여건이 후반부보다도 온난하였다는 것을 상대적으로 보여주는 것이라 할 수 있다.

③-8. 4빙기 전반부에서 기후여건으로 보아 서로 상치될 수 있는 낙엽성활엽수와 상록성침엽수의 구성비를 보면 전체적으로 상록성침엽수(전나무·솔송나무·소나무·가문비나무 ; 8지층 25%, 9지층 38%, 10지층 13%)가 낙엽성활엽수(너도밤나무·참나무·자작나무·오리나무·서나무·피나무 ; 8지층 16%, 9지층 0%, 10지층 6%)보다 우위에 서 있어 4빙기 전반부가 온난하였다고는 하지만 한랭성기후가 지배하고 있었음을 알 수 있다.

이상에서 거론된 바를 다시 한번 정리하여 보면, ㉠용곡 1호 동굴의 편년은 4빙기에 해당되며, ㉡꽃가루분석 결과는 현재 우리 나라에 분포하는 온대성식물상을 반영하고 있으며, ㉢식물상 전반은 한랭성을 전제로 한 가운데 낙엽성과 상록성식물들이 섞여 있었으며, ㉣4빙기 전반부는 후반부보다도 온난성을 보이지만 상록성침엽수가 우위를 보이며, ㉤4빙기 후반부는 전반부의 점차적 기후퇴조로 본격적인 추위를 겪은 것으로 말할 수 있다.

용곡 1호 동굴의 식물상자료는 북반구의 온대성기후를 잘 반영하고 있다. 그러나 이 곳에서 언급되는 온대성과 온난성기후 용어는 빙하기의 한 부분으로서 이해되어야지 현세보다도 따뜻하였다거나 같은 정도의 상태로 이해되어서는 안되겠다.

여기에서 직접 거론되지 않았지만 〈표 1〉과 〈표 2〉에 보이는 석장리주거지에서 분석된 꽃가루와 수목감정자료, 점말동굴(용곡 1호 동굴과 퇴적시기 및 퇴적형태가 비교됨)의 꽃가루자료, 두루봉 2굴(갱신세 중기와 후기의 중간단계로 보고됨)의 꽃가루와 수목감정자료, 이 자료들도 대부분 용곡 1호 동굴 분석자료와 종 구성에서 유사성을 띠고 있으며, 이러한 여러 지역의 자료들은 빙하기 동안의 기후상황을 추정하는 보완자료들로 사용될 수 있다.

다. 동물상자료

동물뼈는 화석화과정을 도울 수 있는 광물성이 풍부한 알카리성토양 환경에서 보존 가능성이 높으며, 유기물과 물의 이동(광물성을 함유한 경우는 예외)이 빈번한 곳에서는 기대하기 힘들다. 동물화석이 발견되는 곳은 고고학유적뿐 아니라 석회암지대의 자연동굴·함몰지역·수직성의 바위틈 퇴적에서도 흔히 있는 일이며, 바닷가나 내륙의 뻘퇴적 또는 泥炭 속에서도 공기차단으로 인한 부패정지 상태의 화석들이 발견되기도 한다.

어느 한 지역에서 얼마나 많은 종류의 화석이 나왔는지는 발굴과정의 정밀도에 따라 좌우된다. 예를 들어 육안으로 쉽사리 구분이 가능한 화석을 발굴하는 것은 어려운 일이 아니나, 1㎜ 이하 크기의 설치류 등 이빨을 확인하기란 쉽지 않은 일이다. 이러한 경우는 발굴에서 걷은 모든 토양을 가는 체(0.5㎜기준)에 담아 물로 씻은 후 건조시켜 거기에 남은 미세화석을 분리하여야 하는 어려운 과정이 뒤따른다. 따라서 어떠한 유적에서 몇 종류의 화석이 발견되었다는 단순한 보고서의 기록은 큰 의미가 없으며, 발굴과정과 화석분리과정 그리고 종의 감정과정 모두를 살펴보지 않고는 유적간의 실질적인 비교가 가능하지 않다.

동물분류는 대체로 작은 젖먹이동물(小哺乳類)과 큰 젖먹이동물(大哺乳類)로 나눠서 감정하게 되는데, 크기의 예외가 있어 이 차이를 일률적으로 적용하기는 힘드나 관례에 따르면 토끼의 크기를 기준으로 삼고 있다. 이 구분에 따라 나눠진 화석들은 대체로 科 또는 屬 단위까지 고고학자에 의해 분류되어 각 분야별 전문가에게 분석이 의뢰되며, 감정된 결과는 고고학자에 의해 퇴적 및 문화상 등을 고려하여 종합평가된다.

구석기시대 유적이라는 것이 후일에 인지된 바이지만 우리 나라 선사유적에서 갱신세 동물화석이 처음 알려진 것은 함북 온성군 동관진 연대봉유적(1933~35년 발굴)에 관한 1939년의 발굴보고[8]를 통해서였다. 그로부터 동물화석에 관한 본격적인 관심과 연구는 1964년 평남 상원군 검은모루조사[9]와 1972년 충북 제원군 점말동굴조사[10]가 큰 계기가 되었으며, 현재는 전국의 석회암지대를 중심으로 20여 곳의 동물화석을 포함한 유적들이 알려져 있다.

이들 동물화석이 포함된 유적들 가운데 여기서는 9개 유적을 선정하여 검토하고자 하며, 이 유적들의 선정 배경은 우선적으로는 층위별 퇴적상황이 알려져 있고 동시에 문화상을 통해 시대를 가늠할 수 있는 곳들이라는 데에 있다.

식물상 검토의 용곡 1호 동굴 사례에서도 그러하였지만 여기서도 이 유적들의 편년체계는 보고서의 주장을 그대로 따르지 않고 있다. 그 예로서 검은모루(보고서 주장은 중기 갱신세), 용곡 1호 동굴 8·9지층(보고서-중기 갱신세)과 10지층(보고서-후기 갱신세 초반), 금굴 Ⅶ·Ⅷ지층(보고서-중기 갱신세 초반과 중반)과 Ⅳ지층(보고서-Riss/Würm간빙기), 두루봉 2굴(보고서-중기 갱신세), 점말 Ⅲ지층(보고서-중기 갱신세), 두루봉 9굴(보고서-중기 갱신세 늦은 시기)의 경우 등이다.[11] 따라서 이 곳의 동물상에 대한 관찰 방법은 식물상 경우와 마찬가지로 이루어지겠다.

---

8) Tokunaga, S. and T. Mori, Report of diggings at Dokantin, the Coast of the River Toman, Korea, Report of the first scientific expedition to Manchoukuo, Ⅱ-Ⅳ, Tokyo, 1939.

9) 고고학연구소, 〈상원 검은모루유적 발굴중간보고〉(《고고민속론문집》 1, 사회과학출판사, 1969).

10) 손보기, 앞의 글.

11) 박영철, 〈한국의 구석기문화-유적의 현황과 편년문제〉(《韓國考古學報》 28, 1992), 5~130쪽.

〈표 3〉 한국 갱신세 동물군 목록

	동관진연대봉	만달리	검은모루	용곡1호8·9지층	용곡1호10지층	용곡1호11지층	점말Ⅲ지층	점말Ⅳ·Ⅵ지층	상시	금굴Ⅶ·Ⅷ지층	금굴Ⅳ지층	금굴Ⅱㄹ지층	두루봉2굴	두루봉9굴아래층	두루봉9굴위층
Macaca sp. 원숭이 일종			+								+				
M. robustus 큰원숭이								+					+		+
Elephantidae 코끼리과			+												
Elephas primigenius 털코끼리	+														
Coelodonta antiquitatis 털코뿔이	+							+							
Dicerorhinus mercki 쌍코뿔이				+	+										
D. Kirchbergensis 쌍코뿔이			+							+	+		+		
Equus sp. 말 일종	+			+	+					+	+		+		
E. przewalskii 말	+														
E. caballus 말							+	+	+						
E. sangwonensis 말			+												
Sus sp. 돼지 일종													+		
S. scrofa 멧돼지		+	+	+	+				+		+	+			+
Moschus moschiferus 사향노루		+					+	+	+		+				
Cervus sp. 사슴 일종							+	+			+	+	+		
C. nippon 사슴		+		+	+	+									
Pseudaxis sp. 사슴									+						
P. grayi 사슴			+										+		
P. grayi var. 사슴										+	+		+	+	+
Cervus elaphus 큰사슴	+	+	+	+	+	+			+		+	+	+		

	동관진연대봉	만달리	검은모루	용곡1호8·9지층	용곡1호10지층	용곡1호11지층	점말Ⅲ지층	점말Ⅳ·Ⅵ지층	상시	금굴Ⅶ·Ⅷ지층	금굴Ⅳ지층	금굴Ⅱㄹ지층	두루봉2굴	두루봉9굴아래층	두루봉9굴위층
C.elaphus canadensis 큰사슴	+														
Megaloceros sp. 큰뿔사슴	+														
M. sangwonensis 큰뿔사슴			+												
M. flabellatus 넓적큰뿔사슴			+												
Capreolus capreolus 노루		+		+	+	+	+	+	+		+	+	+		
C. cf. pygargus 큰노루	+														
Hydropotes sp. 복작노루 일종									+		+				
H. inermis 복작노루		+		+	+										
Capra cf. hircus 염소									+						
Rupicapra sp. 영양 일종											+	+			
Bubalus sp. 물소 일종			+	+											
Bos sp. 소 일종		+						+							
Bos primigenius 소	+		+								+		+		
Bison exguus 들소	+														
Nemorhaedus goral 산양		+		+	+	+									
Ovis sp. 산양 일종											+	+			
O. cf. ammon 야생양	+														
Lutra lutra 수달								+	+						
Meles sp. 오소리 일종									+				+		+
M. meles 오소리		+	+		+	+	+				+				
Martes sp. 산달 일종								+	+						

	동관진연대봉	만달리	검은모루	용곡1호8·9지층	용곡1호10지층	용곡1호11지층	점말Ⅲ지층	점말Ⅳ·Ⅵ지층	상시	금굴Ⅶ·Ⅷ지층	금굴Ⅳ지층	금굴Ⅱㄹ지층	두루봉2굴	두루봉9굴아래층	두루봉9굴위층
M. zibellina 검은단비								+							
Gulo sp. 오소리 일종									+						
Mustela sp. 족제비 일종									+		+		+		+
M. sibirca 족제비							+	+							
Ursus arctos 큰곰			+	+	+			+			+	+	+		
U. apelaeus 동굴곰			+					+			+		+		
U. thibetanus 반달가슴곰													+		
Vulpes sp. 여우 일종							+	+							
V. vulpes 여우		+		+		+			+		+	+			
Nyctereutes sp. 너구리 일종								+	+		+	+			+
N. procyonoides 너구리				+	+	+							+		
Cuon sp. 이리 일종					+										
C. alpinus 이리			+								+				
Canis sp. 개 일종									+						
C. lupus 늑대				+							+		+		
Felis euptilura 삵						+									
Felis(Panthera) tigris 호랑이			+	+		+		+	+		+	+	+		
F. (P.) pardus 표범							+	+	+				+	+	
Panthera cf. leo 사자								+		+	+				+
Lynx lynx 스라소니											+				
Hyaena sp. 하이에나 일종	+			+							+		+		

	동관진연대봉	만달리	검은모루	용곡1호8·9지층	용곡1호10지층	용곡1호11지층	점말 Ⅲ지층	점말 Ⅳ·Ⅵ지층	상시	금굴 Ⅶ·Ⅷ지층	금굴 Ⅳ지층	금굴 Ⅱㄹ지층	두루봉 2굴	두루봉 9굴 아래층	두루봉 9굴 위층
H. (Crocuta) ultima 동굴하이에나	+	+											+		
H. brevirostris 짧은턱하이에나			+							+					
H. brisson 하이에나							+	+							
Ochotona sp. 우는토끼 일종	+		+					+					+		+
Lepus sp. 멧토끼 일종		+						+	+		+		+		+
Curus sp. 청서 일종								+							+
Tamias sibiricus 다람쥐													+		
Citellus tomanensis 다람쥐	+														
Castor sp. 해리			+												
Myospalasx cf. epitimgi 땅쥐			+												
M. cf. psilurus 땅쥐				+											
M. cf. epsilanus 땅쥐	+														
Clethrionomys sp. 대륙밭쥐 일종								+	+						+
Cricetulus triton 비단털쥐						+									
Microtus sp. 갈밭쥐 일종		+	+										+		
M. brandti 북쪽갈밭쥐			+				+	+							
M. brantioides 갈밭쥐							+	+			+				+
M. ratticeps 갈밭쥐											+	+			
M. epiraticeps 갈밭쥐			+				+	+			+	+			
M. mandaricus 갈밭쥐													+		
M. maekawai 갈밭쥐	+														

	동관진연대봉	만달리	검은모루	용곡1호8·9지층	용곡1호10지층	용곡1호11지층	점말Ⅲ지층	점말Ⅳ·Ⅵ지층	상시	금굴Ⅶ·Ⅷ지층	금굴Ⅳ지층	금굴Ⅱㄹ지층	두루봉2굴	두루봉9굴아래층	두루봉9굴위층
M. fortis 갈밭쥐			+				+	+							
M. sangwonensis 갈밭쥐			+												
Pitymys simplicidens 간단이빨쥐			+												
Mimomys sp. 습들쥐			+												
Evotomys sp. 밭쥐 일종								+							
Allocricetus cf. bursae 비단털쥐									+						+
A. chommalensis 비단털쥐								+							
Apodemus sp. 등줄쥐 일종													+		
A. agorinus 등줄쥐													+		
A. sylvaticus 산림쥐			+					+							
Rattus rattus 집쥐			+										+		
Mus cf. musculus 생쥐									+		+				+
Siphneus sp. 뛰는쥐 일종															+
Erinaceus sp. 고슴도치 일종								+	+			+	+		+
Sorex sp. 뒤쥐 일종								+					+		+
Crocidura sp. 땃쥐 일종													+		
Talpa sp. 두더지 일종							+	+	+		+	+	+		+
Rhinolophus ferrum-equinum 관박쥐							+	+	+		+		+		+
Myotis nattereri amurensis 아무르박쥐															+
Nyctalus cf. lesileri 멧박쥐															+
Plecotus sp. 긴귀박쥐 일종							+	+			+				+

	동관진연대봉	만달리	검은모루	용곡1호8·9지층	용곡1호10지층	용곡1호11지층	점말Ⅲ지층	점말Ⅳ·Ⅵ지층	상시	금굴Ⅶ·Ⅷ지층	금굴Ⅳ지층	금굴Ⅱㄹ지층	두루봉2굴	두루봉9굴아래층	두루봉9굴위층
P. auritus 긴귀박쥐													+		
Miniopterus sp. 긴날개박쥐 일종							+	+							
M. schreibersii 긴날개박쥐									+		+		+		
Murina sp. 관코박쥐 일종							+	+							
M. leucogaster 관코박쥐						+					+		+		+
Lastonycteris noctivagans 은털박쥐															+

* 고고학연구소, 앞의 글.
손보기, 《구석기유적－한국·만주－》(한국선사문화연구소, 1990).
이융조, 앞의 책.
인류진화발전사연구실, 앞의 책.
Tokunaga S. and T. Mori, 앞의 책.

〈표 3〉은 9군데의 유적에서 발굴된 우리 나라 갱신세의 동물화석 출토상황을 모아 놓은 것으로, 분포지역을 보면 함북 1개 지역, 평남 3개 지역, 충북 5개 지역으로 함북을 제외하고는 모두 석회암 분포지역에 해당된다. 유적의 형태로 보면 동관진 연대봉(야외유적)을 제외하고는 모두 석회암 동굴유적으로서 역시 석회암지대의 유리한 입지를 반영하고 있으며, 동굴의 규모는 용곡 1호 동굴(폭 8~12m, 길이 40m 이상)과 같이 큰 경우도 있으나 점말동굴(폭 1m, 길이 12m)과 같이 작은 경우도 있으며 모양새도 다양한 편이다.

퇴적과 문화상을 통해 본 편년관계는 후기 구석기시대로 볼 수 있는 4빙기 후반부(1만~4만년 전)의 유적은 동관진, 만달리, 용곡 1호 동굴의 11지층, 점말동굴 Ⅳ~Ⅵ지층(일부), 상시리, 금굴 Ⅱㄹ지층이, 중기 구석기시대인 4빙기 전반부(4~8만년 전)유적은 용곡 1호 동굴의 10지층, 점말동굴 Ⅳ~Ⅵ지층(일부), 금굴 Ⅳ지층, 그리고 4빙기보다 앞선 시기(8만년 전 이전)의 유적은 검은모루, 용곡 1호 동굴의 8·9지층, 점말동굴 Ⅲ지층, 금굴 Ⅶ·Ⅷ지층, 두루봉 2굴, 두루봉 9굴로 각각 구분되고 있다.

동물상의 종 구성은 출토지역의 전반적 기후상태를 나타내기도 하지만 발견된 지점의 환경 즉 위치(동굴 또는 야외), 지형(산지 또는 평지), 식피상태(삼림·초원·늪지) 등을 반영하게 된다. 따라서 어느 유적에서 일부 종은 나타나고 어떠한 종은 나타나지 않았다 하여 그러한 종이 당시에 살지 않았다는 증거는 될 수 없으며, 동물상 평가는 포괄적으로 접근할 필요가 있다는 것을 유념하여야 하겠다.

여기서 또 하나 지적되어야 할 사항은 지금까지의 동물화석에서 종의 감정이 상당한 부분 고고학자에 의하여 이루어져 왔다는 사실이다. 이것은 우리 나라의 고생물학계에 제4기에 관한 전문가가 없었다는 현실에서 부득이한 경우였다고도 할 수 있다. 그러나 보고된 자료를 이용하는 측면에서 보면 현재 각종 보고서에 나타난 종 단위까지를 고려한 보고 내용은 감정과정을 고려할 때 무리한 점이 없지 않으며, 유적 상호간의 비교와 시대편년 문제를 고려하면 더욱 그러하다. 이 곳에서의 동물상 검토는 科 또는 屬 단위 위주로 이뤄질 예정이기에 엄밀한 기후상태 추적에는 상대적으로 정확성이 떨어진다는 맹점을 안고 있으며, 이 자료들은 어느 때인가 제4기 고생물전문가에 의해 재차 검토가 이뤄져야 할 것이다.

우리 나라에서 지금까지 밝혀진 갱신세 동물군의 전반 구성을 살펴보면 온대성동물군(멧돼지과·사슴과·노루과·소과·족제비과·곰과·개과·고양이과·설치류)의 특징을 지니고 있는 것으로 개관할 수 있으며, 일부의 종은 아한대성과 아열대성 성격을 지니고 있다. 서식환경의 측면에서 본 동물구성은 대부분이 삼림성동물군(짧은꼬리원숭이과·돼지과·곰과·개과·호랑이과·하이에나과·족제비과)으로 이뤄져 있으나 일부는 초원형 또는 늪지형의 성격(코끼리과·코뿔이과·말과·소과)을 띠며, 이러한 종류들 가운데에도 삼림과 늪지를 오가는 종류들도 적잖이 포함되어 있다. 그리고 목록에 게재된 다수의 쥐종류와 박쥐종류들은 화석이 발견된 지점의 동굴환경의 특성을 나타내주는 것으로 볼 수 있다.

좀더 구체적으로 종의 구성 측면에서 살펴볼 때 추운 기후의 대표종으로 볼 수 있는 것으로는 털코끼리(맘모스)·털코뿔이·들소·동굴곰·동굴하이에나·우는토끼·해리가 있으며, 특히 이 7종 가운데 앞의 5종은 혹한의 기후를 나타내며 현세에 들어 절멸된 종이라는 데에서 공통점을 찾을 수 있다. 이에

반하여 따뜻한 기후의 대표종으로는 원숭이·쌍코뿔이·복작노루·물소·반달가슴곰을 들 수 있으며, 원숭이는 현재 북방한계선이 일본 북해도라는 점, 쌍코뿔이(*D. mercki*)는 유럽의 경우 중부(중기) 갱신세의 간빙기 동안에 *Elephas antiquus*와 함께 따뜻한 기후의 대표종이었다는 점, 복작노루와 물소는 현재의 분포선이 중국 양자강지역의 아열대성기후구이라는 점, 그리고 반달가슴곰은 현재 우리 나라의 중부지역이 주된 서식지라는 점들을 각각 고려하면 되겠다.

시대별로 기후변화 상황을 보려고 하면 유적의 퇴적층별 동물상을 살펴보아야 한다. 위 목록(〈표 3〉)에 나타난 각 유적의 동물상을 살펴보면 기후여건이 서로 상반되는 것들이 적잖이 섞여 있다. 각 유적에서 나타난 상반된 기후여건의 대표적 동물들을 보면, 검은모루의 따뜻한 동물상(이하 W로 기록) 원숭이·물소와 추운 동물상(이하 C로 기록) 동굴곰·우는토끼·해리, 두루봉 2굴의 W－원숭이·반달가슴곰과 C－동굴곰·동굴하이에나·우는토끼, 두루봉 9굴 위층의 W－원숭이 C－우는토끼, 금굴 Ⅳ지층의 W－원숭이·복작노루와 C－동굴곰, 점말동굴 Ⅳ－Ⅵ지층의 W－원숭이와 C－털코뿔이·동굴곰·우는토끼, 만달리의 W－복작노루와 C－동굴하이에나 등이 그러한 경우인데, 이러한 상반된 출토사례의 원인은 ①퇴적이 교란된 경우 ②감정·비교종의 문제점 ③일부 종들이 기후변화에도 불구하고 현지에 적응하는 경우로 크게 나눠 볼 수 있다. 그러나 어느 경우도 현재 그 원인이 정확히 밝혀지기는 힘든 상황이며, 교란의 경우는 한정된 동굴 공간에서 어떠한 물체이든 퇴적 직후부터 뒤섞임이 끊임없이 일어날 수 있다는 점도 인식되어야 하겠다.

동물상의 시대별 변화상을 살펴보면 우선「앞선 시기」로 구분된 동물상 가운데는 따뜻한 동물군(원숭이·쌍코뿔이·복작노루·물소·반달가슴곰)과 추운 동물군(동굴곰·동굴하이에나·우는토끼)이 섞여 있는 형태로 나타나 있다. 이 점은 앞서 거론한 유적의 시대편년과 관계되는 문제로서 언제인가는 간빙기형의 것과 이에 앞서는 빙기의 것이 구분될 필요가 있음을 말한다.

중기 구석기시대와 후기 구석기시대를 포함하는 4빙기 동물군에도 앞서와 마찬가지로 따뜻한 기후에서 사는 종류들(원숭이·쌍코뿔이·복작노루)과 추운 기후의 것들(맘모스·털코뿔이·들소·동굴곰·동굴하이에나·우는토끼)이 동시에 나타나 있다. 따뜻한 동물군의 이러한 현상이 간빙기(3빙기와 4빙기 사이 시기,

¾)의 잔존형을 뜻하는지 또는 적응상태를 말하는지는 앞으로 검토되어야 할 사항이지만, 우리 나라의 지리를 고려하면 마지막까지 잔존한 형태의 것들이 적잖이 존재하였을 것으로 헤아려진다.

4빙기 동물군 가운데서 또 하나의 특징은 1만년 전 현세로 들어서면서 멸종된 종류들(맘모스·털코뿔이·동굴곰·동굴하이에나)이 집중적으로 포함되어 있다는 사실이다. 지구상에서 완전히 사라진 이 종류들은 기후변화에 따른 동물상변화를 분명히 보여주는 예로서 자주 거론되고 있으며, 우리 나라에서의 이러한 출토사례는 4빙기의 추위 정도가 다른 때에 비하여 상대적으로 심하였다는 것을 보여주는 것이다.

위에서 거론된 우리 나라 갱신세의 동물상과 기후변화 상태를 다시 한번 요약하여 보면 다음과 같다. 지금까지 밝혀진 동물화석을 중심으로 볼 때, ①동물상 전반구성은 온대삼림성 동물군이 주류를 이루고 있었으며, ②현 상황으로는 시기구분이 미흡하나 4빙기에 「앞선 시기」에는 온대성 동물군이 주가 된 가운데서도 아열대성 성격을 가리키는 일부 종들이 포함되어 있었으며, ③4빙기는 추운 기후를 나타내는 다수의 절멸동물들이 포함되어 상대적으로 추위의 정도가 심하였다고 할 수 있다.

〈朴英哲〉

3) 화석인골과 편년

한반도내에서의 구석기문화의 존재가 그것도 시대적으로는 전기·중기·후기를 포함하는 모든 시대와, 지역적으로는 북쪽의 함경북도로부터 남쪽의 제주도에 이르기까지 전지역에 존재하는 것이 움직일 수 없는 사실로 밝혀졌다.[1] 이와 같은 사실은 국제학계에서도 인정을 받고 있고,[2] 이에 따라 이

---

1) 金元龍, 〈緖論〉(《韓國舊石器文化硏究》, 韓國精神文化硏究院, 1981), 1~14쪽.
鄭永和, 《韓國의 舊石器文化》(雪堂, 1982), 25~55쪽.

2) Yi Seonbok & G. A. Clark, Observation on the Lower Paleolithic of Northeast Asia, *Current Anthropology, 24-2*, 1983, pp. 181~202. 그리고 이 글에 대하여 의견을 제시한 몇몇의 학자가 있다.
Clark, G. A. & J. Thesmond(裵基同譯), 〈韓國의 舊石器遺蹟訪問報告〉(《文化財》 15, 文化財管理局, 1982).

들 문화의 주체였던 화석인골을 발견하게 될 것이 예견되었었다.[3] 사실, 최근에는 실제로 이들 화석인골이 발견된 예가 개별적이고 산발적이기는 하지만 보고되고 있다.[4] 뿐만 아니라 발견·보고된 구석기 및 중석기시대의 화석인골에 대하여 종합적으로 조사·정리하여 발표되었다.[5]

전술한 바와 같은 사정과 연구 노력에 힘입어 구석기문화의 주체였던 화석인골의 형태학적 특징과 이들과 관련된 인류학 및 인구학적 정보를 얼마간 얻을 수 있게 되었다. 이들이 한민족의 기원을 포함한 생물학적 역사와 특징을 이해하는 데에는 물론 아프리카나 서구에 비하여 비교적 소홀하게 다루어져 왔던 동아시아에서의 인류의 기원이나 진화연구에도 보탬이 될 것이다. 또한 한반도에 인접한 여러 인간집단의 형태학적 특징을 포함한 생물학적 특징과 한민족과 이들간에 갖는 생물학적 관계에 대한 이해에도 도움이 되리라고 믿는다.

그러나 후술될 것이지만 우리 나라에서 발견·보고된 화석인골의 경우 거의가 그 연대는 화석 자체를 근거로 해서 측정한 것이 아니고 반출된 고고학적 자료나 植物相·動物相 그리고 지질학적인 자료들에 의존하여 이루어진 것이다. 발견된 화석들의 상태도 유적지에 따라 다르기는 하지만 토양의 조건이나 발굴기술 및 보존처리의 미숙함, 그리고 다른 환경적인 요소로 인해 대부분이 많이 손상되어 있다. 또한 그것도 북한에서 발견·보고된 것들의 경우는 많은 부분이 전문용어를 달리하고, 빈약한 인쇄술에다 분석된 결과도 그 근거를 밝히지 않은 경우가 많기 때문에 구석기시대의 인류들에 대한 올바른 지식을 갖기 위해서는 앞으로 더 많은 화석인골이 발견·조사되어야 할 것이다.

---

3) 金元龍, 《韓國考古學概說》(一志社, 1979).
4) 사회과학원 고고학연구소, 《덕천 승리산유적 발굴보고서》(1978).
5) 손보기, 〈人種과 住居地〉(《韓國史論》 12, 國史編纂委員會, 1983).
Sohn Pookee, The Paleoenvironment of Middle and Lower Pleistocene Korea, *The Evolution of the East Asian Environment 2*, ed. by Robert on Whyte, Center of Asian Studies University of Hongkong, 1984.
崔茂藏, 《韓國의 舊石器文化》(藝文出版社, 1986).
權彛九, 〈韓國舊石器時代의 人類化石에 대한 形質人類學的 一考察〉(《韓國考古學報》 19, 1986), 105~127쪽.

화석인골의 서술단계는 최근에 중국대륙에서 인류가 진화해 온 단계로 파악 및 서술되고 있는 순서[6]를 따라서 인류계통 중에 가장 오래된 조상으로 간주되기도 하였던 Rãmapithecus[7]를 포함하는 라마피테쿠스群으로부터 Australopithecus群, 직립원인(Homo erectus), 초기 Homo sapiens(여기에 Homo sapiens neanderthalènsis가 포함됨), 그리고 근대 Homo sapiens의 순서로 나누어 기술하겠다. 이는 구석기문화가 대국적이고 초국가적인 성격을 띠고 있어 연구와 연구의 단위도 이에 따라야 하듯이[8] 구석기문화를 소유했던 화석인류의 경우도 마찬가지이기 때문이다. 이외에도 특히 구석기시대의 경우에는 인류의 생물학적 진화과정과 문화적 진화과정 사이에 깊은 관계를 맺고 있다는 이유와 한반도 자체내의 화석인류들에 대하여는 그 자료가 빈약하고 또한 이에 대한 연구조차도 미흡한 실정이라 어떤 진화단계를 설정하는 것도 아직은 유보해 두는 것이 옳다고 판단한 때문이다.

(1) 편년별 화석인골

가. 라마피테쿠스군과 오스트랄로피테쿠스군

인류계통, 그러니까 라마피테쿠스군만을 논외로 한다면 오스트랄로피테쿠스군, 직립원인, 초기 Homo sapiens, 근대 Homo sapiens sapiens, 그리고 현대인이 모두 사람의 범주(인류계통)에 들어간다. 이에는 다른 견해를 제시하는 관계학자가 없으나 라마피테쿠스군의 경우에는 일부 학자들만이 이들을 사람으로 간주하고 있는 실정이다.[9]

이것이야 어떻든, 한반도에서는 아직 라마피테쿠스군, 그러니까 라마피테쿠스와 시바피테쿠스의 존재를 말해주는 아무런 화석도 발견되지 않았다. 뿐만 아니라 오스트랄로피테쿠스군과 기간토피테쿠스의 존재를 입증해 줄 만

---

6) Wu, Rukang & Dong, Xingren, *Homo erectus in china, Paleoanthropology and Paleolithic Archaeology in the People's Republic of China*, ed. by Wu Rukang & John W. Olsen, Academic Press Inc, 1985, pp. 79~90.

7) Simons E., The early Relatives of Man, *Scientitic American 211*, 1964, pp. 51~62.
———, Ramapithecus, *Scientific American 236*, 1977, pp. 28~35.

8) 金元龍, 앞의 글(1981).

9) Simons E., 앞의 글(1964 · 1977).

한 여하한 증거물도 아직은 발견되지 않았다. 중국의 경우엔 오스트랄로피테쿠스군 화석을 제외하고는 상술한 모든 화석들은 물론 심지어는 드리오피테쿠스군과 古人猿化石들이 출토되고 있어, 이를 근거(비록 간접적인 증거물이긴 하지만)로 오스트랄로피테쿠스군도 장차 발견될 것이라고 믿고 있다.

한반도의 경우에는 상술한 상황이 전개된 대륙의 일부이기－매우 작은 부분이기는 하지만－때문에 라마피테쿠스군이나 오스트랄로피테쿠스군의 화석을 발견할 가능성을 완전히 배제할 수는 없으나, 그 가능성은 매우 희박하다고 판단된다. 여기에 한반도내에서는 아직 홍적세 초기에 해당하는 퇴적층조차 발견되지 않은 것[10]을 고려한다면 그 가능성은 더 희박하다고 믿는다.

나. 직립원인

周口店(상층동굴은 제외)에서 출토된 화석인류들은 우리가 이른바 북경원인(Peking man)이라 일컫는 사람들로 학자들에 따라 「Sinanthropus pekinensis」나 「Pithecantropus pekinensis」, 그리고 Homo erectus 「pekinensis」라고 명명되기도 하였으나 오늘날에는 Homo erectus pekinensis라고 통일하여 지칭하고 있다. 이들을 포함하여 洪積世 중기에 중국의 전기 구석기문화와 관련을 갖고 있는 화석인골을 直立猿人(Homo erectus)이라 일컫고 있다. 물론 이들 직립원인도 상당한 공간적·시간적 변이성을 보여주고 있다.

위에서 주목해야 할 것은 이들 중국의 직립원인들은 아프리카를 포함한 서구에서 발견되는 직립원인들과 구분되는 형태학적인 특징을 갖고 있다는 점이다. 이들은 위쪽의 앞니가 부삽모양을 하고 있는 점, 코뼈가 비교적 평평하고 넓적한 점, 아래턱의 융기(mandibular torus) 및 矢狀稜(sagittal crest)이 있는 점, 그리고 비교적 광대뼈(zygomatic or malar bone)가 높이 있는 점과 이것이 앞으로 약간 튀어나온 듯한 몽골로이드인종이 갖고 있는 특징을 들 수 있다.[11]

한반도내에서의 직립원인의 경우에는 오스트랄로피테쿠스군의 경우와는 달리 이미 이들이 발견될 것이 오래전에 예견되었었고,[12] 사실 祥原의 검은

10) Choi Mou-Chang, The Paleolithic Age in Korea, *Journal of American affairs 34－1*, Social Science & Humanities, Konkuk University, 1980.

11) Wu, Rukang & Dong, Xingren, 앞의 글(1985).

12) 金元龍, 앞의 책(1979).

모루유적지를 포함하여 확실한 홍적세 중기의 전기 구석기시대의 유적지들이 존재함이 밝혀졌다.

상술한 것을 종합해 볼 때 한반도내에서 홍적세 중기에 전기 구석기문화를 소유했던, 그러니까 한반도에서의 직립원인들의 화석 자체가 아직까지는 발견되지 않았으나 이것이 발견될 날이 멀지 않았다고 판단된다. 뿐만 아니라 이들은 비록 형태학적으로 본다면 한반도라는 지역적 변이성과 한반도의 전기 구석기시대라는 시대적 변이성을 띠기는 하겠지만, 중국의 직립원인들이 갖는 바와 비슷한 모습을 띠었을 것도 추정할 수 있겠다. 즉 이들은 오늘날의 몽골로이드인종들은 갖고 있으나 당대의 중국 직립원인에 비견되는 아프리카와 유럽의 직립원인들에게는 보이지 않는 형태학적인 특징들을 갖고 있을 것이다.

다. 초기 호모 사피엔스

제2차 세계대전 이전에는 일반적으로 중국대륙의 홍적세 중기 말부터 홍적세 말기의 초기까지 존재했었던, 그러니까 중기 구석기문화를 소유했던 화석인류들이 Homo sapiens neanderthalensis나 적어도 이 단계(Neanderthaloid Stage)에는 속하는 종(species)으로 기술되었었다.[13] 그러나 2차대전 후에 중기 구석기문화와 관련을 갖고 있는 새로운 화석인골이 발견되었고 또한 이들에 관한 연구가 주로 중국인 자신들에 의하여 이루어지면서 2차대전 전에 호모 사피엔스 네안데르탈렌시스로 서술되었던 화석인골까지를 포함해서 중국의 중기 구석기문화와 관련을 갖고 반출되는 화석인류들을 오늘날에는 초기(Early) Homo sapiens로 기술하고 있다.

또한 위와 같은 연구결과의 일부로 이들 초기 Homo sapiens는 서구의 호모 사피엔스 네안데르탈렌시스에게서는 보이지 않으나 반대로 중국의 직립원인이나 근대(Late) Homo sapiens sapiens, 그리고 몽골로이드인종에게서는

---

13) Coon, Carleston. S., *The Origin of Race*, Alfred A. Knopf, New York, 1971.
Chang, Kwang-Chich, New evidence on Fossil man in China, *Science 136*, 1962.
Movius, H. L. Jr., New Paleolithic Site near Ting-tsun on the Fen River, Shanshi Province, North China, *Quaternaria 3*, 1956, pp. 13~26.
외 다수.

공통적으로 나타나는 형태학적 특징들을 갖고 있음이 밝혀졌다.[14] 이와 같은 경향은 현대의 중국인에게서도 나타나고 있어, 바로 이 점이 실제적으로 같은 계통, 그러니까 진화상의 관계를 말해주는 것이라고까지 해석하고 있기도 하다.[15] 이외에도 주목된 것은 호모 사피엔스 네안데르탈렌시스의 일반적인 형태학적 특징으로 알려진 특징들의 일부가 이들에 상응하는 중국의 화석인골(그러니까 중국의 초기 호모 사피엔스)에서는 보이지 않는다는 점이다.[16] 사실은 위와 같은 이유가 중국학자들이 2차대전 전에 호모 사피엔스 네안데르탈렌시스라고 서술했던 것을 포함하여 홍적세 중기 말부터 홍적세 말기의 초기까지에 존재했었던 그러니까 중기 구석기문화와 관련을 맺고 출토되는 화석인류들을 초기 호모 사피엔스라고 서술하는 근거이다.

한반도내에서는 앞의 라마피테쿠스군이나 오스트랄로피테쿠스군 그리고 직립원인의 경우와는 달리 초기 호모 사피엔스의 화석 자체가 그것도 한반도의 중기 구석기문화를 갖고 있는 홍적세 중기 말부터 홍적세 말기의 초기까지에 형성된 문화층에서 발견되었다.[17] 즉, 한반도내의 화석인골에 대한 연구를 직접적인 자료에 근거해서 할 수 있게 된 것이다. 또한 중기 구석기문화유적지로 확인된 것이나 원래의 보고자들에 의해 중기 구석기시대의 유적지로 보고된 것도 전기 구석기시대의 그것들보다 공간적으로나 시간적으로 보아 그 분포가 더 조밀하다.

한반도에서의 초기 호모 사피엔스로 이른바 「덕천인」[18]과 「역포인」[19]이 보고

---

14) Wu, Xinzhi & Wu, Maolin, *Early Homo sapiens in China, Paleoanthropology and Paleolithic Archaeology in the People's Republic of China*, ed. by Wu, Rukang & John W. Olsen, Academic press Inc, 1985, pp. 91~106.

15) Wu, Xinzhi & Wu, Maloin, 위의 글.
Wu, Xinzhi & Zhang, Zhenbiao, *Homo sapiens Remains from Late Paleolithic and Neolithic China, Paleoanthropology and Paleolithic Archaeology in the People's Republic of China*, ed. by Wu, Rukang & John W. Olsen, Academic Press Inc., 1985, pp. 107~133.

16) Wu, Xinzhi & Wu, Maloin, 위의 글.

17) 사회과학원 고고학연구소, 앞의 책.

18) 사회과학원 고고학연구소, 위의 책.

19) 김용남, 〈우리 나라에서 발견된 인류화석과 조선사람 기원문제의 해명〉(《력사과학》 4, 1981).

되었다. 「덕천인」의 경우엔 하악골과 치아 둘, 그리고 「역포인」의 경우엔 어린아이의 두개골 1편을 근거로 해서 보고되었다. 이 때문에 한반도의 초기 호모 사피엔스에 대한 형태학적 특징을 일반화하여 언급하기가 힘들어 아직은 이 화석 자료들을 있는 대로 서술하여 두는 정도로 만족하여야만 하는 실정이다. 그러나 한반도의 초기 호모 사피엔스에 대하여 다음과 같이 추정할 수 있다고 판단한다.

한반도의 초기 호모 사피엔스의 경우에도 한반도와는 지역적인 변이성과 중기 구석기문화가 이루어졌던 때와는 시기적인 변이성을 띠면서, 동시에 중국의 초기 호모 사피엔스들이 갖고 있던 형태학적 특징을 얼마간 공유하리라고 믿는다. 이와 같은 특징들로 먼저 중국의 초기 호모 사피엔스들이 직립원인과 근대 호모 사피엔스 그리고 심지어는 중국의 현대인과도 공유하지만 서구의 호모 사피엔스 네안데르탈렌시스에게서는 보이지 않는 형태학적 특징들을 들 수 있겠다. 즉, ①일반적으로 약한 시상연골(weak sagittal keeling)을 갖고 있는 점, ②접전두봉합(fronto sphenoidal suture)과 전두상악봉합(fronto maxillary suture)이 거의 같은 높이에서 접합되어 하나의 弧(arc)를 형성하고 있는 점 ③코뼈가 비교적 평평하고 넓적한 점, ④광대뼈(zygomatic bone)의 前접형돌기(fronto sphenoidal process)가 광대뼈 표면을 향해 있는점, ⑤위턱뼈의 관골돌기(zygomatic process)와 광대뼈가 접합되는 부분이 彎曲되어 있다기보다는 모가 난 점과 같은 특징[20]들을 갖고 있을 것이다.[21] 이와 같은 특징들을 갖고 있을 것임에 반해서 서구의 호모 사피엔스 네안데르탈렌시스들이 일반적으로 갖고 있으나 중국의 초기 호모 사피엔스에게서는 보이지 않는 특징들은 한반도의 초기 호모 사피엔스들도 역시 갖고 있지 않을 것이다. 즉, ①일반적으로 비교적 크고 툭 튀어나온 모습의 안면, ②송곳니 齒間이 없는 점, ③눈구멍(眼窩) 면이 거의 같은 높이를 하고 있는 점(orbital contour), ④머리의 뒷모양이 묶은머리(bun)의 모양으로 튀어나온 듯한 모습[22]은 역시 한반도의 초기 호모 사피엔스에게서도 보이지 않을 것이다.[23]

---

20) Wu, Xinzhi & Wu, Maloin, 앞의 글.
21) 權彛九, 앞의 글.
22) Wu, Xinzhi & Wu, Maloin, 앞의 글.
23) 權彛九, 앞의 글.

라. 근대 호모 사피엔스

앞에서 중국의 호모 사피엔스와 비견하면서 한반도에서 홍적세 중기 말부터 홍적세 말기의 초기까지의 중기 구석기문화와 관련을 갖고 출토되는 화석인류를 초기 호모 사피엔스로 서술하였다. 여기에서는 초기 호모 사피엔스와 신석기문화를 이룩한 주체들 사이의 단계에 속했던 사람들을 근대 호모 사피엔스로 서술하고자 한다. 근대 호모 사피엔스는 초기 호모 사피엔스의 활동이 끝난 홍적세 말기의 초기 말부터 빙하기가 끝나고 完新世(또는 現世-Holocene)에 이를 때까지, 즉 후기 구석기문화를 갖고 있던 인류들을 지칭한다. 그리고, 후기 구석기시대와 신석기시대 사이의 틈이나 과도적인 시기에 중석기문화가 존재했었다고 하나 그 기간이 길지도 않고, 또한 중석기문화(Mesolithic culture)가 대륙에서는 존재했었다고 하나 한반도의 경우엔 아직은 그 존재 여부에 대해서도 다른 견해가 있다. 또한 중석기문화가 존재했었다 해도 후기 구석기문화와 단절되지 않고 계속되어 왔나는 것이 아식은 입증되지 않은 실정이다. 그러함에도 불구하고 한반도내에서도 중석기문화유적이 발견된 예가 보고된 바 있었고 앞으로도 발견되리라 예견된다. 어떻든 한반도의 중석기문화 소유자들도 중국의 경우와 같이 근대 호모 사피엔스의 범주에 들어가리라고 본다.

일부 형질인류학자들은 근대 호모 사피엔스단계에 상응하는 서구의 화석인류들을 해부학적으로 보인 현대인(Anatomically modern man)이라고 서술하기도 한다.24) 이는 형태학적으로는 현대인과 다를 바 없다는 뜻이나, 실제적으로는 형태학적 특징 중에는 계측이 가능하여 계량화할 수 있는 것과 그렇지 못한, 그러니까 인상이나 느낌이 다른 것이 있는데, 후자의 관점에서 양자가 다르다는 것을 뜻하고 있다. 그렇기 때문에 일단 근대 호모 사피엔스단계에 들어선 인류들의 변이성에 관해서 논할 때는 표본의 크기가 통계학적으로 보아 유의할 정도의 크기(적어도 60개체 이상)가 되어야 그 변이성의 신뢰도를 인정받을 수 있게 된다.

중국의 경우에는 근대 호모 사피엔스단계의 화석인골이 후기 구석기문화

---

24) Weiss, Mark L. & Alan E. Mann, *Human Biology and Behavior*, Little Brown and Company Inc, Boston & Toronto, 1975.

와 관계를 갖고 출토되고 있으며 신석기시대인들은 형태학적 특징상 華北人集團과 華南人集團으로 구분된다. 그러나 이들 신석기시대인, 즉 화북인집단과 화남인집단 사이의 형태학적 변이성의 크기가 이들 두 집단의 어떤 집단과 근대 호모 사피엔스 집단간의 변이성보다 작다. 다른 말로 중국의 신석기시대인들 사이에 보이는 지역적인 변이성이 중국의 후기 구석기시대인과 신석기시대인 사이에 보이는 시대적인 변이성보다 작다는 뜻이다.[25]

그러나 위와 같은 조건 아래서도 중국의 경우에는 근대 호모 사피엔스와 화북 및 화남인, 즉 중국의 신석기시대인들 사이에 공통된 형태학적 특징을 갖고 있다. 즉, 그 예로 봉합형태가 비교적 단순하며, H형을 띤 익상골(H-Shaped pterygoid region), 비교적 넓적하고 평평한 코뼈, 비교적 약한 하비극(sub-nasal spine)과 광대뼈(zygomatic bone), 그리고 上顎骨(maxillary bone)에 의해 형성된 둔한 각도, 좁은 송곳니 齒間, 그리고 부삽모양을 이룬 앞니의 모습들을 들 수 있다. 중국의 신석기시대의 화북인간집단과 화남인간집단은 각각에 해당하는 오늘날의 집단들과 예컨대 코뼈와 같은 형태학적 특징상 유사성을 띠고 있다고 지적하고 있다.[26] 다른 말로 지역과 관련되면서 시대적으로 진화적인 경향을 띠고 있는 형태학적 특징들을 보여주고 있다.

그러나 위와 같은 연구결과가 통계학적으로 그 변이성이 의미가 있다고 인정할 만큼의 충분한 표본의 크기를 갖고 분석되어진 것은 아니다. 이 때문에 중국의 경우에 있어서도 아직은 근대 호모 사피엔스 사피엔스와 신석기시대인들에 관한 형태학적인 특징에 관한 한 신중을 기하면서 두드러지게 나타나는 진화적인 경향만을 제시하는 데 그치고 있는 실정이다.

한반도내에서는 후기 구석기문화유적과 유물은 물론 이와 관련을 갖고 출토되는 화석인골이 중기 구석기시대의 그것들보다 더 많이 그리고 完形을 띠면서 발견되었다. 그러나 이것은 중기 구석기시대의 그것들과 상대적으로 논술한 것이고 실제로는 발견된 예가 적은 편이고 그것도 완형을 띤 화석이나 인골이 출토되지 않았다. 뿐만 아니라 우리 나라에서는 아직 신석기시대

25) Wu, Zinzhi & Zhang, Zhenbiao, 앞의 글, pp. 107~133.
26) Wu, Xinzhi & Zhang, Zhenbiao, 위의 글.

인이나 古墳人의 인골이 출토된 것이 적고 이에 대한 연구도 많이 이루어져 있지 않다. 바꾸어 말하자면, 한반도의 근대 호모 사피엔스의 경우, 이들의 형태학적인 특징을 일반화시키는 것은 물론 중국의 경우와는 달리 진화적인 경향을 지적하는 것조차도 다음으로 미루어야 할 실정이다. 이러한 이유로 현재로서는 지금까지 발견된 근대 호모 사피엔스 화석 및 인골들을 있는 그대로 정확하게 서술하는 것이 마땅하다고 믿는다.

한반도에서는 근대 호모 사피엔스로 이른바 「승리산인」,[27] 「만달인」,[28] 「공주 석장리인」,[29] 그리고 「점말 및 두루봉인」(흥수굴)[30]에 대한 형태학적 특징들이 보고된 바 있다. 그러나 이들이 비록 앞단계의 초기 호모 사피엔스보다 수적으로 많고 또한 그 지역적·시기적 분포가 조밀하지만 아직은 일반적인 형태학적 특징이나 진화적 경향을 지적하기에는 미흡한 실정이다.

그러나 상술한 모든 것을 종합해 볼 때 한반도내의 홍적세 후기의 초기발부터 현세의 신석기시대에 이를 때까지의 후기 구석기문화를 소유했던 근대 호모 사피엔스는 중국의 후기 구석기문화를 소유했던 바로 중국에서 일컫고 있는 이른바 근대 호모 사피엔스와 같은 범주에 들어가는 인류이며, 이들은 봉합형태가 비교적 단순한 점을 포함하는 중국의 근대 호모 사피엔스와 신석기시대인이 공유하는 특징을 함께 갖고 있으리라 믿는다. 이 때문에, 이들 한반도의 근대 호모 사피엔스는 형태학적으로 보아 한반도의 신석기시대인을 포함하여 어떠한 인간집단보다도 중국의 근대 호모 사피엔스와 유사할 것이며, 또한 이들은 이런 중에도 관련을 맺고 있는 유적의 성격에 따른 얼마간의 한반도라는 지역적인 변이성과 우리 나라의 후기 구석기 및 중석기시대라는 변이성을 띠고 있을 것이다. 아울러 우리는 형태학적으로 보아 이들 한반도의 근대 호모 사피엔스는 화북인간집단이나 화남인간집단보다는 우리 나라의 신석기시대인에 보다 더 가깝고 유사할 것이라는 것도 알 수 있다.

---

27) 사회과학원 고고학연구소, 앞의 책(1978).
28) 김교경, 〈새로 발견된 만달리동굴유적〉(《력사과학》 4, 1981).
29) 손보기, 〈層位를 이룬 石壯里石器文化〉(《歷史學報》 35·36, 1967), 1~25쪽.
30) 손보기, 〈제천 점말동굴 발굴중간보고〉(《韓國史硏究》 11, 1975), 9~53쪽.

(2) 화석인골의 몇 가지 특징

오늘날까지 한반도내에서 발견된 구석기시대의 화석인골은 앞에서 소개 및 언급된 것보다는 지역적으로나 시대적으로 더 광범위하고 조밀하게 분포되어 있었을 것이다.

또한 여기에서 평가된 화석인류들의 연대가 대부분 화석 자체의 형태학적인 특징에 근거해서 측정된 것이라기보다는 반출된 고고학적 자료나 식물상·동물상 그리고 지층을 중심으로 한 지질학적 자료들을 근거로 한 것이다. 이러한 이유와 원보고자 특히 북한의 원보고자들은 정확한 출처나 근거를 밝히지 않은 결론만을 제시한 것과 같은 이유에서 비롯되는 의문 때문에 아직은 논의의 여지가 있다고 본다. 그러나 앞에서 말한 것을 토대로 하여 다음과 같은 점을 간추려 볼 수 있다.

첫째, 한반도에서는 라마피테쿠스군이나 오스트랄로피테쿠스군 그리고 직립원인의 화석 자체가 발견된 바 없다. 그리고 라마피테쿠스군이나 오스트랄로피테쿠스군 화석이 발견될 가능성을 완전히 배제할 수는 없으나 그 가능성은 매우 희박하다. 그러나 직립원인의 경우엔 이미 발견 보고된 전기 구석기유적지 같은 것으로 보아 이들이 발견될 날이 멀지 않았음은 물론, 한반도와 한반도의 전기 구석기시대라는 지역적인 변이성과 시대적인 변이성을 얼마간 갖고 있으면서 동시에 중국의 직립원인들이 갖는 형태학적 특징, 특히 아프리카나 유럽에서는 보이지 않으나 중국의 직립원인들만이 갖는 형태학적인 특징을 갖추고 있을 것이라는 것까지도 예견할 수 있다.

둘째, 초기 호모 사피엔스의 경우엔 한반도에서도 화석 자체가 발견되었다. 아직은 이들에 대한 일반적인 형태학적 특징에 관해 언급할 수는 없으나 이들도 역시 중국의 초기 호모 사피엔스(그러니까 2차대전 전에 호모 사피엔스 네안데르탈렌시스라고 서술되었던 것을 포함하여 홍적세 중기 말부터 홍적세 말기의 초기까지에 중기 구석기문화와 관련을 갖고 있었던 화석인류)와 같이 중국의 직립원인과 근대 호모 사피엔스와 공유하지만 서구의 호모 사피엔스 네안데르탈렌시스에게서는 보이지 않는 형태학적 특징을 소유하고 있을 것이다. 이와 동시에 서구의 호모 사피엔스 네안데르탈렌시스에게는 보이나 중국의 초기 호모 사피엔스에게서는 보이지 않는 특징은 역시 이들 한반도의 초기 호모 사피엔스들도 갖고 있지 않을 것이다. 그리고 이들 한반도의 초기 호모 사피엔스들은 한반도와 해당 유적지 그리고 소유했던 중기 구석기문화의 시기라는 즉 나름대로의 지역적·시기적 변이성을 또한 갖고 있으리라고 믿는다.

셋째, 근대 호모 사피엔스는 중국의 경우와 같이 한반도에서도 초기 호모 사피엔스와 신석기문화의 주체였던 사람들 사이에 존재했었던 인류들로서 이들은 홍적세 말기의 중기부터 현세에 이를 때까지에 주로 후기 구석기문화를 이룩한 사람들이다. 한반도에서는 근대 호모 사피엔스로 이른바「승리산인」,「만달인」,「공주 석장리인」그리고「점말 및 두루봉인」의 화석과 인골이 발견되어 보고되었다. 그러나 수적·양적 그리고 완형이 적고 또한 이들에 비견할 다음 단계인 신석기시대인에 대한 연구도 미흡한 관계로 이들의 형태학적 특징을 일반화시키기도 아직은 어려운 실정이다.

그러나 한반도의 근대 호모 사피엔스도 중국의 근대 호모 사피엔스의 범주에 들어갈 것이며 바로 이러한 이유로 형태학적으로 이들은 한반도의 신석기시대인을 포함한 어떠한 집단보다도 중국의 근대 호모 사피엔스와 유사할 것이다. 이들이 한반도와 한반도의 구석기유적지라는 즉 지역적 및 시대적인 변이성을 띠고 있을 것이라는 것도 쉽게 상정할 수 있다.

넷째, 한반도내에서의 인류진화과정도 중국대륙이나 서구에서의 그것과 마찬가지로 문화의 진화과정과 상호 깊은 관계를 맺고 있다는 점이며, 특히 구석기시대의 경우는 그 정도가 거의 평행진화하는 경지에까지 이르고 있다는 점이다.

끝으로 한반도의 구석기시대의 인류들에 대한 올바른 지식을 갖기 위하여는 무엇보다도 먼저 화석인골이 보다 많이 발견·조사되어야 한다는 점이다. 그것도 지역적으로나 시대적으로 골고루 분포되어서 말이다.

〈權彛九〉

2. 구석기시대의 유적과 유물

1) 구석기유적의 분포

우리 나라의 구석기문화에 대한 연구는 광복 이전인 1935년 두만강가에 있는 종성 동관진(온성 강안리)유적의 상삼봉에서 비롯한다. 그 곳에서는 홍적세(기)의 하이에나속·말사슴·들소와 코뿔이(소) 등의 뼈화석이 출토되었다. 그 뒤에 이어지는 동관진유적의 조사보고는 당시의 연구수준과 시대상황으로 미루어 보아, 상당히 높은 단계에서 고생물학적 조사연구, 층위의 구분 시도, 석기와 뿔연모의 수법, 형태에 관한 고고학적 분석, 화석의 정도(化石度)가 연구되었다. 그러나 일제의 식민지사관으로 그릇된 역사인식의 논리 때문에 부정되었고, 이와 같은 부정 일변도의 자세는 광복이 된 다음에도 계속되어 왔다.

이와 같이 우리의 구석기연구는 처음부터 잘못된 시대상황 아래에서 이루어져 왔기에,「구석기」에 관한 보다 적극적인 해석과 이해가 편견 속에 묻히게 되어, 구석기학사에서「잃어버린 시간」으로 되어버렸다. 그로 말미암아 우리의 구석기문화 연구는 그 시대와 문화의 부정에 대한 긍정의 답이 되는 것이고, 그것은 우리 역사의 상한을 신석기시대에서 구석기시대로 올려 놓는 계기가 되었으며, 우리 학문의 장을 세계로 펼치는 역할을 하게 되었다.

그러한 측면에서 볼 때, 부정 속에서 출발한 석장리유적이 지니는 의의와 위치는 매우 크다 하겠다. 이 유적을 10년간에 걸쳐 연차사업으로 조사·발굴하여 구석기연구에 씨를 뿌리고 자라게 하여 결실을 거둘 수 있게 된 사실은 우리 나라 구석기의 학사적인 입장에서도 그 위치를 높이 살 만하다.

광복 이후 우리의 손으로, 자생적으로 시작한 구석기유적에 대한 조사와 연구는 많은 성과를 얻어, 남북한을 통틀어 30개 이상의 유적이 발굴되었으나, 분단으로 인하여 남북한이 제각기 따로이 조사·연구를 전개함에 따라, 우리 나라 구석기유적의 연구에 대한 문제가 생기게 되었다. 그럼에도 구석기유적의 발굴 계기가 된 선봉 굴포리유적(1963~1964년 발굴)과 공주 석장리 유적(1964~1974·1990·1992년 발굴)이 모두 한데유적이라는 점과, 같은 시기에 우리의 손에 의해 조사되었다는 점이나, 층위유적이면서도 집터(굴포 1기, 석장리 1지구 1호 집터)유적을 찾아 보고하였다는 점에서 같은 연구과정의 특징을 찾을 수 있다.

10년간 연차 발굴로 조사된 석장리유적조사는 바로 동굴유적에 대한 관심으로 확대되었는데, 그렇게 하여 찾게 된 유적이 제천의 점말 용굴이었다. 이 유적이 있는 충북 일원에는 조선계와 옥천계로 발달된 석회암지대가 잘 형성되어 있는데, 이러한 지질구조에는 자연동굴이 집중적으로 분포하게 되어 있다.

이러한 석회암동굴은 층위가 분명히 구분되고, 동·식물상의 자료들이 잘 분포되어 있는 이점이 있어서, 이 용굴의 발굴 계기는 구석기문화에 대한 관심을 석기 중심에서 고동물·고식물 등의 자연환경과 인간과의 관계를 연구하는 방향으로 진전되게 하였다. 이 연구가 계속되면서 충북지방의 석회암동굴에 깊은 관심이 모아져, 청원 두루봉동굴을 비롯하여 단양지방의 상시바위그늘·금굴·구낭굴 등의 유적이 발굴되었다.

한편 충주댐이 건설되는 남한강의 수몰지역에도 집중적인 조사로, 단양 수양개·제천 창내·명오리 큰길가 등의 한데유적과 단양 금굴의 동굴유적이 발굴되어, 이 지역에는 동굴유적과 한데유적이 어우러져 밀집되어 있음이 밝혀지게 되었다. 발굴로 밝혀진 연구결과로는 유적의 밀집성뿐만 아니라, 이미 멸종된 동물화석을 포함하여 많은 화석자료들이 출토되어 우리 나라는 물론 아시아 구석기학계에 훌륭한 자료를 제공하고 있다.

또한 이들 유적의 가장 밑층에서부터 전기·중기·후기 구석기 등의 문화층들이 층위로 있음이 밝혀지고, 우리 나라에서 가장 오래된 전기 구석기(단양 금굴)유물들이 출토되면서 시원적 성격을 갖고 있다. 그리고 이들 동굴유적에서는 거의 동굴마다 사람뼈가 출토되어, 우리 겨레의 뿌리(고인류)연구에 더할 수 없이 중요한 위치를 차지하고 있어서, 위와 같은 성격과 문화적 특징들은 국가에서 설정한 중원문화(권)의 핵심적인 성격으로 지적될 수 있을 것이다.

한편 1970년대 후반에 찾게 된 임진강(한탄강)유역의 전곡리유적은 국가차원에서 실시하여 여러 기관이 조사에 참가하는 대규모의 발굴이었다. 아슐리안계통의 훌륭한 주먹도끼가 다량으로 출토되어서 더욱 많은 관심이 집중되었고, 또한 이 유적을 중심으로 하여 「전곡리문화」라는 독특한 학문성과를 얻게 되었다. 이 조사에 참가한 조사자들의 관심은 부근으로 확대되어, 파주 금파리와 주월리 등의 한데유적에서 좋은 석기와 유구를 발굴하는 개가를 올리게 된다.

1980년대 중반에 곡성 제월리의 구석기유물에 대한 보고가 있은 후, 섬진강에 건설되는 주암댐수몰지역 조사로 승주 곡천유적에서 구석기문화층이 보고되었으며, 승주 금평·화순 대전 등지에서 잔석기(細石器)문화가 있음이 확인되었다. 또한 화순 대전유적에서는 완전한 집터까지 발굴되어 학계의 관심을 끌게 되고, 이것은 이전 복원되었다. 이 문화적 성격은 거창 임불리·부산 해운대 등지에서도 찾아져, 남부지역에 잔석기문화전통이 넓게 펼쳐 있음을 알게 되었으며, 이 특징은 일본 규슈지방과도 연결되어 앞으로 연구가 주목된다.

한편 북한에서는 선봉 굴포리조사 이후, 상원 강둑을 보수하는 공사과정에서 찾게 된 상원 검은모루유적에서 상당히 많은 양의 고동물화석자료와 함께 석기가 발굴되면서, 동굴조사에 모든 관심을 쏟게 된다. 전국적으로 대대적인 동굴조사운동을 벌여 200개 이상을 확인하였다고 한다.

이러한 조사는 평양이 문화와 역사의 발상지 또는 기원지라는 주장을 펴면서, 평양을 중심으로 발달된 상원계의 석회암동굴만 발굴하였는데, '70년대 조사된 지역으로 상원 청청암, 덕천 승리산, 평양 대현동·만달리 등과, '80년대의 용곡동굴·승호동굴을 대표로 들 수 있을 것이다. 이 조사들로 석회암동굴유적에서 주로 출토되는 많은 고동물화석과 고인류화석의 발굴은 북한 구석기학계의 큰 특징으로 지적되겠다.

이렇듯 우리 나라의 구석기유적은 주로 대동강유역과 남한강 일대에 밀집되어 출토되는 경향을 보이지만, 아울러 금강·한탄강·섬진강가와 경기도·강원도의 내륙지역에서도 구석기유적이 찾아져 우리 나라의 전역을 분포의 범위로 보아도 무리는 아닐 것이다(〈지도 1〉). 이러한 점에서 우리 나라의 구

〈지도 1〉 우리 나라 구석기유적 분포도

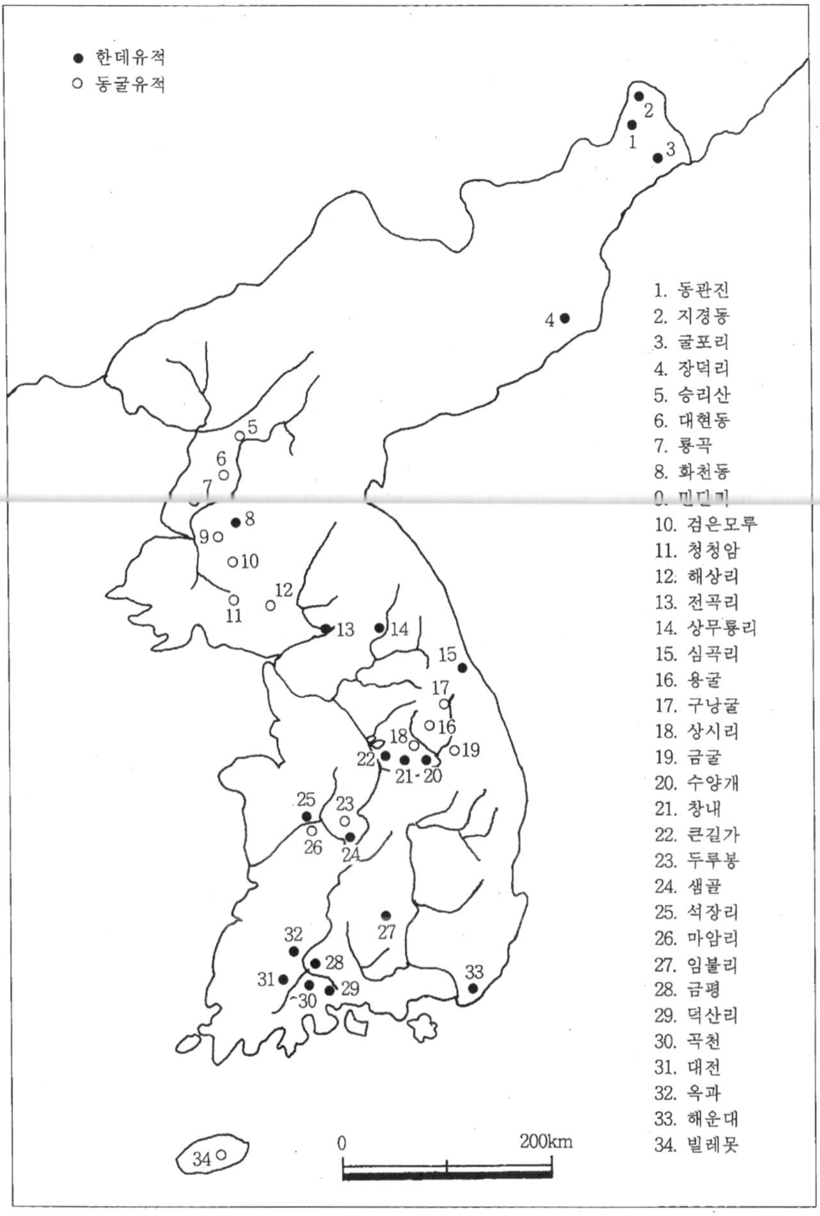

석기시대에는 현재 우리가 생각하는 것 이상으로 많은 사람들이 이 땅의 전지역에서 삶을 꾸려 나갔던 것으로 짐작된다.

그러면 여기에서는 발굴·보고된 구석기유적 가운데 성격과 위치에 따라 분류하여 고찰해 보겠다.

(1) 남한의 구석기유적

가. 한데유적

가) 금강유역

(가) 공주 석장리유적(사적 제234호)

충남 공주군 장기면 장암리 석장마을의 금강 북안에 위치한 이 유적은 1964년부터 1974년까지 10차례 발굴하였고, 이어서 1990년과 1992년에 또다시 발굴하여 지금까지 모두 12차례에 걸쳐 발굴을 실시함으로써 우리 나라의 구석기연구사에 있어 학사적으로 중요한 위치를 차지하고 있다.

이 유적은 크게 2개 지구로 나뉘는데, Ⅰ지구에서는 후기 구석기시대의 집터를 확인하였고(〈사진 1〉), Ⅱ지구는 석장리를 맨 처음 발굴한 1964년부터 조사하여, 27개의 지층에서 전기·중기·후기 구석기의 12개 구석기문화층를 밝혀 냈다. 최근에는 제4기지질학의 연구결과를 받아서 제1문화층(27지층)을 제2간빙기(Mindel/Riss, 약 35만~30만년 전)에 된 강바닥 쌓임층의 전기 구석기로 설정하고(〈그림 1〉), 4문화층까지 전기에 포함되는 것으로 밝히고 있다.

그 다음에 오는 중기 구석기의 단계에는 제3간빙기(Riss/Würm, 약 12만~7만년 전)의 강가 쌓임층에 된 5문화층(15지층)에서 아슐리안전통의 주먹도끼(〈사진 2〉·〈그림 2〉)가 출토되고 있어 주목된다. 제6문화층(15ㄱ지층)·7문화층(13지층)을 거쳐, 제4빙기(뷔름)의 비탈쌓임층에는 8·9·10문화층이 찾아졌다. 특히 9문화층은 석장리유적의 발굴계기를 만든 자갈돌찍개문화층이어서 학사적 위치를 갖고 있다. 10문화층의 연대가 50,270BP 이전으로 밝혀져 과학적 절대연대를 제시하게 되었다.

후기 구석기문화에는 11문화층(30,690BP)이 발달한 것을 확인하였고, 12문화층은

〈사진 1〉 석장리 제1지구 제1호 집터 모습

〈그림 1〉 석장리 주먹대패

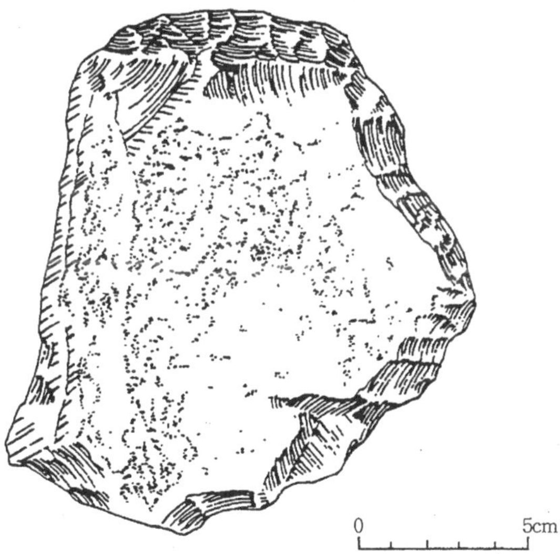

〈사진 2〉 석장리 9문화층 주먹도끼

〈그림 2〉 석장리 주먹도끼

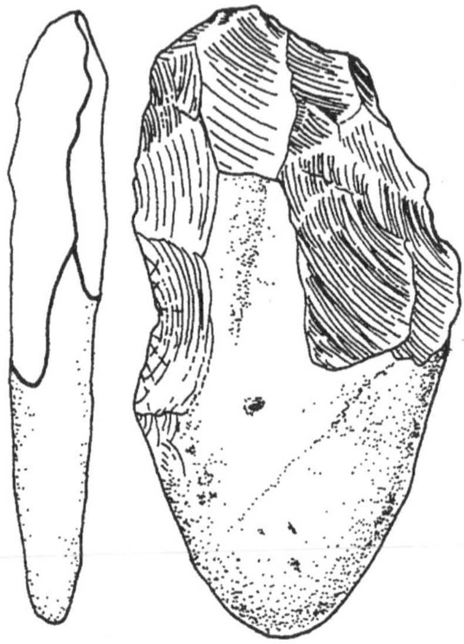

좀돌날몸돌(細石核)이 있는 것이 처음으로 확인되어 동북아시아 좀돌날문화권의 전파에 중요한 위치를 차지하게 되었다. 그리고 여기서는 불땐자리·기둥자리·문돌들이 발굴되어 약 60㎡ 크기의 집터가 있었을 것으로 여겨지며, 그 규모는 8~10명이 거주할 수 있을 정도의 크기이다. 또한 화덕자리에서 나온 숯을 ^{14}C연대측정의 결과 20,830BP가 나와 당시의 문화해석에 큰 기준을 주고 있다.

이러한 석장리유적의 발굴조사는 우리 구석기학연구에 개척적인 공헌을 하였다는 점 이외에도, 꽃가루분석·숯분석·토양분석·동위원소를 이용한 절대연대측정 등의 과학적 방법을 이용하여 구석기연구를 당시의 기후와 자연환경의 복원 쪽으로 관심을 두게 한 점, 석기에 관계되는 낱말—특히 석기와 제작수법에 관한 용어—로 우리말을 찾아 사용함으로써 구석기를 비롯한 고고학의 한글화에 크게 기여하였다.[1)]

---

1) 최근 석장리 발굴 30주년을 맞아 지금까지의 연구자료들을 정리한 새로운 해석이 제시되었다(손보기, 《석장리 선사유적》, 동아출판사, 1993).

현재 이 유적에 대한 기념관을 세울 정부의 계획이 추진중이어서 기대되는 바가 크다.

(나) 청원 샘골유적

충북 청원군 문의면 문덕리 샘골마을에 있는 이 유적은 대청댐수몰지구 문화유적발굴조사의 일환으로 1978년에 발굴한 후기 구석기시대 유적이다.[2] 유물출토의 층위가 얕아서, 오래 살지 않았던 것으로 해석된다.

이 유적에서 출토된 배모양 석기는 공주 석장리·단양 수양개·승주 곡천·화순 대전·평양 만달 등에서 출토된 것들과 비교되고 있다.

나) 한강유역

(가) 단양 수양개유적(충북 기념물 제100호)

충북 단양군 적성면 애곡리에 있는 수양개유적은 충주댐수몰지역 문화유적발굴조사로 1983~1985년까지, 그리고 다시 1995~1996년에 걸쳐 발굴되었다. 7차에 걸쳐 발굴된 면적은 모두 1,250㎡로, 우리 나라에서는 가장 넓게 발굴된 구석기유적이다(〈사진 3〉).[3]

최근까지의 발굴로 중기 구석기문화층(Ⅴ층)－청동기문화층(Ⅱ층)이 층위로 있음이 밝혀졌다. 중기 구석기층에서는 넓게 발달된 자갈층 위에 모룻돌을 이용한 직접떼기로 만든 긁개·찌르개·주먹대패 등과 같은 다목적 석기가 출토되었다.

수양개유적에서 가장 많은 유물이 발굴된 후기 구석기문화층(Ⅳ층)의 석기 재료로는 90% 이상이 셰일 모난돌이 이용되었고, 직접떼기수법과 돌날수법, 눌러떼기수법과 같은 간접떼기수법도 보이고 있다. 여기에 잔손질을 베풀어 만든 세련되고 훌륭한 석기 가운데는 다양한 형식의 주먹도끼(〈사진 4〉·〈그림 3〉)와 전형적인 찍개도 있다. 특히 많은 수의 슴베찌르개(〈사진 5〉·〈그림 4〉)는 일본 규슈지방에서 출토되는 유물과 매우 흡사하다는 점과, 또 일정한 범위 안에서 집중적으로 출토된다는 사실이 주목된다.

가장 특징적인 유물인 좀돌날몸돌은 크게 3가지 형식으로 구분되는데(〈사

---

2) 이융조, 〈청원 샘골 구석기유적〉(《大淸댐水沒地區 遺蹟發掘報告書》, 충북대 박물관, 1979).

3) 이융조, 〈丹陽 수양개舊石器遺蹟 發掘調査報告〉(《忠州댐水沒地區 文化遺蹟延長發掘調査報告書》, 충북대 박물관, 1985), 101~252쪽.

〈사진 3〉 수양개 발굴 모습

〈그림 3〉 수양개 주먹도끼

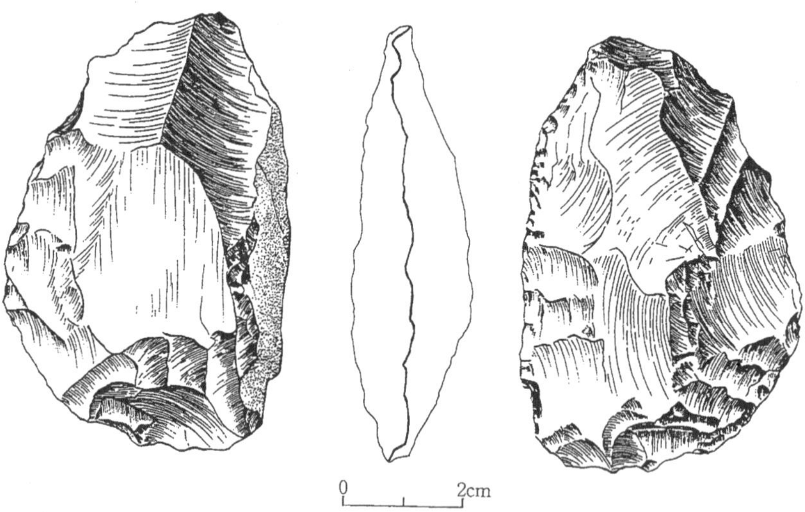

〈사진 4〉 단양 수양개 주먹도끼 만드는 사람 복원상

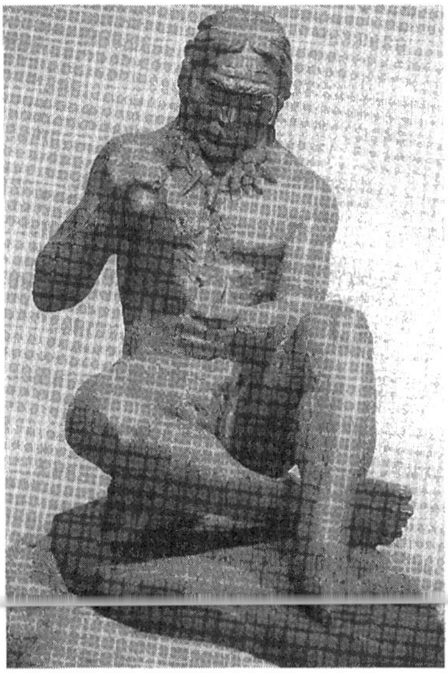

〈사진 5〉 수양개 슴베찌르개

〈그림 4〉 수양개 슴베찌르개

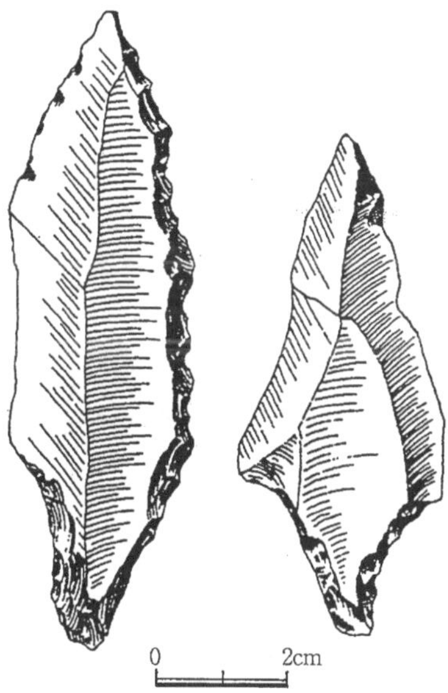

진 6〉·〈그림 5〉), 연구결과로는 공주 석장리에서 영향을 받아 좀돌날몸돌의 제작기술을 발달시켜, 한 줄기는 남쪽의 전남 승주 곡천·화순 대전에서 일본 규슈로, 또 한 줄기는 북쪽의 평양 만달리를 거쳐 선봉 굴포리→우스티노브카→사할린→일본 홋카이도에로의 전파에 큰 영향을 준 것으로 생각된다.4)

이러한 연모 외에 많은 격지·돌망치·모룻돌 등이 그대로 50군데 이상의 석기제작소에서 발굴되어 제작행위의 복원에 결정적인 자료가 되고 있다. 또한 당시 사람들의 사냥대상물에 관한 풍요기원이나 잘 잡히기를 바라는 기원과 주술예술의 표현으로 보이는 첫소의 정강이뼈에 「물고기모양」을 새긴 예술품(8.2×3.5㎝)이 발굴되어 후기 구석기시대 사람들의 정신세계를 이해할 수 있는 좋은 자료이다.

7차에 걸쳐 발굴된 면적 이외에도 유물이 20배 이상의 지역에 출토되는 수양개유적은 유물의 종류, 제작수법 및 유물의 양에서 국내 최대일 뿐만 아니라, 세계적인 구석기유적지로서 우리 나라 선사유적의 교육장으로 활용할 가치가 크기 때문에, 앞으로 더 많은 조사가 더 이루어져야 할 것이다.

(나) 양구 상무룡리유적

평화의 댐 건설에 따른 화천댐수몰지역내 문화유적발굴조사의 일환으로 1987~1988년까지 3차에 걸쳐 발굴되었다. 강원도 양구군 양구읍 상무룡리에 자리잡고 있는 이 유적은 충위가 4개로 구분되는데, 문화층은 Ⅲ층(후기 구석기문화층)과 Ⅳ층(중기 구석기문화층)에 있다.

후기 구석기문화층에서는 잘 만든 밀개·긁개 등의 연모와, 단양 수양개 Ⅱ형식과 비교되는 좀돌날몸돌이 출토되어 주목된다(〈그림 5〉). 중기 구석기문화층에서는 주먹도끼·찍개(〈그림 6〉)·사냥돌 등 큰 석기류가 출토되었다. 이 유적에서는 석기제작용 석기들과 부스러기 등이 다량으로 흩어져 여러 곳에서 출토되어, 당시 사람들이 이 곳에서 오랫동안 생활하였음을 알려준다.

---

4) 이융조, 〈단양 수양개 배모양석기의 연구〉(《古文化》 35, 한국대학박물관협회, 1989), 3~77쪽.
이융조·윤용현, 〈한국 좀돌날몸돌의 연구－수양개수법과의 비교를 중심으로－〉(《先史文化》 2, 충북대 선사문화연구소, 1994), 133~229쪽.

〈사진 6〉 수양개 좀돌날몸돌

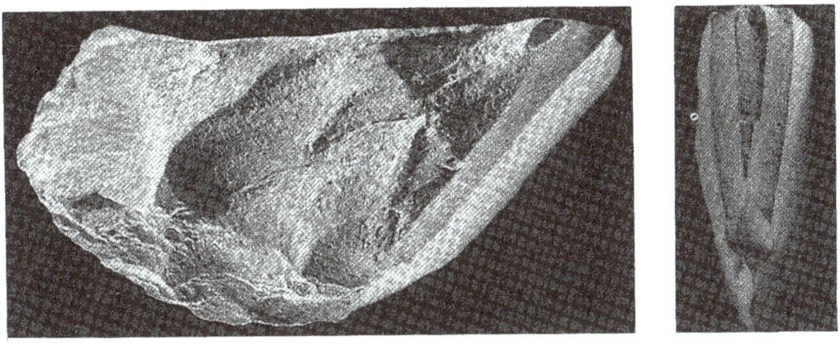

〈그림 5〉 상무룡리 좀돌날몸돌

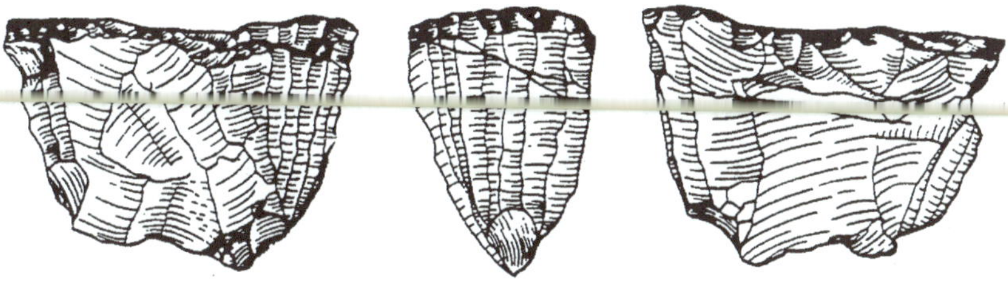

〈그림 6〉 상무룡리 찍개(좌) · 찌르개(우)

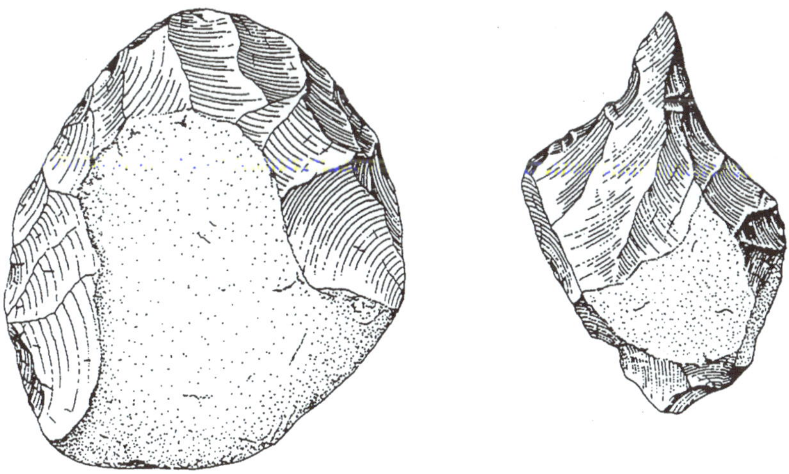

〈그림 7〉 창내 둥근 밀개

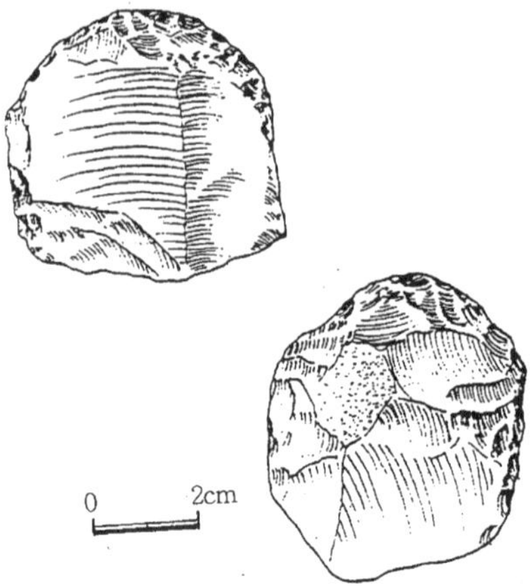

보고자는 이 유적에서 출토된 흑요석에 대한 X선형광분석을 하여 백두산계로 밝히고 있으며, 아울러 흑요석의 유통경로를 진부령으로 보고 있다.5) 또한 이 유적은 남한지역에서는 가장 북단에 위치하며 북한 구석기와의 연결에도 좋은 징검다리가 되고 있다.

(다) 제천 창내유적

충북 제천군 한수면 사기리에 위치한 이 유적은 충주댐수몰지구 조사의 일환으로 1982~1983년에 발굴된 후기 구석기시대 사람들이 세운 집터(막집)이다. 3~4명 정도의 인원이 당김돌을 이용해 약 10㎡의 사냥용 막집을 세우고 출입문 바로 밖의 화덕에 불을 피우며 복숭아(씨)를 따먹은 것으로 해석되어, 당시 사람들의 일상생활의 복원연구에 좀더 접근할 수 있게 되었다.6) 이 집터층에서는 전형적인 후기 구석기시대(Ⅱ층)의 둥근 밀개(〈그림 7〉)가 특징적이다. 이 집터는 공주 석장리와 화순 대전집터와의 비교연구가 기대된다.

(라) 양평 병산리유적

경기도 양평군 강산면 병산 4리에 위치한 이 유적은 남한강가에 발달된 구석기유적으로 문화층을 1992~1993년에 발굴하였다.

발굴결과 5개의 지층을 확인하였고, 그 중 2층(1문화층), 3층(2문화층), 4층(3문화층)에서 뗀석기가 나왔다. 3문화층은 중기 구석기에 해당하는 망치돌과 격지가, 2문화층은 중기·후기 구석기에 속하는 몸돌·망치·자르개·찌르개·찍개·둥근날 몸돌석기·여러면 석기·긁개 등이 나왔고, 1문화층은 새기개·망치돌·격지 등이 나왔다.7)

5) 최복규·황용훈 외, 《上舞龍里》(강원대 박물관·강원도, 1989).
6) 박희현, 《제원 창내 후기 구석기문화의 연구》(연세대 박사학위논문, 1989).
7) 한창균·윤내현, 《양평 병산리유적》(단국대 중앙박물관·경기도, 1992).
———, 《양평 병산리유적(2)》(단국대 중앙박물관·경기도, 1994).

〈그림 8〉 명오리 큰길가 주먹도끼

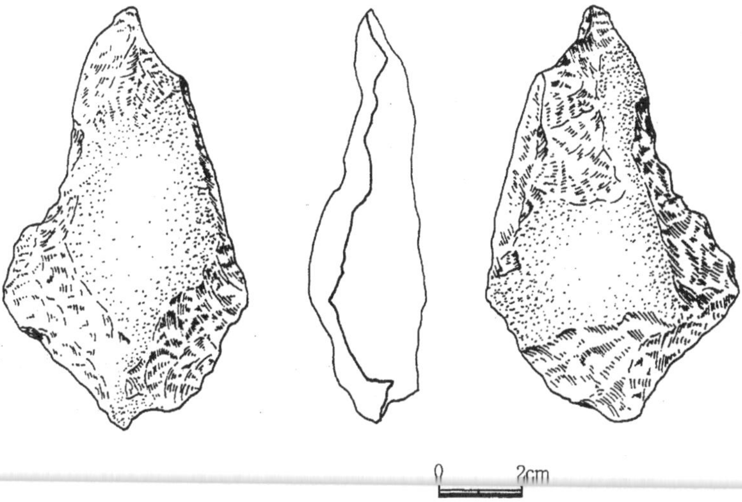

한편 위의 세 지층을 산소동위원소분석과 관련하여 5번의 기후변동이 있던 13만년 전 이후의 퇴적으로 보았다. 그런데 2번의 언땅트기가 확인된 것은 전곡리·일산·금파리·석장리의 지층과도 유사성이 있는 것으로 보이는데, 그 연대에 대한 설정은 앞으로의 연구에서 밝혀지게 될 수 있다.

(마) 제천 명오리 큰길가유적

충주댐건설로 조사된 충북 제원군 한수면 명오리에 있는 큰길가유적은 1983~1984년 2회에 걸쳐 발굴되었다.

큰길가유적은 남아 있는 유구의 범위가 좁기는 하여도, 몸돌석기인 주먹도끼(〈그림 8〉)와 격지석기인 긁개·밀개·찌르개 등의 석기가 출토되었다. 보고자는 이 유적을 전곡리와 중국의 丁村유적과 유사성을 비교하여 중기 구석기시대로 보고 있다.[8]

---

8) 최무장, 《韓國의 舊石器文化》(集文堂, 1994), 72~81쪽.

〈사진 7〉 전곡리 주먹도끼

〈그림 9〉 전곡리 주먹도끼

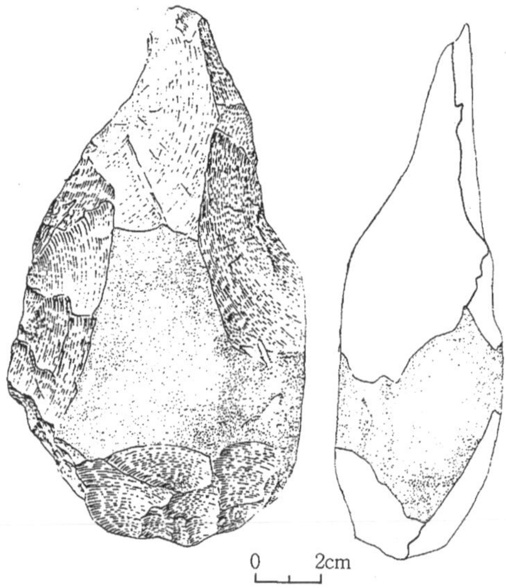

다) 한탄강유역

(가) 연천 전곡리유적(사적 268호)

전곡리유적은 경기도 연천군 전곡리의 한탄강 언저리에 넓게 위치하고 있다. 이 유적의 발굴은 1979년부터 1983년까지 이루어졌고, 그 후 1986·1991년 2차에 걸쳐 추가조사가 실시되었다. 이 유적은 아주 방대하고 훌륭한 석기들이 출토되어, 우리 나라는 물론 아시아 구석기학자들에게 큰 관심을 가지게 하고 있다.[9)]

이 유적에서 출토되고 있는 아슐리안계 주먹도끼는 북부아프리카의 상고안(Sangoan)유물과 비교되고 있으며(〈사진 7〉·〈그림 9〉), 제작기법이 매우 독

---

9) 金元龍·裵基同·鄭永和·崔茂藏·黃龍渾, 《全谷里－遺蹟發掘 調査報告書－》(문화재관리국 문화재연구소, 1983).
　배기동, 《全谷里－1986年度 發掘調査報告書－》(서울대 박물관, 1983).
　배기동·최재호, 〈전곡리 5지구구석기유적 발굴조사(91년)보고〉(《보성강·한탄강유역 구석기유적 발굴조사보고서》, 문화재연구소, 1994).
　배기동 등, 《전곡 구석기유적－1994～'95년도 발굴조사보고서》(연천군·한양대 문화인류학과, 1996).

특하여「전곡리문화」로 주장되고 있다. 그런데 보고자들은 유적의 퇴적원인, 당시의 기후, 문화층의 문화내용에 대한 연구를 발표하면서, 유적의 연대에 대해서는 전기·중기·후기 구석기시대로 각기 다르게 보고 있다.

앞으로 보다 체계적인 연구조사로 전곡리유적이 차지하는 문화사적 위치를 올바르게 세워야 할 것이다.

(나) 연천 남계리유적

경기도 연천군 군남면 남계리에 있는 이 유적은 1989·1992년에 2차에 걸쳐 조사되었다. 문화층은 전기와 후기 구석기문화층의 2개로 가름되는데, 특히 후기 구석기문화층에서는 찍개·긁개를 비롯한 부리형 밀개가 출토되었다.[10]

라) 섬진강유역

(가) 승주 곡천유적

승주군 송광면 우산리 곡천마을에 있는 이 유적은 주암댐수몰지역 조사의 일환으로 1986~1989년까지 발굴되었다. 2개의 문화층에서 아래(Ⅶ층)는 중기 구석기문화층으로 주먹도끼가, 위쪽의 문화층(Ⅴ층)에서는 후기 구석기시대의 쐐기형 좀돌날몸돌(〈그림 10〉)과 스키모양 격지-밀개 등이 출토되었다. 그런데 제3문화층은 후기 구석기의 위층으로 미늘과 같은 잔석기가 나와 중석기로 보여지지만, 제2문화층보다 늦은 시기의 후기 구석기(약 15,000BP)일 가능성도 있으므로 앞으로의 연구가 주목된다.

호남지방에서 처음 발굴된 구석기유적이라는 점과, 이 지역의 문화적 성격이 좀돌날문화권에 있음을 알려주는 유적으로 일본 규슈지방과의 비교연구가 기대된다.[11]

(나) 화순 대전유적

주암댐수몰지역 조사로 밝혀진 대전 구석기유적은 전남 화순군 남면 사수리 대전마을의 구릉 일대에 위치한 한데유적이다. 3차에 걸친 발굴결과 중석

---

10) 최무장,《漣川 楠溪里 舊石器遺蹟》(문화재연구소, 1991).
———, 〈남계리 구석기유적 제2차 발굴조사보고〉(《보성강·한탄강유역 구석기유적 발굴조사보고서》, 문화재연구소, 1994).

11) 이융조·윤용현, 〈牛山里 曲川 先史遺蹟〉(《住岩댐水沒地域 文化遺蹟發掘調査報告書(Ⅶ)》, 전남대 박물관·전라남도, 1990), 77~139쪽.

〈그림 10〉 곡천 좀돌날몸돌

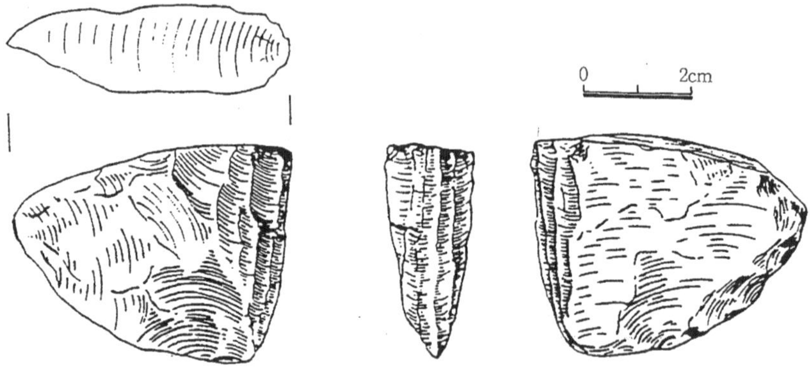

기문화층(Ⅴb), 후기 구석기문화층(Ⅴa) 및 중기 구석기문화층(Ⅳa)이 찾아졌다.

후기 구석기문화층에서는 석기의 제작행위를 알 수 있는 모룻돌·망치는 물론 격지가 함께 출토되었으며, 유물 가운데에는 배모양·쐐기모양 좀돌날몸돌들이 출토되고, 막집이 발굴되어 주목된다. 특히 막집은 기둥구멍 24개가 확인된 네모꼴로 평면이 30㎡이다. 이 집터는 좀돌날몸돌문화기에 있었던 집터로 현재 승주 고인돌공원으로 이전하여 복원되어 있다.

여기에서 출토된 후기 구석기의 말기(약 15,000BP)의 특징을 보이는 좀돌날몸돌은 북부지방의 만달리, 중부지방의 석장리·수양개 등과 남부지방의 곡천·옥과 등에서 출토된 바 있어 비교연구되고 있다(〈그림 11〉).[12]

(다) 곡성 옥과유적

이 유적은 전남 곡성군 옥과면 주산리에 위치하고 있으며 1990년 발굴되었다. 석기는 후기 구석기의 늦은 시기의 특징을 보이는 좀돌날몸돌과 스키모양 격지, 톱니날석기 등이 출토되어 좀돌날몸돌문화의 전통을 가지고 있음을 알 수 있다.[13]

12) 이융조·윤용현, 〈화순 대전 후기 구석기문화〉(《先史와 古代》 3, 1992), 3~38쪽.
13) 이선복 등, 《옥과 구석기유적》(서울대 박물관·곡성군, 1990).

〈그림 11〉 대전 좀돌날몸돌

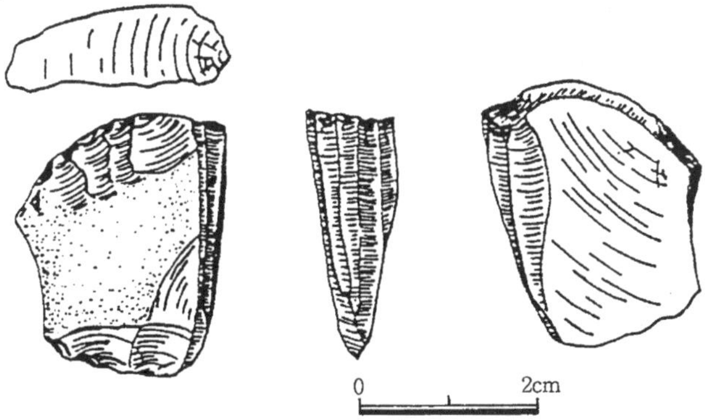

나. 동굴유적

가) 금강유역

(가) 청원 두루봉유적

충북 청원군 가덕면 노현리 두루봉은 결정질 석회암이 잘 발달된 곳이다. 이미 1964년부터 석회암 채취로 많이 파괴된 두루봉유적이 발굴에 들어가 1976년~1983년까지 모두 10차에 걸쳐 두루봉에 제2굴·새굴·처녀굴·흥수굴(〈사진 8〉) 등을 찾게 되었다.14)

㉮ 2굴 : 1976년~1978년까지 3차례에 걸쳐 발굴된 2굴에서는 불을 피운 화덕자리와 숯, 망치와 가죽을 벗기거나 살을 자르는데 사용되었을 긁개와 자르개 등 석기들을 찾았다.

이 동굴에서 지금은 멸종된 첫소·쌍코뿔이·크로쿠타 크로쿠타·큰원숭이 등 3문 7강 15목 28과 37속 46종이 밝혀져, 지금까지 우리 나라의 구석기유적 중 가장 많은 종의 짐승이 찾아졌다. 이들은 더운 시기에 살던 더운 짐승(La fauna chaude)으로 중기 홍적세의 따뜻한 시기로 해석된다.

그런데 두루봉사람이 살던 7층에서 꽃가루분석의 결과, 진달래꽃가루가 다른 곳에서는 전혀 없다가 바로 굴 입구의 모서리에서 한꺼번에 157개나 검

14) 이융조, 〈淸原 두루峰洞窟의 舊石器文化〉(《第1回 文化財硏究 國際學術會議 : 東亞細亞의 舊石器文化》, 문화재연구소, 1992), 81~91쪽.

〈사진 8〉 두루봉 전경(흥수굴)

출된사실은 사람이 일부러 꺾어다 집자리인 동굴을 예쁘게 꾸미려는 미의식의 표현행위로 해석되며, 3월 하순쯤이라는 구체적인 시기까지도 밝혀주고 있다(〈사진 9〉). 또한 2굴의 사람들은 동물상 가운데 주된 동물인 사슴과(科)의 이빨분석으로, 사슴의 사냥행위는 9·10월에 가장 많이 한 것으로 나타났다.15)

㉯ 9굴 : 이 굴은 1977~1978년까지 2차례의 발굴을 통하여 동물화석·뼈연모·석기·예술품 등이 나왔다.

9굴의 문화층은 2개로 나누어지는데, 중기 홍적세 늦은 시기의 아래층인 노란흙층(Ⅱ층)은 사멸종이 50%나 차지하여 높은 비율을 보이고 있고, 간단한 떼기와 잔손질을 베푼 석기도 출토되었다.

후기 홍적세 시기에 해당하는 위층인 붉은흙층(Ⅰ층)에서 출토된 동물화석은 2문 4강 10목 24과 26속 31종(사멸종은 10종으로 32.3%)으로 밝혀졌다. 한편 따뜻한 기후를 보여주는 사자·원숭이 등의 짐승이 나타나고 있어서, 이 문화

15) 이융조, 《한국의 구석기문화(Ⅱ)》(탐구당, 1984).
―――, 〈한국 구석기문화에서의 두루봉문화〉(《歷史學報》 109, 1986), 203~234쪽.

〈사진 9〉 두루봉 2굴 생활상 복원도

층의 형성시기는 추운 기후에서 따뜻한 기후로 넘어가는 시기로 생각된다.[16)]

㉰ 새굴·처녀굴 : 새굴은 두루봉의 정상에서 새로 찾았다는 의미에서 붙여진 이름으로 1980년 발굴되었다.

우리 나라와 아시아 구석기유적에서 정식발굴로는 처음 찾아진 옛코끼리(*Elephas antiquitas*) 상아(길이 62㎝, 지름 7.6㎝)는 당시의 기후와 문화·고동물을 연구하는 구석기학자들의 관심을 집중시킬 만한 중요한 자료이다(〈사진 10〉). 또한 약 1㎡ 범위의 굴의 구석진 부분에서 사슴머리뼈 13점이 모여 있었고, 같은 개체의 사슴뿔을 갈아서 만든 치레걸이(목걸이) 2점은 구석기시대 사람들의 사슴숭배(deer cult) 믿음에 따른 주술과 思惟의 의미로 해석하는 데 큰 기준을 제시하여 주고 있다.

처녀굴은 사람의 손길이 전혀 닿지 아니한 굴이라 하여 '처녀굴'로 명명되었는데, 이 굴에서는 학술적으로 매우 중요한 완전한 개체의 동굴곰(*Ursus spelaeus*)이 발굴되었다. 이러한 동굴곰뼈의 한가운데에 큰꽃사슴의 뿔을 놓

16) 손보기, 《두루봉 9굴 살림터》(연세대 선사연구실, 1983).

〈사진 10〉 두루봉 새굴 옛코끼리 상아

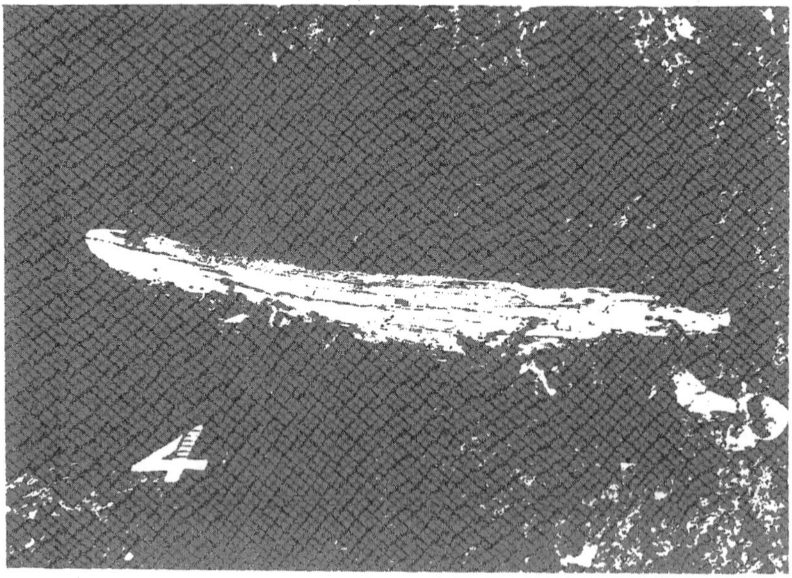

고 곰의 머리뼈와 긴 뼈들을 동쪽으로 향하도록 의도적으로 배열되었음이 발굴결과로 밝혀져, 당시에 의식을 집행한 곳으로 해석된다(〈사진 11〉).[17]

㉣ 홍수굴 : 이 굴은 두루봉조사의 10차발굴(1982. 12~1983. 1)에서 완전한 사람뼈와 석기·동물화석이 발굴된 가장 이상적인 구석기유적의 문화성격을 지닌 동굴유적이다. 이 굴은 제보자의 뜻을 기리고자 우리 나라에서는 처음으로 사람이름을 유적이름에 붙여 '홍수굴'이라고 하였다.

홍수굴에서 발견된 2개체의 어린아이뼈('홍수아이' 1호·2호)와 여러 층위에서 발굴된 많은 수의 전형적인 구석기유물은 우리 나라의 석기발달과 구석기학의 체계를 세우는데 중요한 역할을 하고 있다(〈사진 12〉·〈그림 12〉).

홍수아이 1호 사람은 체질인류학적 분석으로 보면 5살 정도로, 머리 크기는

17) 이융조, 〈청원 두루봉 새굴·처녀굴의 자연환경 연구〉(《孫寶基博士停年紀念 考古人類學論叢》, 지식산업사, 1988), 29~68쪽.
이융조·우종윤·하문식, 〈청원 두루봉 구석기문화의 고고학적 고찰〉(《청원 두루봉동굴 발굴 20주년기념 국제학술회의 : 東北亞 舊石器洞窟遺蹟과 文化》, 충북대 박물관, 1996), 65~74쪽.

〈사진 11〉 두루봉 처녀굴 동굴곰 복원 모습

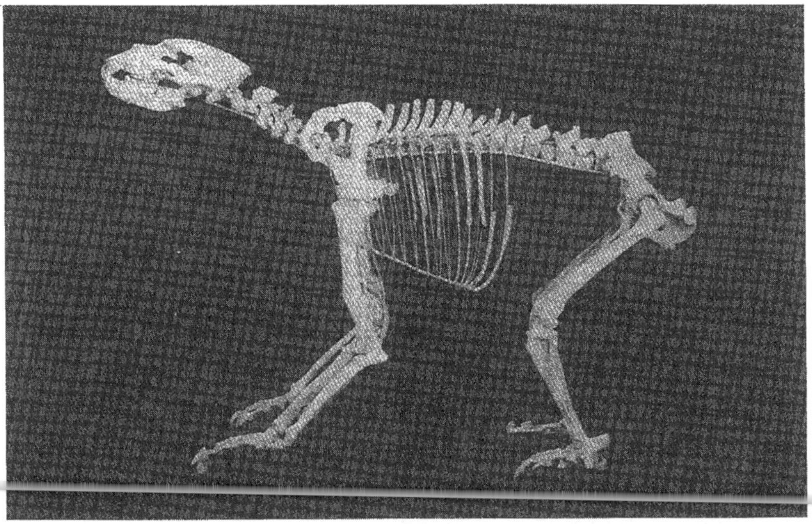

〈사진 12〉 두루봉 흥수굴 주먹도끼

〈그림 12〉 두루봉 흥수굴 주먹도끼

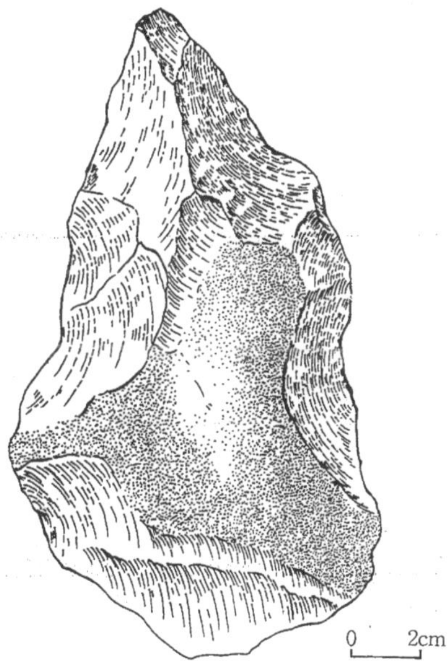

〈사진 13〉 두루봉 홍수굴 홍수아이 1호 복원 모습

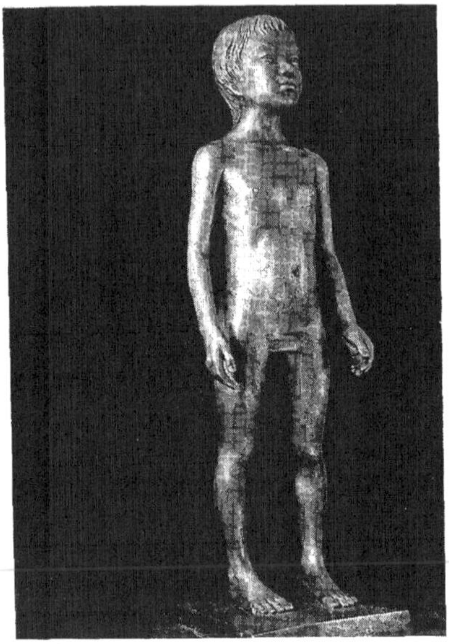

1,200~1,300cc, 키는 110~120㎝ 정도로 헤아려진다. 홍수아이의 머리뼈는 좁고 길며(Dolichocrany), 높은머리(Hypsicrany), 특히 윗머리뼈의 굽은 길이는 긴 가운형 얼굴이다. 라 끼나(La Quina)아이와 역포(평양부근)아이의 윗머리뼈들과 견주어 볼 때 홍수아이가 훨씬 크며, 이 길이는 평양 만달사람 어른뼈의 잰 값과 같음을 알 수 있다. 약 4만년 전에 살았던 것으로 보이는 홍수아이는 머리뼈 잰 값의 결과로 현대인과 슬기슬기사람(후기 홍적세)의 특징을 함께 갖고 있다(〈사진 13〉).[18]

앞으로 더 연구가 진행되면 구석기인의 이동과 우리 조상의 기원에 대한 의문을 풀어줄 수 있는 고리가 연결될 것으로 생각된다.

나) 한강유역

(가) 점말 용굴

충북 제천시 송학면 포전리 점말에 위치한 용굴은 1973년~1980년까지 8차에 걸쳐 연차 발굴을 실시하였다. 남한강유역과 중원지방의 구석기연구에 박차를 가한 이 유적의 층위는 크게 7개로 구분되고 있다.

문화층으로는 Ⅲ층(흰 모래층)이 제3빙기(리스)로 전기 구석기에 해당되며, 제3간빙기의 Ⅳ층(붉은색 찰흙층)에서는 많은 큰 짐승의 뼈화석과 연모들이,

18) 이융조·박선주, 《淸原 두루봉 홍수굴 發掘調査報告書》(충북대 박물관, 1991).
——, 〈우리 겨레의 뿌리에 관한 고인류학적 연구-청원 두루봉 [홍수아이]와 선사인류화석을 중심으로〉(《先史文化》 1, 충북대 선사문화연구소, 1992), 48~142쪽.
이융조·우종윤·하문식, 〈淸原 두루봉 興洙窟의 舊石器文化〉(《中·露·韓 國際學術會議》, 충북대 선사문화연구소, 1996), 39~62쪽.

그리고 특히 털코뿔이의 앞팔뼈에 새겨진 사람얼굴의 모습은 이미 예술행위가 있었다는 문제를 제기하고 있다.

그 밑에 있는 Ⅴ층(갈색모래 찰흙층)은 U/Th/Pa연대측정으로 66,000BP로 나타나 제4빙기(뷔름)의 시기로 되며, 추운 시기에 살던 동물들이 많이 출토되고 있다. ^{14}C연대측정으로 18,660BP임이 확인된 Ⅵ층은 동물상·식물상을 통한 분석이 전개되었다.

이러한 일련의 연구는 종래의 구석기문화가 석기중심에서부터 석회암동굴이 갖는 여러 자료를 통한 층위구분, 동·식물상의 비교연구, 뼈연모의 분석 등 해석상에 커다란 과학적 기준을 통한 진전을 보여주었다는 점에서 의의가 있다.[19]

(나) 단양 금굴(충북 기념물 제 101호)

충북 단양군 매포읍 도담리에 있는 석회암동굴인 단양 금굴은 충주댐수몰지구 문화유적발굴의 일환으로 1983년~1985년까지 3차에 걸쳐 조사되었다(〈사진 14〉).

발굴결과로 밝혀진 7개 문화층 가운데 전기에 속하는 1문화층(Ⅷ층), 2문화층(Ⅶ층, 185,870BP)에서 나온 석기들은 외날 긴찍개·휘인날 주먹도끼(〈그림 13〉) 등인데, 만듦새나 뗀 면이 매우 간단하며 크고 무거운 것이 특징이고, 수법은 부딪쳐떼기와 직접떼기를 사용하였다(〈사진 15〉).

중기 구석기에는 아슐리안·르발르와형식의 석기와 동물화석이 3문화층(Ⅳㄴ~Ⅳㄱ층, 107,450BP)에서 발굴되었는데, 두께로 보아 금굴에서는 가장 긴 동안 살았음을 알 수 있다. 후기 구석기층(4문화층, 26,600BP)에는 짧은 시기 동안 살았고, 중석기층(5문화층, 11,000BP)은 그 흔적만을 찾을 수 있다.

이와 같이 5개의 구·중석기문화층 위에 빗살무늬토기층(6문화층, 5,670BP)과 민무늬토기층(7문화층, 4,000BP)이 있는 금굴유적은 전기 구석기시대부터 청동기시대까지의 선사시대 전시대에 걸친 7개의 문화층이 밝혀져, 우리 나라의 대표적인 「표준유적(type site)」으로 들 수 있다.[20]

---

19) 손보기·한창균, 〈점말 용굴 유적〉(《博物館紀要》 5, 단국대 중앙박물관, 1989), 149~172쪽.

20) 손보기, 〈丹陽 島潭里 금굴遺蹟 發掘調査報告〉(《忠州댐水沒地區 文化遺蹟延長發掘調査報告書》, 충북대 박물관, 1985), 1~99쪽.

〈사진 14〉 금굴 전경

〈그림 13〉 금굴 1문화층 주먹도끼

〈사진 15〉 금굴 주먹도끼(전기 구석기)

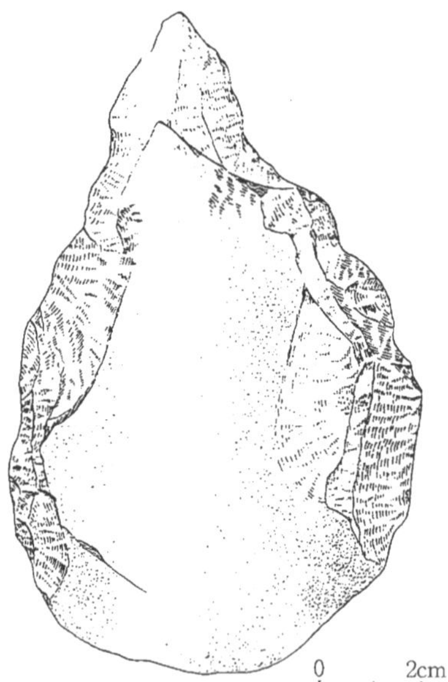

〈사진 16〉 구낭굴 굴입구 발굴 모습

〈그림 14〉 구낭굴 짧은꼬리 원숭이 아래턱

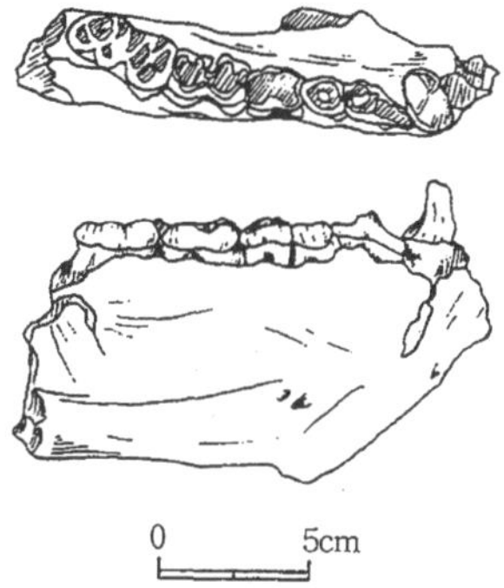

이렇게 잘 발달된 선사문화가 층위를 이루면서 한 유적에 모여 있는 것은 세계 선사학계에서도 중요한 위치를 차지하고 있기에, 발굴이 다 되지 못한 구역을 조사하도록 하여야 할 것이다.

(다) 단양 구낭굴(충북 기념물 제 102호)

구낭굴은 2차(1986 · 1988년)에 걸쳐 파괴 · 교란되지 않은 완전한 상태로 찾아진 단양군 가곡면 여천리에 있는 석회암동굴이다(〈사진 16〉). 그러나 이 2차에 걸친 발굴로는 굴 전체(길이 약 140m)의 너비와 유물의 출토범위로 볼 때, 매우 한정된 구역(약 42㎡)에서만 조사가 진행되었고, 굴 바닥층에도 다다르지 못하여 전체 퇴적층위를 밝히지 못한 상태이다.

2차까지의 발굴결과로는 전체 층위가 8개층으로 구성되어 있는데, 이 가운데 사람뼈와 석기 · 뼈연모 등의 문화유물 및 많은 동물화석이 제2퇴적층(3층)에서 집중적으로 출토되고 있어, 이 3층이 구낭굴의 주된 문화층이었던 것으로 해석된다. 여기에서 나온 사람뼈는 형태와 크기로 보아 남자 어른의 것으로 판단된다.

지금까지 조사로 밝혀진 동물의 최소마리수(MNI)는 짧은꼬리원숭이 1마리(〈그림 14〉) · 사슴 46마리 · 곰 5마리 · 호랑이 2마리 등 64마리가 확인되었다. 그리고 짧은꼬리원숭이는 이빨의 모양과 크기의 비교에서 물라타원숭이(*Macaca mulatta*)와는 전혀 다른 종이며 큰원숭이(*M. robustus*)와 푸스카타원숭이(*M. fuscata*)와의 친연성을 가지고 있는 것으로 해석되어, 홍적세 중 따뜻한 시기에 우리 나라에서 유전적으로 고립되었던 종으로 여겨진다.[21]

앞으로 구낭굴은 연차적으로 계획적인 발굴이 이루어지고, 그리고 학계에서 차지하는 올바른 위치를 밝혀 낼 수 있어야 할 것이다.

(라) 상시 바위그늘

1981년 7월~8월에 걸쳐 발굴된 단양군 매포읍 상시리에 있는 유적이다. 이 유적에 있는 3개의 바위그늘은 모두 시기를 달리하여 사람이 살았는데, 1그늘－구석기, 2그늘－신석기~청동기, 3그늘－늦은 구석기~신석기시대의 문화가 있음이 밝혀져 주목된다.

1그늘의 각 문화층에서는 모두 동물화석과 뼈연모가, 5·7·9층에서는 석기가 출토되었다. 특히 5층에서 출토된 사람뼈는 최소 2개체분인데, 뼈의 특징으로 보아 슬기슬기사람(*Homo sapiens sapiens*)과는 다르고, 네안데르탈사람과 흡사한 슬기사람(*Homo sapiens*)의 특징을 보이고 있어, 이를「상시 슬기사람」으로 부르고 있다. 키 156~158㎝쯤 되는 20살이 넘는 상시사람은 남한에서 처음으로 출토된 슬기사람으로서, 당시 인류의 진화과정을 밝혀 주는 중요한 자료로 평가된다(〈그림 15〉·〈사진 17〉).[22]

〈李隆助〉

(2) 북한의 구석기유적

가. 한데유적

가) 두만강유역

(가) 온성 강안리(종성 동관진)유적

함북 온성군 상삼봉에서 철도공사중(1933년)에 찾게 된 9종의 동물화석에 대한 간단한 내용(1935년)은 우리 나라 구석기인류의 유물에 대한 첫번째 소

21) 이융조·박선주·우종윤,《단양 구낭굴 발굴보고(Ⅰ)》(충북대 박물관, 1991).

22) 손보기,《상시 1그늘 옛살림터》(연세대 박물관 선사연구실, 1983).

———, Contribution à l'Etude des Retes Humaines des Os Pariétaux Découvertes à Sangsi Corèe du Sud(《孫寶基博士停年紀念 考古人類學論叢》, 지식산업사, 1988), 137~178쪽.

〈그림 15〉 상시 슬기사람 윗머리뼈

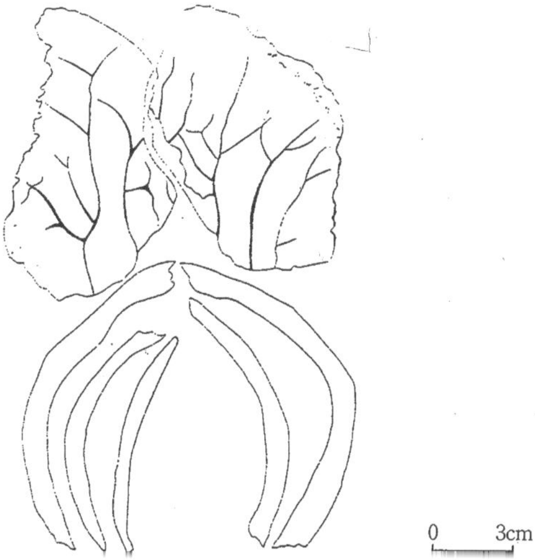

상시 슬기슬기사람 주걱뼈

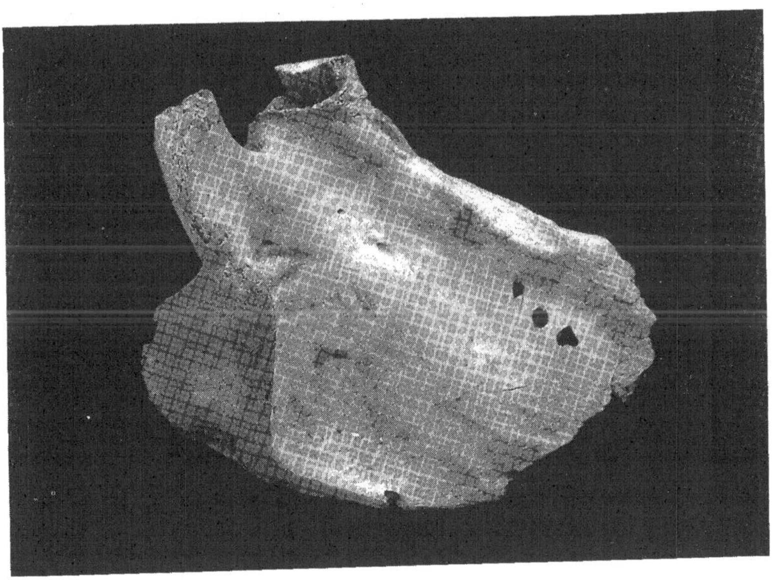

〈그림 1〉① 온성 강안리 석기와 뼈연모

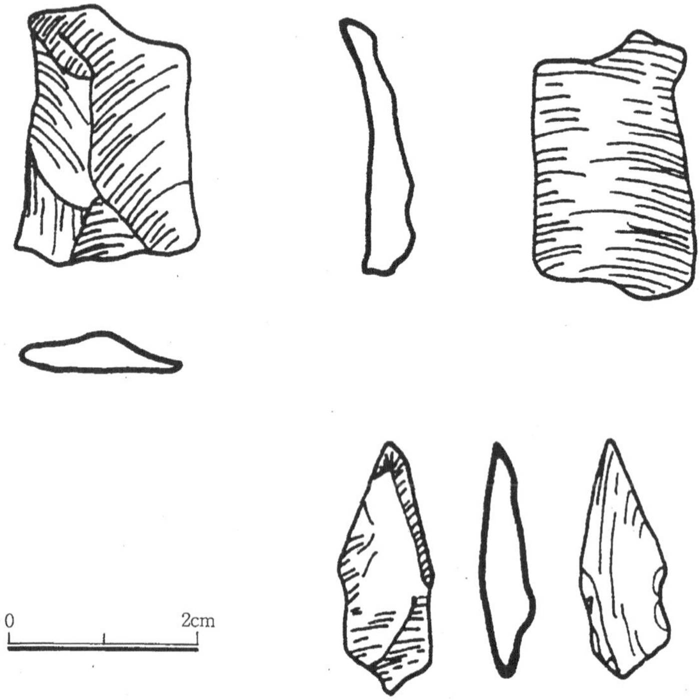

식이었다. 그러나 2차대전을 통하여 일본인들은 식민지사관을 심기 위해서 동관진유적과 유물을 부정하였다. 이와 같은 논리는 광복 이후에도 계속되었다.

6개 층위로 된 이 유적의 6개 동물의 종적 구성은 6목 10과 12속 18종 3아종으로 큰 짐승(하이에나 · 털코끼리 · 털코뿔이)들은 제1황토층(2층)의 밑부분에서, 흑색 황토층(3층)에서는 땅쥐 · 두만강 다람쥐 · 말사슴 등이 출토되었다. 사멸종(33%)은 고향둔의 52%와 비교하여 보아도 시대가 떨어진다. 최근에 북한학자들은 '동관진 동물상'이라는 이름으로 이 유적의 동물상을 소개하기도 한다.

동물화석 이외에 흑요석 석기 2점, 뼈연모 4점(〈그림 1〉① · ②)이 보고되었으나,

〈그림 1〉② 온성 강안리 석기와 뼈연모

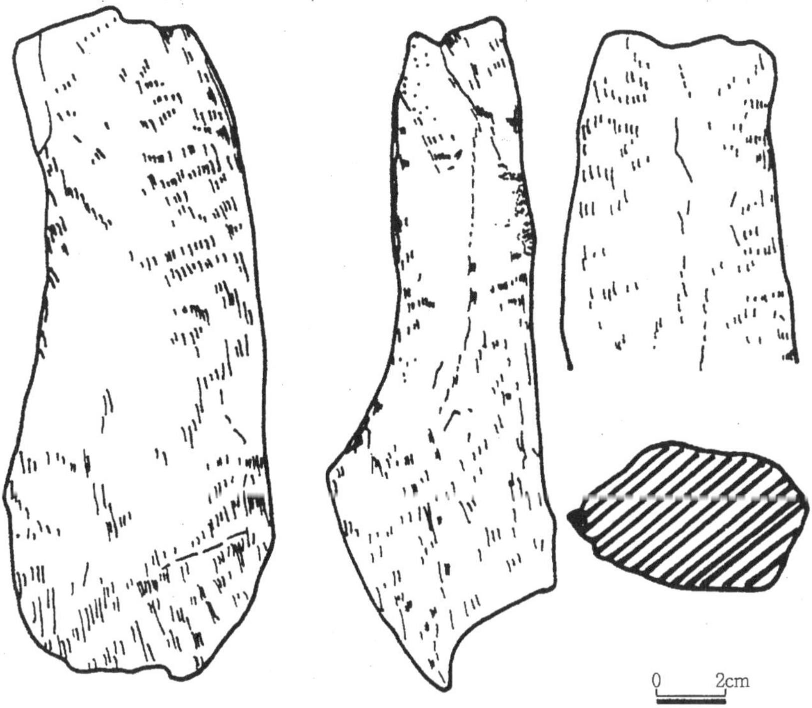

여기에서 출토된 많은 석기들이 6·25전쟁을 계기로 미국에 옮겨졌다가, 다시 우리 나라로 되찾아와서 현재 국립중앙박물관에 소장되어 있다.[1] 그러나 이 유적은 우리 나라 구석기문화를 고고학적으로 이해시키는 계기가 되었지만, 유물 행방의 문제와 연구의 단절로 역사 속의 유적과 문화가 되어버렸다. 앞으로 다른 비슷한 시기와 문화를 가진 유적들과 비교·연구가 될 수 있도록 노력하여야 할 것이다.

---

1) 直良信夫, 〈朝鮮潼關鎭發掘舊石器時代の遺物〉(《第一次滿蒙學術調査硏究團報告》 6-3, 1940), 1~12쪽.
이융조, 〈잃어버린 구석기역사를 복원한다〉(《과학동아》 5-8, 1990), 114~117쪽.

〈사진 1〉 선봉 굴포리 전경

(나) 선봉(웅기) 굴포리유적

함북 선봉군 굴포리유적은 1960~1962년의 발굴로 조개더미 밑의 지층(Ⅴ지층, 붉은 찰흙층)에서 밀개 1점이 출토되었고, 이를 계기로 1963~1964년까지 3차에 걸쳐 2개의 구석기문화층을 발견하게 되었다(〈사진 1〉).

굴포문화 Ⅰ기(전기, Ⅵ층)에서는 긴 네모꼴의 막집자리(11.5×8m)와 석기를 만들던 모루와 격지석기들이 발견되었다(〈사진 2〉). 굴포문화 Ⅱ기(후기, Ⅴ층)에서는 찍개·밀개(〈그림 2〉)·긁개 등이[2] 눌러떼기와 같은 간접떼기수법 등으로 정교하게 손질하였으며 다양한 떼기수법이 쓰였다.

그런데 발굴 10년 후의 연구결과는 처음 보고한 때의 내용을 그대로 옮겨놓은 것에 지나지 않아 퇴적층의 분석과 자연환경의 연구가 전혀 진전되지 못하였음을 알 수 있다.[3] 그러나 북한에서는 이 유적의 발굴 이후 구석기문화 연구에 큰 관심을 갖게 하였다는 점에서 그 학사적 의의는 크다고 할 수 있다.

---

2) 도유호·김용남, 〈학계소식 : 굴포문화에 대한 그 후 소식〉(《고고민속》, 1965-1).
3) 김용간·서국태, 〈서포항 원시유적 발굴보고〉(《고고민속론문집》 4, 1972), 33~40쪽.

〈사진 2〉 선봉 굴포리 막집터

〈그림 2〉 선봉 굴포리 밀개(Ⅱ기층)

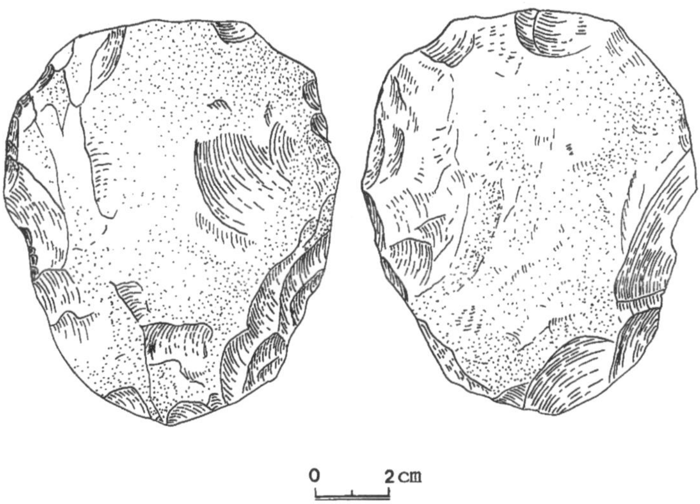

나) 기 타

(가) 화대 장덕리유적

이 유적은 함북 화대군 장덕리 뻴늪골에서 이탄채굴 도중에 털코끼리(*Mammothus primigenius Blum*)를 찾았고(1962년 12월), 그 이듬해 초에 300㎡ 이상의 이탄층을 발굴하여, 최소 2개체분 이상의 털코끼리뼈를 찾았다.

이 곳이 소택지라는 것을 감안할 때 털코끼리가 자연사일 수도 있다. 털코끼리는 뷔름빙기까지 추운 기후에 살다가 후빙기 이전에 멸종된 것으로 밝혀져, 후기 홍적세의 동물상연구에 중요한 자료가 된다.[4] 또한 꽃가루분석으로도 흑룡강유역에 있는 시베리아소나무가 검출되어, 현재보다 한랭하고 다소 습한 기후인 뷔름빙기이었다고 본다.

이 유적은 굴포리유적의 조사보다 앞서 있었으며, 종합적인 과학방법(고동물학·층서학·꽃가루학 등)을 이용하였다는 점에서 높이 평가된다.

나. 동굴유적

북한에서의 동굴유적은 상원 검은모루동굴유적 발굴 이후 평양을 중심으로 하여 발달된 상원계 석회암지대에 있는 동굴이 주로 조사되었다. 이것은 그들의 수도인 평양에서 가까이에 있다는 지리적 이점 이외에도, 평양의 역사성이 구석기시대까지로 올라가고 있다는 그들의 역사해석에서 비롯된 것으로 풀이된다.

가) 대동강유역

(가) 상원 검은모루유적

이 유적은 평남 상원군 상원읍 흑우리 검은모루(해발 117.58m)에 있으며, 석회석을 깨뜨리는 공사를 하던 중 짐승뼈화석이 출토되자 1966~1970년에 조사하였다(〈사진 3〉). 북한학자들이 첫번째 조사한 이 동굴유적은 5개의 지층으로 구분된다.

그 가운데에서 맨 밑바닥의 Ⅰ층과 Ⅳ층이 뼈화석이 엉긴 층이며, 석기는 Ⅳ층에서만 출토되고 있다. 석영과 석회암을 감으로 하여 모루·망치떼기·부딪쳐

4) 김신규, 〈함경북도 화대군에서 털코끼리(맘모스)의 유골을 발견〉(《문화유산》 2, 1962), 81~84쪽.

〈사진 3〉 검은모루 전경

떼기·직접떼기·외날떼기수법을 사용하였다고 한다. 석기의 종류는 주먹도끼 모양 석기(〈사진 4〉)·외날찍개 등인데, 이러한 석기들은 조금 더 고고학적인 고찰이 필요하다.

보고자들은 동물화석의 종적 구성을 ① 삼림성, ② 초원성~삼림성 초원성(큰쌍코뿔이), ③ 강·늪 가까이에 사는 짐승, ④ 열대~아열대(원숭이〈사진 5〉·코끼리)의 4생태적 집단으로 구분하고 있으며, 동물화석을 북경 周口店의 뼈화석들과 비교하면서 민델빙기의 시대로 보고 있다.[5]

그러나 보고서에서와 같이 Ⅰ층에서 출토된 대개의 작은 짐승(소형 포유류, 특히 습들쥐·갈밭쥐)들은 현재의 북부 고산지대(중국 동북부·시베리아 동남부·몽고 등지)에 분포되어 있는 특히 추운 동물상의 요소를 많이 가졌다. Ⅳ층에서는 큰쌍코뿔이의 아래턱·위팔뼈를 비롯한 큰 뼈화석들이 많이 출토되어 더운 동물상이 있었음을 알게 한다.

5) 김신규·김교경, 〈상원 검은모루 구석기시대 유적발굴보고〉(《고고학자료집》 4, 1974), 3~39쪽.

〈사진 4〉 검은모루 주먹도끼모양 석기

〈사진 5〉 검은모루 원숭이 머리뼈

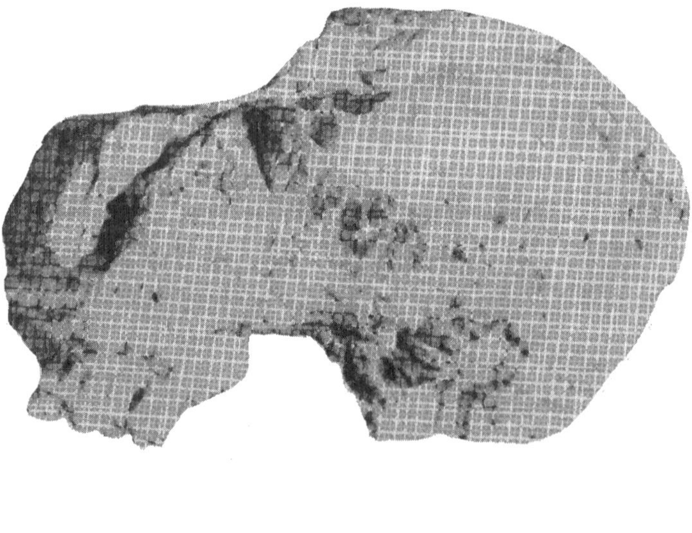

그래서 Ⅰ층은 추운 동물의 시기인 민델빙기로, Ⅳ층은 민델·리스간빙기로 구분하여 보는 해석이 보다 합리성이 있는 것으로 생각된다.[6]

(나) 덕천 승리산유적

이 유적은 평남 덕천 승리산의 동남방향으로 대동강을 바라보는 위치에 있는 석회암동굴이다. 지표 위 7m 높이에 위치한 이 굴은 입구가 궁륭식이며, 전체의 길이는 62.2m로 1972~1973년에 발굴되었다(〈사진 6〉).

우리 나라의 구석기유적에서 사람뼈를 처음 찾아 보고한 이 승리산유적은 6개층인데 가장 중요한 층인 Ⅳ층(적갈색 자갈층)에서는 슬기사람 계통의 '덕천사람' 이빨이, 슬기슬기사람 계통의 '승리산 사람'의 아래턱은 Ⅴ층(기본화석층)에서 출토되었다(〈사진 7〉).

'덕천사람'은 Ⅳ층에서 동굴하이에나와 함께 출토되었으며, 중기 홍적세 말기~후기 홍적세 초기에 있었던 슬기사람 계통으로 보았다. '승리산사람'의 아래턱의 길이는 현대인과 크게 차이가 없는 76㎜이나, 그 너비는 114㎜로 현대인의 103㎜에 비하여 훨씬 큰 것을 알 수 있다. 이러한 자료들로 보아 승리산사람은 중국 주구점의 山頂洞人보다 더 이른 시기인 후기 홍적세 중기~말기의 35세 정도의 장년 남자로 해석하고 있다.

동물의 종적 구성은 층위 구분없이 분류하여 6목 14과 25속 31종 2아종으로 설명하고 있으나,[7] 덕천사람이 출토된 Ⅳ층에서는 동굴하이에나·큰쌍코뿔이 등과 같은 더운 동물(la fauna chaude)이, 승리산사람이 출토된 Ⅴ층에서는 털코끼리 등의 추운 동물(la fauna froide)이 출토되는 것을 알 수 있다.

이처럼 층위의 구분없이 출토유물-동물상을 섞어 보고하는 것은 단지 이 유적만이 아닌 북한 구석기연구의 공통된 특징으로 지적할 수 있다. 또한 사람이 만든 유물에 관한 일체의 설명을 하지 않아 이 동굴유적의 성격과 문화행위를 밝힐 과학적인 자료를 보여주지 못하고 있다.

(다) 역포 대현동유적

앞에 대동강이 흐르는 석회암 동굴유적인 평양시 역포구역 대현동유적은 1977년에 발굴한 길이 9m의 작은 굴이다.

---

6) 이융조, 〈구석기유적〉(《북한의 문화유산》 1, 고려원, 1990), 91~94쪽.

7) 고고학연구소, 〈덕천 승리산유적 발굴보고〉(《유적발굴보고》 11, 1978).

〈사진 6〉 승리산 전경

〈사진 7〉 승리산사람 아래턱과 복원 모습

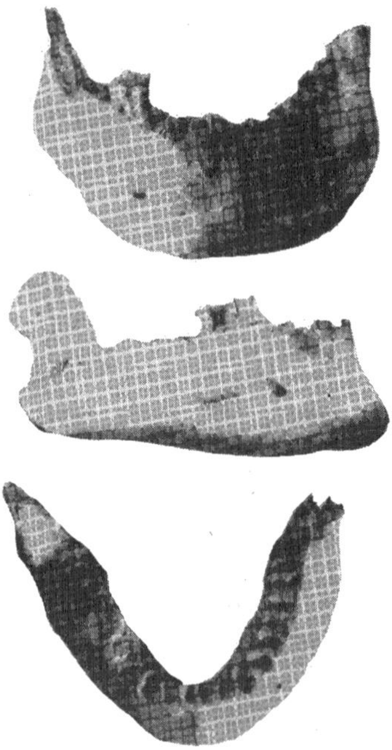

3개로 구분된 층위 가운데 Ⅱ층 밑바닥에서 발굴된 슬기사람(*Homo sapiens*)계통의 '역포사람'(7~8살, 〈사진 8〉) 화석의 윗머리뼈 곧은 길이는 102.5㎜, 굽은 길이는 112.0㎜인데, 굽은 지수는 93.2로 슬기사람(93.0)과 비슷하다.

동물의 종적 구성이 4목 12과 12속 22종으로, 사멸종은 큰쌍코뿔이 등 10종으로 45.4%를 차지하여 검은모루유적(62%)·승리산유적(34.9%)의 수치와 서로 비교하여 보면, 검은모루보다는 낮지만 승리산보다는 높아 중기 홍적세의 이른 시기로 보고하고 있다.[8]

여기에서도 사람뼈화석과 함께 좋은 동물화석들이 많이 발굴되었음에도 문화행위를 밝힐 유물에 대한 고찰과 연구를 하지 않아 문화성격의 해석에 어려움이 있다.

(라) 평양 만달리유적

이 유적은 평양시 승호구역 만달리에 있는 석회암동굴로 1979년 10월과 1980년 5~8월 사이에 발굴되었다.

동굴의 층위는 크게 3가지로 구분되는데, 후기 구석기문화층인 Ⅱ층에서는 '만달사람'으로 명명된 비교적 많은 사람뼈 부분과 뼈연모·석기·동물화석이 출토되었다(〈사진 9〉).

20~30살쯤의 남자인 만달사람의 머리뼈는 길이 201㎜, 너비 146㎜로 대단히 길며, 머리뼈 지수는 72.6으로 전형적인 장두형에 속한다.

눈두덩은 상당히 발달되었으며, 이마의 경사는 비교적 급하고, 앞머리뼈의 옆모습은 활등선을 그리며, 그 지수는 82.4로 오늘날 사람(86.0)과 비슷하다. 그리고 정수리각(bregma angle)은 57°이며, 윗머리뼈는 상당히 굽었고, 아래턱은 거의 완전하며 앞부분이 넓은 말발굽형으로 크고 두터우며 무겁다.[9]

이 유적의 중요한 또 다른 자료는 만달사람이 만든 모두 13점의 석기들이다. 차돌망치와 격지가 같이 출토되어 직접 석기제작 행위가 있었던 것으로

8) 김신규·김교경, 〈력포구역 대현동유적 발굴보고〉(《평양부근 동굴유적 발굴보고》 유적발굴보고 14, 1985), 69~119쪽.

9) 김신규·김교경 등, 〈승호구역 만달리 동굴유적 발굴보고〉(《평양부근 동굴유적 발굴보고》 유적발굴보고 14, 1985), 2~68쪽.

〈사진 8〉 대현동 역포사람 머리뼈 화석과 복원 모습

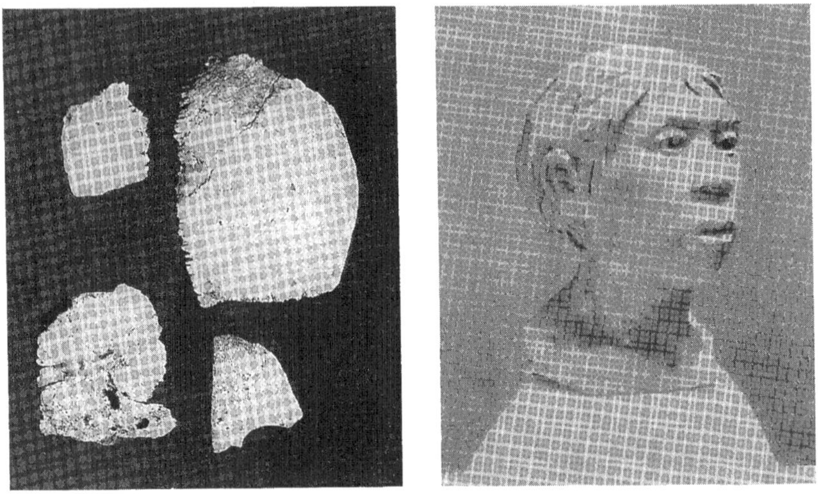

〈사진 9〉 만달리 만달사람 머리뼈 · 아래턱과 복원모습

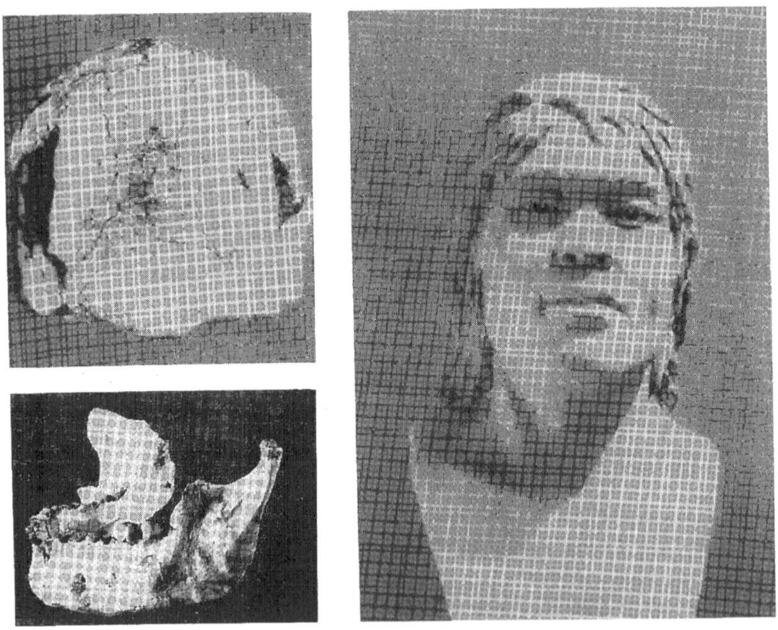

〈그림 3〉 만달리 좀돌날몸돌

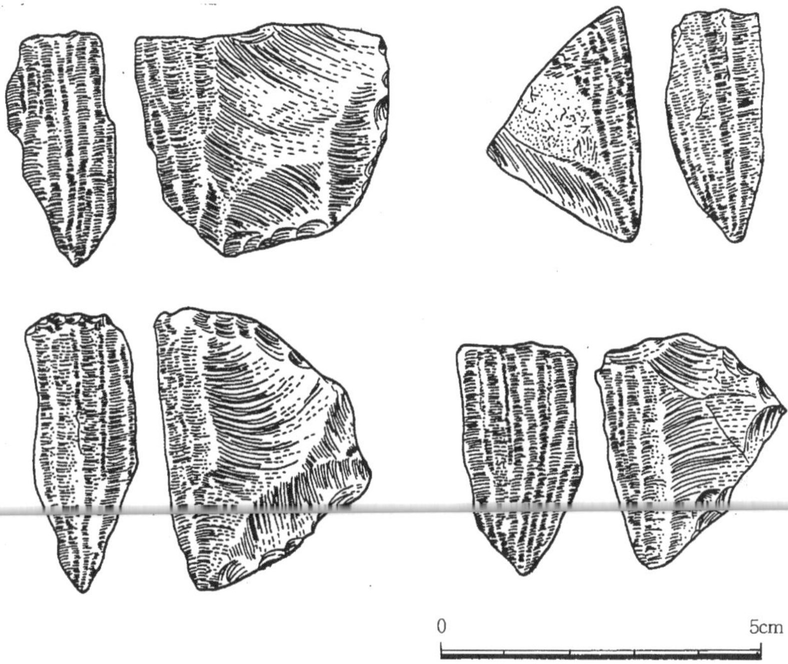

해석되는 이 문화층에서는 쐐기를 대고 대개 5㎝ 미만의 길이에 너비 3~5㎜ 되는 좀돌날(細石刃)을 5~8개 떼어낸 좀돌날몸돌이 주목된다(〈그림 3〉). 석기 제작방법을 분석하여 보면, 수양개 Ⅲ형식과 같음을 알 수 있는, 15,000년 전후의 시기로 보인다.[10)]

이 유적의 연구는 이미 먼저 보고한 상원 검은모루(1974년)·덕천 승리산(1978년)연구보다 한 단계 높은 수준을 보여주고 있다. 그것은 우선 Ⅱ층(4목 8과 12속 13종)에서 출토된 동물상과 그 밑층의 동물상(Ⅰ층, 5목 12과 19속 24종)을 층위별로 분석하여 층위의 비교연구가 가능하게 해주었다. 그러한 연구자세는 만달사람의 연대와 특징을 설명하는데 보다 설득력을 갖게 한다.

---

10) 이융조·윤용현, 〈한국 좀돌날몸돌의 연구—수양개수법과의 비교를 중심으로〉(《先史文化》 2, 충북대 선사문화연구소, 1994), 133~229쪽.

(마) 승호 화천동유적

평양시 승호구역 화천동에 있는 이 유적은 해발 30m에 있는 석회암동굴로서, 1977년 4월~8월 사이에 6개의 수직굴 가운데 퇴적층이 잘 남아 있으면서 짐승화석이 가장 많은 2호굴이 발굴되었다.

2호굴은 21m로 두터운데, 크게 겉층(5m)과 화석층(16.5m)으로 나뉘어진다. 짐승화석의 종적 구성은 모두 등뼈짐승으로 6목 12과 20속 22종이며, 사멸종은 큰쌍코뿔이·물소의 2종(9.1%)이다. 그러나 층위나 화석의 출토지를 명확하게 서술하고 있지 않아 전체 동물상에 대한 분석은 하기 어렵다. 동물상의 비교를 통하여 보고자는 그 시기를 대현동보다는 후기에 속하나, 승리산보다는 이른 시기인 중기 홍적세의 늦은 시기로 보기도 한다.[11]

그런데 2호에서 발굴된 화덕자리는 길이 50~60㎝ 정도의 둥근 형태로 숯층(두께 10㎝ 안팎)에 타다 남은 사슴뼈들이 남아 있었던 점으로 보아 당시 사람들의 행위가 있었던 것으로 여겨진다.

(바) 상원 용곡동굴유적

상원군 용곡리에 있으며, 2개의 석회암동굴 가운데 1호 동굴이 1980년 5월~1981년 1월까지 발굴되었다.

1호 동굴의 퇴적층은 13개, 문화층은 5개층이 밝혀졌는데, 1문화층~4문화층까지는 구석기시대이고, 5문화층은 신석기시대의 것이다. 각 구석기문화층에서는 문화행위를 알 수 있는 석기나 화덕자리와 함께 사람의 머리뼈화석이 출토되어 깊은 연관을 갖는 연구자료를 제시하고 있다.

먼저 출토된 석기를 보면 1문화층(8층)의 석기는 정형화되지 못하고 종류도 매우 단순하다. 2문화층(9층)에서는 1문화층의 문화성격과 비슷하나 톱니날석기가 있음이 주목된다. 3문화층(10층)에서는 간접떼기수법인 눌러떼기수법이 쓰인 점(〈그림 4〉), 4문화층(11층)에서는 격지석기가 많은 점이 특징이다. 또한 2·4문화층에서는 뼈로 만든 찌르개와 송곳이 출토되었으며, 뼈를 납작하게 갈아서 짐승머리를 조각한 예술품도 발굴되었다(4문화층). 화덕자리는 2문화층에서 3개, 3문화층에서 5개, 4문화층에서 4개를 찾아 연속적으로

11) 김신규·김교경, 〈승호구역 화천동유적에서 드러난 화석포유동물상〉(《평양부근 동굴유적 발굴보고》, 1985), 120~160쪽.

〈그림 4〉 용곡 1호 동굴 3문화층 석기

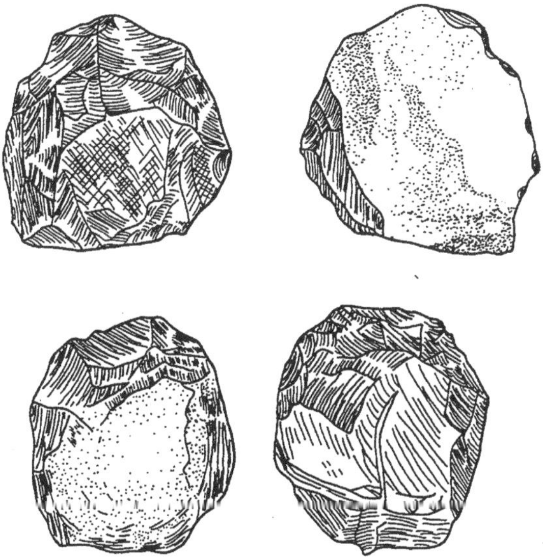

오랜 기간 동안 삶의 터전을 이루고 살았음을 알 수 있다.

10사람분에 해당하는 많은 사람뼈화석이 발견된 '용곡사람' 가운데 2문화층에서 출토된 제7호 머리뼈(〈그림 5〉)는 보존상태가 좋고, 외형적인 특징으로 보아 35살 정도의 남자로 해석된다. 머리뼈의 길이는 190㎜, 너비는 132㎜로, 지수는 69.7이며 장두형에 속한다. 뇌의 발달을 나타내는 이마뼈의 곧은 길이는 118㎜, 굽은 길이는 138.2㎜, 지수는 84.6으로 산정동인(86.6)이나 자바사람(90)보다 작으며, 뇌부피는 1450cc쯤 된다. 3문화층에서 출토된 제3호 머리뼈 길이는 204㎜, 너비는 142㎜, 지수는 69.7로 장두형이며, 부피는 1,650cc쯤 된다. 윗머리뼈의 곧은 길이는 130.2㎜, 굽은 길이는 138.6㎜로 지수는 93.8인데, 이는 북경사람과 슬기사람의 사이에 해당된다.

보고자들은 열형광법으로 8층(1문화층)을 50만~48만년 전, 9층(2문화층)을 46만~40만년 전으로 측정된 6개의 자료를 제시하였다. 그러나 최근에는 8층을 중기 구석기로, 9층을 후기 구석기시대로 보는 해석도 제기되고 있

〈그림 5〉 용곡 1호 동굴 머리뼈(7호)와 아래턱(3호)

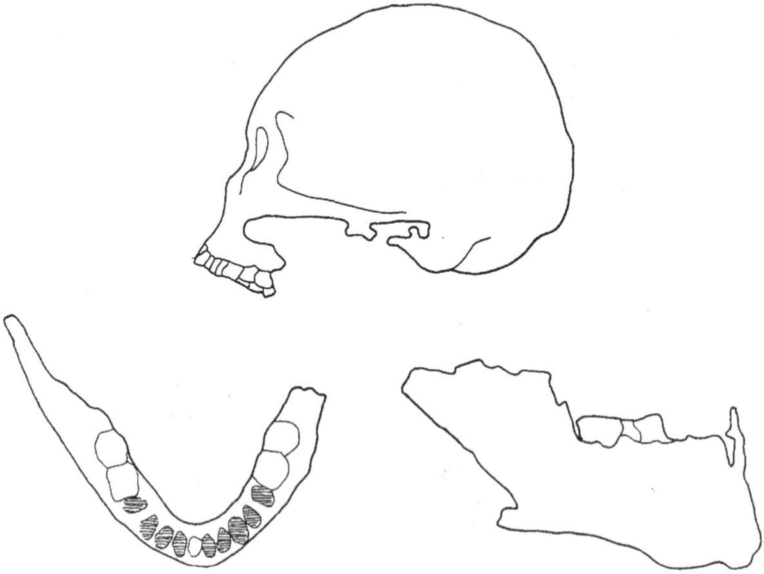

다.[12] 그러나 용곡동의 연구는 다른 유적의 연구보다도 몇 가지 점에서 앞선 성과를 보이고 있다. 우선 각 층위에 대한 문화해석을 시도하여, 퇴적층·꽃가루·동물상·사람뼈 연대측정 등과 같은 과학적 방법이 이용되어 보다 합리적인 해석에 도달하고자 하였다.

석기에 관해서는 각기 층위와 유물별로 고찰되기는 하였지만, 아주 초보적인 수준의 서술에 멈춰 서 있고, 또한 문화층에 따른 비교연구와 검토가 뒤따르지 아니하여 문화발달에 관한 개념을 세우지 못한 아쉬움이 있다.

〈李隆助〉

---

12) 전제헌·윤 진·김근식·류정길, 《룡곡동굴유적》(김일성종합대학출판사, 1986). 많은 남북한학자들이 최근 새로운 해석을 제기하고 있는데, 그 가운데 다음의 글이 크게 참고된다(한창균, 〈용곡 제1호 동굴유적의 시기구분과 문제점〉《博物館紀要》 8, 단국대 중앙박물관, 1992, 69~88쪽).

(3) 집자리 복원

가. 구석기시대 집터의 입지조건과 구조

구석기시대의 집터는 크게 동굴집터와 한데집터로 나눌 수 있다. 동굴집터는 당시 사람들이 자연동굴이나 바위그늘을 그대로 이용했던 집터이고, 한데집터는 강가를 비롯한 야외에 막집을 짓고 생활했던 집터이다. 막집이란 선사시대인들이 계절에 따라 비와 바람을 가릴 정도로 지상에 풀이나 가죽을 둘러서 임시로 어설프게 지은 집을 말한다. 구석기시대에는 비록 빙하시기라 하더라도 대체로 따뜻한 계절에 야외에 막집을 마련하기도 하였다. 구석기시대의 집터에 대한 연구결과에 의하면 동굴집터와 한데집터는 입지조건상 몇 가지 특징을 갖고 있다.

당시 사람들이 생활했던 기간에 따라 대체로 긴살림집터(長期住居址)였던 동굴집터의 경우 ①입구가 평지보다 어느 정도 높은 곳에 위치한다. 이것은 사나운 들짐승들의 내습을 피하고 사냥감을 쉽게 관찰할 수 있는 이점이 있었기 때문이다. ②동굴집터나 바위그늘유적 가까이에는 물이 흐르고 있다. 물은 사람뿐만 아니라 모든 생명체에게 없어서는 안될 필수요소라는 점에 재론의 여지가 없겠다. ③동굴 또는 바위그늘의 방향이 대체로 동향에서 남향에 이르는 범위 중 어느 방향에 속한다. 이것은 오랜 시간 동안 해바라기를 하기 위함이었다. ④이외에 입구부분이 가파르면서 그 위가 다시 평지로 되어 있는 경우가 많다. 이것은 동물을 여럿이 몰이사냥을 하여 낭떠러지로 떨어뜨려 사냥을 쉽게 할 수 있는 곳으로 판단했기 때문이 아닌가 생각된다.

뜬살림집터(臨時住居址)였던 한데집터의 경우에도 입지조건은 비슷하다. ①물을 쉽게 구할 수 있는 강가나 호숫가 또는 바닷가에 자리잡고 있다. ②강가에 있는 한데집터의 위치상의 특징 중에는 두 줄기의 강물이 합쳐지는 두물머리에 집터를 마련하였다. 이것은 물고기잡이와 들짐승사냥을 보다 쉽게 할 수 있었기 때문이다. 유적에 따라 강물과 바닷물이 만나는 지점에서 집터를 찾은 경우도 있다. ③막집의 해받이 방향은 대체로 동향~남향을 택하였다.[1)]

---

1) 박희현, 〈창내의 후기 구석기시대 막집의 구조와 복원〉(《博物館紀要》 6, 단국대 중앙박물관, 1990), 6~7쪽.

또 구석기시대의 한데집터의 경우, 집터로 구분될 수 있기 위해서는 위의 입지조건과 함께 막집의 기본구조를 갖추고 있어야 한다. 막집의 기본구조로는 기둥자리나 기둥의 흔적, 화덕자리, 문돌, 담돌, 당김돌 등을 들 수 있다. 엄밀히 말해서 당시의 집터를 복원하려면 유적의 입지조건과 막집의 기본구조를 갖추고 있어야 가능한 것이다. 하지만 이러한 조건과 구조들을 모두 갖춘 예가 그리 흔하지 않은 편이다.

나. 우리 나라 구석기시대의 한데집터와 복원

동굴유적은 전기 구석기시대부터 구석기시대 사람들이 자연 그대로 이용했던 생활의 터전이다. 따라서 동굴유적의 막집터를 복원하기는 쉬운 일이 아니다. 그렇다고 해서 동굴유적 안에서 막집터를 찾아 막집을 복원한 예가 전혀 없는 것은 아니지만[2] 그 예는 매우 드물다. 이에 비하여 한데집터는 구석기시대의 집터 중에서 원래의 모습으로 막집을 복원해 본 예가 많은 편이다.

지금까지 보고된 자료에 의하면, 구석기시대의 가장 오래된 한데막집터로서 아프리카의 탄자니아에 있는 Olduvai계곡의 제1바닥층에서 약 180만년 전의 전기 구석기시대 한데집터의 흔적이 발견되었다.[3] 이외에도 또 다른 전기 구석기시대의 한데집터가 있으나 그 수는 많지 않다. 그것에 비하면 후기 구석기시대에 속하는 한데집터는 비교적 많이 발견된 편이다.[4] 그것은

---

2) 동굴내의 집터가 복원된 유적으로는 프랑스 니스에 있는 라자레유적을 대표로 들 수 있다(Lumley, H. de, et, *Une Cabane Acheuléenne dans la Grotte du Lazaret, Nice*, Mémoire de la Société Préhistorique Française Ⅶ, Paris, 1969, éd. *Les Premiers Habitants de l'Europe : 1,500,000－100,000 ans*, Muséum National d'Histoire Naturelle, Paris, 1982, pp.133～139).

3) Leakey, M.D., *Olduvai Gorge, vol. III : Excavations in Beds I and II, 1960～63*, Cambridge Univ. Press, Cambridge, 1971.

4) Jelinek, J., Dwellings and Settlements of Stone Age Man, *The Pictorial Encyclopedia of the Evolution of Man*, Hamlyn, London, 1975, pp. 211～274.

Combier, J., Les Habitats de Plein Air, *Les Dossiers Histoire et Archéologie 87,* France, 1984. 10, pp. 34～40.

梶原 洋, 〈ソビエトの舊石器時代住居址〉(《月刊考古學ジャ－ナル》 262, ニュ－・サイエンス社, 東京, 1986. 5), 8～14쪽.

박희현, 앞의 글, 5～6쪽.

대체로 후기 구석기시대에 들어서면서 위와 같은 막집의 입지조건이나 기본 구조를 갖춘 한데유적이 많이 늘어났기 때문이다.

우리가 당시 사람들의 생활모습을 좀더 자세히 알기 위하여 이러한 조건과 구조에 근거해서 당시의 막집을 복원해 보는 것은 매우 흥미있는 일이다. 그러면 우리 나라의 경우는 어떠한가.

우리 나라에서 구석기시대의 한데막집터가 발견된 것으로 보고된 유적으로는, 함북 웅기 굴포리 서포항유적, 충남 공주 석장리유적, 충북 제천 사기리 창내유적, 전남 화순 사수리 대전유적 등이 있다. 이 중에서 굴포리 서포항유적만이 중기 구석기시대의 것일 뿐 나머지는 모두 후기 구석기시대에 해당하는 유적들이다.

가) 웅기 굴포리 서포항유적

굴포리유적에서는 중기 구석기시대에 해당하는 굴포문화 Ⅰ기층에 막집의 시설물이 남아 있는 것으로 보고되었다.[5] 그 시설물이란 막의 가장자리를 눌러 놓았던 것으로 인정되는 분암덩이와 돌무지로서 서북－동남선상에 부정형 또는 「ㄱ」자형으로 놓였다고 한다. 그러나 이것을 막집터로 인정하기 위해서는 기둥자리나 기둥의 흔적 또는 화덕자리와 같은 막집터의 증거가 제시되어야 할 것이다. 오히려 이 시설물이란 모루로 썼던 것으로 인정하는 큰 분암덩이가 같이 출토되었다는 점에서 한데 석기공방과 관련된 구조가 아닌가 생각된다.

나) 공주 석장리유적

금강가 바로 옆에 있는 공주 석장리유적에서는 시기를 달리하는 후기 구석기시대의 한데집터 두 곳(제1지구 제1호 집터 및 제3호 집터)을 발견하였다.

(가) 석장리 제1지구 제1호 집터

제1지구 제1호 집터(51구덩이)[6]는 바로 눈앞에 금강이 보이는 비스듬한 언

---

5) 김용간 · 서국태, 〈서포항원시유적 발굴보고〉(《고고민속론문집》 4, 사회과학출판사, 1972), 36～38쪽.
김용남 · 김용간 · 황기덕, 《우리나라 원시집자리에 관한 연구》(사회과학출판사, 1975), 5쪽.

덕 위에 기둥을 세워 막집을 지었던 한데집터이다. 제1호 집터에서는 기둥자리·화덕자리·문돌·담돌·당김돌 등의 구조를 찾았다. 그 외에 집터 안에서 새겨진 돌, 땅바닥에 새겨 놓은 고래상, 사람과 짐승의 털, 물감 등이 출토되기도 하였다.

기둥자리는 5개를 찾았으며 지름은 모두 약 10㎝ 정도이다. 기둥자리는 문돌로부터 250㎝ 지점에서 1개, 서북쪽 담돌과 180㎝ 떨어진 곳에서 1개를 찾았으며 나머지는 이들 2개의 기둥자리에서 100~150㎝ 정도 떨어진 상태로 모두 수직에 가깝게 나타났다.

화덕자리는 문돌에서 70~80㎝ 안쪽에 한 곳을 마련하였으며 별다른 시설 없이 땅이 움푹 파인 불규칙한 타원형(115×105㎝)의 모양이다. 이 곳에서 오리나무 종류의 나무숯과 재가 나왔다.

집터의 서남방향에 양쪽 문돌이 약 150㎝ 사이를 뗀 상태에서 나왔다.

막집터의 바깥 둘레에는 서쪽에서 남쪽, 동쪽으로 연이어 큰 돌로 담돌을 쌓은 것으로 나타났고(7.5×7m 범위), 막집을 고정시키기 위한 당김돌은 집터의 남쪽과 동쪽에서 찾았다.

화덕자리에서 출토된 나무숯을 이용하여 절대연대를 측정한 결과 20,830±1,880BP(AERIK-8)라는 연대가 나와 석장리 제1지구 제1호 막집터가 후기 구석기시대의 것임이 밝혀졌다.

석장리 제1호 막집은 복원한다면 다음과 같이 지었던 것으로 짐작된다. ①먼저 가운데에 큰 기둥을 5개 이상 수직으로 세우고 잔가지를 큰 기둥과 담돌에 받쳐 막을 두른 뒤 지붕을 이었다. ②출입문은 막집의 남쪽인 강쪽에 문돌을 놓아 만들었다. ③문돌이 가까운 막집의 안쪽에는 땅만 움푹 판 채로 특별한 시설을 하지 않은 화덕을 하나 마련하였다. ④막집 둘레에는 담돌을 둘러 놓았다(〈그림 1〉).

북서쪽이 높고 동남쪽이 낮은 지세에 세웠던 제1호 막집을 복원해 본 결과, 바닥은 네모꼴 모양이 아닌 여러 모로 된 둥그스름한 모양이 된다. 막집의 내부

---

6) 孫寶基, 〈石壯里의 후기 구석기시대 집자리〉(《韓國史硏究》 9, 1973), 3~57쪽.
――――, 〈舊石器時代 : 人種과 住居址〉(《韓國史論》 12, 國史編纂委員會, 1983), 202~205쪽.
――――, 《석장리 선사유적》(동아출판사, 1993).

〈그림 1〉 석장리 제1지구 제1호 막집 복원그림

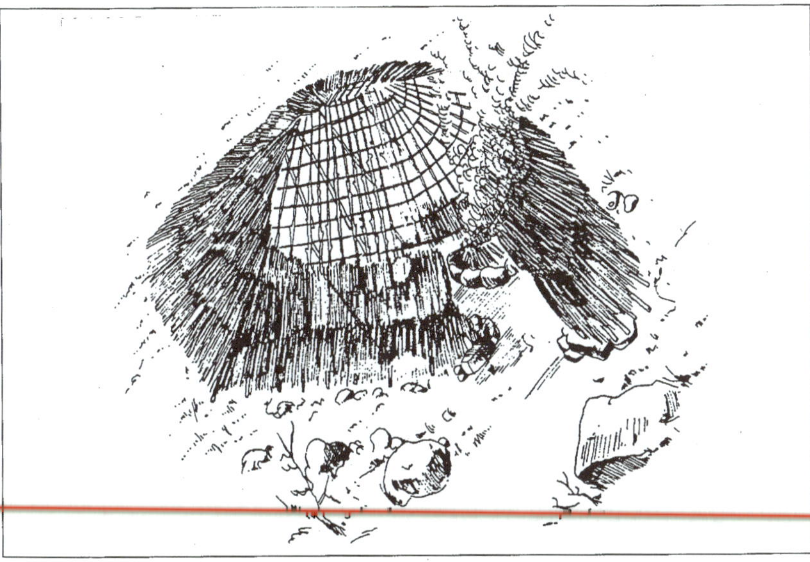

* 손보기, 《구석기유적－한국·만주－》(한국선사문화연구소, 1990).

면적은 약 50㎡의 크기로 8～10명 정도가 생활했던 곳으로 짐작된다. 또 화덕을 집안에 만들었던 것으로 보아 이 막집은 겨울철에 생활했던 집으로 여겨진다.

(나) 석장리 제1지구 제3호 집터

제1지구 제3호 한데집터(101구덩이)7)는 제1호 집터보다 위층에서 찾았으며 그 구조는 제1호 집터와 약간 다르다. 제3호 집터에서는 기둥자리·화덕자리·당김돌을 찾았고, 그 외에 집터의 앞쪽에서 석기공방을 확인하였다.

크고 작은 기둥자리가 여러 개 나왔으며 큰 것은 지름이 16cm, 작은 것은 지름이 4～8cm 정도 된다. 기둥자리는 한 줄 또는 두 줄로 이어져 나왔고 작은 구멍은 10°쯤 기울었다.

화덕자리는 집터 앞쪽에 있으며 7개의 자갈돌이 불에 탄 상태로 둥글게 놓였다. 당김돌은 큰 기둥자리 바깥쪽에 있는 자갈돌을 이용하였다.

제3호 집터는 제1호 집터보다 층위와 석기구성으로 보아 제1호 집터보다

7) 손보기, 위의 책.

조금 늦은 후기 구석기시대의 막집터이다.

석장리 제3호 막집은 다음과 같이 복원된다. ①먼저 동쪽에 큰 기둥을 서로 마주하여 세운 후 ②서쪽으로 가면서 기둥을 안으로 차츰 좁히면서 약간 기울여 남·북쪽에 줄지어 세우고 양쪽에서 잔가지로 서로 엮어 종도리를 이루었다. ③출입문은 큰 기둥을 세운 동쪽에 마련하였다. ④큰 기둥 바깥에 있는 자갈돌에 당김줄을 매어 큰 기둥을 고정하도록 하였다. ⑤막집 앞에는 둥근 자갈돌 7개를 둘러 놓아 한 개의 화덕을 만들었다(〈그림 2〉).

완성된 막집의 바닥은 고른 편이고, 지붕의 모양은 앞에서 뒤로 가면서 기울어지고 좁아진 동서로 긴 형태이다. 집의 뒤쪽은 막집의 바닥보다 낮게 하여 집안으로 물이 들어오지 않도록 하였다. 막집의 크기는 16.5㎡로서 한 가족이 살기에 알맞은 규모이다. 화덕자리가 막집의 앞에 놓인 점, 집 앞쪽이 높은 점, 배수시설이 잘된 점 등으로 보아 석장리 제3호 집터는 여름철에 지었던 강가의 막집터로 생각된다.

〈그림 2〉 석장리 제1지구 제3호 막집 복원그림

* 손보기, 《석장리 선사유적》(동아출판사, 1993).

다) 제천 창내유적

창내유적[8]은 남한강과 그 지류인 창내가 마주치는 두물머리에 있으며 이곳에서 후기 구석기시대의 한데막집터를 찾았다. 강자갈층 위에 마련된 창내 막집터에서 기둥자리·화덕자리·당김돌 등 집터의 기본구조를 찾았다.

기둥자리는 10여 개 이상 찾았으며 기둥과 기둥 사이는 대개 60~160㎝ 간격이다. 기둥구멍은 지름과 깊이, 기울기가 각기 다르게 마련되었음을 확인하였다. 각 기둥구멍의 지름은 10~28㎝이고 깊이는 11~49㎝이다. 출입문 부분인 동쪽의 기둥구멍은 깊이가 모두 40㎝ 이상으로 매우 깊은 편이다. 기둥구멍의 기울기는 22°~81°로 기운 정도가 매우 다르지만 나들이 부분은 모두 80°이며, 버팀목을 세운 기둥자리는 모두 71°~76°에 이른다. 그리고 기둥구멍 주위에는 자갈돌을 동그랗게 돌려 놓았다.

화덕자리는 막집의 바로 앞에 있으며 방향은 동쪽인 강쪽에 놓였다. 구조는 커다란 돌(50×80×10㎝)을 집과 나란히 옆으로 놓고서 이맛돌로 삼아 이 돌과 잇대어 둥근 모양이 되도록 강자갈돌을 두 켜 내지 세 켜 정도 쌓아 올려 놓았다. 화덕의 크기는 56×76cm이고 깊이는 가장 깊은 부분이 47㎝이다. 둥그런 화덕 안에서 참나무과의 커다란 나무숯과 숯부스러기가 나왔다.

당김돌은 막집의 뒤편에 있는 커다란 자갈돌을 이용하였다.

창내유적의 막집터는 이 곳에서 출토된 석기의 특징으로 보아 후기 구석기시대의 집터임이 밝혀졌다.

창내유적의 막집은 다음과 같이 복원된다. ①우선 3개의 가위목을 지붕끝에서 서로 겹쳐서 길게 기울여 세우고 가위목을 아랫부분에서 각각 버팀목으로 받친 후 ②하나의 문기둥을 가위목 위에 걸쳐서 거의 수직으로 깊게 세워 막집의 중심 기둥으로 삼았다. ③나머지 기둥을 지붕끝에 얹어 기울여 세우고 잔가지로 엮어 집의 기본 골격을 갖춘 후에 지붕을 단단히 하고 풀로 지붕을 이어 막집을 만들었다. ④출입문은 다른 어느 기둥보다 곧추 세운 동쪽 즉 강쪽 부분에 마련하였다. ⑤집을 짓고 나서 보다 튼튼하게 하기 위하여 지붕끝에서 내린 줄을 당김돌에 연결시켜 마무리지었다. ⑥출입문 바로 바깥에 크고 작은

---

8) 박희현, 《제원 창내 후기 구석기문화의 연구》(연세대 박사학위논문, 1989).
——, 앞의 글, 3~24쪽.

〈그림 3〉 창내 막집 복원그림

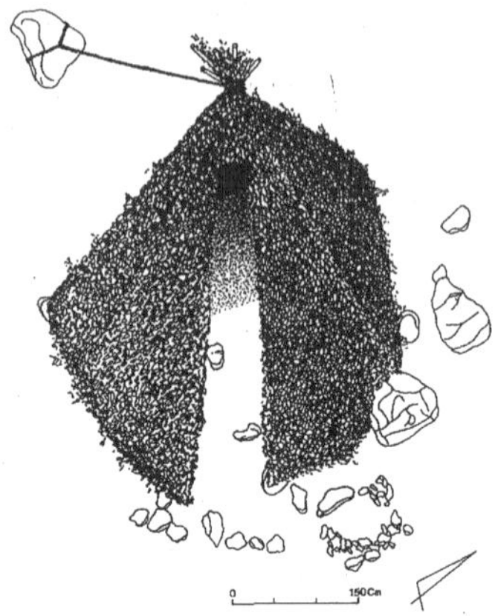

* 박희현, 〈창내의 후기 구석기시대 막집의 구조와 복원〉
(《博物館紀要》 6, 단국대 중앙박물관, 1990).

자갈돌을 이용하여 타원형의 화덕을 만들었다. 특히 바람에 불씨가 막집에 닿지 않도록 하기 위하여 커다란 이맛돌을 막집 쪽에 길게 가로놓았다(〈그림 3〉).

복원된 막집의 바닥은 불규칙하지만 둥근 모양이고 전체 모양은 원뿔 모양이다. 바닥의 가장 긴 축의 길이는 약 4.6m이고 가장 짧은 쪽은 약 3.4m이다. 집의 높이는 약 3.6m이고 사용된 기둥의 길이는 4~4.6m에 이른다. 막집의 내부면적은 약 10㎡로 3~4명이 생활했던 공간으로 짐작된다. 이 막집은 화덕을 집 밖에 만들었던 점과 석기의 출토 성격으로 보아 여름철에 강가에서 사냥을 위하여 일시적으로 이용했던 집으로 해석된다.

라) 화순 대전유적

대전유적9)은 보성강가의 구릉지대에 있는 선사시대 유적으로 후기 구석기시대의 한데막집터를 찾았다. 이 곳에서는 기둥자리와 강자갈을 깐 구조물을 확인하였다.

기둥자리는 24개로 확인되었으며 1~2m 정도의 간격으로 서로 대칭되게

9) 李隆助·尹用賢, 《和順 大田 舊石器時代 집터 復元》(忠北大 先史文化硏究所, 1992), 49~58쪽.

길게 분포되었다. 각 기둥구멍의 지름은 5.5~28㎝이고 깊이는 5~56㎝이다. 출입문 부분의 기둥구멍의 깊이는 각각 33㎝·56㎝로 다른 것보다 매우 깊은 편이다. 기둥은 10개의 기둥을 두 개씩 서로 마주 보게 하여 세웠다. 기둥구멍의 기울기는 51°~88° 사이로 나타났다. 각 기둥구멍이 표면 높이의 차이를 보이고 있어 집터는 남서쪽으로 기울어졌음을 알 수 있다.

화덕자리는 후대에 훼손되어 찾아볼 수 없으나 집안에 있었던 것으로 추측하였다.

대전유적의 막집터도 출토된 석기의 특징으로 보아 후기 구석기시대의 한데집터로 밝혀졌다.

대전유적의 막집은 다음과 같이 복원된다. ①우선 가운데 축에 중심 기둥을 2개 세우고 종도리를 올렸다. ②이어 양쪽 옆에서 나무를 휘어서 기둥을 세우고 종도리에 묶었다. 기둥에 따라서 버팀목을 세워 기둥을 받치도록 함께 묶기로 하였다. ③기둥을 모두 세운 후 기둥 사이의 공간에 잔가지를 걸치거나 기둥 위에 가죽을 덮어 막집을 완성하였다. ④출입문은 강물이 흐르는 남서쪽에 만들었다. ⑤집의 뒤쪽에 별도로 말뚝을 세워 중심 기둥과 줄을 연결하여 막집을 튼튼하게 고정시키도록 하였다(〈그림 4〉).

〈그림 4〉 대전 막집 복원그림

* 李隆助·尹用賢, 《和順 大田 舊石器時代 집터 復元》(忠北大 先史文化研究所, 1992).

복원된 대전 막집의 모양은 모를 죽인 긴 타원형이고 남서쪽으로 약간 기울어진 집이다. 집의 높이는 6m쯤 된다. 막집의 내부면적은 약 30㎡ 정도로서 7~10명이 생활했던 공간으로 생각된다. 내부에는 강자갈을 깐 것으로 보인다. 이 막집은 화덕이 집안에 있었던 것으로 추측하고 있어 추운 계절에 지었던 생활주거로 짐작된다.

다. 막집의 모양

복원한 우리 나라의 구석기시대의 한데막집은 모두 맨바닥에 기둥구멍을 파 나무를 간단하게 세우고 나무줄기나 끈을 가로로 묶어 지은 형태이다. 출입문을 갖춘 집의 외형을 마련한 후 그 위에 풀이나 나뭇가지 또는 짐승의 가죽을 덮기도 하였다. 또 집을 보다 튼튼히 하기 위하여 당김줄로 집과 바깥의 큰 돌을 서로 단단하게 연결하기도 하였다. 그리고 계절에 맞게 집안이나 밖에 화덕을 만들어서 불을 사용하고 관리하였다. 이것은 당시 사람들이 불에 대한 중요성을 인정했기 때문이다. 이 때에 완성한 막집은 지상형의 살림집이며 전체 모양은 대체로 굴모양과 뿔모양으로 나눌 수 있다.

굴모양의 막집은 종도리를 중심으로 양쪽 옆에서 마주 나무를 휘어 종도리와 묶어 기둥으로 세운 형태이다. 이러한 막집의 바닥은 긴 타원형을 이룬다. 우리 나라의 경우 공주 석장리 제1지구 제3호 막집과 화순 대전유적의 막집을 들 수 있겠다.

뿔모양의 막집은 가위목 같은 중심 기둥을 세운 후 그 위에 다른 기둥을 얹어 꼭대기를 묶은 형태이다. 따라서 지붕끝이 대체로 뾰족하고 바닥의 모양은 둥글거나 모서리가 둥근 네모꼴을 이룬다. 공주 석장리 제1지구 제1호 막집과 창내유적의 막집이 뿔모양의 집으로 복원된다.

이같은 막집은 동굴과 함께 채집경제의 단계였던 구석기인들이 일시적으로 또는 일상적으로 이용했던 가장 원초적인 주거양식이라고 할 수 있다. 또한 이러한 막집은 지역에 따라 별다른 차이없이 그 시대에 살았던 사람들의 가장 보편적인 집이기도 하다.

〈朴喜顯〉

2) 구석기시대의 유물

(1) 유물의 분류

구석기시대의 유물은 신석기·청동기·초기 철기 등 다른 시대의 유물에 비해 그렇게 다양한 편은 아니다. 처음으로 인류의 문화가 시작된 구석기시대의 유물은 크게 두 가지로 분류할 수 있는데, 첫째는 인공유물(Artifact)로서 인류가 생활에 필요한 물건들을 직접 만들어 쓰다 남긴 것이 있으며 여기에는 나무를 이용한 도구와 동물의 뼈를 사용한 골기 그리고 돌을 재료로 한 석기 등이 있다. 둘째는 자연유물로서 동·식물의 화석과 화석인골 등이 포함된다.

가. 인공유물

가) 목 기

나무를 재료로 쓴 목기의 경우, 구석기시대의 사람들이 이러한 목기를 사용하고 남겨 놓았다 하더라도 수백만년 또는 수십만년 지나는 동안 당시 사용했던 목기가 남아 있는 경우가 극히 드물고 지금은 거의 썩어 없어져 그 흔적을 찾아 보기 힘들다. 그러나 현재까지는 스페인과 영국에서 약 30만년 전의 구석기시대 목기가 1개씩 발견된 예가 있는데 당시 늪지대인 곳에서 발견되었다.[1] 이러한 목기는 나뭇가지 끝을 불에 달구거나 깎아서 예리하게 만든 다음 지금의 창처럼 사용한 것으로 알려져 있다.

또 목기의 경우 구석기인들이 가공을 하지 않고 자연적으로 얻은 굵은 나뭇가지를 몽둥이나 곤봉처럼 사용하고 작은 나뭇가지는 땅을 파는 굴지구로 사용하였을 것이라고 보는 견해가 대부분이며, 이것은 더 오래된 구석기시대로 갈수록 목기를 이러한 방법으로 사용하였다고 보는 학자들이 많이 있다.[2] 지금의 영장류들도 부러진 나뭇가지를 이용하여 높은 곳의 열매 같은 것을

1) Bordes, F., *The Old Stone Age*, World University Library, London and New York, 1968.

2) Bordaz, J., *Tools of Old and New Stone Age*, Devon, David and Charles, Newton Abbot, 1971.

흔들어 따는 행태를 연구하여 초기 구석기시대의 인류도 이와 비슷한 행동을 하였다고 추론하는 영장류학자들도 있다. 그러나 구석기유적에서 목기의 보존상태가 나빠 직접 골기나 석기와 함께 발견된 예는 아직까지 없는 것으로 알려져 있다. 그렇지만 구석기시대의 주거지인 움집을 만들 때 이용한 나뭇가지로 된 기둥구멍 같은 것이 발견된 예는 가끔씩 나타나고 있다. 우리나라의 경우는 아직까지 구석기시대 유적에서 목기가 발견된 예는 없다.

나) 골 기

다음은 동물의 뼈를 이용하여 구석기시대 사람들이 생활에 필요한 도구를 만들어 쓴 경우인데 나무로 만든 목기의 경우보다는 낫다고 하지만 이 역시 보존상태가 좋지 않아 골기의 발견은 그리 흔한 편이 아니다. 특히 중기에서 전기 구석기시대로 갈수록 골기의 발견은 드물며 이 시기에 발굴된 골기에 대해서는 아직도 논란이 그치지 않고 있다. 전기 구석기시대에 최초로 인류가 골기를 사용하였다고 주장하는 학자는 남아프리카공화국의 Raymond Dart교수이며 동물의 사지뼈나 아래턱뼈를 자연 그대로 이용하거나 돌로 깨어 골수를 꺼내어 먹은 다음 날카로운 부분은 도구의 날로 사용하였다고 주장하고 있다.[3)]

구석기인들이 망치돌로 타격을 가하여 인공이 가해진 골기가 존재하는 것은 확실하지만 이러한 골기가 발견된 유적은 그리 많지 않다. 뼈를 돌칼로 깎거나 돌에 갈아서 창끝이나 작살 심지어 바늘 같은 보다 형태가 확실하고 정교한 골기가 후기 구석기시대에 만들어지고 있으며, 타제된 골기에 비해 제작기술이나 형태가 매우 발달해 있는 것을 알 수 있다. 이러한 골기들은 별 문제가 없지만 타제된 골기는 논쟁의 여지가 많은데 자연현상에 의해서 가끔 골기 같은 것들이 나타나기 때문이다. 동굴유적 같은 곳에서는 하이에나 등 육식동물과 설치류에 의해 동물의 뼈가 잘리고 긁히며 깎이는 현상이 나타날 뿐만 아니라 곰 같은 동물에 의해 밟히면 뼈들이 부러지고 잘려서 날카로운 부분이 생기기도 하고 온도와 기후변화에 의해서 동물뼈들이 갈라

3) Oakley, K., *Frameworks for Dating Fossil Man*, Weidenfeld and Nicolson, London, 1969.

지고 터져서 인공이 가해진 골기와 구별이 어렵게 되는 경우가 있기 때문에 논란의 대상이 되고 있다.[4]

구석기시대에는 골기 외에 뼈로 만든 예술품이 다수 발견되고 있는데 특히 후기 구석기시대에 이러한 유물들이 많이 나타나고 있다. 뼈를 깎아 사람이나 동물 모양의 조각품을 만들거나 뼈의 표면을 선으로 조각하여 역시 사람과 동물의 형태를 나타낸 것이 주류를 이루고 있다. 그리고 동물의 치아를 이용하여 장식품을 만들어 쓰고 있는데 주로 치아의 뿌리를 송곳으로 뚫어 여러 개를 끈으로 연결하여 목걸이 등으로 사용하였다. 그 밖에 지금의 지휘봉 같은 상징적 유물이 사슴의 뿔로 만들어지기도 하였다.

우리 나라의 구석기유적에서도 골기와 뼈로 만든 예술품이 발견되었다고 주장하는 학자들이 있으나 학계에서 공인받지 못하고 있는 것이 현 상황이고 북한의 경우도 그 수가 극소수에 해당하기 때문에 여기에서는 다루지 않기로 한다.

다) 석 기

다음은 돌을 재료로 구석기시대에 필요한 생활도구와 무기 등을 만들어 쓴 경우인데 이것은 구석기시대의 유물 중에서 핵심을 이루고 있고 가장 중요한 인공유물에 해당한다.

돌은 앞의 나무나 뼈와는 달리 땅속에서도 수백만년 또는 수십만년이 지나도 보존상태가 매우 우수한 재료로 지금까지 잘 남아 있는 유일한 구석기시대의 인공유물이다. 또 구석기인들이 석기재료로 사용한 돌 자체가 보통 돌이 아닌 입자가 매우 고운 단단한 유리질의 석재가 대부분이기 때문에 석기를 타제할 때 나오는 박편들이 매우 날카로운 날을 갖고 있어 도구나 무기로서 나무나 뼈보다 더 선호한 재료이며 이러한 이유로 구석기인들이 동물을 사냥하고 도살하는데 중점적으로 석기를 타제해 사용한 것으로 보인다.

구석기시대의 인류가 생활에 필요한 도구와 무기를 돌을 중심으로 타제석기를 만들어 쓰기 시작한 것은 인류의 문화가 시작된 것을 의미한다. 특히

4) Sonneville-Bordes, D. de, *L'Age De La Pierre*, Presses Universitaires de France, Paris, 1964.

구석기문화를 통해 문화의 발전단계를 추적하여 시대별로 문화의 특징을 규명할 수 있는 것은 수백만년 전부터 잘 남아 있는 석기를 통해 석기의 제작기술과 많은 형태의 석기종류를 구분하여 이를 연구할 수 있었던 덕택이다.

구석기문화는 아프리카·유럽·아시아에서 발견되고 있는데 지역에 따라 일부 특징적인 구석기가 나타나고 있으나 유럽의 경우 전기와 중기 구석기시대를 통해 약 90여 종류의 석기가 밝혀져 있고[5] 후기 구석기시대에는 약 100여 종류의 석기가 분류되어 있다.[6] 현재 우리 나라의 구석기를 연구하기 위해서는 유럽의 석기뿐만 아니라 아프리카·아시아의 구석기를 종합적으로 참조하고 점진적으로 한국의 구석기형태학을 확립해 놓아야 하는 것이 중요한 과제이다.

지금까지 우리 나라의 구석기는 전기·중기·후기의 3기로 분류되고 있는데 석기형태를 중심으로 나뉘어 있다. 구석기연구는 석기가 중심이 되기 때문에 여기서도 구석기시대의 유물을 다룰 때는 현재까지 우리 나라에서 발굴된 석기를 시대별로 분류하여 설명하고자 한다.

나. 자연유물

구석기시대의 유물 중 인공유물 다음 두번째로 분류할 수 있는 것은 자연유물인데 여기에는 구석기시대에 살았던 각종 동물의 화석과 식물의 화석이 포함되며 식물화석은 발견된 예가 극히 드물고 대신 식물의 꽃가루가 화석

---

5) Bordes, F., Typologie du Paléolithique ancien et Moyen, 1V., et 1 Atlas, Delmas, Bordeaux, 1961.

6) Sonneville-Bordes, D. de, et J. Perrot, Essai d'adaptation des méthodes statistiques au Paléolithique supérieur, premiers résultats, *Bulletin de la Société Préhistorique Française,* Vol. 50, n° 5-6, 1953, pp. 323~333.

Sonneville-Bordes, D. de, et J. Perrot, Lexique typologique du Paléolithique supérieur, Outillage lithique, Ⅳ) Burins, *Bulletin de la Société Préhistorique Française,* t. 53, 1956, pp. 408~412, 2 fig.

Sonneville-Bordes, D. de, et J. Perrot, Lexique typologique du Paléolithique supérieur, Outillage lithique. Ⅴ) Outillage à bord abattu, Ⅵ) Piéces tronquées, Ⅶ) Lames retouchées, Ⅷ) Piéces variées, Ⅸ) Outillage lamellaire, pointe azilienne, *Bulletin de la Société Préhistorique Française,* t. 53, 1956, pp. 547~559. 5 fig.

으로 남아 있는 것을 토양 속에서 분리해 연구하고 있다. 그 밖에 구석기인의 화석이 여기에 포함되는데 인류의 기원은 물론 그 진화단계와 구인류의 특징을 알 수 있다.

가) 동물화석

동물화석을 통해서는 당시의 상대연대와 기후를 알 수 있게 되며 이와 함께 발견되는 인공유물의 상대편년도 가능하게 된다. 인공유물이 석기인 경우에는 구석기 자체가 보여주는 상대연대로 구석기시대를 편년할 수 있으며 동물화석의 상대편년과 비교하여 보다 신빙성 있는 연대를 결정할 수 있다. 또 구석기유적에서 발견되는 동물화석을 분석하여 구석기인들의 수렵생활과 당시의 환경 및 기후 등을 연구할 수 있다.

나) 꽃가루

식물의 꽃가루연구로는 당시의 생태학적 특성을 알아낼 수 있으며 동물화석의 연구와 병행하여 구석기시대의 기후·환경·생태·연대 등을 종합적으로 규명하는데 매우 귀중한 자료로 활용되고 있다. 실제로 구석기유적에서 발견된 꽃가루들이 침엽수계통의 식물로 대부분을 차지하고 있다면 당시의 기후는 한랭한 기후 아래 있었던 것을 알 수 있으며 반대로 활엽수계통의 식물이 그 대부분을 차지하고 있다면 온난한 기후 아래 있던 것을 알 수 있다. 이러한 환경에서는 구석기인들이 어떤 종류의 동물을 주로 사냥하게 되었는지 구석기유적에서 발견되는 동물화석과 종합적으로 비교하고 검토하여 결론을 내릴 수 있다.

다) 화석인류

구인류의 화석은 이를 통해서 구석기시대의 주인공인 당시 인류의 고생물학적 특징뿐만 아니라 단계적인 생물학적 진화과정까지도 알 수 있는 대단히 귀중한 유물이며 이러한 화석인류의 연구로 인류의 기원부터 현재까지 인간이 진화하는데 크게 4단계의 진화단계를 거쳐 왔다는 것을 잘 증명해 주고 있다. 4단계의 진화과정은 첫째가 Australopithecus단계이고, 두번째가 Homo erectus 또는 Pithecanthropus단계이며, 세번째가 Homo sapiens neanderthalensis 또는

Neanderthal단계이다. 마지막 단계는 Homo sapiens sapiens 또는 Cromagnon인 단계로 현생인류인 우리와 같은 인간이 나타난 진화단계이다.

지금까지 구석기시대의 유물에 대해 크게 인공유물과 자연유물에 대해 개괄적으로 설명하였는데 인류의 문화와 직접 관련이 있는 유물은 인공유물로서 그 중에서도 석기가 주류를 이루고 있다고 하였다.

우리 나라의 구석기유물도 당연히 석기가 중심이 되고 있으며 구석기문화의 특징도 석기의 연구를 통해 밝혀지고 있다. 그러므로 여기에서는 구석기시대의 석기 중 가장 핵심이 되는 것에 대해서만 설명해 나가도록 하겠다. 석기의 설명은 주로 석기재료·석기제작기술·석기(종류·형태·특징) 등을 중심으로 다루어 나가고자 하나, 석기의 수가 아주 적거나 종류가 확실하고 또 분류내용이 논자에 따라 차이가 많이 나는 경우는 석기재료, 석기제작기술, 석기종류 등을 함께 포괄적으로 언급하고자 한다.

그리고 구석기의 용어는 학자마다 다르게 쓰기도 하므로 이해를 돕기 위해 가능한 한 많이 쓰는 용어를 함께 병기하고자 한다.

(2) 전기 구석기

1996년도까지 우리 나라에서 발굴된 구석기시대에 속하는 유적은 40여 곳에 이르고 있으며 이 중에는 석기만 출토된 곳, 석기와 동물화석 2가지, 석기와 화석인골 2가지, 석기와 동물화석·화석인골 3가지, 석기와 골기·동물화석·화석인골 4가지가 다 발견된 곳으로 분류할 수 있다. 또 구석기는 발견되지 않고 동물화석만 출토된 곳, 동물화석과 화석인골 2가지가 출토된 곳 등으로 구분해 볼 수 있는데 구석기가 출토되지 않은 유적은 엄밀한 의미에서 구석기유적이라고 말하기 어렵다. 구석기문화의 중심이 되는 석기가 구인류에 의해 제작되어 사용되지 않았다면 이를 구석기유적이라고 부르기보다는 고생물유적이라고 부르는 것이 타당할 것이다.

우리 나라의 구석기유적 중 전기 구석기에 속하는 유적은 몇 안되어 전곡리유적, 단양 도담리 금굴, 파주 주월리·가월리, 상원 검은모루동굴 정도가 여기에 속한다. 그 밖에 발굴은 되었으나 아직 보고서가 나오지 않았거나 석기에 문제가 있는 유적 등이 있어 그 연구결과를 기다리고 있는 중이다. 구석기가 출토되는 유적이라도 주로 동물화석이 대부분을 차지하는 곳에서 확실하지 않은 석기가 몇 점 나오는 경우는 신중하게 다루어야 하겠다. 이러한 것들은 자연현상에 의해 만들어진 경우가 많다고 볼 수 있다.

그러므로 여기서 다루는 구석기들은 물론 인공이 가해진 흔적이 형태학적으로도 뚜렷한 것이어야 할 것이다. 실물을 볼 수 없는 경우의 석기들은 문제점만을 부분적으로 언급하고자 한다. 그리고 여기서 설명할 전기 구석기들은 함께 발견된 화석의 상대편년이 적합하거나 석기 자체가 편년에 참고가 될 수 있는 유적의 것만 다루기로 한다. 우리 나라의 시대별 구석기의 형태와 특징 등이 이제는 정립되어야 할 시기로 보며 불확실한 형태의 구석기들은 차츰 정리되어야 한다고 믿는다. 그것은 지금까지 보다 많은 전형적인 구석기들이 여러 유적에서 발견되었고 또 앞으로도 계속해서 나타나리라 예상되기 때문이다.

가. 남 한

가) 전곡리유적의 석기

이 유적은 1979년부터 1995년까지 10차에 걸쳐 발굴조사된 곳으로서 전형적인 전기 구석기유물들이 대량 수집된 매우 중요한 유적이다.[7] 유적의 위치는 경기도 연천군 전곡면 전곡리의 한탄강가에 있는 해발 61m 가량의 낮은 구릉지대이며 모두 5개 지구로 구분된다. 5개 지구에서 다 석기가 발견되며 발굴은 제2지구에서만 실시되었고 여기서는 1980년 12월 말까지 조사된 3차발굴까지 종합된 발굴석기를 중심으로 설명하겠다.

지표채집된 중요한 석기도 함께 포함시키겠으나 3차발굴 이후에 출토된 석기의 성격도 앞의 것과 같으므로 여기서는 생략한다. 이 곳의 석기는 갈색

7) 金元龍·鄭永和, 〈全谷里 아슐리안 兩面核石器文化豫報〉(《震檀學報》 46·47, 1979), 5~56쪽.
金元龍·崔茂藏·鄭永和, 《韓國舊石器文化研究》(韓國精神文化研究院, 1981).
文化財研究所, 《全谷里》(文化財管理局, 1983).
裵基同·최재호, 〈全谷里 5地區 舊石器遺蹟發掘調査('91年)報告〉(《寶城江·漢灘江流域 舊石器遺蹟發掘調査報告書》, 1994).
裵基同, 《全谷里舊石器遺蹟》(學研文化社, 1996).

점토층, 적갈색 점토층, 황갈색 점토층 또는 황갈색 사질점토층에서 주로 발견되며 굵은 모래 각력층에서도 일부 발견된다. 석기는 양면핵석기(주먹도끼)·박편도끼·뾰족찍개(Pick)·다각면원구·쵸퍼(일면찍개, 외날찍개)·쵸핑－툴(양면찍개, 쌍날찍개) 등 큰 석기가 109점, 긁개·등손잡이칼(자르개)·첨기(찌르개) 등 박편석기(격지석기)는 230점이며, 그 밖에 박편(격지)·돌날·부스러기·돌핵(몸돌)·돌망치 등은 1,512점이나 되어 이 곳에서는 석기제작도 한 것을 알 수 있다. 현재까지 우리 나라에서 전기 구석기의 전형적인 형태를 연구할 수 있는 구석기가 나온 곳이 전곡리유적이다.

(가) 석기재료

전곡리에서 발굴된 구석기는 거의 다 석영(차돌 ; Quartz), 또는 석영암(Quartzite)으로 된 자갈돌을 기본으로, 큰 자갈덩이에서 떼어낸 대형의 박편으로 석기를 만들었고, 작은 자갈돌은 적당한 크기의 돌을 골라 직접 망치돌로 박편을 깨내어 원하는 양면핵석기(주먹도끼)·쵸퍼(일면찍개, 외날찍개)·쵸핑－툴(양면찍개, 쌍날찍개) 등을 만들었다. 이러한 차돌로 된 자갈들은 유적에서 가까운 강가에서 갖고 온 것이며 현재의 한탄강변에서도 수없이 볼 수 있다. 이러한 차돌은 매우 단단하여 떼어내기도 힘들지만 일단 석기로 만들면 어떠한 돌로 만든 것보다 튼튼하고 강하여 실용가치가 매우 큰 석재이다. 중국이나 인도 등지에서의 전기 구석기도 이와 같은 석재로 만든 것이 많이 있다.[8] 그 밖의 석재로는 Hornfels·현무암·기타 암석들이 있으나 그 수는 대단히 적다.

(나) 석기제작기술

가장 기초적인 석기제작기술로서 직접타격법을 사용하였는데 석재를 모룻돌에 내리쳐서 큰 박편을 떼어낸 다음 다시 이 큰 박편을 갖고 망치돌로 석기를 타제하는 방법이 있다. 또 다른 방법으로 망치돌을 사용하는 경우에는 원하는 크기의 적당한 석영자갈돌을 구한 다음 직접 이 석재에서 박편을 떼어내어 큰 석기를 만들기도 하였다. 그리고 큰 석기를 만들 때 떨어져 나온 박편들을 2차가공하여 박편석기로 다듬을 때도 망치돌을 사용하였다.

---

8) Oakley, K., 앞의 글, 226~242쪽.

전곡리에서는 간접타격법이나 가압법은 보이지 않는다. 또 석기도 큰 석기를 많이 만들었고 박편이 많이 발견되는 것은 이러한 큰 석기를 만들 때 떨어져 나온 것으로 필요할 때마다 잠깐씩 사용한 것이다. 본격적인 박편석기의 양상은 보기 힘들다.

(다) 석기의 종류·형태·특징

전곡리에서 발견된 석기종류는 크게 2가지로 분류할 수 있다. 첫째는 큰 석기종류로서 양면핵석기(주먹도끼)·박편도끼·뾰족찍개(Pick)·다각면원구·쵸퍼(일면찍개, 외날찍개)·쵸핑－툴(양면찍개, 쌍날찍개) 등이고, 둘째는 박편석기(격지석기)종류인데 긁개·등손잡이칼(자르개)·첨기(찌르개)·조각칼(새기개)·부리형석기·홈날석기·톱니날석기가 있다.

양면핵석기(주먹도끼 : 〈그림 1〉①)

이것은 발굴에서 5점, 지표채집에서 37점이 수집되어 모두 42점이 된다.[9] 전곡리유적이 전형적인 아슐리안형태의 양면핵석기가 출토된 유적이라고 판단하게 된 것도 바로 이 석기 때문이다. 양면핵석기의 종류도 다양하며 창끝형·행인형·원넙치형(Proto-limande)·넙치형·첨두형(Micoquian형)·타원형 등의 서구·아프리카·인도 등지에서 발견되는 전기 구석기시대의 아슐리안문화의 양면핵석기와 같은 형태들이다.

이것은 거의 전부가 석영 또는 석영암으로 된 강에서 나온 자갈돌을 원석으로 하여 여기에서 떼어낸 큰 박편이나, 만들고자 하는 양면핵석기와 가장 비슷한 크기 또는 비슷한 형태의 돌을 골라 직접타격의 방법으로 만들었다. 박편은 큼직큼직하게 떼어냈으며 석기를 만드는 기술이 세련되지 못해 석기의 날부분이 갈지자(之字)로 나타나는 경우가 많다. 또 석기의 표면에는 자갈의 표피가 일부 그대로 남아 있을 때도 많다. 그러나 전체적으로는 전형적인 아슐리안형태의 양면핵석기를 잘 나타내주고 있다. 길이 18.10~10.12㎝, 폭 10.70~6.13㎝, 두께 8.90~3.54㎝.

박편도끼(〈그림1〉②)

박편도끼는 발굴, 지표채집을 통해 각각 5개와 8개를 수집하여 총 13개가

---

9) 金元龍·崔茂藏·鄭永和, 앞의 책, 56·86쪽.

〈그림 1〉 전곡리유적의 석기

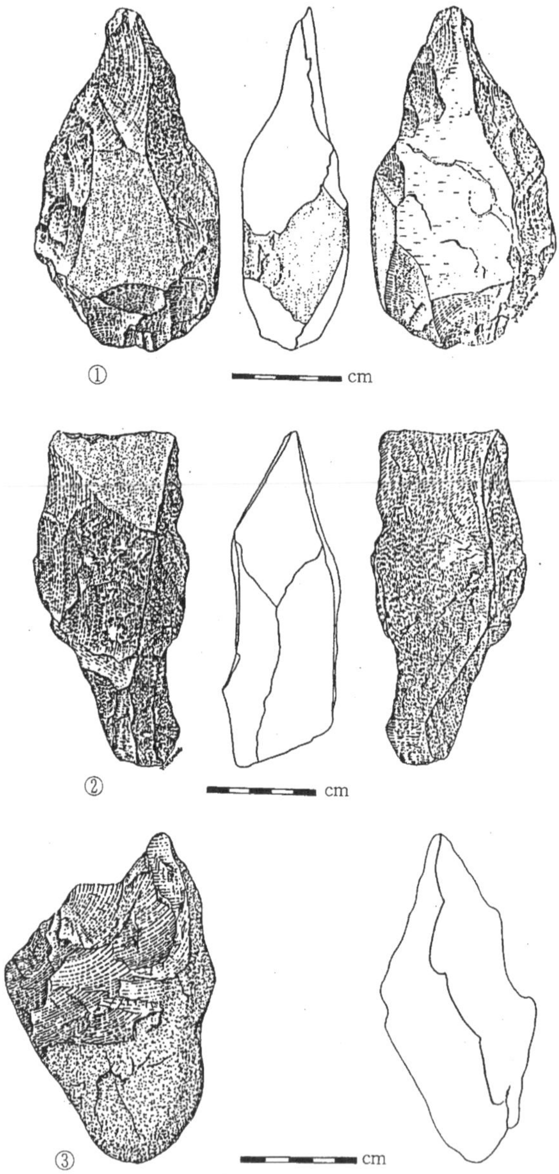

된다. 양면핵석기와 같은 석재를 사용하였으며 거의 모두 큰 박편을 먼저 만든 다음, 여기에서 2차적으로 박편을 떼어내 석기를 만들었다. 이 때 사용된 큰 박편들은 Side blow technique으로 떼어낸, 즉 박편의 길이가 폭보다 짧고 두덩부분이 분명하게 나타난 특징있는 박편을 이용하였다. 특히 박편도끼를 만들 때 도끼의 날부분은 박편의 양쪽날 중에 하나를 택하였고 두덩부분은 물론 손잡는 부분 주위 등을 다듬어서 손에 쥐고 도끼로 쓰기에 알맞도록 만들었다. 석기의 표면에는 자갈돌의 표피가 일부 남아 있다. 이 박편도끼는 아프리카·유럽·인도 등지에서 발견되는 아슐리안문화에서도 나타나며 양면핵석기와 함께 전기 구석기의 특징있는 석기로 분류된다. 길이 16.60~15,25㎝, 폭 10.22~7.43㎝, 두께 6.14~5.40㎝.

뾰족찍개(〈그림 1〉③)

이것은 3차발굴까지 모두 7개가 수집되었으며 전곡리에서 출토된 큰 석기 중의 하나다. 일종의 대형첨두기이며 비전형적 양면핵석기로 분류되기도 한다. 어떤 것은 큰 박편을 갖고 만들었으며 또 석영암자갈에 일부 박편을 떼내고 다듬어서 만든 것도 있다. 석기재료의 형태에 따라 일면에서만 가공한 것도 있고 양면에서 박편을 떼내고 타제한 것도 있다. 첨두의 단면은 삼각형·사각형·나란히꼴 등이 있다. 이러한 석기는 아프리카·유럽 등지에서도 발견된다. 길이 17.5~13.6㎝, 폭 9.6~8.9㎝, 두께 6.4~5.3㎝.

다각면원구(〈그림 2〉①)

이것은 발굴에서 7개, 지표채집에서 30개 등 모두 37개가 수집되어 전곡리 유적에서 많이 발견되는 석기 가운데 하나다. 다각면원구는 일종의 핵석기로 전체의 모양은 원구형태에 가까우나 표면에 많은 면이 각을 이루고 있기 때문에 생긴 이름이다. 즉 석영암자갈 등을 원석으로 사용하여 둥근 모양으로 박편을 떼어 나갔으므로 석기표면에 박편이 떨어져 나간 면으로 많은 각을 이루고 있는 것이 특징이다. 이 석기는 아프리카·유럽 등지의 구석기 초기부터 중기 구석기까지 주로 발견되는 유물10)이며 손에 쥐고 이를 던져서 짐승을 사냥하는 데 쓸 수도 있고 고기, 뼈 또는 나무 같은 것을 짓이기는 데

10) Brézillon, M., La dénomination des objets de pierre taillée, *IVe Supplément à Gallia Préhistoire*, p. 381.

도 사용할 수 있다. 석기의 크기는 직경 평균 7~8㎝가량.

쵸퍼(일면찍개, 외날찍개 : 〈그림 2〉②)

쵸퍼는 발굴과 지표채집에서 각각 58개와 129개가 수집되어 모두 187개가 발견되었다. 전곡리유적에서 쵸핑-툴과 함께 큰 석기로는 제일 많이 발견되는 석기 중의 하나이다. 석영암자갈을 재료로 한쪽 방향에서만 몇 번 타격을 가하여 박편을 떼어낸 후 석기의 날을 만든 것이다.

쵸퍼는 전기 구석기시대부터 발견되는 가장 오랜 석기형태의 하나이다.[11] 그러나 이것은 고형석기의 하나로 철기시대까지도 사용되던 형태인데 전곡리의 경우는 아슐리안형태의 석기들과 함께 발견되어 더욱 그 중요성이 크다. 크기가 등부분에서 날까지의 길이는 7~8㎝가량 되고 더 큰 경우도 있다.

쵸핑-툴(양면찍개, 쌍날찍개 : 〈그림 2〉③)

전곡리발굴조사에서는 27개, 지표조사에서는 158개가 발견되어 모두 185개가 된다. 전곡리에서 쵸퍼와 함께 큰 석기로는 제일 많이 발견되는 것 중의 하나다. 석영암자갈을 석재로 하여 한쪽 자갈끝 양면에서 서로 엇갈리게 박편을 여러 점 떼내어 석기의 날을 만들어 쓴 형태이다. 이 석기도 쵸퍼와 마찬가지로 전기 구석기시대부터 발견되는 대표적인 석기이다. 특히 쵸퍼·쵸핑-툴문화권에서는 물론 양면핵석기문화권에서도 일찍부터 발견되는 석기형태[12]로 앞에서 서술한 전기 구석기 등과 함께 전곡리유적에서는 세트로 발견된 것이 특징이다. 크기는 손잡는 부분에서 날까지 8~9㎝가량 되며 쵸퍼와 큰 차이 없다.

박편석기(〈그림 2〉④·⑤)

전곡리유적에서 발견되는 박편석기 중 가장 많이 수집되는 것이 긁개이다(〈그림 2〉④). 이 가운데에는 단순히 사용된 박편도 포함시킨 경우가 있는 것으로 보아야 한다. 어떻든 이 석기는 발굴과 지표조사에서 각각 191개와 106개가 수집되어 모두 297개에 달한다. 전곡리의 박편석기는 처음부터 의도적으로 만들려고 석재에서 1차 박편을 떼내어 다시 2차가공한 것은 거의 없다고 보며 모두 큰 석기인 양면핵석기·박편도끼·뾰족찍개(Pick) 등을 만들 때 떨어져 나온 박편들을 주로 이용한 것들이다.

11) Bordes, F., 앞의 책(1968), 15~97쪽.

12) Waecter, J., *Man before history*, Oxford, Elsevier, Phaidon, 1976.

〈그림 2〉 전곡리유적의 석기

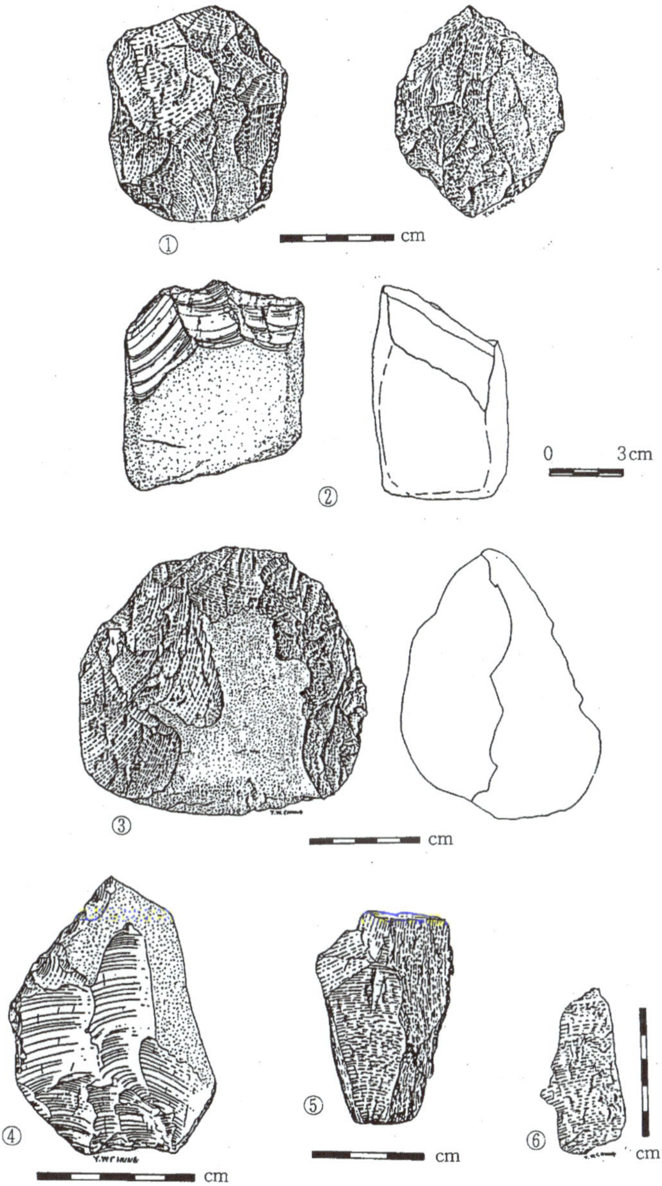

따라서 거의 다 석영·석영암 같은 박편으로 만들어 썼고, 박편을 만들고 남은 전형적인 돌핵은 찾기 힘들다. 그 밖에 발굴중 수집된 박편석기로는 등손잡이칼(〈그림 2〉⑤)이 3개, 첨기가 18개, 조각칼은 9개이나 이것은 의도적으로 만들었다기보다는 박편이 떨어져 나올 때 우연히 만들어진 것으로 보아야 하겠다. 그리고 부리형석기·홈날석기·톱니날석기가 더 수집되었다.

박편 및 부스러기(〈그림 2〉⑥)

석기로 바로 분류될 수 있는 성질의 유물은 아니지만 큰 석기를 만들 때 떨어져 나온 박편·부스러기는 물론 석기를 만들기 위해 준비해 놓은 석재·망치돌·역석 등을 포함해서 모두 1,512점의 많은 유물이 3차발굴 때까지 수집되었다. 이러한 유물들은 표토 다음에 나타나는 갈색 점토층으로부터 적갈색 점토층 그리고 황갈색 점토층 또는 황갈색 사질점토층에서 모두 발견되고 있어 분명히 전곡리구석기인들이 이 곳에서 꾸준히 석기도 제작해서 썼다는 중요한 근거를 제공해 주고 있다.

나) 금굴유적의 석기

충청북도 단양군 매포면 도담리에 위치한 금굴은 석회암동굴이며 충주댐 공사로 수몰되기 때문에 1983년부터 1985년까지 3년간에 걸쳐 발굴조사한 유적이다.[13] 금굴의 층위는 아래로부터 위로 Ⅷ~Ⅰ층까지 있고 이 사이에 전기(중기·후기) 구석기·중석기·신석기·청동기 등 시대별로 문화층이 나왔다고 한다. 그러나 석장리의 경우처럼 한 유적에서 이렇게 하나도 끊어지지 않고 문화층이 계속 나타난다는 것은 지질학적으로 불가능한 일이다. 그 까닭은 제4기 동안에 많은 기후변화로 퇴적층이 형성되었다가 다시 깎여 나가곤 하는데 이러한 일이 수없이 반복될 때 문화층이 고스란히 남아 있기가 어렵기 때문이다.

(가) 석기재료

이 곳에서 발견되는 석재는 다양한데 석영암·사암·화강암·화강편마암

13) 孫寶基, 〈단양 도담리지구 유적발굴조사보고서(1983·1984년도)〉(《충주댐수몰지구 문화유적발굴조사종합보고서》-고고·고분분야-, 충북대 박물관, 1984).
———, 〈단양 도담리 금굴유적 발굴조사보고(1985년도)〉(《충주댐수몰지구 문화유적연장발굴조사보고서》, 충북대 박물관, 1985), 5~100쪽.

· 셰일 · 반암 등이 사용되었다고 한다.

(나) 석기제작기술

주된 석기제작기술은 직접타격법으로 모룻돌에 부딪쳐 만드는 충돌타격법과 망치돌을 이용해서 박편을 떼어내 만드는 두 가지 방법이 있지만 후자가 많이 사용된 것 같다. 망치돌을 주로 사용한 것으로 보는 것은 큰 석기에서 박편이 떨어져 나간 음성박리면을 보면 큰 것이 많지 않기 때문이다.

(다) 석기의 종류 · 형태 · 특징

석기의 사진과 그림 중 전곡리에서 발견된 것과 같은 뾰족찍개종류가 보이고, 주먹도끼의 경우는 전형적이라고 보기는 어렵지만 한두 개 보이며 또 Ⅷ · Ⅶ · Ⅵ층에서 발견되는 것들이 비슷하므로 석기의 형태학적 관점에서 전기 구석기에 포함시켜 3개층에서 출토된 것들을 함께 다루고자 한다.

먼저 제Ⅷ층, 즉 제1문화층의 지질학적 성격은 두께가 100~160㎝ 정도 되나 5㎜ 안팎의 조약돌 · 굵은 모래 · 가는 모래 등이 차례로 쌓여 있는 수성층인데 이 곳에서 발견된 몇 점 안되는 석기들의 표면이 오랫동안 마멸되지 않고 어떻게 생생하게 발굴되어 나왔을까 하는 점이 의문이다. 그렇지만 박편이 떨어져 나간 부분과 석기의 형태가 그림 등에 잘 나타나 있으므로 Ⅶ · Ⅵ층의 석기와 함께 검토해 보면 전반적으로 이들 층에서 출토된 큰 석기들은 전곡리형 뾰족찍개(〈그림 3〉②~④), 쵸퍼(〈그림 3〉⑥ · ⑦), 쵸핑-툴(〈그림 3〉⑤) 등이 대부분이고 그 수는 많지 않다.[14] 여기에 비전형적 주먹도끼(〈그림 3〉①)가 한두 개 보인다.

이러한 주먹도끼뿐만 아니라 뾰족찍개류도 양면에서 타제한 것보다는 한면에서 타제한 것이 많으며 이것은 금굴석기의 특징이기도 하다. 금굴의 쵸퍼 · 쵸핑-툴만 갖고는 이들의 상대편년을 논할 수 없지만 함께 발견된 주먹도끼 · 뾰족찍개 등과는 같은 연대로 편년될 수 있다. 금굴에서 출토된 석기는 수가 많지 않아 전체적인 성격을 파악하기는 어려우나 전곡리에서 출토된 석기와 닮은 것이 있어 우선 전기로 분류하고자 하며, 앞으로는 이와 관련된 절대연대 등이 보완되어야 하겠다.

---

14) 孫寶基, 위의 글(1984), 20~31쪽.
——, 위의 글(1985), 24~25쪽.

〈그림 3〉 금굴유적의 석기

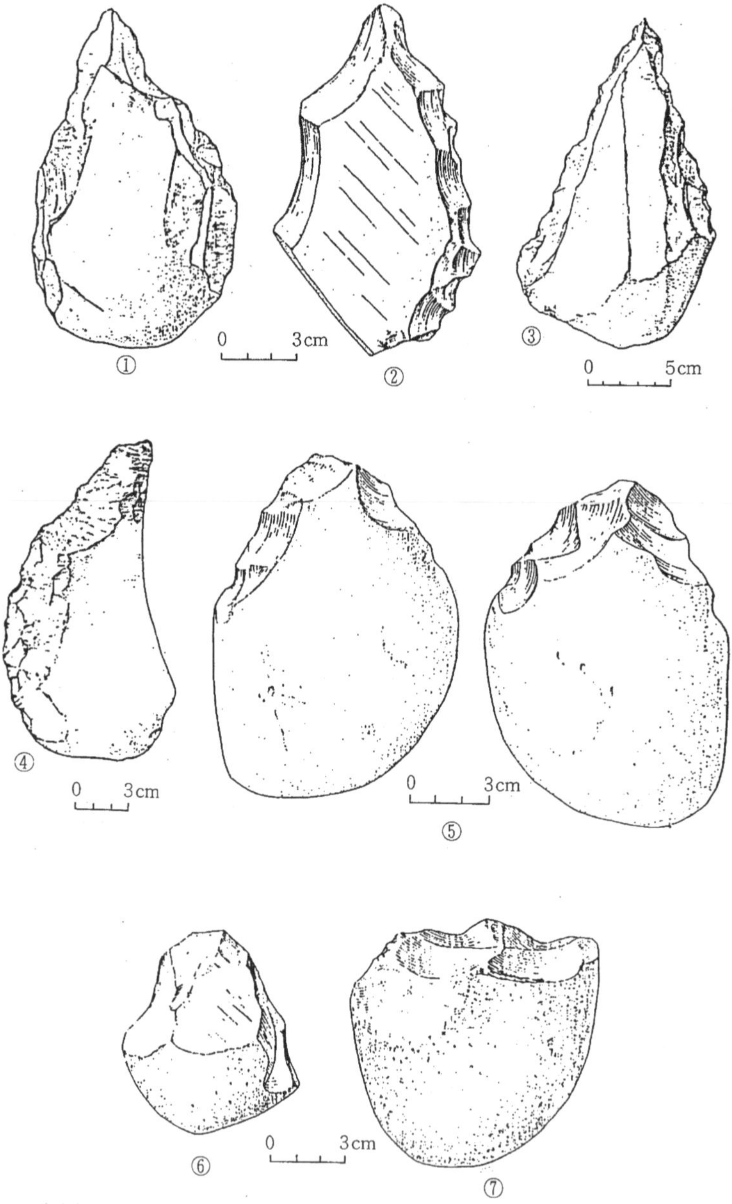

다) 파주 주월리·가월리

경기도 파주군 적성면 주월리·가월리 일대의 구석기유적은 이 곳을 사적으로 지정하기 위한 근거를 마련하려고 1993년 8월 한 달간 시굴을 실시한 곳이다.[15] 아직 정식발굴은 이루어지지 않았지만 지표조사에서 전곡리유적의 것과 유사한 석기형태들이 다수 채집되었고 시굴갱에서는 주로 박편석기들이 소수 발견된 바 있다. 지표채집된 석기들을 포함하여 시굴보고서에 언급된 석기들은 형태분류에 다소 문제가 있지만 전반적으로 전곡리의 석기형태를 닮았기 때문에 여기서는 보고자의 의견과 차이가 있더라도 형태학적으로 우선 전기 구석기로 분류하여 살펴보고자 한다.

시굴갱에서 발견된 유물들은 주로 위로부터 구분된 Ⅰ·Ⅱ층에서 발견되고 있고 전체 퇴적층의 구성은 밑으로부터 자갈·모래·실트·점토의 순으로 나타나는데 구석기유물은 주로 점토층에서 수집되었다.

(가) 석기재료

파주 주월리·가월리의 석기는 전곡리의 것과 큰 차이 없이 주로 석영 또는 석영암을 재료로 사용하였는데 당시 강가의 석영자갈돌을 가져다가 깨뜨려 석기를 제작한 것으로 보인다.

(나) 석기제작기술

지표채집된 유물이나 시굴갱에서 발견된 유물들은 모두 직접타격뼵을 사용하여 1차적으로 자갈돌에서 박편을 떼내어 이것으로 석기를 만들려고 하였으며, 적당한 크기의 자갈돌이 있을 경우는 여기에 돌망치로 직접타격을 가하여 석기형태를 만들고자 하였다. 큰 박편을 만들기 위해서는 모룻돌떼기(대석법, 충돌타격법)도 사용한 것으로 보인다. 간접타격법은 관찰되지 않고 있다.

(다) 석기 1

지표채집된 석기가 여기에 해당한다. 대부분의 석기가 대형석기에 속하는 것으로 양면핵석기(주먹도끼)·뾰족찍개·박편도끼·쵸퍼·쵸핑툴·다각면원구·대형긁개 등이며 1993년까지 지표채집된 유물은 총 416점에 달한다.

---

15) 이선복·이교동, 《파주 주월리·가월기 구석기유적》(서울대 고고미술사학과·경기도, 1993).

〈그림 4〉 파주 주월리·가월리유적의 석기

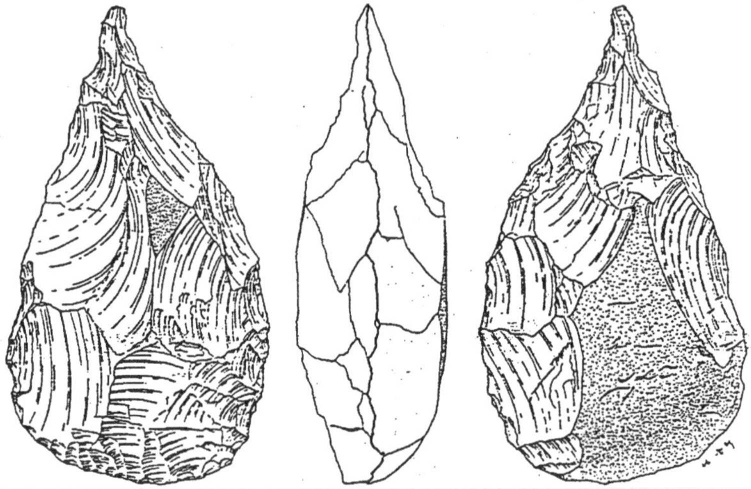

0 5cm

①

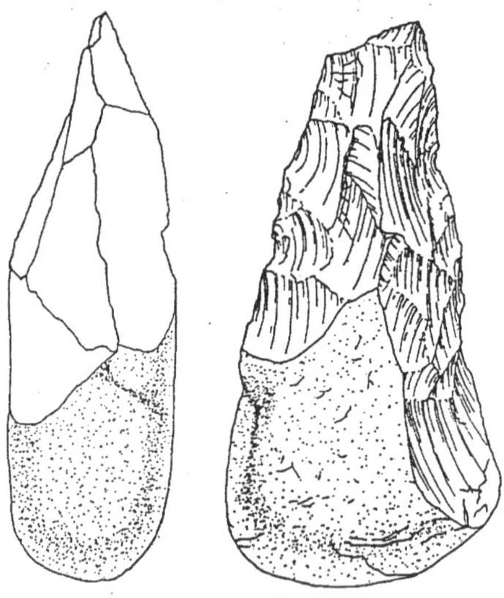

0 5cm

②

양면핵석기(주먹도끼, 〈그림 4〉①)

이것은 가월리에서 지표채집된 것으로 이 곳의 양면핵석기 중에서는 대표적인 것으로 보인다. 적당한 크기의 석영암자갈돌을 구해 양면에서 타격을 가해 첨두형으로 만든 석기인데 전곡리의 경우보다 양면을 정교하게 다듬은 흔적이 보이고 한 면은 거의 전부를 박리시켜 자갈돌의 표피가 극히 일부만 보이고 있고, 다른 면에는 자갈표피가 보다 많이 남아 있지만 손잡이부분에 더 많이 남아 있다. 이것의 특징은 석기의 날이 전곡리의 것보다 훨씬 직선에 가깝게 나타나고 있는데 이것은 석기제작기술면에서 전곡리의 것보다 많이 발전된 면을 보여주는 중요한 요소이다. 따라서 이러한 기술적인 면에서 보면 이 곳의 석기는 전곡리보다 시기적으로 좀 늦은 면을 나타내준다고 볼 수 있다. 길이 23.7㎝, 폭 13.5㎝, 두께 7.7㎝.

뾰족찍개(〈그림 4〉②)

보고서에는 양면핵석기로 설명하고 있으나 뾰족찍개로 분류하는 것이 좋다고 생각되는 석기인데 이것 역시 적당한 크기의 석영암자갈돌을 구해 양면에서 박편을 떼어내고 석기의 끝이 일부 경사지기는 했으나 전체적으로 뾰족하게 한 석기이다. 이 석기 역시 날이 직선에 가깝게 다듬어졌다. 뾰족한 첨두형인 석기의 끝부분을 보여주는 대형석기가 이 곳에서 자주 발견되는데 전형적인 양면핵석기의 형태를 나타내지 못하는 경우 뾰족찍개로 분류하는 것이 타당하다고 본다. 길이 15.9㎝, 폭 7.7㎝, 두께 4.6㎝.

박편도끼(가로날도끼, 〈그림 5〉①)

보고서에는 칼모양 도끼라고 설명하고 있으나 이것은 박편도끼에 속하는 것이다. 도끼의 날을 형성할 때는 박편의 자연날을 이용하는 것이 기본인데 여기서는 날을 양면에서 타격하여 도끼날로 만들었다고 하나 이것은 석기의 형태를 기능에 맞게 조정한 것에 지나지 않는다. 지표채집된 유물에서 새롭게 칼모양 도끼라는 용어를 만들어 쓰고 있으나 기능과 형태 그리고 제작기술에 적합한 용어인지 잘 생각해 보아야 할 문제이다. 칼모양 도끼 중에는 뾰족찍개·박편도끼 등으로 분류해야 할 것으로 보이는 석기가 포함되어 있기 때문이다. 길이 17.6㎝, 폭 8.8㎝, 두께 4.3㎝.

〈그림 5〉 파주 주월리·가월리유적의 석기

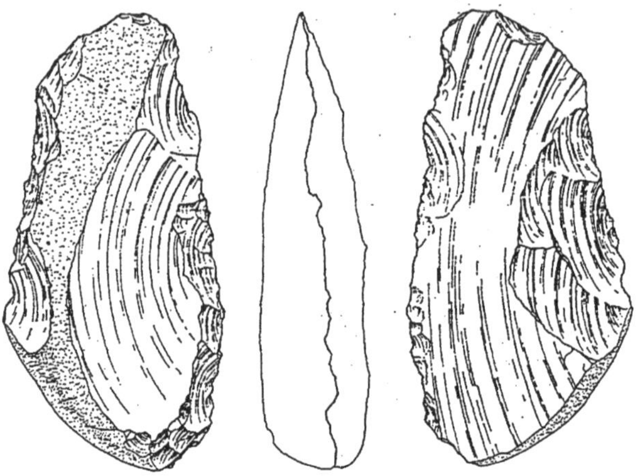

① 0 5cm

② 0 5cm

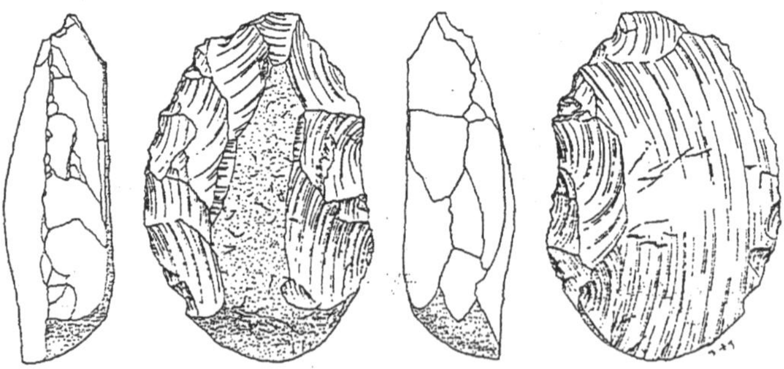

③ 0 5cm

다각면원구(〈그림 5〉②)

찍개(쵸퍼)로 분류된 것이지만 쵸퍼(일면찍개)는 아니고 또 쵸핑-툴(양면찍개)에도 해당되지 않으며 전곡리에서 흔히 발견되는 다각면원구에 지나지 않는 석기이다. 직경 8.9~11.1㎝.

대형긁개(〈그림 5〉③)

보고서에는 칼모양 도끼-긁개로 분류된 석기이지만 대형긁개에 속하는 석기이다. 큰 박편의 끝부분을 긁개의 날로 배면에서 등면으로 4번 정도 타격을 가해 긁개의 날을 만들고 그 반대편에서도 같은 방법으로 여러 번 타격을 가해 보다 정교하게 다듬었으며 박편의 원추와 두덩부분을 제거한 것이 이 석기의 특징이다. 길이 14.3㎝, 폭 9.9㎝, 두께 5.2㎝.

(라) 석기 2

주월리·가월리의 시굴갱에서 출토된 석기들이 여기에 해당한다. 지표채집된 여러 종류의 석기형태가 지층에서도 발견되는지 확인하는 작업이기도 했으나 이번 시굴에서는 확인되지 않았고 출토유물 중에서 석기로 분류할 수 있는 것은 거의 박편석기류로 그 수도 몇 점 안된다.

주월리의 석기

전체 유물의 수는 모두 131점으로 집계되었으나 순수 석기로 분류할 수 있는 것은 긁개 4개, 홈날 6개, 소형석기 1개 등 모두 11개이다.

긁개(〈그림 6〉①)

자연적으로 반분된 석영자갈에 석기의 날을 만든 긁개로 날의 형태는 직선이며, 그 길이는 2.6㎝이고 날의 다듬은 각도는 60°이다.

홈날(〈그림 6〉②)

도면상 홈날이 석기의 왼쪽 부분에 한 개 만들어져 있는데 전체적인 형태는 홈날을 이용하고자 하는 것보다는 부리형석기의 비전형적 형태를 나타내 주는 석기이다. 길이 5.7㎝, 폭 4.8㎝, 두께 2.6㎝.

소형석기(〈그림 6〉③)

여기서는 등손잡이칼이라는 명칭으로 우선 부르고 있고 프랑스의 후기 구석기에 속하는 샤뗄뻬롱첨기와 형태가 비슷하다는 비교도 있지만 이 석기는 등손잡이칼과 샤뗄뻬롱첨기와는 무관하고 오히려 톱니날석기로 분류하는 것

〈그림 6〉 파주 주월리·가월리유적의 석기

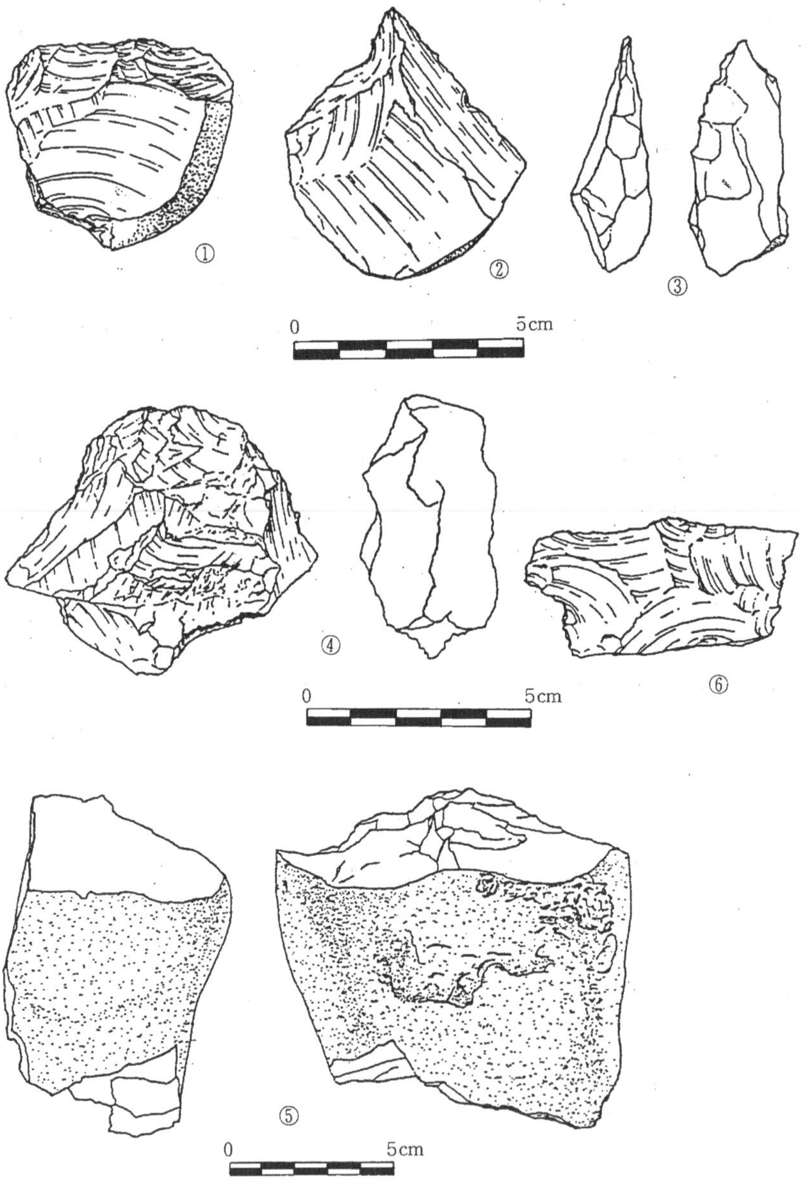

이 무난한 석기이다. 길이 5.3㎝, 폭 2.4㎝, 두께 1.5㎝.

가월리의 석기

전체 유물은 총 75점으로 석기로 분류될 수 있는 것은 찍개 3개, 긁개 3개, 홈날 1개, 소형석기 1개로 모두 8점이다.

찍개(〈그림 6〉④)

소형찍개(Small chopper)라고 설명되어 있는데 이것도 실은 양면찍개인 쵸핑-툴로 분류해야 할 것으로 보인다.

긁개(〈그림 6〉⑤)

대형긁개로 설명하고 있으며 모룻돌이나 돌핵으로 사용했을 가능성을 시사하고 있다. 여기서는 돌핵으로 분류하는 것이 좋을 것 같다.

홈날(〈그림 6〉⑥)

보고서에서는 긁개-홈날로 설명하고 있는 석기이지만 그림의 왼쪽 측면에는 홈날의 형태가 잘 보이나 그 반대편은 긁개의 날이 확실하지 않다. 길이 5.9㎝, 폭 3.6㎝, 두께 3.6㎝.

나. 북 한

가) 상원 검은모루유적의 석기

이 유적은 평양시 상원읍 검은모루에 있는 석회암동굴로서 1966년에 발굴조사되었다. 여기에서는 모두 5개의 지층이 구분되었고 Ⅰ·Ⅲ·Ⅳ층에서 전부 중기 홍적세 초기에 해당하는 많은 종류의 동물화석이 발견되었으며 특히 Ⅳ층에서는 여러 동물화석과 함께 몇 점의 석기와 강자갈돌이 수집되었다고 한다.[16] 이 유적의 출토유물들은 현재 몇 가지 문제점을 제기하고 있는데 우선 동물화석들의 최종적인 종의 결정이 제대로 이루어졌는지가 문제이며, 이를 뒷받침할 수 있는 근거들이 빈약하다는 점과 석기에 대해서는 인공여부가 논란의 대상이다.[17] 그러나 아직까지 직접

16) 고고학연구소, 〈상원 검은모루유적 발굴중간보고〉(《고고민속론문집》 1, 1969), 1~30쪽.
김신규·김교경, 〈상원 검은모루 구석기시대 유적발굴보고〉(《고고학자료집》 4, 1974), 3~39쪽.

17) 鄭永和, 〈韓國舊石器文化硏究의 諸問題〉(《人文硏究》 16, 嶺南大, 1994), 281~312쪽.

검은모루의 석기를 검증해 보지 못했으므로 문제가 되고 있는 석기이지만 일단 성격을 파악하기 위해서는 검은모루의 석기에 대해 설명할 필요가 있다.

(가) 석기재료

이 유적에서 석기를 만들기 위해 사용된 석재는 청회색 규질암이며 근처에서 많이 발견되는 돌로서 이 돌은 입자가 매우 조밀하고 깨지면 날카로운 날을 내는 석재이다. 또 이와 함께 쉽게 발견되는 변성석회암은 석질이 단단하지 못하여 석재로서는 적합하지 못하다. 그 다음은 상원강 바닥에서 수집되는 맥석영제의 자갈을 일부 사용하였다.

(나) 석기제작기술

검은모루유적의 석기를 타제한 방법은 가장 원시적이고 초보적인 직접타격법을 사용한 흔적이 있다고 하며, 첫째는 석재에서 망치돌로 박편을 떼내는 것이고, 둘째는 모룻돌에 석재를 내려쳐서 큰 박편을 떼내어 석기를 만드는 모룻돌타격법(충돌타격법)이 쓰였다고 한다. 이 곳의 석기는 일반적으로 큰 형태의 석기이며 박편을 떼어낸 곳이 많지 않은 석기들이다. 석기 중에는 2차가공한 석기들은 보이지 않으며 큰 석기도 양면가공한 것은 없고 한면에서 타제한 것처럼 보이는 것뿐이다. 따라서 전형적인 석기형태는 찾아볼 수 없고 타격을 조금씩 가해 큰 석기를 만들었다는 것이 문제점이기도 하다.

(다) 석기의 종류·형태·특징

검은모루 석기의 대부분은 자연적으로 깨진 석회암 덩어리에서 쓰기에 알맞은 것을 골라 직접타격법으로 간단하게 석기의 날을 준비하였다고 한다. 그러므로 석기의 형태는 석재의 원래 모양이던 사다리꼴·삼각형·반달형 등에서 크게 벗어나지 못하고 있다. 이러한 석기들은 같은 층에서 발견된 사용한 흔적이 있다고 하는 석영제 망치돌과 함께 출토되고 있다. 전체 석기의 수는 많지 않아 주먹도끼형석기·사다리꼴모양(梯形)석기·첨두형석기·박편석기가 있고 기타에 속하는 망치돌 등이 있다.[18)]

---

18) 고고학연구소, 앞의 글, 19~23쪽.

주먹도끼형석기(〈그림 7〉①)

이것은 모가 난 규질의 석회암 덩어리를 석재로 하여 모룻돌에 쳐서 박편을 얇게 떼낸 형태이며 타격을 가한 면이 넓고 차츰 끝쪽으로 가면서 좁고 뾰족해지는 긴(14㎝) 모양이다. 전체 형태가 주먹도끼처럼 생겼으며 석기의 넓은 부분 즉 박편을 떼낸 부분을 손잡이로 뾰족한 끝부분을 날로 사용하였다고 한다. 여기서는 전형적인 양면타제기술은 보이지 않아 석기제작기술면에서는 주먹도끼와는 차이가 난다.

사다리꼴석기(〈그림 7〉②)

청회색 규질석회암의 판석을 망치돌로 박편을 떼내어 만든 석기로 보고 있다. 석재의 형태가 돌의 결에 따라 깨진 사다리꼴모양이며 나란하지 않은 한 변은 칼로 자른 듯이 일직선이다. 바로 이 변의 반대쪽에 있는 변과 나란한 양변 중 길이가 짧은 변이 둔각을 이루고 있고 망치돌로 떼낸 부분은 이 양변에 해당하며 크게 박편이 떨어져 나간 부분은 세 곳으로 보인다. 2차로 다듬은 흔적은 없으며 석기의 날은 무디어진 부분이 있다고 하였다. 이 석기의 형태는 석재의 원래 모양을 닮아 사다리꼴석기라고 부르게 된 것 같으나 형태 자체는 별 의미가 없고 석기제작기술상 일면가공기술로 된 쵸퍼의 기능을 할 수 있는 석기로 볼 수 있으나 확실하지 않다. 길이 9~15㎝, 너비 8.5~10.3㎝, 두께 4㎝이다.

첨두형석기(〈그림 7〉③)

돌의 결에 따라 깨진 석회암 덩어리가 석재로 원래의 모양을 최대한 이용한 석기로 보인다. 석기의 한 면은 편평하고 다른 면은 뭉퉁한 편이다. 석기의 한쪽은 둥그스럼하고 그 반대편은 부리모양으로 뾰족하다. 망치돌로 다듬은 것 같은 부분은 손으로 잡기 편하도록 한 둥그스럼한 부분과 석기의 날에 해당하는 뾰족한 부분의 일부이며 한쪽 방향에서만 다듬은 일면가공으로 보인다. 석기의 날은 사용하여 무디어진 흔적이 보인다고 하였다. 검은모루에서 제일 큰 석기이며 길이 20.4㎝, 너비 14㎝, 두께 5.6㎝ 이다.

박편석기(〈그림 7〉④・⑤)

큰 석회암 덩어리에서 깨진 박편들이 여러 개 있으며 전체적으로 2차가공한 흔적은 보이지 않는다. 박편 자체에 날이 서 있는 것을 그대로 사용할 수

<그림 7> 검은모루유적의 석기

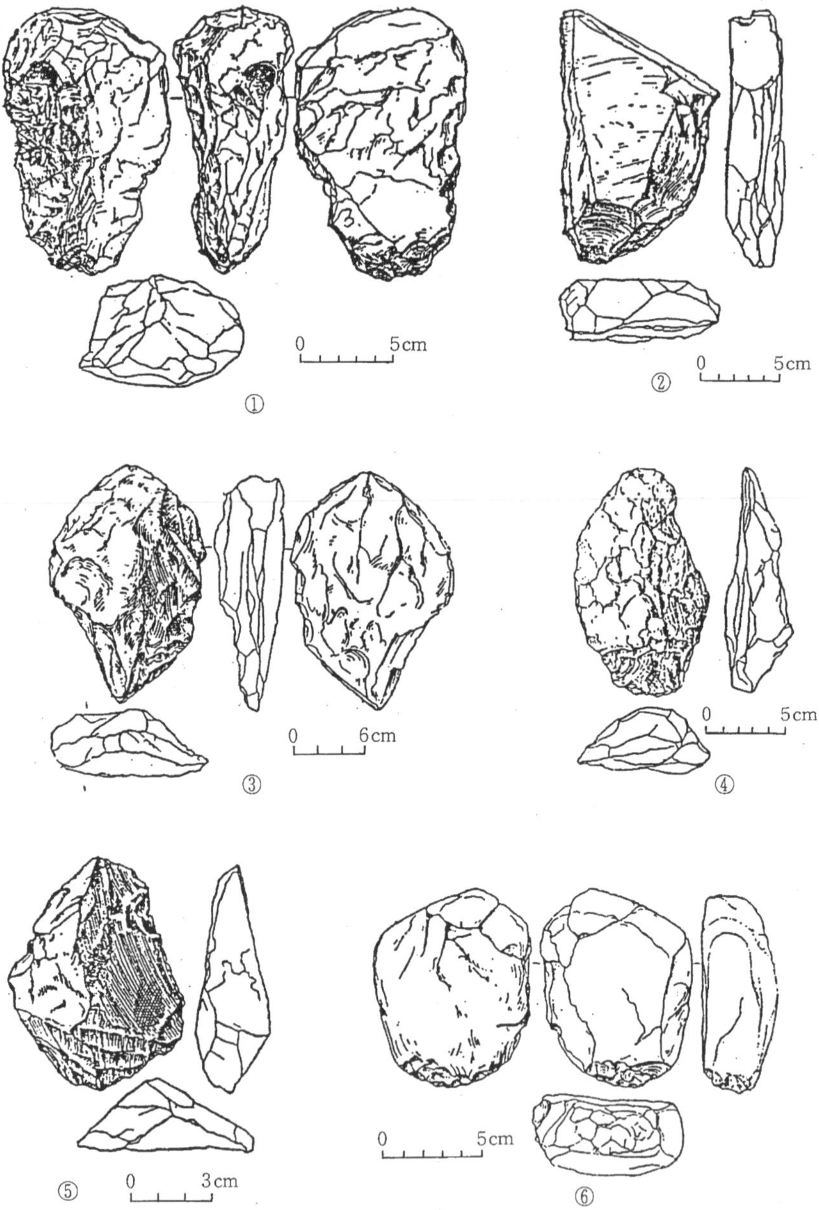

있는 것과 이미 사용하여 날이 무디어진 박편들이 있다고 한다. 박편의 하나는 길이가 14㎝, 너비는 8.8㎝인데 둥근 날부분은 사용한 흔적이 있다고 하였다. 박편을 타제하였다면 이 곳의 박편은 대부분 형태가 크기 때문에 모룻돌타격법에 의해 만들어진 것으로 보인다.

망치돌(〈그림 7〉⑥)

이 돌은 전형적인 석기로 분류될 수는 없지만 사용 흔적이 있다면 망치돌로 볼 수 있다. 검은모루 전구획에서 발견되고 특히 제4구획의 제Ⅳ층에서 많이 나왔으며 한 곳에서 8개가 같이 수집되기도 하였는데 이들은 석영암제 자갈돌로 부분적인 사용흔이 남아 있다고 하였다.

(3) 중기 구석기

현재까지 중기 구석기시대에 속한다고 보고된 유적 중에서 석기를 출토시킨 유적은 웅기 굴포리 제Ⅰ기층, 공주 석장리의 모난돌－찰흙층, 제주도 빌레못동굴의 1과 2문화층, 상원 용곡 1호 동굴의 제2문화층, 충북의 명오리유적, 단양 수양개의 Ⅴ층, 양구 상무룡리의 Ⅳ층, 연천 남계리의 4층, 양평 병산리의 4층 등이 있다.

이 유적들은 주로 발견된 석기의 형태를 중심으로 상대편년되고 있지만 일부는 절대연대·인골·동물화석·퇴적층의 특징 등을 참조하여 유적의 연대를 추정하고 있다. 또 발견된 석기 중에는 확실한 것도 있지만 그렇지 않은 것도 있으며 특히 석기의 형태는 발굴자에 따라 각각 다르게 분류되고 명칭이 정해져 구석기의 상대편년과 그 내용을 이해하는데 많은 문제를 제기하고 있다. 따라서 앞으로 새롭게 정리 해석되는 유적들이 나오리라고 보며 현재도 일부 유적에서는 수정보완 작업이 이루어져 보고서에 나타나고 있는데 이는 매우 바람직한 일이며 기대되는 일이다. 언젠가는 모든 유적에서 불확실하고 미비한 점들이 정리되어 보다 신빙성 있고 확실한 연대와 구석기문화 등이 밝혀졌으면 한다. 우선 유적별로 보고서에 발표된 중기 구석기에 대해 석기재료, 석기제작기술, 석기의 종류·형태·특징 등을 살펴보고 문제가 되는 유물도 함께 검토해 보고자 한다.

가. 남 한

가) 공주 석장리유적의 석기

석장리유적은 1964년 처음으로 발굴을 시작하였는데 이것은 남한 최초의 구석기유적 발굴로서 학사적 의미가 크지만 그만큼 여러 문제점도 안고 있다고 하겠다.

그 후 1992년까지 12차에 걸쳐 발굴을 계속하는 동안, 이 유적에서 28개의 지층(10차발굴까지는 27개의 지층 중 12개의 문화층, 12차발굴에서는 10단계의 지층)이 구분되었다고 하였다. 그리고 아래로부터 전기·중기·후기 구석기 및 중석기문화층이 모두 나타난다고 하였는데[19] 제4기지질학적으로는 해석이 문제된다고 보여지는 부분이다.[20] 그러나 이 곳에서 수집된 후기 구석기와 방사성탄소연대(20,830±1,880BP와 30,690BP)에 대해서는 보편적으로 구석기학자들이 받아들이는 편이었으나 그 이전의 문화층에 대해서는 논란의 대상이 되었다.

그러다가 1990년(11차발굴)과 1992년(12차발굴) 조사에서 모난돌-찰흙층 즉 깊이 200~450㎝ 되는 곳에 중기 구석기문화층이 포함되어 있으며, 특히 2석층(제10문화층-기존의 후기 구석기문화층)에서 수집된 숯에서 얻어진 방사성탄소연대가 50,270BP(오차표시 없음)로 나왔다고 하였다.[21] 그런데 방사성탄소연대 측정방법상 5만년쯤 나오면 거의 상한에 접근하는 연대로서 그 정도에서는 오차가 크기 때문에 신중을 기하지 않으면 안된다. 그리고 하나의 시료에 의한 방사성탄소연대만으로는 연대를 최종적으로 확정짓기 어렵기 때문에 앞으로 몇 개를 더 측정하여 검토해 보아야 할 것이다. 따라서 이러한 문제들은 신중히 검증되어야 할 과제이지만 50,270BP라는 연대를 참조하여 우선 7·8·9문화층과 함께 10문화층(전에는 후기 구석기층에 해당)이 일단 중기 구석기에 해당한다는 전제하에 여기에서 나온 석기들을 살펴본다.

중기 구석기가 출토되었다는 층은 6단계 모난돌-찰흙층이고, 여기에 작은

---

19) 孫寶基, 《석장리 선사유적》(동아출판사, 1993).

20) 鄭永和, 〈回顧와 展望 : 舊石器時代〉(《歷史學報》 72, 1976), 142~148쪽.
———, 앞의 글(1994), 281~312쪽.

21) 孫寶基, 앞의 책, 266쪽.

격지석기문화층(7문화층), 찌르개·밀개문화층(8문화층), 자갈돌찍개문화층(9문화층), 가파른 긁개·찌르개문화층(10문화층)이 포함되어 있다. 이 층은 斜面崩積層(Colluvium)에 해당하므로 인공유물과 함께 자연석이 다수 포함되었고, 또 沙汰(Solifluction)작용으로 마모된 돌들이 섞여 있기도 하다.

(가) 석기재료

모난돌-찰흙층에서 발견되는 석기재료는 주로 반암·석영(맥암)·석영암·규장암·규질석회암·사암·쳐트(규질각암) 등이 있고 흑요석도 나온다고 한다.

(나) 석기제작기술

주로 직접타격법을 사용하였고 망치돌로 자갈돌에서 박편을 떼내거나 큰 박편들은 모룻돌에 대고 떼낸 흔적이 보인다. 또 박편석기들은 대부분 망치돌로 2차가공을 하거나 다듬어서 부분적으로 날을 만들어 사용하고 석기 중에는 돌날에 만들어진 형태가 보이고 있어[22] 간접타격법으로 제작했는지는 확실하지 않으나 주목해야 할 점이다.

(다) 석기의 종류·형태·특징

석기의 형태와 종류는 다양한 편으로 큰 석기로부터 박편석기 또는 후기구석기형 석기도 언급되고 있어[23] 문제가 되었던 것들이다. 석기는 주먹도끼, 쵸퍼(일면찍개, 외날찍개), 쵸핑-툴(양면찍개, 쌍날찍개), 긁개, 첨기(찌르개), 칼(자르개), 밀개(끝긁개), 송곳(뚜르개), 조각칼(새기개) 등으로 분류되었다.

중기 구석기로 분류된 작은 격지석기문화층(7문화층)에서는 모두 6개의 석기가 나왔으며 5개의 작은 박편석기와 1개의 작은 돌핵석기(몸돌석기)가 이 문화층에 속한다고 하였다.[24]

찌르개·밀개문화층(8문화층)에서는 모두 267개의 석기가 분류되었다는데 주먹도끼 2개, 쵸퍼 20개, 쵸핑-툴 5개, 첨기(찌르개) 90개, 긁개 41개, 칼(자르개) 10개, 째개 10개, 밀개 43개 그리고 연장으로 분류된 석기 중 깎개 5개, 주먹대패 10개, 주먹괭이 4개, 송곳 9개, 톱니날 18개가 있다고 하였다.[25]

---

22) 孫寶基, 위의 책, 60쪽.
23) 孫寶基, 〈석장리의 자갈돌찍개문화층〉(《韓國史硏究》 1, 1968), 11쪽.
24) 孫寶基, 〈석장리 전기·중기 구석기문화층〉(《韓國史硏究》 7, 1972), 32쪽.
25) 孫寶基, 위의 글, 34쪽.

9문화층인 자갈돌찍개문화층에서는 모두 67개의 석기가 발견되었는데 주먹도끼 2개, 쵸퍼 3개, 쵸핑-툴 11개, 긁개 18개, 첨기 10개, 칼 9개, 밀개 9개, 송곳 1개, 조각칼 4개로 분류되었다.[26)]

10문화층인 가파른 긁개·찌르개문화층은 제8지층인 모난돌층이며 먼저 후기 구석기층으로 분류되었던 층이기도 하다. 여기서는 가파른 각을 갖는 긁개와 찌르개가 많이 출토되었지만 석기의 수는 정확히 알 수 없다.

주먹도끼(〈그림 8〉①·②)

대부분의 주먹도끼는 전형적인 것이 아니다. 주먹도끼는 큰 박편이나 적당한 크기의 자갈돌을 선택하여 양면에서 석기 전체로 돌아가며 박편을 떼내어 그야말로 돌핵석기라고 부를 수 있게 석기의 양면에서 박편을 완전히 떼내거나 많은 부분을 떼내어 일정한 형태 즉 심장형·창끝형·행인형·타원형·넙치형·미꼬끼안형 등을 만든다. 따라서 이러한 석기를 보통 양면핵석기(Biface)라고 부르며 쉽게 주먹도끼라고도 하는 것이다. 〈그림 8〉①의 주먹도끼는 반암자갈돌을 반 정도만 양면에서 타제하여 미완성된 제품이거나 오히려 쵸핑-툴(찍개)에 속하는 석기이다. 〈그림 8〉②의 주먹도끼라고 하는 것은 실은 박편도끼이며 양면에서 다 박편을 떼내어 타제하기 전 큰 박편의 표피는 거의 제거되었다. 이 석기의 날부분은 손잡이 반대편에 있는데 박편의 깨진 날이거나 석기를 만들 때 끊어진 부분을 날로 활용하고 있다.

쵸퍼(외날찍개 〈그림 8〉③)

반암으로 된 자갈돌의 한 끝을 세게 쳐서 큰 박편을 떼내고 다시 여기서 작은 박편 2개를 더 떼내어 석기의 날을 만들었다. 이러한 석기들은 흔히 구석기시대 전체를 통해서 발견되는 것인데 이 석기만으로는 편년하기 어렵고 또 자연적으로 돌끼리 부딪쳐 만들어지는 것과 구별을 잘해야 한다.

쵸핑-툴(쌍날찍개, 〈그림 8〉④)

반암의 자갈돌을 한쪽 끝의 양면에서 서로 엇갈리게 타격을 가하여 석기의 날을 만든 전형적인 쵸핑-툴이다. 보고자는 이것의 한 부분을 모룻돌에 대고 큰 박편을 떼어냈다고 하였으나 망치돌로 떼낸 부분과 큰 차이를 찾아

26) 孫寶基, 앞의 글(1968), 11~50쪽.

〈그림 8〉 공주 석장리유적의 석기

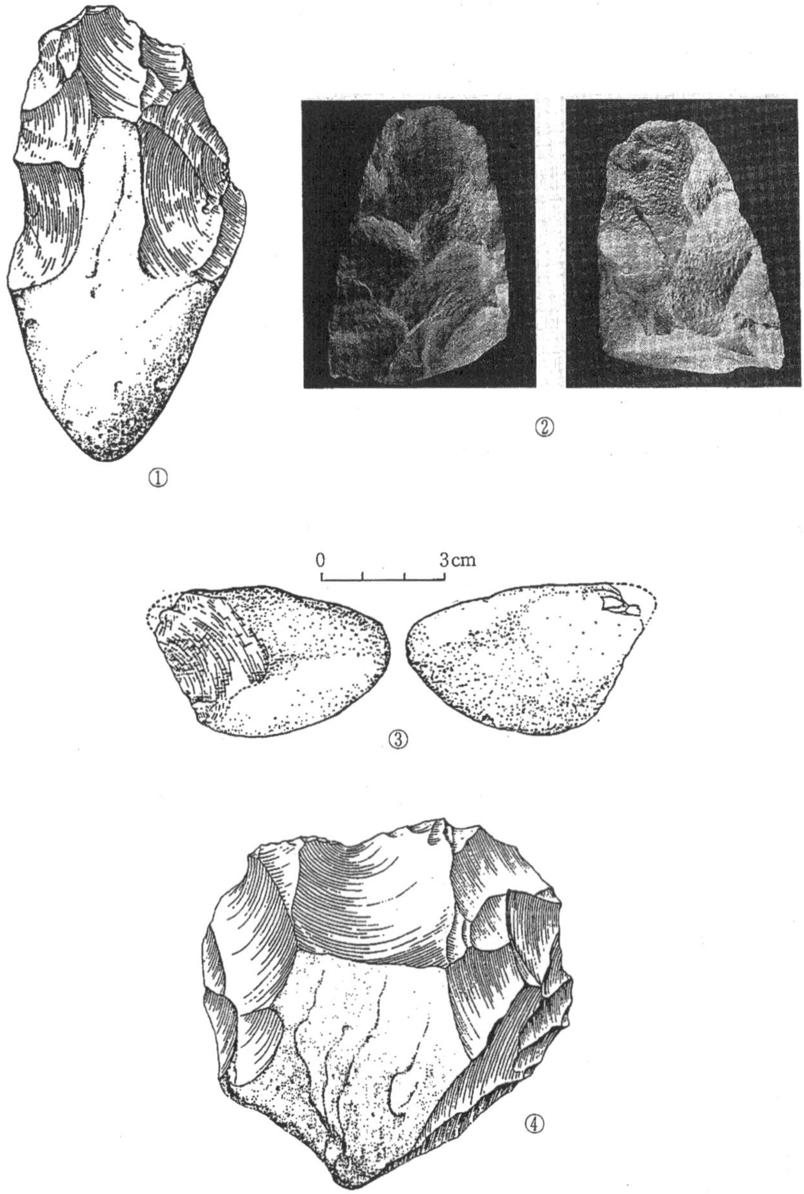

볼 수 없다. 또 석기를 만들 때 떨어져 나온 박편들이 주위 1~4m 범위 안에서 9개가 수집되어 이들을 복원시킬 수 있었다고 하였다.

긁개(〈그림 9〉①)

이것은 반암의 자갈돌을 길게 반으로 쪼갠 다음 다시 3등분 된 것 중의 하나를 다듬어서 만든 비교적 큰 긁개의 하나다. 보고자는 프랑스의 중기 구석기 La Quina형의 긁개와 닮았다고 하나 이와는 차이가 많이 나는 긁개이다. 특히 '라 끼나'형의 긁개에는 계단식 또는 비늘형의 다듬기가 나타나지만 이 긁개에 나타나 있는 다듬기는 보통 다듬기와 별 차이가 없다. 그리고 비슷한 석기가 한 개 정도 보인다고 해서 이것이 전체 긁개의 특성을 대표할 수 없는 것이기 때문에 이것이 끼나형 중기 구석기와 비교될 수는 없다.

첨기(찌르개, 〈그림 9〉②)

이것은 석영맥암의 편편한 자연면에서 거의 수직으로 2개의 큰 박편을 떼어낸 다음 여기에서 또 긴 박편을 떼내고 다시 뾰죽한 날을 만든 형태이다.

칼(자르개, 〈그림 9〉③)

반암자갈돌에서 먼저 넓은 박편을 떼고 난 다음, 다시 두텁고 넓은 박편을 떼어서 두덩과 동심원이 뚜렷한 박편을 마련한 다음, 여기서 또 큰 홈을 만들고 칼로 이용한 석기인데 석기의 날에는 사용흔이 보인다고 하였다.

밀개(끝긁개, 〈그림 9〉④)

분암자갈돌에서 긴 박편을 떼어낸 다음 한쪽 끝을 나란한 다듬기로 밀개의 전형적인 날을 만들었으며, 석기 주위로는 보통 다듬기로 모두 잔손질한 형태이다. 이 석기는 긁개로 분류되었으나 석기 주위로 돌아가며 다듬은 흔적이 있어서 그런 것 같고 여기서 주된 석기의 날은 밀개의 날이기 때문에 밀개로 분류된다.

송곳(뚜르개, 〈그림 9〉⑤)

이 석기는 규질석회암의 박편을 사용하여 한쪽 끝을 송곳형으로 다듬었고 손잡는 부분은 둥그렇게 잔손질하였다. 또 송곳의 끝부분은 부러지고 닳아서 무디어져 있다.[27]

---

27) 孫寶基, 위의 글, 50쪽.

〈그림 9〉 공주 석장리유적의 석기

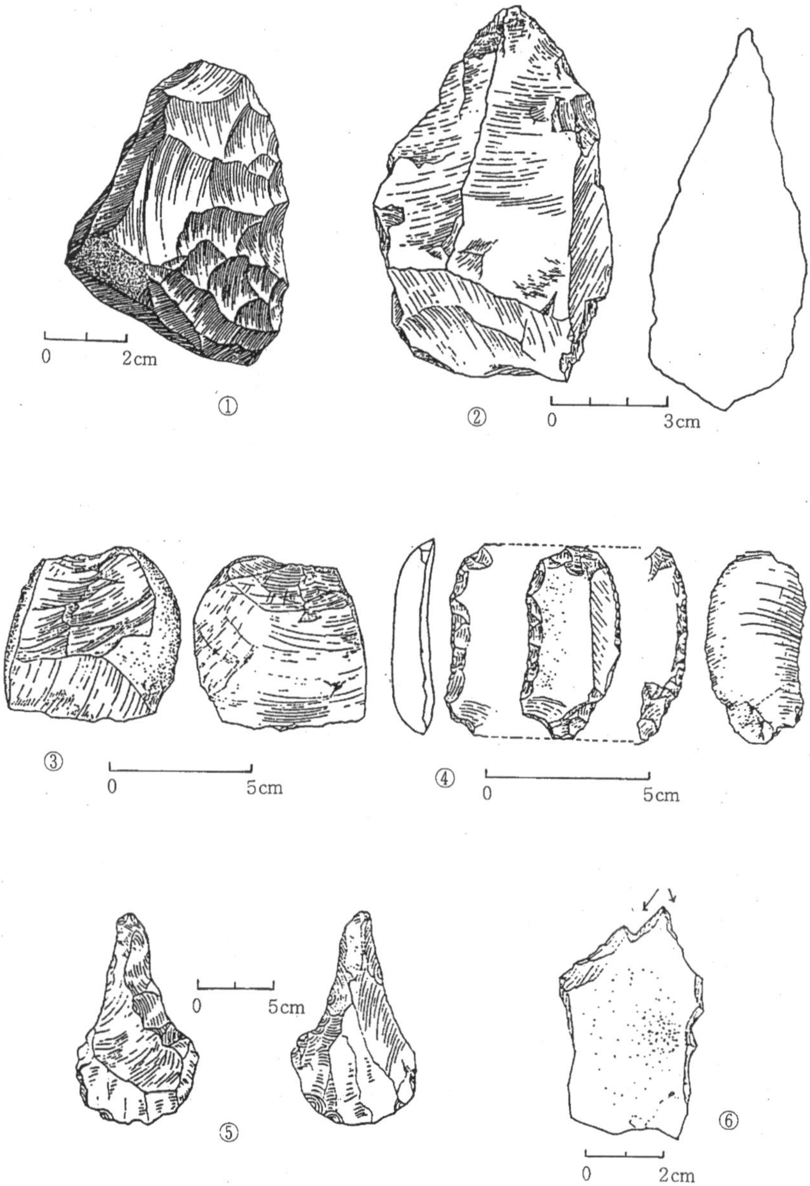

조각칼(새기개, 〈그림 9〉⑥)

이것은 먼저 반암자갈돌의 박편을 타제한 다음 일부 잔손질을 하였고 이어서 박편의 한쪽 끝에서 서로 엇갈리게 조각칼 타격을 가하여 조각칼 날을 만들었다.

나) 제주도 빌레못동굴유적의 석기

1973년 7월에 발굴된 제주도 빌레못동굴은 남한에서 조사된 최초의 동굴유적이며 처음으로 갈색곰·사슴·노루 등의 동물화석과 현무암제 박편석기 등이 수집되었다.[28] 이 유적은 북제주군 애월읍 어음 2리에 있으며 용암동굴 내에 형성되어 있다.

이 곳의 층위는 위로부터 암반까지 3개의 층위로 구분되어 있고 유물이 출토되는 문화층은 위의 제2층과 아래의 제3층이다. 특히 제2층(1문화층)에서는 동물화석과 현무암제의 석기들이 함께 출토되었고 제3층(2문화층)인 맨 아래층에서는 석기만 수집되었다. 이 곳의 편년은 동물화석과 석기의 형태를 중심으로 상대연대로 편년되었으며 중기 구석기시대로 추정되고 있다.

빌레못동굴에서 출토된 석기는 긁개·칼·첨기·송곳·부리형석기·홈날·톱니날 등의 박편석기와 뾰족찍개·박편도끼 등 큰 석기들도 발견되었는데 박편석기와 큰 석기의 수는 각각 45개와 7개이다. 그 밖에 박편 49개, 돌날 2개, 돌핵 2개가 함께 수집되어 모두 105점이 이 곳의 유적에서 발견되었다. 1문화층에서 71점, 2문화층에서 34점이 수집되었다.

(가) 석기재료

제주도에서는 현무암이 주된 암석으로 많은 곳에 나타나 있는데 빌레못동굴 자체가 용암류의 현무암으로 형성된 곳이고 유적 근처에도 거의 전부가 현무암으로 되어 있기 때문에 빌레못동굴에 살던 구인류는 석재를 현무암으로만 사용한 것이 특징이다. 현무암 가운데는 입자가 고운 것도 있으나 기공이 있는 거친 것도 보인다. 현무암으로 된 대부분의 석기는 깨진 면이나 날이 그대로 있는 것도 있으나 석기의 날과 표면이 무디어진 것도 보인다.

---

28) 鄭永和, 〈舊石器時代 穴居遺蹟에 대하여〉(《文化人類學》 6, 1974), 151~156쪽.

(나) 석기제작기술

이 유적에서는 큰 석기나 박편석기를 만들어도 직접타격법 이외는 사용된 기술이 보이지 않는다. 큰 석기들은 충돌타격법이나 망치돌로 쳐서 박편을 떼어냈다고 보며 박편석기들은 석재에서 떼낸 박편들을 주로 이용하였고 큰 석기를 만들 때 떨어져 나온 것도 사용한 것으로 보인다. 여기서 수집된 돌날 2점은 박편을 떼낼 때 우연히 떨어져 나온 것으로 판단되며 간접타격법이나 가압법은 관찰되지 않는다.

(다) 석기의 종류·형태·특징

빌레못동굴의 석기는 크게 2가지로 분류할 수 있는데, 첫째는 큰 석기로 뾰족찍개와 박편도끼 2가지 종류이며 각각 3개와 4개가 발견되었다. 둘째는 박편석기인데 모두 7종류로서 긁개 26개, 칼 12개, 첨기 2개, 송곳 1개, 부리형석기 1개, 홈날 2개, 톱니날 1개씩 수집되었다. 전체적인 석기의 특징은 주로 박편석기이고 큰 석기는 많지 않은 점이다.

대형석기(〈그림 10〉①·②)

여기에는 먼저 뾰족찍개(〈그림 10〉①) 3개가 포함되어 있으며 전부 1문화층에서 출토되었다. 현무암으로 만든 것인데 손잡는 부분이 적당한 크기이며 석기의 끝은 뾰족한 편이다. 이 부분의 단면은 사각형·삼각형·부정형 등으로 나타나며 석기의 끝부분과 손잡이부분은 손질한 흔적이 있다. 석기의 크기는 길이 11.1~12.0㎝, 폭 7.1~8.7㎝, 두께 5.7~8.0㎝에 해당하는 것들이다.

다음은 박편도끼(〈그림 10〉②) 4개가 발견되었는데 1문화층에서 3개, 2문화층에서 1개가 수집되었다. 이것은 전부 현무암제로 큰 박편을 손질하여 만들었으며 공통적인 특징은 석기의 끝에 도끼날이 형성되어 있어 기능적으로 손에 쥐고 도끼처럼 사용할 수 있는 것들이다. 석기의 크기는 길이 10.2~12.5㎝, 폭 9.4~11.5㎝, 두께 3.2~5.8㎝에 해당한다.

박편석기(〈그림 10〉③~⑨)

긁개(〈그림 10〉③)

모두 26개가 수집되었으며 박편석기 중에서는 제일 많은 숫자를 차지하고 있다. 충돌타격법이나 망치돌로 쳐서 떨어져 나온 박편들을 이용하였는데 2차가공한 것이 대부분이고 그 중에는 무딘 부분을 그대로 이용한 것도 있다.

〈그림 10〉 제주도 빌레못동굴유적의 석기

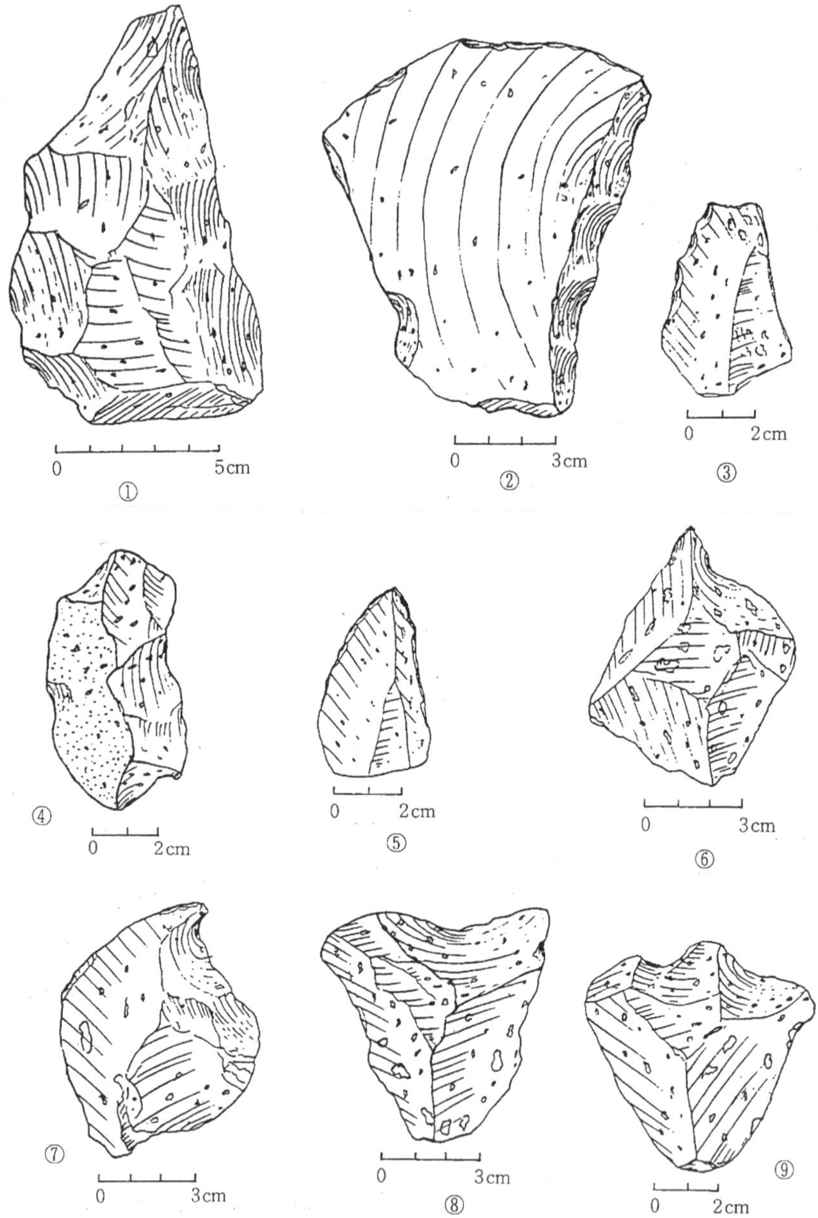

석기의 크기는 길이 4.5~8.2㎝, 폭 5.1~12.5㎝, 두께 1.5~4.7㎝에 해당하고 1문화층에서 21개, 2문화층에서 5개가 수집되었다.

칼(〈그림 10〉④)

이것은 모두 12개가 수집되어 긁개 다음으로 많이 나타나는 석기이며 1문화층에서 8개, 2문화층에서 4개가 출토되었다. 전부 현무암 박편으로 만들어졌고 크기도 다양하여 길이 2.8~7.1㎝, 폭 3.0~10.1㎝, 두께 1.3~5.8㎝에 해당하는 석기들이다. 석기의 날은 전부 날카로운 것들이며 손잡이부분은 박편의 표피부분을 이용하였거나 일부 다듬은 것이 있다.

첨기(〈그림 10〉⑤)

모두 2점이 수집되었는데 1문화층에서만 발견되었다. 현무암제이며 전체의 모양은 화살촉처럼 첨두형이다. 첨기로 뚜렷하게 다듬은 것은 아니고 박편 중에서 첨기로 쓸 수 있는 형태의 것을 골라 사용한 것으로 보인다. 석기의 크기는 길이 5.2~7.6㎝, 폭 3.2~3.7㎝, 두께 1.2~2.6㎝에 해당한다.

송곳(〈그림 10〉⑥)

2문화층에서 1개가 발견되었으며 현무암으로 만들어졌다. 좀 두터운 박편의 한쪽 끝을 일부 다듬어서 송곳의 끝부분을 준비하였다. 석기의 크기는 길이 7.4㎝, 폭 6.4㎝, 두께 3.0㎝이다.

부리형석기(〈그림 10〉⑦)

이것도 2문화층에서 1점 발견되었는데 역시 현무암제이다. 박편의 한끝을 새의 부리모양으로 만들어서 사용한 석기로 불완전한 송곳의 일종이다. 석기의 크기는 길이 7.3㎝, 폭 6.0㎝, 두께가 2.2㎝이다.

홈날(〈그림 10〉⑧)

이것은 모두 2점이 2문화층에서 발견되었으며 현무암제로 두터운 박편의 한끝에 홈을 만들어 사용한 것이다. 석기의 크기는 길이 6.7㎝, 폭 6.6~8.9㎝, 두께 3.6~5.4㎝이며 석질은 별로 좋지 않다.

톱니날석기(〈그림 10〉⑨)

2문화층에서 1개만 발견된 석기로 현무암 박편으로 만들어졌다. 비교적 두터운 박편의 한끝을 손질하여 톱니날로 만든 석기이며 크기는 길이 6.6㎝, 폭 6.7㎝, 두께가 2.9㎝이다. 빌레못동굴의 석기는 전부 현무암으로 만들어졌지만 석기의 날이 잘 남아 있는 경우가 대부분이며, 간혹 심하게 구르거나 풍화된 것들은 표면이 무디어져 있는 것도 보인다.

전체적으로 석기의 종류를 보면 박편석기가 주류를 이루고 있으며 큰 석기도 함께 일부 발견되고 있어 중기 구석기의 성격을 나타내주는 문화라고 생각된다.

다) 제천 명오리유적의 석기

이 유적은 충북 제천시 한수면 명오리에 위치해 있으며 남한강가의 강안단구에 자리잡고 있다. 명오리유적은 충주댐수몰지구에 속해 있으므로 1983년과 1984년 2차에 걸쳐 구제발굴되었다.[29] 유적의 층위는 위에서 아래로 모두 8개의 층위가 구분되었으며 구석기가 출토된 층은 제2층으로 황갈색의 고운 사질점토층이다(두께 41~46㎝).

이 곳에서 수집된 유물은 석기·박편·돌핵·부스러기 등 451점이나 되지만 석기는 163점으로 분류되었다. 전체적으로 명오리의 구석기는 전형적인 것들은 많지 않다. 석기 중에는 대형석기와 박편석기가 많은 편으로 중기 구석기의 양상을 보여주는 것 같다. 명오리석기와 전곡리석기가 뚜렷한 차이를 보여주는 것도 이 곳의 특징이다.

(가) 석기재료

이 유적에서 쓰인 석기재료는 유적 근처에서 쉽게 구할 수 있는 석재로 석영·석영암·점판암 등과 그 밖에 맥석영·규암·천매암 등이다.

(나) 석기제작기술

이 곳의 석기는 모두 직접타격방법에 의해 만들어진 것으로 보이며 간접타격법에 의해 만들어진 석기는 하나도 나타나지 않는다고 하였다.[30] 특히 명오리에서는 르발르와돌핵이 언급되어 있으므로 이것이 확실하다면 직접타격법인 르발르와기술이 적용된 중기 구석기유적이라고 볼 수 있겠다.

(다) 석기의 종류·형태·특징

이 유적의 석기들은 크게 2가지로 분류해 볼 수 있는데 첫째가 대형석기류이고 둘째가 박편석기류이다. 전자에는 주먹도끼 5점, 쵸퍼 4점, 쵸핑-툴

---

29) 崔茂藏, 〈堤原 鳴梧里 B地區遺蹟 發掘調査報告〉(《忠州댐水沒地區 文化遺蹟發掘調査綜合報告書》-考古·古墳分野Ⅱ-, 1984).

30) 崔茂藏, 위의 글, 68쪽.

4점이 있고 조사자는 여기에 돌핵 10점을 첨가하고 있다. 후자의 경우는 뾰족찍개 1점, 박편도끼 6점, 긁개 79점, 끝긁개(밀개) 14점, 홈날석기 3점, 톱니석기 3점, 칼 2점, 첨두기 14점, 조각칼 7점, 송곳 11점 등을 포함시키고 있다.

대형석기

주먹도끼(〈그림 11〉①)

주먹도끼 5점 중 3점은 석영제이고 2점은 점판암제이다. 이 중에 대표적인 것은 크기가 14.2×9.7×4.3㎝이며 석기의 뾰족한 끝부분과 손잡는 부분은 손질하여 만들었다고 하나 맥석영의 표피가 너무 많이 남아 있고 손질한 부분은 약간만 보이므로 전형적인 것은 아니다. 이 석기들의 길이는 5점 모두 9.2~14.2㎝ 범위 안에 들어 있다.

쵸퍼

이것은 4점이 수집되었는데 각각 2점씩 회색점판암제와 규암으로 된 자갈돌로 만들어졌다. 크기는 길이 8.9~11.6㎝, 폭 6.9~9.5㎝, 두께 4.3~7.0㎝.

쵸핑-툴(〈그림 11〉②)

이것도 4점이 수집되었는데 석재는 회색점판암제와 석영암제 자갈돌이다. 크기는 길이 8.9~11.6㎝, 폭 6.9~9.5㎝, 두께 4.3~7.0㎝.

돌핵(〈그림 11〉③ · ④)

10개의 돌핵이 수집되었는데 3개가 르발르와돌핵이고 나머지는 보통 돌핵이라고 한다. 대표적인 르발르와돌핵(〈그림 11〉③)은 회색점판암제의 큰 자갈을 주위에서 크게 7개의 박편을 떼낸 후 한쪽에서 타격을 가하여 르발르와박편을 만들었다고 한다. 크기는 10.9×7.9×5.0㎝이다. 또 보통 돌핵의 하나는 맥석영으로 되었다고 하며, 크기는 5.7×5.5×3.3㎝이다.

박편석기

뾰족찍개(〈그림 11〉⑤)

1점이 수집되었으며 회색점판암제의 자갈을 반쪽으로 깨어 그 중 1개를 석기로 만들었다고 한다. 뾰족한 끝부분과 석기의 옆을 다듬어서 만들었다. 크기는 8.2×5.9×4.4㎝이다. 원래 뾰족찍개는 양면핵석기 또는 주먹도끼 범주내에 들어가는 석기이므로 박편석기에 포함시키면 부적당하다.

〈그림 11〉 명오리유적의 석기

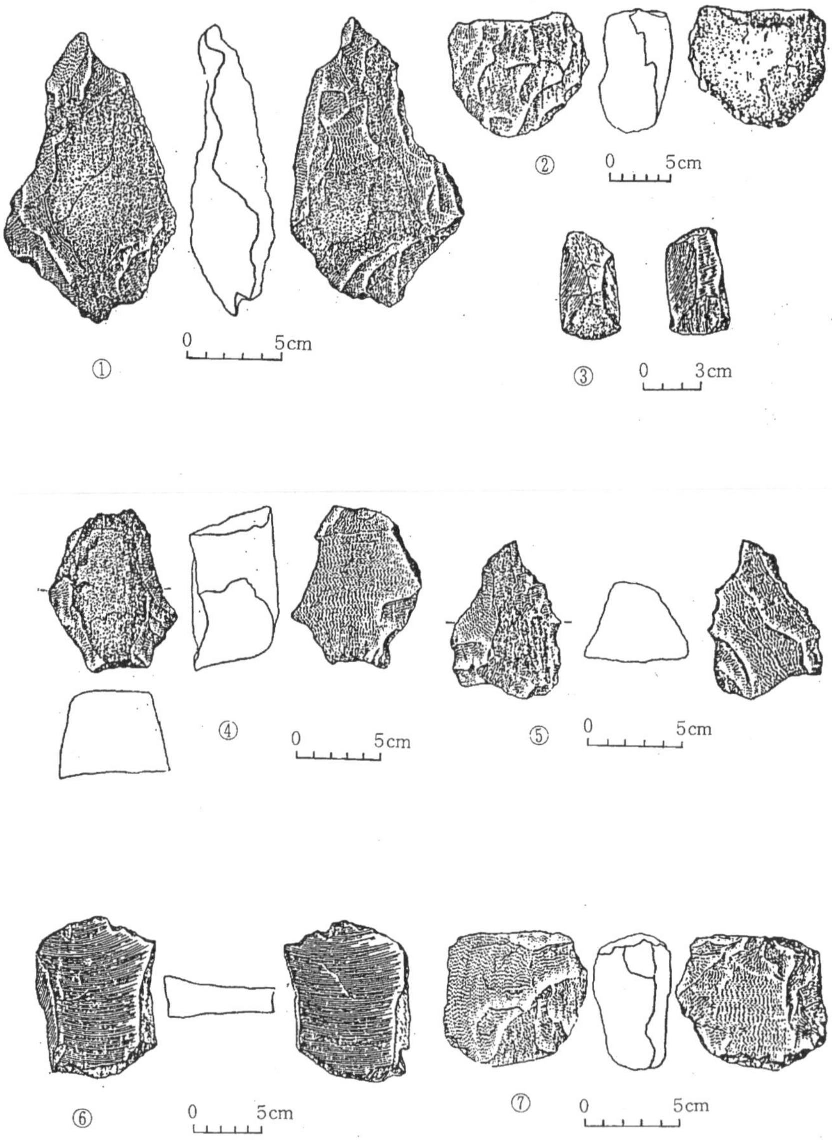

박편도끼(〈그림 11〉⑥)

모두 6점이 출토되었다고 하며 석재는 회색점판암·석영·규암 등을 이용하였는데 원석에서 박편을 먼저 떼어낸 후 이것을 이용하여 1면 또는 양면에서 2차가공하여 만들었다고 한다. 석기의 크기는 길이 10.0~11.8㎝, 폭 5.6~9.2㎝, 두께 3.3~4.0㎝에 해당하는 것들이다. 이 석기도 주로 전기 구석기에서는 양면핵석기와 함께 발견되는 석기이므로 대형석기로 보여진다.

긁개(〈그림 11〉⑦)

박편석기 중에서 제일 많은 석기로 모두 79점이 수집되었으며 석재는 석영·석영암·맥석영·점판암 등이 사용되었다. 대표적인 것의 하나는 맥석영으로 만든 것이며 2차가공하여 날을 만들었다. 크기는 8.1×7.0×3.8㎝이다.

밀개(끝긁개, 〈그림 12〉①)

모두 14점이 수집되었으며 석재는 흑색점판암 또는 맥석영으로 만든 것이다. 날은 2차다듬기로 만든 것이며, 대표적인 것의 크기는 7.1×5.6×2.0㎝이다.

찜기(〈그림 12〉②)

모두 14점으로 석재는 석영·석영암·맥석영·규암 등이다. 대형찜기는 대형석기에 포함시켜야 한다. 소형찜기는 삼각형 또는 전체가 뾰족한 형태로 만들어진 것이며, 대형찜기의 대표적인 것은 크기가 11.2×5.1×2.2㎝이며, 소형은 6.8×5.3×3.6㎝이다.

홈날석기(〈그림 12〉③)

모두 3점이 수집되었다. 석재는 회색점판암제와 석영으로 되었고 박편에 타격을 가하여 홈날을 준비하였다. 크기는 길이 5.3~6.5㎝이다.

톱니날(〈그림 12〉④)

3점이 출토되었고 모두 석영제이다. 박편에 2차가공하여 석기의 날을 만들었으며, 석기의 크기는 길이 2.7~5.7, 폭 1.7~22.6, 두께 1.1~2.3㎝가 된다.

송곳(〈그림 12〉⑤)

11점이 수집되었으며 석재는 석영·맥석영·회색점판암이다. 박편의 1변을 다듬어서 송곳으로 만들었다. 석기의 크기는 길이 3.5~5.0㎝, 폭 1.9~3.6㎝, 두께 0.7~1.1㎝에 해당한다.

〈그림 12〉 명오리 및 수양개유적의 석기(명오리 ①~⑦, 수양개 ⑧)

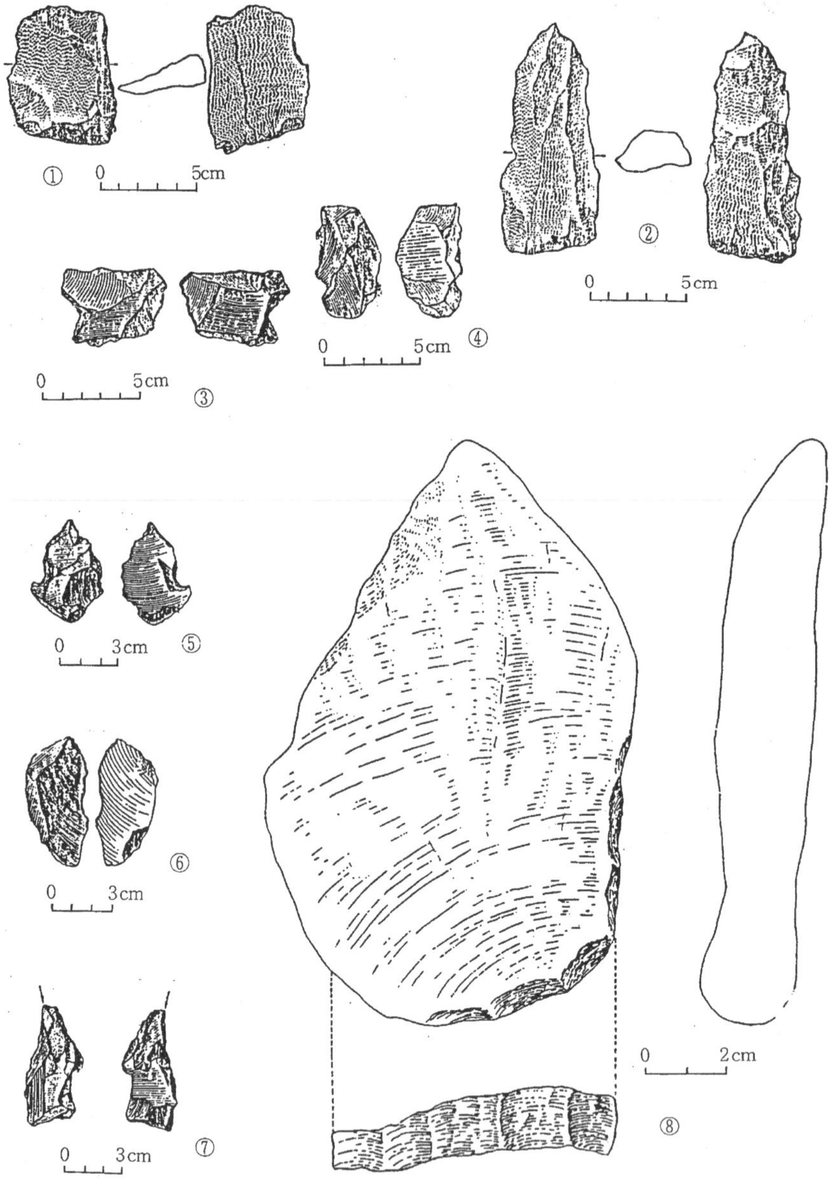

칼(〈그림 12〉⑥)

수집된 2점 모두 회색점판암제이다. 박편의 날카로운 부분을 석기의 날로 만들어 썼고 그 반대 쪽은 두텁고 일부 박편이 떨어져 나간 면 또는 자연표피로 되어 있다. 크기는 길이 5.9~6.2㎝, 폭 3.2㎝, 두께 0.8~1.7㎝.

조각칼(〈그림 12〉⑦)

모두 7개로 박편에 생긴 結晶面을 1점 떼내어 석기를 만들었다고 하며 박편을 떼낼 때 떨어져 나온 것으로 보이는 쪽이다. 석재는 석영과 천매암이다. 크기는 길이 4.3~6.1㎝, 폭 1.1~2.7㎝, 두께 0.8~1.8㎝.

라) 단양 수양개유적의 석기

1983년에 1차, 1984년에 2차, 1985년에는 3·4차발굴이 실시된 수양개유적은 충북 단양군 적성면 애곡리에 위치하고 있으며 남한강 상류에 있는 야외유적이다. 이 유적은 충주댐 공사로 인해 수몰되는 지역을 발굴하게 된 것이다.[31]

이 곳의 층위는 지표인 제Ⅰ층부터 아래로 Ⅱ·Ⅲ·Ⅳ·Ⅴ층으로 구분되었으며 제Ⅲ층은 Ⅲㄱ~Ⅲㅁ까지 5개의 작은 층으로 세분된다. Ⅲㄹ층은 모래찰흙층으로 청동기문화층이고 Ⅲㅁ층도 같은 성질의 모래찰흙층인데 이것은 신석기문화층으로 구분하였다. 또 Ⅳ층은 Ⅳㄱ층과 Ⅳㄴ층으로 나뉘는데 두 개의 층이 모두 후기 구석기문화층이며 유물이 풍부하게 나오는 층은 Ⅳㄴ층이다.[32] 맨 밑의 Ⅴ층은 주로 사암·규암·판암으로 된 자갈돌층으로 매우 단단한 층이다. 이 층에서는 찜기·긁개·찍개·망치·주먹대패 등이 출토되었으며 중기 구석기문화층으로 구분되었다. 이 층 바로 위에서 후기 구석기유물이 다량 출토되었으므로 이 층의 지질학적 성격이 다르고 형성배경이 Ⅳ층과 뚜렷한 차이가 난다면 우선 중기 구석기층으로 보아도 좋을 듯하며 확실한 것은 장차 절대연대 등으로 보완되어야 하겠다.

(가) 석기재료

규암자갈돌이 거의 전부이고 가끔 규암판자돌을 이용한 것도 나타난다. 이 곳의 선사인들은 주로 규암자갈돌들을 석재로 이용하였다.

---

31) 이융조, 〈단양 수양개구석기유적 발굴조사보고〉(《충주댐수몰지구 문화유적발굴조사종합보고서》-고고·고분분야 Ⅰ-, 충북대 박물관, 1984).

32) 이융조, 위의 글, 134~166쪽.

〈그림 13〉 수양개유적의 석기

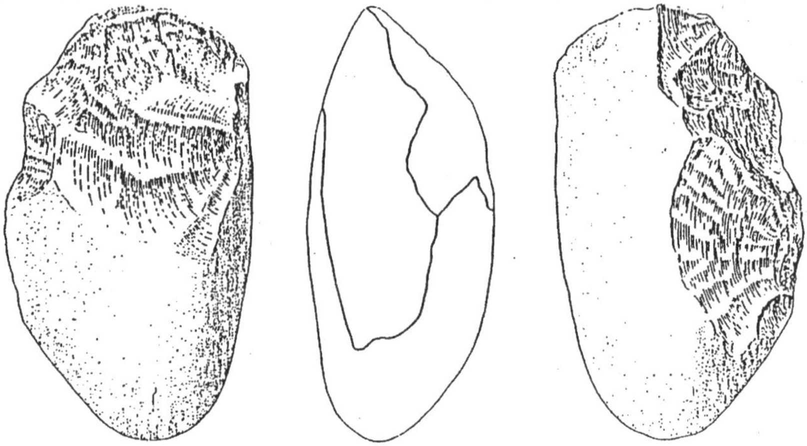

0 2cm

①

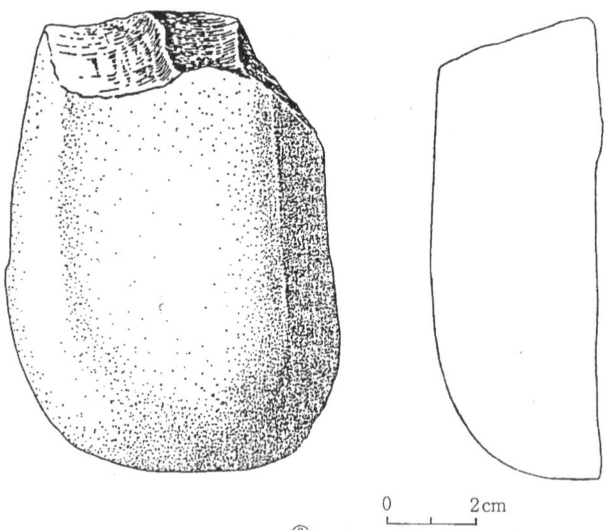

0 2cm

②

(나) 석기제작기술

직접타격법만 쓰는 가운데 주로 충돌타격법과 같은 모룻돌을 이용하고 망치돌을 사용한 직접타격법도 함께 쓴 것으로 보인다.

(다) 석기의 종류·형태·특징

석기는 3가지 종류로 구분되었고 그 밖의 망치돌·미완성석기·박편·돌핵 등이 수집되었다.

첨기(〈그림 12〉⑧)

재료는 규암자갈돌이고 그것에서 직접 떼낸 박편을 이용한 첨기를 만들었다. 박편의 등부분에 자연면이 그냥 남아 있고 모양이 넓죽하다. 첨기를 만들려고 이 박편의 끝 한면에 잔손질을 하였고 손잡는 부분 주위에도 다듬은 흔적이 남아 있다. 크기는 손에 쥐어지는 1.44×8.9×2.1㎝이다.

쵸핑-툴(쌍날찍개, 양면찍개 ; 〈그림 13〉①)

규암자갈돌로 되어 있으며 길쭉한 원통모양의 자갈 한끝을 5차례 엇갈려 가며 박편을 떼내고 날을 만든 석기이다. 날의 위치는 자갈의 끝에서 측면으로 기울어져 있는 것이 특징이다. 크기는 13.3×8.3×6.3㎝이다.

주먹대패(〈그림 13〉②)

규암자갈로 만든 석기로 결을 따라 반쪽으로 떼낸 다음 그 중 1개를 석기로 만들었는데, 결을 따라 떼어낸 편평한 쪽에서 자갈돌의 표피면 쪽으로 3번 박편을 떼내고 날을 만든 형태이다. 손에 쥐고 쓰기에 알맞고 다른 잔손질한 흔적은 보이지 않는다. 크기는 11.2×7.2×3.6㎝이다.

마) 양구 상무룡리유적의 석기

1987년부터 1988년까지 2차에 걸쳐 발굴된 이 유적은 「평화의 댐」 건설로 물을 뺀 파로호수몰지구에서 발견되었으며 지표에서 많은 석기들이 수집된 것을 계기로 유적을 발굴조사하게 되었다.[33] 그 위치는 강원도 양구군 양구읍 상무룡리로 지층은 모두 4개로 구분되었다. 대표적 1지역 ㄴ지구의 층위는 맨 위의 Ⅰ층은 노란갈색 진흙층으로 문화층은 없고, Ⅱ층은 노란갈색의 굳은 진흙층에 망간이 섞여 있으며 역시 문화층은 없다. Ⅲ층은 주로 자갈돌

33) 江原大博物館, 《上舞龍里(破虜湖退水地域)遺蹟發掘調査報告》(江原道, 1989).

층인데 엷은갈색의 진흙, 굵은 자갈, 망간 등이 섞여 있는 층으로 후기 구석기문화층에 속하고, Ⅳ층은 노란갈색의 진흙과 모래가 섞인 층으로 중기 구석기문화층을 포함하고 있다고 하였다.

발굴유물은 1차 487점, 2차 2,231점으로 총 2,718점이다. 후기 구석기에 속한다는 Ⅲ층(제1문화층)에서 발견된 유물은 1·2차 모두 868점이 수집되어 찍개 33개, 찌르개(첨기) 18개, 사냥돌 1개, 긁개 139개, 밀개(끝긁개) 22개, 자르개(칼) 3개, 째개 1개, 주먹까뀌 1개, 주먹대패 6개, 뚜르개(송곳) 11개, 톱날(톱니날) 1개, 홈날 2개, 돌망치 15개, 떼개 3개, 몸돌(돌핵) 3개, 격지(박편) 250개, 덜된 연모(미완성 석기) 276개, 부스러기 35개 등 18종류였다.

또 중기 구석기를 포함한다는 Ⅳ층(제2문화층)에서 발견된 유물은 1·2차 모두 1,850점으로 주먹도끼 8개, 찍개 46개, 찌르개 47개, 사냥돌 1개, 긁개 347개, 밀개 57개, 자르개 6개, 째개 2개, 주먹까뀌 1개, 주먹대패 12개, 뚜르개 19개, 톱날 7개, 홈날 10개, 돌망치 61개, 떼개 10개, 모룻돌 6개, 쪼으개 6개, 몸돌 37개, 격지 226개, 덜된 연모 612개, 부스러기 280개 등 21종류이다. 제1문화층보다 주먹도끼·모룻돌·쪼으개의 3가지가 추가되었다.

그런데 제1·2문화층에서 주먹도끼만 차이가 나기 때문에 실질적인 석기문화의 차이는 앞으로 풀어야 할 과제이다.

이 유적의 연대는 주로 석기형태로 상대편년되었지만 자갈층에서 발견된 석기들을 자연현상에 의해 생기는 유사석기와 구별하는 문제와 장차 절대연대로 유적의 편년을 보완하는 문제 등이 남아 있다. 중기 구석기문화층의 석기가 전곡리와 유사한 점을 보이고 있다고 하였으나[34] 석재가 전곡리와 같이 주로 석영으로 되어 있어 유사한 것처럼 보이나 실은 제작기술면에서나 형태(예:양면핵석기)에서도 비교가 안될 정도로 차이가 난다. 오히려 이 곳의 중기 구석기층이라고 하는 곳에서 발견된 흑요석제 긁개와 사용한 박편(보고자의 톱날) 2점은 이 층의 연대를 후기와도 관련시켜 볼 수 있는 자료인데, 그것은 3지역 A지구에서 출토된 많은 흑요석제 후기 구석기(250점)[35]와 무관

34) 崔福奎, 〈江原大學校調查〉(《上舞龍里(破虜湖退水地域)遺蹟發掘調查報告》, 江原道·江原大 博物館, 1989), 151쪽.

35) 黃龍渾, 〈慶熙大學校調查〉(《上舞龍里(破虜湖退水地域)遺蹟發掘調查報告》, 江原道·江原大 博物館, 1989).

하지 않다고 보기 때문이다. 그러나 일단 전반적인 석기의 특징은 작거나 박편으로 된 석기가 주류를 이루고 있는 것으로 보고 제2문화층을 중심으로 석기를 살펴보겠다.

(가) 석기재료

거의 다 석영으로 만들었고(97.3%) 그 밖에 사암·반암·거정화강암·흑요석(2점)·판암 등이다. 석영 중에는 굵은 입자의 맥석영이 있어 이러한 것들로 된 석기의 경우 자연적인 현상으로 만들어진 유사석기와 구별하기 힘드므로 인공유물로 분류하는데 크게 주의하지 않으면 안된다. 흑요석은 상당히 중요하다고 보며 아직까지 우리 나라에서는 주로 후기 구석기나 신석기유물에서 발견되던 석재이기 때문에 장차 풀어야 할 과제이다.

(나) 석기제작기술

모룻돌과 망치돌이 발굴되는 것과 수집된 석기의 형태를 관찰해 보면 이곳에서는 주로 직접타격법을 사용한 것 같다. 그러나 판석을 길게 돌날모양으로 떼낸 석기가 있는 것을 보면 간접타격법으로 석기를 제작하려고 한 시도도 엿보인다. 큰 박편은 모룻돌에 대고 떼고 작은 것은 망치돌로 떼내어 다시 2차다듬기를 해 석기로 만들었다고 본다.

(다) 석기의 종류·형태·특징

제2문화층에서 발견된 유물의 총수는 1,850점이며 큰 석기로 분류되는 것은 주먹도끼 8개, 찍개 47개, 사냥돌 1개 등 모두 3종 56개이며, 작은 석기 또는 박편석기로 분류되는 것은 긁개 349개, 톱날 7개, 밀개 57개, 찌르개 50개, 뚜르개 19개, 홈날 10개, 자르개 6개 등 모두 7종 498개이다.

큰 석기

주먹도끼(〈그림 14〉①)

석영박편으로 만든 작은 주먹도끼인데 길이가 11.4㎝ 정도이며 석기의 등부분은 자갈돌 표피 일부만 남아 있고 그 나머지 부분과 석기의 배부분은 작은 박편들을 떼내어 만든 석기이다. 주먹도끼라고 하지만 크기가 작고 납작한 편이어서 전형적인 주먹도끼와는 차이가 나며 시대적으로도 떨어지는 형태이다.

찍개(〈그림 14〉②)

석영으로 된 자갈돌의 한쪽에서만 타격을 가하여 만든 쵸퍼 또는 일면찍

〈그림 14〉 상무룡리유적의 석기

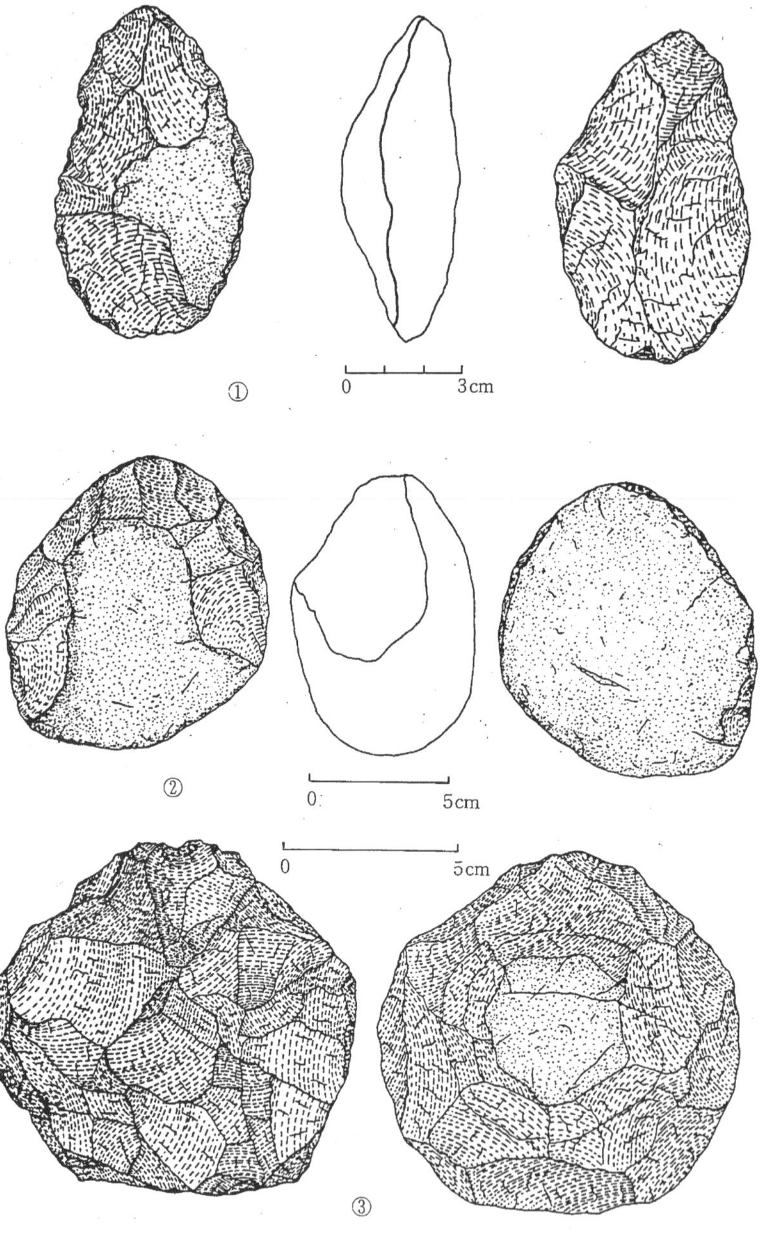

개이다. 크기는 12.9×9.5×3.5㎝이다.

사냥돌(〈그림 14〉③)

석영자갈돌에서 적당한 크기를 골라 주위를 돌아가며 박편을 떼내어 다각면원구로 만든 형태이다. 석기 표면에 울퉁불퉁한 자국이 나 있는 것으로 보아 망치돌로 사용했을 가능성도 크다. 그러나 이 석기는 1개만 출토되어 숫자적으로 주된 석기가 되지 못하고 있다. 크기는 9.9×9.2×9.2㎝이다.

작은 석기 또는 박편석기

긁개(〈그림 15〉①)

석영자갈돌을 망치돌로 쳐서 박편을 떼낸 다음 양쪽 가장자리를 다듬어서 만든 석기이다. 자갈돌의 표피가 긁개의 배부분이 되도록 하고 등부분의 가장자리를 잔손질하였다. 석기의 크기는 8.5×4.4×3.4㎝이다.

톱날(〈그림 15〉②)

흑요석제 석기로 먼저 부채꼴모양의 박편을 떼낸 다음 박편의 왼쪽부분을 잔손질하여 톱니날로 만들었다고 하였다. 크기는 3.4×2.2×8.0㎝이다.

밀개(〈그림 15〉③)

석영박편을 재료로 비교적 긴 박편의 왼쪽부분과 끝부분을 다듬어서 밀개의 날로 만들었으며 박편의 왼쪽부분은 보다 길게 다듬어 긁개로도 사용할 수 있는 석기다. 크기는 6.2×2.9×2.1㎝이다.

찌르개(〈그림 15〉④)

본래 삼각형으로 깨진 석영박편의 뾰족한 부분을 왼쪽의 일부를 다듬어 찌르개로 만들었다. 크기는 5.1×3.3×2.2㎝이다.

뚜르개(〈그림 15〉⑤)

표피가 남아 있는 석영박편을 이용하여 뚜르개를 만들었는데 날을 만들기 위해 날 주위를 다듬어서 뾰족하게 하였다. 크기는 8.0×4.8×2.4㎝이다.

홈날(〈그림 15〉⑥)

석영자갈돌에서 박편을 떼내고 이 박편에 크게 한 번 타격을 가하여 홈날을 준비하였다. 홈날 지름은 1.7㎝, 석기의 크기는 6.4×5.0×1.7㎝.

자르개(〈그림 15〉⑦)

망치돌로 석영자갈돌에서 조가비모양의 박편을 떼낸 다음 박편의 두툼하게

〈그림 15〉 상무룡리유적의 석기

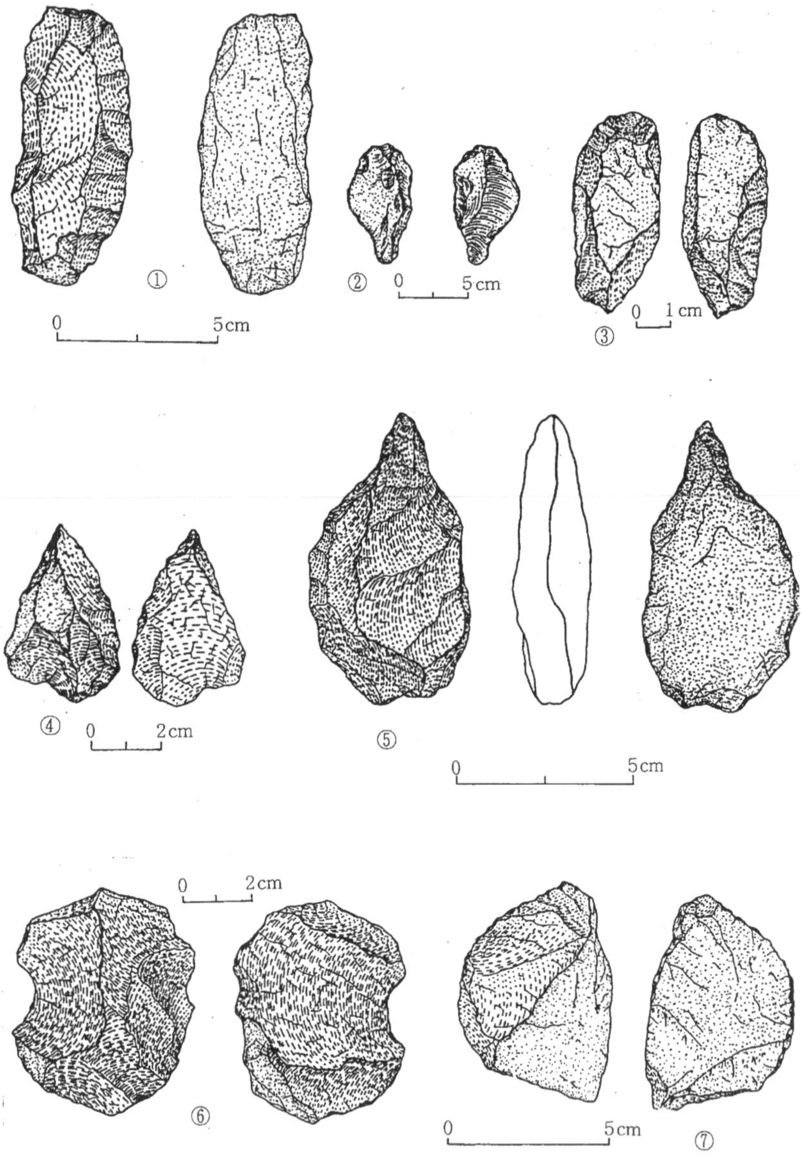

생긴 부분을 손잡이로 하고 그 반대편의 날카로운 부분을 석기의 날로 이용하였다. 크기는 6.3×4.7×2.7㎝이다.

바) 연천 남계리유적의 석기

1989년과 1992년 2차에 걸쳐 조사된 남계리유적은 이 곳에 있는 벽돌공장에서 벽돌을 만들기 위해 구석기퇴적층을 계속 파괴시키기 때문에 구제발굴된 곳이다.[36] 이 유적은 연천군 남계리의 한탄강 하류에 위치해 있으며 전곡리유적으로부터 서북쪽으로 2.5km가량 떨어져 있다.

이 곳의 지층은 위의 1층부터 아래로 모두 6개층이 구분되었으며, 2·3층은 후기 구석기, 4층은 중기 구석기에 속하는 것으로 보았다.[37] 4층에서 발굴된 석기는 1차에서 6점, 2차에서 3점으로 긁개 4개(〈그림 16〉①), 찌르개 1개(〈그림 16〉②), 밀개 1개(〈그림 16〉③)이고 맥석영제가 대부분이다. 그리고 나머지는 사냥돌 또는 망치돌(보고자의 돌마치) 1개(〈그림 16〉④, 긁개 1개(〈그림 16〉⑤), 밀개 1개 등인데 긁개는 현무암제인 긁개 외에는 석영제이다.

여기서 4층이 중기 구석기에 속한다는 근거를 사태층(solifluction)이라는 것과 돌마치·긁개를 갖고 말하고 있다. 석기에서 사냥돌 또는 망치돌은 石球 모양으로 서구의 중기 구석기에 조금씩 보이는 것과 유사한데 이것이 하나의 근거가 될 수는 있지만, 워낙 유물의 수가 적어 앞으로 이를 뒷받침하기 위해서는 자료의 증가를 기다리고, 지층의 성격 등은 전곡리와 같은 점이 많아서 이 곳의 편년은 절대연대와 함께 장차 신중하게 다루어야 할 과제이다.

사) 양평 병산리유적의 석기

양평군 강상면 병산 4리에 있는 이 유적은 양평읍의 맞은 편 남서부 강기슭에 위치하며 한강가에 형성된 강안단구의 일부에 속한다. 1992년과 1993년 2차에 걸쳐 발굴되었는데 지층은 위로부터 아래로 모두 6개가 구분되었고 2

---

36) 文化財硏究所, 《漣川 楠溪里舊石器遺蹟發掘調査報告書》(文化財管理局, 1991).
崔茂藏, 〈楠溪里舊石器遺蹟 第2次發掘調査報告〉(《寶城江·漢灘江流域 舊石器遺蹟發掘調査報告書》 중, 文化財硏究所, 1994).

37) 崔茂藏, 위의 글, 79쪽.

〈그림 16〉 남계리유적의 석기

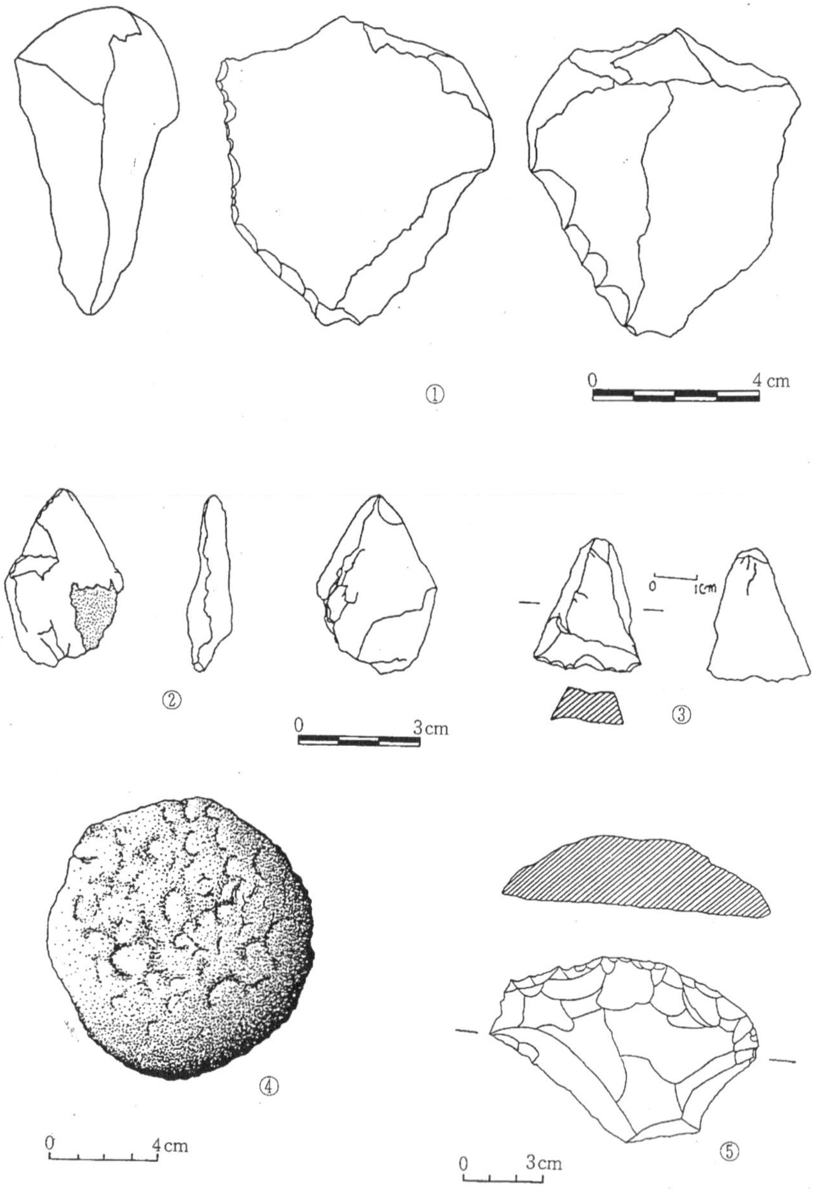

〈그림 17〉 양평 병산리유적의 석기

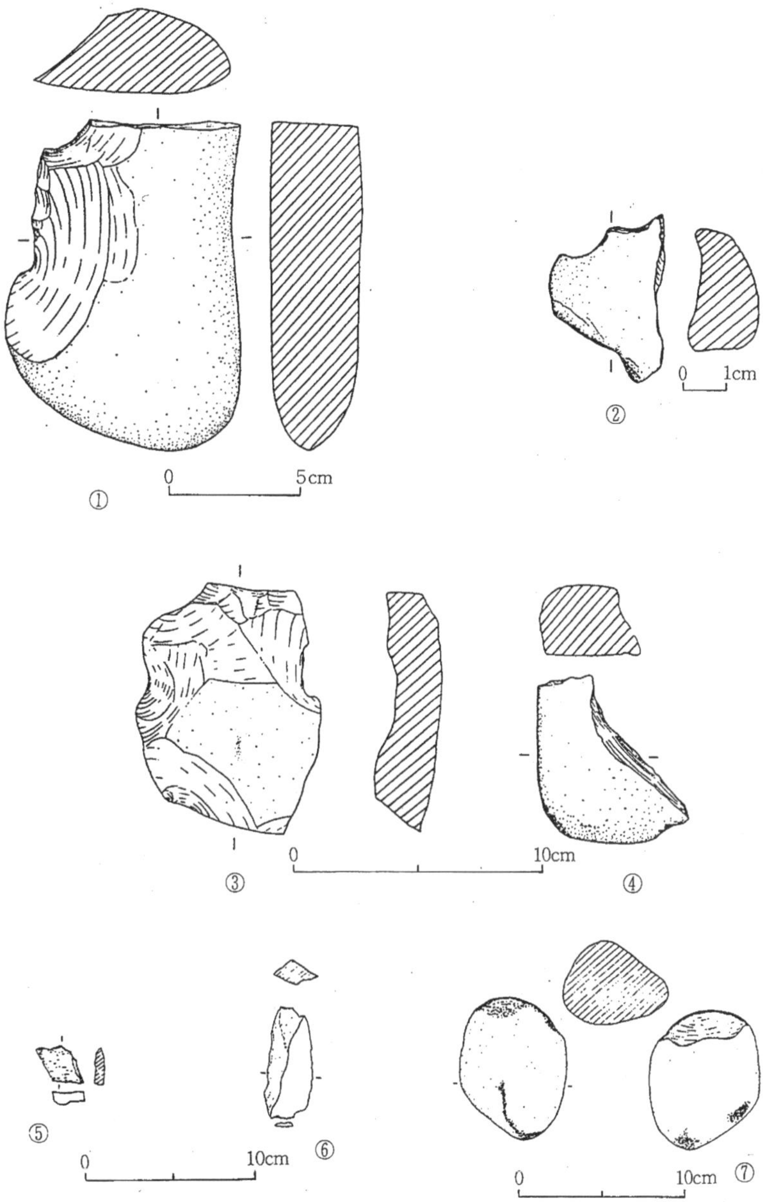

지층(1문화층)은 후기 구석기, 3지층(2문화층)은 후기와 중기 구석기가 1개층 속에 같이 있으며, 4지층(3문화층)은 중기 구석기에 속한다고 하였다.[38)]

병산리 3지층에서 석기가 제일 많이 출토되었으나 후기 구석기와 중기 구석기의 지층을 구별할 만한 지질학적·고고학적 특징을 못찾았다고 하였다. 이것은 중·후기 구석기형 석기가 함께 섞여서 나온다는 뜻으로 그렇다면 이 지층은 당연히 후기 구석기시대에 속하는 것으로 보아야 한다.

중기 구석기에 속한다는 4지층은 편년에 근거가 되는 유물이 모두 7점으로 석기는 단 1개의 쵸퍼(〈그림 17〉①)가 있다. 그 밖에 박편(〈그림 17〉②~⑥) 5개, 망치돌(〈그림 17〉⑦) 1개가 수집되었으며 편년의 보완자료인 이 층의 절대연대는 아직까지 검출된 바 없는 것 같다. 이 유적의 주된 편년근거는 퇴적층의 어름쐐기(Ice Wedge)의 흔적을 갖고 우리 나라에서는 검증이 안된 산소동위원소 분석자료와 연대를 비교한 것과 또 편년이 안된 이른바 제2단구에 병산리유적이 속한다고 한 것인데 앞으로 풀어야 할 과제이다.

병산리지표에서 채집한 석기 중에는 주먹도끼 1개가 있는데 전곡리의 것과는 제작기술상 차이가 있으며, 이것은 석기표면을 보다 정교하게 다듬었기 때문에 늦은 시기의 형태를 보이고 있다. 그리고 이 석기는 지층이 아닌 지표에서 채집한 것이므로 지층편년상 문제가 없지 않다.

나. 북 한

가) 웅기 굴포리유적의 석기

함경북도 웅기군 굴포리에 있는 이 유적은 두만강과 동해안에서 가까운 서포항의 얕은 야산에 위치하고 있다. 일제 때 신석기유적이 조사되었던 이곳을 북한이 다시 발굴하다가 신석기문화층 밑에서 후기 구석기와 중기 구석기문화층을 차례로 발견하게 되었다. 굴포리의 구석기유적 발굴은 1963년에 처음으로 실시되었으며 지층은 위에서 밑으로 모두 7개가 구분되었고, Ⅱ~Ⅳ층은 충적세 또는 현세층, Ⅴ~Ⅶ층은 홍적세 또는 갱신세층에 해당한다. Ⅴ층의 문화는 굴포 Ⅱ기로 후기 구석기에 속하고, Ⅵ층은 굴포 Ⅰ기 또

38) 尹乃鉉·韓昌均, 《楊平屛山里遺蹟(2)》(檀國大 博物館·京畿道, 1994).

는 중기 구석기에 해당한다고 한다.[39] 중기 구석기문화층에서는 유물 13점이 출토되었는데, 이 중에 석기는 10점으로 분류되었으며 시설물로 보이는 돌무더기가 함께 발견되었다 한다.

(가) 석기재료

굴포 Ⅰ기와 Ⅱ기층의 석기재료는 차이가 많이 나서 굴포리 구석기문화의 성격을 파악하는데 도움이 되고 있다. 중기 구석기문화층의 석기재료는 석영암이 주를 이루고 있으며 그 밖에 조정화강암이 눈에 띄는 것에 반해 후기 구석기문화층의 석기재료는 고운 입자로 된 대리석이나 각암(Chert) 등이 주가 되어 훨씬 정교한 석기를 만들 수 있는 석재이다.

(나) 석기제작기술

쵸핑-툴이나 박편석기들을 타제한 기술을 살펴보면 석영암으로 된 자갈돌을 일단 충돌타격법으로 모룻돌에 내리쳐 돌조각을 떼어낸 다음, 이들을 직접타격법에 의해 망치돌로 다듬어 박편석기를 만들기도 하였고, 어떤 경우에는 한 개의 돌에서 직접타격법으로 여러 개의 박편을 떼낸 경우도 있다. 이러한 경우에는 자연히 돌핵이 남게 된다. 충돌타격법에 의해 쵸퍼나 쵸핑-툴을 직접 만들기도 하였다.

(다) 석기의 종류·형태·특징

Ⅰ기층에서 발견된 석기는 모두 10점이며 찍개(쵸퍼) 2개, 칼 1개, 박편석기 7개로 분류되었다. 그 밖에 돌핵 2개, 모룻돌 1개가 유물에 포함되어 있다.

찍개(쵸퍼 〈그림 18〉①)

모두 2점인데 1개는 석영암자갈돌로 만든 사다리꼴이며 밑변부분을 날로 하였다. 날부분에 타격을 가하여 박편을 떼낸 자리가 뚜렷이 남아 있다. 석기는 날부분이 길이 7.5㎝, 높이 6㎝, 몸체부분의 두께는 약 3㎝이다. 조정화강암으로 된 나머지 1개는 전자와 마찬가지로 한면에서만 타격을 가해 만든 것이다. 등부분에서 날까지의 단면이 삼각형을 이루는 것이 다른 점이다. 크기는 날부분이 9.5㎝, 높이 7㎝, 두께 2.7㎝이다. 사용 흔적이 있다.

---

39) 도유호, 〈조선의 구석기시대 문화인 굴포문화에 대하여〉(《고고민속》 1964-2), 3~7쪽.
도유호·김용남, 〈굴포문화에 관한 그 후 소식〉(《고고민속》 1965-1), 54~56쪽.

칼(〈그림 18〉②)

석영암자갈돌에서 떼낸 박편을 이용한 것인데 날쪽은 예리하며 등부분은 작은 박편을 떼내어 등줄이 나 있다. 날부분의 너비가 4.5㎝, 높이 7.0㎝이다.

박편석기(〈그림 18〉⑤~⑪)

보고서에는 여러 점의 석영암자갈돌 박편석기들이 나왔다고 하나 7개의 실측도면이 나와 있다. 박편석기 중에는 예리한 날이 선 것, 끝이 뾰족한 것, 밑바닥이 편평하고 날이 선 밀개처럼 생긴 것 등이 있다고 하였는데, 전반적으로 볼 때 2차가공한 전형적인 박편석기가 아니고 처음부터 박편의 생김생김이 위에 언급한 것처럼 된 것들이다. 따라서 처음 떨어져 나온 박편들이 석기처럼 생긴 것을 골라 사용하였기 때문에 일부는 사용 흔적이 남아 날 같은 것이 무뎌졌다고 하였다. 그리고 많은 박편들이 더 수집되어 그 중에는 뚜렷하지 못하나 가공품으로 볼 수 있는 것이 몇 개 있다고 하였다.

그 밖에 2개의 돌핵(〈그림 18〉③·④)이 발견되었는데 전형적인 것이 아니다. 박편들이 여러 점 돌의 표피에서 떨어져 나가 음성박리면이 잘 나타나 있으나 부정형이다. 이것의 높이는 4.5~5.0㎝가량 된다.

나) 상원 용곡 1호 동굴의 석기

1980년에 발굴된 이 유적의 위치는 평양 동남쪽의 45km 지점인 상원군 용곡리로 상원읍에서 문포천을 따라 남쪽으로 5km가량 떨어진 곳이다. 또 용곡리에서 약 5km쯤 북쪽으로 있는 상원 검은모루유적은 이 유적과 관계가 있는 것 같다. 용곡 1호 동굴은 석회암동굴로서 문포천 바닥으로부터 20m 위 해발 100m가량 되는 곳의 벼랑 중턱에 자리잡고 있다.

이 곳의 지층은 밑에서 위로 12개로 나뉘는데 8지층(1문화층)~12지층(5문화층)까지 5개의 문화층이 퇴적되어 있다고 하며, 8지~11지층(4문화층)까지는 구석기문화층이고, 12지층(5문화층)은 신석기문화층이라고 하였다.[40]

그런데 8·9지층(2문화층)에서 채취한 일부 석순과 화석에 붙은 석순을 시료로 TL측정의 결과 50~40만년 전의 절대연대측정치를 얻었다고 하였으며, 같은 층의 동물화석이 보여주는 상대연대도 중기 홍적세의 중기부터 후기로

40) 전제헌 외, 《룡곡동굴유적》(김일성종합대학출판사, 1986).

〈그림 18〉 굴포리유적의 석기

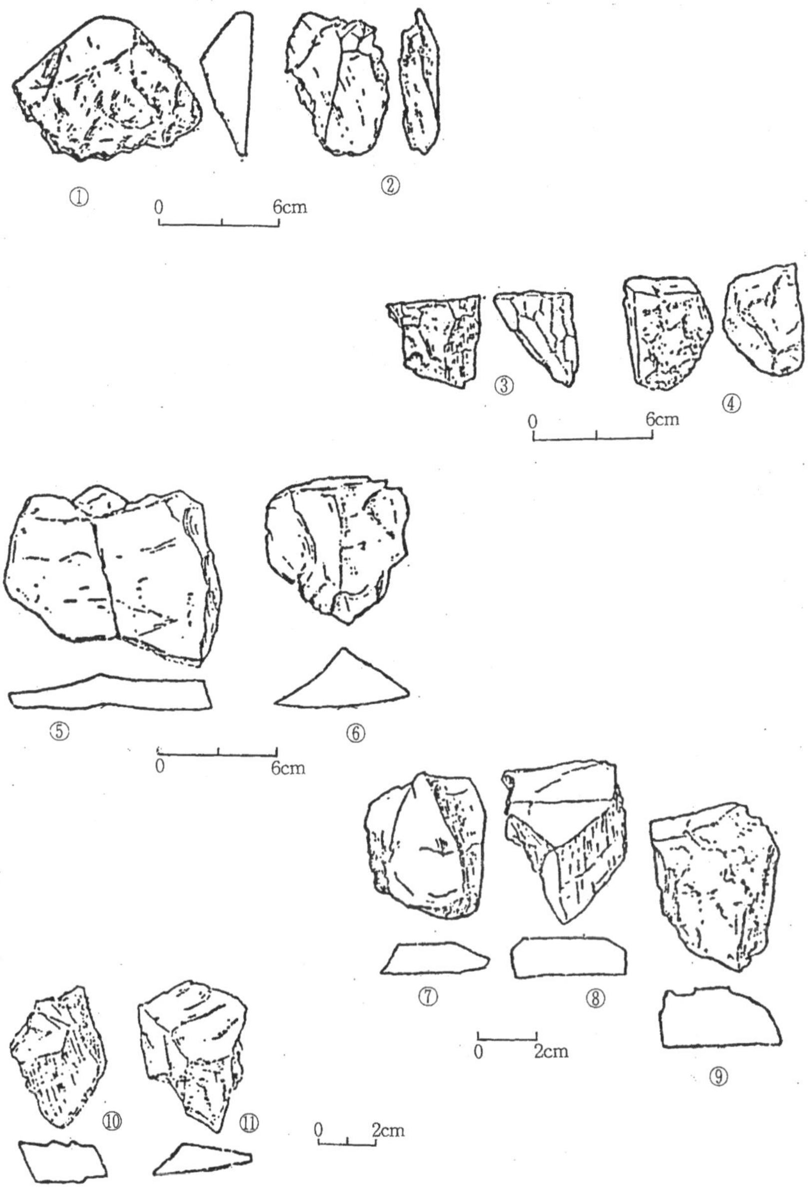

판단하고 있다.[41] 그러나 제2문화층(9지층)에서 출토한 화석인골 중 두개골의 특징은 전체적으로 현생인류에 가깝고 단지 눈섭뼈가 약간 튀어나와 전기 구석기시대 화석인골의 특징과는 차이가 너무 나고, 또 아래턱뼈는 현생인류의 특징을 보여주므로 이 화석인골이 나타내주는 상대편년은 잘해야 중기 구석기시대로 볼 수 있다.[42] 따라서 이 지층의 동물화석이나 석기의 연대도 전기 구석기시대에 속한다고 보기는 어려울 것이다.

그러므로 여기서는 일단 제2문화층을 중기 구석기의 어느 한 시기(중기~후기)로 보고 이 문화층에서 출토된 석기의 종류와 형태·특징 등에 대해 살펴보고자 한다. 이 층에서 유물이 제일 많이 출토되었으며, 석기 21점, 석재 4점, 골기 2점, 동물화석 5,152점, 화석인골 4점(두개골 1개, 아래턱 3개), 노지 3군데 등이다.

(가) 석기재료

이 문화층의 석기재료는 규석·석영·사암·화강석 등을 사용하였는데 규석제 석기가 제일 많아 52%이고, 석영제 석기는 36%, 사암제와 화강석제 석기는 각각 8%와 4%를 차지하고 있다.

(나) 석기제작기술

석기제작기술은 직접타격법이 쓰였는데 모룻돌과 돌망치 2가지가 다 사용되었으며 돌망치를 사용한 경우가 더 많다. 석기 가운데는 1면가공석기가 한두 점 있고 2면가공석기는 많은 편이며 3면가공석기도 적지 않다. 전반적으로 석기의 형태는 정형화를 이루지 못하고 거친 편으로 다른 곳의 중기 구석기와 차이가 난다. 석기의 종류는 모두 5개 유형으로 나누어 설명하고 있다.

---

41) 전제헌 외, 위의 책, 130~169쪽.

42) 장우진, 《조선사람의 기원》(사회과학출판사, 1989).
김근식, 〈룡곡 제1호 동굴유적의 포유동물상에 대한 연구〉(《과학원통보》 1991-3, 1991).
李鮮馥, 〈民族單血性起源論의 檢討〉(《北韓의 古代史硏究》, 一潮閣, 1991).
박영철, 〈한국의 구석기문화〉(《韓國考古學報》 28, 1992).
裵基同, 〈舊石器時代〉(《韓國先史考古學史》, 까치동양학 17, 1992).
韓昌均, 〈용곡 제1호동굴유적의 시기구분과 문제점〉(《博物館紀要》 8, 檀國大 博物館, 1992).
鄭永和, 앞의 글(1994).

지만 형태학적으로 전형적인 것들이 여러 종류 나타나고 있는 것이 그 특징의 하나이다. 구석기형태학이 제대로 자리잡게 되면 후기 구석기와 큰석기와의 관계도 밝혀지리라 보지만 이 큰석기에 관한 한 우리 나라에서는 전기 구석기부터 중기·후기 구석기까지 단계별로 그것도 적지 않게 다 나타난다고 보고되고 있어서 현재까지는 각 단계별 문화의 특성을 파악하는데 상당한 혼란이 생긴다. 이러한 이유 중의 하나는 큰석기(쵸퍼·쵸핑-툴·주먹도끼·뾰족찍개·박편도끼·다각면원구·주먹까뀌·주먹대패 등)와 각종 돌핵·큰박편·블록 등의 차이가 뚜렷하게 구별되지 못하는데 기인하는 것으로 해석될 수 있다. 따라서 지금까지 보고된 큰석기 중에는 석기로 분류될 수 없는 것이 다수 섞여 있을 것이므로 앞으로 이러한 것이 바르게 정리되고 또 새롭게 발견되는 구석기유물이 제대로 분류되면 각 단계별 구석기문화의 특징을 보다 뚜렷하게 파악할 수 있게 될 것이다.

우리 나라의 후기 구석기 중에는 전형적인 끝긁개·조각칼·송곳·세석인 등과 그 밖에 세석인석핵 같은 유물이 출토되고 있다. 이런 유물들이 주로 발견되는 유적이나 지층은 석기형태만으로도 충분히 상대편년이 가능해서 후기 구석기시대에 속하는 것으로 정할 수 있다.

지금까지 우리 나라에서 후기 구석기시대에 속한다고 발표된 유적 또는 지층은 20여 곳이 넘으며 그 중 아직까지 발굴보고서가 준비중에 있거나 미발간된 곳 2, 3군데를 제외하고는 발굴된 유물의 종류가 잘 알려져 있다. 그 가운데 후기 구석기가 출토되었다고 하여 이를 참고로 할 수 있는 유적은 웅기 굴포리의 Ⅱ기문화층, 부포리유적, 석장리의 11·12문화층과 새기개·밀개문화층의 집자리, 평양시 승호구역의 만달리동굴유적, 충주댐수몰지역의 창내유적, 단양 수양개유적, 양구 상무룡리 A지구유적, 주암댐수몰지구내의 승주 우산리 곡천유적, 승주 신평리 금평유적, 화순 사수리 대전유적, 덕산리 죽산유적, 곡성 옥과유적 등을 지적할 수 있으며 그 밖에 보고된 유적이 더 있으나 자료가 확실하지 않은 것은 여기서 다루지 않는다. 또 발견된 석기의 수가 아주 적지만 종류가 분명하고 또 분류된 석기종류 중 다른 견해가 있는 경우에는 도면이나 사진을 근거로 해서 석재·석기제작기술·석기의 종류 등을 함께 포괄적으로 언급하고자 한다.

가. 남 한

가) 공주 석장리유적의 석기

석장리의 11·12문화층 즉 6지층과 5지층에 해당하는 지층과 새기개·밀개문화층의 집자리(5지층)에서 후기 구석기의 출토를 보고하고 있다.[43]

긁개·찌르개문화층

이 층은 11문화층(6지층)에 속하는 모난 돌층이며 모룻돌이 많이 출토되고 있다. 특히 뗀개가 발달하였고 석기를 만들기 위한 연장이 많이 나와 석기 수와 비슷하다. 이 층에서 제일 많이 발견된 석기는 긁개(〈그림 20〉①)가 가장 많아 30%를 차지하고, 다음은 찌르개(〈그림 20〉②)가 25%, 찍개가 15%, 작은 주먹도끼가 1%를 차지한다고 하였다.[44] 그러나 이 층도 아래의 10문화층처럼 원래가 모난 자갈층이기 때문에 이 돌들이 자연적으로 서로 부딪쳐 석기처럼 보이는 유사석기도 섞일 수가 있을 것이므로 석기 분류에 신중을 기해야 할 층이라고 보겠나. 이 문화층에서는 흑운모·식영·쉬스트암(Schist : 편암) 등을 석기 만드는 연장으로 사용한 것이 보이며, 석기의 잔손질은 밑의 문화층보다 많고 큰 박편석기도 있는 것이 특징이라 한다.

돌날·몸돌문화층

이 층은 12문화층이며 지층번호는 제5층에 해당한다. 특히 이 문화층은 점토층으로 형성되어 있고 제2지구에서는 석기가 별로 수집되지 않아 다능선 돌핵(〈그림 20〉③)이 1점, 작은날 몸돌(〈그림 20〉④)이 2점, 망치로 썼던 편평한 자갈돌 1조각이 모두이고 제1지구의 같은 문화층으로 보이는 곳에서는 흑요석 밀개, 수많은 수정새기개(조각칼), 유문암새기개, 석영찌르개(첨기) 등이 주로 발견되었으며 반암으로 된 박편긁개 등도 수집되었다.[45] 이 곳에서는 조각칼이 40%에 달한다고 하여 독특한 편이다.

---

43) 孫寶基, 〈석장리의 새기개·밀개문화층〉(《韓國史研究》 5, 1970).
　　———, 〈舊石器文化〉(《한국사》 1, 국사편찬위원회, 1973).
　　———, 〈석장리 후기 구석기시대 집자리〉(《韓國史研究》 9, 1973).
44) 孫寶基, 위의 글(1973a), 38쪽.
45) 孫寶基, 위의 글, 39쪽.

새기개·밀개문화층의 집자리

이 집자리는 석장리 제1지구의 제1호 집자리이며 이 곳에서 수집된 불탄 자리의 숯은 방사성탄소(C_{14})연대로 20,830±1,880BP라는 절대연대측정치를 내놓았다. 이 문화층의 석기제작기술은 돌날타제기술과 오리냐시앙다듬기가 관찰되고, 특징있는 석기로는 유선형 긁개(Grattoir caréné)가 나타난다고 하였다. 또 5지층에 해당하는 후기 구석기시대 집자리46)에서는 석기가 모두 2,758점이나 출토되었다고 한다. 이 중에 돌핵석기가 62.9%, 박편석기는 37.1%를 차지하고 있다. 또 석영의 비율은 57.1%이고, 모난돌은 63.9%에 달한다고 한다.

그러므로 우선 이러한 비율을 보면 이 집자리층은 모난돌이 주이고, 그 중에도 석영이 대부분인데 이러한 여건 속에서 후기 구석기의 특징을 찾기는 매우 힘들 것이다. 후기 구석기는 일반적으로 작고 정교한 석기들이 만들어지는데 그러기 위해서는 단단한 석영을 석재로 사용하기보다는 석영보다 입자가 곱고 타제하기가 보다 용이한 규암·흑요석·각암 같은 것을 재료로 쓰게 된다. 따라서 분류상의 문제이지만 이 층의 석영석기들은 구별하기 힘든 자연석이 상당수 포함되어 있을 것으로 보인다. 그러나 일단 여기서 언급된 석기재료와 석기제작기술, 석기의 종류 및 특징을 살펴보고자 한다.

(가) 석기재료

이 집자리에는 19종의 석기재료가 소개되어 있는데 이 가운데는 잘 쓰이지 않은 것도 포함되어 있다고 본다. 석영·거정화강암·화강편마암·반암·흑운모편암·각섬석·석영편암·규장암·편암·장석·유문암·화강암·판암·규질암·규암·흑요석·수정·사암·벽옥 등이 있으며 이 중에 반암·규장암·장석·유문암·규질암·규암·흑요석·수정·사암·벽옥 등은 고운 입자의 석기재료로서 박편이 많다고 하였다.

(나) 석기제작기술

여기서는 직접타격법과 돌날 간접타격법이 다 관찰되며 특히 다듬기에 있어서 오리냐시앙기술이 보인다고 한다.

---

46) 孫寶基, 앞의 글(1973b), 32~47쪽.

〈그림 20〉 석장리유적의 석기

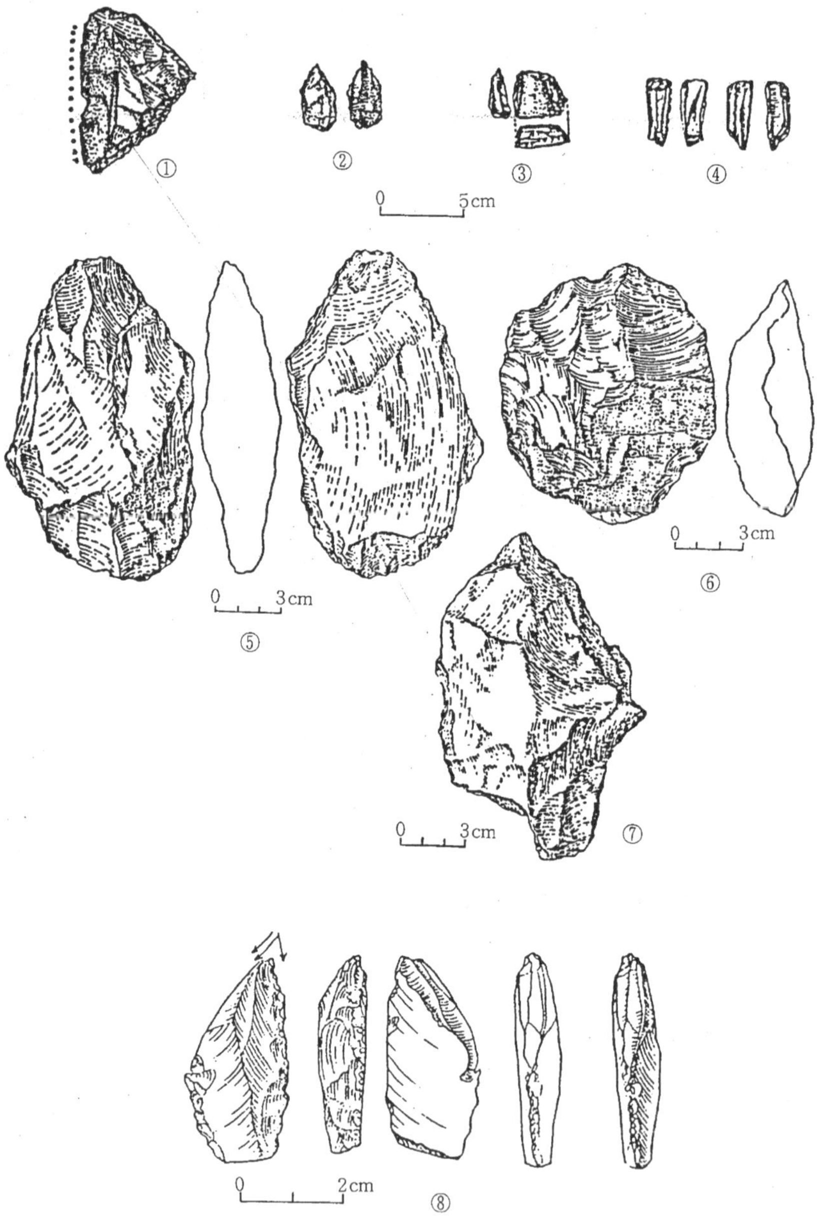

(다) 석 기

이 집자리에서는 모두 14종의 석기가 분류되었으며 다음과 같다.

주먹도끼(〈그림 20〉⑤)

이것은 2개가 있으며 모두 타원형으로 양면석기인데 석기의 표면에 자연면이 일부 남아 있다. 그 중 한 개는 꽤 큰 편으로 크기는 14.3×8.0×4.2㎝이다.

찍개(〈그림 20〉⑥)

모두 59개의 찍개가 분류되었는데 쵸퍼가 40개, 쵸핑-툴이 18개로 구분되며, 둥근 석기로 분류되었던 1개가 둥근 찍개 즉 쵸핑-툴로 여기에 포함되었다. 이 둥근 찍개의 크기는 11.5×9.8×3.3㎝이다.

찌르개(첨기, 〈그림 20〉⑦)

이것은 모두 414점인데 창끝·화살촉 등으로 나뉘며 이 가운데 큰 것 2점은 창모양이다. 크기는 14.6×9.3×3.0㎝이다.

긁개(〈그림 21〉①·②)

석기 가운데 가장 많은 639점이며, 볼록날 351점, 오목날 21점, 직선날 189점, 마즛날 32점, 볼록-오목날 44점, 볼록-직선날 2점으로 구분되었다. 이 중에 돌날로 만든 긁개도 보인다. 박편 등부분의 자연면에 가벼운 다듬기를 한 작은 긁개가 있다(〈그림 21〉②). 크기는 4.6×5.4×1.2㎝이다.

밀개(끝긁개, 〈그림 21〉③)

이것은 모두 598점으로 긁개 다음으로 많다. 부채형 153점, 대패형 115점, 콧날형 긁개 109점 등이며 그 밖에 작은 형태의 밀개도 많다.

주먹괭이(〈그림 21〉④)

7점으로 잡는 부분과 석기 끝을 잘 다듬었고 길이 32.5㎝ 되는 것도 있다.

톱니날(〈그림 21〉⑤)

이것은 모두 114점인데, 양날 14점, 외날 38점(크기 5.2×4.9×2.1㎝)이며, 불규칙한 것이 62점 된다고 하였다.

기 타

그 밖에 자르개(칼) 79개, 째개 75개, 깎개 21개, 주먹대패 52개, 새기개(조각칼, 〈그림 20〉⑧) 584개, 뚜르개(송곳, 〈그림 21〉⑥) 86개, 홈날 20개, 돌날 8개, 세형돌날석핵(〈그림 21〉⑦·⑧) 등이 있으며, 이 가운데는 전형적인 후기 구석

〈그림 21〉 석장리유적의 석기

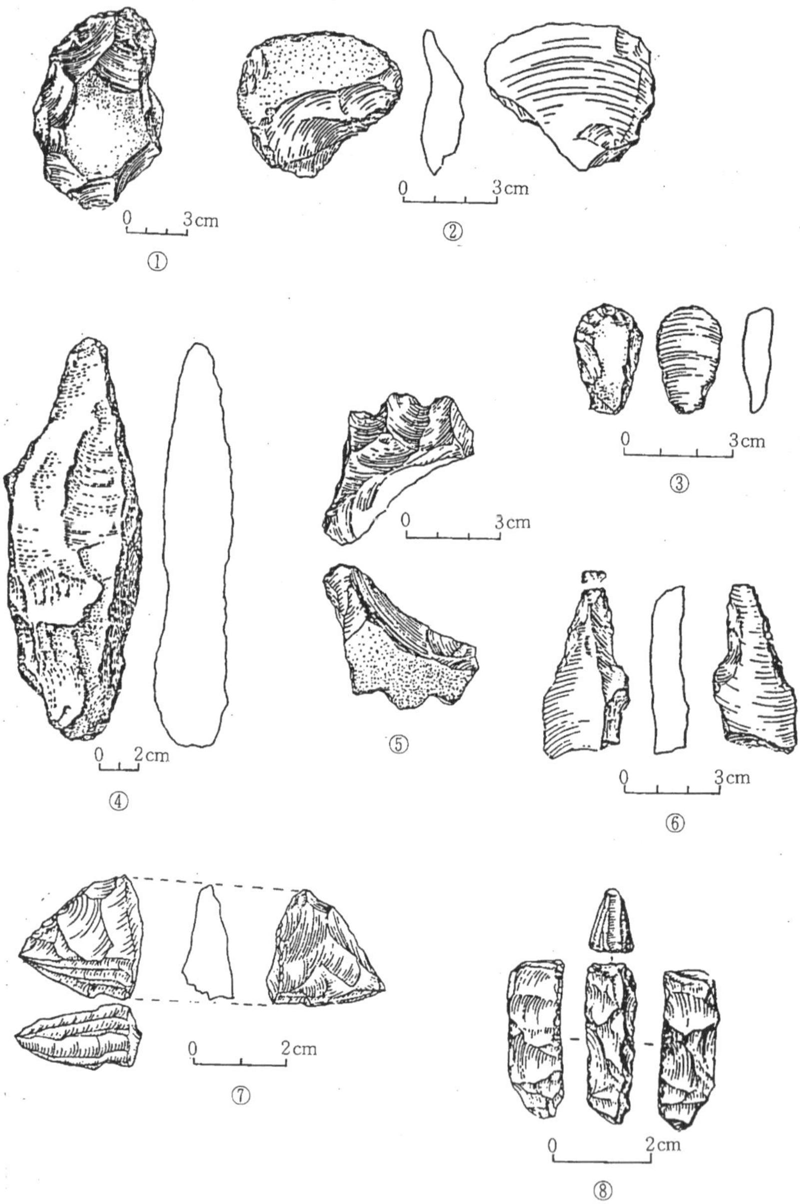

기가 포함되어 있으므로 이들은 집자리가 발견된 후기 구석기문화층을 잘 나타내준다고 하겠다.

나) 제원 창내유적의 석기

충북 제원군 사기리에 위치하여 충주댐 수몰예정지구에 있던 이 유적은 1982년부터 1983년까지 발굴조사되었으며 발굴 당시는 제원 사기리 C지구라고 불렀으나 그 후 간단하게 창내유적이라 하였다. 이 유적은 남한강 중류에 자리잡고 있는 야외유적이며 발굴을 통해 밑으로부터 모두 7개의 지층이 구분되었는데 후기 구석기문화층은 밑의 Ⅱ층에 해당한다.[47] 창내유적에서 발굴된 석기는 일반적으로 후기 구석기의 특징을 보여준다 하겠다.

(가) 석기재료

이 곳에 사용된 석기재료는 대부분이 근처 강가에서 구할 수 있는 강자갈돌인데 암질로서는 유문암·규암·석영·반암·혈암·흑요석·규암질판암·규장암·판암·이암 등이다. 이 중에 석영이 가장 많이 사용되었고(64%), 그 다음은 규질혈암(11%), 혈암(Shale, 9%), 이암(9%) 등의 순서였다.

(나) 석기제작기술

대부분의 석기는 직접타격법으로 만든 박편을 2차가공하여 만들었지만 일부는 간접타격법으로 돌날을 만들었다고 하며 잔손질도 독특하고 석기를 다듬을 때는 가압법도 사용하였다 한다.

(다) 석기의 종류·형태·특징

발굴된 유물은 5천여 점인데 그 가운데 석기는 514점으로, 큰석기 119점, 박편석기 319점, 기타 76점으로 분류되었다. 다시 큰석기가 찍개 69개, 주먹도끼 47개, 사냥돌 3개로, 박편석기가 긁개 111개, 밀개 70개, 자르개 40개, 째개 25개, 톱니날 31개, 홈날 21개, 새기개 21개로 분류되었다.[48]

주먹도끼(〈그림 22〉①)

이것들은 유문암자갈돌과 규암의 모난돌 등에서 박편을 떼낸 다음 그 양

47) 박희현, 〈제원 사기리 후기 구석기유적발굴조사보고〉(《충주댐수몰지구 문화유적발굴조사종합보고서》 Ⅰ, 충북대 박물관, 1984).
——, 《제천 창내 후기 구석기문화의 연구》(연세대 박사학위논문, 1989).

48) 박희현, 위의 책.

〈그림 22〉 창내유적의 석기

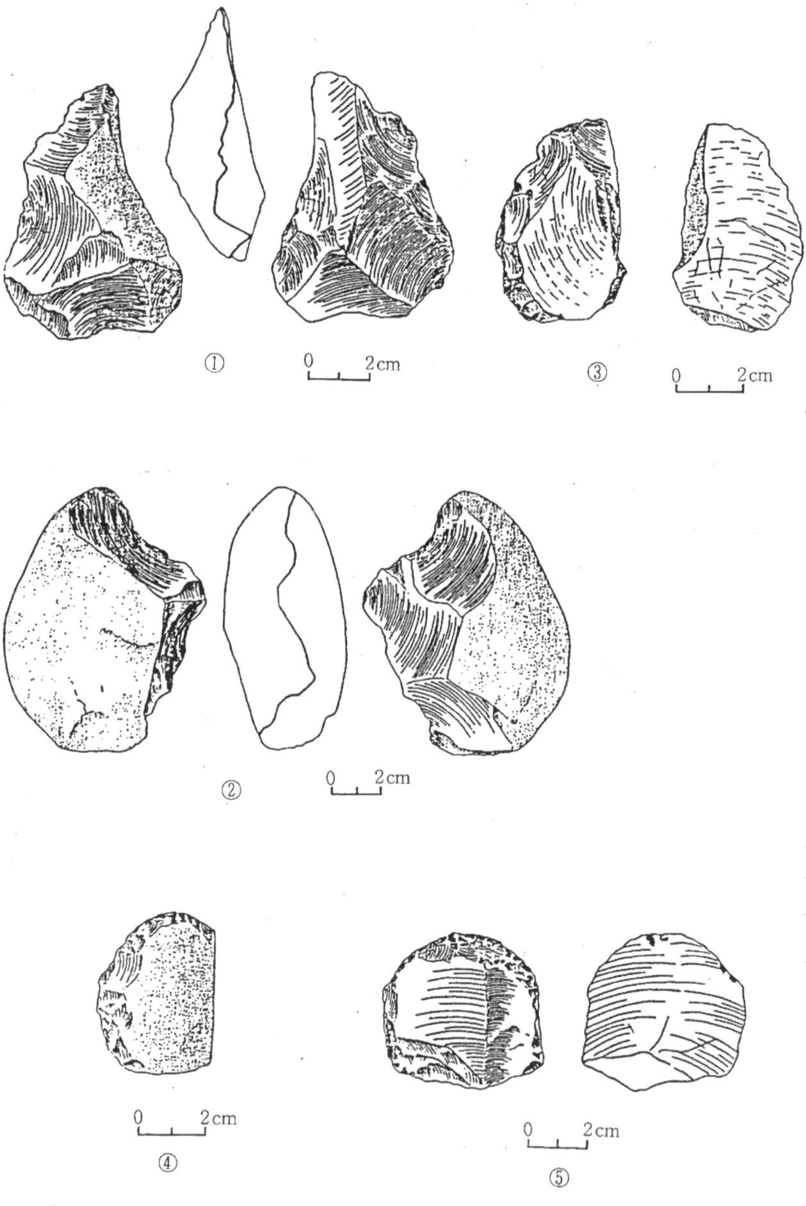

면에서 엇갈리게 타격을 가해 주먹도끼형으로 다듬은 일종의 큰 박편석기가 있다. 규암제 석기는 크기가 8.6×6.1×2.9㎝이다.

쌍날찍개(〈그림 22〉②)

이것의 재료는 주로 석영·반암·혈암자갈돌 등으로 양쪽 면을 엇갈리게 타격을 가하여 만들었다. 이 가운데 하나는 크기가 9.2×8.5×7.6㎝이다.

긁개(〈그림 22〉③·④)

전부 111개가 분류되어 있는데 혈암·반암·흑요석·규암·석영 등 다양한 석재의 자갈돌 박편을 이용하여 만들었다. 대부분이 볼록날 긁개이다. 이 중에 하나는 크기가 6.1×3.5×1.5㎝이다.

밀개(〈그림 22〉⑤)

이것은 모두 70개가 소개되었는데 그 중에 둥근 밀개(〈그림 22〉⑤)가 포함되어 있어 이 유적에서 독특하고 수도 많아 특징적인 석기라고 하였다. 대부분 혈암·규암·규장암·판암 등의 자갈돌에서 떼낸 박편으로 만들었다. 대표적인 것의 크기는 4.5×4.3×1.6㎝이다.

톱니날-자르개

혈암제 박편에 톱니날을 준비한 쪽에 대한 다른 쪽도 크게 톱니날을 준비한 석기로 자르개의 구실하는 부분은 잘 안보인다. 7.2×4.6×1.6㎝ 크기다.

주먹대패

석영판자돌로 만든 볼록-직선날을 보이는 주먹대패이며, 자갈돌을 반쪽 내어 여기에 4번 타격을 가해 날을 만든 것이다. 8.4×7.6×5.3㎝ 크기다.

기 타

석기는 아니지만 망치돌과 흑요석 박편이 언급되어 있다. 이 곳의 석기는 석기 형태와 날을 만드는 기술이 후기 구석기에 속하는 것으로 설명된다.

다) 수양개유적의 석기

1983~1985년까지 4차에 걸쳐 발굴조사한 단양 수양개유적은 후기 구석기를 잘 나타내주는 유적의 하나이다. 신단양에서 남서쪽으로 5㎞가량 떨어진 남한강가에 위치한 이 유적은 발굴을 통해서 모두 5개의 지층이 구분되었다. 제Ⅳ층이 후기 구석기에 해당하는 층으로 Ⅳㄱ층과 Ⅳㄴ층으로 세분되나 후기 구석

기는 Ⅳㄴ층에서 주로 나타난다.[49] 이 유적의 종합보고서가 아직 나오지 않아 석기의 통계학적 분석을 통한 전체적인 석기의 성격파악은 어렵지만 이미 보고된 내용을 중심으로 살펴보고자 한다.

(가) 석기재료

수양개의 석재는 크게 2가지다. 첫째가 망치돌 또는 모룻돌로 사용된 자갈돌이 있으며 이들은 주로 사암·규암·화강암·거정화강암 등으로 구성되어 있다. 둘째는 주로 석기를 만드는데 사용한 석재로 규질혈암(Silicious shale)이 있으며, 수정과 흑요석도 부분적으로 사용되었다. 수양개유적에서는 전형적인 후기 구석기를 만들기 위해 석영 같은 단단한 차돌보다는 입자가 고운 규질혈암이나 흑요석 같은 석재를 사용한 것이 관찰된다.

(나) 석기제작기술

보고서에는 수양개의 석기제작기술이 주로 망치돌과 모룻돌을 이용한 직접타격법을 사용하였고, 이 방법을 이용한 석기제작장소도 제Ⅳ층에서 몇 군데 발견하였다고 하지만 석기 가운데는 전형적인 돌날에 만들어진 것이 있기 때문에 간접타격법도 사용된 것을 알 수 있으며, 또 가압법도 사용하여 유경첨기 같은 것을 만든 것이 관찰된다.

(다) 석기의 종류·형태·특징

석기는 모두 크게 7종류로 흑요석 석기는 따로 설명하고 있다.[50]

주먹도끼(양면핵석기, 〈그림 23〉①)

이것은 대형·중형·소형 3가지로 분류되었고 대형은 1개가 언급되어 있는데 길이가 30㎝ 정도 되는 크기로 다른 주먹도끼보다 크기에서 차이가 많이 나는 석기이다. 이러한 것은 후기 구석기에서 찾아보기 어려운 형태로 석기의 분류기준에서 오는 차이라고 보며 이것은 오히려 돌핵에 해당하는 유물이다. 중형의 주먹도끼는 4개가 소개되어 있는데 길이 13.30~11.32㎝, 폭 9.94~8.48㎝, 두께 4.88~1.98㎝를 나타내며 형태는 전체적으로 납작한 편이다. 이

49) 이융조, 〈단양 수양개구석기유적 발굴조사보고〉(《충주댐수몰지구 문화유적발굴조사종합보고서》-고고·고분분야Ⅰ-, 충북대 박물관, 1984).
———, 〈단양 수양개구석기유적 발굴조사보고〉(《충주댐수몰지구 문화유적연장발굴조사보고서》, 충북대 박물관, 1985).

50) 이융조, 위의 글(1985), 135~160쪽.

것은 보고자가 주먹도끼라고 분류하고 있지만 주목해야 할 대단히 중요한 점은 양면핵석기가 그대로 사용된 것이 아니라, 후기 구석기유적에서 상징적으로 나타나는 세형돌날을 만드는데 사용된 세석인석핵 또는 두터운 유선형 긁개를 만들기 위한 전단계의 석핵으로 분류되는 유물이라는데 있다. 소형의 주먹도끼는 1개가 있으며, 크기는 길이 7.6㎝, 폭 5.88㎝, 두께 2.08㎝이다.

찍개(쵸핑-툴·양면찍개, 〈그림 23〉②)

모두 4개의 형식으로 분류되어 있으나 별 의미가 있다고는 보기 힘들다. 이것들은 크기별로 분류되었는데 쵸핑-툴은 제작기술면에서 정의되기 때문에 크기에 따라 분류해서 찾을 수 있는 형식학적 특징은 별로 없다.

유경첨기(슴베찌르개, 〈그림 23〉③)

유경석기는 모두 45점이 수집되었는데 이 가운데 첨기는 42점이다. 석기의 꼭지를 만드는 방법 중에 석기의 윗면 2방향만 다듬고 그 단면은 직사각형 또는 사다리꼴로 만든 것이 제일 많아 35개가 이에 해당하며 수양개 유경첨기의 제작상 특징이라고 할 수 있다. 석기의 크기는 4~8㎝이며 평균 크기는 6.2㎝이다. 석기재료로는 주로 혈암을 사용하였으나 일부 흑요석과 석영도 이용하였다.

긁개(〈그림 23〉④)

긁개는 여러 종류로 분류할 수 있는 석기인데 여기서는 5점만 언급되어 있다. 주로 석기의 날모양에 따라 5가지로 설명하고 있는데 ①직선날, ②직선날-홈날, ③직선날-볼록날, ④둥근날, ⑤양쪽기운날-오목날·새기개 등으로 설명하고 있다. 석기재료는 주로 혈암이고 드물게 반암도 사용하였다. 석기의 크기는 길이 11.0~6.52㎝, 폭 10.1~3.84㎝, 두께 2.6~1.3㎝ 사이에 해당한다.

밀개(끝긁개, 〈그림 23〉⑤~⑧)

이것은 뚜렷한 40점을 대상으로 날의 잔손질 방향을 분류하여 구심식 15점, 반구심식 2점, 비구심식 8점, 기타 15점으로 나누었다. 잔손질의 특징은 오리냐시앙식이 보인다고 한다. 대표되는 석기 4점은 석기의 날모양과 복합되는 석기를 골라 서술하였는데 ①밀개-새기개, ②볼록날 밀개, ③둥근밀개, ④돌날밀개 등이며 이들의 석재로는 혈암과 반암을 함께 사용하였다. 우리 나라 후기 구석기의 특징인 끝긁개(밀개)가 잘 나타나 있다. 석기의 크기는 길이 10.8~3.4㎝, 폭 3.2~2.39㎝, 두께가 1.4~0.75㎝ 사이에 해당한다.

〈그림 23〉 수양개유적의 석기

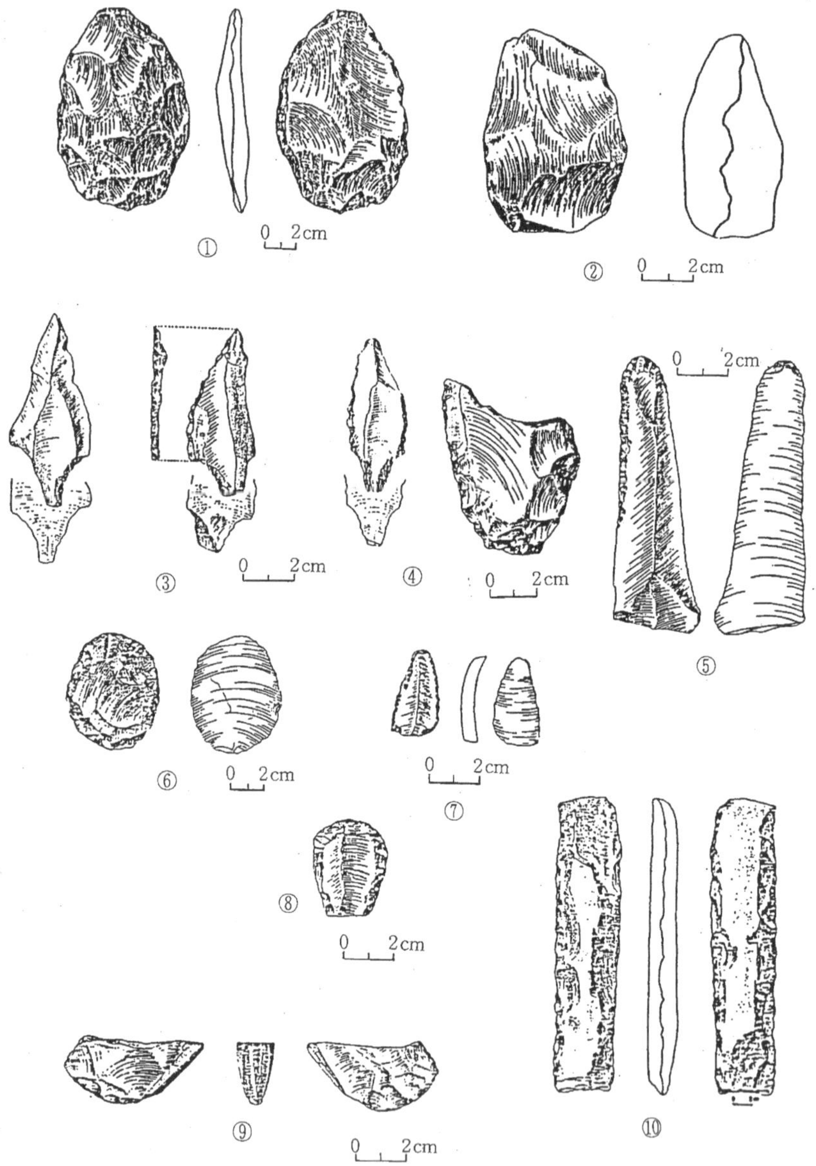

배모양밀개(유선형긁개, 〈그림 23〉⑨)

이것은 모두 50여 점에 이르며[51] 석재는 규질셰일(혈암)이 80%, 그 밖에 반암, 쳐트(Chert, 각암), 흑요석 등을 사용하였다고 한다. 수양개에서 말하는 배모양의 밀개는 유선형긁개를 말하는데 전형적인 것과는 차이가 난다. 우선 전체적인 기술은 일본의 유우베츠(湧別)기술과 같으며 이는 본래 세형돌날을 만들고 남은 석핵을 의미한다. 굳이 밀개로서 사용한다면 가능하기도 하지만 본래의 유선형긁개와는 그 형태가 많이 다른 것을 알 수 있다. 서구의 오리냐시앙문화에 대표적으로 나타나는 유선형긁개와는 형태적으로 많은 차이가 난다. 그러나 수양개의 이러한 석기는 시베리아·중국·몽고·일본의 것과 비교하여 편년과 전파경위를 밝히는 것이 중요하다.

주먹칼(〈그림 23〉⑩)

모두 9개로 분류된 것으로, 길이가 20㎝ 이상이고, 너비가 6~7㎝ 되는 형태의 석기인데, 석기의 날은 모두 일면 또는 양면에 잔손질하여 만들었으며 모양은 직선날이다. 여기서 칼의 날을 잔손질하여 만들었다고 하였으나 원래 칼날은 날카로운 부분을 이용하기 때문에 잔손질하여 만들었다는 칼날은 적합하지 않다. 석기재료는 규질혈암을 사용하였으며, 석기의 크기는 길이 22.3~14.75㎝, 폭 7.2~6.0㎝, 두께 3.65~1.7㎝ 사이에 해당한다.

흑요석 석기

수양개유적에서 흑요석으로 만든 유물이 수집된 수는 100여 점에 달하며, 이 가운데 석기로 분류된 것은 밀개가 7점, 긁개 4점, 조각칼 2점, 찌르개 1점, 째개가 1점 있다. 그 밖에 세형돌날 1점이 있고 나머지는 모두 부스러기에 속한다. 수양개의 흑요석 석기는 규질셰일 석기와 함께 이 곳의 후기 구석기의 형태와 석기제작기술을 연구하는데 좋은 자료로 평가된다.

라) 상무룡리 A지구유적의 석기

양구 상무룡리의 발굴지역인 1·2지역은 1987년·1989년에 걸쳐, 3·4지역은 1987년·1988년 각각 2차에 걸쳐 발굴하였다. 그런데 후자의 3지역 A지구에서는 후기 구석기시대의 흑요석제 석기가 많이 나와 우리 나라의 후기

51) 이융조, 위의 책, 156쪽.

〈그림 24〉 상무룡리 A지구유적의 석기

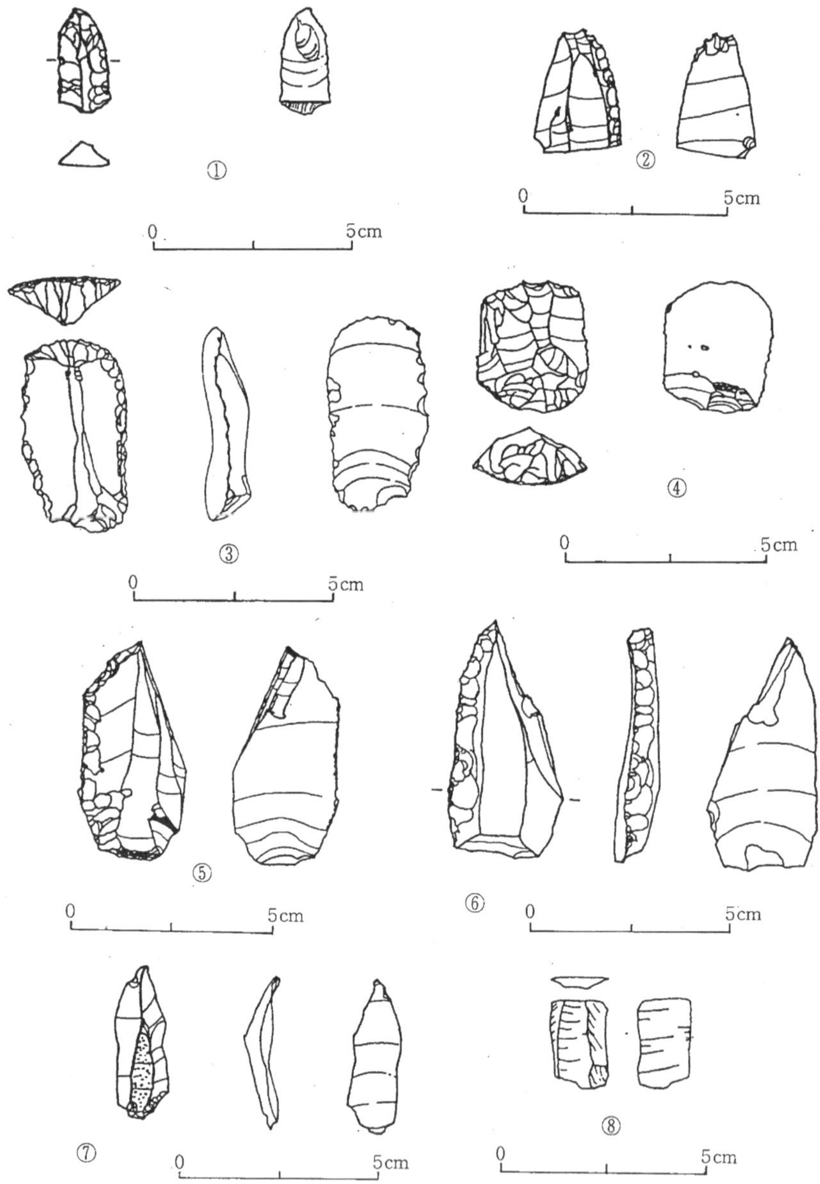

구석기를 연구하는데 좋은 자료를 제공하였다고 생각된다.

이러한 흑요석 석기들이 발견된 상무룡리 A지구의 지층은 표토로부터 깊이가 18~25㎝ 사이에 해당하는 층으로 갈색 점토층에 속하며 1988년 2차 발굴 당시 이 석기들이 지층에서 발견되었다. 흑요석제 유물 60점 중 6개(긁개)는 발굴구덩이내의 표토에서 채집된 것이고 나머지 54개는 지층에서 발견되었다.[52] 이 유물들은 긁개(〈그림 24〉①·②)가 31개, 끝긁개(〈그림 24〉③·④)는 2개, 조각칼(〈그림 24〉⑤·⑥)이 8개, 돌날(〈그림 24〉⑦·⑧)이 13개로 분류되었다. 일반적으로 이 석기들의 크기는 길이가 3.0~3.5㎝, 폭이 1.5~2.0㎝, 두께가 0.1~1.0㎝ 정도 된다. 따라서 이 유적에서 나온 석기의 특징은 작은 크기에 속하며 무엇보다도 간접타격법인 돌날제작기술이 보이지 않고 전부 직접타격법으로 만든 작은 박편을 2차가공하여 만들어졌다는 점이다. 이러한 석기제작기술이 석재가 좋은 흑요석에도 적용된 것은 앞으로 우리 나라 후기 구석기의 석기제작기술을 연구하는데 참고가 되리라고 본다.

마) 승주 곡천유적의 석기

주암댐 수몰지역에 있는 이 유적은 구제발굴의 일환으로 1986년에 1차, 1987년에 2·3차, 1989년에 4차에 걸쳐 발굴된 곳이다.[53] 곡천유적은 전남 승주군 송광면 우산리의 곡천마을 구릉사면에 위치하며 발굴구역은 곡1~3지구로 나뉘는데, 곡1지구에서는 19개의 지층이, 곡3지구에서는 11개의 지층이 구분되었다. 후기 구석기에 속한다는 곡3지구의 Ⅳ층은 황갈색 점토층이다.

이 층에서 발굴된 유물과 석기의 총수는 알 수 없으나 석기는 조각칼(〈그림 25〉①)·②), 긁개(〈그림 25〉③), 뚜르개(〈그림 25〉④) 등 4종류가 분류되었고, 이 중에 조각칼이 많이 나온다고 하였다. 그 밖에 우리 나라 후기 구석기의 상징적 유물인 세석인석핵(〈그림 25〉⑤)과 여기서 떨어져 나온 세석인석핵박

---

52) 黃龍渾 外, 《上舞龍里(破虜湖退水地域)遺蹟發掘調査報告》(江原道·江原大 博物館, 1989), 515~516쪽.

53) 이융조, 〈우산리 곡천선사유적〉(《주암댐수몰지역 문화유적발굴조사보고서》 Ⅴ -구석기·입석·도요지 : 중-, 전남대 박물관, 1989).

———, 〈우산리 곡천구석기유적〉(《주암댐수몰지역 문화유적발굴조사보고서》 Ⅶ -구석기·주거지 : 중-, 전남대 박물관, 1990).

편(〈그림 25〉⑥) 그리고 돌망치·돌핵·박편 등이 함께 발굴되었다고 하였다. 이 유적의 석기재료는 보통 석영·규암·반암·이암 등이 보이는데 후기 구석기문화층에서는 주로 반암과 이암이 사용되었다 한다.

바) 승주 신평리 금평유적의 석기

이 유적 역시 주암댐 수몰지구의 구제발굴의 일환으로, 1986년에 1차로 이곳에서 지석묘를 발굴조사하였고, 1987년에는 2차로 후기 구석기유적을 발굴하였다.[54] 유적의 위치는 전남 승주군 송광면 신평리 금평의 보성강 하안단구에 있으며 지층은 아래로부터 위로 50~150㎝ 두께의 자갈층, 150~300㎝ 두께의 자갈점토층, 50~100㎝ 두께의 점토층 순으로 쌓여 있는 것이 구분되었다. 후기 구석기문화층에 속하는 층은 맨 위층의 점토층이며 토양 종단면상 B2에 해당하는 층이라 한다.

발굴된 유물은 209점 중 석영제는 114점, 이암제는 92점, 석기로 분류된 것은 모두 이암제로 끝긁개(〈그림 25〉⑦·⑧) 2점, 조각칼(〈그림 25〉⑨) 1점, 첨기(〈그림 25〉⑩) 1점 등이다. 그 밖에 사용된 이암제 유물이 5점 있으며 그 중에 세석인(〈그림 25〉⑪)이 1점 포함되어 있다. 기타 유물들은 박편 21점, 돌날 29점, 돌핵 4점, 부스러기 146점이 있다. 여기서도 전형적인 돌날은 석기용으로 쓰인 것 같지는 않다.

사) 승주 덕산리 죽산유적의 석기

죽산유적도 주암댐 수몰지구의 구제발굴로 조사된 유적이며 1988년에 발굴한 곳으로, 전남 승주군 덕산리 죽산의 마을 입구에 형성되어 있는 사면붕적층(Colluvium)의 고토양층에서 후기 구석기가 발견되었다고 하였다.[55] 이 유적의 지층은 위로부터 아래로 5개가 구분되었고 4층이 붉은색의 점토성분이 많이 섞인 사면붕적층으로 후기 구석기문화층에 속한다.

발굴된 유물은 200여 점인데 석기 3점, 박편 14점, 돌날 3점, 돌핵 4점 등

---

54) 林炳泰·李鮮馥, 〈新坪里금평舊石器〉(《住岩댐水沒地域 文化遺蹟發掘調査報告書》Ⅴ-舊石器·立石·陶窯址:중-, 全南大 博物館, 1988).

55) 李鮮馥 외, 〈新坪里 금평·德山里 竹山 後期舊石器遺蹟〉(《住岩댐水沒地域 文化遺蹟發掘調査報告書》Ⅶ-舊石器·住居址:중-, 全南大 博物館, 1990).

〈그림 25〉 승주 곡천 및 신평리 금평유적의 석기(곡천 ①~⑥, 금평 ⑦~⑪)

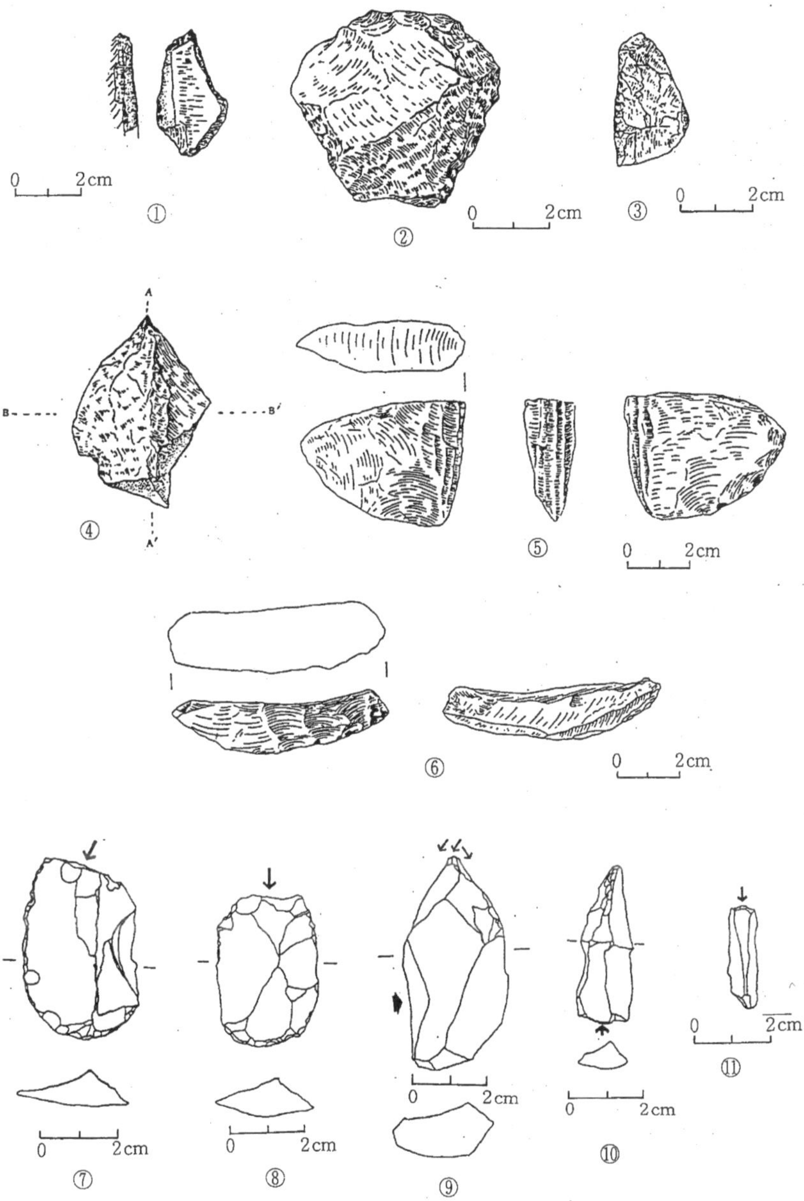

〈그림 26〉 덕산리 죽산유적의 석기

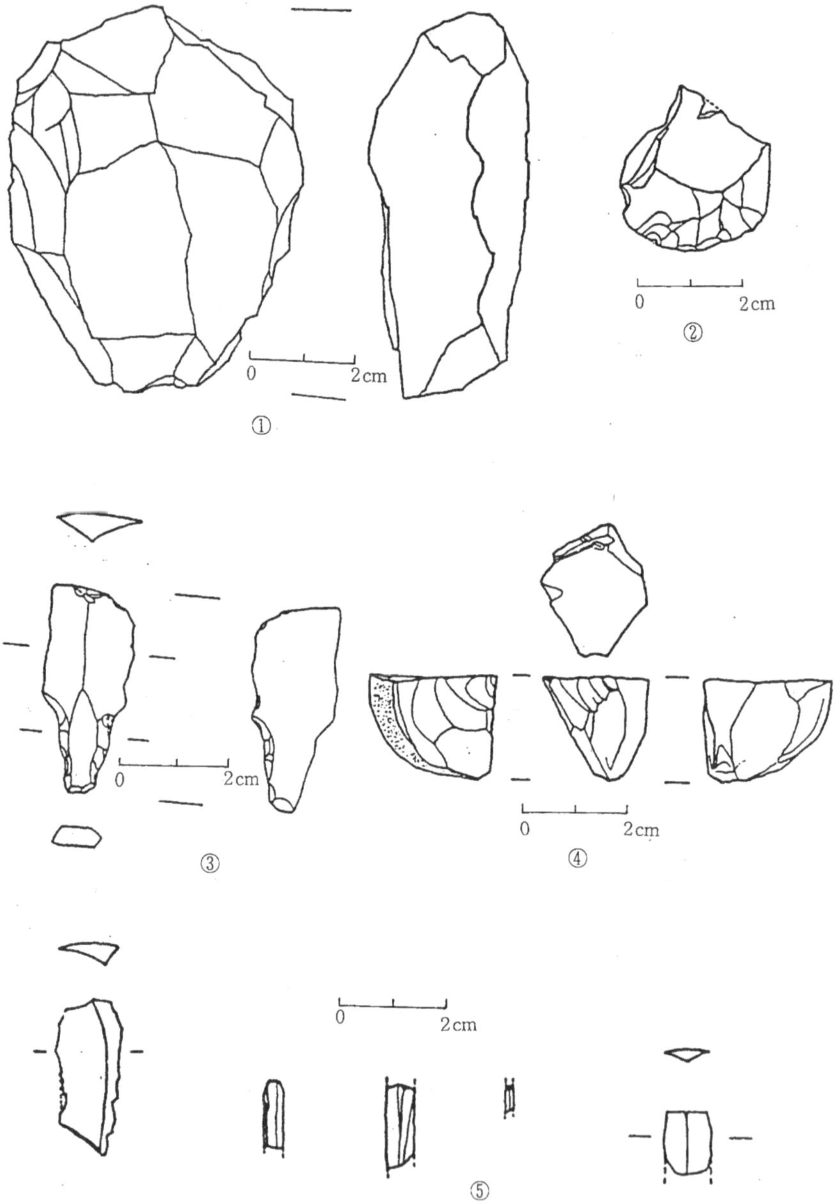

으로 분류되었다. 석기는 석영과 이암으로 만들었으며 쵸핑-툴(〈그림 26〉①)이 1개 있는데 이것은 돌핵으로 분류될 수 있는 것이며 석영제이다. 또 이암제 긁개(〈그림 26〉②) 1개와 역시 이암제 유경석기(〈그림 26〉③) 1개가 석기로 분류되었는데 유경석기는 앞부분이 부러진 상태로 처음부터 이 부분이 뾰족하게 가공되었는지는 알 수 없다. 돌핵 중에는 세석인석핵(〈그림 26〉④)이 보이며 세석인(〈그림 26〉⑤)·유경석기와 함께 후기 구석기의 특징을 보여준다고 하겠다.

아) 화순 대전유적의 석기

전남 화순군 남면 사수리 대전마을의 북쪽 구릉에 위치하는 이 유적은 화순에서 동남쪽으로 10km가량 떨어져 있는데, 주암댐 수몰지구유적 구제발굴에 의해 1987년에 1차, 1989년에 2·3차 조사한 곳이다. 유적의 지층은 밑에서 위로 7개로 나눈 후 Ⅱ~Ⅴ층을 세분하여 모두 12개로 나누었다.

후기 구석기문화층에 속하는 것은 Ⅴa층이며, 이 층에서 유물이 모두 487개 발굴되었는데 석기로는 밀개(〈그림 27〉①·②) 8개, 긁개(〈그림 27〉③) 16개, 송곳(〈그림 27〉④) 3개, 첨기(〈그림 27〉⑤) 7개, 조각칼 7개, 찍개 4개, 홈날 5개, 째개 3개, 주먹대패 2개 등으로 분류되었고, 그 밖에 세석인석핵 3개(〈그림 27〉⑥·⑦), 박편 25개, 돌핵 14개, 모룻돌 2개, 망치돌 2개 등의 유물과 나머지는 기타로 분류되었다.[56)]

사용된 석기재료는 석영맥암·이암·반암 등이며, 세석인석핵은 이암으로 만들었고 밀개·긁개·첨기·송곳·주먹대패 등은 주로 석영맥암으로 만들었다. 이 문화층의 석기는 밀개·조각칼·송곳 등 후기 구석기형 석기와 특히 세석인석핵 등이 발견되어 우리 나라 후기 구석기문화의 한 면을 보여주고 있다.

자) 옥과유적의 석기

옥과유적은 2곳으로 되어 있는데, 전남 곡성군 옥과면에 있는 주산리유적과 여기서 옥과천을 따라 하류로 4km 정도 떨어진 입면에 있는 송전리유적

---

56) 尹用賢, 〈和順 大田舊石器文化의 硏究〉(淸州大 碩士學位論文, 1990).
李隆助·尹用賢, 〈화순 대전 후기 구석기문화〉(《선사와 고대》 3, 1992).
———, 〈화순 대전 구석기시대 집터복원〉(충북대 선사문화연구소, 1992).

〈그림 27〉 화순 대전유적의 석기

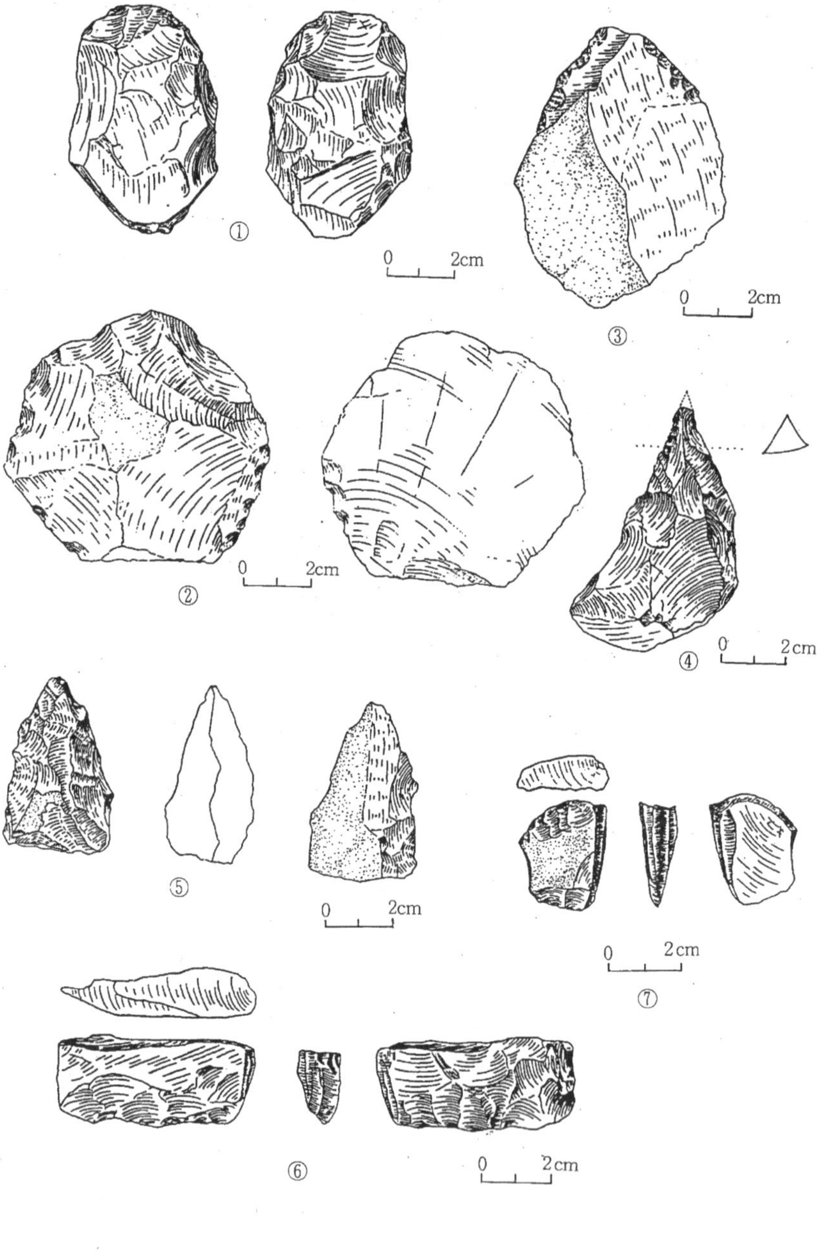

〈그림 28〉 옥과유적의 석기(주산리 ①~③, 송전리 ④~⑨)

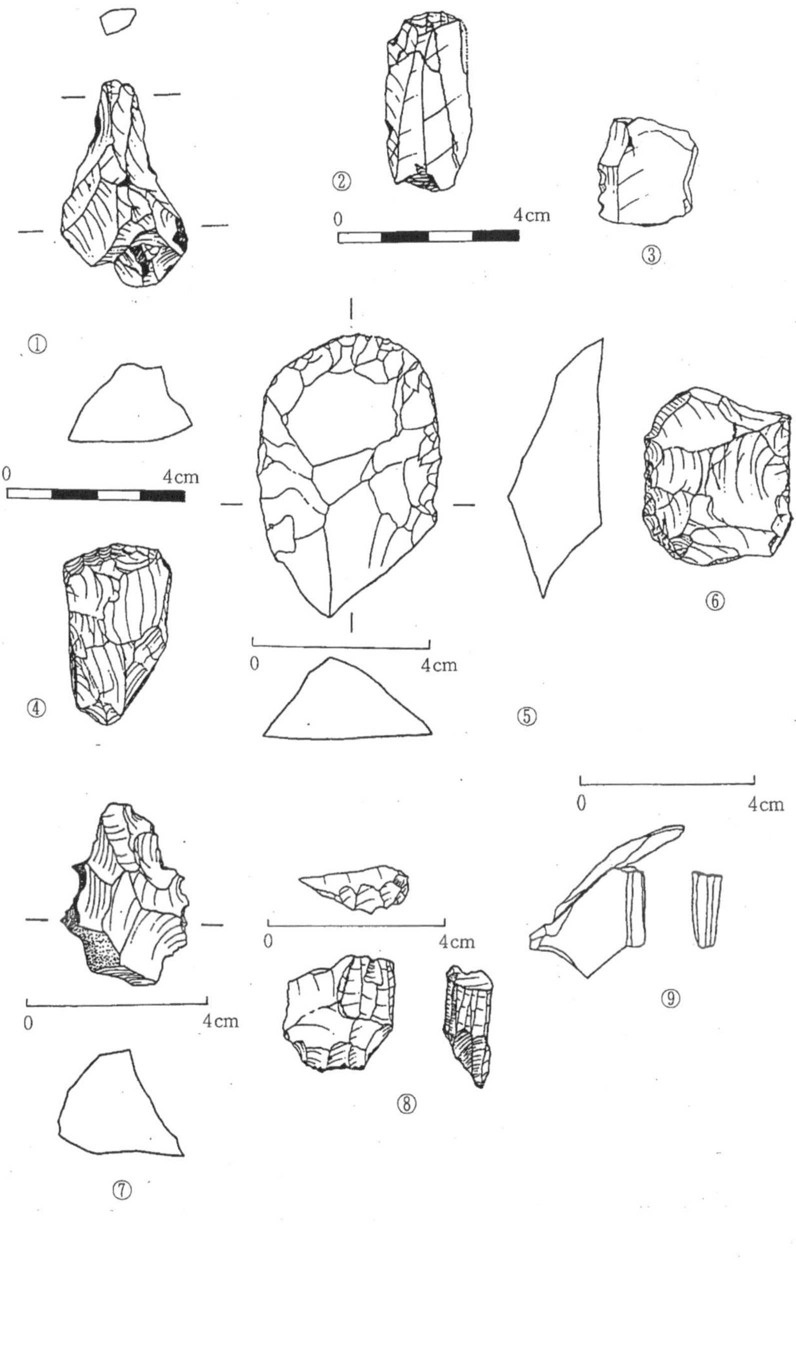

으로 나뉜다. 이 유적들은 1990년에 발굴과 시굴을 실시하여 후기 구석기가 출토된 곳이며,[57] 전자는 발굴은 되었지만 문화층이 교란되어 있어서 석기의 원 위치는 알 수 없는 곳으로 177점의 유물이 수집되었다. 유물의 대부분은 이암제로 이 가운데 석기는 밀개(〈그림 28〉①·②) 3개, 톱니날(〈그림 28〉③) 1개와 그 밖에 박편 49개, 돌핵 3개, 부스러기 등으로 분류되었다. 석기 중 밀개 1개(〈그림 28〉②)는 후기 구석기의 전형적 형태를 보여준다.

송전리유적도 대부분이 교란된 상태이나 2차 시굴갱에서는 비교적 괜찮은 상태의 지층을 구분하였다고 한다. 문화층은 지표하 30~50㎝에 해당하는 부분으로 Silt가 섞인 점토층이다. 이 시굴갱에서 중요한 유물이 대부분 출토되었다고 하며 교란된 층에서 발견된 유물과 함께 석기 등을 분류하였다. 송전리유적의 유물 총수는 241점이며, 석기로는 밀개(〈그림 28〉④) 1개, 긁개(〈그림 28〉⑤·⑥) 3개, 톱니날(〈그림 28〉⑦) 1개와 사용된 석기 2점 등 7개로 분류되었고, 그 밖에 세석인석핵(〈그림 28〉⑧·⑨) 2개, 석핵 1개, 박편 90개, 돌날 13개, 기타 101개 등으로 구분되었다. 후기 구석기의 특징으로는 밀개와 세석인석핵에서 잘 찾아볼 수 있으며, 세석인석핵 중에는 중국·일본 등의 같은 석핵 제작기술과 비교되는 것이 있어 주목된다.

나. 북 한

가) 웅기 굴포리유적의 석기

1963년에 발굴된 웅기 굴포리유적은 위로부터 아래로 모두 7개 지층이 구분되었는데, Ⅴ층이 굴포문화 Ⅱ기인 후기 구석기층에 속한다.

(가) 석기재료

굴포문화 제Ⅱ기층의 석기는 제Ⅰ기층의 주된 석재인 석영과는 달리 대리석·각암 등으로 되어 있는데, 정교한 석기를 만드는데 매우 적합하다.

(나) 석기제작기술

이 문화층의 석기제작기술은 직접타격법보다도 끌 같은 것을 대고 박편을 떼내는 간접타격법이 주로 사용되었다. 이러한 박편을 갖고 석기를 만들 때는

57) 李鮮馥 외, 《玉果舊石器遺蹟》(서울大 博物館, 1990).

가압법을 사용하여 잔 박편을 눌러 뜯어내 석기를 만드는 기술도 이용되었는데 이런 기술은 Ⅰ기층의 석기제작기술보다 더 발달된 것이다.

(다) 석기의 종류·형태·특징

Ⅱ기층의 유물로는 대리석재 밀개 1점, 검푸른 빛의 각암제 석기 3점이 설명되어 있다.[58]

끝긁개(밀개, 〈그림 29〉①)

이것은 밑부분이 편평하고 등부분은 볼록하게 나온 박편의 가장자리를 다듬어서 날을 만든 석기이다. 날부분에는 때린 홈과 조각이 떨어져 나간 자리가 남아 있으며, 날의 일부는 사용하여 무뎌졌고 밑바닥의 일부분도 반들반들하게 닳았다. 석기의 크기는 10.0×8.0×3.8㎝이다.

각암 제1석기(〈그림 29〉②)

석기의 명칭이 나와 있지 않지만 그림에 나와 있는 형태를 보면 끝긁개에 가깝다. 석기의 한쪽이 비교적 넓고 둥근 편이며 모나게 생겼다. 이것은 전면을 가공하였는데 한쪽 면은 전부 가공하였고 다른 면은 둥근 부분만 가공하여 날을 세웠다. 크기는 6.0×4.5×2.3㎝이다.

각암 제2석기(〈그림 29〉③)

이것은 긁개 또는 칼로 분류할 수 있다고 설명하고 있으며 양면이 가공된 석기이다. 한쪽 면은 다 가공하고 다른 면은 뾰족한 날부분만 가공하였다. 석기의 크기는 8.0×5.5×2.2㎝이다.

각암 제3석기(〈그림 29〉④)

부정형의 석기로 한쪽만을 가공하였다. 크기는 7.5×6.5×2.2㎝이다.

나) 부포리유적의 석기

함북 웅기 부포리 덕산에서 1964년에 지표채집한 석기들로 그 특성이 굴포 Ⅱ기층의 석기와 같다고 하므로[59] 간단히 살펴보고자 한다. 부포리의 석재도 주로 각암이며 간혹 부싯돌도 섞여 있다. 이 곳의 각암은 심히 풍화되어 녹이 나 있지만 속부분은 검푸른 빛이 난다고 하였다. 유물의 종류는 긁

58) 김용간·서국태, 〈서포항 원시유적발굴보고〉(《고고민속론문집》 4, 1972).

59) 김용간·서국태, 위의 글, 38~40쪽.

개・칼・찍개・돌핵 등이 대표적이다.

긁개(〈그림 29〉⑤~⑦)

이것은 삼각형・타원형・부정형 등의 형태가 있다.

삼각형 긁개(〈그림 29〉⑤)

주로 한쪽 면만을 가공하여 날을 만들었고 전체 모양은 삼각형이다. 석기의 크기는 10.5×4.3×1.5㎝이다.

타원형 긁개(〈그림 29〉⑥)

얇은 박편에 만든 것인데 날부분의 양면을 돌아가면서 비교적 정교하게 다듬었다. 전체 모양은 타원형이며 석기의 크기는 7.3×4.5×0.8㎝이다.

부정형 긁개(〈그림 29〉⑦)

역시 얇은 박편에 만든 것으로 날부분의 한쪽 면을 돌아가며 비교적 정교하게 다듬고 그 반대편은 대강 손질하였다. 크기는 6.5×4.0×0.5㎝이다.

칼(〈그림 29〉⑧)

칼의 형태는 삼각형・부정형의 2가지가 있다.

삼각형 칼

이것은 한쪽 면만을 가공한 흔적이 보이며 삼각형의 긴 변을 날로 하였다. 석기의 크기는 6.0×3.0×1.3㎝이다.

부정형 칼(〈그림 29〉⑧)

이 형태의 것이 2개 있는데, 하나는 박편의 크기가 7.5×3.5×1.5㎝인 것으로 만들었으며 날이 예리하다. 또 하나는 한쪽 날부분만을 날카롭게 손질하였고 잡는 부분은 쥐기 좋도록 다듬었다. 크기는 6.5×4.5×1.5㎝이다.

찍개(쵸퍼, 〈그림 29〉⑨)

이것의 전체 모양은 둥글게 생겼고 석기의 날부분에는 사용한 흔적이 보인다. 석기의 크기는 7.5×6.0×3.5㎝이다.

돌핵(〈그림 29〉⑩)

이 유물은 만두모양으로 생겼고 높이가 4㎝가량 된다고 하였다.

다) 만달리동굴유적의 석기

평양에서 동쪽으로 40km 정도 떨어진 승호구역 만달리에 있는 이 석회암

〈그림 29〉 웅기 굴포리 ·부포리 및 만달리동굴유적의 석기
(굴포리 ①~④, 부포리 ⑤~⑩, 만달리 ⑪~⑯)

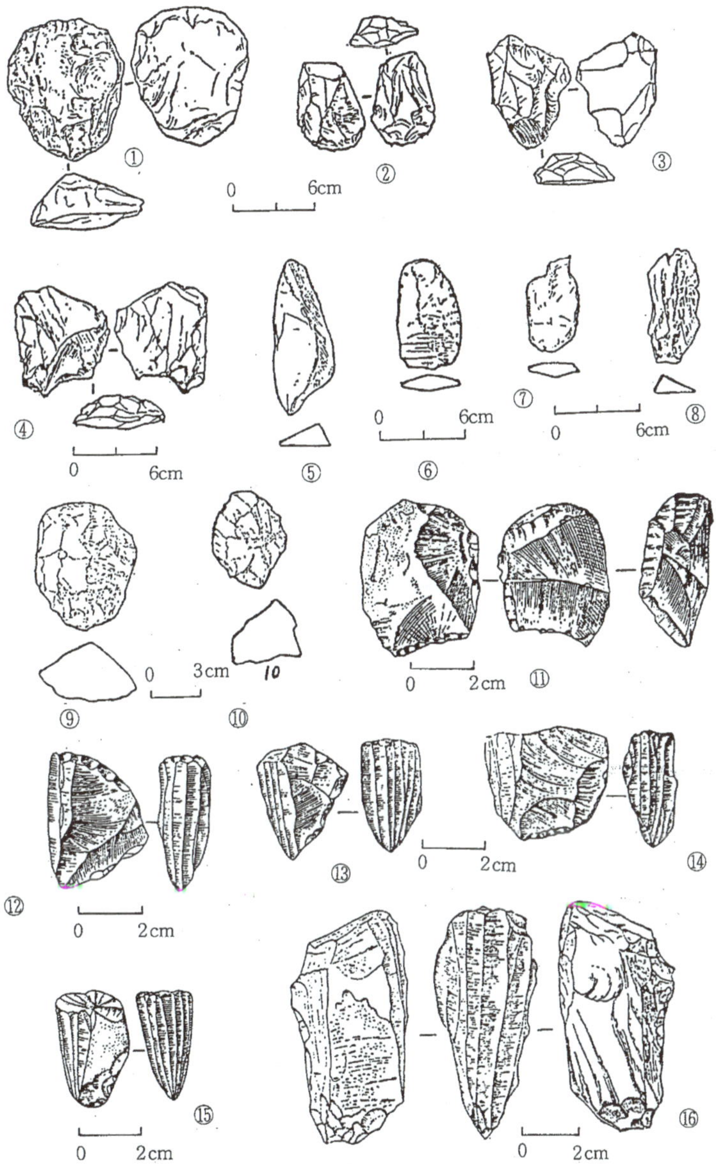

동굴유적은 북한에서 1979년에 1차, 1980년에는 2차발굴조사를 실시하여 화석인골, 후기 구석기유물, 골기, 동물화석 등 많은 구석기시대에 속하는 유물을 발견하였다 한다.[60] 유적의 지층은 크게 3개층으로 위에서 아래로 1층이 위층(신석기층), 2층은 가운데층(후기 구석기층), 3층은 아래층(후기 홍적세층)으로 구분하였고, 이들을 다시 층결이라 하여 퇴적순으로 세분하여 9개로 설명하였다. 후기 구석기층이 발견된 곳은 가운데층의 맨 아랫부분에 해당하는데 석회암이 섞인 회색의 점토층으로 두께가 40㎝가량 된다. 이 층에서 후기 구석기유물이 모두 13점 출토되었는데 석기로 분류된 것은 1점도 없으나, 세석인석핵 8점, 박편 3점, 돌망치 2점이 구분되었다. 석기재료는 세석인석핵 중 규암제 1개, 흑요석제 7개이고, 박편은 흑요석제 2개, 석영제 1개이며, 돌망치는 2개 모두 석영제로 되었다. 이러한 유물 가운데 가장 두드러진 것은 세석인석핵으로 우리 나라 후기 구석기유적에서는 이제 상징적으로 발견되는 돌핵이며 후기 구석기시대의 후기를 나타내주는 유물이다.

만달리동굴의 세석인석핵은 8개 중 7개가 흑요석제이고, 1개가 규암제이기 때문에 석재가 좋아 이 돌핵의 특성을 잘 관찰할 수 있는 것이 장점이다. 보고서에는 흑요석제 돌핵을 각추와 원판형(〈그림 29〉⑪) 2가지로 구분하였고, 다시 각추형은 겉모양이 삼각형(〈그림 29〉⑫·⑬) 3개, 사다리꼴(〈그림 29〉⑭) 1개, 긴사다리꼴(〈그림 29〉⑮) 2개로 나누었다. 원판형은 1개이며 규암제 1개(〈그림 29〉⑯)는 긴 사다리꼴로 구분하였다. 흑요석제 세석인석핵의 크기는 세석인이 떨어져 나온 옆변의 길이가 보통 2.5~4.3㎝에 속하며 세석인의 폭은 4㎜ 정도로 나타난다. 또 규암제 세석인석핵의 크기는 길이가 7.5㎝ 안팎이며 여기서 떨어져 나온 세석인의 폭은 큰 것이 1㎝에 달한다.

여기서는 세석인석핵을 형태별로 구분하는 것보다 제작방법으로 구분하는 것이 더 중요한데 제작기술로 구분하면 먼저 세석인석핵의 타격면을 준비된 돌핵에서 가로로 타격을 1, 2번 가해 세석인석핵 박편을 떼어낸 다음 여기서 수직으로 세석인을 떼내는 방법(일본의 유우베츠기술과 비교됨)이 주류를 이루고(〈그림 29〉⑫·⑯), 그 다음은 세석인을 떼기 위한 타격면을 준비했는데 보

60) 김신규·김교경 외, 〈승호구역 만달리동굴유적 발굴보고〉(《평양부근 동굴유적 발굴보고》 유적발굴보고 14, 과학·백과사전출판사, 1985).

통 돌날돌핵의 타격면의 주위를 돌아가며 세석인형태의 박편을 떼낸 면을 준비한 1점(〈그림 29〉⑮)이 다른 점이다. 흑요석제 박편 2점은 길이가 3~4cm에 해당하는 작은 형태이고, 석영제 1점은 길이가 5cm 정도이다. 석영제 돌망치 2점은 원래 직경 7.5cm가량 되는 1개의 자갈이 반으로 깨진 것을 각각 사용한 것으로 사용 흔적이 표면에 잘 남아 있다.

〈鄭永和〉

3. 구석기시대의 생활

1) 생업과 의식주생활

구석기시대의 생활을 복원하는 일은 고고학에서 가장 어려운 작업의 하나일 것이다. 왜냐하면 시간적으로 대단히 오래된 과거이어서 고고학적인 자료, 즉 유물이나 유적이 엄청난 변형을 겪은 것이며 또한 인류의 능력이 현재 살고 있는 현생인류와는 차이가 나기 때문에 자료가 지극히 제한되어 있다고 할 수 있다. 그러나 고고학 원래의 목적이 과거 인류의 생활복원이라는 점에서 자료가 아무리 제한적으로 나타나고 있다고 하더라도 시도하여야 하는 것이 고고학자의 의무라고 할 것이다. 구석기시대의 생활을 복원하기 위한 자료는 구석기유적에서 출토되는 석기와 골각기, 동물뼈, 남아 있는 유구, 그리고 유적의 입지 등이 포함되지만 고고학적인 유적에서 나타난 현상은 실제 고인류의 행위를 직접적으로 반영하는 경우는 극히 드물다. 이러한 자료의 상황이, 구석기고고학이, 어렵게 만들기도 하지만, 역설적으로는 지극히 제한된 자료를 가지고 인간의 행위와 문화를 복원하려는 시도들에서 고고학적 이론의 개발에서 선구적인 분야의 하나라고 하겠다.

구석기인류의 생활을 이해하는 데는 구석기고고학자들의 하나의 묵시적 전제가 있다. 이는 대단히 중요한 문제인데 인간을 생물학적 차원에서 볼 수밖에 없다는 것이다. 다시 말해서 인간이 주어진 환경 속에서 살아 남기 위하여 할 수밖에 없는 행위, 즉 생계적응의 전략은 최소한의 에너지를 투여하여 최대한의 수확을 하는 방식(Optimal foraging strategy)인 것이다. 문화적인 선택의 가능성도 있겠지만 현생인류의 이전의 고인류에 대해서는 이러한 문화적 선택을 고려하여 해석할 수 있는 여지가 대단히 적다는 것이다. 최소에너지 투여와 최대의 수확전략은 구석기시대에 이루어진 고인류행위의 이해의 출발이라고 인식되고 있다. 생계를 위하여 하여야 하는 필연적인 행위방식을 전제로 이론을 형성하여 나가는 것이다.

구석기시대는 전기간에 걸쳐서 채집과 사냥, 그리고 극히 일부 지역에서 어로행위가 이루어졌을 것으로 보고 있다. 시대가 올라가면 갈수록 채집이나 다른 동물이 남긴 먹이를 수습하여 이용하는 생계방식이 보편화하였을 것으로 짐작되고 사냥은 애초에 기회적으로 이루어진 것으로 보인다. 고인류가 진화하면서 사냥의 방법도 발달하게 되고 이와 함께 도구의 발달이 진행된 것으로 생각되는 것이다. 특히 사냥이 주요한 생계수단으로 보이는 지역이나 시기에는 석기들이 대단히 정교하게 만들어지고 있음을 알 수 있다. 그러나 오늘날의 원시경제를 영위하는 여러 집단들을 관찰하여 볼 때, 대부분의 집단들이 채집이 주요한 생계수단이며 사냥은 기회적인 경향을 가지고 있음을 볼 때 구석기시대의 대부분의 기간은 채집이 위주가 된 생계경제를 유지하였을 것으로 보인다. 그런데 무엇을 어떻게 채집하였으며 또한 어떻게 조리하였던가의 문제는 오늘날의 구석기고고학이 쉽게 대답할 수 있는 질문이 되지 못한다. 이러한 생계유지를 위한 활동 이외에 당시 사람들의 사회생활이나 신앙생활을 복원하는 일은 더욱더 어려운 일이다. 특히 한반도의 구석기시대의 생활문화를 이해하는 데는 자료의 제약으로 상상과 추측을 동원하는 수밖에 없다.

(1) 생계경제

한반도의 구석기인들이 다양한 식료자원을 채집하여 먹고 살았다는 것은 설명의 필요가 없을 것이다. 그러나 어떠한 것이 채집가능한 자원이었던지를 알기 위해서는 당시의 자연환경, 특히 식생을 복원하지 않으면 안될 것이다. 근래에 자료가 늘고 있기는 하지만, 유감스럽게도 한반도내에서는 구석기시대의 식물상을 복원할 만한 충분한 자료가 축적되어 있지는 않다. 용곡동굴 등과 같은 일부 구석기유적에서 고화분이 채집되었지만[1] 꽃가루가 오래 남아 있을 수 있는 호수나 습지 등이 많지 않아 화분분석의 자료가 충분치 못하기 때문이다. 현재의 가능한 방법은 인위적으로 훼손이 덜 된 시기, 즉 농경으로 본격적인 훼손이 이루어지기 이전의 식생을 파악하여 기후변동으로 인한 식생변화의 폭을 대입하여 복원하도록 하는 방법이 있을 것이다.

그런데 한반도의 식생은 빙하시대 기후의 변동에도 불구하고 전반적으로 소나무와 참나무가 주류를 이루는 혼합림이 분포하고 있었던 것으로 추측된다. 기후가 온난해질 경우에는 활엽수림이 북상하거나 또는 전체 숲에서 점유하는 비율이 커지게 되고 빙하시대가 되면 이와 반대의 현상이 일어났던 것으로 보인다. 식생의 구성을 복원한다고 하더라도 유적이 형성된 미세환경의 복원에는 제약이 있다. 물론 풀화분의 증가나 나무화분의 증가 그리고 초원성동물의 존재 등, 동식물의 구성요소를 가지고 식생형태의 존재를 확인하기도 하지만 궁극적으로 고인류가 서식한 환경의 식물지리적 분포를 복원하는 것은 간단치가 않다. 현재로서 추정할 수 있는 것은 산지나 평지의 많은 부분이 숲으로 구성되어 있었을 것이며 이러한 숲에는 관목이 많아서 동물의 이동이나 고인류의 서식활동에 지장을 주었을 것으로 추측된다. 특히 우리나라의 숲의 경우에는 한번 형성되면 그 지속성이 커서 화재나 인위적인 변형을 가하기 전에는 변화가 적은 편이다. 고인류들은 강을 따라 발달하고 있는 범람원이나 평지의 일부 개활지와 구릉지의 숲과의 생태이행대(ecotone), 즉 복합생태지역을 이용하면서 살았을 것이다. 복합생태지역을 이용하는 것은 당시의 인류들이 선택할 수 있는 가장 최선의 주거지역이었을 것이며, 이러한 지역에서는 다양한 종류의 동물과 식물이 존재함으로써 고인류가 이용할 수 있는 부존자원이 가장 많은 곳이다.

---

1) 다음과 같은 글들이 참고된다.
김홍걸, 〈덕천 승리산 동굴유적의 포자－화분구성 승리산사람의 화석층〉(《조선고고연구》 1993－1).
로영대, 〈함북 화대군 털코끼리 발굴지에 발달한 니탄층의 포자화분조합〉(《문화유산》 4, 1962), 49～54쪽.
전제헌·윤 진·김근식·류정길, 《용곡동굴유적》(김일성종합대학출판사, 1986).
이융조, 〈청원 두루봉 새굴·처녀굴의 자연환경연구－식물상의 자료를 중심으로－〉(《孫寶基博士停年退任紀念 考古人類學論叢》, 1988), 29～57쪽.

구석기인류의 생계방식에 대한 연구는 주어진 고고학적 자료에서 추론하기란 대단히 어렵다. 그래서 개발된 방법들이 오늘날 생존하고 있는 채집경제집단에 대한 연구이다. 이러한 민족지적인 방법은 그 관찰된 현상들이 곧 바로 과거 구석기시대에 일어났었다고 할 수는 없지만 당시의 상황을 이해하는데 중요한 단서를 제공하게 된다. 다시 말해서 사람들이 특정한 환경 아래 보이는 행위의 다양한 양상의 범위에 대한 추론의 근거를 제시하게 된다. 그러나 동아시아지역에 있어서 이러한 원시경제를 영위하는 집단은 별로 없으며 부분적으로 원시경제의 환경적응 방식을 관찰할 수 있는 기회는 많이 있지만, 이러한 집단에 대하여 체계적인 인류학적 연구가 진행된 바가 극히 적은 편이어서 이 동아시아지역에 있어서 구석기인류의 적응에 대하여 설명할 때는 한계가 두드러지게 되는 것이다.

동아시아지역은 사실 호모 에렉투스집단이 가장 이른 시기에 온대지방에 진출한 지역이지만 한반도를 포함한 동북아시아지역은 채집경제집단이 적응하는 데는 그다지 좋은 환경이 되지 못한다. 왜냐하면 사계절이 뚜렷하며 각 계절별로 식량자원이 고르게 분포하는 것이 아니기 때문이다. 특히 겨울과 초봄에 채집대상이 되는 식량은 극히 적어서 그다지 멀지 않은 역사시대에도 굶어 죽는 자가 있는 정도로 식량자원이 계절별로 불균형을 이루고 있는 것이다. 지난 20세기 초에 조사된 한반도에서 나는 식물들 중에 식용하고 있었던 식물의 종류를 계절별로 구분하여 볼 때도 분명히 이러한 계절별 불균형이 나타나고 있다(〈표 1〉). 그렇다고 구석기시대에 장기적인 식량저장법이 개발되었다고 생각하기는 어렵다. 현재로서는 전혀 추측의 차원이지만 겨울이나 초봄에는 결국 동면하는 동물을 이용하거나 동물들을 사냥하는 수밖에 없었을 것으로 보인다.

한반도를 포함한 동북아시아의 온대지역에서도 전 구석기시대를 통하여 식물자원은 고인류의 주요한 식료원이었음이 틀림없을 것이다. 한반도나 동북아시아지역에 자생하는 식물의 열매나 과실의 경우에 그 크기가 작아서 열대나 사바나지역의 경우보다도 훨씬 많은 작업량이 소요되었다. 그리고 군집하는 식물자원의 경우에는 여행거리가 짧을 수도 있겠지만 충분한 식량을 확보하기 위해서는 상당한 여행거리가 소요되는 것으로 추정할 수 있다. 식료자원 자체의 확보에 많은 시간을 할애하게 되고 에너지의 투여가 크기 때문에 이 지역에 등장하는 석기문화는 기회적이며 즉시적인 성격이 강하게 나타나는 것으로 생각된다.[2] 이러한 채집경제와 석기문화의 유형은 전기에서 중기를 거치는 동안 그다지 큰 변화를 보이지 않고 지속되어 왔으며 상부 홍적세, 즉 빙하가 극성기로 들어서면서 이 지역의 식물자원의 생태가 크게 변화하고 개활지에 여러 종류의 우제류 짐승이 서식하게 되어 동물자원의 비중이 상대적으로 커지기 시작하면서 달라지게 되었다고 본다.

〈표 1〉 한반도 식용식물 이용가능 계절별 종수

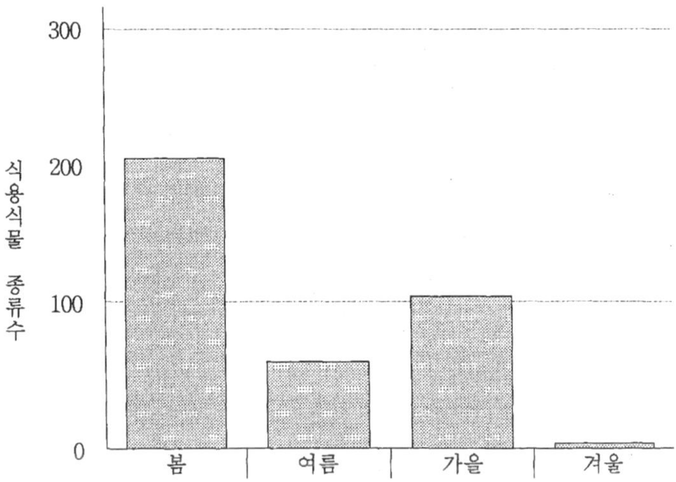

동물들도 주요한 생계자원이었음에 틀림없지만 식물자원보다는 일상생활의 식량에서 차지하는 비율이 큰 것은 아니었을 것이다. 동물은 식물과는 비교가 되지 않을 정도로 영양가가 높고 단백질의 섭취효율이 크지만 안정적으로 공급되지는 못한다. 당시에 동물성 단백질을 획득하는 방법은 사냥을

2) 裵基同, 〈全谷里 구석기문화와 동북아시아 홍적세 고인류생존활동〉(《學術院論文集》-人文科學篇 28, 1989), 1~31쪽.

하거나 다른 동물이 먹다 남기거나 죽은 동물의 시체에서 구할 수 있었다. 사냥은 몰이사냥을 하거나 또는 함정이나 올가미를 이용한 사냥을 상정할 수 있지만 고고학적으로 증명해 내기란 어렵다. 물론 전기 구석기시대에도 몰이사냥을 한 흔적들이 발견되는 경우도 있다. 스페인의 Torralba유적에서는 맘모스를 불로써 몰이하여 늪지에 빠뜨린 후에 사냥한 흔적이 있다. 이 시기의 사냥에 사용된 도구는 아마도 나무창이었을 가능성이 많다. 나무창의 존재는 아프리카나 영국에서 전기 구석기시대에 해당되는 유적에서 발견된 바 있는데[3] 물론 이러한 나무창들이 진정 나무창인지 또는 땅파는 도구인지는 확실하지는 않지만 나무를 다듬어서 끝을 뾰족하게 사용한 증거들이 있는 이상 이와 유사한 것들이 사냥에 사용되었을 가능성은 다분히 있는 것이다. 특히 동아시아지역의 대형석기들 중에서 많은 것들이 대형긁개로 사용되고 다른 종류의 대형석기들도 나무를 다루는데 사용되었을 가능성이 많은 것으로 보인다. 그리고 다각면원구나 다른 대형석기들이 사냥도구로 사용되었을 가능성은 일찍부터 예견되던 것이다. 후기 구석기유적인 수양개유적에서는 꼬다리가 있는 첨두기가 발견되었는데 이것은 나무의 끝에 장착하여 사용할 수 있는 도구이며 이외에도 후기 구석기에는 장착이 가능한 소형의 첨기들이 나타나고 있는데 이것은 사냥의 비중이 커졌음을 반증하는 것으로 간주될 수 있다.

남아프리카의 중기나 후기 구석기시대에 사냥한 경우를 보면 사냥은 대단히 기회적인데 사냥의 무리에서 낙오된 늙거나 병든 동물 그리고 어린 짐승들이 주요한 사냥의 대상이 된다는 것이다.[4] 그리고 많은 원시경제에서 보면 소형동물—쥐나 다람쥐 같은—이 주요한 대상이 되며, 개구리나 곤충류가 주요한 동물성 단백질의 섭취원이 되고 있다. 이러한 상황은 한반도의 구석기인들에게도 마찬가지였을 것이다. 사실 신체적으로 훨씬 발달하고 이빨과 발톱 그리고 뿔같은 무기를 가진 동물을 사냥한다는 것은 상당한 위험이 따르는 것으로 잘 알려져 있다. 그래서 동물성 단백질을 획득하는 방법으로 동물사체를 수습하는 방법이 있다. 이러한 방법은 호모 헤빌리스의 단계에서부

3) Oakley, K. P., *Man the Toolmaker 6th. ed.*, University Chicago Press, 1972.
4) Binford, L. R., *Faunal Remains from KRM*, Academic Press, 1984.

터 해오던 것으로 알려져 있는데 구석기 전기간을 통하여 동물성 단백질을 섭취하는 중요한 수단이었을 것으로 생각된다.

한반도내에서도 석회암동굴의 여러 지점에서 동물뼈들이 발견되고 이러한 동물뼈는 고인류가 식량으로 하기 위하여 반입한 것으로 주장하고 있다.[5] 또한 동굴내에서 발견된 동물뼈들 가운데 어떤 것은 도구로 사용된 것으로 보고 있다. 발견된 동물화석이 구석기시대의 환경복원이나 생계경제를 이해하는 데 커다란 도움을 주는 것은 확실하지만 동굴 속의 동물뼈들이 어떻게 고인류의 생계와 관계있는지에 대한 설명은 그렇게 간단하지 않다. 이 동물화석이 고인류의 생계경제에 어떠한 정보를 제공하는가에 대한 논의는 단순히 이 동물화석들이 고인류의 음식이나 도구의 재료로 사용되었을 것이라는 가정 아래 진행시켜서는 안된다. 유적에서 발견되는 모든 동물뼈가 사람에 의해서 이동되었으리라고 추정할 수 없으며 지질학적 및 생물학적 변형과정을 모두 포함하는 퇴적과정을 복원하여 설명하지 않으면 인간의 행위를 해석하는 데에 많은 문제점을 남기게 될 것이다.

석회암동굴 속에 동물뼈가 퇴적되는 경우는 인위적인 반입 이외에도 다른 동물, 특히 하이에나나 개과의 짐승들에 의해서 이루어질 수 있으며 다른 식육류 짐승들도 먹이를 거처에 반입할 가능성이 있다. 이러한 동물들이 사람과는 시점을 달리하여 그 동굴을 사용할 수도 있기 때문이다. 특히 하이에나나 개과의 짐승 그리고 설치류의 짐승들은 뼈를 변형시키는 경우가 다수 있으며 이러한 현상을 인공적 형상과 구별하는 것이 구석기고고학자들의 주요한 분야 중의 하나이다. 화천동동굴에 들어 있는 동물뼈들의 경우에는 분명히 동물들이 지상에서 석회암 틈새로 빠져 들어가서 죽은 것으로 보이는 것들이다. 그리고 검은모루 동의 경우에도 동물뼈가 인공적으로 반입되어 쓰였다기보다는 동굴에 퇴적물이 유입되는 과정에서 지표에 존재하던 동물뼈들이 같이 반입된 경우도 많이 있는 것으로 파악되고 있다. 그래서 이 동물들은 인간들이 음식으로 반입하였다고 가정하고 분석한다면 큰 오류를 범할 가능성도 있다. 설령 인간에 의해 반입된 경우라고 하더라도 세심한 뼈의 분

5) 손보기, 《청원 두루봉 9굴발굴보고-두루봉 9굴 살림터》(연세대 선사문화연구실, 1983).

석을 통하여 반입상황을 정확히 파악하지 않으면 구체적인 생계방식은 밝혀내기 어렵다. 예를 들어 두루봉동굴 제9굴의 경우, 동물의 최소 개체수를 곧바로 동굴 속에 반입된 동물의 마리수로 환산하여 인간이 사용한 칼로리를 계산하였는데,[6] 이에는 많은 무리한 면이 있다. 왜냐하면 최소 개체수(MNI : Minimum Number of Individual)라고 하는 것은 해당 유적에 관련된 동물의 총수이어서 만일 사람이 죽은 사체의 다리만을 뜯어 가지고 온다 하더라도 이는 하나의 개체가 되기 때문이다. 그래서 고기의 총량의 이해에 문제가 있고 동물의 사체가 모두 인간에 의해 반입된 것이라는 주장 역시 많은 설명을 요하는 부분이다. 현재 중국의 주구점에서 출토되는 많은 동물뼈 중에서도 인간에 의하지 않고 하이에나 등의 동물에 의해 반입되었다고 하는 견해가 제기되고 있다.[7] 동굴내의 동물뼈들에 대한 화석형성과정에 대한 연구가 선행되지 않고는 고인류의 생계경제를 복원한다는 자체가 아무런 고고학적 의미가 없다. 결론적으로 말해서 동물뼈를 가지고 생계경제를 복원하기 위해서는 이러한 복원 이전에 반드시 화석이 형성된 과정에 대한 연구가 선행되어야 할 것이다.

(2) 구석기시대의 주거지

사계절의 변화가 뚜렷한 온대지역에 있어서 생존을 위해서는 겨울에 어떠한 형태이든 주거지가 필요하였을 것이다. 그러나 동굴주거의 경우를 제외하고는 주거지가 뚜렷한 흔적을 남긴 것은 거의 없다. 이 시기의 주거지는 아마도 나무로 엮은 바람막이와 같이 그 흔적이 오래 남아 있는 구조로 만든 것이 아니어서 오늘날의 고고학자들이 발견하기란 무척 어려울 것으로 추측된다. 옷도 마찬가지이다. 오늘날과 비슷한 겨울을 지내게 될 때 특별히 체모가 발달하지 않았다면 옷은 필수적인 방한도구이었을 것이지만 전혀 그 흔적을 발견할 수 없는 것이다. 어쩌면 구석기시대 동안 이 북방지역에서는 사냥의 주요한 목표가 동물표피를 구하는 것이었을지도 모른다. 어떻든지간

6) 손보기, 위의 책.

7) Binford L. R. & Chuan Kun Ho, Taphonomy at a distance : Zhoukoudian, "The Cave Home of Beijing Man?", *Current Anthropology 26-4*, 1985, pp. 413~442.

에 옷과 주거지는 이 지역의 적응에 반드시 필요한 것이었겠지만 고고학적 증거는 아직 지극히 미미한 실정이다. 구석기시대의 최초의 주거지라고 불리는 Olduvai Gorgy DK 지점의 돌담들도 최근에는 이것이 주거지의 바람막이 돌담이 아니고 홍수에 쓸려 내려와 쌓인 자연적인 현상에 불과하다는 주장이 제기되고 있다.[8] 전기 구석기의 주거지의 예로는 프랑스 니스의 Terra Amata유적에서 발견된 주거지일 것이다. 비교적 온난한 지중해 연안에 있는 유적이지만 중심에 노지가 있고 주변을 완전히 둘러싼 움막을 짓고 있음을 보여주고 있다. 후기 구석기시대의 추운 환경이 되면 주거지는 여러 가지의 형태로 나타나는데 특히 시베리아지방에서는 맘모스의 뼈로 만든 주거지가 발견되기도 하였다.

한반도에서 동굴 이외의 유적에서 주거지의 모습을 보여주는 것은 전기나 중기 구석기유적 중에는 없다. 전기 구석기유적의 하나인 금파리에서 나타난 웅덩이유구는 수혈주거지의 형상을 보이고 있지만 이들은 아마도 다른 자연현상에 의해 이루어진 것으로 추정하고 있다.[9] 이 웅덩이유구는 우묵한 웅덩이 속에 다량의 석기가 집중되어 있었는데(〈그림 1〉①) 소규모의 것도 있지만 어떤 것은 직경이 약 5m 정도이고 아주 급경사로 이루어진 벽이 있었다는 점에서 인위적인 변형을 가한 것으로 생각할 수 있지만 주거지로 보기에 어려운 점이 몇 가지 있다. 첫째로 규모나 형태가 일정하지 않다는 것이며 바닥이 평평하지 못하며 석기의 집중출토가 바닥이 아니라 충진토내에서 발견된다는 점 등에서 주거지 내부에서 생활하다가 남긴 유구라고 보기는 어려울 것으로 생각된다. 이러한 유구는 그 생성요인으로 여러 가지가 있겠지만 첫번째 가능성으로 생각될 수 있는 것이 이 지역에 키가 큰 나무가 서있다가 바람에 의해 쓰러짐으로써 큰 구덩이가 생기고 구덩이가 메워지는 과정에서 이러한 석기들이 흘러들어가게 된 것으로 생각될 수 있다. 그런데 風倒木의 경우에는 내부 퇴적물의 구조가 수평퇴적이 되지 않고 수직적인 구

8) Klein, R. G., *The Human Career : Human Biological and Cultural Origins*, University of Chicago Press, 1989.

9) 배기동, Preliminary Report of the Excavation of the Kumpari Paleolithic Site, *Seoul J. of Korean History V5*, Seoul National University, 1992.

〈그림 1〉 주거관련 유구의 예

①

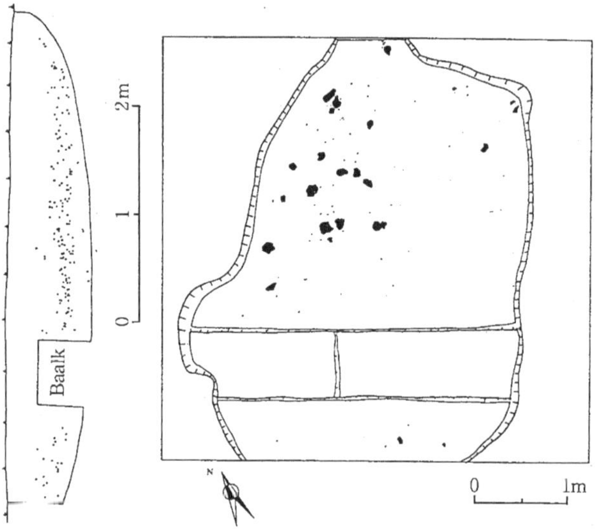

②

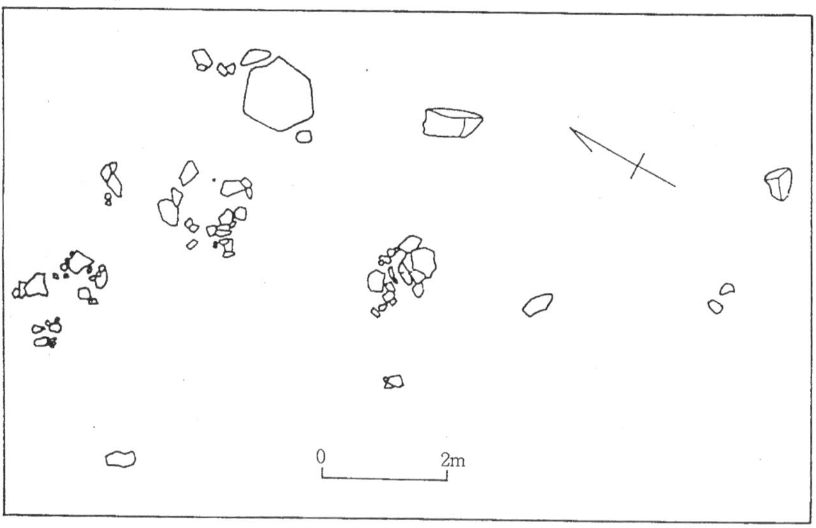

*① 금파리유적 웅덩이유구 및 유물 수직분포
② 굴포리유적 분암덩어리군

조를 가지는 것이 보통인데 금파리에서는 이러한 것은 없었다. 구덩이가 형성된 다음의 가능성으로는 지표수가 침식한 수로가 사태에 의해서 메워지는 경우를 생각할 수 있을 것이다. 그리고 범람원 위를 흐르는 물에 의해 구덩이가 생기기도 한다.

전곡리에서는 주거지로 생각되는 유구가 발견되지 않았으나 일부 지점에서 유물이 집중되고 유구의 흔적으로 보이는 석괴들이 남아 있는 경우가 있다. 이러한 유물출토 현장은 분명히 행위의 현장이 변형된 상태로 남아 있는 것으로 생각되는데 주거지로서의 유구인지는 확인이 불가능한 형편이다. 이러한 생활유구는 전곡리유적의 몇 군데에서 발견되었는데 돌무지가 발견된다든지 또는 석기제작을 위한 석재로 사용된 것이 아닌 대형의 강돌－직경 약 70㎝－이 독립적으로 발견된 경우도 있는데, 이러한 경우는 현재 그 기능을 분명하게 파악하기는 어렵다고 생각되지만, 이 지점에서 고인류가 생활하고 있었음을 보여주는 증거들의 하나라고 생각된다.[10] 돌무지의 돌들이나 이러한 대형의 강돌은 도저히 사람에 의하지 않고는 운반되어 올 수 없는 지점이기 때문이다.

구석기시대의 사람들은 아마도 집을 지을 수 있는 능력이 제한되었을 것이다. 적어도 땅을 파서 집을 지을 수 있는, 즉 수혈주거지를 만들 수 있는 능력은 신석기시대에 이르러서야 나타나는 것으로 생각된다. 자연적으로 생성된 거처, 즉 동굴이나 바위그늘이 있으면 이를 이용하게 되는데 동굴은 대부분 석회암지대에서 발견되고 있다. 석회암동굴은 한반도내에서 서북지역과 중부내륙지역에 분포하고 있는데 홍적세에 형성된 퇴적이 있는 동굴이 다수 발견된 바 있다. 동굴에서 홍적세 퇴적물이 발견된 예로는 평양의 용곡동굴·대현동굴, 단양의 금굴, 청원의 두루봉동굴, 제천의 점말동굴 등이 있다. 평양의 용곡동동굴은 고인류에 의해서 거처로 사용된 지점의 하나인데 석기와 함께 동물뼈 그리고 인골이 다수 발견되었다.[11] 특히 제2문화층에서는 고인류화석과 함께 불땐 자리가 3군데 발견되었고 제3문화층에서도 불땐 자리가 발견되어 이 동굴이 오랜 기간 반복적으로 주거지로 이용되었음을 보여주고 있다.

10) 金元龍 외, 《全谷里遺蹟發掘調查報告書》(文化財管理局 文化財研究所, 1983).
11) 전제헌 외, 《룡곡동굴유적》(1986).

이러한 주거지 이외에 중기 내지 후기 구석기유적에서 주거지를 만든 것으로 보이는 유구가 몇 지점에서 보고되었다. 다시 말해서 지상의 구조물이 있었음을 반영하는 유구가 발견되었다는 것이다. 함경북도 굴포리유적의 하층, 즉 중기 구석기문화로 생각되는 층에서 분암제 석괴무지가 불규칙하게 발견되었는데 북한 고고학자들은 이것이 천막터라고 하였다.(〈그림 1〉②)[12] 이러한 돌무지는 천막의 지주를 세우는데 사용된 버팀돌로 사용되었을 것이며 중심에 남아 있는 돌은 모루로 사용되었을 것이라는 주장이다. 그리고 천막은 모피와 같은 것으로 이어 덮었을 것으로 생각하고 있다. 이 지역이 겨울에 대단히 추운 지역이므로 단순한 바람막이시설로는 지내기 어려웠을 것으로 판단되지만 반드시 막집의 흔적인지는 판단이 불가능하다.

그리고 석장리의 후기 구석기문화층에도 주거지로 보이는 유구가 발견되었는데 경사면에 문을 둔 V자형의 돌무지가 있었다.(〈그림 2〉)[13] 이 유구내에 몇 가지의 자연석은 당시의 동물을 상징하는 것으로 주장하고 있는데 이에 대한 논의는 신앙에서 이루어지겠지만 이 주거지 자체가 왜 주거지로 보지 않으면 안되는지에 대한 검토가 필요하다고 생각된다. 주거지는 대략 사방 8m의 크기인데 남북간의 높이의 차이가 약 130cm 정도이다. 주거지의 남동쪽의 입구 가까이에서 목탄과 회가 섞여서 나왔는데 노지로 생각되는 것이다. 이 지점 역시 생활의 흔적이 있는 것은 틀림없으나 주거지의 형태에 대해서는 아직도 설명되어야 할 점이 많다. 노지의 주위에 주공이 몇 개 발견되었다고 보고되었다. 이 유적에서 사람의 머리털이 보고되었는데 이는 당시 인류의 머리털이라고 생각하기보다는 분명히 유적이 교란된 것을 보여주는 증거라고 생각된다. 만일 선사인의 머리털이라면 도저히 그 유적 속에서 발견될 수가 없는 것이다. 보통의 땅속에서 유기물질이 썩지 않고 잔존할 수 있는 기간이 길지 않기 때문이다.

이외에 두 유적에서 주거지가 존재하였다고 보고되었다. 하나는 남한강가

---

12) 도유호, 〈조선의 구석기시대 문화인 굴포문화에 대하여〉(《고고민속》 1964-2), 3~7쪽.
――― · 김용남, 〈굴포문화에 대한 그 후의 소식〉(《고고민속》 1965-1).

13) 손보기, 〈석장리의 후기 구석기시대 집자리〉(《韓國史硏究》 9, 1973), 3~57쪽.

〈그림 2〉 1호 집터 평면그림과 집터 바닥의 높낮이

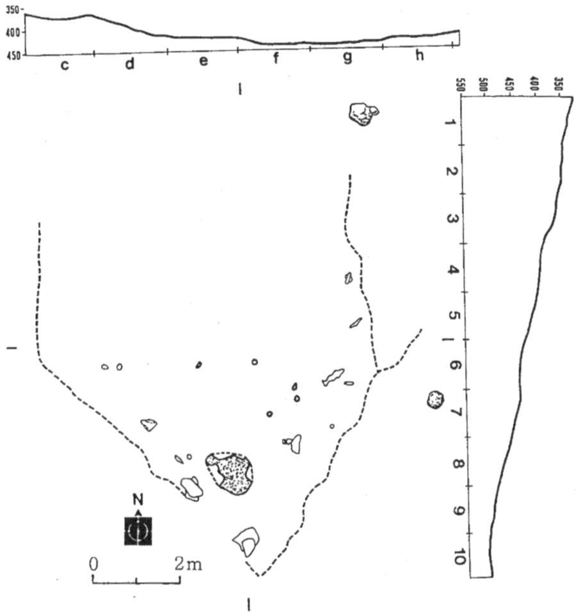

의 창내유적이며, 다른 하나는 화순의 대전리유적이다. 창내유적에서는 원뿔형의 천막을 지었다고 주장되었는데[14] 기둥구멍과 주변에 불규칙하게 놓여 있는 대형의 천석을 당시의 천막의 흔적으로 보고 있는 것이다. 문제는 지표상에 대단히 가까운 지층 속에 불확실하게 남아 있는 구멍을 곧바로 기둥구멍이라고 볼 수 있는가의 문제이다. 이와 동일한 양상이 대전리의 주거지이다. 이 기둥구멍들을 토대로 지상의 구조에 대해서도 복원을 하고 있지만 이 구멍들은 여러 가지의 다른 연유로 인하여 만들어질 수도 있는 것이므로 반드시 주거지의 기둥구멍이라고 보기에는 보다 명쾌한 증거들이 제시되어야 할 것으로 생각된다.

(3) 구석기의 도구제작

보통 구석기유적에서는 여러 가지 종류의 석편이나 석괴들이 발견되고 있

---

14) 박희현, 《제원 창내 후기 구석기문화의 연구》(연세대 박사학위논문, 1989).

다. 석핵과 박편이 공존하고 있는 것은 그 지점 또는 인근 지점에서 석기제작행위가 이루어지고 있었음을 보여주는 것이라고 생각할 수 있다. 그런데 어떤 경우에는 석기의 제작이 집중적으로 이루어졌던 지점을 발견할 수 있는데 이러한 경우를 석기제작장이라고 부를 수 있을 것이다. 석기는 필요한 현장에서 필요에 따라 가공하면서 사용하였을 것이기 때문에 음식채취 또는 가공 그리고 도구의 가공행위가 있는 곳에서도 석기의 제작이 이루어졌을 것이지만, 제작장이라고 할 때는 석기가 사용되는 곳과는 다른 지점에서 석기의 가공이 이루어질 경우를 말할 수 있다. 석기제작행위에 대한 판단은 석핵·석편 그리고 돌부스러기가 한 장소에서 채집되는 경우라고 할 수 있다. 어떤 경우에는 석핵이 줄어가는 과정을 복원할 수 있는 정도로 한 지점에서 반복적으로 박편작업이 이루어진 경우를 발견할 수 있는데 이러한 경우에 제작장으로 생각할 수 있을 것이다. 이러한 경우 석편이 채집된 상황과 그 지점에서 발견되지 않는 부분을 종합하여 석기제작과 사용과의 관계를 파악해 낼 수 있는 방법이 있는 것이다.

전기 구석기나 중기 구석기에서 아직 재결합될 수 있는 석편의 경우가 많지 않다. 전곡리유적의 경우에는 서너 경우가 그 지점에서 박리작업이 이루어지고 있었으며 그러한 석기들이 발견된 지점들의 상황으로 보아 유적이 퇴적 후에 약간의 변화를 겪었다는 점을 알 수 있었던 경우가 있다. 그런데 가장 중요한 재결합의 경우는 수양개유적에서 발견된 바 있다. 수양개유적에서는 석기제작장 주위에 많은 석편이 널려져 있었고 이 석편 중 많은 양이 재결합되었다.15)

석기제작을 위해서는 일단 석재를 채취하여야 하는데 전기나 중기 구석기 때는 대부분 주변지역에서 흔히 구할 수 있는 강하고 예리한 날을 만들 수 있는 석재를 선택하는 것이 보통인데 석영과 규질암이 가장 널리 사용되는 석재라고 할 수 있다. 이러한 석재는 대개 부근의 강바닥에 남아 있는 강돌

15) 이융조, 〈단양 수양개유적 발굴조사보고〉(《충주댐수몰지구 문화유적발굴조사종합보고서》, 충북대 박물관, 1984), 101~86쪽.
———, 〈단양 수양개유적 발굴조사보고〉(《충주댐수몰지구 문화유적발굴조사연장보고서》, 충북대 박물관, 1985).

을 반입하여 사용하게 되는 것이 보통이다. 그런데 후기 구석기가 되면 정교한 석기가공을 위하여 먼 지역에까지도 석재를 구하러 다니게 되었고, 그 대표적인 것이 흑요석이다. 상무룡리에서 발견된 흑요석은 이미 백두산지역에서 흘러온 것으로 알려진 바 있으며[16] 다른 유적에서 나타난 흑요석들도 유적의 부근 지역에서 구할 수가 없는 것이다. 그래서 석재를 구하기 위해 상당한 노력을 기울인 것으로 볼 수 있다. 아마도 전기나 중기 구석기 때는 일단 석재를 구하면 석재원으로부터 가까운 지점에서 1차적인 가공을 하거나 알맞은 크기이면 그대로 사용하면서 그때그때 용도에 따라 가공하여 사용하게 되었을 것으로 보인다.

그런데 후기 구석기가 되면 이러한 석기제작에도 용도와 규모에 대한 계획을 충분히 세운 다음, 석재를 채취하여 한 장소에서 집중적인 가공을 하고 또한 사용될 양을 충분히 제작하여 대비하고 있었던 것처럼 보인다. 이러한 것은 석인석기의 제작과정을 참고하거나 또는 수양개에서 발견된 석기제작장의 경우를 본다면 이러한 추론이 가능하리라고 생각된다. 이는 후기 구석기시대가 되면 이미 인지가 충분히 발달하여 생활에 대한 예측이나 준비가 훨씬 깊이 있게 이루어졌을 것이다.

석기를 기능별로 세분하여 사냥용·부엌용 등으로 구분하려는 시도가 있는데[17] 이는 당시의 생활을 잘못 이해하는 데서 출발한 것이라고 하겠으며 또한 석기에서 알 수 있는 지식의 한계를 넘어선 설명이라고 하겠다. 그리고 석기의 사용방향에 대한 연구도 진행되고 있는데 왼손잡이와 오른손잡이의 구별이다. 그러나 이러한 구분 역시 주관적인 판단의 범주를 넘어서지 못하며 그다지 큰 의미를 부여할 수 있는 설명이 되지 못하는 것으로 생각된다.

(4) 구석기시대의 사회생활

구석기시대의 사회생활을 복원한다는 것은 가장 어려운 고고학적 작업의

16) 손보기, 〈상무룡리에서 발견된 흑요석의 고향에 대하여〉(《상무룡리》, 강원대 박물관, 1989), 781~796쪽.
17) 손보기, 〈석장리의 자갈돌·찍개문화층〉(《韓國史硏究》 1), 1~62쪽.

하나일 것이다. 사실 거의 불가능한 것이며 설사 미약한 자료를 가지고 복원한다고 하더라도 이것은 하나의 아주 희미한 가능성을 이야기하는 것이지 구체적인 복원으로 생각한다면 상당한 오해를 불러일으킬 소지가 있다. 구석기고고학자들은 인류가 초기에서부터 사회생활을 해왔다고 보고 있다. 이는 형태에 있어서 차이가 있기는 하지만 고릴라나 침팬지 등의 인류와 비교적 가까운 유인원집단의 사회생활에 대한 관찰을 토대로 추측하고 있다.

주로 사냥과 채집을 하는 원시집단에 있어서 여자는 유아양육의 책임이 따르게 됨으로써 기동성이 많이 떨어지게 되고 주거지 부근의 채집에 종사하게 되는 것이 보통이다. 이러한 점에서 초기에 모계사회라고 보는 유물론자들의 견해가 성립되는 것이다. 남성들은 비교적 원거리 채집과 사냥에 종사한 것으로 추측할 수 있다. 인류학자들은 인류의 기원 초기에 있어서도 1부1처제가 지배적이었을 것이라는 견해를 제시하고 있다.[18] 이는 여성과 아이들에게 음식을 안정적으로 공급하는 장치로서 부부관계를 보다 굳건하게 유지하고자 하였을 것이라는 점 외에도, 당시 사회집단내에서 남성간에 성적인 갈등이 있게 되면 사회안정에 문제가 생기므로 그러한 경향을 강하게 띠게 되었다고 하는 견해들이다. 그래서 이러한 인류 초기의 성향은 구석기시대 전기간뿐 아니라 전인류사를 통하여 내려오는 것이라고 보고 있다.

현재 고고학자나 체질인류학자들은 구석기시대에 사회집단이 아마도 가족중심으로 이루어졌을 것이라고 볼 수 있겠지만, 그것을 뒷받침할 만한 고고학적 자료는 거의 없다. 인류의 체질적 특성을 고려할 때 가까운 사람끼리의 사회적 협동은 생존에 필수적인 것이었을 것이며 강력한 사회유대를 통한 음식물의 분배가 집단생존의 전제조건이었을 것이다. 대개 여성을 중심으로 한 가족이나 집단의 일부가 한 장소에서 자리잡고 살면서 집단의 다른 일부가 비교적 먼거리를 다니면서 식량을 구해 와서 집단내에 분배가 이루어지는 형태의 공동생활을 유지하였을 가능성이 많다고 생각된다.

구석기시대에 사회적인 유대를 보여주는 유물들은 한반도에서도 발견된

18) Johanson, D. C. & M. A. Edey, *LUCY : the beginnings of humankinds*, Simon and Schuster, N. Y., 1981.

바 있다. 전곡리구석기유적에서 발견된 대형의 강돌은 한 사람이 움직일 수 있는 돌은 도저히 아니므로 적어도 3인 내지 4인의 사람이 공동으로 작업을 하였을 것으로 보인다. 이러한 경우 이외에도 대형동물을 사냥할 수 있었던 시기의 사회는 사회적인 협동이 이루어지고 있었던 것이 틀림없다. 이러한 동물의 사냥에는 한 사람으로써는 도저히 상대가 힘들고 사냥감이나 채집대상의 음식물에 대한 정보교환 등을 고려한다면 적어도 일정한 규모 이상의 집단을 유지하고 있었을 것으로 추정된다. 그러나 이러한 집단의 성격이 순수히 가족이었는지 또는 가족중심의 임의집단이었는지에 대해서는 고고학적 연구가 불가능하다. 북한의 학자들은 후기 구석기시대에 이미 씨족사회가 형성되었으리라고 주장하고 있으나[19] 이러한 견해는 전혀 증명이 불가능한 것이며 고고학적 의미는 없다. 이라크의 중기 구석기유적인 샤니다르동굴에서는 불구가 된 사람을 오랫동안 먹여 살려왔던 사실이 인골의 감정에 의해 밝혀졌는데 현생인류의 단계에 이르러서는 가족의 유대관계가 오늘날 현생인류만큼 강했을 것으로 추정되고 있다.

〈裵基同〉

2) 의식과 예술

우리 나라의 구석기시대에 과연 의식(믿음)과 예술이 있었는가. 그것은 공주 석장리 1지구 1호집터(20,830BP)의 여러 출토유물을 분석하여, 믿음과 예술행위가 있었다는 보고로부터 비롯되었다.[1] 이러한 관심은 동굴유적(점말용굴·두루봉 9굴)에서 발굴된 여러 유물들을 과학적으로 고찰하여 인간행위로 된 것으로 보고, 여기에서 만들어진 여러 뼈유물 가운데「얼굴」예술품을 통하여 설명하였다.[2]

이러한 입장은 후기 구석기시대의 슬기슬기사람이 구석기예술을 처음 만든 것으로 보던 대부분의 해석과는 사뭇 다른 것이어서, 우리 학계에서도 반대

19) 사회과학원 과학연구소,《조선의 구석기시대》(사회과학출판사, 1977).

1) 손보기,〈석장리의 후기 구석기시대 집자리〉(《韓國史硏究》9, 1973), 1~57쪽.
2) 손보기,〈예술과 신앙〉(《韓國史論》12, 국사편찬위원회, 1983), 212~227쪽.

의 견해를 나타내는 여러 주장이 발표되었다.[3] 그런데 앞의 주장을 부정하기 위해서는 후기 구석기시대 이전의 여러 유적(Péch de l'Aze유적·Fontéchevade유적·La Quina유적 등)에서 출토된 자료들을 인간의 행위로 보기 어려운 과학적 자료의 제시와 이들 유적의 연대가 전기-중기 구석기시대가 아니라는 근거를 제시하여만 하였으나, 그러하지 못하였다.

전기~중기 구석기시대의 문화층에서 발굴된 예술품은 곰·사슴 등의 뼈를 손질하여 만든 것들이었는데, 이러한 동물들은 신성시되는 상징동물(symbolic animal)이라는 점에서 주목되는 바이다. 또한 의식과 예술이 동시성을 갖고 있는 실체와 행위이어서, 이것은 앞으로 인류학·신화학·민속학의 연구결과로 당시 사회의 사유체제를 좀 더 구체적으로 재구성할 수 있도록 해야 할 것이다.

고고학이 발굴유물을 중심으로 하여 문화적 해석에 접근하는 연구방법을 목표로 하는 것처럼, 지금까지 우리 나라의 구석기유적에서 발굴된 여러 유물들을 통하여 구석기사람들의 의식세계에 대하여 몇 가지 해석을 추출하여 보기로 하겠다.

(1) 예술작품

우리 나라의 구석기유적에서 현재까지 발견된 예술작품 가운데 동굴의 벽이나 바위에 새겨진 벽예술품(wall art)은 아직까지는 없고, 움직일 수 있는 지닐예술품(movable art)만이 보고되고 있으며, 주로 새기개(burin)나 뚜르개(awl)로 만들었다. 구석기유적에서 출토된 대표될 만한 유물들을 살펴보기로 하겠다.

가. 제천 점말 용굴출토「얼굴」예술품(〈사진 1〉·〈그림 1〉)

점말 용굴의 Ⅳ층(붉은색 찰흙층)에서 발굴된 털코뿔이(*Coelodonta antiquitas*)의 앞팔뼈에 새겨진 예술작품이다. 발굴된 뼈대 중에서 가장 큰 뼈(395.0×56.0×42.6㎜) 끝쪽의 편평한 면에 꺾인 선으로 왼쪽(눈)을 새기고, 2.5㎝ 떨어진 곳에 둥근 망치로 쳐서 둥근 굼을 만들고, 그 자리에서 이어서 휘인 선(입)을 새겨 전체적으로「얼굴」을 표현한 것으로 보인다.

---

3) 정영화, 〈구석기시대 : 회고와 전망〉(《歷史學報》 72, 1976).
황용훈, 〈구석기시대 : 회고와 전망〉(《歷史學報》 84, 1979).
배기동, 〈회고-한국 고고학 40년 : 구석기시대〉(《韓國考古學報》 10, 1983).

〈사진 1〉 점말 용굴 「얼굴」예술픔

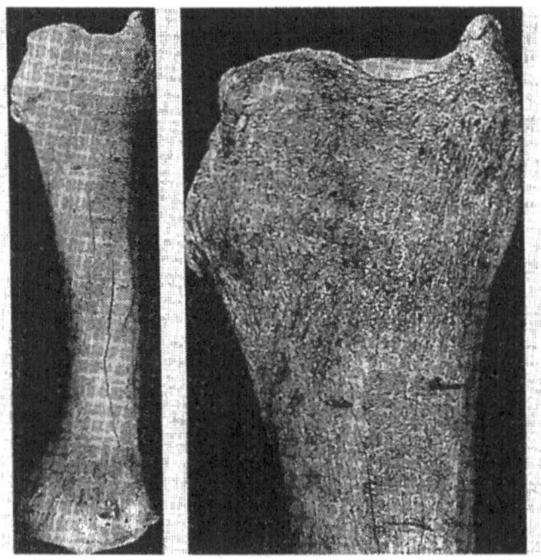

〈그림 1〉 점말 용굴 「얼굴」예술품

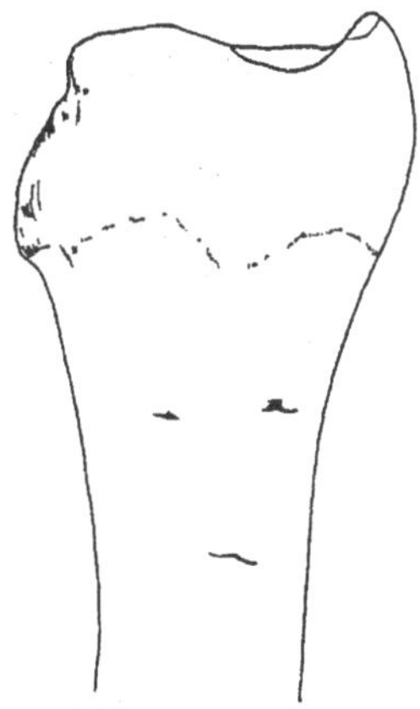

이 층은 우라늄계열(U/Th/Pa) 원소연대측정법으로 된 V층(갈색 모래찰흙층)보다 아래에 있어서, 여러 가지 동물상의 특징과 함께 간빙기(Riss/Würm)의 끝에서 네번째 빙기(뷔름)의 이른 시기에 걸치는 층위로 보이는 층이다. 연대측정으로 층위가 분명한 중기 구석기시대의 유물이다.[4)]

〈그림 2〉 두루봉 9굴 「얼굴」예술품

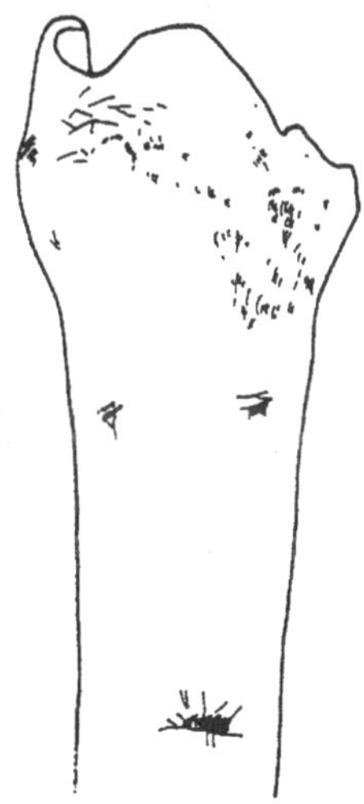

나. 청원 두루봉 9굴출토 「얼굴」예술품(〈그림 2〉)

사슴 오른쪽 정강이뼈의 윗머리를 떼어내고 끝쪽을 위로 하여, 종아리뼈의 끝쪽이 닿는 볼록점 아래에 세모꼴로 새기고, 이와 1.7㎝ 떨어진 대칭되는 곳에 2선을 비스듬하게 새기어 세모꼴을 새겼다. 이 두 눈과 3.6㎝쯤 떨어진 밑에 약 1㎝ 너비로 옆으로 2선

4) 손보기, 앞의 글(1983).

〈사진 2〉 두루봉 2굴 「얼굴」예술품

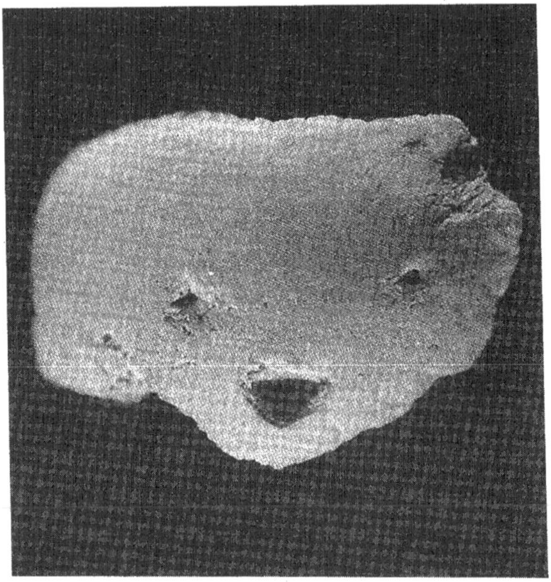

〈그림 3〉 두루봉 2굴 「얼굴」예술품

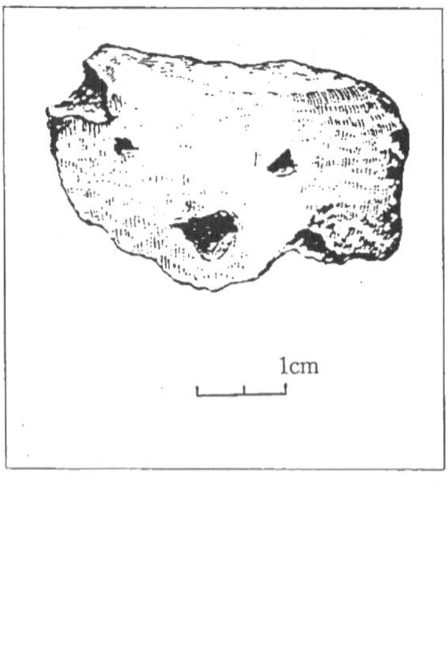

〈그림 4〉 용곡 1호 동굴 「얼굴」예술품

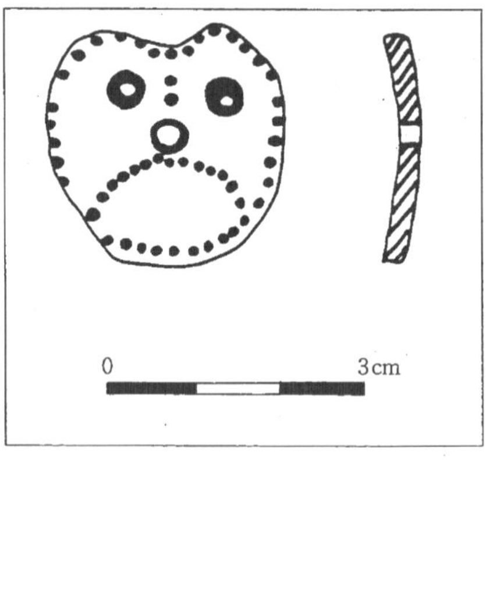

〈사진 4〉 수양개「물고기」예술품

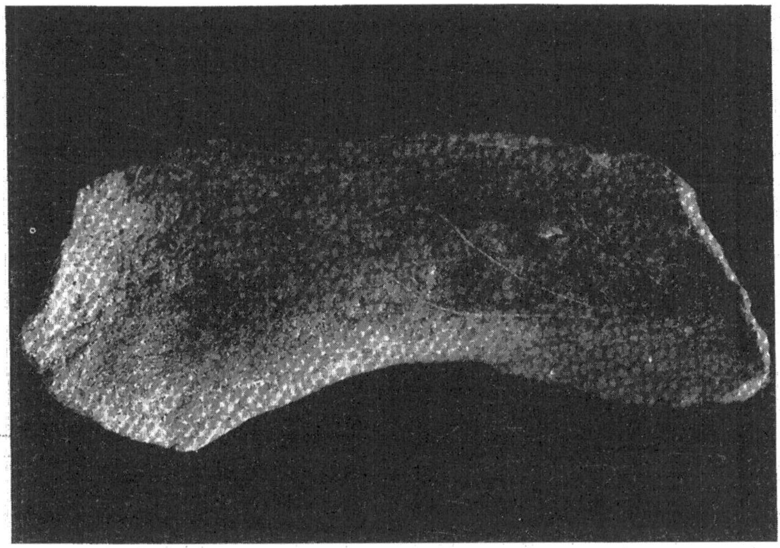

상당히 숙련된 굿기로 인정된다. 꼬리(지느러미)부분 쪽에 위·아래 줄이 모여지는 꼴을 갖추고 있다. 여기에 사용된 연모는 발굴된 끝이 뾰족한 수정새기개가 쓰였을 것으로 해석된다.

이러한 물고기를 새긴 예술품은 물고기가 번성하고 잘 잡히기를 바라는 주술기원예술(magic, wish art)로 보아야 할 것이다.[8]

(2) 의 식

구석기유적에서 출토된 당시 사람들이 만든 유물들의 출토상태를 분석하여 본 결과 목적을 갖고 한 행위(의식)가 있었던 것으로 해석되는 자료들이 밝혀졌다.

가. 머리뼈숭배의식

위와 같은「얼굴」모양의 예술품이 만들어지게 된 것은「머리뼈숭배의식

8) 이융조, 〈丹陽 수양개舊石器遺蹟 發掘調査報告〉(《忠州댐水沒地區 文化遺蹟延長發掘調査報告書》, 충북대 박물관, 1985), 160~161쪽.

(skull cult)」과 연결하여 볼 수 있다.[9]

이러한 「머리뼈숭배의식」이 구석기시대에 있었으며, 그것은 ①죽은 사람의 뼈, 특히 머리뼈에 대한 존경, ②가족원에 대한 경외감정, ③수호신으로서의 역할, ④죽음을 영생으로서의 생존이라는 의미를 뜻한다는 것이다. 이러한 믿음과 의식은 그 다음의 시대에도 나타나고 있는 것으로 주장되고 있다.[10]

나. 장례의식

구석기시대 사람들의 의식행위 가운데 가장 중요한 것이 장례의식(ritual)인데, 중기 구석기시대가 되면 거의 보편화되는 경향을 보인다. 그 좋은 예가 프랑스의 Le Moustier유적과 이라크의 Shanidar동굴을 들 수 있을 것이다.

르 무스띠에유적에서는 머리를 팔로 받친 10대 소년이 오른쪽으로 누워 자고 있는 것처럼 부싯돌(flint)무더기를 베개삼고 있었는데, 그의 손 가까이에 훌륭하게 만들어진 주먹도끼가 놓여 있었다. 또한 살점이 붙어 있었던 것 같은 들소뼈들이 무덤에 함께 묻혀 있어서, 이 뼈들은 소년이 다른 세계로 여행하는데 필요한 양식이었을 것으로 해석된다.

샤니다르동굴에서는 네안데르탈 어린아이(약 6만년 전)의 주검 둘레에 있던 토양을 꽃가루분석한 결과에 따르면 봄철에 여러 가지 꽃으로 덮혀 있었음이 밝혀졌다.

우리 나라의 장례의식에 관한 자료로는 청원 두루봉동굴의 흥수아이(〈사진 5〉)에서 찾아볼 수 있다. 葬法을 살펴보면, 넓고 편평한 석회암 낙반석을 맨 아래에 깔고, 그 위에 고운 흙을 뿌린 다음 흥수아이의 주검을 바로 펴 묻고, 국화꽃을 뿌린 것으로 꽃가루검사에 의해서 확인되었다. 그리고 다시 그 위에 같은 방법으로 고운 흙가루를 뿌리고 다시 넓적한 판돌을 덮어 놓았음이 발굴결과로 밝혀졌다. 이 사실은 죽음과 주검에 대한 경외심을 살펴볼 수 있는 자료로 생각되어 주목된다.[11]

다. 곰숭배의식(〈사진 6〉)

구석기시대 사람들 특히 네안데르탈사람의 곰에 대한 믿음은 여러 유적

9) 이융조, 〈한국 선사예술의 한 유형〉(《古文化》 16, 1980).

10) Maringer. J., *The Gods of Prehistoric Men*, 1960, pp. 13~14.

11) 이융조·우종윤·하문식, 〈청원 두루봉 흥수굴 구석기문화〉(《東北亞 舊石器文化》, 충북대 선사문화연구소·중국 요령성문물고고연구소, 1996).

〈사진 5〉 두루봉 흥수굴 흥수아이 출토모습

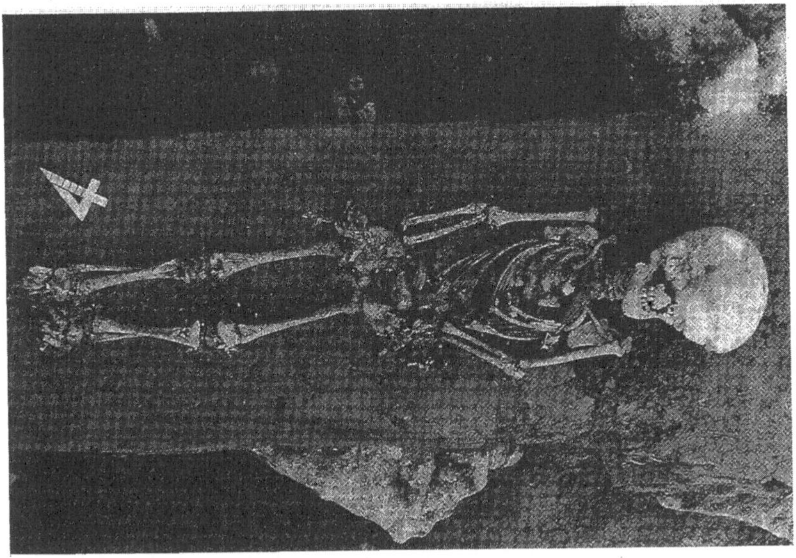

〈사진 6〉 두루봉 처녀굴 동굴곰 출토모습

(프랑스의 Drachen동굴, 유고슬라비아의 Mornova, 오스트리아의 Salzofen동굴 등)에서 보고되고 있다. 특히 모르노바동굴에서는 곰의 사지골과 함께 완전한 곰머리뼈가 동굴 가장자리의 패인 곳에 놓여 있는데, 이와 유사한 곰숭배의식(bear cult)을 두루봉 처녀굴에서 행하고 있다는 점에서 주목된다.

처녀굴은 이미 많이 파괴된 상태에서 발굴되었지만, 큰꽃사슴의 뿔을 한가운데에 놓고 동굴곰 1개체분의 윗머리뼈와 사지골의 긴 뼈들을 의도적으로 굴 벽쪽으로 놓으면서 동쪽을 모두 향하도록 배열하였음이 관찰된다. 더욱이 곰의 머리뼈는 골수를 먹기 위한 쪼갬현상이 찾아지지 아니하며, 이러한 것은 희생된 짐승에 대한 회생의 제물로서 바쳐진 것으로 생각된다.[12]

라. 사슴숭배의식

초식동물이며, 뿔을 갖고 있는 사슴과(科) 동물이 구석기시대 사람들에게는 가장 쉬운 사냥대상물이었던 것은 동굴유적에서 출토되는 짐승뼈화석으로 보아도 짐작된다. 그 한 예로 두루봉 제2굴에서 밝혀진 동물상을 보면 큰젖먹이짐승들 가운데 牛目이 52마리(74.4%)로 가장 많으며, 다시 소목 가운데 사슴과는 큰꽃사슴 26마리, 큰꽃사슴변종 7마리, 사슴 9마리, 노루 5마리, 말사슴 2마리 등 모두 49마리(94%)나 되는 것으로 보아도 가장 쉬운 사냥물이었음을 알 수 있다.

이렇게 가장 밀접한 사냥대상물인 사슴과 짐승들인데도 분만기(5월 하순~6월 초순)에 가까운 때에는 사슴사냥을 하지 않은 사실 등으로 보아, 사슴이 번성하기를 바라는 주술예술(magic art)로부터 사슴뼈를 신성시하는 의식(사슴숭배의식, deer cult)이 행해졌었던 것이 관찰된다. 그리고 두루봉 새굴에서는 굴의 구석부분의 약 1㎡ 되는 범위에서 13마리의 머리뼈들이 뿔이 잘린 채로 밀집되어 발굴되었으며, 또한 큰꽃사슴의 양쪽 뿔을 똑같은 형태가 되도록 손질한 치레걸이(목걸이) 2점이 출토된 것은 같은 맥락에서 이해되어야 할 것이다.[13]

〈李隆助〉

---

12) 이융조, 〈청원 두루봉동굴의 구석기문화〉(《제1회 문화재연구 국제학술대회 : 동아시아의 구석기문화》, 문화재관리국 문화재연구소, 1992), 81~127쪽.

13) 이융조, 위의 글.

4. 주변지역 구석기문화와의 비교

1) 중 국

중국은 상당히 오래된 구석기고고학의 역사를 가지고 있다. 중국의 구석기연구는 동아시아뿐 아니라 세계적으로 대단히 이른 시기에 시작되었다. 그것은 周口店유적의 발견으로 시작되는 것이지만 실제로 이 지역에는 동아시아에서 가장 오래된 구석기문화가 존재하고 있으며 또한 호모 에렉투스가 가장 북쪽으로 진출한 지역이기도 하다. 주구점유적이 발굴되기 시작한 것이 1920년대의 초이었으며 또한 북경원인의 인골을 찾은 것이 1929년이었다. 현재 중국에서는 약 300개소의 구석기유적이 보고되어 있으며 약 100만년 이전의 유적에서부터 후기 구석기에 이르기까지 지속적으로 전지역에 걸쳐서 나타나고 있다(〈지도 1〉). 구석기문화의 양상도 다양하게 전개되어 남부와 북부, 그리고 서부와 동부지역에 다르게 나타난다. 이는 중국의 다양한 환경과 문화접촉의 과정에서 오는 것이라고 생각된다. 중국의 구석기문화에 대한 이해는 한반도의 인류의 서식이 언제부터 이루어진 것인지, 어떠한 고인류가 이동하여 온 것인지, 이 지역에서 진화가 이루어지지는 않았는지, 어떠한 환경에 어떻게 적응하여 온 것인지를, 또는 어떠한 경로로 그리고 어떠한 문화를 가지고 들어오게 된 것인가, 등의 질문에 대한 해답을 구해 가는데 반드시 필요한 작업이다.

(1) 시기별 구석기문화

중국에서는 동아시아에서 가장 오래된 석기공작이 나타나는 곳이어서 중국고고학자들은 「早期」라는 시기를 「前期」의 앞에 설정하고 있는데, 이 시기에는 100만년 이전의 석기공작으로 추정되는 지점들이 포함된다. 여기서는 비교의 편의상 일반적인 편년체계인 전기·중기·후기로 구분하였다.

가. 전기 구석기문화(〈그림 1~4〉)

중국의 화북지방 북경 부근의 주구점유적, 泥河灣의 유적들, 남쪽의 元謀

〈지도 1〉 중국 구석기 주요지점

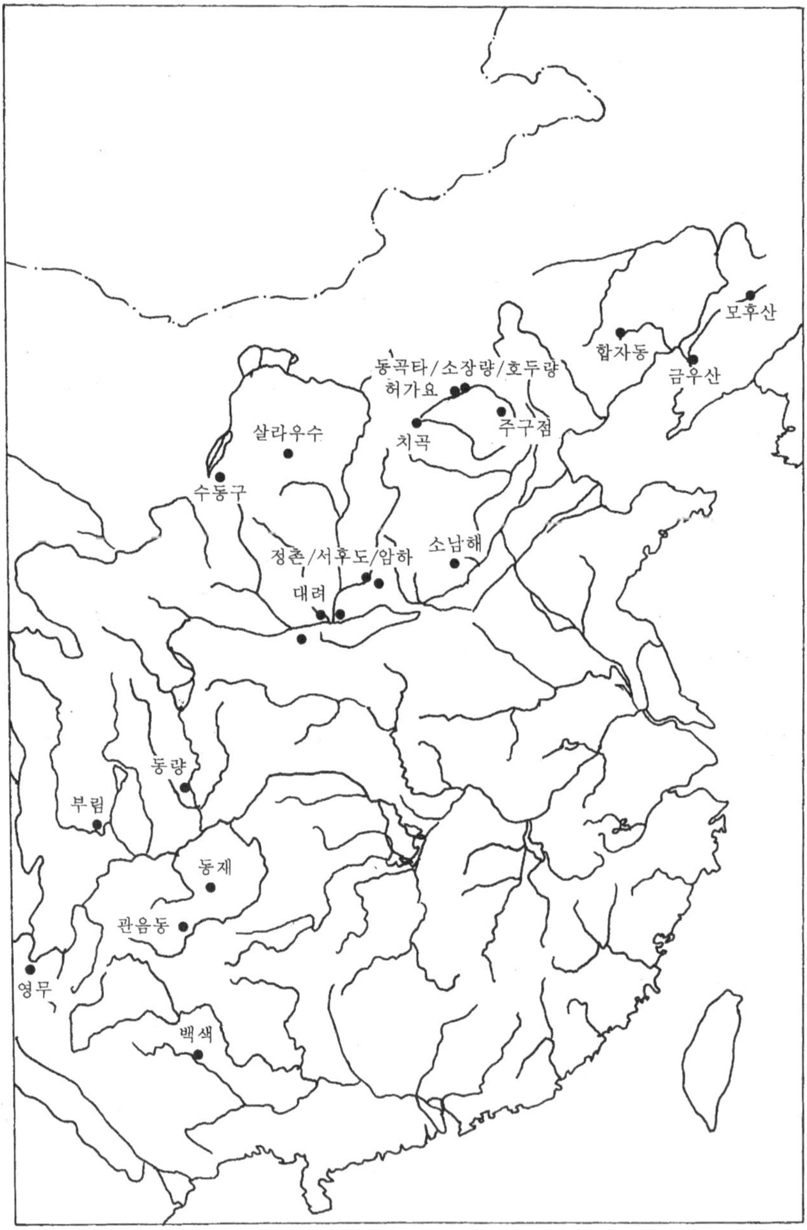

〈그림 1〉 중국 早期 구석기

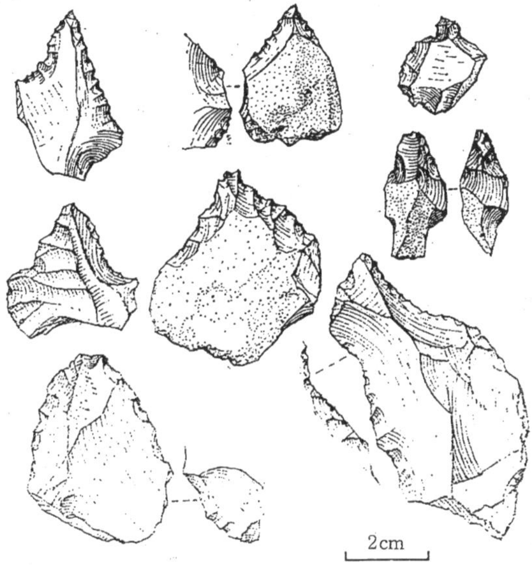

東谷陀유적출토 석기(첨상기)

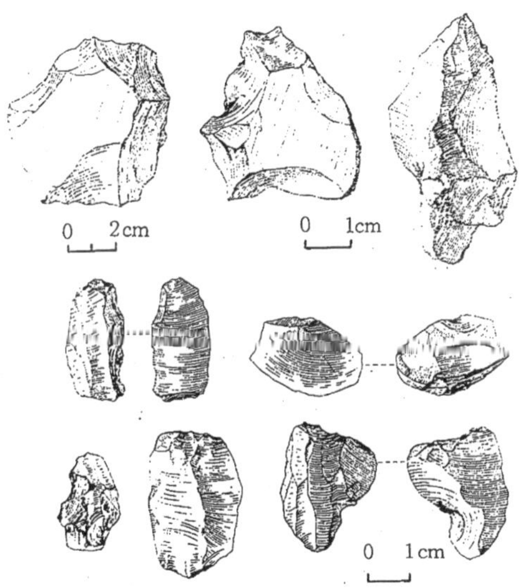

小長梁출토 석기들

유적, 그리고 황하의 중류지방의 구석기지점들은 중국에서 가장 오래된 구석기지점들인 것이다. 특히 니하만의 유적들은 최근에 들어서 발견되어 조사되고 있는 유적들인데 동북아시아의 가장 오래된 유적으로 알려지고 있다. 현재 세계 고고학계의 중요한 관심사 중의 하나가 동북아시아, 즉 북중국지역에서 인류의 서식이 어느 정도 올라갈 것인지, 그리고 이 지역이 당시로는 인류서식지로서는 환경이 비교적 열악한 고위도에 해당되는데 어떻게 환경에 적응하였는지에 대한 질문이다. 현재 니하만의 유적들은 고지자기법이나 고동물화석에 의하여 100만년 이전으로 알려져 있으며 대표적인 유적으로 岑家灣, 東谷陀와 小長梁유적을 들 수 있다.[1] 동곡타유적에서는 많은 석기들과 함께 동물의 화석들이 호수퇴적층 또는 호수에 유입되는 하천에 의해서 퇴적된 토양 속에서 발견되었다. 여기에서 발견된 석기들은 석재가 나빠 작은 석편이나 박편들로 구성되어 있으며, 가공을 뚜렷이 보이는 것은 드물고 대부분이 불규칙한 가공을 하였다.[2]

황하의 중류에서 발견된 전기 구석기유적 중에서 가장 오래된 경우로 알려지고 있는 藍田유적은 약 80만년 전으로 보고 있다.[3] 아마도 이 지역의 전기 구석기문화들은 이보다는 연대가 떨어지는 것으로 알려지고 있다. 중국 전역에 있어서 가장 오래되었다고 주장된 바 있던 西侯度유적은 석기의 형태나 그 출토상황이 애매하여 인공유적으로 보기는 어렵다는 견해가 제시되고 있고[4] 세계구석기의 일반적인 양상으로 판단할 때도 2백만년 전에 이러한 석기문화가 중국의 북부지역에 존재하였다는 것은 수긍하기가 어렵다. 구석기유적이나 고인류가 발견된 지점들이 대부분 강안단구성 퇴적 속에서 발견되

1) 吳汝康·吳新智·張森水 編,《中國遠古人類》(科學出版社, 北京, 1989).

2) Clark, J. D. & K. Schick, Context and Content : Impressions of Paleolithic sites and assemblages in the People's Republic of China, *J. of Human Evolution 17*, 1988, pp. 439~448.

3) Wu, Rukang, New Chinese Homo erectus and recent work at Zhoukoudian, *Ancestors : The Hard Evidence*, ed., by Wu and Olsen, Academic Press, Orlando., 1985, pp.76~90.

4) Shick, K., N. Toth, Wei Qi, J. D. Clark and D. Etler, Archaeological Perspectives in the Nihewan Basin China, *J. of Human Evolution 21*, 1991, pp. 13~26.

〈그림 2〉 중국 전기 구석기

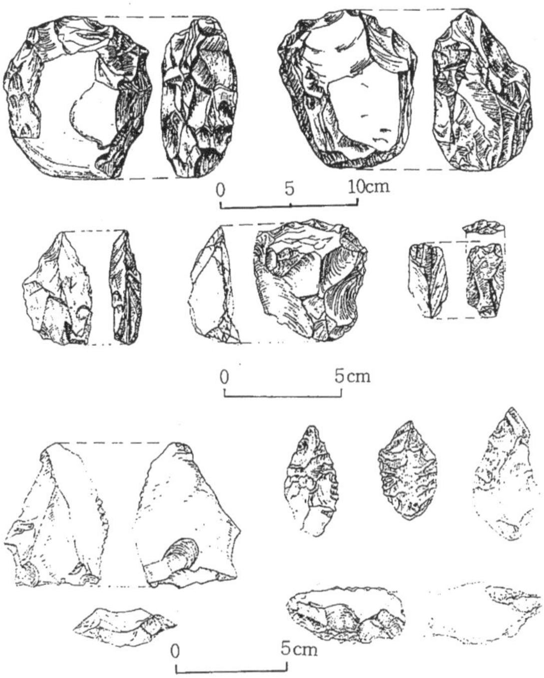

周口店 1지점출토 석기

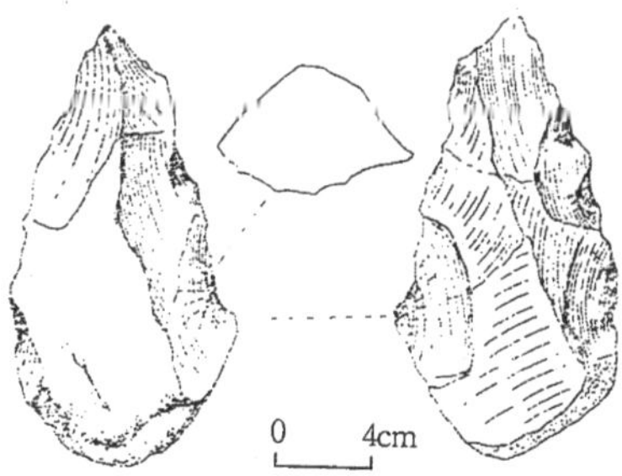

山西 藍田유적출토 주먹도끼

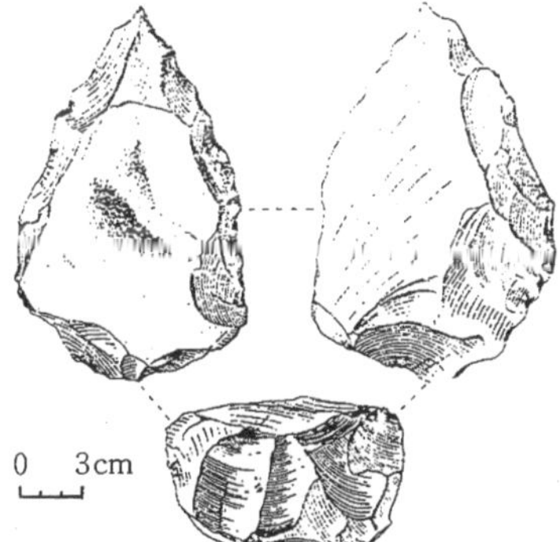

湖南省 三門峽유적출토 주먹도끼

는데 석기의 집중현상이 없고 대부분이 유수에 의한 재퇴적된 상태로 드러나고 있어서 고인류의 행위의 복원이나 석기문화의 전모를 파악할 수 있는 경우가 극히 드물다. 그러나 이 지역의 석기들 중에서 이른 시기로 분류되는 匼河나 남전의 公王嶺유적 등에서 이른바 대형첨상기로 불리는 것들이 소수 발견된다. 이 석기들은 최근에 주먹도끼로 불리고 있는데 그 밖의 석기문화들은 다른 동아시아지역에서 흔히 발견되는 석기들과 마찬가지로 대부분 일차적인 가공을 보이는 대단히 즉흥적인 석기들이 대부분이다.

현재의 자료로 볼 때 주구점유적은 약 50만년 전부터 약 23만년 전까지 사용된 석회암동굴이라는 것이 알려졌으며 이 기간 동안의 호모 에렉투스의 진화를 알 수 있는 중요한 유적이다. 엄청나게 많은 석기들 중 대부분이 석영암으로 제작되었는데 석재가 나빠서인지 대형석기는 많지 않고 대부분이 소형인데 일부의 석기는 양극타격법으로 제작한 것으로 보이는 것도 있다. 이 유적에서는 많은 동물뼈들 중에 불에 탄 뼈와 함께 재들이 발견되어 고인류, 즉 북경원인들이 불을 사용하고 있었다고 생각되었으나,[5] 근래 이 유적에서 발견되는 모든 불의 흔적들이 인간에 의해서 이루어진 것은 아니며 자연적인 원인에 의해서 발화하여 동굴 내부를 태운 것으로 주장하고 있기도 하다.[6] 이 주장과 함께 모든 뼈의 변형이 사람에 의해서만 이루어진 것은 아니며 아마도 하이에나 등의 동물에 의해서 뼈가 반입되기도 하고 변형되기도 하였다고 보고 있다.

요령성의 金牛山유적은 주구점유적의 마지막 단계에 해당되는 유적인데 드러난 절대연대는 하부층이 우라늄법에 의해서 약 27만년 전후로 밝혀지고 있다.[7] 이 유적의 하부층에서는 중부 홍적세에 속하는 동물뼈들과 함께 몸 전체를 복원할 수 있는 고인류화석이 발견되었다. 이 고인류의 화석은 현생인류, 즉 호모 사피엔스의 초기단계에 속하는 것으로 보는 경우가 우세

---

5) Jia, Lanpo, *Early Man in China*. Foreign Language Press, Beijing, 1980.

6) Binford L. R. & Chuan Kun Ho, Taphonomy at a distance : Zhoukoudian, "The Cave Home of Beijing Man?", *Current Anthropology V. 26-4*, 1985, pp. 413~442.

7) 北京大學考古系, 《金牛山發掘和意義》(1985).

〈그림 3〉 중국 전기 구석기

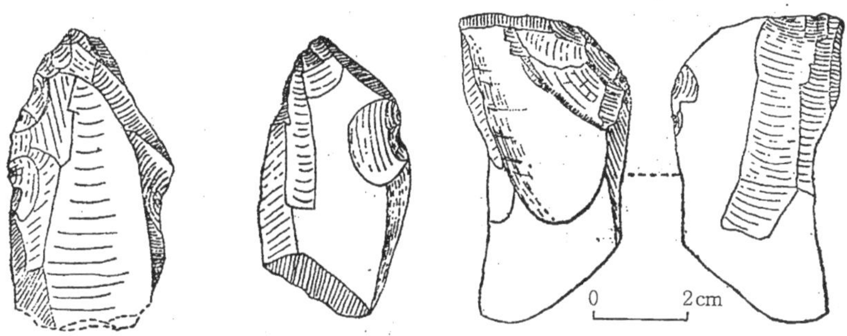

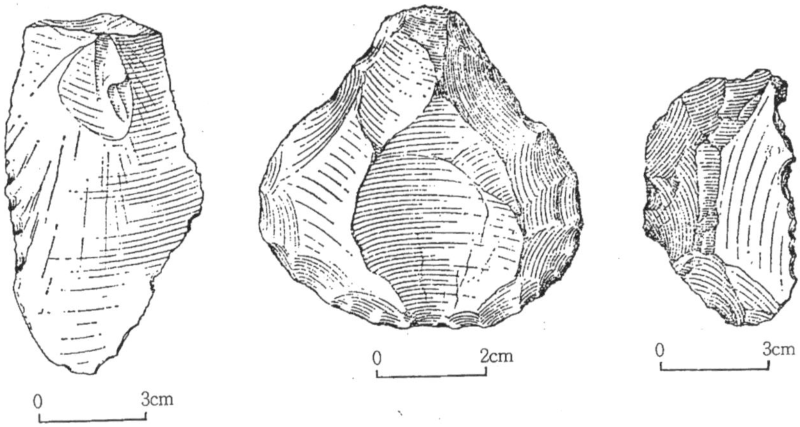

廟后山유적출토 석기

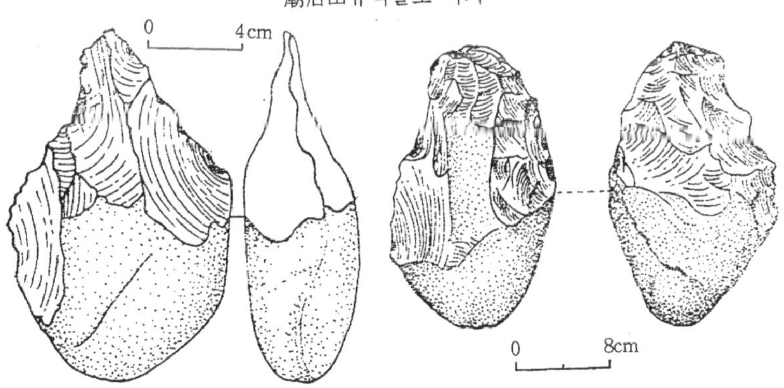

주먹도끼(좌 : 梁山출토, 우 : 百色유적 출토)

〈그림 4〉 중국 전기 구석기

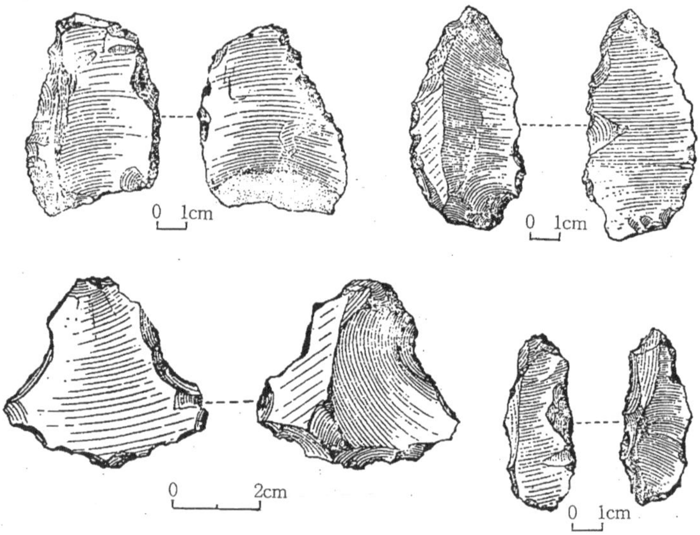

觀音洞 상층

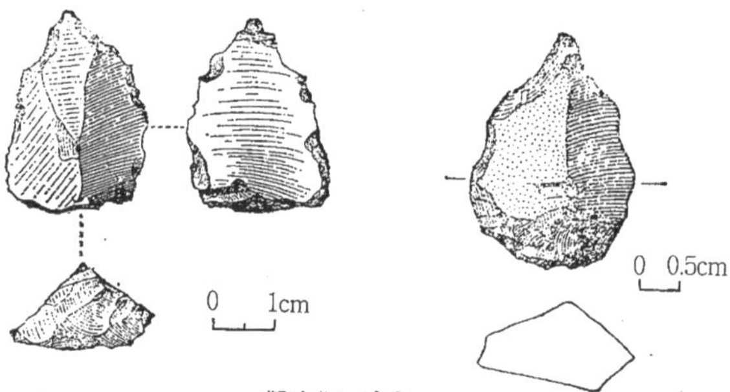

觀音洞 하층

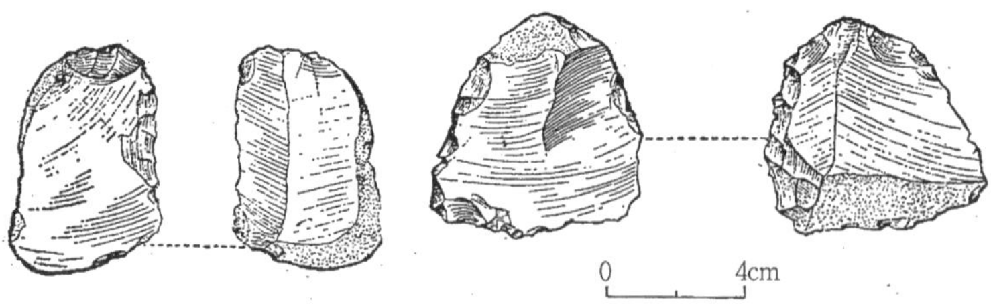

石龍頭유적

하다.[8] 이 고인류화석이 기본적인 퇴적이 이루어지고 난 이후에 생긴 공간을 메워 가는 과정에서 퇴적이 이루어진 것으로 판단하고 있는 학자들이 있어서 그 연대에 대한 의문이 제기되고 있다. 소수의 석영암제 석기들이 발견되었는데 형태적으로 별다른 특징이 없으며 주구점석기와 마찬가지로 즉시적인 성격을 가진, 즉 정형적인 가공이 없이 일시적 성격을 보이는 석기들이다. 요령성에서는 금우산 이외에 廟后山유적에서도 연대가 오르는 것으로 보이는 석기군이 나타났는데 금우산보다도 훨씬 더 많은 양의 석기가 발견되어 요동지방의 석기문화를 이해하는데 중요한 자료를 제공하고 있다는 점이다.

남방지역에서는 광서의 百色유적에서 다량의 주먹도끼들이 발견되었다. 주먹도끼는 강돌을 박리작업으로 큼직하게 만들어진 양면가공석기이다. 이 석기들은 강의 단구면의 상부 점토퇴적물에서 발견되었는데 연대에 대한 논란이 있다. 화산탄의 연대를 계산하여 약 70만년 전으로 보는 견해와 단구의 형성과정으로 상부 홍적세의 어느 시기로 보는 견해가 대립되어 있다. 귀주의 觀音洞유적은 남방 전기 구석기의 대표적 지점으로 석회석 등의 박편을 가공하여 긁개날을 만든 것이 많은데 상부층에서는 소형의 첨두기들도 나타난다. 이 유적은 중국 남서부지역 석기문화에 많은 영향을 미친 것으로 주장되고 있다.[9] 이외에 호북성의 石龍頭도 20만년 전 전후에 형성된 것으로 보고 있다.

전기 구석기문화의 특징으로 본다면 석기들이 전반적으로 불규칙하며 정형성이 적고 가공이 극히 제한되게 나타나고 있으며, 기본적인 기능만을 가지면 될 수 있도록 최소한의 가공으로 석기제작을 하였다는 점이 두드러진 특징이며, 이러한 일반적인 특징은 모비우스 이래의 서구의 구석기학자들이 동아시아구석기문화를 보는 견해와도 통하는 바 있다. 이러한 점에서는 중국의 구석기공작의 연대가 훨씬 앞서는 것이지만 전반적으로 중국과 한반도의 전기에 속하는 구석기공작에서 보이는 공통적인 요소라고 하겠다.

나. 중기 구석기문화(〈그림 5·6〉)

중국에서 중기 구석기로 분류되는 문화는 그다지 많지 않다. 이것은 중기

8) Klein, R. G., *The Human Carrier*, Chicago, 1989.
9) 吳汝康·吳新智·張森水, 앞의 책.

〈그림 5〉 중국 중기 구석기

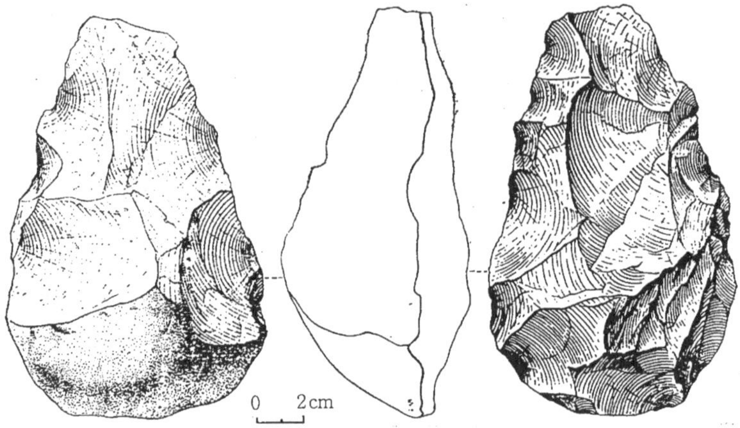

乾縣유적출토 주먹도끼

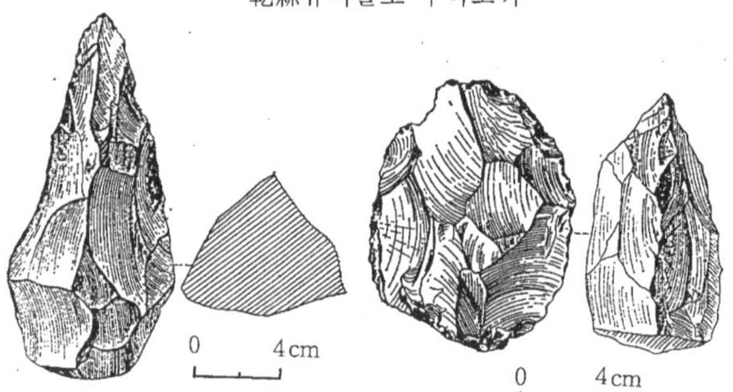

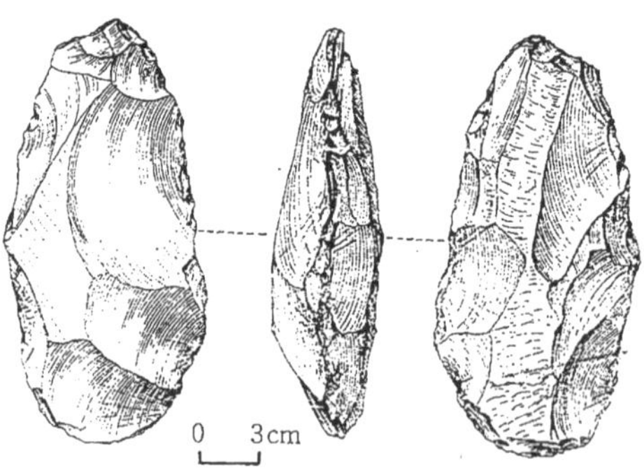

丁村유적출토 주먹도끼

구석기문화에 대한 개념이 정리되지 않은 탓으로 볼 수 있다. 중기 구석기공작의 특성이 뚜렷하게 드러나지 않아 석기문화 자체만으로 그 시기를 판정하는 것은 커다란 무리가 따르고 있으며, 전기 구석기공작의 원시적인 특성이 이른바 중기 구석기라고 설정한 시기에 이르기까지 지속되는 경향이 많기 때문이다. 이 지역에서도 중기 구석기는 석기기술적인 양상이나 문화에 대한 일반적인 양상보다는 지층이나 고동물의 출현양상을 근거로 시대를 편년하는 경우가 대부분이다. 특히 중국에서는 신생대 3기의 동물이 일부 적게 남아 있는 동시에 새로이 상부 홍적세의 동물이 대거 출현하는 시기에 나타나는 유적을 중기 구석기에 포함시키고 있다.[10] 그래서 大荔나 또는 丁村유적 같이 연대 차이가 큰 유적들이 중기 구석기로 분류된 것도 있다. 이것은 아직도 중국에서도 석기문화의 특성을 기초로 한 구석기편년이 이루어지지 못하고 있음을 반영하는 것이다. 현재 중기 구석기로 분류되고 있는 중요한 유적으로 섬서성 대려, 산서성 許家窯, 북경 주구점유적의 제15지점, 요령의 鴿子洞 등을 들 수 있다.

주구점 제15지점은 고동물의 구성으로 대략 10여 만년 전의 상부 홍적세의 초기에 해당되는 것으로 판단하고 있는데,[11] 이 지점에서 발견된 석기문화는 주구점 1지점의 문화적 계승자로 간주되고 있다. 석기들은 석영과 쳐트를 주로 하여 제작되었는데 여기에서는 수정도 보인다. 석기들이 주구점의 제1지점의 것보다는 전반적으로 정돈된 느낌을 주는데 제시된 도면에서는 유사르발르와박편이 보이고 그리고 일종의 원시적인 형태의 박편도끼도 보인다. 이외에도 첨두기·조각도·찍개 등이 나타나는데 전반적으로 2차가공의 정도가 제1지점의 석기보다도 많이 나타나고 있다. 요령지방의 합자동동굴유적으로 大淩河변에서 발견되었는데 대능하에서 채취한 석영암을 재료로 석기를 제작하였다. 석기들은 원시적이며 자연평면을 타격면으로 이용한 박편들과 소형긁개들이 주류를 이루고 있다.[12] 하북성에서는 난하의 제3단구에서

10) 張森水, 《中國舊石器文化》(天津科學技術出版社, 1987).
11) 張森水, 위의 책.
12) 鴿子洞發掘隊, 〈遼寧省鴿子洞舊石器遺址發掘報告〉(《古脊椎動物與古人類學報》 13-2, 古脊椎動物與古人類學硏究所, 1975), 122~136쪽.

〈그림 6〉

중국 중기 구석기

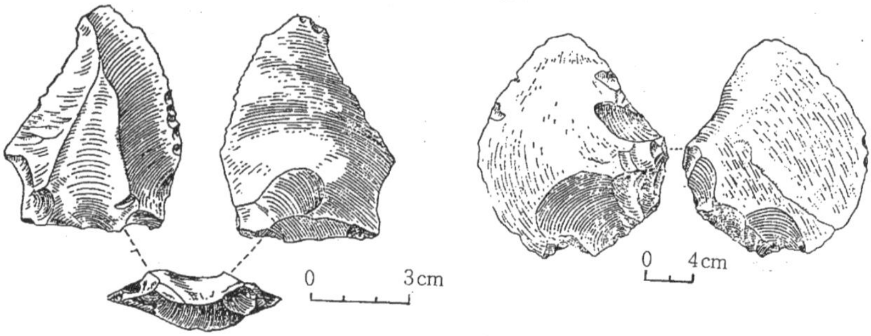

周口店 15지점

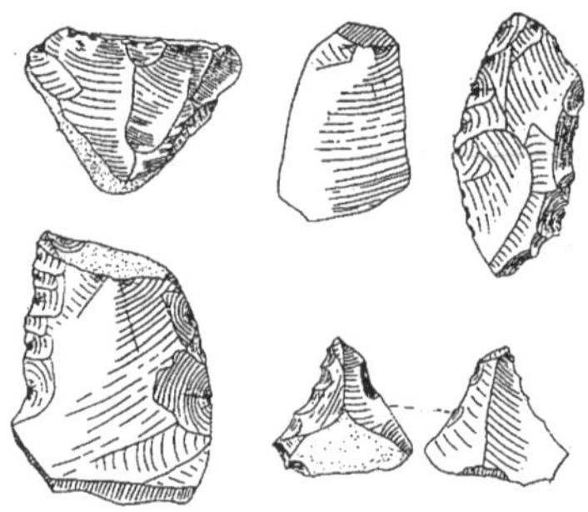

大荔유적출토

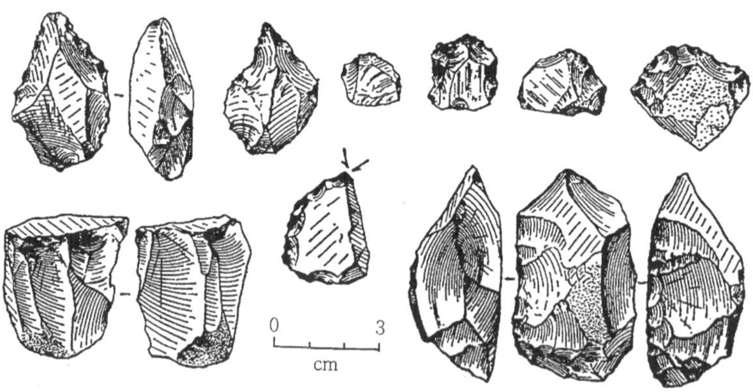

許家窯출토 석기

발견된 瓜村유적에서도 긁개, 소량의 첨두기와 조각도가 포함된 석기가 보고된 바 있는데 지질학적인 위치로 보아 중기로 구분하고 있다. 하북과 동북지방의 중기 구석기는 주구점 15지점을 제외하고는 소량으로 그 성격을 파악하기 어렵다. 이러한 석기공작들은 흔히 주구점 제1지점의 석가공작과 비견되는데 이는 뚜렷하게 가공을 보이는 석기가 드물기 때문으로 판단된다.

大荔유적은 황하의 중류에서 발견된 유적인데 이 곳에서 나타난 고인류인골(大荔人)로 유명하며 낙하의 제1단구의 사력층에서 발견되었다. 이 유적도 고동물의 연대로 보아 상부 홍적세의 초기, 즉 중부 홍적세에서 상부 홍적세로 이행하는 시기의 유적으로 보고 있는데 대려인은 호모 사피엔스와 호모 에렉투스의 특징을 공유하고 있는 것으로 보아 과도기적인 성격을 가지고 있어서 호모 사피엔스 따리엔시스로 명명한 바 있으며, 우라늄법에 의하여 약 20만년 전 전후로 보고 있다.[13] 약 3백여 점의 석기들이 발굴되었는데 긁개로 분류된 것이 가장 많으며 첨두기·석추·조각도 등이 채집되었다. 석편은 소형이었고 간단한 가공으로 석기를 제작하였으며, 여러 가지 점에서 주구점 제15지점과 통한다고 보고 있으나 두 지점이 거리가 멀고 문화적인 차이점도 많아서 「대려인문화」라고 부르기도 한다.

현재 중국에서 중기 구석기로 분류되고 있는 석기문화 중에 가장 독특한 양상을 보이고 있는 것이 정촌석기문화이다. 정촌유적은 산서성 汾縣에 있는데 대형석기를 위주로 한 석기공작이 발견되어 일찍부터 주목을 받은 유적이다. 유적은 汾河의 제3단구의 사력층 속에서 노출되었는데 10여 개의 지점에서 확인된 바 있다. 석기들 중에는 큼직한 박편에 만든 첨상기로 불리는 주먹도끼류의 석기가 있다. 이 주먹도끼류의 석기들은 원래는 대형첨상기로 불려 왔으나 최근에 전곡리주먹도끼가 발견된 영향인지 아슐리안석기와 유사한 것으로 보고 있는 학자도 있는데[14] 이 석기공작은 중국의 다른 석기공작과는 분명히 차이가 나는 것으로 보인다. 아마도 석재가 혼펠스로 가공이

13) Wu, X. and M. Wu, *Early Homo Sapiens in China, Paleoanthropology and Paleolithic Archaeology in the People's Republic of China*, ed. by W. R. & J. W. Olsen, Orlando, Fla., Academic Press, 1985, pp. 91~106.

14) 黃慰文, 〈中國的手斧〉(《人類學學報》 6-1, 1987), 61~68쪽.

비교적 용이한 면도 있었겠지만 중국의 전통적 견해는 서후도 이래 발달되어 온 대형첨두기문화전통이라는 주장이다. 하여간에 정촌의 석기는 비교적 정선된 가공기술을 보이고 있어서 석기의 제작기술이 한걸음 앞서 발달한 것으로 생각하고 있다. 정촌의 구석기문화는 중기 구석기의 중기에 해당되는 문화라고 알려져 왔는데 이는 고동물화석의 구성이 아마도 주구점 15지점이나 대려유적보다도 늦은 것으로 평가하기 때문이다. 고동물의 구성으로 볼 때 당시의 환경은 현재의 환경보다도 훨씬 따뜻한 편으로 지금의 회하 이남의 열대환경에 가까운 것이라고 보고 있다. 그런데 최근의 중국에서 제시한 절대연대는 중부 홍적세의 후기로 주장되고 있다.[15]

허가요문화도 중기 구석기로 분류된다. 다량의 고인류화석과 함께 동물뼈 그리고 석기들이 발견되었기 때문에 대단히 중요한 유적으로 평가받고 있다.[16] 석기들은 대부분 석영암·화산암으로 만들었는데 2만점 이상의 석기가 발굴에서 채집되었다. 긁개류가 가장 많고 첨상기·석추·조각기 등의 소형 석기가 주류를 이루고 있는데 석구가 1천점 이상이나 발견되어 주목을 끌고 있다. 석기들이 대부분 6㎝ 미만의 것이 많아서 소형석기전통에 속한다고 보고 있다. 그리고 박편이 비교적 규칙적으로 만들어지고 가공이 정교한 느낌이 드는 것이 특색이다. 주구점 15지점이나 대려유적의 석기와 동일한 전통이지만, 정촌유적의 것과는 다른 문화로 간주되고 있다. 그런데 고동물의 구성을 토대로 이러한 중기 구석기지점보다는 늦은 시기라고 하였는데 포유동물의 화석을 우라늄법으로 측정한 연대가 대략 8만년에서 13만년 전으로 나타나고 있어서 10만년에서 12만 5천년 전 사이에 형성된 것으로 판단하고 있다.[17]

중국의 남부 귀주성의 桐梓유적에서는 중부 내지 상부 홍적세에 속하는 층에서 북경원인에 가까운 고인류화석과 함께 석기 12점이 발견되었는데 이 석기들 중에는 첨상기와 중국에서 각첨상기로 부르는 일종의 첨두가 있는

15) 張森水, 앞의 책.

16) 賈蘭坡 等, 〈許家窯舊石器時代文化遺址 1976年度發掘報告〉(《古脊椎動物與古人類學報》 17-4, 1979), 277~293쪽.

17) Chen, T. and S. Yuan, *Uranium-series dating of bones and teeth from chinese Paleolithic sites,* 1988.

긁개들은 역석편에다 일부에 양면가공으로 제작한 것들이다.[18] 그리고 水城縣에서도 인골과 함께 석기들이 소수 발견되었는데 한쪽에 비교적 정밀한 가공을 한 각첨상기가 발견되었다. 중국의 남부지역에서는 석기유적이 많이 발견되지 아니하였는데 이는 동남아시아의 열대 또는 아열대지역에서 석기유적이 드문 것과 같은 현상에서 유래한 것으로 생각된다.

다. 후기 구석기문화(〈그림 7~9〉)

후기 구석기문화는 일반적으로 石刃석기가 제작되기 시작하여 홍적세가 끝나고 충적세시대가 시작되는 시점 이전 시기의 석기문화를 말한다. 중기 구석기문화와는 달리 이 시기의 석기문화는 기법상의 뚜렷한 차이가 있고 다양한 생활도구들이 나타나는 경우가 많기 때문에 쉽게 구분된다. 현재 중국에서는 후기 구석기문화를 대략 5만년 전에서 시작되는 것으로 생각하고 있는데 약 23개 성과 시의 약 100여 지점에서 발견되었다. 중기 구석기문화에 비하여 넓은 지역으로 전파되었거니와 석기문화의 지역화가 뚜렷하게 나타나는 시기인데 남북간의 석기공작전통이 달라질 뿐 아니라 남부에서는 대형석기가 그대로 잔존하는 유적과 소형화하는 유적과의 차이를 보이고 있고 북부에서는 소형석기와 석인을 위주로 하는 소석기문화가 주류를 이루고 있다.

북방의 소석기 위주의 문화전통으로 주구점문화를 계승한 峙峪석기문화전통을 대표로 꼽고 있는데 감숙성에서부터 내몽고의 살라우수(Sjara-Osso-gol)유적을 거쳐서 길림성의 周家油坊유적에까지 분포하고 있다. 이 석기전통의 가장 중요한 유적으로 치곡유적은 산서성의 북쪽 대동분지에 위치하고 있다. 이 유적에서는 살라우수동물군이 나타나고 있고 탄소연대는 28,000년 전후로 나타났다. 이 유적에서는 이전의 유적에서 나타나지 않던 화살촉형석기, 도끼형 칼 그리고 작은 석인들이 발견되었는데 석기들이 정련된 기법으로 가공되고 있으며 양극타격에 의하여 형성된 석핵과 박편들이 소량 존재한다는 것이 특징이다. 석기는 쳐트를 주요한 석재로 이용하고 있는데 이외에도 석영암과 규암이 섞여 있으며 긁개·조각도 그리고 첨두기가 주요한 가공된 석기들이다. 이 치곡문화는 석기문화의 양상으로 보아 중기 구석기문

18) 張森水, 앞의 책.

화인 허가요의 문화와 흡사한 면을 볼 수 있는데 이 두 유적은 가까운 거리에 있을 뿐 아니라 시기적으로 약 수만년의 차이를 보이고 있어서 치곡유적이 허가요문화를 이어받은 것으로 보고 있다.[19] 이 치곡석기공작은 이 유적에서 출토된 동물군이 초원성이 많고 맹수가 적어서 초원에서 사냥을 하는 경제를 영위하였던 것으로 추측하고 있다.

小南海문화는 하남성 안양 부근에 있는 유적으로 25,000년 전부터 10,000년 전에 형성된 유적으로 생각되고 있다. 이 유적에서도 살라우수동물군에 근접하는 동물구성을 보이고 있는데 이 지역은 남쪽으로 치우쳐 있기 때문에 현재와 그다지 큰 차이가 없었을 것으로 보고 있다. 석기들은 수만점이 되고 있으나 대부분이 석핵과 석편들이며 제2차가공을 보이고 있는 것은 극히 적다. 소수의 석기공작에는 긁개·첨상기·석추 등이 포함되어 있는데 양극타법에 의한 석편들이 관찰되기 때문에 중국의 고고학자들은 이 석기공작이 주구점의 석기공작전통과 통하는 것이며 또한 소석기전통의 한 변형으로 보고 있다. 이러한 견해는 주구점유적에서 발견되는 것과 같은 석기문화가 하북성 일대에 상당히 오랜 기간 지속적으로 산재하여 있었다고 하는 것인데 왜 그러한 문화가 존재하게 되었는지에 대한 연구가 앞으로 진행되어야 할 것으로 보인다.

주구점의 山頂洞유적은 주구점유적의 최상층, 즉 제1층의 상면에 있는데 이 유적에서는 석기의 출토는 많지 않으나 무덤과 골침·장신구 등의 유물이 출토되었다. 인공의 흔적이 보이는 소석기문화전통을 보이는 석기 25점이 보고되었는데 이 석기들 중에는 양극타격법에 의한 석기들이 다수 있어서 주구점석기문화의 전통을 보이고 있다 하겠으나 이 산정동유적이 주구점의 제1층을 바닥으로 하고 있기 때문에 이 제1층에서 유래되었을 가능성도 다분히 있다고 보고 있다.[20] 몇 가지의 중요한 고인류생활에 대한 내용을 산정동유물에서 발견할 수 있는데 무엇보다도 중요한 것으로 매장풍습에 관한

---

19) Jia, Lanpo and W. W. Huang, *On the Recognition of China's Paleolithic Cultural Traditions, Paleoanthropology and Paleolithic Archaeology in the People's Republic of China*, ed., by W. R. and J. W. Olsen, Academic Press, 1985, pp. 259~266.

20) 張森水, 앞의 책, 225쪽.

것이다. 이 매장에서는 붉은 점토를 사용하는 등의 의식이 있었던 것으로 판단되는데 이는 당시 인류의 사유와 인간관을 보여주는 것이다. 또한 매장된 사람들이 남녀노소로 구성되어 있음을 볼 때 이는 당시의 사회조직을 반영하는 것으로 생각된다. 그리고 장신구를 제작할 때 구멍을 뚫는 기술은 마연하는 기술과 함께 이전에 없는 도구제작법으로 이 시기에 출현한 신기술이다. 이 산정동문화는 동물의 구성이 거의 현생종인데 이 중에는 현재 장강 이남에 살고 있는 種들이 포함되어 있어서 당시가 현재보다 따뜻하였다는 결과가 되는데 탄소연대 10520±360BP의 연대가 보다 정확한 것으로 판단하고 있다. 그런데 이 주구점의 산정동문화는 요령의 海城縣 仙人洞유적에도 나타나고 있는데 산정동과 흡사한 골기와 장신구들이 출토되고 있다. 선인동의 석기들은 대부분 석영암으로 제작되었는데 이외에도 쳐트·사암과 화성암 종류의 석재도 나타난다. 전반적으로 볼 때 석기들이 조악한 느낌을 주고 있는데 긁개·첨두기·찍개 그리고 조각기 등이 보고된 바 있다.

후기 구석기문화 중에서 돌날(石刃)기법석기공작 역시 광범위하게 분포하고 있는데 흑룡강에서부터 영하자치구까지 이르고 있으며 남쪽으로는 산서성의 下川유적에서도 발견되고 있다. 水洞溝문화는 영하 회족자치구인 靈武縣에 있는데 석기들은 규질의 석회암으로 만들었는데 수동구의 석기들은 이 시기의 석기공작으로서는 비교적 큰 편에 속하며, 도구들 중에는 원추형의 석핵, 반원형의 날을 가진 긁개와 삼각형의 첨두기 등이 특징적인 유물이다. 이러한 유물들은 무스테리안첨기나 오리냐시안형 긁개와 동일한 것으로 파악하고 있다. 이 수동구 석기문화는 탄소연대측정의 범위가 대략 2만년 전후로 고동물의 편년과 대체로 부합되므로 이 시기에 형성된 것으로 파악하고 있다. 그런데 이 문화가 서구의 석기문화와 유사한 점에서 동서의 문화교류의 가능성을 안고 있다는 점에서 앞으로도 지속적인 주목을 받아야 할 것으로 보인다.

산서지방의 하천문화는 후기 구석기문화로 전형적인 세석기문화이다. 이 석기공작에는 간접타격과 가압법에 의한 석기가공이 흔하게 보이고 쐐기형 석핵과 원추형석핵이 나타나고 있다. 여기에서 보이는 석기들로서는 긁개·첨두기·손잡이가공 칼·조각도·석추 이외에 석촉으로 보이는 석기도 있다.

〈그림 7〉 중국 후기 구석기

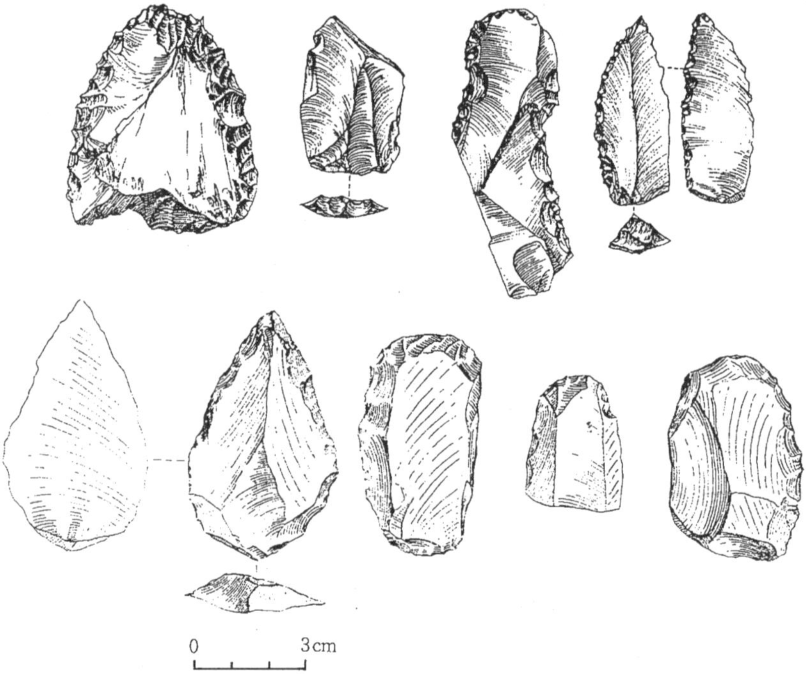

水洞溝유적출토

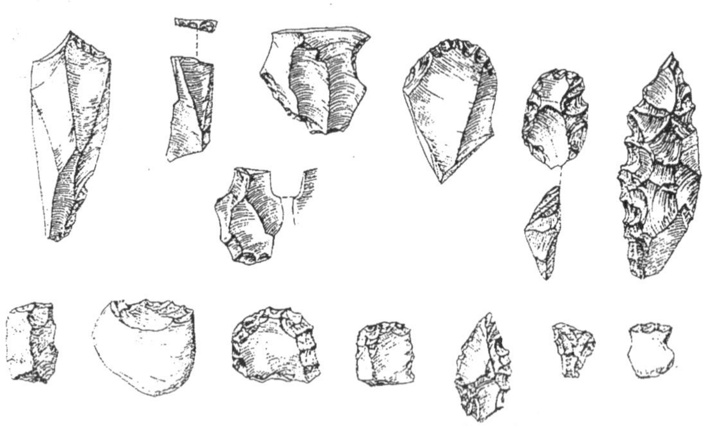

살라우수유적출토

〈그림 8〉 중국 후기 구석기

峙峪유적출토

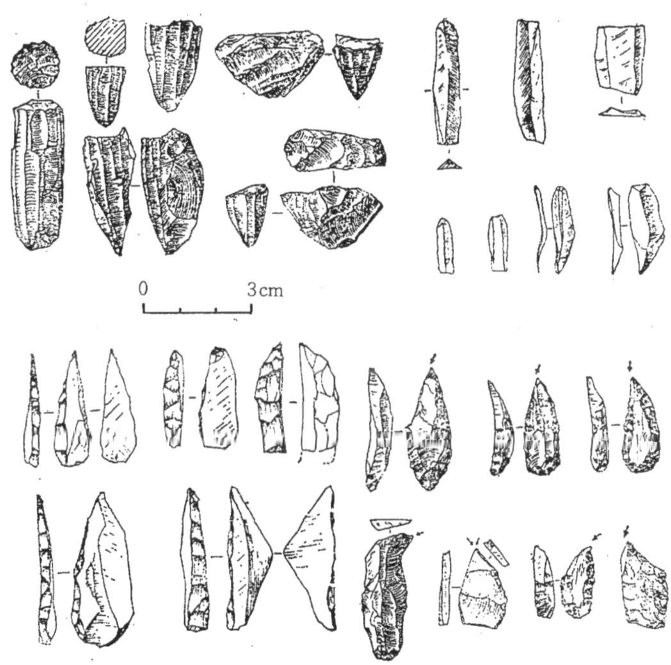

下川유적출토

이러한 세석인문화－즉 쐐기형 또는 원추형의 석핵이 존재하고 가압법에 의한 가공으로 첨두기나 이른바 월계수잎형의 첨두기가 존재하는 문화－들은 황하의 여러 지점에서 발견되는데 이러한 지점들의 연대가 대략 홍적세의 최말엽에 해당하는 것으로 판단된다. 이러한 문화는 수동구에서 보이는 소석기문화들보다도 훨씬 발달한 것이다. 산서와 하북의 경계지역에 있는 虎頭梁유적에서도 강안단구퇴적의 상부에 쌓인 황토퇴적 속에서 세석인을 포함하는 문화가 발견되었다. 이 유적의 탄소연대는 약 1만 1천년 전으로 드러났는데 석기공작이 홍적세의 말엽에 형성된 것으로 보고 있다.[21]

중국의 남부지방에서는 대단히 많은 지점에서 후기 구석기유적이 확인되고 있지만 간접타격을 사용한 석기공작이 아직 발견되지 않는데, 대체로 석기공작의 기법상 정체성이 나타나는 것으로 간주하고 있다. 남부지역에서도 골기나 각기가 나타나고 있지만 예술품으로 보이는 것은 극히 적은 편이다. 사천성의 銅梁에서 발견된 석기공작은 호수 바닥의 니탄층에서 발견되었는데 대략 2만년 전후의 절대연대가 나왔다. 석기들은 규암이나 쳐트를 직접타격 또는 대석법을 사용하여 제작한 긁개·첨두기 그리고 찍개 등이 나타났는데 대부분 6㎝가 넘는 것들이다. 석기들은 몇 부위에 간단한 가공으로 경사가 급한 날을 세워 만들었는데 이는 석기들의 기능이 아직 분화되지 않은 양상을 보여주고 있어서 전기 구석기적인 특징이 남아 있는 것으로 판단하고 있다.[22] 또 다른 문화로 사천성의 富林문화를 들 수 있는데 이 석기공작은 하안단구에서 발견되었는데 동물의 구성으로 볼 때 후기 구석기의 마지막 단계로 보이며 탄소연대측정의 결과 중국학자들은 2만 5천년 전으로 보고 있다.[23] 석기들은 대부분 플린트나 석영암으로 제작되었는데 석편과 석핵이 다수이고 석기로는 긁개가 주류를 이루고 첨상기나 조각도도 포함되어 있다. 이 석기공작의 가장 두드러진 특징은 석기가 소형화되어 있다는 것이다. 그래서 남방의 소석기문화가 나타난 것으로 이해하고 있으며 이러한 전통은

---

21) Jia, Lanpo and W. W. Huang, *The Late Palaeolithic of China, Paleoan thropology and Paleolithic Archaeology in the People's Republic of China,* ed., by Academic Press, 1985, pp. 211~223.

22) 張森水, 앞의 책.

23) 張森水, 〈富林文化〉(《古脊椎動物與古人類學報》 15－1, 1977), 14~27쪽.

〈그림 9〉 중국 후기 구석기

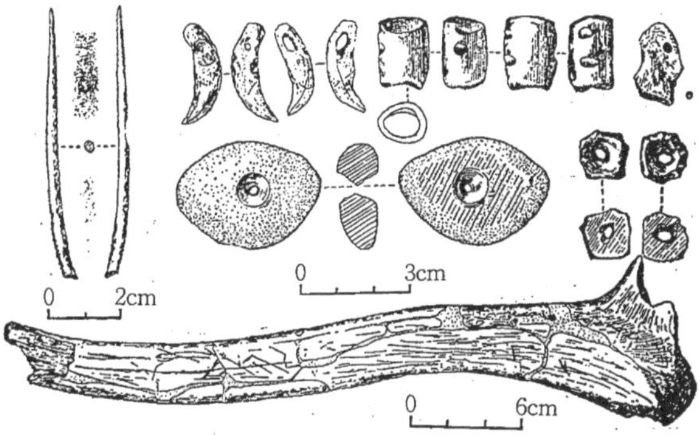

山頂洞유적 골·각제품

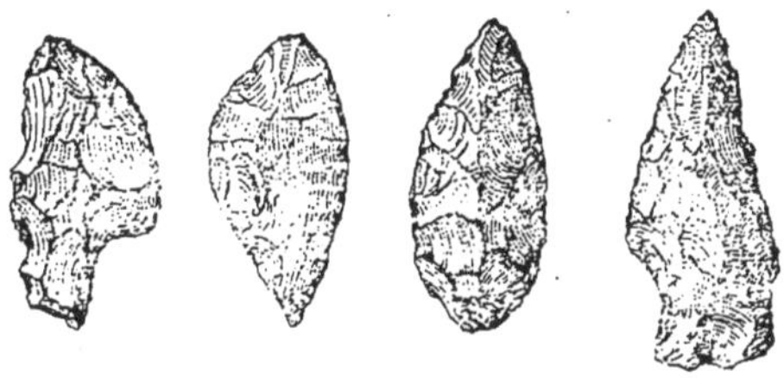

虎頭粱유적

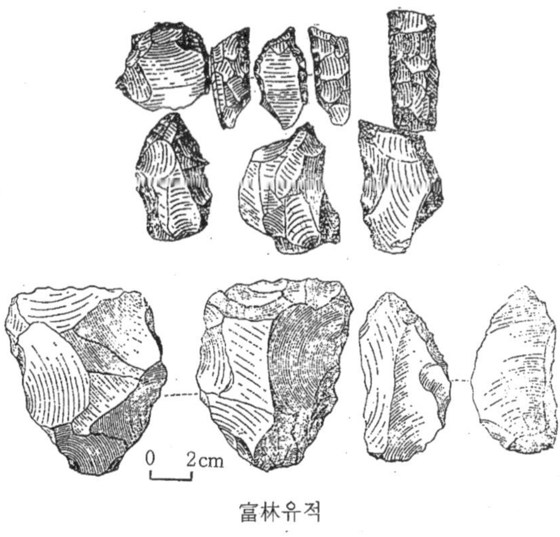

富林유적

북방의 소석기문화와 연결될 수 있는 것이라고 하지만 독자적인 발달 가능성이 크다고 하겠다. 석기공작의 구성으로 보아 일시적인 석기제작소이었을 것으로 추측하는데 유적에서 출토된 밤 등의 씨앗으로 보아 가을에 일시적인 캠프로 사용된 것으로 추정하고 있다.[24)]

귀주의 猫猫洞동굴에서 석기가 발견되었는데 인골파편과 함께 4천여 점의 석기가 채집되었다. 석기들은 사암이나 규질암으로 제작하였는데 주로 박편을 약간 가공한 것들이 많다. 중국학자들은 이 석기공작이 북중국의 수동구석기공작, 하북의 호두량석기공작과 통하는 것인데 석기공작들은 불량한 석재로 인하여 원시적인 특성을 보인다. 골각기가 다수 보이고 뼈송곳·뿔창 그리고 칼 등이 보이며, 골각기의 제작기법은 상당히 발달한 수준에 이른 것으로 생각된다. 유적은 우라늄시리즈기법으로 14,600±1,200년 전으로 알려져 있다.

(2) 비교와 문제점

중국과 한반도의 전기 구석기, 즉 중부 홍적세와 상부 홍적세의 초기에 이르기까지의 시기에 있어서 문화상은 커다란 변화가 없었던 것으로 보인다. 그런데 중국의 화북과 산서지역에서는 하부 홍적세에 이미 고인류의 거주가 있었음이 확인되어 한반도보다는 훨씬 오래된 셈이다. 전반적으로 볼 때에는 석기들이 2차가공이 두드러지지 않고 정형화가 이루어지지 않은 석기들이 일반적이며 이러한 석기들은 아직은 불확실한 원인에 의해 상당히 오랜 기간 동안 지속되었다.

이러한 석기공작의 일반적인 양상에 대하여 설명은 과거에는 인종적인 차이라는 해석도 있었지만[25)] 근래에는 이 지역에 흔히 자라는 대나무가 주요한 도구재료로 이용되었기 때문이라는 해석도 있다.[26)] 그러나 중국 북부지역

---

24) 張森水, 앞의 책.

25) Movius, H. L. Jr., Early Man and Pleistocene stratigraphy in Southern and eastern Asia, *Papers of the Peabody Museum of American Archaeology and Ethnology* 19-3, Harvard Univ. Cambridge, U.S.A., 1944.

26) Hutterer, K. L., *Reinterpreting the Southeast Asia Paleolithic, In Sunda and Sahule,* ed. by J. Allen, J. Golson and R. Jones, Academic Press, London, 1977, pp. 31~71.

과 한반도의 중북부지역은 대나무가 그리 흔하지 못한 점에서 이 설은 납득하기 어려운 점이 있다. 석기가공의 발달이 이루어지지 아니한 이유는 아마도 이 지역에 적응하는 과정에서 석기공작에 있어서 많은 에너지 투여를 할 수 없는 생태학적인 상황이 있었던 것으로 추측된다. 이 지역은 비교적 고위도의 온대지방으로 고인류의 주요한 음식원이었으리라 짐작되는 나무열매나 과일들이 작아서 많은 노동력의 투여가 이루어지지 않으면 충분한 식량이 되지 않았을 것이며 일년 중의 많은 시간들은 식량자원을 찾는데 시간을 보내야 했을 것으로 추측된다. 그래서 석기들이 최소한의 기능이 충족되는 선에서 만족한 것으로 생각되는 것이다.

동아시아의 주먹도끼에 대해서 아직도 논란이 많은데, 현재까지의 증거로 보아 이 지역에서 다량의 세련된 주먹도끼가 출현하는 유적을 볼 수는 없다. 전곡리주먹도끼의 출현과 그 해석에 영향을 받은 일단의 중국고고학자들은 중국에서 출토된 대형석기군 중에서 이른바 「대형첨상기」로 불러오던 석기들이 주먹도끼문화로 분류될 수 있는 것이라는 견해를 밝히고 있다.[27] 대형첨상기라고 불리는 석기들은 형태상으로나 제작기법상으로 전곡리의 주먹도끼들과 큰 차이를 보이는 것은 아니다. 다만 빈도가 높고 제작이 비교적 정선된 형태로 되어 있다는 점, 그리고 주먹도끼류의 석기형태의 여러 유형이 출토되었다는 점들이 차이라고 할 수 있을 것이다. 주먹도끼류의 석기들 중에는 중국지역에서는 하나도 발견된 적이 없는 박편에 제작한 가로날도끼(박편도끼)가 출토되고 있다는 점이 두드러진 차이라고 하겠다. 중국 남부의 백색유적이나 삼서성의 유적들이 연대가 불확실한데 정촌의 대형첨상기가 대략 중부 홍적세의 후반에 해당되고 전곡리의 연대도 중부 홍적세의 말엽에 해당될 가능성이 있다고 할 때 이러한 석기들이 두드러지게 발달한 것은 중부 홍적세의 후반으로 볼 수 있다. 이러한 점에서 본다면 이 대형첨상기 또는 전곡리형석기의 존재는 이 지역에 호모 사피엔스의 확산과 연관지어 추측할 수도 있다.

---

27) Huang, Weiwen(黃慰文), 앞의 글.
——, Bifaces in China, *J. of Human Evolution 4-1*, 1989, pp. 87~93.
——, The Early Paleolithic of China, *Quarternary Reserach 28-4*, pp. 237~242.

중기 구석기에 해당되는 유적은 중국과 한반도의 편년체계가 달라 비교가 용이하지는 않다. 중국에서는 20만년 전 전후에서부터 약 4만년 내지 5만년 전까지의 시기에 속하는 석기공작들을 모두 중기 구석기로 분류하고 있기 때문에 구석기의 일반적인 편년과도 맞지 않는다. 이러한 편년체계는 아마도 중국학자들이 주구점 제1지점의 문화층 이후의 문화를 중기 구석기로 설정하고 있는 듯한 인상을 주고 있다. 또한 한편으로는 원래 연대측정이 불가능한 시기에 중기 구석기로 편년된 것이 연대가 올라감에 따라 중기 구석기편년이 전반적으로 올라가게 된 것이 아닌가도 여겨지는 것이다. 그런데 중기 구석기공작이 전기와 차이가 나지 않는다는 점에서는 이 지역의 공통적인 현상이라고 할 것이다. 왜 이러한 석기문화의 정체성이 지속되었던가에 대한 설명은 아직 불가능하다. 아마도 뚜렷한 환경변화, 즉 석기의 변화를 유발할 수 있는 환경변화가 없었던 것으로 생각될 수 있을 것이다. 석기문화의 양상이 변하지 않았다는 점은 고인류의 진화를 이해하는데 있어서도 설명이 있어야 할 것으로, 만일 현재 많은 인류학자들이 받아들이고 있는 고인류가 진화되는 과정이 새로운 인류집단에 의해 대치되어 가는 것이라면, 왜 새로운 석기문화가 도입되지 않았던 것인가에 대한 설명이 있어야 할 것으로 생각된다. 현재로서는 이러한 석기공작에서 보이는 정체성을 환경에 적응하는 특성으로 생각할 수밖에 없겠지만, 그러한 과정에 대한 설명이 구해지지 않으면 안될 것이다.

이 지역에 후기 구석기시대 유적의 분포는 훨씬 광범위한 지역에 걸쳐서 나타나는데 문화적으로도 석인석기들로 대표될 수 있어서 뚜렷한 문화양상을 보인다. 그런데 후기 구석기문화는 남방지역과 북방지역에서 큰 차이를 보이고 있는데 남방지역에서는 석재가 좋지 않을 뿐 아니라 석인기법도 두드러지게 나타나지 않고 있다. 이러한 분포상 특징은 분명히 도구의 사용빈도와 도구의 의존도에 있어서 차이나는 것이며, 이는 곧 자연환경의 차이에서 오는 것으로 생각된다. 북방지역에서는 살라우수동물군에서 보듯이 초원성 식생이 확장되었으며, 이러한 초원환경에 적응하면서 보다 정교한 도구의 제작이 요구되었던 것으로 보이는데 이는 곧 대형동물군을 사냥하기 위하여 발달한 것으로 보인다. 이와는 반대로 남방지역에서는 아직 열대 또는 아열대성 식생이 분포하고 있고 이러한 환경에 적응하는 데는 특별히 도구의 정교함이 요구되지 않았던 것으로 생각될 수 있다. 한반도에서 나타나는 후기 구석기의 석인문화는 아마도 중국의 동북지방의 초원이 확장되는 과정에서 이 지역에 동물의 이동을 따라서 한반도의 서북지방에 들어와서 점진적으로 남하한 것으로 생각되는데, 현재까지 한반도에 후기 구석기유적의 수효가 많지 않아 그 비교연구가 용이하지 않다. 그런데 북한지역에 후기 구석기문화가 많이 발견되지 않은 것은 유적이 없다기보다는 조사가 미진한 탓으로 보인다. 앞으로 서북지방의 강유역에 대한 집중적인 조사가 이루어질 경우에 문화양상은 많이 달라질 것으로 판단된다.

북방의 문화는 후기 구석기가 끝날 무렵이 되어 가면 보다 작은 석인을 만드는 세석인문화로 바뀌게 되는데, 이 세석인전통은 사천지방에서부터 흑룡강성에 이르는 넓은 지역에 분포하고 있으며 일부가 한반도로 들어온 것으로 보이며, 이러한 석기제작기법은 후빙기에도 당분간 지속적으로 사용하게 된 것이라 생각된다. 그런데 한반도내에서는 아직도 이러한 세석인문화가 언제부터 시작되는 것인지 명확하지는 않다. 아마도 조만간 연대측정에 획기적일 자료가 예견되기는 하지만 아직은 연대추정이 어려운 형편이다. 그리고 이러한 세석인문화가 후기 구석기문화와는 완전히 다른 경제체계를 가지고 있었던 것인지도 아직은 명확하지 않다. 이것은 당시의 경제를 확인할 수 있는 자료가 공반된 바가 없고 유적의 입지도 후기 구석기와 뚜렷한 차이를 보이고 있지도 않다.

전반적으로 한반도의 구석기문화가 중국의 구석기와 관련이 많을 것으로 생각되는 바이지만, 아직도 각 시기별로 석기공작을 비교하는 데는 자료의 편중이 심하며 두 지역간 연구전통의 차이도 장애로 작용하고 있다. 앞으로 보다 적극적인 학문적 교류에 의해서 이러한 연구방법상의 문제는 점진적으로 해결될 것으로 기대된다. 한반도에서 고인류 서식의 시작과 진화과정이 중국의 북부지역과 밀접한 관련이 있다는 점은 두말할 필요가 없거니와 한반도의 지역적 특성이 나타나는 과정에 대한 이해가 앞으로의 연구의 과제라고 할 수 있을 것이다.

〈裵基同〉

2) 일 본

(1) 한반도와 일본의 자연환경

한국과 일본은 바다를 사이에 두고 있어 양쪽의 문화가 상당히 이질적일 가능성이 많다고 생각하는 경우가 있었다. 특히 인류 역사상 가장 오랜 시기라 할 수 있는 구석기시대에는 더욱더 양쪽이 달랐을 것으로 추정하는 경우도 있었다. 그러나 현재까지 밝혀진 바에 따르면 일부 다른 점이 있기도 하나 닮은 점은 더욱 많았음을 알 수 있다. 구석기시대의 각 시기에 따라 밝혀진 두 지역의 문화양상도 비슷하거나 닮은 면이 많이 나타나고 있다. 특히 자연환경의 경우 이 두 지역을 연결시켰던 육교가 있었다는 것이 밝혀지고 있다. 인간이 지구상에 등장하여 사람의 형태를 갖춘 것은 상당히 오래전 일이다. 그러나 동북아시아에서 인류의 흔적이 나타난 것은 1백만년 전을 거슬러 올라갈 수 있는 유적이 몇 곳 있으나 명확하다고 보기에는 아직 미흡한 점이 많이 있다. 그러나 1백만년 전 직후부터 동아시아지역에서도 인류의 흔적이 상당수 나타나고 있다. 1백만년 전을 전후로 하여 지질학상으로 다섯 차례의 빙하기가 있었음을 알 수 있다. 이 다섯 차례의 빙하기 때에는 기후가 추워짐은 물론 해수면의 하강현상이 일어났었다[1].

해수면은 빙하가 극심할 때 현재보다 140m 정도 낮아지는 경우가 있었으며 그 때에는 바다 밑에 있던 높은 지역이 해수면 위로 드러나게 되었다. 그렇게 되면 한국을 둘러싸고 있는 대륙붕지역이 대부분 육지로 변하게 되며 황해 같은 경우는 거의 없어지고 동해부분도 상당히 축소되어 육지가 늘어나게 되었다. 이렇게 빙하가 극심한 시기에는 우리 나라의 부산을 중심으로 한 동남해안지역과 일본의 규슈지역이 대마도를 징검다리로 하여 연륙하는 현상이 일어났었다. 이렇게 육교로 두 지역이 연결되는 때는 홍적세가 시작되는 100만년 전쯤부터 충적세가 시작되는 1만년 전쯤까지 네 차례였다. 일본열도가 아시아 대륙의 일부분이 되었을 때에는 기존의 대륙에 살았던 사

1) 鈴木史司,《先土器時代の知識》(東京美術, 1984), 3~4쪽.

람들이 육교를 이용하여 일본열도로 옮겨가기도 하고 어떤 때에는 일본열도에 살던 사람들이 대륙으로 이주해 오거나 홋카이도(北海島)와 쿠릴열도를 연결하는 육교를 따라 시베리아지역으로 북상하기도 하였다. 그렇기 때문에 구석기시대의 장구한 세월 동안에도 인류의 이동이 많았으며 일본열도와 한반도는 이웃하였기 때문에 더욱더 그러한 현상이 많았다고 생각된다. 이러한 양상은 사람에 국한된 것이 아니고 동·식물에 있어서도 나타났던 현상이었다. 사람은 자연환경의 영향을 심각하게 받을 수밖에 없으며 특히 먹고 살아야 되는 처지였기 때문에 그들의 먹이였던 동·식물의 변화나 이동에 따라 생활양상이 변하게 되었다.[2]

따라서 사람의 이동보다는 오히려 동·식물의 움직임이 선행되었을 것이며 인류는 그 뒤를 좇았을 가능성이 많다. 사실 현재도 마찬가지로 인종으로 보아 크게 구분할 정도의 차이가 없으며 오히려 문화나 의식구조의 차이가 인종을 구분하는 듯한 인상이 들기도 한다. 구석기시대의 문화는 한반도 쪽이 좀 오래된 유적이 많을 것으로 생각되는데 그렇게 본다면 10만년 이상을 거슬러 올라가는 전기 구석기시대의 인류흔적은 한국이 일본열도보다 많을 것으로 생각된다. 중기 구석기시대와 후기 구석기시대의 유적은 수효에 있어 양지역이 비슷할 것으로 생각된다. 일본의 경우 1949년 이와쥬쿠(岩宿)유적[3](〈그림 1〉)이 발견된 이후 현재까지 1천여 곳 이상이 발견되어 연구중이라는 사실은 한국에서도 그 이상의 유적이 앞으로 발견될 것으로 예상된다.

(2) 전기 구석기시대

일본에서 가장 오래된 유적은 미야기(宮城)현 북부 에아이(江合)천유역의 이와데(岩出)산 자자라기(座散亂木)유적(〈그림 2〉)과 후루카와시 바바단(古川市馬場壇) A유적이다.[4] 자자라기유적의 12·13·15층과 바바단유적의 석기들은 발열광연대측정법(Thermo Luminisence Dating) 및 Fission Track연대측정법을

2) 稻田孝司, 《舊石器人の生活と集團》(講談社, 1988), 23~27쪽.
3) 杉原莊介, 〈群馬縣岩宿發見の石器文化〉(《明治大學 文學部 硏究報告》 考古學 1, 1956), 5~125쪽.
4) 堤 隆, 〈日本舊石器時代の石器〉(《季刊考古學》 35, 1991), 26~29쪽.

〈그림 1〉 이와쥬쿠유적의 석기

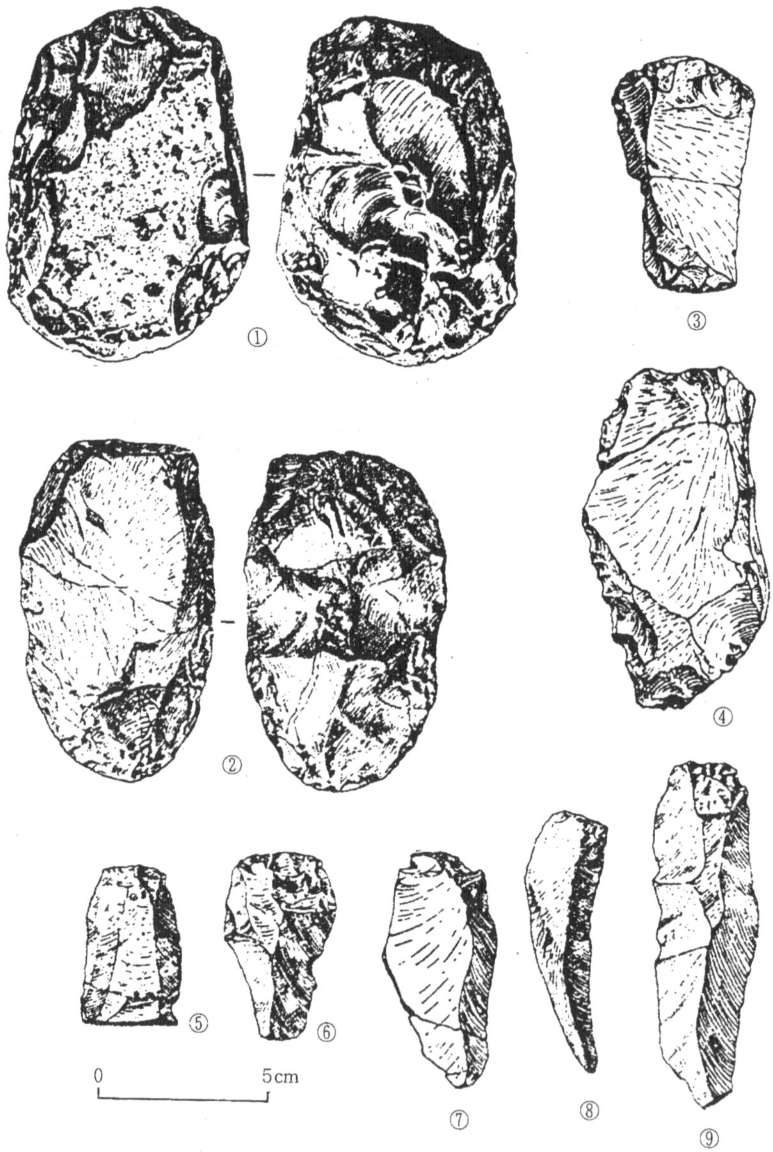

*①·② 주먹도끼, ③ 밀개, ④ 긁개, ⑤~⑨ 자르개

〈그림 2〉 자자라기·야스자와유적의 전·중기 구석기와 지층

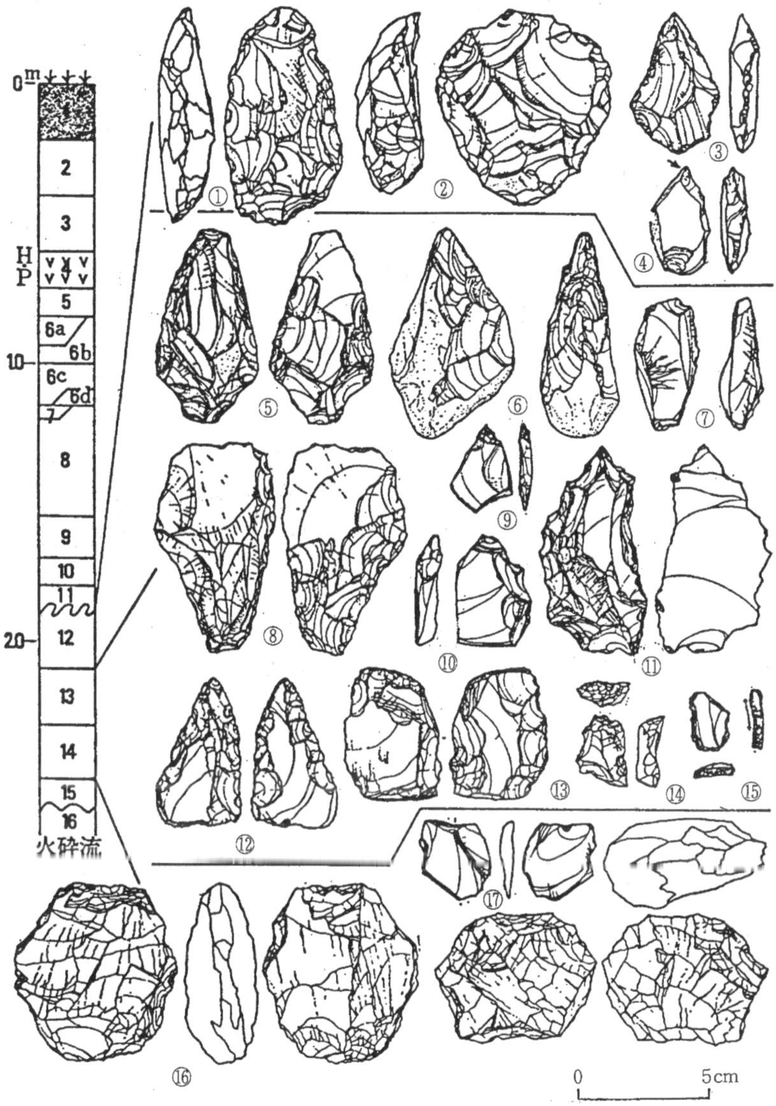

*① · ③~⑬ · ⑮~⑱ 자자라기유적, ② · ⑭ 야스자와유적
① 주먹도끼, ② 둥근몸돌, ③ · ⑨ · ⑪ · ⑫ 찌르개, ⑩ · ⑭ · ⑮ 톱날,
⑯ · ⑱ 찍개, ⑰ 격지

통한 결과 7~4만BP가 나왔다. 특히 바바단 A유적의 20층 윗부분에서 출토된 옥수·벽옥제찌르개·긁개·자르개 등은 13만BP를 넘어서는 오래된 석기로 주장되고 있다. 또 바바단 A유적의 19층 윗문화층에서 출토된 주먹도끼와 긁개는 10만년 전쯤에 만들어진 것으로 보고 있어 한 유적에서 여러 문화층이 포개져서 나와 일본구석기문화의 기원을 밝히는데 큰 자료를 제공하고 있다. 그러나 이상의 2곳이 일본에서 전기 구석기시대의 유적으로 주장되고 있으나 현재까지 유럽구석기학에서 보편적으로 주장되는 시대편년을 따를 경우 전기 구석기시대 말기나 중기 구석기시대의 초기에 해당한다. 이렇게 본다면 일본열도의 전기 구석기시대 유적은 몇 곳 안되며 그것도 10만년 전을 조금 더 올라가는 정도이다

(3) 중기 구석기시대

일본에서는 구석기시대의 편년을 전기와 후기로 구분하고 있다. 이와 같은 사실은 전기와 중기를 구분할 수 있는 명확한 유적들이 없다는 사실과 구석기시대의 상·하한선의 폭이 크지 않다는 점에서 간단히 전기와 후기로 구분하고 있다고 생각된다. 보편적으로 구석기시대를 구분할 때 중기 구석기시대인 7만년~4만년 전의 유적으로는 바바단 A유적의 10층이 7~5만년 전쯤의 것으로 생각된다. 이 문화층에서는 규질암으로 만든 긁개·찌르개가 출토되었다.[5]

중기 구석기시대 후기에 해당하는 5~3만년 전의 유적은 바바단 A유적의 7층 윗부분에서 긁개·찌르개가 나왔으며, 자자라기유적의 13층, 야스자와(安澤)유적 윗문화층에서 주먹도끼·창끝·자르개 등이 출토되었는데(〈그림 2〉) 특수한 형태를 갖고 있었다. 이 때의 유적으로는 대개 미야기현을 포함한 동일본 일대에서 발견되는데 이리노자와(入澤), 후쿠시마현 오오히라(大平)유적 등이 있다.[6]

(4) 후기 구석기시대

후기 구석기시대 초기인 3만 5천년 전쯤부터 일본열도에는 새로운 구석기

5) 莊澤長介, 《日本舊石器時代》(岩波書店, 1982), 3~120쪽.
6) 堤 隆, 앞의 글, 26~29쪽.

문화가 시작된다. 이 때 간토(關東)지방 臺地의 최하층에 퇴적되어 있는 염토를 다치카와(立川) Loam층이라 하며 이 화산층 속에서 석기들이 많이 출토되었다. 미야기현의 무사시노(武藏野)대의 롬층은 약 4m의 두께이며 그 사이에 20개 정도의 문화층이 위와 아래에서 발견되었다. 모두 32,000~10,000BP에 퇴적된 것이었다. 20개 정도의 문화층에서 출토된 석기들은 4시기로 구분할 수 있었다. 제1기는 32,000~20,000BP로서 자갈돌을 이용하여 좀 거칠게 돌날·자르개·주먹도끼 등을 만들었고, 제2기는 20,000~13,000BP로서 돌날석기가 많으며 자르개·찌르개·밀개·새기개 등이 많고, 제3기는 13,000~12,000BP로서 좀돌날, 좀돌날몸돌이 나오는 좀돌날석기가 많으며, 제4기는 12,000BP 이후로서 양면에 잔손질을 베푼 찌르개가 가끔 토기와 같이 나오는 시기로 신석기시대 초기와 연결되는 문화층이다. 이와 같은 사실 중 제1기에 나타난 문화양상으로 특이한 점은 돌날떼기수법이 있다는 것이다. 일본에서 중기 구석기시대에는 돌날떼기수법이 전혀 없었는데 제1기에 와서 돌날수법이 나타나는데 이것은 후기 구석기시대가 시작되었다는 사실을 알려주는 중요한 단서가 되는 것이다. 야마나시(山梨)현 츠루(都留)시 입빠이구보(一杯燕)유적은 31,870BP 전후라는 방사성탄소연대측정치가 나왔는데 그 곳에서도 긴돌날격지가 출토됐고, 나가사키(長崎)현 후쿠이(福井)동굴(〈그림 3〉) 15층의 석기들은 31,900BP의 방사성탄소연대측정치가 나왔다. 이렇게 보면 32,000BP 무렵의 일본에는 긴돌날격지를 떼어내는 수법이 나타나기 시작되었음을 짐작하게 된다. 그러나 중기 구석기시대에 해당하는 에아이천 유역의 자자라기·바바다이 유적의 4만년 전쯤 되는 문화층에서 나온 석기 중에는 긴돌날격지가 발견되지 않고 있다. 이 사실은 일본열도에 긴돌날격지를 만들 수 있는 사람이 새로이 등장하였음을 알려주는 것이고 그들에 의해서 후기 구석기문화가 확산되었음을 알 수 있다.7) 이 후기 구석기문화의 담당자들은 슬기슬기사람(Homo Sapiens Sapiens)으로서 중기 구석기시대의 슬기사람(Homo Sapiens)과는 구별되는 것이다. 이렇게 중기 구석기시대와는 달리 새로운 후기 구석기문화의 등장을 알려주는 긴돌날격지문화는 우리 나라의 후기 구석기

7) 加藤晋平, 〈中國北部の後期舊石器文化〉(《季刊考古學》 29, 1989).

〈그림 3〉 후쿠이유적의 석기(①~③ 제7층, ④~⑭ 제4층)

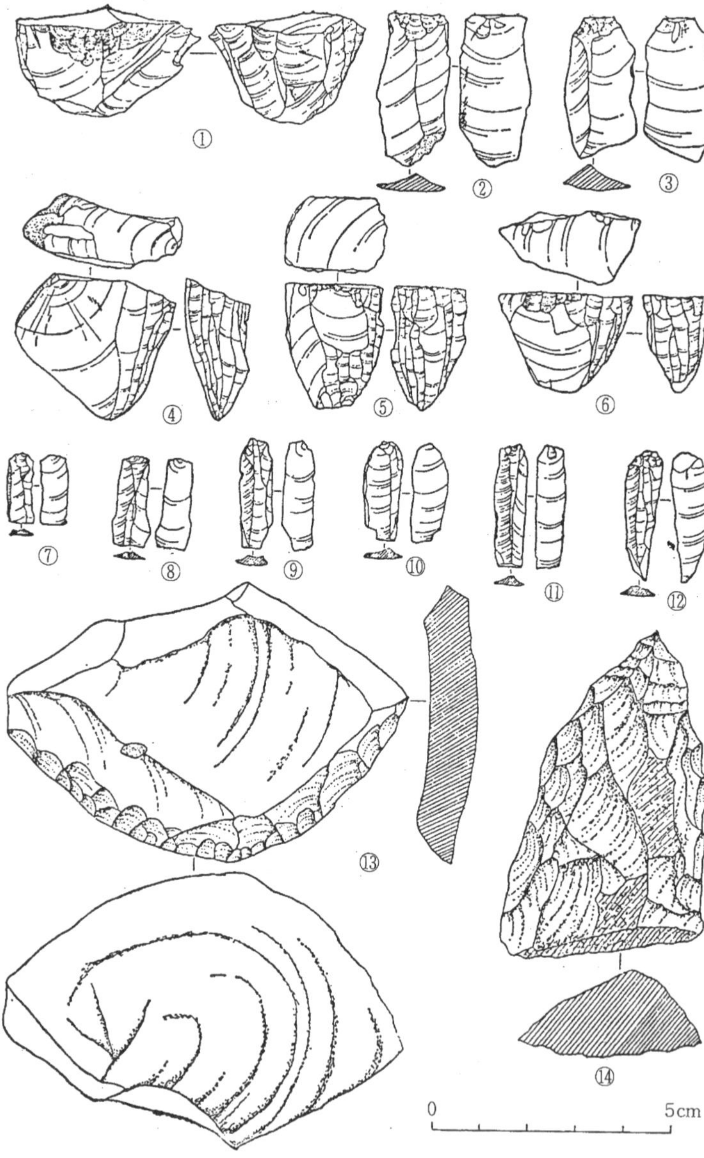

*① 몸돌, ②·③ 돌날, ④~⑥ 돌날몸돌, ⑦~⑫ 돌날, ⑬ 긁개, ⑭ 찌르개

시대 문화와 더 나아가서는 동북아시아의 긴돌날격지 제작문화의 영향을 받아 일본 전역에 파급되었다고 본다.[8]

일본열도의 후기 구석기시대 유적은 그 전시대보다 월등히 많으며 북으로 사할린, 홋카이도부터 남으로 규슈까지 골고루 분포되어 나타나고 있다. 이러한 유적에서는 긴돌날격지와 함께 나이프형의 자르개가 동시에 나타나는 경우가 많다. 후기 구석기시대의 대표적인 유적은 홋카이도의 시라타키(白瀧)(〈그림 4〉)·다치카와(立川)(〈그림 5〉)·다루기시(樽岸)·도코로가와(常呂川)유역·슈쿠바이산카쿠야마(祝梅三角山), 아오모리(青森)현 오오다이야마모토(大平山元), 동북지방의 가나야츠바라(金谷原)·요코미치(横道)·히가시야마(東山)·스기쿠보(杉久保) 카쿠니야마(角二山)(〈그림 6〉)·유미하리타이라(弓張平), 관동지방의 우에노(上野)·스나가와(砂川)·오츠코시(打越), 토쿄근처의 모로(茂呂)(〈그림 7〉)·노가와(野川)·스즈키(鈴木), 치바(千葉)현의 키카리도우케(木刈), 카나가와(神奈川)현의 츠키미노(月見野), 나가노(長野)현의 우에노다이라(上ノ平), 시즈오카(靜岡)현의 테라타니(寺谷)·아시타카야마(愛鷹山), 오오사카(大阪)의 군게이마시로(郡家今城), 나라(奈良)현의 니죠산호쿠로쿠(二上山北麓), 가가와(香川)현의 이시마(井島), 규슈 사가(佐賀)현의 다쿠(多久)·하루(原), 나가사키(長崎)현 햐츠카다이(百花台)·히노타케(日ノ岳)·나카야마(中山)·센부쿠지(泉福寺)동굴, 오이타(大分)현 오오노가와(大野川)유역, 구마모토(熊本)현 시몬죠(下城)유적 등으로 대부분 나이프형 자르개가 출토되고 있다.[9] 이와 같은 나이프형 자르개는 석장리·수양개·상무룡리 등의 후기 구석기문화층에서도 출토되며, 일본의 후기 구석기시대 유적에서 출토되는 창끝모양의 찌르개는 수양개·상무룡리와 홍천 하화계리의 중석기시대 유적에서 출토되고 있다.

후기 구석기시대 말기부터 중석기시대를 거쳐 초기 신석기시대까지 나타나고 있는 좀돌날몸돌(細石刃石核 : micro blade core), 좀돌날(細石刃 : micro blade)들은 10,000BP를 전후하여 나타나는데 일본열도의 전지역에서 나타나고

---

8) 최복규, 〈구석기문화의 비교 I (동북아와의 비교)〉(《韓國史論》 12, 國史編纂委員會, 1983), 302~306쪽.

9) 戸澤充則·安蒜政雄, 《探訪先土器の遺跡》(有斐閣, 1983), 1~494쪽.

〈그림 4〉 시라타키유적의 석기

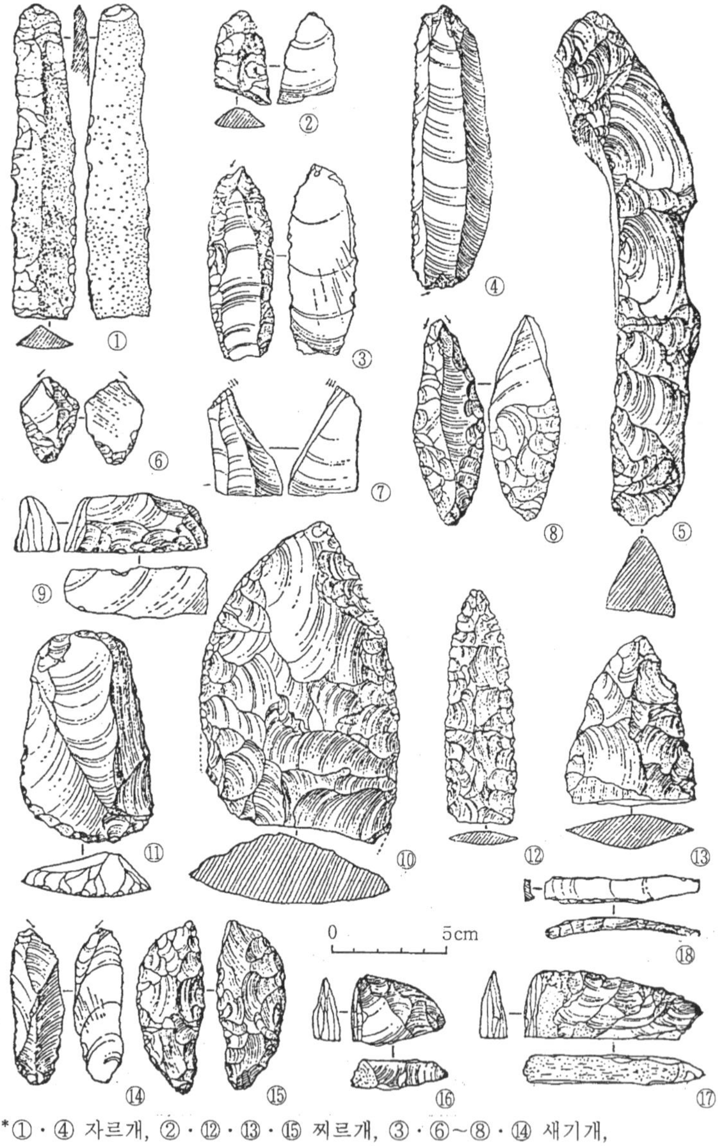

*① · ④ 자르개, ② · ⑫ · ⑬ · ⑮ 찌르개, ③ · ⑥~⑧ · ⑭ 새기개,
⑤ · ⑨ 배밑모양밀개, ⑪ 밀개, ⑯ · ⑰ 새기개, ⑱ 돌날격지

〈그림 5〉 다치카와 유적의 석기

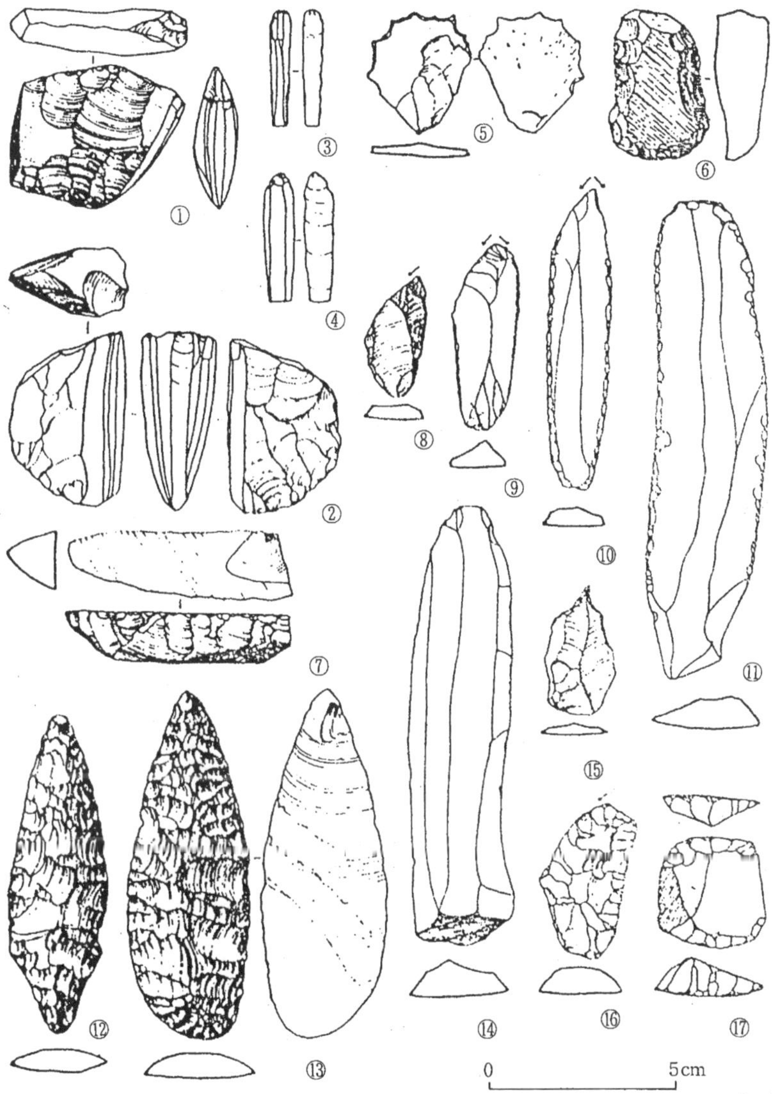

*①·② 돌날몸돌, ③·④ 돌날, ⑤·⑮ 뚜르개, ⑥·⑬·⑰ 밀개, ⑦ 배모양밀개, ⑧~⑩·⑯ 새기개, ⑪·⑭ 자르개, ⑫ 찌르개

〈그림 6〉 카쿠니야마유적의 석기

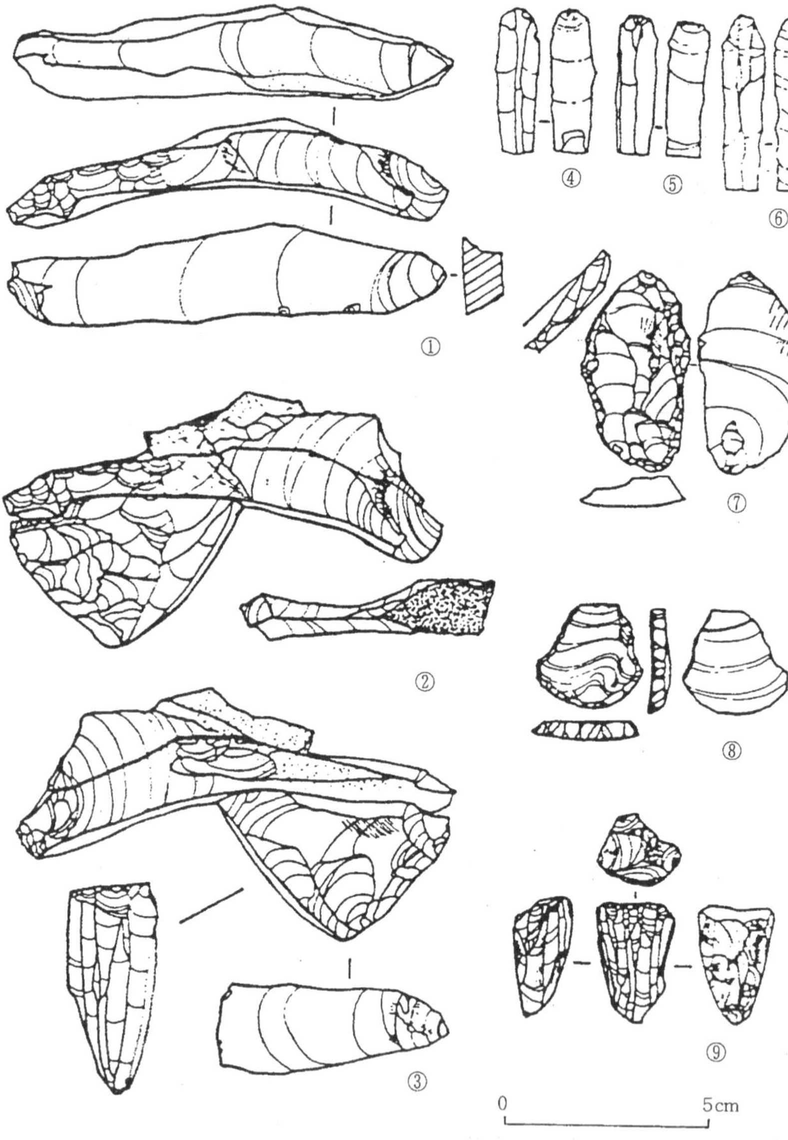

*①~③ 돌날몸돌의 접합, ④~⑥ 돌날, ⑦ 새기개, ⑧ 밀개, ⑨ 돌날몸돌

〈그림 7〉 모로유적의 석기

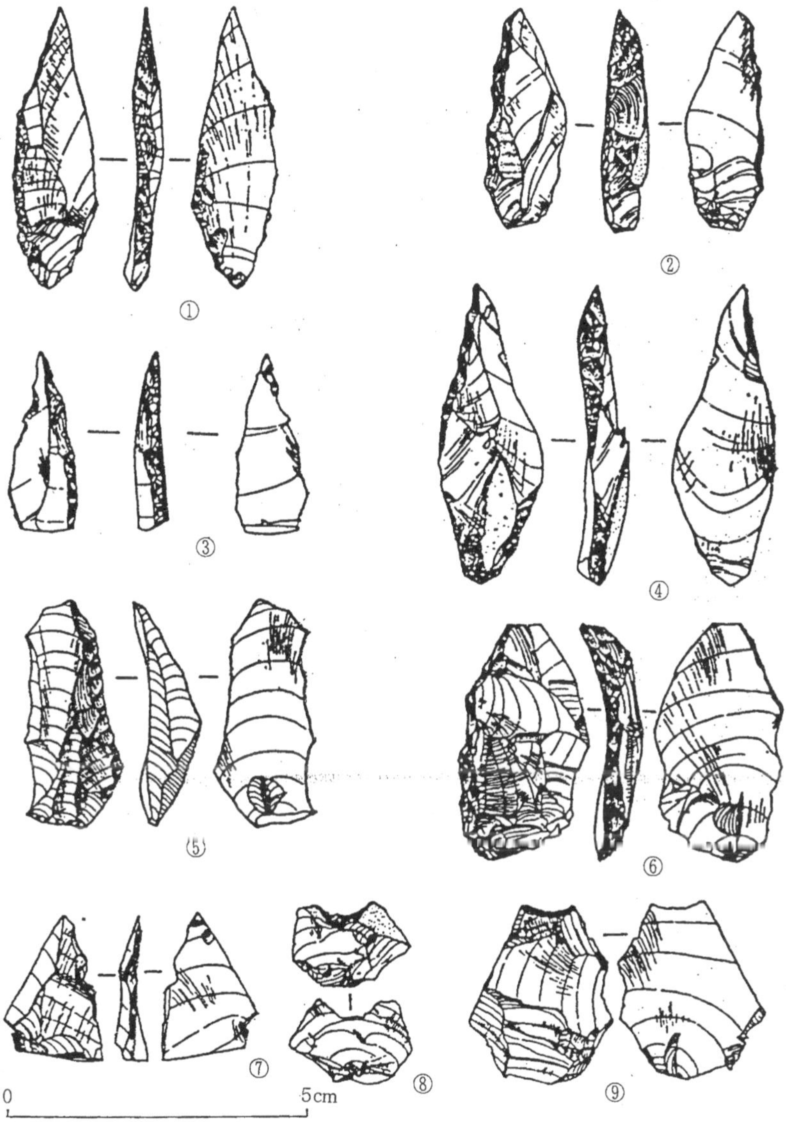

*①~⑦ 찌르개, ⑧~⑨ 긁개

있다.[10] 한반도에서는 홍천 하화계리의 중석기시대 유적을 1991년과 1995년 2차에 걸쳐 발굴한 결과 좀돌날몸돌 40점, 3cm 미만의 좀돌날 4천여 점이 출토되었다. 그 밖에도 석장리 최상층에서 돌날 20여 점, 전남 승주군 송광면 신평리 금평유적 돌날 29점, 우산리 곡천유적이나 경남 거창 임불리유적에서 몇 점이 있으나 하화계리와 비교하면 수량이 매우 적은 편이다. 일본열도에서는 홋카이도의 시라타키·오케도·다치카와, 혼슈의 오오다이야마모토·요넨아모리·카쿠니야마·스즈키·키카리도우케·우시로노(後野)(〈그림 8〉)·테라오(寺尾)·카미야마(神山)·수구사카(直坂)·야데가와(矢出川)·야스미바(休場)(〈그림 9〉), 오카야마(岡山)현의 와시유우산(鷲羽山)·이시마, 후쿠오카(福岡)현의 몬덴(門田)·하루·하츠카다이, 미야자키(宮崎)현의 후나노(船野)유적 등에서 좀돌날몸돌과 좀돌날이 출토되었는데 그 밖에도 몇 백개의 유적이 더 분포되어 있다.

(5) 한국과의 비교

일본의 구석기시대 유적과 그 문화는 현재 우리 나라보다 연구가 많이 진전되어 있다. 현재 발견된 구석기유적도 우리 나라보다 월등히 많음을 알 수 있다. 두 지역에서 밝혀진 지금까지의 연구결과로 보면 홍적세 시기의 빙하기 때에는 일본열도와 육교를 통하여 한반도와 연륙되었음을 알 수 있다. 이 육교를 이용하여 양쪽의 사람들이 이주함에 따라 문화도 교류하였던 것이다. 그러나 전기 구석기시대의 이른 시기에는 대륙에서 일본열도로 이주하여 간 것이 드물었던 것 같으며, 같은 시대 늦은 시기인 100,000BP를 전후하여 일본열도에도 인류거주의 흔적이 간혹 나타나기 시작하였을 것으로 생각된다. 이 시기 이후 4만년 전까지 인류의 이동과 거주가 서서히 증가하다가 후기 구석기시대인 32,000BP를 전후로 하여 급격히 늘기 시작하여 1만년 전쯤에 신석기시대로 접어들어 갔다고 볼 수 있다.[11]

10) 이동주, 〈환동해지역의 구석기시대 말-신석기시대 초기의 문화교류 양상에 대하여〉(《동아시아 구석기문화연구의 제문제》-제8회 한국고대학회 학술발표회 발표요지-, 1995), 35~72쪽.

11) 최복규, 앞의 글, 302~306쪽.
———, 〈홍천 하화계리 중석기시대 유적의 조사연구〉(《博物館紀要》 9, 단국대 중앙박물관, 1993), 35~38쪽.

〈그림 8〉 우시로노유적의 석기

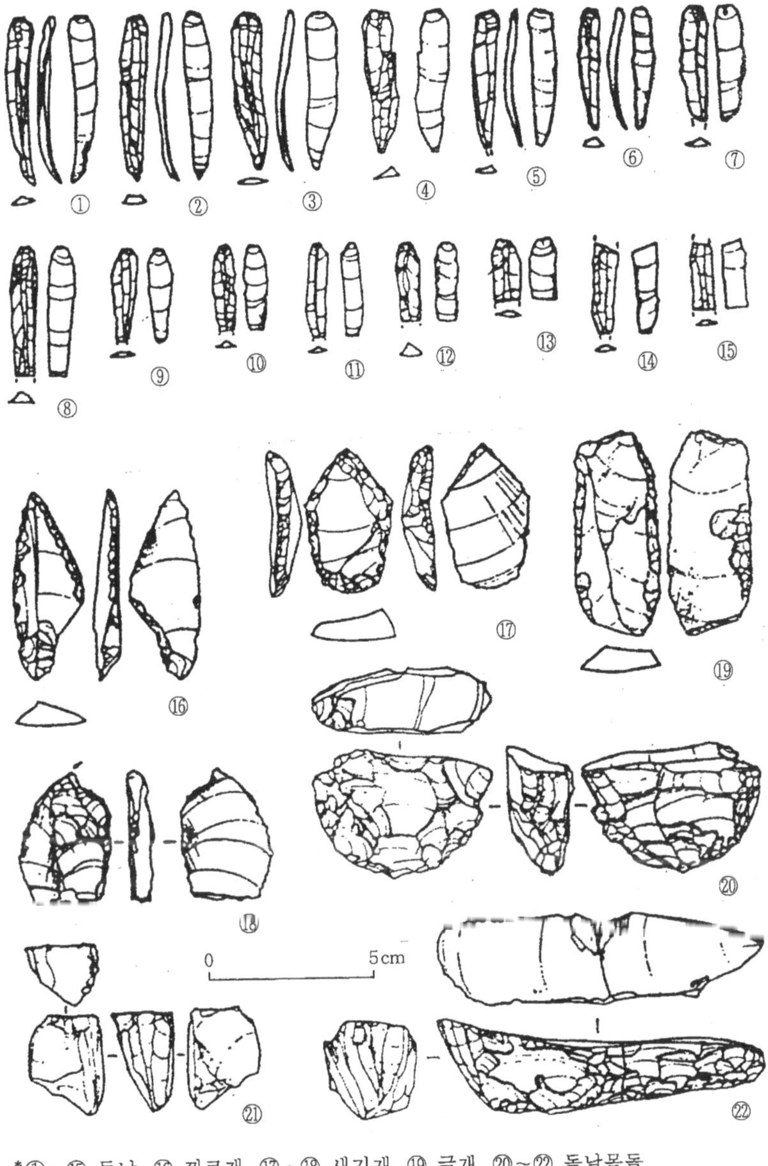

*①~⑮ 돌날, ⑯ 찌르개, ⑰·⑱ 새기개, ⑲ 긁개, ⑳~㉒ 돌날몸돌

〈그림 9〉 야스미바유적의 석기

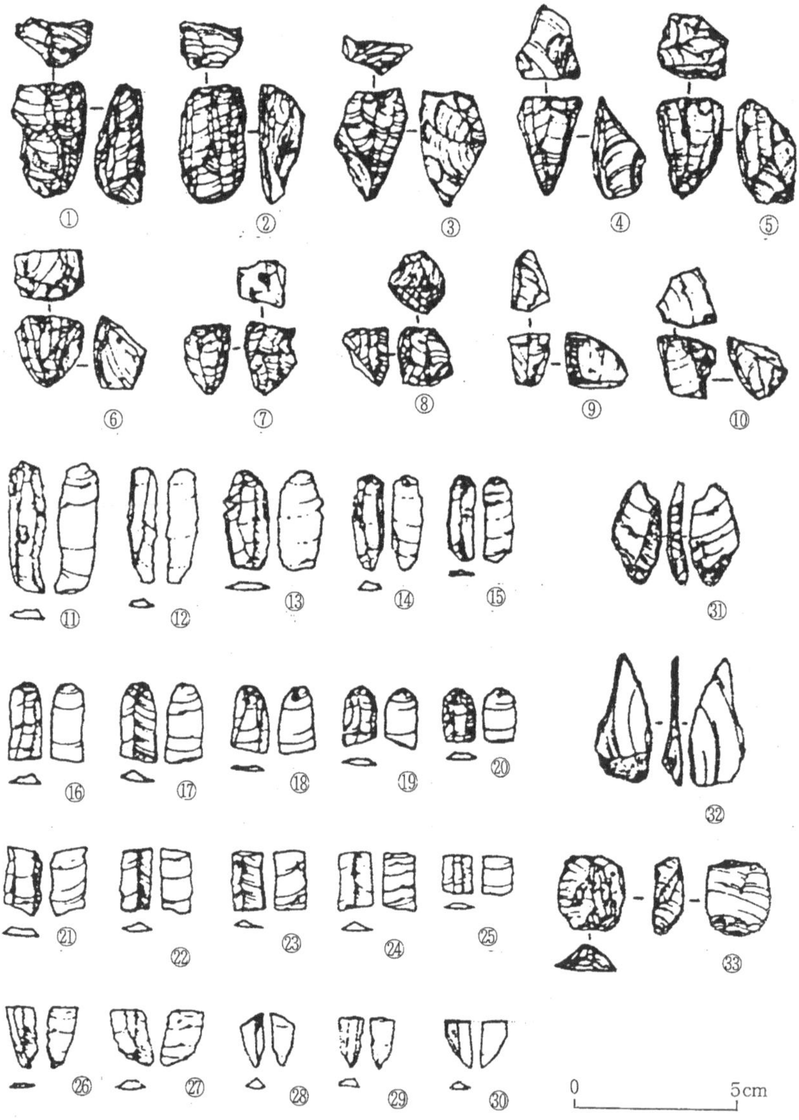

*①~⑩ 돌날몸돌, ⑪~㉚ 돌날, ㉛·㉜ 자르개, ㉝ 밀개

앞에서 보았듯이 각 유적의 성격을 통하여 보아도 한반도와 일본열도는 여러 시대에 걸쳐 밀접한 관계를 맺으며 문화의 교류와 인류의 이동이 있었음을 알 수 있다.

〈崔福奎〉

3) 시베리아

(1) 구석기유적의 발견

시베리아에서 구석기유적이 발견된 것은 1871년의 일이었다. 러시아의 지질학자인 Cheruski가 이루쿠츠크 시내에 건축중이던 육군병원의 공사장 표토 밑 2.1m 되는 염토층 속에서 석기와 뼈·뿔연모를 발견하여 구석기시대의 유물이라고 러시아지리학회에서 발표하였다. 그러나 구석기유적에 대한 집중적인 연구가 활발해지기는 1950년대에 들어와 Osinovka유적, Ustinovka(〈그림 1〉·〈그림 2〉)의 Tadusha유적, 캄챠카의 Ushki유적(〈그림 3〉)이 발견되면서부터이며,[1] 1961년에는 Zeia강의 Filomoshki유적에서 전기 구석기시대의 것으로 보이는 부리날 찌르개, 찍개 등이 발견되어 전기 구석기시대 사람들이 열대나 온대지역의 따뜻한 기후 속에서만 생활한 것이 아니고 추운 지방에서도 적응하며 생활지역을 넓혀 갔음이 밝혀졌다.[2]

시베리아에서 구석기유적이 발견된 곳은 대부분이 하천을 끼고 있는데 Aldan·Yenisey·Lena·Angara·Serenga·Amur·Zeia강을 따라 분포되며, 지역적으로는 알타이·바이칼·캄챠카·연해주로 나뉘어진다.[3]

(2) 전기 구석기시대

전기 구석기시대의 유적은 최근 아무르와 제야분지의 휠로모쉬키·Cumary

1) Okladnikov, A. P., *Ancient Population of Siberia and Its Cultures*, The peabody Museum, Cambridge, 1959, pp.3～5.

2) Derev'anko, A. P., *Paleolithic of North Asia*(《동아시아의 구석기문화》(문화재관리국 문화재연구소, 1994), 173～192쪽.
——, *Paleolithic of North Asia*(《동아시아의 구석기연구의 제문제》, 한국고대학회, 1995), 9～16쪽.

3) Alexeev, A. N., Cherosov N. M., *Noviye danniye o rannem paleolite yugozapadnoy Yakutii(New evidence on the Early Paleolithic of the south-west Yakutia)*, In : Pannepaleoliticheskiye kompleksi Yevrazii. Novosibirsk, 1992, pp.133～142.

〈그림 1〉 우스티노브카유적의 구석기

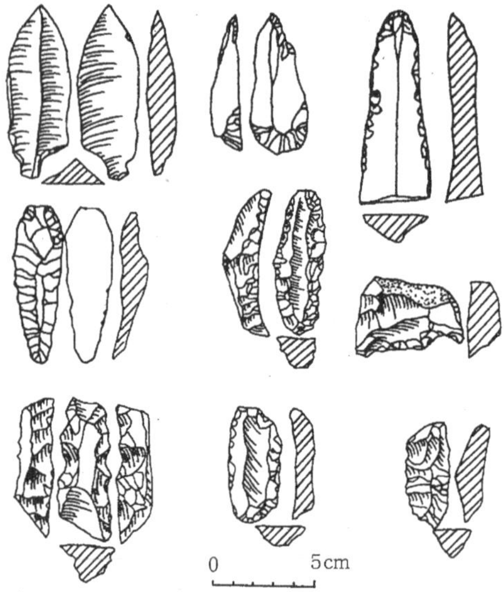

〈그림 2〉 우스티노브카유적의 구석기

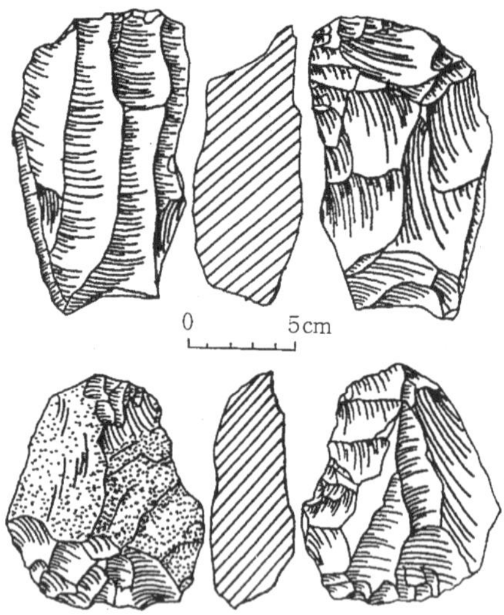

〈그림 3〉 우슈키유적의 석기

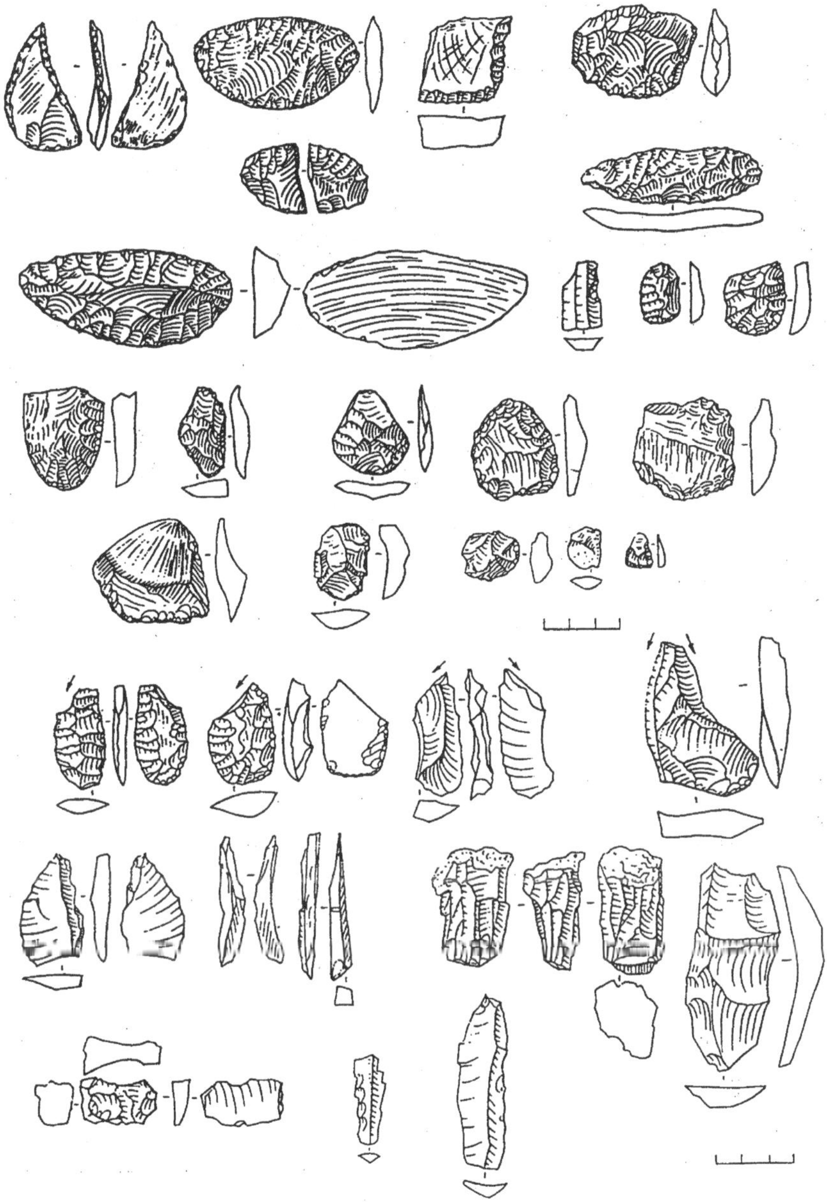

〈그림 4〉 쿠마리유적의 구석기

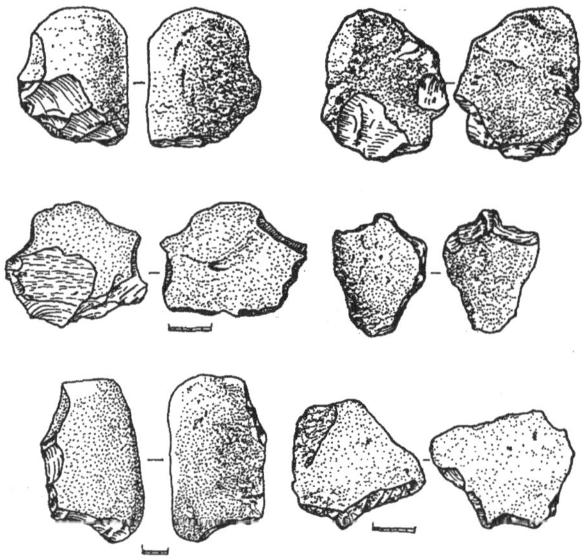

(〈그림 4〉·Ust-Tu유적, 레나강변의 Diring Urakh유적,[4] 알타이지방의 Ulalinka유적으로 자갈돌 몸돌찍개·찌르개가 있으며 격지를 떼내기 위한 조정타면이 나타나지 않고 있는 것이 특징이다. 이런 유적들은 자갈돌석기전통으로서 중기 홍적세의 시기에 해당한다고 보고 있다.

유럽 아슐리안전통의 석기들과 비슷한 석기가 고르니알타이지방의 Denisova 동굴에서 출토되었다. 이 문화층은 하부지층에서 282,000±56,000BP가, 상부지층에서 224,000±45,000BP가 TL로 연대측정이 되었으며 대표적인 석기는 몸돌·돌날을 포함한 도구가 수십점이었는데 그 종류는 르발르와형찌르개·긁개·부리형석기·자르개·톱날·홈날 등이었다. 그보다 위의 문화층은 TL연대측정법에 의해 155,000±31,000BP로 밝혀졌는데 출토된 석기들은 긁개·자르개·몸돌 등 42점으로 르발르와형을 닮았다. 또 1988년에는 Kurban-

4) Mochanov, U. A., *Drevneyshiy paleolit Diringa i problema vnetropicheskoy prarodini chelovechestva(The ancient Paleolithic of Diring and the problem of non-tropical motherland of the mankind)*, In: Arkheologiya Yakutii, Yakutsk, 1988, pp.15~54.

Shiway강변 토르갈릭마을 근처의 Tuva에서 양면몸돌석기가 500여 점 발견되었는데 아슐리안형을 닮아 있었다.[5)]

(3) 중기 구석기시대

중기 구석기시대의 유적으로 초기에 해당하는 유적은 바이칼지역·크라스노야르스크저수지 일대의 고르니알타이와 튜바유적이 있다. 최근 알타이산맥의 Anuy강과 Ursul강변에서 데니소바·Kaminaya·Okladnikov 등 5지점의 동굴유적과 아누이 Ⅰ·Ⅱ지점, Ust-Karakol Ⅰ·Ⅱ지점, Kara-Bom 등 4지점의 야외유적이 발굴되었다. 이 시기에 해당하는 데니소바동굴의 제10층에서는 무스테리안형의 석기가 발견되었으며 제10층과 9층 사이의 경계에서 채집된 시료로 고지자기연대측정을 한 결과 104,000~120,000BP로 산출되었다.

중기 구석기시대 말기의 유적으로는 고르니알타이 Khakasia, 투바지역의 카라-봄유적의 하부층, 스트라쉬나야동굴, 우스트-카라콜 Ⅰ지점, Bovkovo 유적 등으로 대개 80,000~50,000BP의 연대에 해당하며 석기들은 무스테리안형찌르개·부리형석기·새기개·톱니날·홈날 등으로 고르니알타이지역에서 발견된 이전의 것들과 연결시킬 수 있을 것이다. 또 같은 알타이지방인 Ustikanskaya동굴유적에서 자갈돌을 이용한 찌르개·돌날몸돌·돌날·긁개·뼈 및 뿔연모가 1954년부터 발굴되었는데 중기 구석기시대 말기로 추정되었다.[6)]

(4) 후기 구석기시대

후기 구석기시대 유적은 그 이전 시대보다 많이 발견되었다. 중기 구석기시대까지 살던 지역의 인구가 늘어나고 또 시베리아 이남지역에 살던 후기 구석기시대 초기의 인류가 빙하의 북상을 따라 생활지역을 확대하여 감에 따라 남겨 놓은 유적이 최근 속속 발견되었다. 유럽의 학자들은 유럽의 후기 구석기문화가 우랄산맥에 도착하여 어느 정도 발전된 후에 알타이산맥을 넘어 예니세이강과 안가라강 지역에 이르게 되고 몽고·중국·한국 등지로 전파되었다고 하였으나 현재는 시베리아·중국·한국·일본에서도 중기 구석

5) Derev'anko, A. P., 앞의 글, 153~171쪽.
6) Derev'anko, A. P., 위의 글, 153~155쪽.

기문화가 많이 발견되고 있는 사실로 보아 동북아시아지역내에서 자체적으로 발전되었을 가능성이 농후해졌다. 이 곳의 후기 구석기사람들은 추운 기후를 견디기 위하여 불을 많이 사용하였음이 예니세이강변의 Zabochka와 Makarovo, 안가라강변의 Koba, 캄챠카반도의 우슈키유적에서 불땐자리가 명확히 남아 있었기 때문에 입증되었다. Buret유적에서 발견된 여인상이 동물털가죽옷을 입은 모습이었음을 보아 당시 동물가죽으로 두툼한 옷을 만들어 입었음을 알겠고, 집은 동물의 뼈와 가죽을 이용하여 만들었기 때문에 추위를 견딜 수 있었다고 본다.

시베리아에 전·중기 구석기문화가 있었다는 사실은 최근 입증되고 있으나 빙하기의 내습으로 이 지역이 많은 영향을 받았다는 사실을 감안한다면 이른 구석기시대의 유적이 많이 있었다고 볼 수 없다. 후기 구석기시대 때 이 지역에 살던 동물은 한대성동물로서 맘모스·북극여우·나그네쥐·사향노루·순록·백곰 등이었을 것이며 식물들은 툰드라지역에 살 수 있는 것이나 특히 일부 지역에는 침엽수림이 있었을 것이다. 사람들의 생활상태는 최근까지 북극지역·그린랜드·알라스카에 살던 야쿠드·에스키모족과 비슷하여 땅 밑에 움집을 만들고, 기둥은 맘모스의 뼈나 상아를 이용하여 원추모양을 하였고 지붕은 동물가죽으로 덮고 둘레에는 맘모스나 잡아 먹은 짐승의 무거운 뼈로 눌러 강한 바람을 막았던 것으로 발굴에 의하여 증명되었다.[7)]

시베리아의 후기 구석기시대를 제1기 50,000~35,000BP, 제2기를 35,000~22,000BP, 제3기를 22,000BP로 구분하고 있다. 데니소바동굴과 카라봄유적의 5·6문화층에서 출토된 석기들이 무스테리안형식에서 후기 구석기시대로 발전하는 과정이 잘 나타나고 있다. 석기제작 솜씨는 격지를 네모꼴·조가비꼴·긴네모꼴의 모습으로 떼내는 것으로 르발르와수법이며, 종류는 르발르와 무스테리안식 찌르개·긁개·새기개·뚜르개·톱니날·홈날 등이었다. 이러한 제작수법은 중기 구석기시대 말기의 석기제작 솜씨에서 후기 구석기시대 초기단계로 넘어가는 솜씨가 함께 나타나는 특징을 갖고 있다. 카라봄유적에

7) Dikov, N. M., The Discovery of the Paleolithic in Kamchatka are the Problem of the Initial Occupation of America, *Arctic Anthropology 5-1*, 1968, pp.191~203.

서는 3개의 석층이 확인되었으며 맨 위의 석층에서 6개의 문화층이 발굴되었으며 제6층은 43,300±1,600BP, 제5층은 34,180±640BP, 제4층은 33,780BP, 제3층은 33,780±570BP, 제2층은 30,990±460BP, 제1층은 38,080±910BP의 절대연대가 밝혀졌다.

맨 위층에 해당하는 제1층과 제2층의 절대연대가 뒤바뀐 것과 같은 모순이 발견되나 그 이하의 것은 자연퇴적에 의한 것으로 생각된다. 제1층에서는 석기제작의 기술과정으로 보아 이미 돌날수법과 돌날몸돌이 나타나고 있다. 새기개와 긁개의 수량도 대폭 증가하여 후기 구석기시대의 특징을 잘 나타내주고 있다. 이러한 돌날떼기수법은 데니소바동굴에서도 발견되는 것으로 앞으로 우리 나라에서 발견되는 후기 구석기시대 유적의 출토유물들과 비교가 가능할 것이다. 이러한 유적의 발견으로 알타이지역의 후기 구석기시대의 문화는 50,000~35,000BP에 있었던 것으로 밝혀지게 되었다.

시베리아의 남부지역에서도 수백 곳의 후기 구석기시대의 유적이 발견되었는데 석기제작장소와 집자리 및 동굴생활 유적이 포함되어 있다. 이들 유적에서는 문화상으로 몇 가지 특징이 나타나고 있다. 이러한 문화의 특수성은 시베리아 남부지역의 자연환경에 구석기시대 사람들이 적응해 가는 과정중에 변화된 것으로 생각된다. 그리고 후기 구석기시대의 시베리아거주인들이 인접지역은 물론 광범위한 지역에 걸쳐 이동하였을 것으로 추정된다. 그러나 이 지역에 이주해 온 인류나 문화는 그 곳에 맞는 양상으로 바뀌게 되었을 것이다.

대체로 시베리아의 후기 구석기시대에는 문화전통이 몇 가지 있음을 각 유적을 통하여 확인할 수 있었다. 초기의 것은 카라봄의 석기들로서 40,000년 전에 이루어졌으며 떼낸 수법은 큰돌날몸돌에서 큰돌날을 떼내어 자르개로 만든 것이 있었다. 이렇게 돌날떼기수법으로 만들어진 이 격지들은 여러 가지 섬세한 연모를 만드는 재료가 되었다. 이러한 전통에는 알타이지역의 Maloyaloman동굴 등의 유적이 있으며 말로얄로만동굴유적의 연대는 33,350±1,450BP로, Khakasia지방의 Malays Siya집자리유적은 34,500±450BP, Buryatia지방의 Vavarina Gora유적은 30,600±500이나 27,210±300BP에 해당된다.

시베리아 후기 구석기문화의 대표적인 것으로 Lena강의 마카로보 I·II유적은 1941년과 1969년에 발굴되었다. 이 마카로보 I·II유적이 후기 구석기시대인 30,000~40,000BP에 해당한다.

그 밖의 안가라강의 지류인 Belaya강 왼쪽에서 1928년에 발견된 말타유적은 오클라드니코프가 24,000BP경으로 보고 있는 곳이다. 말타유적에서 움집자리가 발굴되었는데 맘모스의 상아와 머리뼈, 뿔소 또는 순록의 뿔을 이용한 것으로 4채였다. 1929년 발굴에서 맘모스의 상아로 만든 치레걸이, 뼈연모, 석기를 부장품으로 묻은 어린아이의 무덤이 발견되었다. 출토된 석기는 후기 구석기시대의 수법을 사용하여 만든 것들로서 매우 정교하게 다듬었으며(〈그림 5〉), 뼈·뿔연모는 귀가 없는 바늘·뚜르개·칼·창끝 등이 있었다. 뼈를 이용하여 목걸이·팔찌·단추 등의 치레걸이를 만들기도 하였다. 이 유적에서 맘모스이빨로 만든 30여 개의 여인상과 15개의 새모양조각·머리띠·팔찌·목걸이·구슬 등이 발견되었는데(〈그림 6〉·〈그림 7〉) 시베리아의 다른 유적들보다 매우 많은 예술품이 출토된 것이다.8)

안가라강 오른쪽에 위치한 부레트유적은 1936년에 발견된 곳으로 후기 구석기시대에 해당하는 유적이다. 부레트유적에서는 4채의 집자리를 발견하였는데 석회암의 판판한 돌과 동물뼈를 수직으로 세우고 그 사이에 흙을 발랐으며 지붕은 동물가죽으로 덮었는데 기둥은 나무와 순록의 뿔로 버티도록 하였다. 잘 남은 집은 길이 5~6m, 너비 4m로서 기둥구멍이 12개 나왔고 문은 강을 바라보고 있었다. 유물은 말타유적과 비슷하며 맘모스이빨과 돌로 만든 여인상이 나왔다. 여인상 중 3개는 동물의 털가죽으로 만든 옷을 입은 모습으로 후기 구석기시대 사람들의 생활상을 연구하는데 도움을 주었다.

말타와 부레트유적의 유사한 점은 집의 생김새에서 나타나며 집의 규모도 비슷하다. 이러한 두 유적의 집 모습은 베링해 연안에 사는 Chukot-Eskimo 사람들의 것과 비슷하다. 이러한 생활상의 유사성은 시베리아 일대의 후기 구석기 사람들이 옮아간 것으로 추정할 수 있는 증거가 되고 있다.9)

레나강 오른쪽에 있는 Shishkino유적은 우리 나라의 석장리·수양개유적

---

8) Gerasimov, M. M., The Paleolithic Site Malta : Excavation of 1956~1957, *The Archaeology and Geomophology of Northern Asia ; Selected Works*, 1964, pp. 8~9.

9) Okladnikov, A. P., *The Soviet Far East in Antiquity An Archaeological and Historical Study of the maritime Region of the U.S.S.R*, 1965, pp. 26~34.

〈그림 5〉 말타유적의 석기

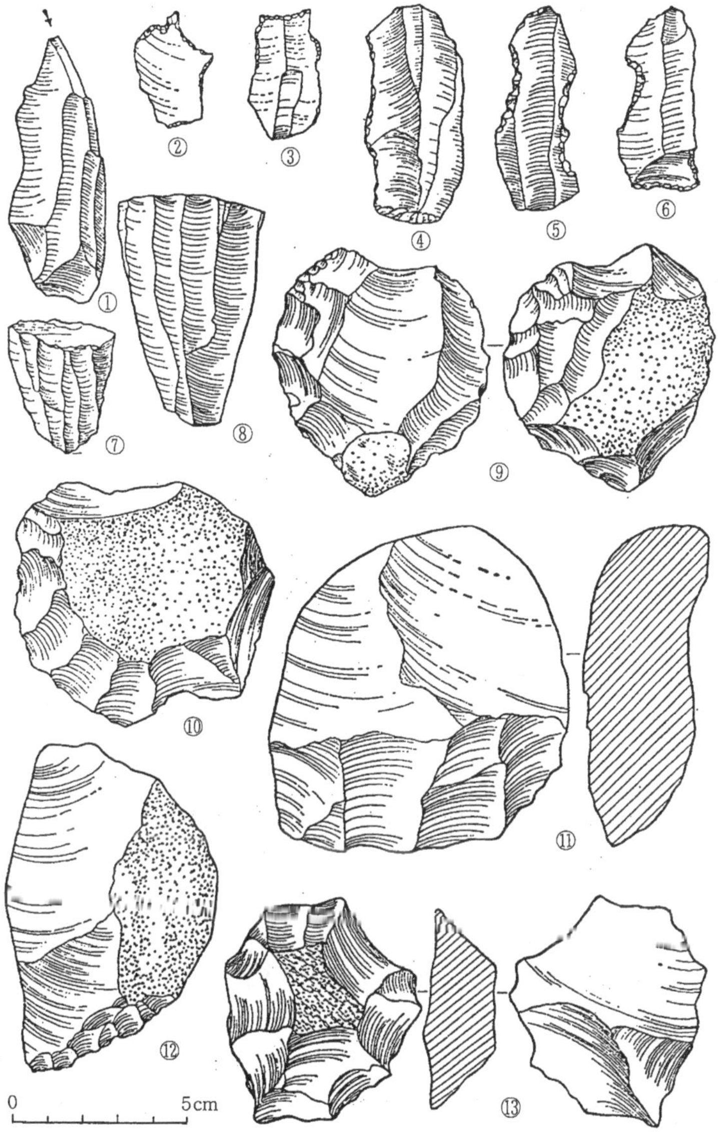

*① 새기개, ② 뚜르개 ③·⑤·⑥ 긁개, ④ 밀개, ⑦·⑧ 돌날몸돌,
⑨·⑬ 몸돌, ⑩~⑫ 긁개

〈그림 6〉 말타유적의 맘모스상 조각품

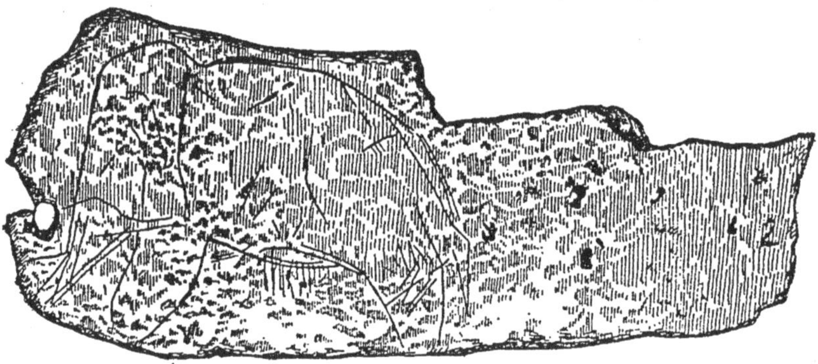

〈그림 7〉 말타유적의 조각품

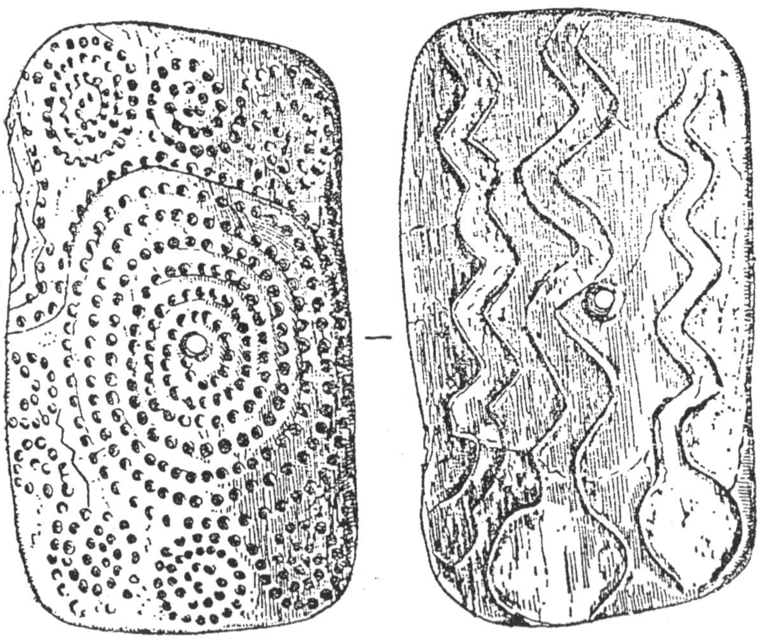

〈그림 8〉 베루호렌스크유적의 구석기

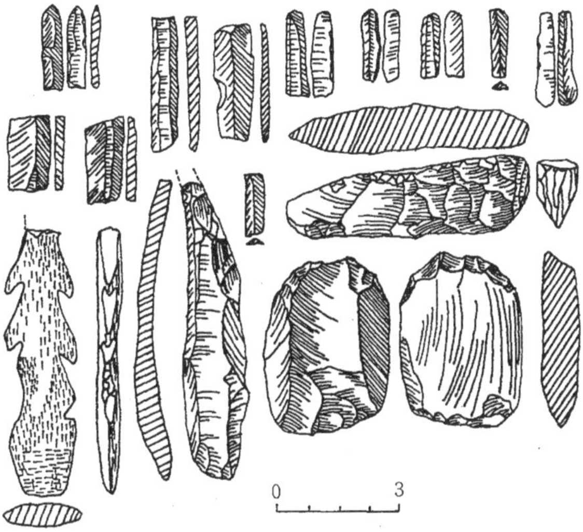

의 후기 구석기문화층과 비슷한 형태를 갖는 석기가 출토되었다.

쉬수키노유적의 석기들은 대부분 후기 구석기의 형태나 제작수법을 나타내고 있다. 이 유적의 강하류로 0.5㎞ 지점에서 후기 구석기시대에 그려진 암벽화가 발견되었다. 암벽화는 2.8×1.8m 크기의 야생마 2마리와 길이 1.2m 정도의 들소 1마리를 그린 것으로 담홍색 물감을 사용하였다. 우리 나라의 경상북도 울주군 반구대의 암각화에 후기 구석기시대에 만들어진 것도 있다고 주장되는 학설도 있는 점은 앞으로 더욱 비교연구되어야 할 문제이다.[10)]

레나강변에서 발견된 후기 구석기시대의 유적은 Biryulka · Khabsagay · Makarovo · Verkholensk(〈그림 8〉) · Chastinskaya · Nyuya유적이 있다. 예니세이강변의 후기 구석기시대 유적으로는 중류지역의 Afontova · Kokorevo유적 등이 있다. 오브강변의 후기 구석기시대 유적은 Ust-Kanskaia동굴 · 우라린카유적, 알단강변에서는 Sumnagin · Diuktai동굴유적, 세렌가강변에서는 Sanny Mys유적, 오논강변에서 Ikaral유적 등이 발견되었다. 이와 같이 후기

10) 최복규, 〈구석기문화의 비교 Ⅰ(동북아와의 비교)〉(《韓國史論》 12, 國史編纂委員會, 1983), 302~306쪽.

구석기시대의 유적은 러시아의 큰 강변에서 많이 나타나고 있다.[11)]

(5) 한국과의 비교

이상과 같이 시베리아 일대에서 전기 구석기시대부터 후기 구석기시대 말기까지의 오랜 기간 사람이 거주하였음을 알려주는 유적이 발견되었다. 이 시베리아지역은 우리 나라와 인접되어 있는 곳으로 각 시대에 걸쳐 사람이나 인류의 이동과 문화교류가 끊임없이 이루어졌던 것이 유적에 의하여 밝혀지고 있다.

Mochanov는 시베리아에서 발견된 가장 빠른 유적이 레나분지의 디링우라크유적이라고 주장하면서 1,000,000BP 이전으로 보고 있으나, Derev'anko는 중기 홍적세 이전으로 올라가기는 힘든 것으로 파악하고 있다.

그 밖의 아무르와 제야분지의 휠로모쉬키·쿠마리·우스트-투유적, 알타이지방의 우라린카유적들은 전기 구석기시대의 유적으로 보고 있는데 우리 나라에서 발굴된 전기 구석기시대의 유적과 비교연구가 진행되어야 할 것이다. 우리 나라에서 전기 구석기시대 유적으로 주장되는 곳 중 충북 단양의 금굴유적, 상원 검은모루유적·용곡동굴유적의 석기와 비교하면 좋을 것 같다.

중기 구석기시대의 시베리아유적으로 투바·데니소바·카미니야·우스트카라꼴·카라봄유적 등은 우리 나라의 중기 구석기시대 유적인 공주 석장리·양구 상무룡리·단양 금굴·승호 화천동·연천 전곡리·선봉 굴포리·동해 발한동유적에서 출토된 것과 비교가 가능할 것이다.

후기 구석기시대의 시베리아유적은 수백 곳이 발견된 바 있다. 한반도의 온성 동관진·단양 금굴·공주 석장리·선봉 굴포리·단양 수양개·제원 창내·평양 만달리·양구 상무룡리유적의 후기 구석기문화층에서 밝혀진 문화양상과 비슷한 점이 많이 발견되고 있다.

특히 시베리아의 말타나 부레트유적의 석기는 둥근형몸돌이 지배적으로 많으며 조잡한 찍개와 돌날몸돌이나 둥근몸돌에서 떼어낸 넓고 짧은 판자꼴격지에 잔손질을 하여 만들었다. 주로 주위에서 주은 자갈돌을 이용하였는데

---

11) Tadeusz, Sulimirski., *Prehistoric Russia, Outline,* John Baker Humanities Press, New York, 1988, p.13.

손잡이부분에는 자연면이 남아 있는 것이 대부분이다.[12] 이러한 양상은 우리나라의 석장리·수양개·상무룡리유적의 후기 구석기문화층에서 출토된 것과 비슷하다.[13]

쉬수키노유적은 석장리의 후기 구석기문화층 출토유물들과 가장 비슷한 석기의 형태와 제작수법을 갖고 있는 곳으로 둥근몸돌이 많이 있다. 아폰토바유적은 둥근몸돌과 원통형몸돌에서 긴 격지를 떼어내는 수법으로 나온 격지에 잔손질을 하여 돌날·밀개·긁개 등을 만들었다. 이러한 수법은 알타이 서쪽지방·중앙아시아·이란·코카사스 및 유럽의 르발르와형 몸돌 등과 비슷한 점이 발견되고 있으며 석장리의 자갈돌찍개문화층, 수양개[14]·상무룡리 후기 구석기문화층[15]의 석기와 닮은 점이 나타나고 있다.

오시노보카유적의 석기는 자갈돌을 이용하여 만들었다. 그것은 모루망치떼기수법으로 만들었으며 시베리아의 다른 유적에서도 나타나고 있고, 한반도의 석장리·전곡리·상무룡리·굴포리유적에서도 자연면이 대부분의 석기에 남아 있는 자갈돌석기이다.

이제는 한반도 안에서도 함북 선봉군 굴포리·평양시 상원군 검은모루·상원읍·승호구역 만달리·충남 공주 석장리·경기 연천 전곡리·충북 단양 상시리·청원군 두루봉·강원 양구 상무룡리·동해시 발한동유적 등 100여 곳에서 구석기유물이 발견되었다. 이 유적들은 이웃 지역과의 비교연구가 더욱 필요하며, 그것도 동북아시아 일대의 유적군 속에서 연구되어야 각 시기의 인류나 문화의 이동·전파과정을 밝혀 낼 수 있을 것이다.

동북아시아 구석기문화의 양상은 중앙아시아·중국·시베리아·만주·한반도·일본 등에서 나타난 같은 시기의 문화들과 연결되었을 것으로 생각되며, 그 일부는 캄차카반도와 베링해협을 거쳐 북남아메리카로도 이동하였을 것으로 생각된다.

〈崔福奎〉

12) 최복규, 앞의 글, 249~266쪽.
13) 손보기, 〈동북아시아의 구석기문화〉(《연세춘추》 919, 1982), 4쪽.
14) 이융조, 〈단양 수양개 구석기유적 발굴조사보고〉(《충주댐수몰지구 문화유적연장발굴조사보고서》, 충북대 박물관, 1985), 101~252쪽.
15) 최복규, 《상무룡리》(강원대 박물관, 1989), 83~99쪽.

Ⅱ. 신석기문화

1. 신석기시대
2. 신석기시대의 유적과 유물
3. 신석기시대의 생업과 사회
4. 주변지역 신석기문화와의 비교

Ⅱ. 신석기문화

1. 신석기시대

1) 신석기시대의 시기구분

(1) 시대설정

洪積世(更新世)의 빙하기가 끝나고 完新世(沖積世)가 되면 한반도는 온난화 현상이 일어난다. 이로 인해 해수면이 차차 높아지고, 새로운 동·식물이 번성하게 된다. 이와 같이 홍적세의 빙하시대가 끝나고, 후빙기의 새로운 환경에 적응하면서 정착생활을 시작한 한반도의 선주민이 남긴 문화가 바로 우리의 신석기문화라고 할 수 있다.

그런데 일반적으로 신석기시대라고 하면, 후빙기 이후 새로이 습득한 식량공급수단, 즉 주로 원시농경(또는 목축)에 의한 식량생산경제를 배경으로 전개된 문화를 가리킨다. 그러나 후빙기 이후, 지역에 따라서는 농경이 실시되지는 않았으나 토기의 제작이나 마제석기와 같은 신석기문화의 특성을 갖춘 문화가 번성한 지역도 있다. 이런 지역에서는 토기에 커다란 비중을 두어 신석기시대를 규정하기도 한다. 우리 나라의 신석기시대도 이러한 범주에 속한다고 할 수 있다. 즉 한국의 신석기시대는 홍적세 이후 最古의 토기군 출현부터 금속기의 사용 이전까지 주로 어로와 수렵·채집에 의한 식량공급을 배경으로 전개된 토기문화를 포괄하는 개념으로 쓰이는 것이다.

이제까지 가장 오랜 연대를 보이는 토기는 강원도 오산리유적으로 기원전 6,000년까지 올라가고, 금속기의 사용은 기원전 1,000년경이기 때문에 약 5,000년간 존속되었음을 알 수 있다. 그러나 구석기시대가 끝나는 기원전 10,000년 전후부터 신석기가 시작되는 기원전 6,000년 사이에는 관련유물이 발견되지 않아 공백기로 남아 있었다.

그러나, 최근 제주도 고산리에서는 그러한 공백을 메워줄 새로운 자료가 제시되었다. 그것은 제주도 고산리유적의 발굴결과로 채집된 6,500점의 석기와 토기파편들이다. 이 중에는 육지에서는 보기 어려운 삼각형 모양의 소형 돌화살촉이 404점이나 포함되어 있고, 무늬가 없는 갈색토기편 50여 점도 포함되어 있다. 더구나 화산재층으로 형성된 이 유적의 유물포함층 가운데 유물들은 한결같이 기카이(鬼界) 아카호야화산재층 아래에서 출토되고 있다. BC 6,800~6,300년의 아카호야화산 폭발은 일본의 九州에서도 가장 강력했던 것으로, 그 재층은 광범위한 지역에 걸쳐 쌓였던 것이 확인된다. 이 화산재는 우리 나라의 동해나 인도차이나 바닷속에서도 시추(Boring)한 결과 나타나고 있으며, 제주도에서도 발견되었던 것이 바로 그 화산재층이었다.

일본 愛媛縣 上黑岩 6층에서는 고산리와 흡사한 돌화살촉과 갈색토기편이 다수 출토되었는데 방사성탄소 측정연대는 BP10,085±320으로 나왔다. 이처럼 고산리출토 유물류는 이제껏 한반도 본토와는 구분되는 문화양상으로 고산리연대는 적어도 우리 나라 최고의 강원도 오산리의 신석기 시작 이전부터 BP12,000년 사이의 것으로 판단된다. 여기서 보이는 소형 화살촉과 함께 나온 갈색토기류는 민무늬로 토기를 빚을 때 짚을 혼입한 흔적이 보인다. 이들은 한반도에서 정형화된 빗살무늬토기문화의 발생 이전에서 구석기시대가 끝나는 시기에 해당하는 문화요소로서, 이를 근거로 「古新石器」단계를 새로 설정할 수 있게 되었다.

(2) 연구사 개관

한반도에서 고고학적 조사가 개시된 것이 1910년경부터라면, 신석기시대에 관한 체계적인 학술조사도 이 때부터라고 할 수 있다. 1916년 평안남북도·황해도 및 경기도 일대의 광범위한 지역에 걸쳐 실시한 지표조사 결과를 발표한 것이 황해도 용연리패총에 대한 간략한 발굴보고서였다.[1)]

그 후 1925년에는 서해안지역의 암사동유적, 1930년에는 남해안지역의 동

1) 鳥居龍藏, 〈平安南道·黃海道古蹟調査報告〉(《大正五年度古蹟調査報告》, 1917).

삼동패총, 1932년에는 동북해안지역의 유판패총 등이 발견 조사됨으로써 한반도 전역에 걸친 신석기시대의 윤곽이 희미하게나마 알 수 있게 되었다.

1945년 이전 한반도의 고고학조사는 역사시대의 고분발굴조사에 중점이 두어졌다. 따라서 신석기시대에 대한 연구가 적극적으로 이루어지지는 못하였지만 간헐적이나마 연구가 이루어지지 않은 것은 아니었다. 일본인 학자들이 개인적 관심에서 이 분야에 조사업적을 남겼는데 당시 간행된 보고서는 중요한 기초자료를 제공하였으며, 그들에 의한 서울 암사동유적과 부산 동삼동패총, 함북의 유판패총 등의 조사결과는 신석기문화의 개략적인 윤곽을 파악할 수 있게 하였다. 그 당시 수집한 신석기시대 토기에 관한 자료들을 정리하여 내놓은 빗살무늬토기에 관한 연구[2]는 신석기시대 토기에 대한 자료 축적이 거의 이루어지지 않았던 시기에 중요한 지식을 제공한 것이었다.

한편 한반도의 빗살무늬토기에 대하여는 북유럽 기원의 캄케라믹이 시베리아로 동진하여 그 일파가 한국으로 유입되었다는 시베리아 전파기원론이 제창되었다. 이와 같은 입장에서 우리 나라 빗살무늬토기의 유입경로가 시베리아→연해주→동북지역→남해안지역→서해안지역으로 차차 전파된 것으로 발표되기도[3] 하였다. 이는 그 후 학계에 커다란 영향을 미치어, 이 설이 발표된 지 반세기가 지난 얼마전까지 학계의 정설로서 통용되어 왔다. 이와 같이 넓은 지역을 하나의 단위로 하여 그들 지역간의 선후관계 구명에 초점이 놓여 있었기 때문에, 빗살무늬 자체의 선후관계 구명은 커다란 진전이 이루어질 수 없었다.

1963년에는 빗살무늬토기의 양식분류에 의한 편년안이 제시되었다.[4] 이는 한반도 빗살무늬토기에 관한 최초의 편년안이지만 역시 층서적 증거의 불충분으로 인한 많은 문제점이 내포되어 있다.

1960년대 본격적으로 신석기유적에 대한 대규모의 학술발굴조사가 실시됨에 따라 새로운 편년설정의 기준자료가 제시되었다. 먼저 북한에서는, 1950년대에 궁산리패총의 발굴을 시작으로 지탑리유적을 발굴, 집자리의 선후관계에 의한 유물 상호간의 차이를 구분하여 기원전 5,000년에서 2,000년까지

---

2) 有光教一, 《朝鮮櫛目文土器の研究》(京都大學考古學叢書 3, 1962).
3) 橫山將三郎, 〈朝鮮の史前土器研究〉(《人類學・先史學講座》 9, 1939).
4) 佐藤達夫, 〈朝鮮有紋土器の變遷〉(《考古學雜誌》 48-3, 1963).

3시기의 편년안을 내놓았다.[5)]

암사동유적·동삼동패총·수가리패총·오산리유적 등 층위를 이룬 중요한 유적의 발굴과 방사성탄소연대를 측정한 결과를 토대로 한국 신석기문화의 기본적인 편년 골격이 세워지면서,[6)] 한국의 신석기문화에 대한 연구는 1970년대 이후 기틀을 다져 나갔다. 1980년대 말에는 패총유적들이 남해안지역에서 계속적으로 발굴조사되면서 연구가 활기를 띠게 되었다. 이와 같이 축적된 자료를 종합하여 한국 신석기시대의 편년을 살펴보겠다.

(3) 시기구분

가. 토기의 변천

이제까지 한반도에서 신석기시대 토기가 출토된 유적의 수는 약 400개소에 달한다.[7)] 이 가운데 제주도 고산리에서 빗살무늬토기가 성행하기 이전의 무늬없는 갈색토기편이 출토되어 유일하게 「고신석기」를 대변하는 유적으로 부상하였다. 이 유일한 예를 제외하고는 모두 빗살무늬계통의 토기류이다. 이들은 후빙기의 바뀐 자연환경에 적응해 살아나가기 위해 주로 강안이나 해안에 집중되어 있음을 알 수 있다. 특히 대동강·한강유역 및 그 인접도서, 그리고 두만강유역을 포함한 동북해안지역, 그리고 낙동강유역과 남해도서지역에 밀집·분포되어 있는데, 최근에는 거의 공백지대로 남아 있던 충청도와 남부 내륙지역에서도 적잖은 신석기시대 유적이 새로 발견되고 조사되었다. 이들 토기들은 밀집·분포되어 있는 지역을 크게 나누면, 대동강·한강 및 그 인접도서를 포함한 서해안지역군, 그리고 두만강유역을 포함한 동북해안지역군, 낙동강을 포함한 남해안지역군으로 구분할 수 있으며, 이들 3개 지역군 사이에는 토기형태에 현저한 차이가 보인다.

가) 서한토기

먼저 서해안유역 토기의 기형은 직립구연부에 뾰족밑바닥으로 이어지는

5) 고고학연구소, 《조선고고학 개요》(1977).

6) 任孝宰, 〈放射性炭素年代에 의한 韓國新石器文化의 編年硏究〉(《金哲埈博士華甲紀念史學論叢》, 知識産業社, 1983), 11～38쪽.

7) 韓永熙, 〈新石器時代〉(《韓國考古學의 半世紀》－제19회 한국고고학전국대회 발표요지－, 1995).

포탄형을 기본으로 하고 있다. 이러한 토기의 태토에는 운모가 혼입된 경우가 많으며, 석면·활석을 혼입한 것도 약간 있다. 토기는 이가 하나 또는 여러 개 달린 시문구로 긋거나 눌러서 생긴 문양이 시문되었다. 문양은 토기 전면에 시문된 것과 일부 부위에만 시문된 것이 있다. 이들은 북으로는 청천강에서 남으로는 한강 및 인접도서에 이르는 지역에 걸쳐 장기간 그러한 특성을 지닌 채 존속하였다. 이러한 토기를 총괄하여 서한뾰족밑유형토기(약칭하여 西韓土器)라고 부르기로 한다.

이러한 서해안지역의 특성을 강하게 반영하고 있는 서한토기에 관하여는 지난 1910년대부터 연구가 시작되었다. 그 때 발굴조사된 황해도 용연리유적을 시작으로 그 후 궁산리·지탑리·암사동·미사동·시도·별망·오이도 등 다수의 유적이 발굴되었다. 이와 같이 여러 유적이 발굴조사되었지만 서한토기 상호간의 선후관계를 알려주는 층서적 단서가 제시된 곳은 미사동 이외에는 없다. 이 지역 일대에서 발굴 또는 지표조사된 서한토기를 통관하여 볼 때, 시문면적의 축소화, 그리고 구연부위와 동체부위의 문양 구성방식 등 두 기준을 따라 다음과 같이 3단계로 나누어 볼 수 있다.

1단계는 토기 전체를 수평으로 3등분하여 각 부위별로 각기 다른 문양요소로 토기의 겉면 전체를 시문한 것이다. 구연부에는 평행밀집단사선문·점렬문·격자문 등이 있고, 기복부에는 주로 어골문이, 저부에는 방사선문이나 단사선문이 시문된다. 구연부문양과 기복부문양 사이의 중간 지점의 밑에 점을 찍어 만든 중호문·파상점선문이 추가된 것도 있다. 이러한 형식을 서한Ⅰ류라 칭한다. Ⅱ단계는 서한 Ⅰ류에서 저부문양만 생략된 형식이다. 이 중에는 구연부와 기복부가 횡주어골문의 단일문양으로 시문된 형식의 토기도 있다. 이처럼 저부문양이 생략된 토기는 서한 Ⅱ류라 칭한다. Ⅲ단계는 시문면적이 더욱 축소화되어 서한 Ⅱ류토기에서 기복부문양이 생략되고 구연부에만 문양이 남는 것이다. 이를 서한 Ⅲ류라 칭한다.

나) 동한토기

한반도 동해안지역은 주로 신석기시대 토기가 밀집·분포한 두만강 중·하류지대, 함경도 동해안 일대, 그리고 강원도 일부 포함한 지역을 가리킨다.

여기서 출토되는 토기는 기형을 보면 예외없이 납작밑인 점에 특징이 있다. 이러한 납작밑토기의 태토에는 굵은 모래알이 섞여 있으며, 수적으로는 많지 않지만 조개가루를 혼입한 것이 있다. 기벽의 두께는 0.7cm 전후의 것이 많고, 토기의 색은 갈색계통이 많다. 시문은 구연부, 또는 구연부와 기복부에 국한하고 있다. 시문 방식은 음각·압날·자돌에 의한 것이 대부분인데, 민무늬도 반출되고 있다. 이와 같은 특징을 가진 토기들은 함경도 및 강원도 일부 지역에서 장기간 그런 특성을 지닌 채 존속하였다. 이들을 일괄하여 동한납작밑유형토기(약칭하여 東韓土器)로 부르기로 한다.

동북해안 일대의 지역적 특성을 강하게 반영하고 있는 동한토기에 관하여는 웅기 송평동을 위시하여 나진·유판·흑구봉·서포항 등의 여러 유적이 알려져 있으며, 연해주의 자이사노브카나 보이즈만유적도 동한토기문화권에 포함된다. 이 중에서도 함북 웅기군 굴포리 서포항패총의 발굴에서 중요한 층서적 단서가 제시되었다. 이 층서를 기준으로 동한납작밑토기는 크게 5기로 구분된다.

동한 Ⅰ기층토기는 찍어서 만든 단사선문으로 토기 상부에만 시문된 토기로 대표된다. 동한 Ⅱ기층토기는 소량의 민무늬토기 외에는 점·선 혹은 점과 선의 배합으로 토기 상반부에 소형어골문을 시문한 것이 주류를 이룬다. 문양의 구성방법은 부위별로 다른 문양요소로 결합된 것과 동일한 문양으로 전면에 시문된 것이 있다. 동한 Ⅲ기는 Ⅱ기와 유사한 토기가 많지만 새로이 타래무늬, 빗방울무늬가 있는 토기, 그리고 기하학적 문양이 새겨진 시문구로 압날한 것이 있다. 또한 융기문토기·마연토기 등이 출현한다. 동한 Ⅳ기는 Ⅲ기에 비해 민무늬토기의 양이 증가하고, 새로이 번개무늬나 선·점에 의한 삼각형 모양의 문양요소가 출현한다. 동한 Ⅴ기의 토기는 토기 표면의 상반부에 국한하여 어골문이 시문되어 있고, 민무늬토기가 다수를 차지한다.

이와 같이 서포항패총의 층서적 선후관계를 기준으로 하여 동한토기의 변천상을 짐작 할 수 있다.

다) 남한토기

남해안지역 토기는 서해안지역이나 동해안지역과는 달리, 토기군 상호간의 특성을 달리하는 여러 종류가 각 분기의 주체를 점하고 있는 지역적인 특성이 있다. 즉 융기문토기·압인문토기·태선어골문토기·이중구연토기 등이 각기 남해안 신석기시대 각 분기의 주체를 이루고 있다. 이러한 토기류를 총괄하여 남한유형토기(약칭 南韓土器)로 부르기로 한다.

남해안 일대의 지역적 특성을 강하게 반영하고 있는 남한토기 출토유적으로는 일찍이 동삼동패총을 비롯하여 신암리·영선동 등이 알려졌으며, 최근 들어 활발해진 발굴조사로 상노대도패총·연대도패총·송도패총 등 많은 패총유적이 발굴되었는데 동삼동패총의 층서적 관계가 크게 주목된다.

즉 남한토기를 조도기·목도기·부산기·두도기·영도기의 5기로 구분한 편년안이 제시되었는데,[8] 이것은 동삼동패총을 발굴하여 드러난 층서관계를 토대로 한 것이다. 남해안지역의 가장 이른 시기인 제Ⅰ기의 조도기에서는 원시무문토기와 융기문토기가, 그 다음 Ⅱ기인 목도기에서는 지두문토기가 각각 주체를 점하고 있다. 제Ⅲ기인 부산기에 이르러서 비로소 남해안지역에 있어 태선어골문토기의 조형이라 할 수 있는 압인문토기가 출현하며, 융기문토기는 수적으로 격감된다. 제Ⅳ기인 두도기에는 태선어골문토기가 성행한다. 제Ⅴ기인 영도기에 이르면 문양은 퇴화하며 구연부 주위에 국한되어 시문된 민무늬토기가 상당수를 차지하게 되고 새로이 이중구연토기가 출현한다.

한편 이 지역의 편년 수립에 유용한 층서적 단서가 수가리유적에서 제시되었다. 이 유적의 층서에 의한 구분을 동삼동에서의 남한토기와 대비시켜 보면 수가리 Ⅰ기 및 Ⅱ기는 제Ⅳ기에, 그리고 수가리 Ⅲ기는 제Ⅴ기에 해당한다고 볼 수 있다. 이렇듯 수가리 조사결과도 결국은 동삼동패총의 편년안에서 크게 벗어나지 않는다.

나. 방사성탄소연대

방사성탄소연대측정법은 체계적인 편년체제를 수립하기 위해 고고학에서 가장 널리 이용되어 온 방법이다. 지금까지 우리 나라의 신석기시대에 관해 많은 탄소연대측정치가 있었지만 모두 남한자료이고 북한에서 신석기유적에 대해 탄소연대측정을 실시한 것은 없다. 따라서 남한의 자료를 근거로 지역

8) Sample, L. L., Tongsamdong : A Contribution to Korean Neolithic Culture History, *Arctic Anthropology 11-2,* 1994.

별 토기형식의 시원 및 그 존속기간을 재검토해 보도록 하겠다.

가) 서해안지역

이 지역에 있어서 신뢰할 수 있는 탄소연대는 암사동·미사리·소야도·오이도·시도 등에서 나왔는데, 이를 근거로 할 때, 서한 I류는 B.C.5,000년경에서 B.C.3,500년경 사이에 집중되어 있으며 암사동과 미사리유적이 여기에 해당하고, 서한 II류는 3,500B.C.~2,000B.C.로 소야도와 오이도패총이 이에 속한다. 그리고 서한 III류는 2,000B.C.~1,000B.C.로 시도패총의 예가 이에 속한다.

나) 동북해안지역

동북해안지역 편년의 기본자료가 제시된 북한의 서포항유적에 있어서는 절대연대측정치가 전혀 없다. 따라서 동한토기의 시원연대 및 각 분기의 존속기간 추정은 용이하지 않다. 그러나 같은 동한토기가 출토되는 남한의 강원도 오산리의 경우, 토기는 구연부에만 무늬가 한정되어 있으며 문양요소 중 서포항 I기층토기와 유사한 것이 포함되어 있다. 따라서 오산리의 방사성연대측정치를 참고로 할 때, 동한 I기층토기는 약 6,000B.C.~4,500B.C.에 해당한다고 볼 수 있다. 한편 오산리 청동기층의 방사성탄소연대측정치가 3,360±180BP(1,910 B.C.~1,400B.C.)이므로 대략 1,500B.C. 전후를 신석기시대 종말기로 볼 수 있을 것이다. 따라서 6,000B.C.에서 1,500B.C.경까지의 동한토기를, 전기는 6,000B.C.~3,500B.C., 중기는 3,500B.C.~2,000B.C., 후기는 2,000~1,500B.C.로 구분할 수 있다.

다) 남해안지역

남해안지역에 있어서는 동삼동패총을 위시하여 수가리·율리·상노대도·연대도·송도패총·봉계리 등에서 측정된 방사성탄소연대가 있다.

융기문토기가 출토되는 층의 방사성탄소연대가 동삼동 목도기의 경우 4,116±150B.C.이고, 상노대도패총 최하층이 4,672±190B.C., 연대도가 6,090±160BP, 송도패총 4층이 5,430±170BP이며, 압인문토기가 출토되는 동삼동패총 부산기가 3,143±135B.C., 태선식빗살무늬토기가 출토되는 수가리패총 5층이 2,560±115B.C., 이중구연토기가 출토되는 봉계리유적이 2,110±150B.C., 율리패총이 1,737±85B.C., 수가리패총 1층이 1,440±80B.C., 대흑산도패총이 3,522±

120BP로 나와 동삼동패총의 층서관계에 근거한 남해안지역의 토기변천상은 절대연대상의 근거와 대비하여 볼 때 타당성을 갖고 있다 하겠다.

다. 편 년

한국의 신석기시대는 대략 기원전 10,000~6,000년 사이에 古新石器期나 빗살무늬토기가 성행한 新石器期로 구분된다. 고신석기기에 해당되는 것은 현재 제주도 고산리의 것이 유일하지만, 구석기 이후 본격적인 신석기시대의 과도기적 문화양상을 보이는 것으로 생각된다. 기원전 6,000년에서 기원전 1,000년까지 번성하였던 빗살무늬토기문화는 지역적으로 서해안지역, 동북해안지역, 그리고 남해안지역의 3개 지역군으로 나누어지며, 이들 지역은 각각의 토기전통을 지닌 채 발전하였다. 이렇듯 지역적 특성이 강한 신석기시대는 서해안지역에서는 3기로, 동북해안지역은 5기로, 남해안지역은 5기로 각각 세분된다.

이러한 각 지역군의 분기들을 아래의 〈표 1〉에서와 같이 탄소연대와의 검토를 통해 상호 비교함으로써 한국 신석기시대는 크게 전기·중기·후기로 구분됨을 알 수 있다.

〈표 1〉 신석기시대의 C14(樹輪補正)연대

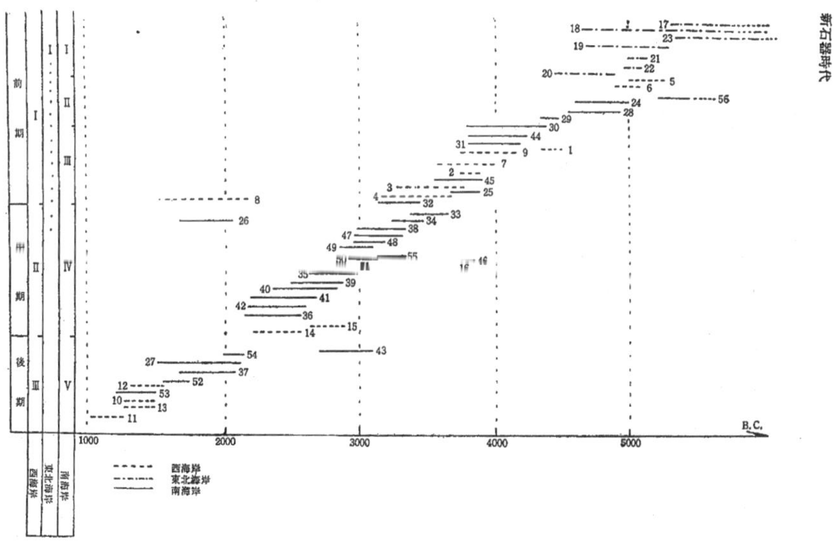

가) 고신석기시대(B.C.10,000~B.C.6,000)

제주도 고산리에서 갈색민무늬토기가 50여 점 출토되었다. 무늬는 없으나 토기를 빚어 만들 때 풀잎이나 갈대를 섞어 만든 자국이 선명하다. 방사성탄소연대측정결과는 없으나 아카호야화산재층(B.C.6,800~B.C.6,300)보다 아래층에서 출토되고 있어, 그 연대상으로 볼 때 우리 나라의 토기 중 가장 오래된 것으로 판단되고 있다.

나) 전기 신석기시대

전기 전엽(B.C.6,000~B.C.5,000) : 한반도 육지에서 최고의 신석기토기군은 동북해안지역에 해당되는 서포항 Ⅰ기와 오산리 하층, 그리고 남해안지역의 제Ⅰ기(朝島期)층과 같이 동해에 면한 지역에서 확인되었다.

서포항 Ⅰ기층의 토기는 구연부에만 압날기법으로 시문하고 나머지 부위는 민무늬로 된 납작밑토기가 주체를 점하고 있다. 강원도 오산리 하층도 납작밑 기형에 구연부에만 시문하고 있는 점에서 공통점이 있다. 오산리의 탄소연대가 대략 B.C.6,000~B.C.5,000년에 집중되어 있어 우리 나라의 육지에 있어서 신석기시대의 최고연대를 보이고 있다. 이와 비슷한 시기에 존속하였다고 추정되는 남해안지역의 제1기(조도기)층에서는 토기의 형태가 납작밑인 원시민무늬토기와 융기문토기가 출토되었는데, 후자가 압도적 다수로서 주체를 점하고 있다. 이러한 융기문토기는 경남 남해안지역에서 가장 이른 시기에 나타나는 특징있는 토기군으로 생각된다.

이와 같이 전기 신석기시대 전엽에 해당되는 유적은 한반도 동해안가에 한정되어 있다. 이들은 토기상에 있어서도 서한토기로 대표되는 한국의 전형적 빗살무늬토기와 차이가 많다. 또한 연대상에 있어서도 신석기시대의 초기에 해당되어 전형적인 빗살무늬토기가 성행하는 이전의 단계로 구분, 조기로 설정할 수 있다. 그러나 이에 대한 내용이 충분히 밝혀져 있지 않은 상태에 있으므로 여기에서는 일단 전기의 전엽으로 구분하였다.

전기 중엽(B.C.5,000~B.C.4,500) : 전기 중엽은 동해안에 있어서는 전기 전엽의 동한토기 Ⅰ류가 계속되고, 서해안에서는 서한뾰족밑유형토기가 출현하지만 남해안지역에서는 융기문토기와 남한 Ⅱ류의 지두문토기가 이 지역에 국한, 성행하였다. 토기 이외에는 아직 그 문화내용의 상세한 것을 알 수 없는 상태이지만 전기 전엽의 양상과 별 차이가 없는 것으로 추정된다.

전기 후엽(B.C.4,500~B.C.3,500) : 전기 후엽에는 서해안지역에서는 종래 전형적인 빗살무늬토기라고 불렸던 구분계 전면시문형 서한토기가 성행한다. 이는 동해안지역에 있어서는 서포항 Ⅱ기, 남해안지역의 제Ⅲ기인 부산기 등이다.

서포항 Ⅱ기의 토기는 모두 납작밑(平底)을 기본으로 하고 있는데, 이 중에는 목이 달린 형태도 있다. 이 Ⅱ기층 토기류는 서포항 Ⅰ기류의 시문이 구연부에 국한된 것과는 달리 기복부의 상반부까지 시문된 것이 포함되어 있다. 따라서 Ⅰ기와 비교해 볼 때, 시문면적이 증대되었음을 알 수 있다. 구연부와 기복부에 시문된 문양의 구성 양식은 동일문양으로만 시문된 것과 서로 다른 문양요소를 결합시킨 것이 있다.

서해안 Ⅰ기(전기)의 토기는 바닥이 뾰족밑(尖底)인 포탄형으로 구연부, 기복부 그리고 바닥에 각각 서로 다른 문양요소를 시문한 것이 주체를 점한다. 구연부에는 주로 평행밀집사단선문, 기복부에 어골문 또는 그 변형이라 생각되는 사격자문·구획문 그리고 바닥에는 평행사선문 등으로 시문한 것이 많다. 이중에는 구연부와 기복부의 문양대 사이에 파상선문 등의 종속구연부문양을 삽입한 것이 있다.

남해안지역 Ⅲ기인 부산기토기는 그 문양기법에 있어 압인기법에 의한 것이 특징적이다. 이런 기법에 의하면 구연부위에 소형어골문을 시문하고 기복부와 바닥에는 민무늬로 한 둥근밑(圓底)토기로 대표된다.

다) 중기 신석기시대

신석기시대 중기(B.C.3,500~B.C.2,000)에 들어서면 서해안지역의 경우는 Ⅱ기에 해당하게 된다. 전형적 빗살무늬토기에 변화가 생겨 시문면적이 축소된 구분계 바닥무늬 생략형식과 기복부에 전용으로 시문되던 어골문이 구연부까지 시문된 동일계 바닥무늬 생략형식의 토기가 성행한다.

동해안지역의 토기 중 서포항 Ⅲ기에서는 종래의 납작밑토기 외에 굽이 달리고 기복부가 부풀며 목이 달린 유경호류와 마연토기, 융기문토기가 새로이 출현하며 문양이 다양화된다.

남해안지역의 Ⅳ기인 두도기에서는 전기 초부터 성행했던 융기문토기가 거의 사라지고 토기 표면의 일부 혹은 전면에 걸쳐 단사선문·사격자문·횡주어골문·조대문 등 부위별로 다른 문양을 굵게 시문한 남해안의 특징적인 태선어골문토기가 성행한다. 이는 세부적인 차이는 있으나 서한토기와 유사성이 있다.

라) 후기 신석기시대

신석기시대 후기(B.C.2,000~B.C.1,000)는 서해안지역의 Ⅲ기, 동북해안지역의 Ⅳ기와 Ⅴ기, 그리고 남해안의 Ⅴ기가 여기에 속한다.

서해안지역에서는 전형적 빗살무늬토기가 퇴화되어 구연부에만 시문을 하는 토기가 성행되며 동북해안지역 및 남해안지역에서도 시문면적이 축소화되는 경향이 보인다. 특히 동북해안지역의 경우 민무늬토기의 증가와 함께 번개무늬토기, 붉은색토기가 출현하며, 남해안지역의 경우 이중구연토기가 나타난다.

〈任孝宰〉

2) 신석기시대의 자연환경

(1) 후빙기의 자연환경

가. 후빙기 기후변화와 문화변동

가) 기후변화

인류가 출현하던 更新世(Pleistocene)에는 빙하기와 간빙기가 되풀이되면서 기후변화의 폭이 크고 그에 따른 지형변화도 현저하여, 환경이 인류문화 형성에 큰 영향을 미쳤다. 지구상에서 가장 추웠던 시기는 18,000BP[1]를 전후한 시기로 이 때는 지구 북반부에 빙하가 가장 넓게 발달하고 바다높이가 지금보다 100m 이상 낮았던 적도 있다. 그 때의 기온은 중국 북부의 평원지역에서 현재보다 9~11℃쯤 낮았다.[2]

1) 이 글에서 연대단위는 모두 BP(Before Present)로 쓴다.

2) Yang Huaijen, Paleomonsoon and the Mid-Holocene Climatic and Sea Level Fluctuations in China, *Quaternary Geology and Environment in China*, LIU Tungsheng ed., Science Press, Beijing China, 1991, pp. 326~336.

17,000～13,000BP 사이에는 날씨가 조금씩 따듯해지면서 북반부 빙하가 녹기 시작하여 해수면도 높아지고, 10,000BP부터 지구의 기온이 현재와 거의 같은 상태로 이르게 된다. 갱신세의 추운 기후에 살던 짐승이 사라지고 현생종만 남게 된다. 10,000BP 이후를 후빙기(Post Pleistocene) 또는 현세(Holocene)라고 하는데 플라이스토세의 빙하～간빙 주기로 보면 10,000BP 이후는 다시 간빙기에 들어 있는 셈이 된다.

후빙기 환경은 기후변화와 해수면의 변동, 계절풍의 이동에 의한 강수량 변화, 그리고 그에 따른 삼림한계의 변동과 식생변화 등을 특징으로 한다. 오늘날 기후보다 따듯했던 때도 있고 추웠던 때도 있었는데 위도에 따라 다른 변화상을 보인다.

후빙기 기후변화는 몇 가지 요인이 서로 작용하여 일어났다.[3] 변화요소들은 ①지구궤도 변화와 화산폭발로 인한 태양방사선량의 변화, ②대기 중 이산화탄소의 농도 변화, ③해수면의 변화와 대륙빙하의 쇠장 및 열대우림지역과 중위도지역의 사막과 삼림지역의 식생이동 등에 의한 알베도(Albedo)변화들이 있다. 이들 요소들은 서로 대기-태양-빙하권에서 환류(Feedback)관계를 이루며 지구의 환경변화 체계를 이루게 된다. 극지방에서 기온이 올라가면 적도지방에서 기온이 내려가고 중위도지방에서는 강수량이 줄고, 그 반대의 현상도 마찬가지로 서로 작용하는 체계를 이룬다. 따라서 후빙기 환경변화는 전세계에서 일어나는 공통현상이지만 지역에 따라 차이가 있다.

나) 후빙기 자연환경과 문화변동

후빙기 초기에는 신석기문화가 꽃을 피우게 되는데, 지역에 따라서는 구석기문화와 신석기문화의 중간단계로서 중석기문화에 머물러 있기도 한다. 중석기문화와 신석기문화는 인류가 바닷가에 진출하여 생활터전을 마련하는 것을 특징으로 한다. 한편 구석기시대에 사냥－채집을 주로 하며 살았던 자연경제로부터 중석기시대를 거쳐 신석기시대가 되면 농사와 집짐승기르기를 하는 생산경제의 단계로 들어가게 된다.

---

3) Zubakob, V. A. and I. I. Borzenkoba, *Gloval Paleoclimate of the Late Cenozoic-Development in Paleontology and Stratigraphy 12,* 1990, Elsevier, pp.251～296.

후빙기가 되면서 인류가 바닷가로 진출하고, 생산경제단계로 들어가게 되는 것은 자연환경의 변화로부터 설명할 수 있다. 날씨가 따듯해지면서 추운 기후에 살던 큰 짐승들이 북쪽으로 밀려가고, 생태환경이 바뀌면서 삼림자원의 변화에 따른 새로운 적응전략이 나타나게 된다.

먼저 사냥감이 줄어들게 되어 자연히 먹거리가 풍부한 바닷가로 진출하거나 짐승을 따라다니며 사냥을 하던 방법으로부터 야생짐승을 가두어 길들이는 방법을 터득하게 된다. 한편 날씨가 따듯해지면서 여러 가지 야생식물들이 자라게 되고 다양한 자원을 찾던 가운데 농경에 알맞는 식물종들이 자라던 지역에서는 초기 농경이 시작되기도 한다. 이렇게 후빙기에 이룩된 인류문화의 배경을 알기 위해서는 후빙기의 자연환경을 살펴보는 것이 바탕이 된다.

나. 후빙기 기후변화 일반

후빙기 기후는 갱신세 마지막 빙하가 물러가면서 기온이 올라가고 오늘날과 같은 기후환경을 이루는 과정으로부터 시작된다. 후빙기의 기후변화 주기는 크게 기후 회복기·고온기·기후 하강기로 나뉜다. 세계 여러 곳에서 나타난 후빙기 기후변화의 주기와 특징은 아래와 같다.[4]

가) 기후 회복기 17,000~9,000BP

기온이 급격한 변화를 일으키며 차츰 올라가는 시기로 때에 따라서 2~3℃씩 내려가는 추운 기후를 보인다. 대기온도가 점점 높아져 10,000BP에 이르러 오늘날에 가까운 기후로 돌아온다. 북서유럽의 선아한대(Preboreal : 9,600~9,400BP)에 알프스빙하가 성장하면서 짧은 동안 기온이 내려간다.

나) 고온기 9,000~5,300BP

따듯하고 안정된 기후를 보인다. 여름 기온이 오늘날 보다 2~3℃쯤 높았다. 9,000~8,800BP에 조금 추운 기후를 보이는 것은 알프스산맥과 로키산맥의 빙하가 성장한 시기이다. 6,200~5,300BP에 기온이 가장 높이 올라가고 해수면이 올라가며 산호초 성장선도 바다 북쪽으로 올라간다. 식물이 자라는데 좋은 조건에서 식생변화가 나타난다. 나무성장 한계선이 중위도지

---

4) Zubakob, V. A. and I. I. Borzenkoba, 위의 책.

방에서 북쪽으로 200~300㎞까지 올라간다. 7,000BP와 6,000~5,000BP에는 동북아시아지역에서 북위 50°를 넘어 흑룡강유역까지 낙엽광엽수림이 분포한다.[5)]

다) 기후 하강기 5,300BP~

지구 기온이 내려가는 추세를 보이며 기후가 불안정한 시기이다. 이 시기에는 몇 번에 걸쳐 추운 기후를 보인다. 5,300~4,800BP/3,200BP/2,300~2,200BP에 기온이 내려가고 특히 2,300~2,200BP 동안은 작은 빙하기라고 부를 수 있을 정도로 기온이 많이 내려가는 현상이 여러 곳에서 나타난다.

다. 한국의 후빙기 자연환경

가) 기후와 식생변화

(가)현재 기후와 식생

우리 나라는 아시아대륙의 동쪽 끝에서 남쪽을 향하여 바다 쪽으로 뻗어 세 면이 바다에 둘러싸여 있다. 중위도지대에 자리하고 있어 세계 기후구분에 따르면 네 계절이 뚜렷한 온대성기후의 특징을 지닌다.[6)] 남북 길이가 735km나 되어 기후구를 세분하면 다섯 지역으로 나뉜다. 식생에 따라 지역을 나누어 보면 남쪽으로부터 남해안 기후구(난온대 상록활엽수림), 남부기후구(난온대 낙엽광엽수림 남부), 중부기후구(난온대 낙엽광엽수림 북부), 북부기후구(냉온대 낙엽광엽수림), 개마고원기후구(아한대 침엽수림)로 나뉜다(〈지도 1〉).[7)]

이와 같은 식생환경은 5,000BP쯤에 이룩된 것이다. 후빙기 동안 지금보다 따듯했던 시기에는 식생한계가 북쪽으로 올라가고, 추웠던 시기에는 남쪽으로 내려가는 변화상을 보인다.

---

5) Dolukhanov, P. M. and N. A. Khotinskiy, Human Cultures and the Natural Environment in the USSR during the Mesolithic and Neolithic, *Late Quaternary Environments of the Soviet Union,* A. A. Velichco ed., Univ. of Minnesota Press, Minneapolis, 1984, pp. 319~327.

6) 차종환·이우철·이순애, 《한국의 기후와 식생》(서문문고 151, 1975).

7) 김연옥, 〈기후구〉(《한국지지총론》, 건설부 국립지리원, 1980), 233~238쪽.

〈지도 1〉 삼림분포에 따른 한국의 기후구분

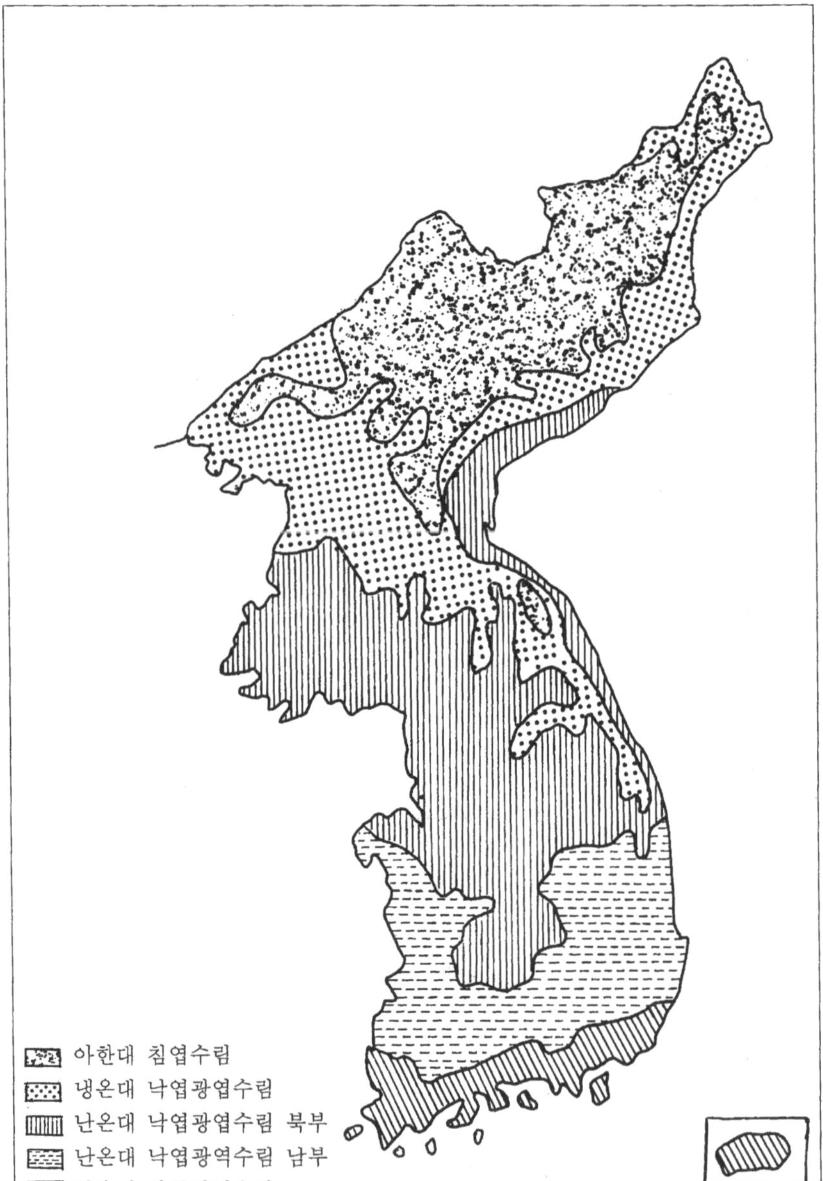

(나) 후빙기 기후와 식생변화

우리 나라 후빙기 기후와 식생변화는 후빙기 쌓임층에서 나온 꽃가루조사, 쌓임층에 들어 있는 유기물의 탄소동위원소 비율과 유황함량을 조사하여 밝혀진 것이 있다. 그 밖의 고고학발굴에서 나온 자연유물들 가운데 동식물자료들에서 기후변화와 관련된 종들이 나온 것이 있어 유적이 이루어질 당시의 기후를 미루어 볼 수 있다.

속초 영랑호 아래 쌓임층에서 뽑아낸 유기물 탄소의 동위원소비($^{13}C/^{12}C$)와 유황함량은 17,000BP로부터 현재까지 기후변화의 주기를 보여준다(〈표 1〉).[8] 탄소동위원소비에서는 17,000BP에서 5,500BP까지 낮은 값을 보여 추운 기후를 나타내고 5,500BP에 가장 높은 값을 보여 따듯한 기후임을 알려준다. 6,000BP에 한때 추운 기후를 보였고 4,000BP에 다소 추운 기후를 보이다가 3,500BP에 다시 기후가 따듯해진 것을 알 수 있다.

유황함량에서도 10,000BP 이전은 낮은 값을 보이다가 10,000BP 이후 높은 값을 보여 빙하기의 추운 기후로부터 기후 회복기에 들어섰음을 알 수 있다. 7,000~5,000BP에는 역시 최고값으로 나타나 따듯한 기후를 나타낸다.

후빙기 식생변화는 쌓임층에 들어 있는 꽃가루 빈도변화를 조사하여 밝혀졌다. 속초 영랑호쌓임층에서는 10,000BP 이전에 추운 기후의 침엽수들이 주로 나오다가 10,000BP 이후 6,700BP에 참나무가 늘고 6,500~4,500BP에 소나무-참나무 혼합림를 이루며 1,400BP부터는 소나무를 주로 하여 벼과의 풀들이 많이 자란 것으로 나타난다.[9]

동해 남부의 울산·포항지역에서 나온 결과는 6,000BP까지 낙엽활엽수림을 이루고 6,000BP 이후는 낙엽활엽수와 침엽수혼합림으로 바뀐다.[10] 이러한 현상은 서해 중부지역인 일산유적에서 나온 결과와 잘 맞는다. 일산유적에서는 4,000BP부터 소나무를 비롯한 침엽수와 벼과 꽃가루들이 많이 나와 동해

8) 中井信之·洪思澳, 〈韓國永朗湖堆積物の地球化學的手段による古氣候變遷の硏究-安定同位體比($^{13}C/^{12}C$)および硫化物含量による〉(《韓國における環境變遷史-昭和53年度現地調査總括-》, 文部省海外學術調査, 1980), 57~62쪽.

9) 安田喜憲·金遵敏 等, 〈韓國における環境變遷史と農耕の起源〉(《韓國における環境變遷史-昭和53年度現地調査總括-》, 文部省 海外學術調査, 1980), 1~21쪽.

10) 조화룡, 《한국의 충적평야》(교학연구사, 1987).

〈표 1〉 속초 영랑호쌓임층의 유황함량과 유기물탄소 동위원소비

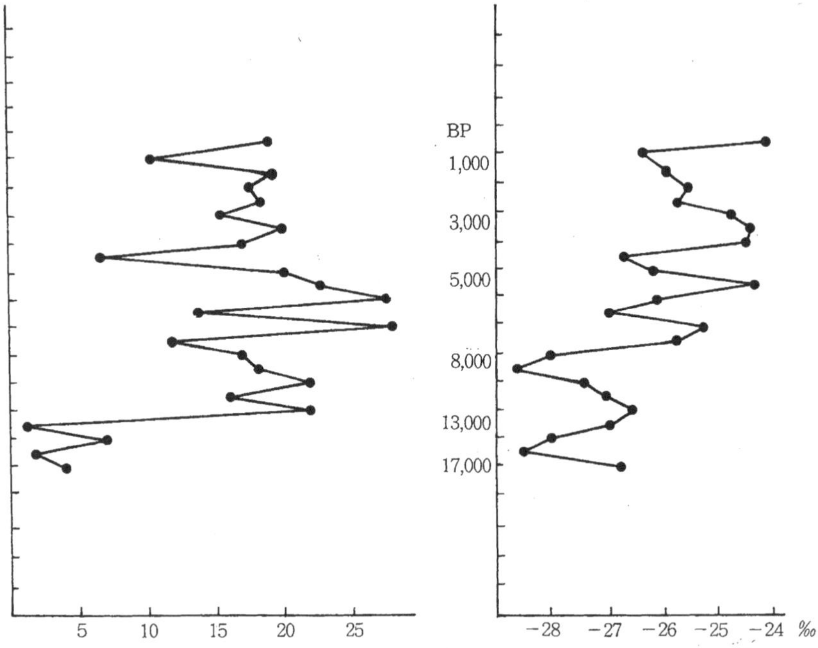

안지역보다 이른 시기에 식생환경이 변하는 데 차이가 있다.[11] 이는 자연식생의 변화이기보다는 농경의 시작과 함께 사람들에 의한 식생변형의 결과로 보아야 한다.

우리 나라 후빙기의 식생변화를 여러 나라에서 나온 결과와 견주어 보면 후빙기 기후변화의 큰 틀에서 벗어나는 것은 아니다. 특히 중국 동북부와 일본 규슈 서북부지역과 비슷한 과정을 밟아온 것을 알 수 있다(〈표 2〉).

나) 바다높이 변화

우리 나라 후빙기의 바다높이 변화에 대해서는 현재 바다높이보다 높았던 적이 없었다는 의견과 현재보다 3~5m쯤 높았던 적이 있었다는 의견이 있으

11) 최기룡, 〈꽃가루분석〉(《자연과 옛사람의 삶》 자연환경조사-고고학발굴보고 : 일산새도시개발지역 학술조사보고 1, 한국선사문화연구소 · 경기도, 1992), 145~154쪽.

〈표 2〉 여러 나라 후빙기 식생변화

<table>
<tr><th rowspan="2">지역
BP</th><th rowspan="2">북유럽[12]</th><th rowspan="2" colspan="2">중국동북부[13]</th><th colspan="2">일 본</th><th colspan="4">한 국</th></tr>
<tr><th>규슈[14]</th><th>중부[15]</th><th colspan="2">동해남부[16]</th><th>동해중부[16]</th><th>서해중부[17]</th></tr>
<tr><td></td><td rowspan="3">sub-Atlantic
춥고 습한 기후</td><td rowspan="4" colspan="2">낙엽활엽수+침엽수 혼합림</td><td rowspan="6">침엽수증가</td><td rowspan="1">RII</td><td rowspan="10">낙엽광엽수+침엽수</td><td rowspan="4">침엽수
우세</td><td rowspan="1"></td><td rowspan="2"></td></tr>
<tr><td></td><td rowspan="5">RIIa
낙엽광엽수+
침엽수</td><td rowspan="3">침엽수증가
(벼과·풀)</td></tr>
<tr><td>2,000</td><td rowspan="4">침엽수증가
(벼과·쑥속)</td></tr>
<tr><td></td><td rowspan="6">sub-Boreal
따듯하고 건조한 기후(참나무·물푸레나무)</td></tr>
<tr><td>3,000</td><td rowspan="11">낙엽활엽수</td><td rowspan="5">침엽수증가</td><td rowspan="2">낙엽+
침엽</td><td rowspan="4">낙엽광엽수
증가</td></tr>
<tr><td></td></tr>
<tr><td>4,000</td><td rowspan="2"></td><td rowspan="8">RII
낙엽광엽수</td><td rowspan="4">침엽수
우세</td><td rowspan="3">낙엽광엽수
+
침엽수</td></tr>
<tr><td></td></tr>
<tr><td>5,000</td><td rowspan="2">상록-낙엽
광엽수</td><td rowspan="3">침엽수증가</td></tr>
<tr><td></td><td rowspan="5">Atlantic
따듯하고 습한 기후(느릅나무·참나무)</td><td rowspan="3">따듯하고 습한 기후</td><td rowspan="12"></td></tr>
<tr><td>6,000</td><td rowspan="4">상록수</td><td rowspan="11" colspan="2">낙엽광엽수</td></tr>
<tr><td></td><td rowspan="3">낙엽광엽수
우세</td></tr>
<tr><td>7,000</td><td rowspan="3">따듯하고 건조한 기후</td></tr>
<tr><td></td></tr>
<tr><td>8,000</td><td rowspan="3">Boreal
(따듯·건조)</td><td rowspan="7">광엽수
침엽수</td><td rowspan="7">RI
광엽수
+
침엽수</td><td rowspan="7">풀·홀씨</td></tr>
<tr><td></td><td rowspan="6" colspan="2">자작나무숲</td></tr>
<tr><td>9,000</td></tr>
<tr><td></td><td rowspan="4">Pre-Boreal
(추운)</td></tr>
<tr><td>10,000</td></tr>
<tr><td></td></tr>
<tr><td></td></tr>
</table>

나 이제까지 조사된 바로는 후빙기 기후극상기(Climatic Optimum)에 바다가 높았던 적이 있었던 것으로 밝혀졌다. 바다높이 변화에 대한 증거는 바닷가 지형에서 찾을 수 있는데 밀물과 썰물의 작용으로 이루어지는 바닷가 지형

12) Dimbleby, G. W., Pollen Analysis, *Science in Archaeology*, Brothwell Higgs ed., Praeger, New york, 1970, pp. 167~177.

13) Wang Pinxian, Progress in Late Cenozoic Paleoclimatology of China : A Brief Review, *The Evolution of the East Asian Environment Vol. 1, Geology and Paleoclimatology,* R. O. White ed., Univ. of Hong Kong Centre of Asian Studies, 1984, pp. 165~184.

14) 前田保夫, 《縄文の海と森－完新世前期の自然史》(蒼樹書房, 東京, 1980).

15) 中村 純, 《花粉分析》(古今書院, 東京, 1967).

16) 조화룡, 앞의 책.

17) 최기룡, 앞의 글.

으로는 모래톱·해안단구·해식애·늪지들이 있다.

남서해안의 여러 곳에서 현재의 고조면보다 2~3m 높은 곳에 옛모래톱이 나타나고, 동해안에서 3~7m 높이의 해안단구가 나타나는 것을 후빙기에 바다가 높았을 때 이루어진 지형으로 보았다.[18] 그러나 이러한 증거들은 신구조운동(Neotectonic movement)에 따른 지각변동과 아울러 살펴보아야 정확한 바다높이 변화를 알 수 있고 또한 정확한 연대를 알 수 있어야 한다.

바다높이 변화에 관한 뚜렷한 지형증거는 일산유적을 조사하면서 밝혀졌다. 한강 하류에 있는 일산유적에서는 지형고도 6m 높이까지 옛 조간대 지층(대화리층)이 쌓여 있는데 이것은 현재 바다높이보다 적어도 3~4m 높았던 시기에 쌓인 지층으로 밝혀졌다.[19]

대화리층이 쌓인 연대는 방사성탄소연대측정으로 6,000~5,000BP로 나타났다.[20] 대화리층은 일산지역의 가와지토탄층 아래에 쌓여 있는 지층이며 이 층에서는 규조분석을 한 결과 바닷물에 사는 규조가 90%를 넘는 것으로 나타나 바닷물에 의해 쌓인 지층임을 다시 한번 알 수 있었다.[21]

바다높이 변화를 보여주는 지형증거는 고고학 유적발굴에서도 몇 군데서 드러났다. 통영 상노대도유적에서는 조가비층 사이에 갯벌층이 끼어 있고 이 층의 연대는 6,000BP로 나타났다.[22] 김해 수가리유적에는 조개더미쌓임층 사

---

18) 이러한 연구성과에는 다음의 글들이 있다.
김서운, 〈한국 동남단부(방어진－포항)해안에 발달하는 단구에 관한 연구〉(《대한지질학회지》 9-2, 대한지질학회, 1973), 85~121쪽.
윤웅구·박병권·한상준, 〈한반도 후빙기 해면변화의 지형학적 증거〉(《대한지질학회지》 13-1, 대한지질학회, 1977), 15~22쪽.
LEE D. Y. et al., Quaternary Geology in the Southern Coast of the Korean Peninsula, *Korea Res. Report KR-89-113*, 1989, pp. 179~224.

19) 이동영·김주용, 〈지질환경조사〉(《자연과 옛사람의 삶》 자연환경조사－고고학 발굴보고 : 일산새도시개발지역 학술조사보고 1, 한국선사문화연구소·경기도, 1992), 41~108쪽.

20) 손보기·장호수·조태섭, 〈발굴조사진행경과와 연대측정〉(《자연과 옛사람의 삶》 자연환경조사－고고학 발굴보고 : 일산새도시개발지역 학술조사보고 1, 한국선사문화연구소·경기도, 1992), 145~154쪽.

21) 황상일, 〈규조분석〉(《자연과 옛사람의 삶》 자연환경조사－고고학 발굴보고 : 일산새도시개발지역 학술조사보고 1, 한국선사문화연구소·경기도, 1992), 145~154쪽.

22) 손보기, 《상노대도의 선사시대 살림》(수서원, 1982).

이에 마모조가비층이 들어 있다. 마모조가비층은 바닷물에 의해 씻겨 이룩된 층으로 6,000~5,000BP에 일어난 현상이다.[23] 마모조가비층에서 나오는 작은 조개화석연구에서도 바닷물이 들어왔던 증거가 나타났고 바다높이는 현재보다 5m 이상이 높았다.[24]

우리 나라에서 후빙기의 바다높이 변화는 아직 자세히 연구되지 않았다. 10,000BP 이후 바다높이 변화양상을 정확히 알 수는 없지만 6,000~5,000BP에 현재보다 높았던 적이 있었음은 뚜렷하다. 이 시기는 후빙기에서 기후가 가장 높았고, 식생환경에서도 중국 동북지방에서 보면 낙엽광엽수림이 북위 50° 너머까지 분포한다.[25] 중국과 일본에서 나온 식생변화와 바다높이 변화양상을 보아도 대체로 같은 경향을 보여준다.[26]

다) 후빙기 환경변화

우리 나라의 후빙기 기후와 식생변화 그리고 바다높이 변화들을 통하여 10,000BP 이후의 환경변화를 몇 시기로 나누어 볼 수 있다. 각 시기에 나타나는 환경변화들이 다른 지역과는 어느 정도 차이를 보이며 또한 환경변화와 더불어 문화변동에서 보이는 관계는 어떻게 나타날 수 있는지에 대해 정리해 보면 아래와 같다.

(가)10,000~8,000BP

기후가 안정기로 들어가면서 기온이 올라간다. 10,000BP 이전의 식생은 영랑호와 용곡동굴쌓임층에서 나타난 자료를 통해 알 수 있다. 영랑호쌓임층에서는 풀과 겉씨식물들이 주로 나와 추운 기후였음을 보인다.[27] 평양 부근 용곡동굴쌓임층에서도 15,000~10,000BP에 쌓인 제12층에서 겉씨식물과 소나

---

23) 鄭澄元·林孝澤·申敬澈, 《金海 水佳里貝塚》 I (釜山大 博物館, 1981).

24) 윤 선·이언재, 〈수가리패총의 연체동물화석군집과 해수면 변동〉(《한국고생물학회지》 1, 한국고생물학회, 1985), 141~152쪽.
이년규·윤 선, 〈김해 수가리패총의 연체동물화석군집에 관한 고찰〉(《대한지질학회지》 28-4, 대한지질학회, 1992), 335~341쪽.

25) Shi Yafeng et al., Mid-Holocene Climates and Environment in China, *Global and Planetary Change 7,* Elsevier Science Publishers, Armsterdam, 1993, pp. 219~133.

26) Wang Pinxian, 앞의 글.
前田保夫, 앞의 책.

27) 安田喜憲·金遵敏, 앞의 글.

무과·명아주과가 기본을 이루는 추운 기후 식생을 보인다.[28]

10,000~8,000BP에는 중부지방이 낙엽광엽수림지역으로 들어가고 북부지방은 침엽수림을 이루고 있다. 중국 동북부는 자작나무숲을 이루고 있다. 이 시기에 우리 나라는 중석기문화단계를 거쳐 신석기문화단계로 들어가고 있었다. 통영 상노대도유적에서는 신석기시대에 앞서는 잔석기를 주로 하는 문화층이 드러났다.[29] 후빙기 초기에 바닷가로 나가 살림터전을 잡기 시작하던 사람들이 남긴 것이다. 그 밖에 남해안 바닷가 유적들에서도 앞으로 중석기시대 유적들이 드러날 것으로 보인다. 동북지방의 선봉 서포항조개더미유적도 이 시기부터 이루어진 유적이다.

(나) 8,000~5,000BP

기온 상승으로 기후가 현재와 같은 정도에 이른다. 남부지방은 상록활엽수림을 이루고 7,000BP에는 현재보다 높은 기후로 낙엽광엽수림이 북부지방까지 확장되었을 것으로 미루어진다. 중국 동북지방에서는 현재보다 3~5℃ 높은 기온으로 나타난다.

식물성장에 알맞는 기후를 갖춰 신석기시대 사람들의 사냥－채집활동에 좋은 조건이 마련되었다. 신석기 전기문화가 꽃을 피운 시기이다. 동해안의 서포항유적, 남해안의 동삼동·상노대도유적, 서해안의 암사동·지탑리유적들에서 나타난 이른 신석기문화층은 이 시기에 이룩된 것이다.

6,000~5,000BP는 바다가 높았던 시기이다. 현재보다 3~5m 높았던 지형들이 여러 곳에서 나타난다. 북서유럽의 플란드리안해진(Flandrian Transgression), 중국의 天津해진도 이 시기에 일어났다.

바닷물 온도는 지금보다 3℃쯤 높았다. 동삼동유적에서 말전복(*Haliotis gigantea*)조가비가 나온 것은 지금보다 따듯한 바다에서 사는 조개종이 있었던 사실을 알려준다.[30] 황해도 궁산유적에서 나온 물소뼈(*Bubalus sp.*)화석과

---

28) 류정길, 〈포자－화분〉(《룡곡동굴유적》, 김일성종합대학 인류진화발전사연구실, 1986), 139~163쪽.

29) 장호수, 〈상노대도 유적의 석기〉(《孫寶基博士停年紀念 考古人類學論叢》, 지식산업사, 1988), 205~226쪽.

30) 박영철, 〈한국선사시대의 자연환경연구－선사유적지의 층위와 고생물과의 연관을 중심으로－〉(《韓國史硏究》 14, 1976), 3~29쪽.

복작노루(*Hydropotes inermis*)는 이 시기에 우리 나라의 서해 중부지방이 아열대에 가까운 따듯한 기후였음을 나타낸다.31)

대기온도는 바닷물 온도에 영향을 받아 더 크게 변하므로 그 때의 대기온도는 오늘날보다 3℃ 이상 높았다. 중국 동북지방에서도 기온이 3~4℃ 높았고 장백산맥과 三江평원지역까지 낙엽광엽수림이 분포했다.32)

(다) 5,000~3,800BP

5,000~4,500BP에는 기온이 조금 내려가고 바다가 물러가는 시기이다. 일본에서는 이 시기를 죠몬(繩文) 중기의 해퇴(Regression)로 보고 바다높이가 0.0~0.7m 낮아진다고 하는데 우리 나라에서는 밝혀진 것이 없다. 북중국에서는 그보다 조금 이른 시기(5,600~5,300BP)에 작은 해퇴가 있었고 식생은 전나무-가문비나무숲을 이룬다.33) 같은 시기에 북서유럽에서는 느릅나무 쇠퇴(Ulmus decline)현상을 보인다.34) 우리 나라에서는 영랑호쌓임층연구에서 기후가 내려간 증거를 밝혔다.35)

바다가 물러가면서 생긴 바닷가 늪지는 농사에 알맞는 조건을 갖추게 되었다. 이 시기에 우리 나라에서도 벼농사가 시작된 것으로 나타난다. 일산과 김포의 토탄층에서 나온 볍씨들은 벼농사가 시작된 증거들이다.36) 기후가 내려가면서 자연에서 얻을 수 있는 자원이 줄어들게 되고 새로운 생계방식을 찾게 되는 과정에서 농사가 본격적으로 시작되었다.

4,400~4,000BP는 춥고 습한 기후였다. 옛계절풍(Paleomonsoon)의 연구결과를 보면 저위도지방의 계절풍이 북쪽으로 올라가 중위도지방에 홍수가 크게 일어난 사실들이 세계 여러 곳에서 관찰되었다.37) 나일강·미시시피강이 넘

---

31) 도유호, 《궁산원시유적 발굴보고》(고고학 및 민속학연구소, 1957).
김신규, 〈우리나라 원시시대의 메짐승에 대하여〉(《고고민속》 1966-2), 4~7쪽.
32) Shi Yafeng et al., 앞의 글.
33) Wang Pinxian, 앞의 글.
34) Dimbleby, W. A., 앞의 글.
35) 中井信之·洪思澳, 앞의 글.
36) 손보기·장호수·조태섭, 앞의 글.
37) Smith, A. M., Holocene Paleoclimatic trends from Paleoflood Analysis, *Paleogeography, Paleoclimatology, Paleoecology 97,* Global and Planetary Change Section, Elsevier Science Publishers, Armsterdam, 1992, pp. 235~240.

쳐 흐르고 북중국에서도 黃河가 넘쳐 논밭이 물에 잠기고 사람들은 강둑 위나 산비탈 쪽으로 삶의 터를 옮겼다.[38] 이 시기 홍수와 관련된 증거들이 우리 나라에서 찾아진 것은 없으나 이 때 나타나는 무문토기문화를 남긴 사람들이 구릉 위에 삶터를 잡은 것을 보면 홍수와 관련된 간접증거로 미루어 볼 수 있다.

(라) 3,800~2,000BP

이 시기에도 기온이 점점 낮아지는 것은 영랑호쌓임층연구에서 알 수 있다.[39] 일본에서는 이 시기를 야요이(彌生)해퇴라고 하며 바다높이가 0~3m 낮아졌다.[40] 식생환경은 중남부지방에서 침엽수가 늘어나고 벼과 꽃가루가 많이 나온다.[41] 벼과 꽃가루가 많이 나오는 것은 이 시기에 우리 나라의 중남부지방에서 벼농사가 널리 지어진 증거이다.

2,400BP를 전후해서는 가장 추웠던 시기이다. 이 시기 역사에서 북쪽으로부터 남쪽으로 이주민이 많이 나타난 것은 기후변화도 한 요인으로 작용한 것으로 미루어진다.

위와 같이 우리 나라 후빙기의 환경변화와 관련된 문화변동을 살펴보았다. 아직은 우리의 연구결과가 모자라 뚜렷한 변화상을 알 수 없지만 후빙기 동안 전세계에서 일어난 환경변화에서 크게 벗어나지 않고, 이웃 나라들과 비교해 볼 때 기후변화 폭이 그리 크지 않은 것을 볼 수 있다.

앞으로 우리 나라 후빙기의 기후 및 식생변화와 관련하여 밝혀야 할 것은 많이 있다. 기후와 식생변화의 관계는 꽃가루분석뿐 아니라 지구화학방법에 의한 쌓임층연구가 뒷받침되어야 한다. 바다높이의 변화는 선사시대 사람들의 삶의 터전과 바다자원의 변화를 알 수 있는 기본자료가 된다.[42] 바다높이

---

38) Yang Huaijen, 앞의 글.

39) 中井信之·洪思澳, 앞의 글.

40) 太田陽子 等, 〈日本における完新世相對的海面變化とそれに關する問題－1980～1988における硏究の展望〉(《第四紀硏究》 29－1, 日本第四紀學會, 1990), 31～48쪽.

41) 최기룡, 앞의 글.
安田喜憲·金遵敏, 앞의 글.

42) Van Andel, T. H., Late Quaternary Sea-Level Changes and Archaeology *Antiquity 63,* London, 1989, pp. 733～745.

의 변화에 대한 자세한 연구는 신석기시대 삶의 한 모습을 밝히는 바탕이 될 것이다.

〈張浩秀〉

(2) 식물상과 동물상

가. 식물상

가) 식물상과 꽃가루연구

신석기시대의 자연환경과 기후를 시사하는 자료로는 식물상·동물상·미세화석 및 바다높이 변화(海水面 變動) 등이 있는데 이 가운데 식물상이 가장 중요한 기준이 된다. 동물상은 식생이나 기후 및 지형상의 차이에 따라 그 분포가 달라지긴 하나 짐승들이 이동성을 갖고 있기 때문에 분포 구분의 경계가 뚜렷하지 못하다. 특히 큰 젖먹이짐승들은 적응력이 뛰어나므로 더욱 그러하다. 해수면 변동은 빙하기와 간빙기의 기후변화에 대응하는 현상으로 최근까지 연구가 많이 이루어졌으나 해수면 상승의 유형과 속도에 대한 논란이 계속되고 있다. 유공충(foraminifera)이나 개형충(ostracoda), 규조류(diatom) 등과 같이 현미경을 통해서만 볼 수 있는 미세화석들은 옛 기후를 알아내는 데 큰 화석들보다 더 유용한 정보를 준다고 알려져 있지만 우리 나라에서의 연구는 아직 시작단계에 지나지 않는다. 이러한 상황에서 토탄층이나 발굴유적의 지층에서 출토된 식물화석을 가지고 당시의 기후를 유추하는 것이 가장 안정된 지식을 줄 수 있다. 사실상 오늘날 선사시대 기후변동에 대한 지식은 이와 같이 식물화석에서 유추된 것을 기본으로 하고 있는 것이다.

식물화석 가운데서도 나무줄기·잎·씨앗이나 열매 등의 큰 식물화석(macro fossil)들이 있는데, 이들은 당시의 환경에 대해 꽃가루(花粉)만큼 광범위하고 체계적인 지식을 주지 못하므로 꽃가루가 자연환경의 복원에는 훨씬 정확하다고 알려져 있다. 사실상 꽃가루도 미세화석의 하나이지만 이는 전통적으로 식물상에서 다루어 왔다. 꽃가루를 가지고 기후연구를 시작한 것은 19세기 말 블리트와 세르난더가 최초인데 이들은 남부 스칸디나비아 반도의 퇴적물 속에 들어 있는 꽃가루를 분석하고 기후추정을 시도하였다고 한다[1]. 유럽의 표준 꽃가루대(pollen zones)는 1916년에 L. von Post에 의해 세워졌는데[2] 여기에 약간의 손질을 한 것이 오늘날도 유효하다. 흔히 쓰이는 프리 보리얼·보리얼·아틀랜틱·서브 보리얼·서브 아틀랜틱의 구분이 그것이다(〈표 1〉 참조).

〈표 1〉 후빙기의 기후구분[3]

시기구분(BP)	기후구분	추정기후
10,250~9,450	프리 보리얼(Pre Boreal)	따뜻함(대륙성)
9,450~8,150	보리얼(Boreal)	더 따뜻함(대륙성)
8,150~5,250	아틀랜틱(Atlantic)	매우 따뜻함(해양성)
5,250~2,250	서브 보리얼(Sub Boreal)	대륙성
2,250 이후	서브 아틀랜틱(Sub Atlantic)	해양성

그러나 오늘날 여러 나라에서 꽃가루연구가 활발히 이루어져 미국·아프리카·아시아 등지에서의 꽃가루 연구자료가 쌓이게 되면서 북구지역과 지역적인 편차가 있음을 알게 되었다. 즉 위의 구분에 각각 대응하는 우점식물(Dominant Vegetation)과 해당연대가 나라에 따라 약간씩 다르게 나타나고 있는 것이다. 우리와 가까운 중국의 경우 북경의 꽃가루대(pollen profiles)에 기초하여 후빙기의 시작을 13,000BP 혹은 12,000BP에 해당한다고 보기도 하며,[4] 일본의 경우는 후빙기의 식생대를 꽃가루분석과 연구를 통해 나름대로 RⅠ·RⅡ·RⅢa·RⅢb로 나누고 있다[5]. 이렇게 꽃가루에 의한 기후구분은 지역적인 차이를 나타내며, 그 밖에도 꽃가루를 분석하여 당시

1) 川井直人 外, 韓明洙 옮김, 《人類가 나타난 날》Ⅱ(1979), 68~76쪽.
2) Butzer, K. W., *Environment and Archaeology*, 1971, p. 530.
3) Butzer, K. W., 위의 책, p. 531.
4) Chang, K. C., *The Archaeology of Ancient China*, 1986, p. 71.
5) Kotani, Yoshinobu, Upper Pleistocene and Holocene environmental conditions in Japan, *Arctic Anthropology* 5-2, 1969, pp. 143~144.
安田喜憲, 〈日本列島における晩氷期以降の植生變遷と人類の居住〉(《第4紀硏究》 13-3, 1974), 106~134쪽.

의 식생과 기후를 복원하는 데는 몇 가지 제한점이 있다. 어떤 꽃가루는 쉽게 분해되며, 어떤 종류는 멀리 날아가므로 원래 그 지역의 것인지 아닌지 판별해야 하는 점, 꽃가루 산출량이 식물마다 다른 점, 꽃가루를 잘 보존하고 있는 지역이 널리 나타나지 않으며 이에 따라 층위비교가 어려운 점 등이 그것이다.[6] 또한 강어귀나 바닷가의 식생변천에서는 해수면 변동이 밀접한 영향을 주게 되므로 이것도 같이 고려함이 좋다. 결국 타당한 해석을 내리려면 꽃가루를 채집한 곳의 당시 지형이나 기후를 알아야 좋은데 이는 꽃가루분석을 한 다음 추정하게 되는 요소들이란 점에서 환경복원의 한계를 처음부터 지니고 있는 셈이다.

나) 우리 나라의 꽃가루연구

우리 나라에서 최초로 꽃가루연구가 이루어지기는 1940년 지리산 세석평전의 토탄층에서 채집한 꽃가루분석이 처음이라고 한다.[7] 1971년 평택지구의 꽃가루조사로 약 3,000년 전의 이 곳에 토탄층이 만들어질 때는 냉습하였다고 추정한 것이 광복 이후 남한 최초의 연구이다.[8] 1978년에는 한국과 일본의 합동조사대가 속초 영랑호를 비롯하여 시흥 군자리·김제 봉산리·무안 가홍리·김해 예안리·울산 방어진 등지에서 꽃가루조사를 하였다.[9] 이 가운데 영랑호의 경우는 우리 나라에서 가장 긴 시간(17,000년)에 걸친 식생대를 보여주며 10,000~6,700BP에 기온이 급속히 온난해졌음을 밝혀 주어 그 가치가 크다. 이 기간 동안에는 참나무아속이 높은 출현율을 나타내다가 6,700BP 이후에는 소나무속이 가장 우세해진다. 이 곳에서 같이 이루어진 안정 동위체비(^{12}C /^{13}C) 및 유화물(Pyrite ; FeS_2) 함량에 의한 결과를 보면[10] 영랑호에서는 7,000~5,500BP에서 최고값이 나와 꽃가루분석 결과와 잘 맞아들며, 이로 미루어 우리 나라에서도 이른바 기후극상기(Climatic Optimum)가

6) 吳智泳, 〈平澤地區 土炭의 花粉分析〉(《韓國考古學報》 1, 1976), 125~134쪽.
7) 曹華龍, 《韓國의 冲積平野》(1987), 15쪽.
8) 吳智泳, 앞의 글.
9) 安田喜憲·塚田松雄·金遵敏·李相泰·任良宰, 〈韓國における環境變遷史と農耕の起源〉(《韓國における環境變遷史》, 1980), 1~19쪽.
10) 中井信之·洪思澳, 〈韓國永郎湖堆積物の地球化學的手段による古氣候變遷の硏究〉(《韓國における環境變遷史》, 1980), 57~61쪽.

있었음이 확실해졌다.

이 무렵까지 조사된 자료들과 북구·일본의 꽃가루분석 결과를 참고하여 우리 나라의 꽃가루대를 만든 것이 있는데,[11] 이는 우리 나라 신석기시대의 꽃가루분대로서 아직까지 대표적으로 쓰이는 것이다(〈표 2〉).

〈표 2〉 만빙기 및 후빙기의 화분분대[12]

BP	스칸디나비아 (불리트·세르난더) 구분	기후	일본 (中村純)	속초 (塚田松雄)	동해안지역 (曺華龍)
1,000	최근	온난 건조	RIIIb 소나무의 갑작스런 증가	UV 소나무	IIc 소나무 (후기)
2,000	서브아틀랜틱	냉량 다습 해양성	RIIa (온난기감소) 아고산대 침엽수가 낙엽림에 내습	UIV 소나무 참나무	
3,000 4,000 5,000	서브보리얼	온난 건조 대륙성			IIb 소나무 참나무
	아틀랜틱	온화함 습함 해양성	RII (온난기) 아고산대림 퇴각 낙엽림우세		IIa 소나무 (전기)
	보리얼	온난 건조 대륙성	RI (천이기) 침엽수 낙엽수	UIII 참나무	
10,000	프리보리얼	냉량		UII	I 참나무
15,000	만빙기	한랭	L (한랭기) 아고산대 침엽수림	UI 참나무·가문비나무·솔송나무·소나무	

〈표 2〉를 보면 10,000BP 이후의 우리 나라의 식생변천을 크게 참나무속(*Quercus*)과 소나무속(*Pinus*)의 경쟁관계에 따라 나누고 있다. 여기에 따르면 우리 나라는 오랫동안 참나무속이 우세하다가 6,000BP부터 소나무속이 증가하기 시작한다. 그러나 6,000BP 이후로도 대략 4,000BP 혹은 3,000BP부터 2,000BP 사이에 다시 소나무가 잠깐 줄어들고 참나무속이 증가하는 시기가 있다. 2,000BP 이

11) 曺華龍, 앞의 책, 149쪽.

12) 曺華龍, 위의 책.

〈사진 1〉 일산지역에서 채집·분석된 여러 꽃가루들

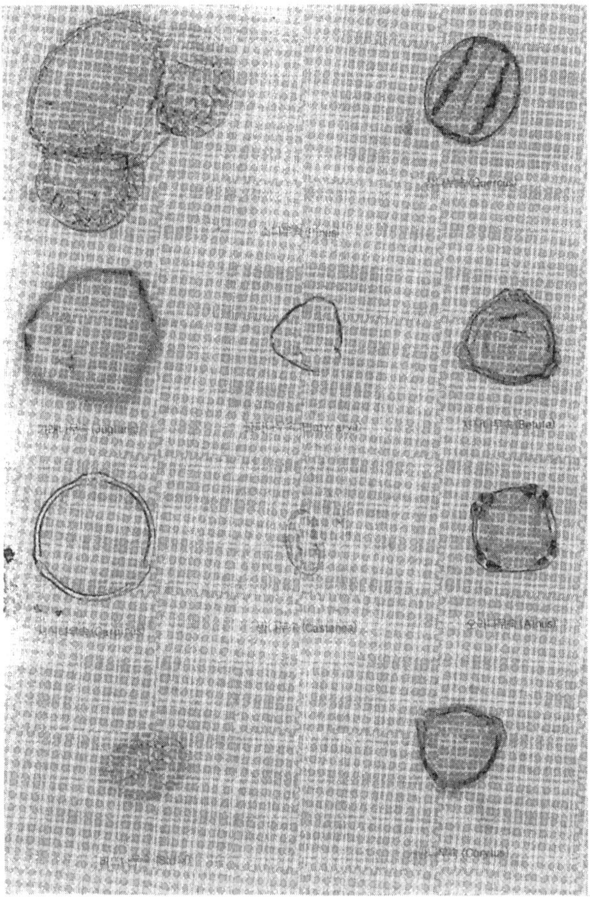

후는 계속 소나무의 시기이다. 이 표는 영랑호의 꽃가루분석 결과를 기준으로 삼아서 참나무와 소나무의 대비에 초점을 맞추어 놓은 것이다. 그러나 아래 일산지방과 남부지방의 예에서 보듯이 항상 소나무와 참나무가 대립되는 것은 아니다.

최근에 일산 신도시건설로 인해 비롯된 발굴에서는 토탄층에 대한 절대연대측정과 함께 꽃가루분석이 이루어졌다. 여기서 얻어진 결과는 영랑호의 자료와 함께 앞으로 우리 나라 중부지방의 식생대를 복원하는데 기초자료가 될 것으로 보인다. 분석결과[13]는 약 6,000BP부터 2,500BP 사이에 해당하는데 전체로 오리나무속(*Alnus*)이 가장 우세하며 그 다음으로 참나무가 많이 나타나고 있다(〈사진 1〉 참조). 오리나무는 이른 시기에 나오는 물푸레나무(*Fraxinus*)와 함께 유적 가까이에 습기가 많았음을 보여주는 것이다. 참나무속은 이 곳이 냉온대 중부지방에 속하기 때문에 신갈나무종(*Quercus mongolica*)으로 추정되었다. 소나무는 6,000BP 무렵부터 일정한 비율로 나타나 약 4,000년 전부터 늘어나고 있으나 소나무와 참나무의 관계가 뚜렷하지는 않다.

남부지방의 꽃가루연구는 그리 많이 이루어지지 않아서, 앞서 언급한 한일합동조사대의 조사·분석 이외에 울산 방어진,[14] 포항과 황등[15]에 대한 조사가 있다. 포항과 황등의 경우 이외에는 대부분 절대연대측정값이 없거나 토탄층의 퇴적속도를 감안하여 상대연대를 추정하고 있다.

포항의 꽃가루조사에 의하면 약 10,000BP부터 6,000BP까지는 참나무가 가장 우세하다. 그 밖에 넓은잎나무인 오리나무·구실잣밤나무(*Corylus*)·호두나무(*Juglans*)·굴피나무(*Carya*)·밤나무(*Castanae*) 등도 비교적 높게 나타난다. 그러나 소나무는 약 10% 정도로 매우 낮다. 황등 토탄층에서는 약 6,000BP~5,000BP의 식생대를 보여주는데 오리나무 꽃가루가 가장 많으며 참나무가 그 다음이다. 소나무는 적은 비율로 계속 출토되고 있다.[16] 토탄층에서 나온 꽃가루의 유형들이 대개 이러함은 앞의 일산지역에서도 본 바 있다.

약 4,000BP~2,000BP에는 방어진·포항의 절대연대측정값이 있다. 그 경우를 보면 4,000BP~2,000BP 동안에 여전히 참나무가 가장 우세하다. 소나무는 2,000BP로 가면서 약간씩 늘어나나 미미한 정도이다. 다른 나무들의 경우도 4,000BP 이전과 비슷해서 오리나무·서나무·개암(구실잣밤)나무 등 지는 넓은잎나무들이 많으며 그 밖에 느릅나무－느티나무들이 나타나다 점차 약해지고 있다. 온난대를 보여주는 늘푸른 넓은잎나무(常綠闊葉樹) 종류도 간혹 있다. 풀

---

13) 최기룡, 〈꽃가루분석〉(《자연과 옛사람의 삶》: 일산신도시개발지역 학술조사보고 1, 1992), 145~154쪽.

14) 曹華龍, 〈韓國東海岸地域における後氷期の花粉分析學的硏究〉(《東北地理》 31, 1979), 23~35쪽.

15) 曹華龍, 앞의 책, 138~153쪽.

16) 曹華龍, 위의 책.

꽃가루 가운데는 쑥속·부들이 많은 편이다.[17]

위의 자료들을 가지고 우리 나라 남해안지방의 식생대를 추정해 보면 약 10,000년 전부터 5,000년 전까지는 참나무·버드나무·호도나무·개암나무·느릅나무·자작나무 등 여늬 지역들과 마찬가지로 지는 넓은잎나무들이 늘어나면서 기후가 급속히 따뜻해졌다고 여겨진다. 4,000~2,000BP 동안에는 따뜻한 곳에서 자라는 지는 넓은잎나무(참나무·오리나무·밤나무속·개암나무·서나무·느릅나무-느티나무 등)가 주로 자라는 외에 늘푸른 넓은잎나무들이 섞여 있는 온난대지역이었다고 하겠다. 풀꽃가루로는 벼과 외에 부들·쑥·명아주 등이 많다. 소나무는 지역에 따라 4,000BP 무렵에 나타나는 곳도 있고 2,000BP부터 급증하는 곳도 있는데 중부지방과는 달리 4,000~2,000BP까지도 소나무가 주를 이룬다고 할 수 없다. 일반적으로 참나무는 소나무보다도 기후환경이 좋은 시기(온난다습)에 극상림이 된다고 하는데, 이는 남해안지방의 기후와 들어맞는 것 같다.

이렇게 볼 때 우리 나라의 꽃가루연구는 아직 미흡한 상태라고 할 수 있다. 앞으로 좀 더 상세하고 정확한 꽃가루대와, 지역에 따른 꽃가루분대를 만들어 나가야 될 것이나, 우리 나라는 남북 사이가 길어 북부지방에서 남부지방에 걸쳐 통일된 꽃가루대를 만드는 작업이 손쉽지 않을 것으로 여겨진다. 그리고 신석기시대의 꽃가루대를 참나무속과 소나무속의 대립관계로 단순화시켜도 타당한가 하는 문제와, 늦은 시기로 갈수록 소나무속이 우세해진다면 그 이유 등에 대해서도 앞으로 해명되어야 할 것이다.

식물상연구에는 꽃가루 외에 큰 식물화석이 있다. 앞에서 예로 든 나무줄기·잎·씨앗·열매 이외에도 고고학유적을 발굴할 때 나오는 탄화된 씨앗류나 토기에 찍힌 낟알자국 등도 포함된다. 납작밑토기의 밑바닥에 찍혀 있는 활엽수도 자료가 될 수 있다. 이 때에는 나무종뿐만 아니라 활엽수의 상태에 따라 토기를 만들던 시기도 알아낼 수 있다. 목탄으로 나무종류를 알아내기도 한다. 암사동·미사동·동막·내평 등 신석기시대 유적에서 채취한 흙을 부상분석(water flotation)하여 나무종을 밝힌 연구도 있다. 여기에서는 느티나무·벗나무·참나무·소나무·가문비나무 등 지는 넓은잎나무들

---

17) 曹華龍, 앞의 글(1979).

이 검출되었다.[18]

최근에는 꽃가루분석과 큰 식물화석감정 및 규조류분석 등을 같이 해나가는데 일산의 경우가 바로 그러하다. 나무화석으로 분석된 결과를 보면 앞의 꽃가루분석 결과와 대개 일치하여 오리나무가 가장 많고 그 밖에 가래나무(*Juglans mandshurica*), 졸참나무(*Quercus sp.*), 물푸레나무(*Fraxinus rhynchophylla*), 자작나무 등이 확인되어 저습지환경을 보여주고 있다.[19] 또 감나무류(*Diospyros*), 개살구나무(*Prunophora*), 사과속(*Malus/Pyrus*) 등의 나무종도 검출되었다. 이곳에서는 볍씨도 찾았는데 탄소측정연대는 4,070BP로 재어졌다.

합천 봉계리유적의 집터에서 나온 탄화된 씨앗들은 도토리(상수리), 가래(*Juglans mandshurica*: 보고문에는 '호두'로 나와 있으나 학명으로 보자면 '가래'이다), 살구(매실), 보리수과의 열매(*Elaeagnus crispa*) 등 5종이 확인되었다.[20] 이들은 모두 온대림에 자생하는 지는잎나무이다.

나. 동물상

동물화석은 기후 및 환경복원에서 식물화석 다음으로 중요한 자리를 차지한다. 아래에서 보게 되듯이 우리 나라 몇몇의 유적에서 나온 동물화석을 증거로 우리 나라의 신석기시대 기후가 지금보다 따뜻하다는 추정을 할 수 있는데, 이는 식물화석의 연구결과와 일치하는 것이다. 또 동물화석이 출토된다는 것은 당시의 사냥, 물고기잡이 및 집짐승기르기와 직결되어 있어 당시의 살림살이를 알아낼 수 있기 때문에도 중요하다.

과거에 우리 나라의 신석기시대 유적에서 나온 동물화석은 많았을 것이나 여기에 대한 고고학자들의 관심이 적었으며, 동물화석연구 전문가가 거의 없었던 관계로 감정되어 나와 있는 자료가 많지는 않다. 북한에서는 남한에서보다 이 부분에 대해 일찍 관심을 기울여서 서포항·궁산·농포조개더미와 범의구석유적에서 출토된 짐승상을 보고한 바 있다.[21] 이에 의하면 동부아시아

---

18) 任孝宰, 〈韓國 中部地方 新石器文化의 相似性과 相異性 硏究〉(《韓國考古學報》 2, 1977), 19~39쪽.
19) 박상진, 〈나무화석〉(《자연과 옛사람의 삶》, 1992), 115~143쪽.
20) 李東注, 〈陜川鳳溪里出土の食用植物遺體〉(《考古學》 38, 1992), 36~88쪽.
21) 김신규, 〈우리나라 원시유적에서 나온 포유동물상〉(《고고민속론문집》 2, 1970), 73~120쪽.

의 늦은 갱신세에 특징적인 털코끼리-털코뿔이 짐승상(Mammuthus-Coelodonta fauna)의 대표적 요소들은 없어지고 완전히 현대짐승상의 종적 구성을 가진다고 하였다. 종적 구성을 보면 전북구의 북방형 대륙동물상이며 가까운 러시아 연해주나 중국 동북지방의 짐승상과 같은 종 또는 가까운 종(아종)으로 되어 있다고 한다.

종의 구성을 보면 동북지방과 서부지방의 지형 차이도 나는데 서부 저평지대에서는 사슴·복작노루 등이 많고 동북부의 높은 지대에는 메짐승의 비율이 훨씬 높다고 한다. 즉 청동기시대의 짐승뼈를 포함하면 범의구석에서 18종, 서포항에서 22종의 메짐승의 뼈가 출토되었으나 궁산과 입석유적이 있는 서부지방에서는 7종의 메짐승뼈가 나왔을 뿐이다.

가장 많이 나오는 여러 사슴종 및 누렁이(말사슴)는 현재 북부의 고지대에만 몰려 살고 있으나 뼈화석의 출토로 보아 원래는 우리 나라의 서부와 남부 그리고 동북부 바닷가의 낮은 지대에서 살았음을 보여준다. 즉 오늘날의 사슴과 누렁이의 분포는 자연분포가 아니라 산림채벌과 사냥 때문이었다고 한다.[22] 복작노루는 동북부지방에서 나오지 않는데 북에서 남으로 달리는 낭림산맥 등의 산줄기가 분포의 장벽이었다고 여기고 있다. 짐승들의 크기도 지역에 따라 달라서 동북부지방의 것이 남부 및 서부지방의 것보다 크다고 한다.[23]

남한에서도 동삼동[24]·수가리[25]·상노대도[26]·송도[27]·연대도[28] 등 남해안지방의 조개더미유적에서 짐승뼈가 많이 보고되었다. 동물화석연구는 북한보다 늦게 시작되었으나 남해안지방의 조개더미에서는 물고기종류, 거북 등의 물뭍동물, 새, 젖먹이짐승 등 여러 가지 다양한 동물뼈가 잘 분류되었다.

22) 김신규, 〈선봉 서포항 원시유적에서 드러난 짐승뼈에 대하여〉(《조선고고연구》 1990-3), 13~18쪽.
23) 김신규, 위의 글.
24) Sample, L. L., Tongsamdong : A Contribution to Korean Neolithic Culture History, *Arctic Anthropology 11-2*, 1974.
25) 釜山大博物館, 《金海 水佳里貝塚》(1981).
26) 손보기, 《상노대도의 선사시대 살림》(1982).
27) 國立光州博物館, 《突山 松島》 I·II (1989·1990).
28) 國立晉州博物館, 《煙臺島》 I (1993).

〈표 3〉 우리 나라의 신석기시대 유적에서 나온 동물화석

동물화석 \ 유적		상노대도	동삼동	수가리	구평리	연대도	서포항	궁산	농포	범의구석 (신석기+청동기-철기)
등줄쥐	*Apodemus agrarius*	○								
집쥐(짧은꼬리집쥐)	*Rattus norvegicus*	○				○			○	
멧토끼	*Lepus manchuricus*						○		○	○
청서	*Sciurus vulgaris*								○	
검은돈	*Martes zibbellina*									○
산달	*Martes cf. flavigula*					○	○	○		○
수달	*Luta lutra*	○				○	○			○
오소리	*Meles meles*			○			○	○		
큰곰	*Ursus arctos*			○			○			
여우	*Vulpes sp.*	○					○		○	
너구리	*Nyctereutes procyonoides*		○	○		○	○	○	○	
개과	*Canis sp. ind.*	○								
개	*Canis familiaris*		○	○		○	○	○	○	○
고양이	*Felis sp.*		○				○			
살쾡이	*Prionailurus bengalensis*			○						
삵	*Felis euptilura*						○			
표범	*Felis pardus*						○	○		
승냥이	*Canis lupus*								○	
물개	*Callorhinus ursinus*	○	sp. indet				○			
바다사자(남바다사자)	*Zallophus californicus*	○				○	○		○	
바다사자	*Zallophus labatus*		○							
잔점무늬넝에	*Phoca vitulina*						○			
집돼지	*Sus scrofa domestica*						○			○
멧돼지	*Sus scrofa*	○	○	○	○	○	○	○	○	○
고라니(복작노루)	*Hydropotes inermis*	○	○	○		○		○		
노루	*Cervus capreolus*				○		○	○	○	○
사슴	*Cervus nippon*			○	○	○	○	○		○
우수리사슴(꽃사슴)	*Cervus nippon horturolum*	○		○		○				
대륙사슴	*Cervus manchuricus*	○	○							
적록	*Cervus xanthopygus*		○							
사향노루	*Moschus moschiferus*								○	○
누렁이(말사슴)	*Cervus elaphus*						○		○	○
산양	*Nemorhedus goral*									○
소	*Bos cf. taurus*			○		○				○
말	*Equus sp.*					○				○
작은곱등어	*Phocaenoides dalli*						○			

동물화석 \ 유적		상노대도	동삼동	수가리	구평리	연대도	서포항	궁산	농포	범의구석 (신석기+청동기+철기)
물소	*Bubalus bubalus*							○		
고래과	*Cetaceae indet*	○	○	○		○				
수염고래	*Balena cf. australis*	○					○			
돌고래	*Dalphinus dolphis*	○	○	○						
바다거북과	*Chelonidae*			○						
바다거북	*Chelonia mydas*	○								
거북	*Geoclemys reevesii*		○							
개구리	*Anura fam. indet*			○						
새뼈					○	○		○		
참수리	*Haliaeëtus pelagicus*	○								
가마귀	*Corvus corone*	○	○							
가마귀	*Corvus levaillanti japonensis*		○			○				
가마우지	*Phalacrocorax carbo*	○	○			○				
슴새	*Puffinus leucomelas*	○	○							
독수리	*Falconidae*		○							
솔개	*Milvis migrams lineatus*		○							
황오리(혹부리오리)	*Casarca ferruginea*		○							
검은머리 흰죽지류	*Authya marila mariloides*		○							
검둥오리	*Melanitta fusca stejnegeri*		○							
농병아리	*Podiceps griseigene caspicus*		○			○				
바다쇠오리	*Synthlitoramphus antiquus*		○							
꿩	*Phasianus karpowi*		○	○		○				
갈매기			○			○				
신천옹	*Diomedea albatross*		○			○				
색가오리과	*Dasyatidae*	○				○				
매가오리	*Holorhinus tobijei*			○						
알락곰치	*Muraena pardalis*	○								
하스돔과	*Pomadasyidae*	○								
농어	*Lateolabrax japonicus*	○		○						
참돔	*Pagrosomus major*	○				○				
쥐돔	*Prionurus microlepidotus*	○								
어름돔	*Plectorhynchus cinctus*			○						
감성돔	*Acanthopagrus schlegelii*			○		○				
검은돔	*Acanthopagrus swicolus*	○	○			○				
붉돔	*Evynnis*	○								
도미	*Chrysophyrys major*		○							
양놀래기	*Labridae*	○								

동물화석	유적	상노대도	동삼동	수가리	구평리	연대도	서포항	궁산	농포	범의구석 (신석기·청동기·철기)
졸복	*Sphoeroides pardalis*	○		○						
대구	*Gadus morrha macrocephalus*		○	○		○		○		
다랑어	*Thunnus sp.*		○			○				
숭어	*Mugil cephalus*		○			○		○		
고등어	*Scomberomorus niphonius*		○			○				
	Pneumcophorus sp.		○							
정어리	*Clupeidae*		○							
넙치	*Paralichthys oilvaceus*		○			○				
방어	*Seriola quinqueradiata*		○			○				
상어	*Isuridae*		○			○				
상어	*Caleorhinidae*		○							
상어	*Squalidae*		○			○				

북한이 보고한 것과, 남해안지방에서 출토된 짐승뼈의 목록을 종합해 만든 우리 나라의 신석기시대 유적에서 출토된 짐승상은 위의 〈표 3〉과 같다.

우리 나라의 젖먹이짐승들의 사는 지역·환경 등에 대한 북한 쪽의 해석은 〈표 3〉에서 보듯이 남해안지방에서도 유효하다. 북한지방의 사정과 달라진 몇 가지 점을 꼽아 보자면 첫째, 남해안지방 유적에서는 북한의 유적에서 매우 흔한 토끼(*Lepus manchuricus*)가 전혀 나오지 않고 있는데, 여러 유적에서 짐승상이 더 보고되어야 정확한 이유를 알게 될 것이다. 둘째, 집돼지 등의 집짐승이 잘 나타나지 않고 있다. 남해안지방의 신석기시대 조개더미유적에서는 아직「개」이외의 집짐승기르기가 이루어지지 않은 듯이 보인다.[29] 셋째, 특별한 기후를 지시하는 짐승으로는 궁산에서 나왔던 물소(*Bubalus bubalus*)와 상노대도 4층~2층에서 나온 바다거북이 있다. 이들은 열대-아열대에 사는 종들이므로 당시의 우리 나라의 기후가 지금보다 따뜻했다는 증거자료가 될 수 있다. 이들과 함께 동삼동에서 나온 말전복, 수가리에서 출토된 산호 등도 신석기시대의 기후가 따뜻했다는 추정에 도움을 주고 있다.

남해안지방의 신석기시대 조개더미에서는 조개류도 무척 많이 나와 동삼

29) 수가리에서는 소뼈가, 그리고 연대도에서는 소·말뼈가 보고되었으므로 위의 〈표 3〉에 포함시켰으나 전자의 것은 지표채집이며 후자는 층위표시가 없는 것이다(釜山大博物館, 앞의 책, 266쪽 및 國立晋州博物館, 앞의 책, 365쪽 참조).

동이나 상노대도에서는 40여 종씩 보고되고 있다. 남해안지방의 조개류들은 크게 바다에서 사는 종과 뭍에서 사는 종으로 구별된다. 대개의 조개더미에서는 굴(그 밖의 갓굴·토굴 등)이 주체로 되어 있으나 동삼동처럼 홍합이 가장 많이 나오는 드믄 경우도 있다. 이는 암벽해안으로 둘러싸인 동삼동유적의 입지 때문이다. 남해안지방에서 자주 보고되는 조개류를 보면 굴·홍합 이외에 소라·울타리고둥·밤고둥·눈알고둥·전복·피뿔고둥·두드럭고둥·비단가리비·투박조개·반지락·개조개·백합·가무락조개 등이 있고, 민물조개인 재첩도 자주 나타난다. 이 가운데 전복·투박조개 등은 대개 조간대에 살지 않고 그보다 깊은 수심 5m 이하 정도에 주로 서식하는 것들로서, 이것들을 얻기 위해 일정한 기술(「잠수」 등의)이 필요했을 것으로 보인다.

신석기시대의 짐승뼈·물고기·조개류 등을 종합한 전체 동물상은 당시 유적의 소환경(micro environment)을 유추하기에도 좋다. 예를 들면 수가리의 경우, 물가에 잘 나타나며 연체동물·고기·과일 등을 잡식하는 너구리·오소리뼈가 나오는 것은 내만이던 수가리의 환경을 보여주는 것이라고 한다.[30] 재첩이 자주 많이 나타나는 것도 역시 내만의 환경을 가리키는 것이다. 곰뼈와 함께 아기밤달팽이·깨알달팽이 등의 작은 육지달팽이가 나오는 것은 유적의 뒤쪽이 산을 끼고 있는 지세임을 반영한다.[31] 송도조개더미는 거의 전부가 염도도 낮고 얕은 바다에 사는 조개들로 이루어진 유적인데 오늘날 주변 해안에서 따는 조개들도 이들과 거의 같아서, 옛날 조개더미가 만들어지던 때와 지금의 환경이 그다지 다르지 않을 것으로 보고 있다.[32] 동삼동과 상노대도의 경우는 물고기와 조개류를 통해 볼 때 외해성의 입지를 나타낸다.

동물화석에 덧붙여, 아직은 연구가 시작단계에 불과한 미세화석연구도 주목되어야 할 것이다. 이들은 옛 기후를 알려주는데 큰 화석보다 훨씬 정확하다고 하므로 앞으로 각광을 받을 것이다. 현재까지 우리 나라에서 제3기 및 제4기의 해양 미화석이나 현생 플랑크톤에 대한 연구는 많이 이루어졌으나

30) 金子浩昌 外·申敬澈 譯, 〈水佳里貝塚出土 骨角貝製品 및 動物遺存體〉(《金海水佳里貝塚》 I, 1981), 223~300쪽.

31) 金子浩昌, 위의 글.

32) 최도성, 〈송도 조개더미유적 출토 패류의 분류와 검토〉(《突山 松島》 II, 1990), 153~162쪽.

후빙기의 미화석연구는 매우 적은데, 앞서 소개한 한일합동조사대가 시흥 군자리 습원과 무안 가흥리의 퇴적물에서 쌍편모충류(雙鞭毛蟲類 : *Dino flagellata*)를 찾아내어 당시의 환경을 내만으로 추정한 적이 있다.[33] 일산지구에서는 토탄층에서 나온 규조류를 분석하여 이 곳 골짜기의 최대 海進期가 6,000~5,100BP임을 밝혀내었다.[34] 또 포항평야와 울산 달동, 호남평야에서 시추한 퇴적물자료로 규조류를 분석한 것이 있다.[35] 여기에 따르면 포항평야에서는 약 7,000~8,000BP에 외해성 환경을 나타내는 규조류가 많이 드러났다가 그 뒤 점차 연해성 환경을 보여주는 증거들이 늘어나고, 2,000BP에 가까워지면서 민물에 사는 규조류들이 나타나서 해수로부터 육화되는 환경의 변화를 알려주고 있다. 울산 달동에서 시추한 자료에서는 민물·바닷물·汽水性의 규조류가 섞여 나오는데, 3,000BP 이전부터 2,000BP로 가면서 점차 민물의 규조류가 늘어나면서도 동시에 바닷물에 사는 규조류가 늘거나 줄고 있어 이것으로 소해진·해퇴를 추정하고 있다. 앞으로 신석기유적들을 발굴할 때 미세화석의 분석이 같이 이루어지면 바람직할 것이다. 이들은 특히 당시의 기후뿐만 아니라 현재 논의가 많은 신석기시대 해수면 변동의 폭 및 그 시기의 추정 등에 매우 좋은 정보를 줄 수 있다.

다. 동식물화석연구의 효용성과 의의

동식물화석연구는 위에서 본 바와 같이 당시의 자연환경과 기후를 알아내는 것이 첫째 목표이다. 옛사람들은 오늘날의 우리들과 비교되지 않을 만큼 기후와 환경에 제약을 많이 받았을 것이고, 한편 이를 극복하려 하였을 터이니 당시의 자연환경을 안다는 것은 곧 옛사람들의 생활에 접근하는 지름길이 되는 것이다. 더구나 동식물화석을 분석하고 연구하면 옛사람들의 생업경제를 알아낼 수 있게 된다. 예를 들면 앞에서 우리 나라의 신석기 늦은 시기에 소나무꽃가루가 늘어난다는 지적이 많았는데, 이는 일차적으로 당시의 기후가 나빠진다는 징후이지만 한편으로 당시의 농사짓기와 관련되는 정보이기도 하다. 왜냐하면 소나무는 삼림의 벌채·화전 등 사람들의 활동에 의해

33) 安田喜憲 外, 앞의 글(1980), 4~9쪽.
34) 황상일, 〈규조분석〉(《자연과 옛사람의 삶》, 1992), 155~175쪽.
35) 曹華龍, 앞의 책.

삼림이 파괴되고 토양침식이 진행된 곳에 2차림으로 생겨나는 경우가 많기 때문이다. 그러므로 농사짓기의 증거를 찾고 싶어하는 입장에서는 참나무/소나무꽃가루의 증감을 민감하게 받아들이는 것이다. 그러나 그렇게 보려면 풀꽃가루 가운데 재배벼로 판단되는 대형의 꽃가루가 같이 나와주어야 한다. 시흥 군자리 등의 경우에는 대형 꽃가루가 나오지 않았으나 소나무꽃가루는 많이 나왔는데, 보고자들은 이를 인위적인 삼림파괴에서 기인하는 것으로 보고자 하였다.[36]

소나무꽃가루의 증감에 대한 해석도 그렇지만, 현재까지 나타난 자료로 보자면 우리 나라의 농사짓기의 시원은 상당히 소급될 가능성이 있다. 앞에서 소개했듯이 일산 신도시지역의 토탄층에서 나온 볍씨의 연대는 4,070BP(보정연대 4,733~4,413BP)로서 지금까지의 학계의 예상보다 훨씬 이른 연대임을 보여준다. 그리고 신석기 중기－후기에 해당하는 대화리층－토탄층에서 검색된 가래나무·감나무류·개살구나무·사과속의 樹種들은 자연상태에서 공존하는 특성을 갖고 있지 않으므로 식용을 위한 목적으로 심고 가꾸었을 가능성이 높다고 추정된 것이다.[37] 이것은 「낟알」농사가 아닌 「과수재배」로서는 최초의 자료가 될 가능성이 있다. 그러므로 앞으로 우리 나라 농사짓기의 실상에 더 가까이 가려면 꽃가루와 대형화석에 대한 연구가 동시에 이루어질 뿐만 아니라 좀더 다양한 재배식물에 관심을 기울여야 할 것이다.

채집식물자료의 출토도 「도토리」만의 단일종에서 벗어나 증가하는 추세에 있다. 실제로 참나무속에 포함되는 견과류만 하더라도 도토리 이외에 매우 많을 것이다. 봉계리에서 나온 열매를 보면 살구·매실 등 5~6월에 채집하는 것부터 10월경에 따는 것까지 모두 포함한다. 즉 여러 계절의 채집활동을 보여주고 있는 것이다. 이런 예들은 모두 식물화석의 연구를 통해 그 곳의 식생대 및 자연환경에 대한 복원과 생업경제에 대한 접근이 동시에 가능함을 보여주고 있다.

동물화석들은 식물화석보다 당시의 생업경제를 한층 더 직접적으로 보여주는 것으로서 설명이 필요없다. 〈표 3〉에서 보듯이 식용으로 한 종류가 바다

---

36) 安田喜憲 外, 앞의 글, 6쪽.
37) 박상진, 앞의 글, 123쪽.

ㅡ산에 걸쳐 다양하고, 뿐만 아니라 오소리·너구리 등 겨울에 털을 쓰기 위해 잡았다고 여겨지는 동물들도 많다. 다만 아직까지 신석기시대에 「개」이외의 집짐승을 기른 흔적은 잘 찾아지지 않는다. 서포항유적에서는 집집마다 식용으로 한 개의 뼈가 출토되어[38] 무척 즐겨 먹은 것으로 나타난다. 남해안의 조개더미유적에서는 약 40여 종의 조개류가 보고되었다고 하였는데, 이들 모두가 식용이거나 또는 식용으로 직접 채취한 것은 아니라 하더라도 식용의 대상이 된 조개가 많고 다양하다는 사실은 명백하다. 더구나 조개류는 유적 주변의 소환경을 나타내주기도 한다. 나아가 당시 사람들의 활동상도 추정해 볼 수 있게 하는데, 욕지도[39]나 연대도[40]에서 출토된 신석기시대 사람뼈에서 일종의 잠수병인 外耳道骨瘤현상이 자주 나타남을 볼 수 있다. 이는 깊은 곳에 있는 조개따기와 무관하지 않을 것으로 여겨지고 있다. 이와 같이 동물화석에 대한 연구는 당시의 생업경제 및 이와 관련된 사람들의 활동상을 알아보는데 있어 직접적이고 흥미있는 자료를 제공해 주고 있다.

〈申叔靜〉

3) 인골의 출토

후기 플라이스토세(Pleistocene, 更新世)에 지구를 덮었던 거대한 빙하는 10,000B.C.을 전후해서 물러가고 따뜻한 기후가 시작되었다. 기후변화에 따른 새로운 자연환경을 바탕으로 구석기시대의 사냥·채집사회는 농업을 바탕으로 하는 신석기시대의 정착사회로 변하였다. 한반도에서 신석기시대의 시작을 알리는 이러한 사회경제적인 변화가 언제 처음 나타나고, 또 청동기시대로의 전환이 언제 일어났는지는 학자들 사이에서 견해를 달리하고 있다. 이렇게 학자들간에 견해가 다른 것은 신석기시대로부터 청동기시대로의 전환에서 보이는 문화상이 한반도 전역에서 공통성을 띠고 있으면서 동시에 지역적인 차이를 지니고 있기 때문으로, 이 문제는 앞으로 각 유적의 시간과 공간적인 분포가 함께 연구되어 한반도 신석기시대의 전체적인 문화상이 밝혀져야만

38) 김용간·서국태, 《서포항 원시유적 발굴보고》(1972), 47~101쪽 참조.
39) 國立晉州博物館, 《欲知島》(1989), 119~121쪽.
40) 國立晉州博物館, 앞의 책(1993), 403~451쪽.

해결이 가능하다.

한반도에서 신석기문화를 담당했던 사람들은 과연 누구일까 하는 문제는 우리 겨레의 기원과 직접 관계되는 문제로 학자들 사이에 많은 논쟁의 대상이다. 이 문제에 대해 남한학자들은 주로 북방으로부터의 이주를 주장하며 전파주의를 강하게 내포하고 있으며[1], 북한학계와 일부 남한학자들은 한반도 자생기원설을 주장하며 구석기문화와의 연속을 주장하고 있다.[2]

(1) 인골의 인류학적 연구

지금까지 한반도의 신석기시대 문화를 담당했던 주민들에 관한 연구는 주로 문헌과 고고학적 유물에 근거를 두어 가늠해 왔다. 이와 더불어 지금까지 이루어진 한반도에서 출토된 선사시대 사람뼈의 연구는 단지 우리 겨레의 기원과 형성을 설명하기 위한 문헌학적·고고학적 작업을 증명하기 위한 방법이라는 측면에서만 연구되었다. 그러나 이 문제에 관한 모든 업적들은 주로 불확실한 자료와 목적론적인 입장에서 연구가 진행되었기 때문에 언제부터를 우리 겨레의 기원으로 설정해야 하는지, 또 겨레가 언제 형성되었는지를 찾아내고, 그 지리적 범위를 어디까지로 설정하느냐는 등의 문제에 대해 설명하기에는 논리상의 문제를 가지고 있다. 그러나 대체적으로 우리 겨레는 구석기시대로부터 그 뿌리가 형성됐다는 주장과 신석기시대부터로 보아야 한다는 주장 또는 청동기시대부터라는 주장으로 크게 나눌 수 있다.[3]

그러나 위에서 제기된 문제는 먼저 유적에서 찾아진 사람뼈의 화석으로 논의되어야 한다. 즉 먼저 우리가 사는 지역에서 찾아진 화석들을 가지고 진화상의 형질을 찾아내고, 이를 바탕으로 한반도에서 살던 구석기시대 주민의 유전자가 같은 지역에서 신석기시대 주민에게로 전달되었는지가 밝혀져야

1) 金貞培, 〈古朝鮮 住民構成과 文化的 複合〉(《韓國民族文化의 起源》, 高麗大 出版部, 1973).
2) 장우진, 《조선사람의 기원》(사회과학출판사, 1989).
손보기, 〈우리 겨레의 뿌리〉(《겨레문화》 1, 1987), 5~26쪽.
윤내현, 〈한국민족의 형성〉(《한민족》 2, 1990), 1~10쪽.
3) 崔楨苾, 〈人類學上으로 본 韓民族 起源硏究에 대한 批判的 檢討〉(《韓國上古史學報》 8, 韓國上古史學會, 1991), 7~42쪽.

한다. 또한 신석기시대의 주민과 청동기시대의 주민과의 진화상 관계가 먼저 규명되어야 한다.[4]

우리 겨레의 기원과 형성에 중요한 시기였던 신석기시대 주민들의 모습은 현대 한국사람의 체질적 특성과 한반도내 신석기유적지에서 발굴 보고된 사람들의 뼈화석을 비교해 보면 어느 정도 그들의 생김새가 어떠했는지를 가늠할 수 있다. 뿐만 아니라 또한 주변지역에서 살았던 주민들과의 형태에 따른 친연성과 이질성이 어떻게 나타나는지를 밝혀 낼 수 있다. 이 때 유적지에서 발굴된 사람뼈대의 생김새는 그가 속하는 집단의 평균 생김새 범주에 속한다고 가정하기 때문에 적당한 규모의 표본을 통해 한 집단의 체질적 생김새를 가늠할 수 있다. 특히 사람 머리뼈의 생김새와 크기의 비교는 비교적 객관성을 띠고 있기 때문에 뼈화석의 생김새를 밝히고 주민들 사이의 친연성을 가리는데 이용된다.

신석기시대의 유적지들은 한반도 전역에 걸쳐 보고되고 있으나 이 시대에 속한 사람의 뼈가 출토된 유적지는 별로 없다. 대표적인 신석기시대 사람뼈는 함경북도 회령[5]과 웅기,[6] 그리고 황해도 해주[7] 등 한반도 북부지역에서 보고되고 있다. 남해 연대도[8]와 울진 후포리,[9] 김해[10] 등지에서도 이 시대에 속한 사람의 머리뼈가 발견되었다.

신석기시대 주민들의 머리뼈 크기와 생김새는 회령과 웅기 그리고 해주 출토 머리뼈들을 바탕으로, 현대 한국사람의 머리뼈 생김새를 보여주는 대

---

4) 朴善周, 〈우리 겨레의 뿌리와 형성〉(《韓國 民族의 形成과 起源·上》, 翰林科學院, 1996), 185~238쪽.

5) 鈴木 誠, 〈朝鮮咸鏡北道會寧鳳儀で發掘された舊石器時代人骨に就て〉(《人類學雜誌》 49-6, 1944), 30~247쪽.

6) 今村 豊, 〈朝鮮咸鏡北道雄基近郊で發掘された石器時代人骨〉(《人類學雜誌》 47-12, 1932), 447~469쪽.

7) 백기하, 〈해주시 룡당리에서 나온 인골에 대하여〉(《과학지식》 4, 1965), 28~34쪽.

8) 金鎭晶·小片丘彦·峰和治·竹中正己, 〈煙臺島(煙谷里)遺蹟 出土의 新石器時代人骨에 대하여〉(《煙臺島》Ⅰ-國立晋州博物館遺蹟調査報告書 8-, 國立晋州博物館, 1993).

9) 김종열·윤창록, 〈울진 후포리유적에서 발굴된 치아의 연구〉(《울진 후포리발굴조사보고서》, 國立慶州博物館, 1989), 117~141쪽.

10) 박선주, 〈釜山 凡方貝塚出土 新石器時代 어린아이人骨〉(《凡方貝塚》Ⅰ, 1993), 307~322쪽.

표적인 재기와 지수들(예: 머리뼈 최대길이, 최대너비, 앞머리뼈 최소너비, 머리뼈높이, 위얼굴너비, 위얼굴높이, 눈굼너비, 눈굼높이, 콧굼너비, 콧굼높이, 머리뼈길이·너비지수, 머리뼈 최대너비·앞머리뼈 최소너비지수, 머리뼈길이·높이지수, 머리뼈너비·높이지수, 눈굼지수, 콧굼지수 등)11)을 이용하여 그 해부학적 특징을 밝혀 본다.

(2) 인골의 해부학상 형태 비교

머리뼈 크기에서 볼 때 한반도에서 살던 주민의 머리뼈는 구석기시대에서 신석기시대로 오면서 길이가 매우 짧아진다. 이어 신석기시대와 청동기시대에 따른 차이는 찾아지지 않으며 현재 한국사람의 특징으로 알려진 짧은 머리길이는 신석기시대부터 나타나지만 오늘날과 같은 형태는 철기시대 이후에 완전히 형성되었다고 가늠된다.

높은 머리뼈는 구석기시대 이래 현대의 한국사람까지 계속된 특징으로 인용되고 있다. 그러나 신석기시대 머리뼈는 다른 시기에 비해 낮은머리를 보이고 있으며 동북아시아의 여러 주민들보다도 낮은머리에 속하고 있다. 이렇게 머리뼈 높이가 신석기시대에서 크게 변한 점으로 보아 새로운 유전자가 유입되지 않았나 가늠되며, 높은머리가 구석기시대 이래 지금까지 지속된 우리 겨레의 절대적 특징이라는 주장은 다시 한번 검토해 보아야 한다.

신석기시대 주민의 머리뼈너비, 위얼굴너비와 높이, 눈굼너비와 높이, 그리고 콧굼너비와 높이는 현대 한국사람에 비해 별로 차이를 찾을 수 없다. 이렇게 크기에서 본 신석기시대 주민의 머리뼈는 머리높이를 제외하고는 전체적으로 현대 한국사람과 비슷한 크기를 지니고 있었다고 가늠된다.

한편 신석기시대 주민의 머리뼈 생김새는 재기를 바탕으로 한 지수를 통해 알 수 있으며, 주변지역 주민과의 비교는 아래와 같다(〈표 1〉·〈표 2〉).

위쪽에서 본 머리뼈의 경우 웅기·회령 그리고 해주출토 머리뼈는 모두 짧은머리를 보여주고 있는데, 웅기와 회령머리뼈는 현대 한국남자에 비해 길이가

11) 島五郎, 〈現代朝鮮人體質人類學補遺:頭蓋骨部〉(《人類學雜誌》 49-7, 1934), 245~269쪽.
Levin, M. G., The Physical Type of the Koreans and Japanese, *Ethnic Origins of the People of Northeastern Asia,* Toronto University Press, 1963.

조금 긴 경향을 보이며 해주머리뼈는 전체적으로 길이와 너비가 약간 길다.

옆에서 본 웅기머리뼈는 짧은머리에 높은머리를 지니고 있어 현대 한국남자와 차이가 없는 높은머리형이다. 이에 반해 해주머리뼈는 짧은머리에 가까운 가운머리형이며 회령머리뼈는 가운머리형인데 이는 이들의 머리뼈길이가 현대 한국남자와 같거나 긴데 비해 높이가 낮기 때문이다. 한반도의 북부지방에서 출토된 머리뼈는 길이에 비해 높이에서 차이가 나타나 높은머리형과 가운머리형이 함께 나타난다[12].

한반도에서 출토된 신석기시대의 머리뼈는 주변지역에서 출토된 같은 시기의 머리뼈와 비교되었다. 먼저 북중국의 앙소문화[13]와 용산문화[14]담당자들은 현대 한국남자처럼 짧은머리를 한 생김새가 특징이지만 머리높이는 현대 한국남자와 비슷하면서도 길이가 더 길다. 남중국출토 머리뼈들[15]은 길이와 높이가 현대 한국남자와 한반도출토의 신석기시대 머리뼈보다 매우 큰 머리로 가운머리형을 지니고 있다.

한편 연바이칼과 자바이칼지역의 머리뼈들[16]은 머리뼈의 길이가 매우 긴 반면에 낮은머리를 특징으로 하는 낮은머리형이며, 연해주출토 머리뼈는 높은머리형이지만 머리의 길이가 현대 한국사람과 웅기사람에 비해 짧다.

일본에서 출토된 죠몬시대 머리뼈[17]들은 머리길이가 현대 한국사람과 웅

---

12) 머리길이 · 높이지수에서 사용하는 기준으로 높은머리는 hypsicrany를, 가운머리는 orthocrany, 그리고 낮은머리는 chamaecrany를 말한다.

13) Black, D., A study of Kansu and Honan Aeneolithic skulls and specimens from later Kansu prehistoric sites in comparison with North China and other recent cranis, *Paleotologia Sinica* 6, 1928, pp. 1~60.
顔誾 · 吳新智·昌芝·顔玉珉, 〈西安半坡人骨的硏究〉(《考古》 9, 1958), 36~37쪽.
顔誾, 〈華縣新石器時代人骨的硏究〉(《考古學報》 2, 1962), 85~104쪽.
考古硏究所體質人類學組, 〈陜西樺陰橫陣的仰韶文化人骨〉(《考古》 4, 1977), 247~256쪽.

14) 韓康信 · 潘其風, (陜縣廟底勾二期文化墓葬人骨的硏究〉(《考古學報》 2, 1979), 255~269쪽.
———, 〈大汶口文化居民的種屬問題〉(《考古學報》 3, 1980), 387~404쪽.
韓康信, 〈山東諸城呈子新石器時代人骨〉(《考古》 1990-7), 644~654쪽.
朱 泓, 〈兗州西吳寺龍山文化顱骨的人類學特徵〉(《考古》 1990-10), 908~917쪽.

15) 韓康信 · 潘其風, 〈廣東佛山河宕新石器時代晩期墓葬人骨〉(《人類學學報》 1, 1982), 42~51쪽.

16) 장우진, 앞의 책.

기머리뼈보다는 길지만 높이는 낮으며, 또한 일본 동부지역에서 서부지역으로 오면서 높은머리에서부터 가운머리형에 걸쳐 특징이 나타난다. 특히 이 시대의 대표적인 유적지인 서부일본의 추쿠모유적출토 머리뼈는 긴머리에 낮은 높이를 지닌 가운머리형이다.

인도차이나지역에서 출토된 머리뼈들[18]은 높은머리에서 낮은머리형에 걸쳐 보이나 머리뼈높이가 현대 한국사람과 북부중국에 비해 낮으며 바이칼 주변지역보다는 높은머리를 지니고 있다.

북중국출토 머리뼈들의 경우 이들은 남중국출토 머리뼈보다 높은머리를 지니고 있는데 웅기머리뼈는 북중국출토 머리뼈의 크기에 가까우며, 회령과 해주출토 머리뼈는 남중국머리뼈와 비슷하다. 머리뼈길이는 북중국과 인도차이나출토 머리뼈들과 같은 범주에 속한다. 이렇게 한반도 북부지역의 신석기시대 유적지에서 짧은머리와 가운머리가 혼재되어 나타나는 것은 새로운 유전자의 이동인지 아니면 개인적인 차이인지는 더 연구가 필요하다.

앞쪽에서 본 위얼굴의 경우, 웅기와 회령 그리고 해주출토 머리뼈는 현대 한국남자와 같이 가운이마형을 보이고 있다. 한편 북중국의 앙소문화담당자들의 위얼굴의 너비는 현대 한국사람과 신석기시대 사람머리뼈의 너비보다는 좁으나 높이는 높은 데서 오는 좁은이마형에 속하는데 반해, 용산문화담당자들은 현대 한국사람과 신석기시대 사람들과 같은 범주에 속한다. 남중국과

---

17) Suzuki, H., Microevolutional changes in the Japanese population from the prehistoric age to the present day, *J. Fac. Sci. Uni. Tokyo, Sec. 3*, 1969, 279～308쪽.

Kintaka, K., Anthropologische Untersuchungen über das Skelett der Yoschigo -Steinweitmenschen I. Der Schadel, *J. Anthro. Soc. Tokyo 43*, 1928, 407～763쪽.

Kiyono, K. and H. Miyamoto, Anthropological study on the human skeletons from the Tsukumo Shellmounds, Bitchu. II Skulls, *J. Anthro. Soc. Tokyo 41*, 1926, 95～140 · 151～208쪽.

18) Mansuy, H., and M., Colani, Neolithique inferieur(Basconien) et neolithique superior dans le Haut-Tokin avec ka description des cranes du gisement de Lang-Cuom, *Mem. Serv. Geolog. l'Indochine 12*, 1925, 6～45쪽.

Sangviciens, S., Neolithic skeletons from Bankao, Thailand, and the problem of Thai Origins, *Current Anthropology 7*, 1969, 234～235쪽.

인도차이나지역의 머리뼈들의 너비는 현대 한국사람과 신석기시대 사람과는 비슷하나 높이가 낮은 데서 오는 넓은이마형과 가운이마형의 경계에 주로 나타나고 있으며, 같은 시기에 일본에서 나타난 머리뼈들은 너비가 넓은 데 반해 높이가 낮은 데서 오는 넓은이마형을 보이고 있다.[19]

한편 연바이칼지역에서 출토된 머리뼈는 가운머리형으로 용산문화담당자들과 같은 크기를 지니고 있으나 바이칼 동남부지역에서 출토된 머리뼈들은 위얼굴너비와 높이가 동북아시아출토 머리뼈들보다는 매우 크면서 좁은이마에서부터 가운이마 그리고 넓은이마형에 걸쳐 나타나는데 그 중 자바이칼지역의 머리뼈가 웅기출토 머리뼈와 가장 가깝게 나타나고 있다.

눈굼은 회령과 해주머리뼈 및 현대 한국남자는 가운눈굼형이며 크기도 비슷하다. 웅기출토 머리뼈는 높이는 같으나 너비가 좁아 좁은눈굼형으로 나타난다. 주변지역의 머리뼈와 견주어 보면 중국과 연해주, 일본 및 바이칼 동부지역에서 출토된 머리뼈들은 거의가 회령과 해주출토 머리뼈처럼 가운눈굼형이나 이들보다는 전체적으로 큰 모습을 보이고 있으며, 현대 한국남자는 중국 용산문화담당자들과 같은 범주에 속한다.[20]

〈표 1〉 지수로 본 한반도출토 머리뼈의 변화

	구석기	신석기	청동기	철 기	현 대
머리뼈 너비 · 길이	긴머리	짧은머리	짧은머리	가운머리	짧은머리
높이 · 길이	가운머리	높은머리	높은머리	높은머리	높은머리
높이 · 너비	높은머리	가운머리	가운머리	가운머리	높은머리
앞머리뼈 최소너비 · 머리 최대너비	좁은머리	좁은머리	좁은머리	가운머리	좁은머리
위얼굴너비 · 길이	넓은이마	가운이마	가운이마	가운이마	가운이마
눈굼너비 · 높이	가운눈굼	가운눈굼	가운눈굼	가운눈굼	가운눈굼
콧굼너비 · 높이	가운콧굼	넓은콧굼	넓은콧굼	넓은콧굼	가운콧굼

*박선주, 〈고조선주민의 체질연구〉(《國史館論叢》 33, 1992), 73~102쪽.

19) 위얼굴지수에서 넓은이마는 euryeny를, 가운이마는 meseny를, 좁은이마는 lepteny를 말한다.

20) 눈굼지수에서 넓은눈굼은 chamaeconchy를, 가운눈굼은 mesoconchy를, 그리고 좁은눈굼은 hypsiconchy를 말한다.

콧굼의 경우 웅기출토 머리뼈는 현대 한국남자와 같은 크기를 지니고 있으며 가운콧굼형으로 용산문화담당자들과 같은 범주이나 크기가 이들보다 약간 작으며 자바이칼출토 머리뼈와 비슷한 크기를 지니고 있다. 해주와 회령머리뼈의 콧굼은 넓은콧굼형으로 앙소문화담당자들도 이 범주에 속하는데, 특히 해주머리뼈는 이들보다 전체적으로 큰콧굼을 지니고 있다. 연해주는 너비가 좁은 좁은콧굼형이며 일본머리뼈는 넓은콧굼형이긴하나 전체적으로 작은 크기를 보이고 있다.[21]

지수로 살펴본 현대 한국남자에서 50% 이상의 빈도로 나타나는 특징은 높이·길이지수인데 높은머리형이 93%로 절대적인 다수를 차지하며, 눈굼지수의 가운눈굼형이 65%, 너비·길이지수의 짧은머리형이 62.5%, 그리고 앞머리뼈 최소너비·머리 최대너비지수의 좁은머리형이 60%로 나타나고 있다.[22]

한편 신석기시대에서 청동기·철기시대를 걸쳐 오늘날까지 계속적으로 나타나는 특징은 높이·길이지수의 높은머리형과 위얼굴너비·길이지수의 가운이마형이며, 그 외의 지수들도 신석기시대부터 이후 현대 한국남자에 이르기까지 계속적으로 나타나고 있다. 이를 다시 시대별로 살펴보면 구석기시대에서 신석기시대로 계속 이어지는 특징은 비교된 7개의 항목 중 단 1개에 불과하나, 신석기시대에서 청동기시대로 이어지는 특징은 7개의 항목 중 6개가 이어지고 있으며, 청동기시대에서 철기시대로는 4개의 특징이, 철기시대와 현대에는 3개의 특징이 나타난다. 따라서 지수에 따른 우리 겨레의 특징은 신석기시대에 형성되기 시작하여 청동기시대로 이어졌다고 생각된다.

한편 한반도 주변지역에서 출토된 머리뼈들을 비교해 본 결과(〈표 2〉) 구석기시대의 머리뼈들은 지역에 따라 각기 다른 형태를 보여주고 있다. 그러나 신석기시대에 오면 한반도출토 머리뼈들은 산동 용산문화담당자들과 매우 비슷한 특징을 지니고 있으며(7개 지수 중 6개가 일치), 남중국과 인도차이나출토 머리뼈들도 다른 지역에 비해 가깝게(7개의 지수 중 5개가 일치) 나타난다. 청

---

21) 콧굼지수에서 넓은콧굼은 platyrrhiny를, 가운콧굼은 mesorrhiny를, 그리고 좁은콧굼은 leptorrhiny를 말한다.

22) 羅世振, 〈韓國民族의 體質人類學的 硏究〉(《韓國文化史大系》 I－民族·國家史－, 高麗大 民族文化硏究所, 1970).

동기시대에 오면 중국의 하북성을 비롯하여 길림성·요령성출토 머리뼈들이 다른 지역에 비해 한반도출토 머리뼈들과 더 가까운 특징을 보여주고 있다.

지금까지 한반도의 신석기시대 유적지에서 출토된 사람뼈들을 바탕으로 당시 주민들의 생김새를 살펴보았다. 9항목의 생김새를 견주어 본 결과 신석기시대 주민의 특징 중 7항목에서 현대 한국사람과 같은 특징을 보이는데, 특히 가장 중요한 특징 중의 하나인 높은머리와 가운이마형이 신석기시대 이래 현대 한국사람에게 높은 빈도로 계속적으로 나타남을 알 수 있다.

〈표 2〉 지수로 본 한반도 주변지역의 머리뼈 특징

시대	지 수	머리뼈: 너비·길이	머리뼈: 높이·길이	머리뼈: 높이·너비	앞머리뼈: 최소너비·최대너비	위얼굴: 너비·높이	위얼굴: 눈 굼	위얼굴: 콧 굼
구석기시대	한국	긴머리	가운머리	높은머리	좁은머리	넓은이마	가운눈굼	가운눈굼
	신정동	긴머리	낮은머리	가운머리	넓은머리	좁은이마	넓은눈굼	넓은콧굼
	류강	가운머리	가운머리	가운머리	가운머리	좁은이마	넓은눈굼	꽤넓은콧굼
	미나토카와	짧은머리	가운머리	낮은머리	좁은머리	꽤넓은이마	넓은눈굼	넓은콧굼
	니와	가운머리	높은머리	–	넓은머리	–	–	꽤넓은콧굼
신석기시대	한국	짧은머리	높은머리	가운머리	좁은머리	가운이마	가운눈굼	넓은콧굼
	북중국 앙소	짧은머리	높은머리	높은머리	가운머리	좁은이마	가운눈굼	가운콧굼
	북중국 용산	짧은머리	높은머리	가운머리	넓은머리	가운이마	가운눈굼	넓은콧굼
	남중국	가운머리	높은머리	가운머리	넓은머리	가운이마	가운눈굼	넓은콧굼
	연바이칼	가운머리	–	–	–	가운이마	가운눈굼	가운콧굼
	자바이칼	가운머리	–	–	–	가운이마	가운눈굼	가운콧굼
	연해주	꽤짧은머리	–	–	–	좁은이마	가운눈굼	좁은콧굼
	일본	가운머리	높은머리	가운머리	가운머리	넓은이마	가운눈굼	넓은콧굼
	인도차이나	짧은머리	높은머리	가운머리	가운머리	넓은이마	가운눈굼	넓은콧굼
청동기시대	한국	짧은머리	높은머리	가운머리	좁은머리	가운이마	좁은눈굼	넓은콧굼
	중국 요령성	가운머리	높은머리	높은머리	좁은머리	–	가운눈굼	넓은콧굼
	중국 길림성	가운머리	높은머리	가운머리	좁은머리	–	좁은눈굼	가운콧굼
	중국 하북성	짧은머리	높은머리	높은머리	좁은머리	–	가운눈굼	가운콧굼
	중국 은허	가운머리	높은머리	가운머리	가운머리	–	가운눈굼	넓은콧굼
	중국 오르도스	가운머리	높은머리	낮은머리	가운머리	–	가운눈굼	가운콧굼
	일본 구주	가운머리	가운머리	가운머리	가운머리	가운이마	가운눈굼	넓은콧굼
	일본 동부	가운머리	가운머리	가운머리	–	넓은이마	가운눈굼	넓은콧굼

*이융조·박선주, 〈우리 겨레 뿌리에 관한 고인류학적 연구〉(《先史文化》 1, 1992), 46~142쪽.

한편 신석기시대 주민들은 후기 구석기시대 사람들과는 다른 크기와 생김새를 보여주고 있는데 이는 자연환경에 따른 변화라기보다는 새로운 유전자가 유입될 가능성이 더 크다고 할 수 있다. 이들의 생김새는 북방지역보다는 북중국의 산동 용산문화 및 앙소문화담당자들과 매우 가까운 정도를 보이고 있다. 이렇게 신석기시대에 한반도 주민과 주변지역 집단 사이에 보이는 서로 닮은 점은 유전자 교류에 의한 가능성이 높지만, 일반적으로 변화된 환경에의 적응이라는 가능성을 배제할 수가 없다. 따라서 선사고고학과 유전학의 연구 및 시대와 지역에 따른 사람뼈에 관한 자료의 축적과 연구가 종합적으로 이루어져야만 한다.

〈朴善周〉

2. 신석기시대의 유적과 유물

1) 신석기유적의 분포

(1) 유적분포의 특성

홍적세가 끝나고 충적세로 들어서면서 한반도의 식생은 지금과 같은 낙엽활엽수림대가 주류를 이루게 된다. 바뀐 자연환경 속에서 신석기시대가 전개되면서 어로와 수렵채집 위주의 정착생활을 시작하게 되고, 도토리 등 야생의 식용식물과 물고기·조개 등의 수산식료의 조리와 저장에 편리한 토기를 사용하면서 우리 나라의 곳곳에 그 흔적을 남기게 되었다.

이제까지 우리 나라에서 발견된 신석기시대 유적은 약 400여 개소에 이른다(〈지도 1〉).[1] 이들은 주로 강안이나 해안에 집중되어 있음을 알 수 있다. 그 중에서도 특히 두만강·압록강·대동강·한강·낙동강유역이나 서해도서지역·남해도서지역에 밀집·분포되어 있는데, 최근에는 거의 공백지대로 남

1) 韓永熙, 〈新石器時代〉(《韓國考古學의 半世紀》 제19회 한국고고학 전국대회 발표요지, 韓國考古學會, 1995).

〈지도 1〉

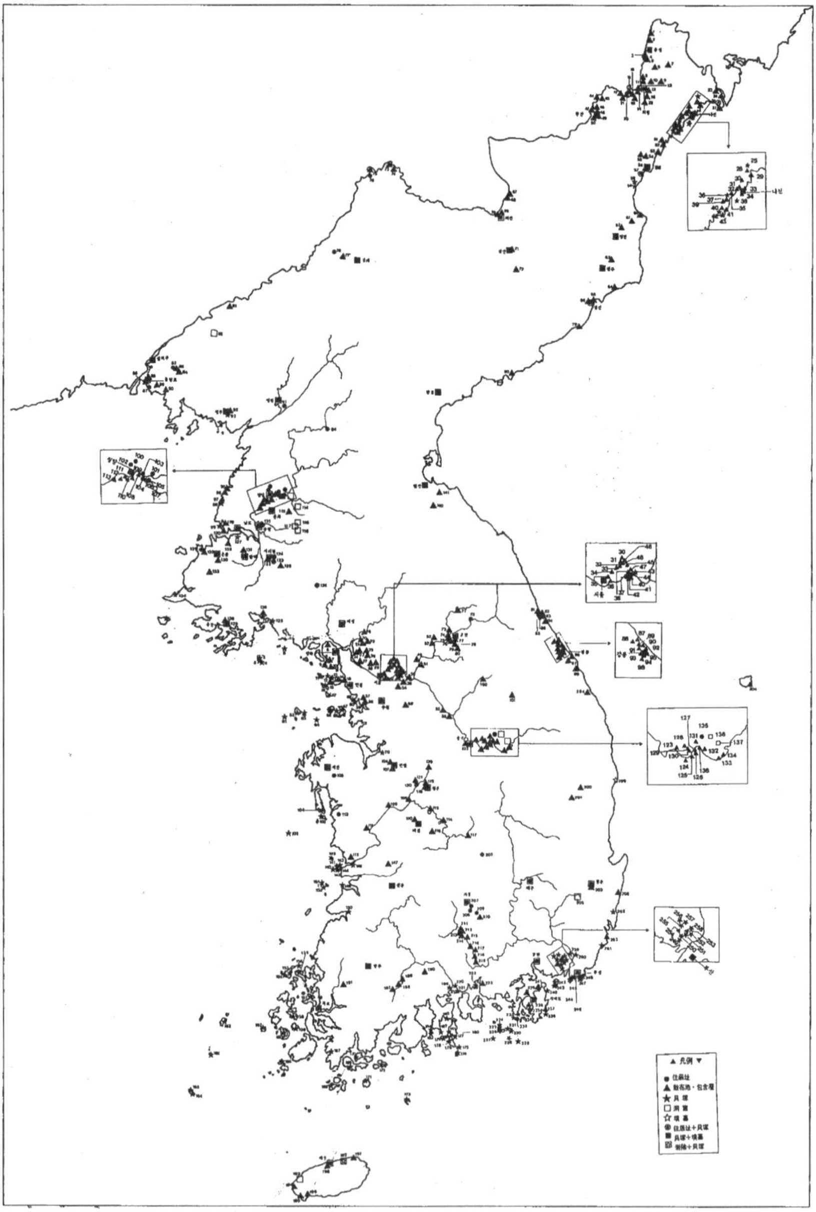

아 있던 충청도와 남부 내륙지역에서도 신석기시대 유적이 새로이 발견·조사되었다. 이들은 신석기유적의 분포범위가 큰 강이나 해안·도서지역에 한정되지 않고, 내륙 깊숙한 지역까지 퍼져 있었음을 입증하고 있다.

신석기시대 사람들이 큰 강가나 해안, 또는 도서지역에 많은 유적을 남긴 점으로 미루어 우리 나라의 신석기문화는 어로생활을 중심으로 이루어졌다는 것을 알 수 있다. 그러나 큰 강이나 해안에서 떨어진 내륙의 깊숙한 지역에서도 신석기시대의 해당하는 유적들이 발견되고 있고, 이들 내륙의 신석기시대 유적들은 큰 강가나 해안에서와는 다른 생계양식을 영위했을 것으로 판단된다. 한편 최근에 들어서면서 중국 遼河유역의 신석기유적에 대한 활발한 발굴조사에 힘입어, 우리 나라의 동북지역과 서북지역의 납작밑토기는 중국의 동북지역·연해주를 포함하는 커다란 납작밑토기문화권에 속해 있음이 밝혀지고 있다.[2)]

이렇듯 해방 후 50여 년간 한국의 신석기문화연구는 큰 강이나 해안지역의 신석기유적에 대한 연구에서 시작하여 근래에는 내륙지역의 신석기유적에 대한 연구로 확대되었고, 1995년에는 제주도 고산리유적에서 많은 석기들과 원시적인 형태의 토기들이 출토되어[3)] 거창 임불리, 상노대도패총 등 세석기들이 출토되는 유적과 더불어 신석기시대 조기 내지는 중석기시대에 해당하는 유적의 존재를 주장하게 되었다.

여기서는 이제까지 조사된 우리 나라의 신석기유적들에 대한 분포상의 특징을 살펴보고자 한다.

가. 서북지역

압록강 중·하류와 청천강 하류에서 유적이 발견되었다. 다른 지역에 비하면 유적의 수도 적고 층위를 이룬 유적도 거의 없다. 층위를 이룬 유적은 압록강 하류의 미송리유적이 유일한데[4)] 압인지자문·집선문납작밑토기 등이

---

2) 白弘基, 《東北亞 平底土器의 연구》(學硏文化社, 1994).
李東注, 〈東Asia에 있어서 한국의 초기 신석기문화에 대하여〉(《국제학술대회논문집》, 문화재연구소, 1993).

3) 李淸圭·高才元, 〈高山里遺蹟과 石器遺物〉(《한국신석기연구회 발표요지》, 1995).

4) 김용간, 〈미송리동굴유적 발굴중간보고〉(1)·(2)(《문화유산》 1962-1·2).

출토되어 압록강을 사이에 두고 마주하고 있는 중국 小珠山 하층문화[5]와 동일한 문화양상을 보인다.

중기 이후는 타래문·번개문·횡주어골문 등 중국 遼寧지역의 신석기문화와 유사하면서도 우리 나라의 동북지역과 관련있는 문화요소를 지닌 유적들의 수가 압록강 하류뿐만 아니라 압록강 중류, 그리고 청천강 하류를 따라 증가하고 있다. 이는 전기에 비해 강을 따라 문화의 교류가 현저히 활발해지면서 유적의 분포범위도 확대되었음을 반영하는 것으로 생각된다.

나. 동북지역

동북지역의 신석기유적은 두만강 상류와 하류, 그리고 동북해안에 걸쳐 밀집·분포하고 있다. 이 지역의 대표적인 유적으로는 회령 검은개봉, 웅기의 서포항, 청진의 농포동·원수대유적을 들 수 있는데 이 중 정식으로 학술발굴조사가 이루어진 것은 서포항유적이 유일한 것으로 그 중요도가 높다.

다. 서해안지역

서해안지역에서는 다른 지역에 비하여 일찍이 발굴조사와 연구가 이루어진 지역이다. 뾰족밑빗살무늬토기를 특징으로 하는 유적들은 북으로는 대동강 하류와 인접한 해안지역에 밀집·분포하고 있고, 남으로는 한강 및 인접도서와 충남·전북해안지역까지의 넓은 지역에 걸쳐 유적이 발견되었다. 특히 대동강 하류 및 한강유역의 유적발굴에는 여러 기의 주거지가 중첩되어 있는 것이 많아서 장기간에 걸쳐 취락이 형성되었었음을 알 수 있다. 이는 큰 강을 낀 유적들에서는 비교적 안정된 정착생활을 영위하였음을 반영해 주는 것이라 하겠다.

서해안 도서지역에 있어서는 시도패총·별망패총 및 오이도패총의 발굴로 그 성격이 어느 정도 밝혀졌다. 대동강 하류나 한강유역과 비교한다면 장기간 점유된 유적이 적은 편이다. 도서라고 하는 특수한 자연조건 때문에 서해안 도서지역은 신석기시대의 사람들이 장기간 거주하기에는 안정적인 식량공급을 넉넉히 받지 못했음을 알 수 있다.

한편 전북지역은 신석기문화연구가 거의 전무한 상태이었다. 그러나 최근

5) 許明綱·許玉林, 〈長海縣廣鹿島大長山島貝丘遺址〉(《考古學報》 1981-1).

에 와서 군산 앞바다가 매립되어 공단으로 조성되게 됨에 따라, 파괴에 직면한 여러 섬들의 신석기시대의 패총들이 조사되었는데,[6] 이들 패총유적에서는 남해안 전기에 속하는 압인문토기계열의 토기들과 서해안 빗살무늬토기들과 연결되는 토기들이 출토되었다.

라. 동해안지역

동해안지역에서 발견조사된 신석기유적은 다른 지역에 비해 그 수가 매우 적은 편이며, 정식으로 발굴이 실시된 유적은 양양의 오산리유적[7]과 지경리유적,[8] 그리고 최근에 발굴한 가평리유적[9] 정도이다. 오산리유적 상층에서는 서해안 뾰족밑빗살무늬토기가, 하층에서는 납작밑토기류가 출토되어 층서에 의한 편년 설정에 중요한 단서가 제시되었다. 또한 오산리 하층의 방사성탄소연대가 B.C.6,000~5,000년으로 나와 우리 나라 신석기시대의 상한연대가 종래 생각했던 것보다 2,000년 이상 상회함은 물론, 기원전 6,000~5,000년에 아가리부분에만 무늬를 새긴 납작밑토기 사용인들이 한반도 동해안과 중국 동북부지역 및 연해주 일대에 살면서 수렵·어로·채집 등 기술의 개선을 통해 독자적이고 자생적인 신석기문화를 정착시켰을 가능성이 있음을 암시해 주고 있다.

최근 발굴된 양양 가평리유적이나 지경리유적은 오산리 상층문화와 동일한 시기에 형성된 유적인데, 이 시기의 유적은 동해안을 따라 양양과 강릉 주변에 밀집·분포되어 있고[10] 북으로는 함경남도 성진에서도 출토된 바 있다. 또한 오산리 상층의 뾰족밑빗살무늬토기는 남해안지역의 신석기시대 토기와도 유사한 문양요소를 많이 가지고 있어서 동해안을 따라 오산리 상층과 같은 뾰족밑토기문화가 널리 분포하고 있음을 알 수 있다. 특히 동해안을

---

6) 群山大博物館, 《群山市의 文化遺蹟》(1995).
忠南大博物館, 《群山 鳶島 A貝塚發掘調査略報告》(1994).

7) 임효재·권학수, 《오산리유적》Ⅰ(서울大 博物館, 1984).
김원용·임효재·권학수, 《오산리유적》Ⅱ(서울大 博物館, 1985).
임효재·이준정, 《오산리유적》Ⅲ(서울大 博物館, 1988).

8) 白弘基, 〈東海岸 先史文化의 特性〉(《韓·日 先史文化의 交流와 襄陽 鰲山里遺蹟 新石器文化》, 한국신석기연구회발표요지, 1995).

9) 윤근일, 〈양양 가평리 신석기유적에 대하여〉(《동아시아에 있어서 양양 오산리 신석기문화의 위치》, 양양문화원·한국신석기연구회, 1996), 29~56쪽.

10) 지현병, 《강원도지방의 선사문화연구》Ⅰ(강원대 박물관, 1990).

따라 분포되어 있는 신석기유적들은 해안가에 형성된 석호 주변에 위치한 것들이 많아 이들의 생계양식이 석호와 주변 산간지역에 의존한 채집·어로 생활이었다는 것을 판단케 해준다.

마. 중부 내륙지역

중부 내륙지역은 그간 우리 나라의 신석기문화연구의 공백지역이라 할 수 있을 정도로 발굴조사가 거의 이루어지지 않았다. 그러나 최근에 들어서 금강 상류인 청원 쌍청리유적에서 주거지가 조사되고, 여기서 출토된 토기와 같은 형식의 둥근밑빗살무늬토기가 대전 둔산동과 영동 금정리에서도 출토되어 「금강식토기」라는 토기형식의 설정을 주장하게 되었다.11)

그런데 이러한 「금강식토기」가 출토되는 유적들은 해안이나 큰 강가가 아닌 산간 깊숙한 내륙지역에 입지하고 있고, 어로와 관련된 유물들이 거의 출토되지 않아 해안이나 강안에 입지한 유적과는 다른 양상을 보여주고 있다. 이른바 「금강식토기」는 아직 자료의 축적이 많이 이루어지지 않아 그 문화상을 자세히 논하기는 어렵다. 그렇지만 남부 내륙지방의 봉계리 등지에서 출토되는 후기 신석기시대 토기들과 여러 가지 공통점을 지니고 있어서, 신석기시대 후기가 되면 내륙지역에 새로운 신석기문화가 형성되었음을 알 수 있게 해준다. 이러한 후기 신석기문화는 신석기시대 생계양식의 변화와도 관련지을 수 있을 것이다.

바. 남해안지역

남해안지역은 일찍이 동삼동패총과 수가리패총의 층위발굴로 토기의 편년과 문화내용이 많이 밝혀졌다. 층위에 따른 토기상을 보면 가장 이른 시기에는 납작밑의 덧띠무늬토기가 사용되다가, 이후 압인문토기·태선식빗살무늬토기·이중구연토기들이 각 시기별로 주체를 점하고 있다.

남해안지역 신석기문화에 대한 연구는 1980년대 말 이후 다시 활기를 띠면서 새로이 상노대도패총·산등패총·북정패총·범방패총·연대도패총·송도패총 등 많은 유적이 발굴되어 낙동강 하구뿐만 아니라 남해안 일대가 전체적으로 신석기시대의 생활터전이었음이 밝혀졌다. 이들 유적에서는 거의 신석기시대

---

11) 申鍾煥, 《淸原 雙淸里住居址》(國立淸州博物館, 1993).

전시기에 걸친 유물들이 출토되고 있고, 유적 상호간 문화내용에도 공통성이 보여 남해안 일대의 신석기유적들이 바다를 생활터전으로 안정된 정착생활을 영위하였으며, 바다를 통한 빠른 문화교류로 넓은 지역에 걸쳐 비슷한 문화를 공유하였음을 알 수 있다. 이는 제주도 해안의 신석기유적에서 출토되는 토기가 남해안지역과 유사하며, 남해안식 토기들이 서쪽으로는 군산 앞바다, 동쪽으로는 강원도 동해안에서도 출토되는 점으로도 뒷받침된다.

사. 남부 내륙지역

지금까지 남부지역의 신석기문화에 대한 연구는 낙동강 하구를 중심으로 해안에 입지한 유적에 집중되었다. 그러나 1980대 중반 이후 합천댐수몰지구의 발굴로 남부 내륙지역에도 신석기유적이 분포하고 있음이 밝혀지면서 최근에는 남강유역·보성강유역에도 신석기유적의 존재가 확인되었다. 남부 내륙지역에서 발견된 유적들은 대개가 큰 강의 지류를 따라 입지하고 있으며, 대부분이 신석기시대 후기유적으로 토기양식이 서로 비슷하고 무문토기시대로 이어지고 있어 남해안지역과는 다른 양상을 보여주고 있다.

남부 내륙지역의 토기들은 남해안지역과 통하는 요소를 지니고 있지만, 중부내륙지역의 토기들과도 많은 공통점을 가지고 있어 신석기시대 후기에 바다를 생활터전으로 하는 남해안지역과는 다른 생계양식을 영위하는 신석기문화가 내륙지역에 형성되었음을 알 수 있다. 이는 해안이나 큰 강에 의존하는 어로생활이 중심이었던 신석기문화가 후기에 가서는 새로운 환경에 적응하면서 내륙지역에까지 그 분포범위를 확대시켜 나갔음을 의미하는 것이다.

앞으로 우리 나라 신석기문화의 보다 깊이있는 연구를 위해서는 앞서 살펴본 바와 같이 주변지역으로 시야를 넓혀 우리 나라 신석기문화의 연장선상에서 중국 동북지역과 러시아 연해주지역의 신석기문화에 대한 고찰이 뒤따라야 될 것이며, 하루 빨리 남북한학술교류가 이루어져 자료의 교환이 활발하게 전개되어야 할 것이다. 또한 이제 막 시작된 내륙지역의 신석기유적에 대한 발굴조사도 활성화되어 신석기시대 생계양식의 변화와 더 나아가 무문토기시대의 이행과정에 대한 연구가 활발히 진행되기를 기대해 본다.

〈任孝宰〉

(2) 주요 신석기유적

가. 유적의 분포상태

최근까지 확인된 우리 나라의 신석기시대 유적은 400여 개소에 이른다.[1] 이 유적들은 대개 遺物散布地·포함층·패총 등의 형태로 남아 있고, 그 외에 동굴이나 분묘유적 등이 극소수 있다(〈표 1〉). 이 가운데 산포지는 아직 정식 발굴조사가 되지 않은 유물지표채집상태의 유적이므로, 이는 대개 포함층유적일 가능성이 많다. 따라서 우리 나라의 신석기시대 유적은 대개가 패총과 포함층의 두 종류 속에 포함된다 해도 과언이 아닐 것이다. 이들 패총이나 포함층유적은 둘 다 그 곳에 집단취락이 형성되어 있었던 결과 남겨진 것이기 때문에 그 곳에는 반드시 주인공들의 주거지나 무덤과 같은 유구들이 남아 있게 마련이다.

패총은 모두 육지의 해안지대나 섬지방에 남아 있다. 간혹 담수패총도 있을 수 있으나 아직 우리 나라의 경우는 본격적인 것이 알려진 예가 없다. 이와 반대로 포함층유적은 내륙지역의 강가에 주로 남아 있다. 그러나 동해안지역의 경우 울산 西生에서 함경북도 漁郞까지의 해안지역에는 지금까지 확인된 유적 모두가 포함층유적이다. 이러한 분포상황은 패총이 울산 서생 이서지역에서 평북 定州까지의 사이와 동해안지역 최북쪽인 두만강 하류에서 鏡城까지의 사이에만 형성되어 있는 점과 대비되어 주목된다. 아무래도 패총은 해안선이 복잡하고 섬이 많아 해양자원이 풍부한 남해안지역과 서해 중부 이남지역에 집중적으로 분포하고 있다.

내륙의 강이나 하천변에 살면서 포함층유적을 남긴 사람과 바닷가에 살면서 패총을 남긴 사람들의 생활은 식량자원과 그것을 구하는 방법의 차이 때문에 사는 방법이 달랐음은 두말할 필요도 없다. 그러나 같은 바닷가에 살면서 남해안과 서해안지역과는 달리 동해안지역에 살았던 신석기인들은 내륙 강가의 경우와 마찬가지로 대부분 바닷가의 砂丘에 포함층유적을 남기고 있다. 이는 아마 동해안지역의 해양생태계의 특징과 관계가 깊으리라 생각된다.[2]

---

1) 韓永熙, 〈新石器時代〉(《韓國考古學의 半世紀》, 韓國考古學會, 1995).
2) 이기길, 〈우리 나라 신석기시대 주민들의 생계유형〉(《博物館紀要》 7, 단국대, 1991).

지금까지 우리 나라의 신석기시대 유적은 주로 바닷가에서 많이 조사되었다. 그러나 근래에 와서는 내륙지역의 유적이 점차 증가되는 추세에 있어 우리 나라 전역의 강이나 바닷가에는 어디든지 이 시대의 유적이 남아 있을 가능성이 매우 많아졌다.

신석기시대 유적의 밀집지역은 대동강 중하류지역, 한강 중류 및 상류지역, 금강 상류지역, 낙동강 하류지역과 그 지류인 남강유역, 두만강 중류지역 등의 강유역과 서해 중부도서지역 및 남해안 전역, 선봉에서 청진 사이의 동해안 북부지역 등의 해안지역이다. 대개 이 시대의 유적은 큰 강과 그 주변지역에 밀집분포하는 경향을 보이고 있어, 이 시대의 생활이 모두 물과 밀접한 관계를 갖고 있음을 알 수 있다.

그러나 아직 경상북도와 함경남도지역에는 확인된 신석기시대의 유적이 적어 거의 공백지역으로 남아 있다. 지금까지는 동해안의 지역적인 조건 때

〈표 1〉 신석기시대 유적의 지역별·종류별 분포상황

유적 / 지역	산포지	포함층	패 총	주거지	동 굴	분 묘	기 타	계
자강도	2	2		2				6
평 북	6	4	1	2	1			14
평 남	12	3	2	4	5			26
황 북	2	1		3				6
황 남	7	1	4	1				13
경기도	30	14	23	3				70
충 남	4	3	3	3				13
충 북	16	4		1	4			25
전 남	·	4	34				1	39
전 북	1	2	10					13
제 주	3	2	1		1			7
경 남	13	7	35	2				67
경 북	3	2		1	1	1		8
강 원	24	5		4	1			34
함 남	1	1						2
함 북	42	14	9				1	66
양강도	6							6
계	172	69	122	26	13	1	2	405

*韓永熙, 〈新石器時代〉(《韓國考古學의 半世紀》, 韓國考古學會, 1995)에 의거 작성.

문에 이 시대의 유적이 없을 것이라고 판단해 왔다. 그러나 근래 강원도 강릉·양양지역 일대의 사구에서 신석기유적이 새로이 많이 조사되고 있는 것으로 보아 동해안 일대에도 다른 지방과 마찬가지로 신석기시대 유적이 많을 것으로 추정된다. 앞으로 이 지역의 바닷가에 형성되어 있는 사구를 주목할 필요가 있을 것 같다.

앞의 <표 1>에서 400여 개소의 유적 가운데 발굴이 이루어져 그 성격과 중요성이 알려진 유적을 중심으로 그 내용을 간단하게 소개한다.

나. 각 지방의 유적과 유물

가) 자강도와 평안북도지방

(가) 중강 장성리유적

이 유적은 자강도 중강군 소재지에서 압록강을 따라 24㎞ 내려가는 곳에 위치하는 포함층유적이다.[3)]

유적의 층위는 표토층에서부터 복잡하게 이어지나 신석기시대부터 원삼국시대까지의 유물들이 뒤섞여 출토되고 있어 홍수로 인해 상류에서 흘러내려온 것이 다시 퇴적된 것으로 생각된다.

유물은 토기편들이 중심인데 빗살무늬계 토기와 민무늬계 토기가 혼합되어 있고 활촉류·반달칼편·도끼·찔개살 등의 석기류와 토·석제가락바퀴도 채집되었다. 빗살무늬토기는 대개 침선문계인데 무늬는 어골문·수직선문·긴사선문·3각집선문 등이 있고, 그 외에 번개문·융기문·덧무늬 등도 약간씩 보인다.

이 곳에서 출토된 신석기시대의 토기는 대체로 토성리유적의 것과 유사하나 바라진 구연부, 번개무늬, 덧무늬 등 보다 다양하게 나타난다.

보고자는 이 유적의 토기유형이 토성리유형과 비슷한 것으로 보아 그 연대를 B.C.3000년대 말로 보고 있다. 그러나 이 유적은 토기의 기형과 무늬로 볼 때 토성리보다는 연대 폭이 넓은 것 같고, 그 연대도 B.C.2000년대 후반에서 B.C.1000년경에 해당하는 것으로 생각된다.

---

3) 김종혁, <중강군 장성리 유적조사보고>(《문화유산》 1961-6).

(나) 중강 토성리유적

土城里는 중강읍으로부터 만포에 이르는 큰 길가에 있는 산간마을인데, 유적은 가장 높은 곳인 토성리 중심부에서 학교 운동장에 이르는 구간에 있으며 그 면적은 수만㎡에 달한다.[4] 신석기시대부터 철기시대까지 여러 시기의 유구와 유물이 출토되었는데, 이 중 2·5·6·7·8호 주거지가 신석기시대에 해당한다.

2호 주거지는 평면 장방형이고, 규모는 6.8m×5.0m, 깊이 25㎝ 전후이며 바닥 중앙에 6개의 강돌을 돌린 화덕(60×50㎝)자리가 있었다.

5호 움은 평면 원형이고 규모는 직경 8~9m, 깊이 20~75㎝ 전후이며 바닥의 북쪽으로 치우쳐 원형 화덕자리가 있다.

6호 움은 파괴가 심하여 평면형태는 불명이나 잔존길이는 6.5m×4.0m, 깊이 20~25㎝이다.

7호 주거지는 평면 방형이고 규모는 5.3m×5.0m, 깊이 30~50㎝이며 중앙에 돌을 원형으로 돌린 화덕자리가 있다.

8호 주거지는 평면 장방형이고 규모는 6m×4m, 깊이 40㎝ 정도이며 북쪽으로 약간 치우쳐서 돌을 돌린 화덕자리가 있고 그 부근에서 강돌로 만든 그물추 33개가 출토되었다.

이들 주거지와 주변의 문화층에서는 토기·석기·토제품 등의 신석기시대 유물들이 출토되었다.

바탕흙에 활석이 섞여 있는 납작바닥의 깊은 바리형토기에 어골무늬가 아가리부터 바닥 위 5㎝까지 시문되어 있는 빗살무늬토기와 바탕흙에 진흙이 섞여 있는 납작바닥의 깊은 바리형토기에 몸통 상부에만 집선무늬가 시문되어 있는 빗살무늬토기가 출토되었다. 집선문계통의 무늬 외에 끝이 두 가닥으로 된 뾰족한 시문구의 끝으로 찍은 점렬문으로 집선문을 만든 것도 있다.

이외에도 사발토기에 어골무늬가 시문되어 있는 것, 손톱무늬가 세로로 여러 줄 찍혀 있는 것, 짧은 사선문에 덧띠가 결합된 것 외에 번개무늬토기 조각도 보인다. 석기로는 도끼·활촉·그물추·괭이·흑요석기 조각들이, 토제

4) 정찬영, 〈토성리유적〉(《유적발굴보고》 13, 1983).

품으로는 산모양의 가락바퀴가 출토되었다.

보고자는 이 유적의 연대를 서포항유형의 유물과의 비교에서 B.C.3000년대 말로 편년하고 있으나 토기의 무늬에 어골무늬가 많은 것으로 보아 그 연대를 B.C.2000년대 후반기로 추정할 수 있겠다.

(다) 의주 미송리유적

의주읍 美松里에 있는 신석기 및 청동기시대의 동굴 주거지유적이다. 그다지 크지 않는 석회석 천연동굴인데, 지표하 105~130㎝ 깊이에 두께 약 50㎝의 문화층이 있고 그 밑에는 유물이 없는 20~40㎝ 두께의 간층이 있으며 그 아래에 다시 15~20㎝ 두께의 문화층이 있었는데, 아래의 것은 신석기시대 문화층이고, 위의 것은 청동기시대 문화층이다.5)

신석기시대의 아랫문화층에서는 빗살무늬토기편과 그물추 2점, 석촉반제품, 곡옥파편처럼 생긴 장신구와 그 밖에 골제첨두기들도 3점 출토되었다. 빗살무늬토기의 무늬는 집선삼각문과 연속之字文도 있다. 바탕흙은 진흙에 모래를 섞은 것이 대부분이고 운모·장석·석면·활석 등을 섞은 것도 있으며 모두 갈색이다. 완전히 복원될 수 있는 것은 없으나 그 문양의 형태가 청진 농포리·웅기 서포항 등의 빗살무늬토기와 유사하므로 기형은 납작바닥일 것으로 추정되며 그 시기도 신석기시대 후기일 것으로 생각되고 있다.

(라) 용천 신암리유적

용천군 군소재지에서 동북으로 4㎞ 정도 떨어져 있는 신암리마을의 서·남·북쪽의 주위를 둘러싸고 있는 구릉에 위치하는 신석기시대부터 고구려시대까지의 집터와 유물 포함층유적이다. 서쪽은 청등말래·축사앞유적, 남쪽은 공동묘지, 북쪽은 모래산유적으로 각각 명명되어 있다.6)

청등말래유적의 층위는 표토층(30㎝) 밑에 문화층인 검은모래층(30~50㎝)과 생토층인 황색모래층으로 구성되어 있는데, 검은모래층에서는 신석기시대에서 청동기시대로 넘어가는 시기의 파괴된 움집터 1기가 조사되었다. 그 외에

5) 김용간, 〈미송리동굴유적 발굴중간보고(1)·(2)〉(《문화유산》 1961-1·2).
———, 〈미송리동굴유적 발굴보고〉(《고고학자료집》 3, 1963).

6) 리순진, 〈신암리유적 발굴중간보고〉(《고고민속》 1965-3).
김용간·리순진, 〈1965년도 신암리유적 발굴보고〉(《고고민속》 1966-3).

신석기시대유구로서 모래산유적에서 직경 4.0~4.3m의 원형구덩이 1기, 축사앞유적에서 구덩이 1기가 조사되었다.

이 유적의 토기는 바닥이 납작하고 둥근 몸통에 목이 달려 있는 항아리가 기본형이고 그 외에 굽잔과 바리형토기가 있다. 토기의 겉면에는 덧무늬와 새김무늬가 배합되어 시문된 것이 많은데, 무늬로는 어골무늬·단추무늬·세모꼴무늬·번개무늬·덧무늬·그물무늬 등이 보인다. 토기의 바탕흙은 운모와 흑연을 섞은 것이 대부분인데 청등말래형토기에는 활석을 섞은 것도 몇 점 있다. 이 밖에 축사앞유적에서는 청등말래에서 출토되는 굽토기보다 좀더 다양한 형태의 굽토기와 함께 요동반도의 신석기시대 유적에서 출토되는 토기와 바탕흙이나 무늬의 시문수법이 같은 채색토기의 조각도 출토되었다. 석기로는 도끼·달도끼·반달칼·대팻날·낫·가락바퀴·그물추·숫돌·자귀, 토제품으로는 가락바퀴와 그물추가 보인다.

신암리 1기의 문화는 중국 요동반도의 청동기시대 문화와 한반도 서북지방의 신석기 말기문화가 공반되는 양상을 보이고 있으므로 신석기 말기에서 청동기시대로 넘어가는 과도기로 볼 수 있을 것이다. 따라서 이 유적의 연대는 B.C.10세기 전후로 보는 것이 타당하리라 생각된다.

(마) 용천 용연리유적

용연리와 용송리 사이의 중간지점에 있는 표고 약 50m 정도의 용연산 남쪽을 중심하여 그 주변 일대에 있는 주거지유적으로 움집터 3기가 조사되었다.[7] 주거지는 평면 장방형인데 규모는 4.3×5.3m(잔존길이), 4.9×3.9m(잔존길이) 정도이고 깊이는 15~20㎝ 정도이다. 움집바닥은 흙을 다지고 불을 지펴 단단하게 하였고 기둥구멍이 부분적으로 남아 있다. 화덕은 별다른 시설 없이 약간 오목하게 판 후 불을 지폈다. 움의 깊이가 얕으며 집자리의 규모가 비교적 작은 편이다.

이 움집에서 출토된 토기는 번개무늬와 덧무늬가 들어 있는 청등말래형 항아리가 주를 이루나 반수 이상이 민무늬토기인 점이 특징적이다. 바탕흙에는 운모와 가는 모래가 섞여 있으며 간혹 흑연과 활석도 보인다. 석기로는

7) 강중광, 〈용연리유적 발굴보고〉(《고고학자료집》 4, 1974).

반달칼·숫돌·도끼·살촉·자귀·마치, 토제품으로는 원반형의 가락바퀴가 출토되었다.

이 유적은 신암리유적과 마찬가지로 신석기시대의 말기로 편년하여 그 연대를 B.C.3000년대 후반기로 추정하였다. 그러나 이 유적 역시 B.C.1000년경으로 보는 것이 타당하리라 생각된다.

(바) 정주 당산패총

당산부락 서쪽에 있는 제직산이 서북쪽으로 뻗어 내리면서 이루어진「당모루」라는 자그마한 구릉 서쪽 밑의 밭 가운데에 있는 패총이다. 이 패총의 규모는 남북 길이 40m, 동서 너비 20m로 약 800㎡이다.8)

층위는 위에서부터 ①재와 조개껍질이 섞인 흙층 ②모래층(간층) ③조개층 ④붉은 진흙층 ⑤모래층 등으로 구성되어 있었는데, 유물은 ①·③·④층에서만 출토되었고, 또 간층인 ②모래층을 사이에 두고 그 위층인 ①층과 아래층인 ③·④층 사이에는 유물 갖춤새에서 일정한 차이를 보이고 있어 이는 시간적 차이를 반영하고 있는 것으로 보아 아랫문화층은 신석기시대의 늦은 시기, 윗문화층은 청동기시대의 이른 시기에 해당하는 것으로 추정하고 있다.

아래층 유물 중 가장 많은 것은 토기편이다. 토기의 무늬는 아가리 주변에만 시문된 것이 많고, 태도는 점토에 모래를 주로 섞었고, 그 외에 활석·석면을 섞은 것도 있다. 토기모양은 밑이 둥글거나 뾰족한 것들이 많고 간혹 납작한 것도 보이며, 몸통은 밋밋한 것이 대부분이나 배가 좀 나온 것도 있고, 아가리는 끝이 외반한 것이 가장 많다. 세로로 붙인 손잡이가 달린 토기도 6점이나 있다.

무늬는 시문수법에 따라 침선무늬와 침선무늬+덧무늬로 구분할 수 있는데, 침선무늬에는 격자문·단사선문·어골문+단사선문 결합문·어골문 등이 있고, 침선무늬+덧무늬 결합무늬에는 가로 돌린 덧띠무늬와 침선무늬가 결합한 것, 단추모양의 덧무늬와 새김무늬가 결합된 것, 덧띠무늬+침선무늬가 결합된 것 등이 있다.

석기는 갈돌대·낫·끌·그물추·마치·닦음돌·숫돌 등이 있고, 골각기는

8) 차달만, 〈당산조개무지유적 발굴보고〉(《조선고고연구》 1992-4).

뼈예새와 뼈바늘 각 6점 및 7점과 사슴뿔제 뒤지개가 있다. 당산유적 아랫문화층의 토기들 가운데 단추모양의 덧무늬·덧띠무늬·번개무늬와 침선무늬가 결합된 토기들은 용천군 신암리유적 1기층, 용연리유적출토 토기들과 밀접한 관계가 있는 것 같으며, 이 유적의 전반적인 질그릇 갖춤새는 궁산문화 4기의 그것과 더 밀접한 것 같다.

(사) 영변 세죽리유적

영변읍에서 동남쪽으로 약 10㎞ 떨어진 청천강 중류의 하안충적층 위에 남아 있는 신석기시대부터 초기 철기시대에 걸친 주거지유적이다.9)

유적의 층위는 위로부터 표토층(사질층, 30㎝)·흑색부식토층(초기 철기시대 문화층, 30㎝)·사질양토층(청동기시대문화층, 40㎝)·흑색사질토층(간층, 30㎝)·황색사질토층(간층, 30㎝)·백색사질토층(간층, 10㎝)·사질양토층(신석기시대문화층, 30㎝)·백색사질생토층으로 형성되어 있는데 세 시기의 문화층에서 모두 27기의 움집터가 조사되었다.

이 중 신석기시대층에서는 움집터 1기와 포함층이 조사되었다. 움집터는 홍수에 일부 깎여 나간 것으로 조사할 당시 동서 450㎝, 남북 350㎝, 깊이 70㎝ 규모로 남아 있는 장방형의 집자리이다. 움집의 바닥은 진흙으로 다졌으며, 그 중앙부에는 돌로 테를 돌린 화덕이 놓여 있었다. 집터 안에서는 바탕흙에 활석이 섞여 있고 띠무늬·세모꼴무늬·무지개무늬가 조합되어 시문되어져 있는 금탄리 1기의 토기들이 출토되었다.

한편 포함층에서는 몸통에 각이 져 있는 납작바닥의 바리형토기에 어골무늬가 지그재그로 시문되어져 있는 것이 출토되었는데 이 토기의 바탕흙에는 모래와 운모가 섞여 있어 집터 안에서 나온 것과는 차이가 났다. 석기로는 움집이 바닥에서 간돌대와 발화석 및 목걸이 장신구가 1점씩 출토되었다.

보고자는 이 유적의 집터 안에서는 금탄리 1기의 유물이 주로 출토되나 밖의 포함층에서는 금탄리 2기와 압록강유역의 빗살무늬토기가 보이는 것을 시기차로 보아 움집 안은 B.C.3000년대 전반기로, 밖은 B.C.3000년대 후반기로 편년하였다. 이 유적은 궁산유형의 문화와 토성리유형의 문화가 만났던

9) 과학원출판사, 〈영변 세죽리유적 발굴〉(《문화유산》 1962-6).
김정문·김연우, 〈세죽리유적 발굴중간보고(1)·(2)〉(《고고민속》 1964-2·4).

지역으로 보여진다. 그러나 이 유적의 포함층문화가 이미 신석기시대 말기에 가까워지는 것으로 보아 그 연대는 B.C.1500년경으로, 움집 안은 이보다 좀 이른 B.C.2000년경으로 편년하는 것이 타당하리라 생각된다.

나) 평안남도 · 평양 · 황해도지방

(가) 온천 궁산리패총

궁산마을의 남쪽에 자리잡은 小弓山의 동남쪽 경사면에 형성되어 있는 패총 유적으로, 유물층의 면적은 약 5000㎡ 정도이다. 유적의 층위는 유적 전면에 걸쳐 약 20㎝의 부식토층 밑에 30㎝ 미만의 패층으로 구성되었고, 그 사이에 깊이 60～70㎝에서 120㎝ 이상인 움집 5기와 많은 유물들이 출토되었다.[10]

제1호 집자리는 직경 560～580㎝의 불규칙한 원형이고 깊이는 120～130㎝ 정도이다. 바닥에는 진흙을 다졌고, 화덕은 둘레에 돌을 돌린 90×78㎝의 타원형이며 그 옆에 큰 토기를 뒤집어 박은 저장공이 있었다.

제2호 집자리는 파괴가 심하여 크기와 평면형태는 알 수 없으나 깊이는 70㎝ 정도이고 바닥에는 진흙을 깔았다. 화덕은 진흙 테두리를 한 사다리꼴 모양이다.

제3호 집자리 역시 파괴가 심하여 크기와 평면형태는 알 수 없다. 깊이는 120～130㎝이고 화덕은 중앙에 있다.

제4호 집자리는 직경 520～550㎝의 원형이고 깊이는 90㎝이다. 바닥은 5㎝ 두께로 진흙을 다졌고 직경 85㎝의 화덕은 돌을 돌려 놓았으며 저장공은 밑창 떼어낸 독을 묻었다.

제5호 집자리는 290～400㎝×500㎝의 원형이고 깊이는 70㎝이며 바닥은 진흙을 깔았다. 화덕은 100～70㎝의 타원형으로 주위에 진흙 테두리를 하였다.

빗살무늬토기는 점토질 바탕흙에 활석과 석면을 섞은 것과 모래와 운모를 섞은 것을 사용하였다. 그릇의 모양은 독 · 항아리 · 단지 · 사발 등 여러 가지가 있는데, 단지 · 사발 등 일부 토기는 납작밑이지만 독 · 항아리 같은 큰 그릇들은 모두 둥근밑과 뾰족밑의 그릇이다.

무늬는 뾰족한 시문구의 끝으로 눌러 찍은 자돌문계와 침선문계의 수법으

10) 도유호 · 황기덕, 《궁산원시유적 발굴보고》(1957).

로 시문하였는데, 아가리무늬로는 점렬문·손톱문·어골문·중호문이 있고, 몸통무늬로는 종주어골문·'W'대문·찰과문 등이 보인다. 석기는 활촉·창끝·찔개살·어망추·갈돌·괭이·도끼·대팻날·끌·숫돌·찰절구·활석편 및 가공한 석기조각 등이 있고, 골기는 송곳·예새·괭이·뒤지개·낫·칼날·바늘·삿바늘·토기시문구·활촉·뼈구슬 등이 있다. 그 외에 가락바퀴·토주·관옥·옥도끼와 가공한 조개껍질 등이 있고, 사슴·영양·멧돼지 등의 동물뼈를 비롯한 자연유물들이 많이 출토되었다.

궁산에서는 괭이·굴봉·뒤지개·낫 등 농경에 관계되는 유물이 다른 신석기유적에 비해 다량으로 출토되어 원시농경이 본 궤도에 오른 것으로 생각되며, 물소뼈가 출토된 점은 농경에 적당한 기후였음을 알 수 있다. 그러나 유적이 해안가에 위치하고 있는 점과 그물추가 다량으로 출토되고 있는 점으로 보아, 주된 생업경제는 어로에 있었던 것으로 믿어진다. 가락바퀴가 상당수 출토되고, 바늘에 실이 꿰어져 있는 채로 출토된 점은 직조기술도 본격화되어 있었음을 알 수 있게 한다. 토기의 무늬 및 유물상으로 보아 1·3·4호 주거지를 1기로, 2·5호 주거지를 2기로 비정하고, 1기는 B.C.4000년대로, 2기는 B.C.3000년대 중반기로 편년하고 있다.

(나) 온천 연도리패총

토성면 燕島里에 위치한 신석기시대의 패총유적이다. 연도리는 대동강의 하구에 위치하는 광량만의 해안에 접하고 있으며, 북쪽 가까이에는 용반리패총이 있다.

유적은 높이 20m 내외의 구릉 위에 위치하여 조사 당시에는 남쪽의 단애부에 패총이 노출되어 있었다. 채집된 토기는 복원된 1점이 일본 경도대학에 보관되어 있는데, 그 형태는 서울 암사동의 출토품과 비슷하다 바닥이 비교적 뾰족하고 높이가 더 높다. 무늬의 구성방법은 금탄리식과 같으나 해주 용당포의 출토품에서 보이는 토기와 같은 횡주어골문이 전면에 새겨져 있어 특이하다.[11)]

이 유적은 서한첨저토기군의 이른 시기에 해당되는 것으로 추정할 수 있으며, 그 연대는 신석기시대 전기 중엽의 어느 한 시기에 속하는 것으로 보인다.

11) 有光敎一,《朝鮮櫛目文樣土器の硏究》(1962).

(다) 어은 장촌유적

御恩洞 장촌마을 뒷산의 능선 중턱에서 발견된 신석기시대 집자리유적이다.[12] 집자리 2기가 발굴되었는데, 1호는 7.0×5.5m의 긴 타원형의 움집이고 중앙에 화덕자리가 있으며, 2호는 방형의 반움집이며 크기는 4.3×4.3m이다.

1호 집자리에서는 돌도끼 1점, 자귀 1점, 갈돌 3쌍 등의 석기류와 8점의 토기가 출토되었는데, 무늬는 어골문·점선대문·단사선문 등이다.

2호 집자리에서는 자귀 1점과 어골문·점선문이 시문된 토기가 출토되었다.

이 유적에서 확인된 긴 타원형의 집자리는 궁산문화에서는 잘 보이지 않는 특수한 형태의 주거지로서 유물의 출토상태나 집자리구조에서 보아 남경유적 31호 집자리와 밀접한 관계가 있는 것 같다.

(라) 평양 청호리유적

평양시 대성구역 淸湖洞(옛 대동군 임원면 청호리) 대동강 강안의 충적평야에 있는 포함층유적이다.

유물산포지역은 동서 270m, 남북 90m 이르고 있으며, 포함층은 산포지역의 중앙부 동서 90m, 남북 27m 범위에서 확인되었다. 층위는 180m 정도의 표토층 밑에 72㎝ 정도의 모래층이 있으며, 이 모래층은 3㎝ 정도의 흑갈색 부식토에 의해 4개의 층위로 구분되며, 이 4개의 층에서는 다수의 빗살무늬토기를 비롯하여 손잡이·타제석부·어망추·사슴이빨 등의 유물이 출토되었다. 그러나 각 층에서는 같은 성격의 유물이 출토되어 단일시기의 유적으로 밝혀졌다.[13]

맨 아래층에서는 사방 1.8m 규모의 방형집터 1기가 확인되었는데, 이 집터의 바닥에는 편평한 돌을 깔았으며, 그 중앙부에는 돌을 돌려 만든 화덕자리가 1개 있었고, 그 옆에서 빗살무늬토기 1개체분이 부서진 채로 출토되었다. 이러한 형태의 집터는 이른바 돌깐집터로 이 유적 외에 강화도 삼거리, 강원도 춘성군 내평리에서 각각 1기씩 조사된 바 있는 우리 나라에서는 희귀한 예이다.

---

12) 석광준·허순산, 〈장촌유적 발굴보고〉(《조선고고연구》 1987-4).

13) 笠原烏丸, 〈櫛目文土器を發見せる北鮮淸湖里遺蹟に就いて〉(《人類學雜誌》 51-5·6, 1936).

빗살무늬토기는 모두 바닥이 둥근 심발형인데, 기벽이 1.5㎝를 넘는 두꺼운 것에서부터 3㎜의 얇은 것까지 다양하다. 두꺼운 것은 바탕흙에 모래와 운모가 섞여 있으나 얇은 것은 모래가 전혀 없는 점토로 되어 있다. 아가리는 약간 외반한 것과 내만한 것도 있다. 토기 외면에는 손톱무늬가 한 줄 내지 두 줄씩 간단히 시문된 것, 어골문이 아가리에서 바닥까지 전면에 시문된 것, 융기대문이 일렬로 시문된 것 등이 있다. 그 중에도 어골문이 전면에 시문된 것이 전체의 80% 정도를 차지하고 있어 이 유적의 주된 형식임을 알 수 있다. 융기대문을 시문한 토기는 바탕흙이 곱고 기벽이 얇으며, 토기 외면을 마연한 외에 내벽을 빗으로 긁어 정면한 것도 있다.

이 유적에서 출토된 토기와 석기의 특징은 이 곳과 가까운 금탄리 2문화층 출토유물과 유사하다.

(마) 평양 금탄리유적

평양시 사동구역 金灘里에 있는 신석기 및 청동기시대의 주거지유적이다. 이 유적은 대동강 중류의 한 지류인 남강이 대동강에 합류하는 지점에서 남강 좌안을 따라 약 1.6㎞ 올라간 하안단구층에 위치한다. 이 유적에서는 시기가 다른 3개의 문화층이 조사되었는데, Ⅰ·Ⅱ문화층은 신석기시대, Ⅲ문화층은 청동기시대의 것으로 확인되었다.14)

Ⅰ문화층에서는 장축이 남북으로 놓인 움집터 1기(7호 주거지)가 조사되었다. 움집의 바닥은 진흙을 깔아 다졌고 그 중앙부에는 점토띠로 테를 돌린 화덕이 설치되어 있었다. 움의 깊이는 30~50㎝로, 이 안에서 전형적인 뾰족밑그릇 전면에 줄무늬·톱니무늬·어골무늬를 교대로 배합한 활석질의 빗살무늬토기와 함께 도끼·활촉·보습·그물추 등의 석기가 출토되었다.

Ⅱ문화층에서는 방형·장방형 움집터 4기(5, 9, 10, 11호 주거지)가 조사되었다. 이 집터 안에서는 둥근 바닥의 토기 전면에 어골무늬가 들어 있는 것, 무늬가 전혀 없는 것, 한 줄의 무늬가 간단하게 들어 있는 것, 반들반들하게 마연된 몸통의 중간쯤에 덧띠가 한 줄 붙어 있는 토기들이 출토되었다. 석기로는 버드나뭇잎형과 보트형의 살촉·도끼·괭이·그물추·숫돌·갈판·마

14) 김용간, 《금탄리원시유적 발굴보고》(1964).

치·자귀·곱돌로 만든 팔찌·판암장신구 등이 출토되었는데, 9호 집터의 동벽 밖 1m 지점에서는 그물추 600여 개가 몰려 있는 채로 수습되었다.

이 유적의 Ⅰ·Ⅱ문화층은 궁산과 지탑리의 문화요소 위에 새로운 무늬를 베푸는 토기가 등장하는 것이 특징이다. Ⅰ문화층의 토기는 황해도 온천군 학월리와 평북 영변군 세죽리에서, Ⅱ문화층의 토기는 평양 남경과 황해도 해주시 용당포유적에서 보인다. 보고자는 이 유적의 문화에 궁산문화 유형의 잔존 요소가 남아 있는 것으로 보아 이 문화를 궁산유형에 포함시켜 Ⅰ문화층은 B.C.3000년대 전반기로, Ⅱ문화층은 B.C.2000년대 초로 편년하였다. 그러나 무늬로 볼 때 금탄리 Ⅰ문화층은 지탑리 2지구문화가 다른 토기문화의 영향을 받아 성립한 것으로 생각되므로, 그 상한은 B.C.3000년대 말~B.C.2000년대 초에 해당될 것으로 보여지며, Ⅱ문화층은 하한이 신석기시대 말기인 B.C.2000년대 전반기였을 것으로 생각된다.

(바) 평양 남경유적

이 유적은 평양시 삼성구역 남경마을의 앞벌인 대동강의 오른쪽 기슭에 위치하는 주거지유적이다. 1979년~1981년의 3차에 걸친 발굴조사에서 신석기시대부터 초기 철기시대까지의 유구가 조사되었다.15)

신석기시대층에서는 움집터 5기(12·17·31·32·37호 주거지)가 조사되었다. 움집 안에서는 금탄리 Ⅱ문화층의 토기와 유사한 어골문이 전면에 시문되어 있는 빗살무늬토기들과 함께 덧무늬와 번개무늬가 들어 있는 납작바닥의 목항아리가 출토되었다. 이 목항아리는 궁산유형의 다른 유적에서는 보이지 않는 토기로 서포항유형의 토기와 유사성을 보인다. 석기로는 도끼·자귀·갈판·갈돌대·살촉·그물촉·칼·시문구 등이 보인다.

31호 움집터는 움 안이 아래·위로 단이 져 있는데, 윗단에서는 2,600여 개의 그물추와 함께 점토에 굵은 모래를 섞은 흙덩어리가, 아랫단에서는 북벽에 병풍처럼 붙어 있는 갈판 5개가, 그 외에 좁쌀 1되가 각각 출토되었다. 이러한 점으로 미루어 볼 때 이 주거지는 공공시설의 집터였던 것으로 생각된다.

15) 김용간·석광준, 《남경유적에 관한 연구》(1984).

남경의 주거지는 토기와 집자리의 구조 비교에서 12·17·37호 집자리(남경 1기)와 31·32호 집자리(남경 2기)가 선후관계를 갖는 것으로 판단되는데 남경 1기는 금탄리 Ⅱ문화층보다 약간 앞서는 것으로, 남경 2기는 금탄리 Ⅱ문화층에서 뒤서는 것으로 편년하여 그 연대를 각각 B.C.3000년대 후반기와 B.C.2000년대 초로 비정하였다. 그러나 남경 1기는 B.C.2000년대 중반으로, 남경 2기는 B.C.1000년쯤에 형성된 것으로 생각된다.

(사) 평양 용곡리 2호 동굴유적

상원읍 龍谷里의 핵골이라는 골짜기에 있는데, 자그마한 석회암봉우리의 벼랑 밑에 남향으로 놓여 있는 쌍굴로 된 자연동굴이다.16) 이 유적 역시 구석기시대 문화층(제1문화층)과 신석기시대 문화층(제2문화층)으로 이루어져 있는데 신석기시대의 문화가 주류를 이루고 있다.

신석기시대 문화층에서는 2개의 인골화석과, 석기 25점, 가락바퀴 1점, 치레걸이 1점, 토기편 100여 점, 짐승뼈 897점 외에 불자리 흔적이 여러 곳에서 확인되었다.

석기류로는 돌괭이 3점, 돌호미 3점, 돌도끼 6점, 돌낫 1점, 돌보습 1점, 돌자귀 2점, 갈돌판 및 갈돌대의 조각이 각 1점, 발화석 5점 등이 출토되었고, 골기로는 송곳 1점과 찔개살 3점이 출토되었다.

토기의 태토는 큰 그릇의 경우는 굵은 모래알과 굵은 활석가루를 섞었고, 작은 그릇의 경우는 활석가루를 섞었으며, 소성온도는 섭씨 700~800℃ 정도이다. 토기의 형태는 밑이 뾰족한 것과 둥근 것, 납작하게 둥근 것 등이 있고, 아가리는 직립한 것과 외반한 것이 있는데, 대체로 심발형이 주류이나 얕은 사발모양과 고리가 부착된 토기도 출토되었다.

무늬는 그릇 전면에 걸쳐 시문된 것이 많은데, 시문수법은 침선문과 찍은 무늬가 기본이다. 무늬는 침선문으로는 어골문이 가장 많고, 단사선문과 종주어골문이 결합된 것, 격자문, 동심원문, 뇌문 등이 있고, 찍은 무늬로는 점렬문, 점렬거치문, 점렬문과 점렬곡선문이 결합된 것 등이 있다. 그 외에 무늬가 전혀 시문되지 않은 것도 꽤 보인다.

---

16) 전제헌·유 진·김금식·류정길, 《룡곡동굴유적》(1986).

(아) 송림 석탄리유적

松林市 石灘里의 북쪽을 흘러 대동강으로 들어가는 매상천 옆의 낮은 야산에 위치하는 주거지 및 분묘유적이다. 주로 청동기시대에 속하는 유물과 유구가 확인되었지만, 그 속에서 움집터 1기(제16호)와 약간의 빗살무늬토기 조각이 신석기시대의 것으로 확인되었다.[17] 아마 이 곳에 청동기시대 유적이 자리잡기 이전에 신석기시대 유적이 있었던 것으로 추정할 수 있다.

지표면에서 약 40㎝ 내려가서 빗살무늬토기조각이 깔려 있는 주거지 바닥이 확인되었는데, 많이 파괴된 상태였다. 움집 바닥에는 다져진 흔적도, 불에 탄 흔적도 없었으며, 남아 있는 집자리의 규모는 동서 길이 3m, 남북 너비 1m였다.

집자리에서 나온 유물은 4~5개분의 빗살무늬토기였다. 태토는 굵은 모래알이 섞여 거칠며 기형은 밑이 둥근 심발형이다. 무늬는 주로 침선문계무늬인데 어골문이 주류이고, 그 외에 뇌문과 그릇 위쪽에 2줄의 단선열문이 시문된 것도 보인다.

(자) 봉산 지탑리유적

智塔里의 대방군 토성 안팎에 위치하는 주거지와 포함층유적이다. 이 곳은 재령강의 한 지류인 瑞興川邊이며, 신석기시대에서 초기 철기시대에 이르는 유적이다. 1957년 지탑리에 있는 대방군 토성 안의 한 지점(Ⅰ지구)과 이 곳에서 남동쪽으로 750m 떨어져 있는 다른 지점(Ⅱ지구)이 발굴되었다.[18]

Ⅰ지구의 층위는 표토층·고대문화층·신석기문화층으로 되어 있는데, 신석기문화층에서 움집터 1기가 조사되었다. Ⅱ지구에서는 청동기시대의 팽이형토기문화층이 확인되었고, 신석기시대 움집터 2기(2·3호), 청동기시대 움집터 1기(4호)가 발굴되었다. 신석기시대 움집터의 깊이는 40~60㎝이며, 형태는 방형 혹은 말각방형이며 바닥은 진흙을 펴 다졌다.

1호 움집터는 바닥 외에 벽도 진흙으로 덧대고 다져 놓았다. 바닥의 중앙부에는 강돌로 테를 돌려 만든 화덕자리가 있고 그 주변에 토기 밑을 잘라 버리고 거꾸로 박아 놓은 저장공이 있었다. 2·3호 움집터에서는 바닥의 네

17) 리기련, 《석탄리유적 발굴보고》(1980).

18) 도유호, 《지탑리원시유적 발굴보고》(1961).

가장자리를 비롯한 곳곳에서 기둥구멍이 조사되었고, 벽면의 한 곳에는 계단형 또는 경사형의 출입구가 설치되어 있다. 지탑리 움집터와 비슷한 움집터는 평안남도 궁산조개더미, 서울 암사동유적 등 중·서부지방의 신석기시대 전기유적에서 조사된 바 있다.

토기는 바탕흙에 활석과 석면이 섞여 있는 밑이 뾰족한 심발형토기가 대부분이나 납작바닥토기도 약간 출토되었다. 밑이 뾰족한 심발형토기에는 아가리·몸통·바닥에 서로 다른 무늬가 새겨져 있는데 아가리에는 점줄무늬·점줄밀집무늬·손톱무늬·물결점줄무늬·무지개무늬 등이, 몸통에는 종주어골무늬·타래무늬·'W'띠무늬, 바닥에는 짧은 빗금무늬·횡주어골무늬가 주로 새겨져 있다. 석기로는 삼각형의 미늘식 활촉과 창끝·도끼·맷돌·숫돌·그물추·망치·공이·보습·낫 등이 출토되었으며, 2호 움집터에서는 피 또는 조로 보이는 탄화곡물이 3홉 정도 출토되어 한반도 최초의 농경 가능성을 시사하고 있다.

지탑리의 신석기문화는 신석기시대 전기의 전형적인 모습을 보여주고 있는데 북으로는 궁산조개더미, 남으로는 한강변의 암사동·미사리유적과 한 문화영역을 이루고 있다. 특히 한강변의 신석기문화는 이 문화의 전파·이주에 의하여 성립된 것으로 생각된다. 2호 움집터에서 출토된 돌보습·돌낫과 탄화곡물은 그 당시 주민의 경제생활이 수렵·어로 이외에 이미 원시적인 농경에도 바탕을 두고 있었음을 알리는 중요한 유물이 되고 있다. 이 유적의 연대는 1호 주거지와 퇴적층은 B.C.4000년대로, 2·3호 주거지는 B.C.3000년대인 것으로 추정된다.

(차) 봉산 마산리유적

신석기 및 청동기시대의 주거유적이다. 그 중 신석기시대의 유적은 표토층인 약 30㎝의 검은 모래층 밑에 황색 모래흙층(약 60~120㎝), 황색 모래층(약 70㎝), 원토층인 모래자갈층이 차례로 쌓여 있는데, 신석기시대의 주거지는 황색 모래층을 파고 지은 반 움집이다.[19)]

650㎡ 범위 안에 12개의 움집자리가 확인되었는데, 집자리의 평면형태는

19) 변사성·고영남, 〈마산리유적의 신석기시대 집자리에 대하여〉(《조선고고연구》 1989-4).

대부분 말각방형이나, 그 외에 장방형(3호)·원형(7호)도 있으며, 일부 집자리에는 너비 150cm 정도의 반달모양 출입구가 만들어져 있다. 움의 깊이는 대체로 30~40cm이고 집자리의 넓이는 가장 큰 1호분의 경우 650×680cm, 가장 작은 18－ㄴ호의 경우 330×340cm 정도이다. 벽은 붉은 진흙이나 황색 진흙을 발라 다졌고, 바닥은 황색 진흙을 펴서 다졌으며 중앙에는 돌을 돌린 직경 70~100cm의 화덕이 설치되어 있고, 일부 집자리에는 바닥을 약 50cm 정도 파고 진흙을 깔아 다진 다음 불로 구운 저장 움도 있었다.

유물은 보습·갈돌·도끼·자귀·대팻날·끌·정·창·활촉·그물추·칼·가락바퀴·시문구·숫돌 등과 100여 개 분량의 빗살무늬토기조각이 출토되었고, 그 외에 7호 주거지에서는 탄화된 조의 낟알도 출토되었다.

빗살무늬토기는 대부분 침선문이고 일부분이 민무늬였으며 형태는 단지·바리 등이다. 침선문은 점선묶음무늬·어골무늬·점선타래무늬·사선띠무늬 등이다.

이 유적은 집자리와 유물 갖춤새로 보아 그 성격이 지탑리유적 제2지구와 유사한 것으로 추정된다.

(카) 해주 용당포패총

황해도 해주시 龍塘里에 위치한 신석기시대 후기에서 청동기시대에 걸쳐 형성된 패총유적이다.[20] 용당포 나루터에서 약 200m 동북쪽에 있는 동굴산 남쪽 경사면에 위치한다.

이 조개더미층은 경사면의 위쪽부분에서는 얇았으나 아래로 내려가면서 점차 두꺼워져 가장 두꺼운 부분은 2m를 넘는다. 발굴된 제1구덩이의 1층은 굴껍데기와 검은 진흙 및 막돌이 섞인 층으로 아무런 시설물도 보이지 않는다. 2층은 재가 많이 섞인 부식토층으로, 화덕으로 추정되는 불맞은 진흙무지가 발견되었다. 3층은 純貝層으로 유물이 극히 적다. 제2구덩이의 표토층 바로 밑은 混土貝層이고 그 아래는 생토인데 혼토패층 밑부분에서는 화덕자리가 발견되었다.

출토유물 중 토기는 빗살무늬토기가 대부분이지만 민무늬토기도 보인다.

---

20) 김용남, 〈해주시 용당리 용당포조개무지 유적조사보고〉(《고고민속》 1963－1).

빗살무늬토기의 무늬는 종주어골문과 횡주어골문을 전면에 시문한 것 외에 파상점선문 · 격자문 · 집선문 · 체크무늬 등이며, 기형은 밑이 둥근 심발형이 많으나 납작바닥의 것도 보인다. 바탕흙은 차진 점토에 활석을 섞은 것이 대부분이고 석면을 섞은 것도 약간 있다. 민무늬토기는 수량이 적은데, 말각평저도 보이며, 바탕흙은 빗살무늬토기와 비슷하다. 석기로는 편암의 간돌활촉 · 곰배괭이 · 매부리형석기 · 갈판 등이 있다.

출토유물로 보아 이 패총은 신석기시대 후기로부터 청동기시대에 걸쳐 형성된 것으로 여겨진다. 빗살무늬토기는 궁산리 · 지탑리 · 금탄리유적의 것들과 비슷하다.

(타) 청단 소정리유적

해주에서 靑丹으로 가는 도중 역인 갈산역 남쪽으로 약 6㎞ 정도 떨어져 蘇井里가 있고 유적은 이 소정리의 남쪽 700m 정도 떨어진 동서로 긴 구릉 위에 자리잡고 있다.

여기에서는 신석기시대 집자리 11개와 청동기시대 집자리 4개가 조사되었다.[21] 집자리들은 구릉 등판의 약 7000㎡ 범위 안에서 발굴되었으며 모두 움집이다.

이 곳의 집자리들은 2개 혹은 3개가 중복되어 있는 것도 있는데, 평면형태는 타원형 · 말각방형 · 말각장방형 · 장방형 · 장방형과 원형이 복합되어 있는 것 등 다양하다. 크기는 가장 큰 9호 집자리가 660×520㎝이고 가장 작은 8호 집자리는 370×280㎝이다. 바닥은 대개 평탄하게 고루고 다진 다음 불로 구워 단단하게 하였으며 바닥 가운데에 돌을 돌리거나 오목하게 판 화덕이 만들어져 있었다. 이들 주거지의 공통적인 특징은 주거지의 단벽쪽에 좁고 긴 복도식의 출입구가 설치되어 있는 점이다.

유물은 갈돌편 일부를 제외하고는 모두 약 40개체분의 토기편뿐이었다. 태토는 진흙에 차돌을 모래처럼 잘게 깬 차돌모래를 섞은 것이 기본이고, 일부 활석과 모래 · 운모를 섞은 것이 보인다. 기형은 대부분은 외반한 것이고, 내경한 것은 극히 적으며, 밑창은 모두 둥근 것으로 심발형이 일반적인 것 같다.

무늬는 어골무늬 · 사선띠무늬 · 수직선띠무늬 · 점사선띠무늬가 일반적인데,

---

21) 변사성, 〈소정리유적 제1지점의 신석기시대 집자리보고〉(《조선고고연구》 1992-3).

이 중 가장 많은 것은 어골무늬이고, 그 외에 격자무늬, 여러 줄의 점선묶음을 서로 꼬아 놓은 점선타래무늬, 점선물결무늬와 어골무늬를 배합한 것, 다치구로 곡선이 되게 그은 무늬 등이 있다. 무늬가 전혀 시문되지 않은 것도 있고, 또 밑창 끝까지 전면에 무늬를 새긴 것도 있긴 하지만, 대개는 아가리와 몸통까지만 무늬가 새겨진 것 같다.

발굴자들은 집자리의 중복관계와 그 구조적 특징 및 빗살무늬토기의 특징 등을 근거로 이 유적의 신석기시대 집자리를 제1기(1·7·9·11·15호)와 제2기(2·3·4·6·8·10호)로 구분하고, 1기는 궁산문화 3기에, 2기는 궁산문화 4기에 각각 속하는 것으로 추정하고 있다.

다) 서울·경기도지방

(가) 서울 암사동유적

한강 남안에 강변을 따라 동서로 형성되어 있는 충적사질층의 대지 위와 그 양쪽 경사면에 형성되어 있는 포함층유적이다.[22)]

층위는 표토층과 생토층을 제외하고 3개의 문화층으로 구성되어 있다. 제1문화층은 명갈색 또는 적갈색의 사질층으로 여기서는 전형적인 서해안식 빗살무늬토기와 주거지 적석유구들이 확인되었다. 제2문화층은 흑회색 사질층으로 후기 빗살무늬토기와 청동기시대의 유물이 출토되며, 제3문화층은 표토 아래 형성된 흑갈색 부식토층으로 백제문화층이다.

이 유적의 최하층인 제1문화층에서는 25기의 움집터가 확인되었다. 움집의 평면형태는 말각방형(최소 3.9×3.1m, 최대 6.3×5.9m)·원형(최대지름 5m)·장방형(7.9×6.6m)·타원형(5.0×3.5m) 등이 있는데, 그 수는 말각방형이 가장 많고, 그 다음이 원형이다. 네 모서리에 1개씩의 기둥구멍이 있는 것이 많고, 대부분의 움집 중앙에는 돌을 돌린 원형·방형·장방형의 화덕이 있고, 일부에는 한쪽 벽에 출입구시설이 있는 것과 토기를 거꾸로 박은 저장공이나 선반 같은 시설을 한 것도 보인다.

빗살무늬토기의 태토는 운모가 섞인 사질토가 대부분이나 기벽이 얇고 정

22) 金元龍, 〈岩寺里遺蹟의 土器·石器〉(《歷史學報》 17·18, 1962).
任孝宰, 《岩寺洞》(서울대 박물관, 1985).
國立中央博物館, 《岩寺洞》(1994).

선된 태토의 토기에는 석면·활석이 섞인 것이 많다. 이외에 활섭석·휘석 등도 나타난다.

기형은 직립구연과 첨저의 반란형 또는 포탄형이 기본이고, 원저 및 말각평저도 있으나 후자는 대부분 소형 완이다. 반란형의 첨저토기는 입지름과 높이가 거의 비슷하며 높이는 20~40㎝가 많은데 60㎝가 넘는 대형도 보인다.

무늬는 구연부·몸통부·저부의 세 부위에 각기 다른 무늬를 시문한 이른바 구분문계 전면시문토기가 주류를 이루나 몸통무늬가 전면에 시문된 동일문계도 있고 소형 평저토기에는 무늬가 생략되거나 사격자문이 거칠게 시문되어진 것도 있다. 구분문계는 일반적으로 구연부에 3~7렬의 단사선문을, 몸통에 종주어골문, 저부에 횡주어골문·방사상문을 시문하였다. 구연부에는 단사선문이 90% 이상을 차지하고 기타 조문·점렬문·사격자문·횡선문 등이 보이며, 몸통에는 종주어골문이 가장 많고 다음으로 횡주어골문, 이어서 격자문·능형문·찰과문 등이 보인다. 구연부와 몸통 사이에 파상점선문·중호문·거치문·능형문이 첨가된 토기도 있다. 저부에는 횡주어골문이 주로 시문되나 격자문·단사선문·찰과문도 있으며, 구분문계토기에는 저부무늬가 생략된 것도 있다.

석기는 자갈돌의 둥근 면을 떼내어 만든 긁개와 찍개·도끼 등의 타제석기가 주류를 이루며 납작한 타원형 자갈돌의 양끝을 쪼아 내어 만든 어망추도 상당량 출토되고 있다. 마제석기로는 돌도끼·석촉·석추·돌낫·연석이 보인다.

암사동 신석기유적은 전형적인 구분문계토기가 주류를 이루는 아랫문화층과 동일문계토기가 주류를 이루는 윗문화층으로 나뉘어진다. 아랫문화층은 지탑리·궁산유적과 비슷한 시기의 유적으로 서한빗살무늬토기문화 중 빠른 시기에 해당하며, 그 연대는 B.C.4500~3000년 사이이다. 위층의 문화는 반출유물이 거의 보고되어 있지 않고 C_{14}연대도 없으나 대체로 신석기 후기의 B.C.2000년대에 속하는 것으로 생각된다.

(나) 옹진 백령도패총

白翎島에는 용기포의 포구 부근과 말등부락 부근 2곳에 패총이 있다.[23)]

---

23) 崔夢龍 外, 〈白翎·延坪島의 櫛文土器遺蹟〉(《韓國文化》 3, 서울大, 1981).
任孝宰·李俊貞, 〈白翎島 新石器時代貝塚에 대하여〉(《韓國考古學報》 31, 1994).

이 중 규모가 큰 말등패총은 패각층의 두께가 약 60~100㎝, 길이가 15~20m에 달한다.

유물은 빗살무늬토기 구연부·동체부·저부편 외에 빗살무늬토기계 민무늬토기와 긁개 2점, 기타 뼈조각과 마제석부, 자갈석기 수십점이 채집되었고, 또 화덕자리와 유사한 불피우던 흔적도 확인되었다.

빗살무늬토기의 태토는 점토에 굵은 모래알이 섞였고, 구연부는 직립하였다. 무늬는 드문드문 시문된 단사선문과 가느다란 침선이 여러 줄 그어져 어골문일 것으로 추정되는 무늬들이 보인다. 시문수법이 아주 조잡한 것으로 보아 신석기시대 후기 이후에 속하는 것으로 추정된다.

(다) 옹진 연평도패총

延坪島에는 크고 작은 9개의 신석기시대 패총이 곳곳에 분포하고 있다.[24] 그 대표적인 것 중의 하나가 연평리 동쪽 길가에 위치하는 E지구패총이다. 규모는 30×20m 정도이며 퇴적층의 깊이는 1.5m 정도인데 층위는 표토층(30㎝), 회색 패각층(80㎝), 갈색 패각층(40㎝)으로 이루어져 있다.

빗살무늬토기의 태토는 석면이나 활석이 섞인 것이 많고, 모래알이 거의 섞이지 않은 정선된 점토를 사용하고 있다. 무늬는 횡주어골문·단사선문·파상점선문·능형점렬문 등이 있고 무늬가 없는 토기편도 있다. 그 외에 직경 9㎝ 정도의 원판형석기도 채집되었다.

빗살무늬토기의 시문방법이 정연하고 특히 조밀하게 시문된 점렬문계통의 무늬들이 많은데, 이것은 주변의 다른 패총에 비해 이 유적의 연대가 올라갈 가능성을 말해주고 있다고 하겠다.

(라) 시흥 오이도 신포패총

烏耳島 新浦에는 3개의 패총이 남아 있다.[25]

A패총은 오이도 남쪽 끝 포구인 신포동 마을 뒷산의 표고 7~10m 지점에 있는데, 파괴되고 패각층이 극히 일부만 남아 있다. 층위는 표토 아래에 10~20㎝의 혼토패각층과 그 아래의 검은 부식토층으로 되어 있었는데, 교란되지 않은 곳에서 간혹 빗살무늬토기편이 채집되었다.

---

24) 崔夢龍 外, 위의 글.

25) 任孝宰·朴淳發, 《烏耳島貝塚》(서울大 博物館, 1988).

무늬는 단사선문·조형문·횡주어골문·횡선문·삼각거치문·삼각집선문 등이 있는데, 시문수법은 비교적 정연한 편이다. 같은 오이도 북부패총, 신포 C패총과 함께 서해 중부지방의 신석기 중기 후반에 해당할 것으로 추정된다.

B패총은 A패총의 동쪽 신포마을 뒷산의 표고 11~15m 지점에 형성되어 있다. 이 패총은 규모가 각기 다른 10개의 패각무더기로 구성되어 있는데, 이 무더기들은 부분적으로 상호 연결되어 패각무더기 사이의 선후관계에서 밝혀진 층위관계는 모두 12개의 층서로 나타나 있다. 표토층 밑에 5~6개의 패각층과 부식토층이 교대로 퇴적되어 있다.

한 패각무더기의 두께가 30~40㎝ 정도이고, 넓이가 대체로 30~35㎡ 정도인 것으로 보아 한 계절 동안의 패각폐기단위일 가능성이 많아 시간폭이 그렇게 길지 않았을 것으로 추정하고 있다.

유구로는 야외노지 3개소가 발견되었고, 유물은 빗살무늬토기편과 석촉 1점, 석부 2점, 굴따는 석기 1점, 골촉 1점이 있다.

밑바닥은 거의 대부분 둥근밑인데, 1점을 제외하고는 무늬가 없는 것으로 보아 주로 몸통부까지만 시문되었던 것 같다. 무늬의 종류는 단사선문·조형문·자돌점렬문·횡주어골문·세격자문·사선열문·동심원점렬문·파상점렬문·격자문·사선문 등 다양한데 구분문의 경우 단사선문 및 조형문과 횡주어골문이 결합된 것이 많은 듯하고, 동일문의 경우는 횡주어골문이 가장 많은 것 같은데, 여기에 다치구로 시문한 것도 있다. 빗살무늬토기의 특징으로 보아 이 패총은 시도 1·2지구와 비슷한 신석기 후기에 속하는 것으로 추정된다.

신포 A패총에 서쪽으로 약 300m 정도 떨어진 표고 6~10m가량 되는 지점에 C패총이 있다. 발견 당시에는 군시지대에 포함되어 있었다.

여기에서 채집된 빗살무늬토기의 무늬는 단사선문·조형문·횡주어골문·종주어골문과 단사선문+횡주어골문·조형문+횡주어골문 등이 보인다. 저부까지 사선문이 시문된 것으로 보아 전형적인 구분계 전면시문토기도 있었던 것 같다. 일부 어골문 중 찰과상으로 시문된 퇴화된 무늬도 있지만 빗살무늬토기의 특징으로 보아 상한은 서해 중부지방의 빗살무늬토기 중기까지 올라갈 가능성이 많다.

(마) 옹진 시도패총

矢島에는 3곳에 패총이 남아 있다. 이 중 강화도 동막동과 마주보는 섬의 북단에 위치하는 제1지구패총이 가장 규모가 크다.[26] 흙이 거의 없는 순패각층이 50㎝ 정도 쌓여 있고 그 밑에 검은색의 부식토층이 10㎝가량 쌓여 있는데, 이 부식토층 바닥에서 60~80㎝의 타원형 화덕자리가 1개 발견되었다. 화덕자리는 지름 5㎝ 정도의 잡석을 평탄하게 깔아 만든 것인데, 이와 같은 형태의 화덕자리는 패각층 사이에도 있었다.

유물은 대부분 토기편이고 석기는 약간뿐이며 뼈도구는 전혀 출토되지 않았다. 유물은 부식토층 윗면에서 가장 많이 나왔으며 패각층내에서는 소량만 나왔다.

토기는 굵은 모래알이 섞인 점토질 태토로 빚었으며 운모가 섞인 사질계와 활석과 석면이 섞인 토기도 약간 있다. 운모가 섞인 토기는 기벽이 두텁고 큰 전형적인 빗살무늬토기이며 활석과 석면이 섞인 것은 기벽이 얇은 소형토기였다. 기형은 직립구연에 밑이 둥근 U자형 심발형이 대부분이나 간혹 외반구연도 보인다.

무늬는 구분문과 동일문의 두 종류가 있다. 구분문토기는 구연부에 단사선문·점선열문 등을 넣고 몸통에는 어골문을 주로 시문하였는데 구연부에는 사격자문·조형문도 소량 보이며 구연부와 몸통 사이에 점렬로 重弧文이나 파상문을 넣은 것도 있다. 완전히 복원된 토기는 없으나 이들 구분문토기는 대부분 바닥에는 무늬가 생략된 것으로 보이며 몸통까지 무늬가 생략된 것도 있다. 동일문토기는 구연부에서 몸통 중간까지 횡주어골문을 시문한 토기로 횡주어골문은 선과 폭이 정연한 것도 있으나 조잡하고 상하의 선이 겹친 퇴화된 어골문이 주류를 이루고 있으며 무늬가 분해되어 격자문화된 것도 있다. 이외에 무늬가 전혀 시문되지 않은 것도 약간 공반되고 있다.

석기는 어망추 2개, 석부 1개, 석도 2개, 석촉 4개, 연석봉 2개가 출토되었다. 어망추는 길쭉한 자갈의 허리를 쪼아 내어 만들었으며 석촉은 無莖의 逆刺式이다. 석도는 자갈돌을 옆면에서 때려 떼어낸 격지로 예리한 날면을 그대로 사용하였고, 석부는 긴 타원형의 조그마한 조갯날 도끼이다.

---

26) 韓炳三, 《矢島貝塚》(國立中央博物館, 1970).

1지구패총은 변형된 횡주어골문토기가 주류를 이루면서 구분문토기도 출토되고 있다. 양자가 동일한 시기에 같이 공반된 것인지 층위가 교란된 것인지는 확실하지 않으나 변형 횡주어골문토기의 존재는 이 유적이 신석기시대 후기에 속함을 보여준다.

(바) 안산 초지리(별망)패총

군자면 초지 2리의 해발 48m 야산의 남쪽 경사면에 위치하고 있는데, 1974년에 발굴되었다.[27] 원래 이 일대는 바닷가였으나 간척사업에 의해 발굴 당시에는 논과 밭으로 바뀌어 있었다.

유적의 층위는 표토 아래에 흑갈색 패각층이 있고 그 밑에 적갈색 또는 황갈색 패각층이 지역에 따라 달리 퇴적되어 있었다. 적갈색 패각층 아래에서는 잡석이 섞인 찰진 진흙층이, 황갈색 패각층 아래에서는 화덕자리와 모래층이 깔려 있었다. 빗살무늬토기는 적갈색 진흙층과 화덕자리 주변에서 집중적으로 출토되었고 패각층에서는 빗살무늬토기와 김해식토기가 공반되고 있었는데, 원삼국시대 이후에 교란된 것으로 보인다.

화덕자리는 사질생토를 60㎝ 정도 판 후, 주위에 잡석을 돌려 만들었고 2개체분의 토기조각이 산포되어 있다. 토기들은 몇 편의 운모 섞인 사질토기편을 제외하고는 모두 점토질태토에 모래알을 섞었다. 기형은 직립구연에 밑이 뾰족하거나 둥근 반란형으로 토기 겉면과 구연부 안쪽에는 나무결이나 조가비를 이용해 문지른 條痕이 많이 나타난다.

패각층의 출토유물 중 신석기시대에 해당되는 유물은 토기뿐이다. 토기는 동일문토기가 주류를 이룬다. 무늬의 종류는 單齒具로 깊게 새긴 횡주어골문과 다치구로 아래 위가 겹치게 새긴 횡주어골문, 횡주어골문이 해체된 X자형무늬가 있으며 구연부 주위나 몸통부 중간까지만 시문하였다. 이외에 구연부에 단사선문·단사점선문이 새겨진 구분문토기도 출토되었다. 바닥층 출토유물은 석기 2점 외에는 모두 토기이다. 역시 동일문토기가 주류를 이루나 구분문토기도 패각층에 비해서는 다양하게 출토되고 있다.

동일문 중 정연한 횡주어골문은 보이지 않고 다치구에 의한 조잡한 횡주

27) 金元龍, 〈草芝里(別望)貝塚 發掘調査報告〉(《韓國考古學報》 7, 1979).

어골문이 많고 선이 짧고 무늬의 폭이 넓은 횡주어골문, 삼치구에 의한 평행단사선문도 보인다. 무늬는 몸통 중간까지나 몸통 아래까지 시문하였다. 구분문에는 구연부에 단사점선문을 6렬 배치하고 몸통에 각이 좁은 ∧형무늬를 좌우로 겹치게 그은 뒤 그 안에 두 줄의 평행단사선을 새기고 밑은 무늬를 생략한 토기, 구연부에 점렬문을 12열 시문하고 몸통에 횡주어골문을 시문한 토기, 구연부에만 단사점선문·단사선문·조문 등을 시문한 토기 등이 있다. 또한 전면에 무늬가 생략된 토기도 몇 편 출토되었다.

석기는 전면을 마연한 조갯날 도끼와 숫돌 각 1점씩이 출토되었다.

草芝里 別望貝塚은 대체로 신석기시대 늦은 시기의 유적이다. 패각층 출토유물에 비해 바닥층 출토유물이 다소 이른 양상을 보이나 양자의 시간적 차이는 거의 없을 것으로 추정된다.

(사) 일산 신촌유적

일산읍 주엽리 새말(新村) 앞 경작지 일대의 퇴적층에서 구석기시대의 석기, 신석기시대의 토기, 청동기시대의 토기와 석기가 출토된 포함층유적이다.[28] 기반암풍화대 위에 덮힌 굵은 모래층이 구석기층이고, 그 위의 대화리층 아래쪽에서 신석기시대 토기가 보이며, 다시 그 위의 갈색 토탄층에 역시 신석기시대 토기가 출토되었다.

대화리층의 빗살무늬토기의 태토는 점토에 석영과 장석 알갱이가 들어 있는 것과 가는 모래가 들어 있는 것이 있으며, 기형은 구연이 직립하고 밑이 뾰족한 서해안식의 심발형이다. 무늬는 구연부에서부터 몸통 전체에 걸쳐 횡주어골문의 단일문양이 시문되었는데, 시문구는 이빨이 3~4개인 다치구이다. 이 층의 토기는 무늬와 토기모양으로 보아 대동강 이남에서 중부지방에 걸쳐 분포하는 전형적인 서해안식 빗살무늬토기로서 신석기시대 이른 시기의 유형에 속하는 것으로 보인다.

갈색 토탄층의 빗살무늬토기의 태토는 점토의 함량이 많은 편이고 굵은 석영 알갱이가 두드러진다. 토기편이 작아 정확한 기형은 알 수 없지만 대화리층과 같을 것으로 추정된다. 무늬는 횡주어골문이 주류이지만 그 외에 집

28) 윤내현 외, 〈일산 3지역 고고학조사〉(《자연과 옛사람의 삶》 1992).

선문계통의 무늬도 보인다. 아래층과는 달리 무늬는 단치구로 시문하였고 시문상태도 정연한 편이 아니다. 이 층의 토기는 신석기 중기에서 늦은 시기에 걸치는 것으로 추정되고 있는 서해안의 오이도·시도·소야도유적의 토기와 비교될 수 있는 공통점이 보인다.

(아) 하남 미사리유적

암사동유적에서 약 6㎞ 상류의 한강 남안의 충적사질의 臺地 속에 형성되어 있는 포함층유적이다. 渼沙里는 현재 물길의 변화에 따라 한강 본류와 지류에 의해 에워싸인 섬으로 되어 있고 유적은 섬의 서남단에 형성되어 있다. 강의 침식과 모래채취작업 그리고 미사리조정경기장의 건설 등으로 유적이 많이 파괴되었고, 1987~92년 사이에 대규모 발굴이 이루어졌다.[29]

포함층의 두께는 현재의 지표면으로부터 바닥인 생토면까지의 2.3m에 달하는데, 모두 7개의 자연층으로 구분된다. 이 중 신석기시대의 유물은 제4층의 아랫부분에서부터 출토된다. 여기서는 바닥을 제외한 토기 전면에 어골문을 시문한 동일계빗살무늬토기가 출토되었다. 기형은 원저이며, 바탕흙에 굵은 모래알을 섞고 있어서 민무늬토기의 바탕흙과 흡사한 점이 많다. 제5층은 유물이 포함되어 있지 않은 유물무포함층이었고, 제6층 및 제7층에서는 아가리와 몸통에 서로 다른 무늬로 토기의 겉면 전체를 장식한 구분계빗살무늬토기가 주류를 차지하고 있다. 기형은 첨저이며, 바탕흙에는 고운 모래와 운모가 많이 섞여 있다.

무늬는 아가리에는 주로 평행밀집사단선문이나 열점문·손톱무늬가, 몸통에는 종주 또는 횡주어골문이 시문된 것이 가장 많고 사격자문도 보이며, 구연부와 몸통 사이에는 죽관에 의한 연호문·중호문이 삽입된 것도 있다. 저부에는 어골문과 사선문이 보인다.

토기 이외의 생활도구로는 타제석부류와 돌그물추가 채집되었고, 최하층인 바닥면에서는 탄화된 도토리가 약간 채집되었다. 여기서 채집한 목탄을 방사성탄소연대측정법으로 측정한 결과 B.C.3150±140년의 연대가 나왔다.

29) 金元龍, 〈廣州 渼沙里 櫛文土器遺蹟〉(《歷史學報》 14, 1961).
金鍾徹, 〈廣州 渼沙里 櫛文土器에 대한 小考〉(《韓國考古》 1, 1967).
渼沙里遺蹟發掘調査團, 《渼沙里》 I－V(1994).

층위에 따라 각각 다른 종류의 토기가 출토되는 것으로 보아, 초기에는 암사동출토 빗살무늬토기와 동일한 빗살무늬토기를 사용하던 사람들이 거주하다가, 그 후기에는 동일계빗살무늬토기를 사용하는 사람들이 거주하였고, 그 뒤에도 청동기시대와 원삼국시대에 걸쳐 선사시대 사람들이 계속 거주하였던 유적으로 생각된다.

라) 충청도지방

(가) 단양 상시 바위그늘유적

上詩 2·3바위그늘유적 모두에 신석기시대의 유물이 출토되었다. 그 중 그 내용이 자세하게 소개된 것은 3바위그늘이다.[30] 넓이 14㎡의 조그마한 유적인데, 입구 길이는 4m, 그늘 안의 길이는 9m이다. 층위는 모두 6개로 구분되는데, 그 중 4층에서 1층까지 토기가 출토되었다. 4층은 적색 사질점토층으로 융기문토기가, 3층은 갈색 고운 모래층으로 빗살무늬토기가 각각 출토되었고, 1·2층은 교란되어 빗살무늬토기·석기·골각기·사람뼈 등이 함께 출토되었다.

융기문토기는 구연단 4㎝ 밑에서부터 2㎝ 간격으로 덧띠 4줄을 평행으로 부착하고 그 위를 일정한 간격으로 눌렀고, 토기 겉면은 잘 마연하였다. 기형은 밑이 납작한 발형토기일 것으로 추정된다. 빗살무늬토기는 대부분 점토에 석영이나 운모가 섞인 태토로 빚었으며, 외반된 구연 2점 외에는 모두 직립구연이고 밑은 뾰족하다.

무늬는 1~2열의 단사선문이 구연부 주위에만 시문된 것이 주류를 이루나 평행단사선문과 횡주어골문을 구연부와 몸통에 시문한 것, 점렬문 밑에 횡주어골문이 시문된 것도 있다. 출토된 밑바닥토기로 보아 전면시문토기는 없었던 것 같다. 그 외에 방사상의 점렬문이 시문된 주판알 모양의 가락바퀴도 1개 출토되었다.

석기는 굴 안쪽으로 치우쳐서 발견되었는데, 자르개·석촉·숫돌·갈돌 등은 각 층에서 고루 출토되는 반면, 4층에서는 찍개·긁개·대팻날이, 1층에서는 밀개·긁개·공이·곰배괭이가 추가로 출토되었다.

---

30) 손보기, 〈단양 상시유적 발굴중간보고〉(《한국고대사의 재조명》, 1983).
———, 《상시 Ⅰ그늘 옛살림터》(1984).

골각기는 모든 층에서 출토되었는데, 대부분 뾰족한 끝을 이용한 찌르개로 쓰였던 것 같고, 조가비유물로는 1층에서 팔찌와 치레걸이가, 5층에서는 투박조개로 만든 팔찌가 각각 출토되었는데, 모두 바닷조개이다. 그 외에 다슬기·우렁이·대고둥·홍합·산달·토끼·고라니·말·여우 등의 동물뼈와 팽나무 등의 자연유물도 출토되었다.

4층에서 출토된 평행융기대문은 비교적 이른 시기의 무늬이므로 이 층의 연대는 신석기시대의 조기 또는 전기에 속할 것으로 보인다. 1~3층에서 출토된 유물은 그 수가 적어 층위간의 변화는 알 수 없으나, 단사선문·횡주어골문·평행사선문 등은 토기의 바닥 또는 몸통무늬가 생략된 단계의 것으로 그 시기는 신석기시대의 후기 이후에 속할 것으로 추정되며 구연부에 빗방울모양처럼 시문된 1~2열의 단사선문은 남해안의 신석기 말기유적에서 많이 나타나는 무늬이다.

(나) 단양 도담리 금굴유적

남한강의 강안 언덕에 형성된 동굴유적으로 1982년에 발굴되었다.[31] 굴의 크기는 높이 8m, 길이 85m, 가장 넓은 곳의 너비가 7~10m이며, 강의 수면보다 5.4m 위에 있다. 층위는 모두 8개로 나누어져 있었는데, 대부분 구석기문화층이고, Ⅱㄴ층이 신석기문화층, Ⅱㄱ층이 청동기문화층이다. 신석기문화층에서 출토된 유물은 뗀석기·뼈연모·치레걸이·조가비 등과 빗살무늬토기가 출토되었다.

빗살무늬토기의 태토는 모래가 섞인 점토가 주류이고 운모가 섞여 있는 것도 꽤 있다. 구연은 외반된 것 1점 외에는 모두 직립하였고, 저부는 둥근밑과 모죽인 납작밑이 보이는데, 기형은 대부분 반란형인 것 같다. 무늬는 구연부 주변에 주로 시문되어 있고, 몸통까지 시문된 것은 그렇게 많지 않은 것 같으며, 시문수법은 찰과상으로 시문한 것이 많다. 사격자문·단사선문을 단독으로 시문한 것이 가장 많고 태선식의 횡주어골문도 보이며, 구연부에 단사선문을 몸통에 집선문을 시문한 구분문토기편도 출토되었다.

석기는 납작한 조약돌로 만든 그물추·찍개·마치 등이 있고, 골기는 뼈송

31) 손보기, 〈단양 도담리금굴유적 발굴조사〉(《忠州댐水沒地區 文化遺蹟延長發掘調査報告書》, 1984).

곳·뼈바늘이, 그 외에 조가비팔찌·뿔고둥으로 만든 치레걸이 등이 각각 출토되었다. 또 사슴·멧돼지·너구리·말·자라 등의 짐승뼈와 고둥·다슬기·조개 등의 조개류도 출토되었고, 불땐 자리와 그을은 큰 돌도 Ⅱㄴ층에서 확인되었다.

시문수법이나 무늬의 종류가 대체로 남해안지역과 관계가 있는 듯한 느낌이 들며 그 연대는 스친 듯이 구연부 주변에만 시문한 사격자문·단사선문 등은 남해안 신석기 후기로, 단사선문과 집선문이 복합시문된 토기와, 태선식어골문토기는 신석기의 중기 후엽으로 각각 추정된다.

(다) 청원 쌍청리유적

강외면 雙淸里 산 3-1에 위치하는 신석기 및 삼국시대의 주거지유적으로, 1993년 발굴되었다. 유적은 미호천으로 합류되는 병천 천변에 남북으로 길게 형성된 해발 70m 내외의 야산에서 다시 서쪽으로 약간 돌출된 해발 50m 정도의 얕은 구릉 위에 입지하고 있다. 여기에서는 2기의 수혈주거지가 조사되었고, 토기 및 석기류 등의 유물들이 많이 출토되었다.[32)]

3호 주거지는 길이 180㎝, 폭 100㎝ 내외의 凸자모양의 돌출부가 달린 수혈주거지이다. 주거지 깊이는 20㎝ 내외이며 바닥에서 1개의 기둥구멍이 확인되었다. 4호 주거지 역시 많이 파손되고 현재 동서 310㎝, 남북 260㎝ 정도 남아 있고, 깊이는 30~40㎝ 정도이다. 평면형태는 방형 또는 장방형으로 추정된다. 주거지 내부 바닥과 남쪽 외곽에 넓고 깊은 구멍이 여러 개 보이는데, 용도는 알 수 없다.

빗살무늬토기는 밑이 둥글고 구연이 직립한 심발형과 목이 좁고 밑이 둥글며 깊이가 얕은 단지가 있다. 무늬가 없는 것도 있지만 대개 무늬는 아가리 주변과 몸통까지만 시문되었다. 무늬는 침선문계가 주류인데 능형집선문·횡주어골문·종주어골문·평행사선문·평행단선문·평행선문·격자문 등이 있고, 그 외에 연속점렬문과 압날 및 압형문이 약간 보인다. 무늬는 대개 단독문인 것 같고, 횡주어골문이 가장 많다. 이 유적의 특이한 토기는 납작한 단지에 압날 및 압형문이 시문된 錦江式토기이다. 이 토기는 영동 금정리유

32) 申鍾煥, 《淸原雙淸里 住居址》(國立淸州博物館, 1993).

적, 대전 둔산동유적 등 금강수계 본류 및 지류에만 분포하는 지역성이 강한 토기이다.

석기류는 석도·석영석기·석부·보습·숫돌·갈돌 등이 보이는데, 주로 농경과 관련시켜 생각해 볼 수 있는 것이 많은 반면, 어망추 등 고기잡이 관련유물은 전혀 보이지 않는다.

(라) 영동 금정리유적

심천면 錦汀里 금강 상류의 충적대지에 남아 있는 유적인데, 석영석기·격지 및 민무늬토기·적갈색 연질토기·타날문토기·기와조각들과 함께 빗살무늬토기·그물추가 출토되었다.[33]

빗살무늬의 바탕흙은 모래질과 고운 모래나 굵은 모래가 섞인 찰흙질의 두 가지가 있다. 기형은 뾰족밑에 곧은 입술의 심발형토기가 대표적이며 밑이 약간 둥근 것도 있었고, 손잡이 달린 것과 겹입술토기도 보인다.

무늬는 단사선문·점렬문·사격자문·종주어골문·집선문과 점렬문+종주어골문 등이 있는데 사격자문이 가장 많다. 주로 구연부 주위에만 시문되었고, 시문수법이 조잡한 편이다. 겹입술토기와 함께 일부 무늬가 남해안지방 무늬와 유사하여 두 지역간의 연관성을 짐작케 하고 있다.

(마) 태안 고남리패총

安眠島의 남단에 위치하는 고남면 古南里의 감나무골 일대에 있는 패총인데, 1988~94년 6번에 걸쳐 발굴되었다. 3개의 소규모 패총이 부분적으로 서로 겹쳐져 형성되어 7개의 층위로 나뉘어지며, 1~4층까지는 민무늬토기문화층이고, 5~7층이 빗살무늬토기문화층이다.[34]

빗살무늬토기문화층에서는 많은 빗살무늬토기와 석기가 출토되었다. 빗살무늬토기의 형태는 아가리가 곧게 올라가고, 밑이 둥근 심발형이며, 바탕흙은 석영·장석·활석알갱이와 운모·조개가루 등이 많이 섞인 점토로 민무늬토기의 바탕흙과 유사하다.

무늬는 40여 가지가 있는데, 어골문 모티브가 가장 많고, 단사선문·점렬

33) 이융조·신숙정, 〈중원지방의 빗살무늬토기고찰〉(《孫寶基博士停年紀念 考古人類學論叢》, 1988).

34) 漢陽大博物館, 《安眠島古南里貝塚》 I ~IV(1990~1995).

문 등도 보인다. 구분문의 경우 대체로 아가리부분에는 단사선문이나 점렬문, 몸통부에는 어골문이 시문되었던 것 같으나 어골문 위주의 동일문계가 주류인 것 같으며, 밑부분은 무늬가 없었던 것 같다. 대체로 시문수법이 거칠고 조잡한 편이며 복선어골문도 많이 보인다. 시도패총·별망패총·오이도패총 등에서 나타나는 무늬와 유사하다.

(바) 대전 둔산동유적

갑천변의 북쪽으로 돌출한 표고 약 50m의 언덕에 위치하고 있는 신석기시대 포함층유적인데 1991년에 발굴되었다.[35] 유구는 작은 집자리와 성격을 알 수 없는 구덩이 13기가 조사되었다. 유구의 직경은 2~3m 내외이고, 깊이는 가장 깊은 곳이 80~130㎝ 정도이다. 유물은 부식토층에서 주로 출토되었는데, 빗살무늬토기 외에 보습 1점, 갈돌편 2점, 어망추 3점, 석기재료 다수, 석기 반제품 1점, 타원형 석재 10점 등이 출토되었다.

빗살무늬토기의 태토는 운모와 석영이 섞인 모래질도 있으나 민무늬토기와 같은 점토질도 있다. 기형은 구연부는 대부분 직립하였으나 약간 외반된 것도 있고, 대부분 밑이 둥근 심발형이지만, 압날 및 압형무늬가 시문된 토기는 구연부가 좁아진 단지형이다.

무늬는 삼각집선문·능형집선문·사선문·횡주어골문·퇴화단사선문 등의 침선문과 점렬문·능형압날 및 압형문 등이 있다. 그 중 특히 중부지방 빗살무늬 중에서는 삼각 및 능형집선문이 많은 점과 금강수계의 독특한 무늬인 능형의 압날 및 압형문이 많이 출토되고 있는 점이 특징적이다.

(사) 서산 휴암리유적

해미면 소재지 남쪽의 구릉 위에 위치하는 청동기시대의 주거지유적인데, 1968년에 발굴되었다. 행정구역상으로는 휴암리와 용암리로 나누어져 있지만 실제는 연결된 한 구릉이다. 청동기시대 주거지유적이지만 여기에서 신석기시대의 敷石遺構 1개소와 꽤 많은 빗살무늬토기편이 채집 또는 출토되었다.[36]

35) 李康承, 〈대전 둔산 신시가지개발지역내 선사유적발굴조사〉(《第15回 全國考古學大會發表要旨》, 1991).

36) 國立中央博物館, 《休岩里》(1990).

청동기시대 주거지인 A·B호 주거지 주위의 넓은 면적에 걸쳐 부석이 설치되어 있다. 부석은 크기가 20㎝~40㎝가량 되는 할석을 생토층인 풍화암반층 위에 깔아 만들었고, 그 상부에는 연갈색의 부식토층이 10~20㎝ 두께로 쌓여 있었다. 전체 부석의 규모는 동서 약 20m, 남북 약 16m인데, 그 중앙부는 2기의 수혈가옥을 세우기 위하여 동서 9m, 남북 8m 범위에는 돌이 깔려 있지 않았다. 깐돌 틈에서는 빗살무늬토기편들이 출토되었다. 발굴자들은 이 부석유구를 무덤시설일 것으로 추정하고 있으나 확실치 않다.

빗살무늬토기의 형태는 직립구연에 밑이 둥근 심발형토기가 주류이며, 무늬는 구연부에는 단사선문 혹은 단사점렬문이, 몸통에는 종주어골무늬가 시문되어 있고, 바닥은 무늬가 없는 것이 일반적이다. 그러나 전면이 민무늬인 것, 구연부에서부터 어골문이 시문된 것도 공반된다. 특히 어골문은 多齒具로 지그재그식 꺾임선의 너비를 좁게 하여 치밀하게 시문된 것이 특징이다.

태토는 진흙 또는 사질토에 고운 모래와 운모가 섞여 있는 것이 보통이나 중호문이 시문된 토기는 활석과 석면이 섞여 있어 암사동이나 시도출토 토기와 매우 유사하다.

이 유적은 빗살무늬토기의 무늬·태토 등에서 볼 때, 지탑리·암사동·시도 등의 빗살무늬토기와 같은 문화영역에 속하는 것으로 볼 수 있으며, 특히 무늬조합상이나 어골문의 시문수법으로 볼 때, 암사동계문화와 시도계의 문화가 복합되어 나타난 것으로 볼 수 있다고 한다. 그러나 그 연대는 추정되고 있는 것처럼 모두가 신석기시대 말기에 속한다고는 생각되지 않는다.

마) 전라도 및 제주도지방

(가) 부안 계화도유적

행안면 界火島의 246.3m 최고봉의 정상 남쪽 사면에 있는 포함층유적이다. 원래는 동진반도에서 서북쪽으로 5.5㎞ 떨어진 섬이었으나 현재는 육지로 연결되어 있다. 유물은 석성의 무너진 돌밑 지표 아래 30㎝ 정도에 묻혀 있었는데 빗살무늬토기편 약간과 석기류 11종 등 총 20여 점이 출토되었다.[37]

---

37) 全榮來, 〈扶安 界火島山上遺蹟 新石器時代遺物〉(《全北遺蹟調査報告》 10, 1979).

빗살무늬토기의 기형은 입술이 곧은 것, 안으로 약간 오목한 것, 밖으로 벌어진 것 외에 둥근밑 조각이 있었다. 바탕흙은 황토에 석영질 모래를 섞은 것과 벽돌색 진흙에 고운 운모편을 섞은 약간 단단한 것의 두 종류가 있다. 무늬는 단사선문·손톱무늬·횡주어골문·파상문 등이 있는데, 어골문과 파상문은 부산 영선동·동삼동 등 조개더미에서 나온 눌러 찍은 무늬들과 매우 유사하다.

석기류에는 석영암제격지 돌날 3점, 규암옥수로 된 말굽형 마제옥부 2점, 투각섬석편암으로 만든 유백색 동물이빨형 장식 1점, 석영편암·운모편암·흑색각섬석편암의 납작양날 돌도끼 5점, 수석화니질암을 원통형으로 갈아서 만든 대형의 간조갯날 돌도끼 1점, 돌끌 1점, 사암제 숫돌 1점이 있었다. 또한 특이한 것으로는 사암질 자갈을 계란형으로 다듬은 뒤 그물추처럼 홈을 쪼아 두르고 한쪽 끝을 갈아 둥근날을 세운 돌도끼가 있고, 그 밖에 뗀격지석기로서 T자형을 한 것과 등날을 세운 돌검형 석기가 각각 1점씩 있었다.

이 중 가장 주목되는 것은 소형 옥도끼인데, 이러한 옥도끼는 만주 요령지방의 약왕묘·남산근 하가점문화 하층과 적봉홍산후 제2주거지 등에서 출토된 예가 있으나, 한반도에서는 궁산리유적 V갱에서 출토되었을 뿐이다. 옥도끼의 석재인 「옥수」는 우리 나라에서는 생산되지 않고 남시베리아지방에서만 한정되고 있어 그 지역 문화와의 관계를 살피는데 참고가 된다.

토기무늬를 보면 이 유적은 서해안지방보다는 동남해안지방의 빗살무늬토기문화와 관련이 더 깊은 것 같아 주목된다.

(나) 부안 대항리패총

변산면 大項里 蛤九味마을에 있는 패총유적이다. 패총의 범위는 남북 약 14m, 동서 약 10m이고, 퇴적층의 두께는 127㎝이다. 두께 53~65㎝의 패각층에서 타제석기 5점과 빗살무늬토기 2점이 채집되었다.[38]

토기는 무늬가 없으나 태토는 고운 사질토에 운모가 비교적 많이 함유되어 서해안지방의 전형적인 빗살무늬토기의 태토와 상통하고 있다. 석기는 모

38) 崔夢龍, 〈大項里貝塚〉(《考古美術》 115, 1972).

두 반암제의 타제석기인데, 자갈돌에 옆으로 타격을 가해 만든 석부형 刃器로서, 서해안계 자갈돌석기라고 할 수 있다.

이 유적은 토기에 무늬가 없어 단정할 수는 없지만, 태토와 석기의 성격으로 보아 빗살무늬토기계통의 패총일 것으로 추정하고 있다.

(다) 신안군 대흑산도패총

진리만 남쪽에 잘록한 구릉의 북쪽 경사면 해안 가까운 모래땅에 있는 패총이다.[39] 유적은 3개의 퇴적층으로 이루어져 있다. 위로부터 Ⅰ층은 갈색 모래층(40~100㎝), Ⅱ층은 모래섞인 자갈층(20~60㎝), Ⅲ층은 두께 24~36㎝인데, 다시 Ⅲ-a의 렌즈형 패각층(24~36㎝)과 Ⅲ-b의 갈색 모래층으로 나누어진다. 신석기시대의 유물은 Ⅱ층과 Ⅲ-a층에서 출토되었다.

유물은 빗살무늬토기·붉은칠토기·무늬없는 토기와 석기가 출토되었다. 빗살무늬토기의 태토는 운모와 석영립이 섞인 사질토, 활석분이나 활석립이 섞인 사질토, 굵은 석립이 섞인 점토질 등이 있으나 운모나 석영립이 섞인 사질토가 일반적이다. 무늬는 단사점렬문·퇴화단사선문·삼각세집선문·밀집집선문 등이 보이는데, 밀집집선문을 제외하고는 구연부 주변 일부에만 시문되어 있고 시문수법도 대개 조잡한 편이다. 밑은 거의 둥근바닥이며, 아가리는 직립 또는 겹아가리가 대부분이다.

석기류는 뗀석기 및 일부 날을 간 돌도끼와 비교적 거칠게 만든 찍개·긁개 등이 있다. 그리고 토제 그물추도 출토되었다. 빗살무늬토기의 무늬로 보아 이 유적은 신석기시대 가장 늦은 시기에 속하는 것으로 생각된다.

(라) 신안 소흑산도패총

섬의 북단에 있는 可居島등대가 있는 서북방향으로 길게 뻗은 능선의 서쪽 경사면에 형성된 패총이다.[40] 패총의 범위는 20×10m 정도이고, 순패층을 포함한 유물포함층의 깊이는 약 2m가량이다. 층위는 표토층(5~10㎝), 부식토층(20~30㎝), 순패층(10~25㎝), 혼토패층, 흑갈색토층 등과 황토 및 암반으로 이루어졌다.

유물은 주로 부식토층에서 발견되었는데 다양한 종류의 토기류·석기류·

39) 金元龍·任孝宰, 《南海島嶼考古學》(1968).
40) 李康承, 앞의 글.

뼈연모 등이 있다. 토기의 태토는 모래알이 약간 섞인 점토이며, 무늬는 덧무늬·굵은금무늬·가는금무늬·점줄무늬·눌러찍은무늬 등과 무늬없는 토기 등이 있고 바닥은 둥근바닥과 납작바닥이 있다. 그 밖에 간돌도끼와 뼈바늘이 있다.

(마) 여천 돌산 송도패총

섬의 북안에 있는 표고 2~10m 내외의 낮은 언덕지대에 있는 패총인데, 1989~90년 2번에 걸쳐 발굴되었다.41) 유적의 범위는 35×30m 정도이며 크게 4개의 퇴적층으로 이루어졌으나 이 층위는 다시 7개의 작은 층으로 나누어진다. 패각층의 두께는 50~120㎝ 정도이며 유물은 Ⅲ-b층을 제외한 모든 층위에서 출토되었다. 제Ⅰ층은 표토인 경작층으로 Ⅱ층인 흑갈색 혼토패층과 함께 교란된 층위이며, 여러 종류의 유물이 출토되나 표지적 유물은 점렬무늬토기 및 두터운 아가리 또는 겹아가리토기이다. 석기류는 긁개, 날을 간 돌도끼 등이 있다. Ⅲ층은 다시 3개층으로 세분된다. 맨 위의 Ⅲ-a층은 덧무늬토기와 함께 굵은 침선문토기와 가는 침선문토기 및 무늬없는 토기가 출토되는데, 표지유물은 침선문토기이며 이외에 각목토기 및 붉은칠토기도 있다. Ⅲ-c층은 비교적 얇은 띠형태로 존재하는데 굵은 침선문토기가 새로이 등장하고 덧무늬토기 등 Ⅳ층유물이 계속되고 있다. 이음식낚싯바늘이 출토되었으며 흙으로 만든 구슬과 가락바퀴도 있다. 최하층인 Ⅳ층은 흑갈색 진흙층으로 덧무늬토기·붉은칠토기·무늬없는 토기 등이 출토되며, 밀개·찍개류, 일부 날을 간 돌도끼 등의 석기류도 있다.

그 외에 골각기로는 찌르개·예새·낚싯바늘·조가비팔찌 등이 나오고, 멧돼지·사슴뼈 등의 동물뼈와 19종의 조개껍질도 채집되었다.

3층에서는 2채의 집자리가 확인되었다. 1호 주거지는 패각을 파고 그 안에 진흙을 채워 만든 것인데, 바닥의 가운데 지름 45~50㎝ 정도의 화덕이 있고 납작한 판돌로 된 2개의 기둥받침이 있다. 규모는 파괴되어 확실하지 않으나 지름 460㎝ 정도이고 평면은 원형(또는 타원형)으로 추정되며 高床家屋일 가능성도 있다. 유물은 격지 등의 덜된 연모, 변형덧무늬 및 무늬없는

41) 국립광주박물관, 《突山 松島》Ⅰ·Ⅱ(1989·90).

토기, 갈돌, 갈판, 사냥돌 등이 있다.

2호 주거지는 1호와 겹쳐서 그 아래에 위치한다. 바닥 가운데에는 90~100㎝ 정도의 비교적 커다란 화덕이 있다. 화덕의 서남쪽에 지름 20~30㎝, 깊이 15㎝의 기둥구멍이 1개 있으며 그 밖에 출입시설은 발견되지 않았다. 전체적인 규모는 파괴로 확실하지 않으나 지름 540㎝ 정도이며 평면은 원형 또는 타원형으로 볼 수 있겠다. 유물은 숫돌, 갈돌, 흑요석조각, 변형덧무늬 및 무늬없는 토기, 붉은칠토기 등이 출토되었다.

4층과 바로 위의 3층에서 나온 숯으로 잰 방사성탄소연대값은 5440±170B.P.(반감기 5730년)와 5430±170B.P.(반감기 5570년)이다.

(바) 제주 고산리유적

북제주군 한경면 高山里의 해안단구대지에 자리잡고 있는 포함층유적이다.[42] 유적의 범위는 남북 1,000m, 동서 150m 정도이다.

이 곳은 火山碎屑層이 수차에 걸쳐 퇴적된 것으로, 이 퇴적물 상부 1m 미만의 깊이에 황갈색생토층·황갈색점토층·흑색부식토층 그리고 표토층이 차례로 퇴적되어 있고, 유물은 생토층 위의 황갈색점토층과 흑색부식토층에서 출토되었다.

유물은 석기가 대부분이고 토기편은 약간 있을 뿐이다. 석기는 모두 타제인데 3,000여 점이 채집 또는 출토되었다. 대부분 박편이고 모양을 갖춘 석기는 390여 점이다. 종류는 석촉이 가장 많고, 긁개·첨두기·돌날석기·첨기형석기 등이 있는데 전부 눌러떼기기법으로 제작한 5㎝ 미만의 소형석기들이다. 석재는 안산암류와 혼펠스가 대부분이다. 토기는 심발의 아가리 주변에 3줄의 태선융기문을 돌린 덧무늬토기와 짚이나 동물의 털 같은 것을 혼합하여 소성한 질이 거친 토기들이 출토되었는데, 기형은 평평하고, 아가리가 내경하거나 직립한 심발형이다.

이 유물들은 모두 6,400B.P.에 폭발한 일본 「아카호야」화산재층 밑에서 출토되고 있음이 확인되었다. 따라서 이러한 사실은 이 유적출토 석기와 토기의 특성과 함께 이 유적이 우리 나라의 신석기시대 초창기에 해당하는 유적일

42) 李淸圭, 〈濟州道 高山里出土 隆起文土器〉(《耽羅文化》 9, 1989).
李淸圭·高才元, 〈高山里遺蹟과 石器遺物〉(《濟州 新石器文化의 源流》, 1995).

가능성을 말해주고 있으며 아울러 일본 繩文초창기~조기문화와의 관련성은 물론 우리 나라 신석기시대의 상한연대를 올려 보아야 하는 중요한 단서를 제공해 주고 있다.

(사) 제주 북촌리유적

북제주군 조천읍 북촌리에 있는 바위그늘유적이다. 1986년 발굴되었다.[43] 바위그늘의 방향은 정남향이고, 규모는 길이 11m, 폭 3m 내외, 높이 2m이며 면적은 30㎡이다. 유적의 퇴적층은 표토층 밑에 4개층이 퇴적되어 있었는데, 최하층인 5층에서 신석기시대의 유물이 원상태로 출토되었다.

유물은 빗살무늬토기가 가장 많고 골각기와 석기가 약간 검출되었으며 특이하게 탄화된 개산초 열매도 채집되었다.

빗살무늬는 주로 구연부 아래에 2~4열의 점렬을 압인기법으로 시문한 압인점렬문토기이고 이중구연토기도 꽤 출토되었다. 그 외에 격자문·단사선문·조개껍질로 찍은 어골문 등이 약간 보인다. 이 유적의 토기에 나타나는 공통적인 특징은 토기 내외면을 패각 또는 다른 도구로 긁어서 정제한 흔적이 남아 있는 점이다.

이 유적은 출토유물의 특징으로 보아 신석기시대 후기~말기에 속하는 것으로 추정되는데, 이는 최하층 채집패각에서 얻어진 2920±25B.P.의 방사선탄소연대로서도 방증된다.

바) 경상도 지방

(가) 부산 율리 바위그늘유적

구포에서 북쪽으로 3㎞ 정도 떨어진 栗里마을 뒷골짜기 입구에 위치한 소규모 바위그늘유적이다.[44] 이 패총은 약 200~250㎝ 높이의 병풍처럼 둘러쳐진 바위 입구에 만들어진 깊이 2.8m, 높이 약 2m 정도의 바위그늘을 의지해서 만들어진 주거지와 패총의 복합유적이다. 유적의 크기는 암굴을 중심으로 그 안쪽과 약간 경사진 암굴 앞쪽의 9×8m 범위에 걸쳐 분포되어 있다.

층위는 표토층을 제외하고 3개층으로 나누어져 있으며, 층위별 유물의 차

---

43) 李淸圭, 《北村里遺蹟》(濟州大 博物館, 1988).

44) 釜山大博物館, 《金谷洞 栗里貝塚》(1980).

이는 없었다. 암굴 내부에서는 서로 층위가 다른 화덕자리 3개가, 암굴 외부 동쪽에는 무덤 아니면 야외조리시설일 것으로 추정되는 둥근 돌무지유구(積石遺構) 4개가 발견되었다.

출토유물은 토기·석기·장신구 등이며, 그 양은 많지 않았다. 토기는 붉은간토기(丹塗磨研土器)편 2점, 무문토기편 1점 외에는 모두가 빗살무늬토기이다. 토기의 모양은 V자 혹은 U자형의 심발형이 대부분이고 그 밖에 호형토기 몇 점과 납작바닥토기(平底土器) 조각도 1점 있었다.

심발형토기는 곧은아가리(直立口緣)와 겹아가리(二重口緣)의 두 종류가 있는데, 곧은아가리가 많았으며 무늬없는 것이 대부분이고 무늬있는 것은 아주 적었다. 무늬의 종류는 빗금무늬(短斜線文)·빗점무늬(斜點列文)·격자무늬·점렬무늬 등이 있는데, 대부분 구연부 주위에만 시문되어 있고 시문수법도 조잡한 편이었다.

석기는 갈아서 만든 도끼·화살촉·끌·바퀴날도끼(環狀石斧) 각 1점과 숫돌 3점이 있었으며, 그 밖에 滑石製 타원형 장신구 1점, 子安貝形 토제품 1점, 타원형 土板 2점도 각각 출토되었다. 이들 유물은 붉은간토기 등 신석기시대 후기의 것도 있지만, 신석기시대 말기의 것이 주류를 이루고 있으며 또 평저토기·마제석착·석촉 등 청동기시대의 것도 보인다.

이 조개더미는 낙동강 하류에 위치하는 겹아가리토기의 표지적인 유적으로, 그 규모로 보아 바위그늘을 이용한 일시거주유적으로 추정되며, 부산지방에서 신석기문화와 청동기문화가 단절없이 연결되는 증거를 보여주는 중요한 유적이라 생각된다.

(나) 부산 동삼동패총

부산시 영도구 동삼동 750-1에 있는 신석기시대의 패총이다. 이 패총은 남해안 일대에서는 가장 규모가 크고, 여러 문화층이 겹쳐져 있어 우리 나라 남해안지방의 신석기문화연구에 매우 중요한 유적이다.[45]

이 패총의 층위는 발굴자에 따라 3~5개층으로 형성되어 있다고 하는데,

45) Sample, L. L., Tongsamdong : A Contribution to Korean Neolithic Culture History, *Arctic Anthropology*, *XI-2*, 1974.
金元龍, 〈東三洞貝塚의 位置와 年代〉(《嶺南大 文理大學報》 8·9·10, 1977).

대개 층위는 표토층 밑에 2개의 패각층과 2~3개의 혼패토층이 교대로 쌓여 총 5~6개의 자연층위로 퇴적되어 있고, 이들은 3~5개의 문화층으로 구분될 수 있다고 한다.

가장 오래된 I기는 平底太·細線隆起文土器, 豆粒文土器 등의 융기문계 토기가 대부분이며 석기는 박편찍개가 출토되었다.

그 다음 II기는 단도마연토기·융기문토기·두립문토기·압인문토기·침선문계빗살무늬토기 등이 출토되었다. 융기문이 극성을 이루고 영선동식의 압인문계어골문이 새로 등장하면서 집선문계의 서해안계통 빗살무늬토기가 조금씩 등장한다. 석기 및 골각기로는 이음식낚시·숫돌·박편찍개·자갈돌 긁개·날부분만 마연한 도끼·뼈바늘 등이 출토되었다.

III기는 注口토기·指頭文토기·단도마연토기·태선침선문계토기 등이 출토되었다. 이 시기에는 융기문토기가 거의 없어지고, 중·서부지방의 전형적인 빗살무늬토기 영향을 받은 태선침선문계토기가 크게 유행하다가 점차 변질되는 특징을 보여준다. 석기와 골각기로는 이음식낚시·긁개·숫돌·흑요석제석촉·마제석부·타제석부·뼈바늘 등이 출토되었다.

마지막인 IV기는 III기 후반부터 나타나기 시작한 침선문의 퇴화현상이 더욱 뚜렷해지는 한편, 새로이 겹구연토기가 등장하고, 무늬없는 토기가 절대다수를 점하며 석기는 긁개·타제석부·흑요석제석기 등이 출토되었다.

이외에 각 층에서는 끝이 뾰족한 尖頭器를 비롯한 여러 종류의 골각기와 조개팔찌를 비롯한 여러 종류의 패기도 출토되었다. 그리고 유구로는 화로자리와 분묘로 보이는 적석시설이 발견되었으며, 앞으로 패총 주변을 더 조사하면 이들의 마을도 확인될 가능성이 많다.

이 패총에서는 40여 종의 조개류와 상어·참치·돔 등의 물고기류, 멧돼지·사슴·고래 등의 동물뼈 등 자연유물이 많이 출토되어 그들의 경제활동과 당시의 자연환경을 복원하는데 중요한 자료로 제공되고 있다.

이 유적에서 얻어진 방사성탄소연대는 B.C.5000년에서 B.C.1510년까지인데, 이는 우리 나라의 신석기시대 초기에서 말기까지의 연대이다. 따라서 이 유적은 우리 나라의 남해안지방 신석기시대 거의 전기간에 걸쳐 형성되었음을 알 수 있기 때문에 이 지역의 신석기문화의 내용 전부를 포함하고 있다고 하겠다. 그리고 이 유적에서 출토되는 일본의 죠몬토기와 일본산 흑요석제 석기의 출토를 통해 일본과의 교역도 이루어졌음을 알 수 있다.

이와 같이 동삼동패총은 남해안지방의 신석기문화 내용과 인접문화와의 상호교류관계를 잘 보여줄 뿐만 아니라 당시 일본지역과의 교류관계까지도 알려주는 중요한 유적이라 하겠다.

(다) 부산 영선동패총

부산시 영도구 瀛仙洞 1520번지 일대에 있었던 패총이나 지금은 완전히 소멸되었다.[46] 이 조개더미는 신석기시대와 철기시대 두 시기의 유적이 겹쳐져 있었던 것으로 추정되는데, 순패각층의 두께는 50~30㎝ 정도였다고 한다.

여기에서는 토기를 비롯하여 석기·골각기·조개팔찌 등이 출토되었는데 토기가 압도적으로 많다. 무늬없는 토기도 약간 있지만 눌러찍은 아가리무늬 계통의 빗살무늬가 주축이었다. 그릇의 형태는 목이 달린 단지와 깊은 사발모양의 것이 많으며 바닥은 전부 뾰족밑 또는 둥근밑이고 납짝밑은 보이지 않는다. 무늬는 덧무늬와 눌러찍은 무늬의 2종류가 있는데 모두 아가리 주변에만 새겨져 있다.

덧무늬토기 가운데는 注口가 달리고 아가리 주변에 흙타래를 N자모양으로 이어붙인 깊은 사발모양의 토기가 특이하다(〈보물 제597호〉). 눌러찍은 무늬에는 작은 고기뼈모양의 무늬를 가지런하게 새긴 것과 또 새꼬막조개 따위를 눌러 새긴 지그재그모양의 무늬도 있다. 이들 토기에는 동삼동조개더미의 경우와 마찬가지로 아가리 위를 톱니바퀴처럼 자른 것도 발견되며 그 외에 아가리가 물결모양으로 된 것이 있는데, 이것은 일본 죠몬토기에서도 볼 수 있는 특이한 것이다.

석기는 깨뜨려서 만든 것과 부분적으로 갈아서 만든 돌도끼 몇 점이 있고, 뼈로 만든 첨두기 각 1점도 출토되었다. 자연유물로는 굴을 포함한 10종의 조개류와 바다표범 및 말뼈도 출토되었다.

영선동조개더미는 대체로 동삼동조개더미의 5층과 비슷한 시기의 어느 한정된 기간 동안만 존속했던 유적으로 추정되며 특히 이 유적은 동해안계통

46) 有光教一, 앞의 책.

의 눌러찍은 무늬토기의 표지적인 유적으로 볼 수 있어 주목된다.

그러나 국립진주박물관에 전시중인 영선동출토 빗살무늬토기에는 전형적인 남해안식의 태선문계빗살무늬토기도 다수 보인다. 이 토기가 눌러찍은 무늬토기와 같은 곳에서 출토된 것인지, 아니면 전혀 별개의 유적인지의 여부는 확인할 수 없지만, 만약 알려진 영선동조개더미 출토품이라면, 이 유적의 하한은 동삼동조개더미의 4층단계까지 내려올 가능성이 많다고 하겠다.

(라) 부산 다대동패총

부산시 사하구 多大洞의 다대포해수욕장 동쪽 끝부분인 몰운대 입구에 있었던 패총유적이다.[47] 큰 태풍 때문에 대부분 파괴·소멸되었고, 유물은 부산대학교에 보관되어 있다. 이 조개더미는 4개층으로 이루어져 있었으나 유물이 나오는 층은 2·3층이었다. 2층에서는 철기시대 유물이, 3층에서는 신석기시대의 유물이 각각 출토되었으며, 영선동조개더미의 경우와 마찬가지로 시기가 다른 2개의 조개더미가 한 곳에 중첩되어 있었음을 알 수 있다.

유물은 토기류가 가장 많고 가락바퀴·흑요석제석기·돌망치 등이 있으며 또 일제 때 말안장모양의 갈돌 몇 점도 채집된 바 있다고 한다.

토기류는 빗살무늬토기가 주류이고 그 외에 붉은 칠한 토기가 약간 보인다. 빗살무늬토기의 성격은 대개 동삼동패총의 3·4층과 비슷하며, 그 외에 덧무늬토기도 상당수 보인다.

무늬는 몸통까지만 시문되어 있는데, 대부분 아가리무늬와 몸통무늬가 구분되고 있다. 대표적인 무늬는 동삼동조개더미와 마찬가지로 짧은 사선무늬와 고기뼈모양무늬가 복합된 것이며 모두 선이 굵은 전형적인 남해안식 태선침선문계무늬이다.

출토유물의 성격으로 보아 이 유적의 중심연대는 대개 남부지방의 신석기문화 중기에 해당하며 그 성격은 동삼동조개더미의 4층~3층단계와 대체로 비슷할 것으로 추정된다.

(마) 부산 범방패총

부산시 강서구 凡方洞 195~211번지 일대에 있는 신석기시대의 패총이다.

---

47) 金龍基, 〈多大浦貝塚 發掘報告〉(《釜大史學》 2, 1971).

낙동강 하류의 서쪽에 위치하는 유적으로 김해 수가리패총과는 산등성이 하나를 사이에 두고 인접해 있다. 현재 논과 밭으로 개간되어 많이 훼손되었으나 그래도 비교적 잘 남아 있는 편이다.[48] 확인된 자연퇴적층은 모두 24개 층이었으나 크게 3개의 문화층으로 구분할 수 있었고, 출토유물은 토기류·석기류·골각기류 등 다양한 편이다.

토기류는 隆起帶文토기·隆起線文토기·細格子沈線文토기·豆粒文토기·丹塗磨研토기·彩文토기·刺突文토기·刺突系押引文토기·押引密集短斜線文토기·口脣刻目文토기·沈線文토기·退化沈線文토기·短斜線文토기·二重口緣토기 등이다. 우리 나라 남해안지역의 신석기시대 전기간에 걸친 다양한 토기류가 망라되어 출토되었다. 기형은 碗形·壺形·鉢形·소형토기 등 다양하며 저부의 형태도 첨저·원저·평저·말각평저 등 다양한 편이다. 특히 신석기시대 전기의 토기인 융기문·세격자침선문·두립문·단도마연·지두문·자돌문·자돌계압인문·구순각목문토기 등이 층위별로 다량 출토되어 신석기시대 전기토기의 변화를 새롭게 조명할 수 있는 자료가 된다.

석기류는 마제석부·타제석부·반월형석기·갈돌·갈판·敲石·砥石·흑요석제석촉·이음식낚시의 軸部·흑요석 박편 등이 출토되었다. 석부는 대부분 타제이며 날부분만 마연한 것도 있다. 반월형석기는 사암제로서 석재를 자르거나 홈을 만들 때 사용한 공구이다. 특히 이음식낚시는 제Ⅰ문화층에서만 출토되고 갈판은 제Ⅱ문화층에서 출토되어 식생활의 변화를 엿볼 수 있는 중요한 자료이다.

골각기류는 이음식낚시의 조침부를 제외하고는 비교적 단순한 모양인 첨두기뿐이다. 골각기 중에는 섬세한 사격자문이 시문된 것이 있는데, 이는 흑요석기를 이용하여 시문한 것으로 추정되며, 이외에 조개팔찌·어망추 등도 출토되었다.

범방패총에서 조사된 유구는 분묘 1기, 원형노지 1기, 원형집석유구 7기이다. 분묘는 제Ⅰ-1문화층의 상부에서 검출되었는데 墓壙이 뚜렷하게 확인되지 않아 간단한 토광묘로 추정된다. 출토된 인골의 상태는 불량하나 두개골은

48) 釜山市立博物館, 《凡方貝塚》Ⅰ(1993).

비교적 원형을 유지하고 있었다. 다리를 X자형으로 하여 매장된 점이 특이하다. 유치가 빠지기 직전의 상태이므로 연령은 10세 전후로 추정되며 여성이다. 부장품으로 골각기 1점과 軟玉製頸飾 1점이 출토되었다. 원형노지와 원형집석유구는 직경 40~60㎝ 정도이며 패각층 위나 주변에 인접하여 만들어졌는데 배치상태나 주변상황으로 보아 주거시설과 관련된 것이라기보다는 어패류나 동물들을 요리하기 위한 야외조리시설물로 추정된다.

(바) 울산 신암리유적

울산시 서생면 新岩里에는 4곳에 신석기시대의 유적이 있는데, 모두 포함층유적이다. 덧무늬토기유적인 1지구와 침선문토기유적인 2지구유적은 1974년에 조사하였다.49)

제1지구유적의 층위는 표토층 밑에 5개의 퇴적층이 확인되었는데, 이 중 유물은 제3층의 바닥과 최하층인 제4층에서만 출토되었다. 그러나 출토유물의 성격은 층위별로 구분되지 않았고, 제4층에서 확인된 인공석렬과 관련지어 볼 때 제3층의 바닥은 당시의 생활면일 가능성이 많아 이 유적은 단일문화층유적으로 보아도 무방할 것이다.

유물은 토기 외에 토제품과 약간의 석기가 출토되었다. 토기는 대부분 덧무늬토기이나 이 밖에 침선문계토기와 무늬없는토기·단도마연토기 등이 약간 출토되었다. 기형은 구연이 직립·내경·외만하고 밑이 납작하거나 둥근 심발 또는 발형토기가 주류인 것 같고, 목이 달린 호와 몸통 중앙부가 꺾여 굴곡진 특이한 모양의 발도 보이며 밑바닥에 나뭇잎맥이 찍힌 것도 있다.

석기는 조갯날 도끼와 납작한 편인 석부·숫돌·갈돌과 공이가 보이고, 그 외에 긁개·격지 등의 타제석기가 많다.

이 유적은 덧무늬토기의 단일문화층유적으로 남해안지방의 초기 빗살무늬토기의 변화를 연구하는데 매우 중요한 유적이다.

(사) 김해 농소리패총

김해시 주촌면 農所里마을 뒷산인 삼매산 구릉의 동쪽 끝부분과 그 앞의 경작지 일대에 형성되어 있는 유적이다. 1964년에 일부를 발굴하였으나, 대

---

49) 國立中央博物館, 《新岩里》Ⅰ·Ⅱ(1988·1989).
申鍾煥, 〈蔚州 新岩里遺蹟〉(《嶺南考古學》 6, 1989).

부분이 그대로 남아 있다.[50)]

층위는 표토층(50㎝) 밑에 순패각층(Ⅱ, 50㎝ 내외), 부식토패각혼성층(Ⅲ, 30㎝), 점토패각혼성층(Ⅳ, 40㎝) 순으로 퇴적되어 있다. 유물은 Ⅲ·Ⅳ층에서 출토되고 있으나 시기가 같은 것으로 추정되며, 퇴적층의 두께에 비해 유물의 양은 빈약한 편이다.

무늬가 없는 둥근밑의 빗살무늬토기와 겹아가리토기, 퇴화된 단사선문토기 외에 타제돌도끼·숫돌·석봉과 뼈로 만든 바늘 1점이 출토되었다. 빗살무늬토기로 보아 신석기시대 말기의 단일시기 유적으로 생각된다.

(아) 김해 수가리패총

가락에서 장유로 넘어가는 도로변의 왼쪽 佳洞마을 안에 있었으나 고속도로공사로 인해 1978~9년에 발굴조사하여 지금은 없어졌다.[51)] 패총은 김해평야 쪽의 경사면 아랫부분에 형성되어 있었는데, 꽤 규모가 큰 유적이었다.

층위는 표토층 밑에 6개의 자연층위로 이루어져 있었는데, 3개의 순패각층과 3개의 부식토층이 교대로 퇴적되어 있었다. 퇴적층의 두께는 115㎝~205㎝ 정도이다.

유물은 토기·석기·골각기 외에 자연유물들이 출토되었지만, 그 양은 유적의 규모와 퇴적층의 두께에 비해 빈약한 편이었다. 이 유적은 빗살무늬토기의 변화를 통해, 아가리 주변에만 시문된 압인문계통의 토기와 두 가지 이상의 무늬가 복합되어 전면에 시문된 전형적인 남해안식의 태선침선문계토기가 출토된 수가리 Ⅰ기(Ⅴ·Ⅵ층), 아가리와 몸통에 격자문과 삼각집선문이 시문된 토기가 출토되는 수가리 Ⅱ기(Ⅳ·Ⅵ층), 둥근밑의 겹아가리와 아가리 주변에 퇴화된 단사선문이 시문된 토기가 출토되는 수가리 Ⅲ기(Ⅰ·Ⅱ층) 등 3개의 문화층으로 구분이 가능하였다.

남해안식의 태선침선문토기가 출토되는 대표적인 유적 중의 하나로, Ⅰ기는 남해안 신석기시대 중기, Ⅱ기는 후기, Ⅲ기는 말기로 각각 추정할 수 있었다. 층위가 뚜렷하고, 층위별 토기의 변화도 비교적 분명하여 전형적인 남해안식 태선침선문토기의 변화를 분명하게 보여주는 표지적인 유적이라 할 수 있다.

---

50) 金龍基, 〈農所里貝塚 發掘調査報告〉(《釜山大論文集》 6, 1965).
51) 鄭澄元 外, 《金海 水佳里貝塚》 Ⅰ(釜山大 博物館, 1981).

(자) 통영 연대도패총

통영시 산양면 煙臺島의 동북쪽 바닷가에 위치하고 있는 조개더미유적이다. 1988년부터 3차례 발굴되었다.52) 층위는 7개층으로 이루어져 있었는데, 경작토 밑의 2·3층에서는 조선·고려·삼국시대의 토기와 자기가 나오며, 4층에서 7층까지는 신석기시대의 문화층인데 검은흙층·자갈층·조가비층·황갈색찰흙층이 차례로 퇴적되어 있고 5~6층에서는 신석기시대 무덤들이 확인되었다.

토기는 맨 아래층에서 덧무늬토기, 그 위층에서는 빗살무늬토기와 덧무늬토기가, 또 그 위층에서는 단사선문토기가 나오는 등 신석기시대 여러 시기의 토기들이 층위별로 구분되어 출토되고 있었다. 석기로는 돌도끼종류가 가장 많고, 이음식낚시·그물추·흑요석제화살촉·숫돌, 그 밖에 긁개 등 다종다양하다. 이 곳에서도 욕지도와 마찬가지로 혼펠스계통의 석기(도끼)가 많이 나온다. 골각기로는 낚싯바늘·찌르개 외에 조가비팔찌들이 나오고 있다.

신석기시대 무덤구조를 알려주는 돌무지시설과 사람뼈가 여러 몸체분 나왔고 오른쪽 팔에 조가비팔찌가 채워진 것과 발목에 동물이빨로 만든 발찌가 채워진 채로 발굴된 것도 있었다. 한 개의 무덤 안에서 여러 사람의 뼈가 나와 모듬무덤도 있었음을 알려주기도 하였다. 사람뼈화석은 신석기시대 사람들의 체질연구에 도움을 주며 여러 사람의 귓속 소라뼈가 물렁뼈에 의해 반쯤 닫혀 있는 점으로 보아 바다밑까지 잠수하여 어물잡이를 하였던 것으로 생각된다.

이 유적에서는 토기·석기·골각기 등 다양한 유물들이 비교적 많은 양이 출토되었다. 그 중 흑요석제석기가 많았는데, 그 원료는 국내의 것으로 추정되었으며 또 토기와 석기 가운데 일본에서만 출토되는 종류도 있어 이 시기에 두 지역의 문화교류가 활발하였음을 짐작하게 한다.

(차) 통영 상노대도 상리패총

上老大島의 남쪽에 있는 상리마을 중앙의 비스듬한 감귤나무밭에 남아 있는 유적으로 1984년에 발굴되었다.53)

---

52) 韓永熙·任鶴鍾, 〈煙臺島조개더미 斷崖部 Ⅱ〉(《韓國考古學報》 26, 1992).
國立晉州博物館, 《煙臺島》 I (1993).

53) 손보기, 《상노대도의 선사시대살림》(수서원, 1982).
金東鎬, 《上老大島 貝塚》(1984).
신숙정, 《우리 나라 남해안지방의 신석기문화연구》(學硏文化社, 1994).

층위는 경작층 밑에 모두 10개의 자연층이 형성되어 있었는데, Ⅱ·Ⅳ·Ⅵ·Ⅶ·Ⅷ층이 패각층이고, Ⅰ·Ⅲ·Ⅴ는 부식토층이며 Ⅸ층은 사질진흙층, Ⅹ층은 암반층이다. 발굴자는 당초 이를 4개의 문화층 Ⅰ(Ⅸ·Ⅹ층), Ⅱ(Ⅶ·Ⅷ층), Ⅲ(Ⅴ·Ⅵ층), Ⅳ(Ⅰ·Ⅱ·Ⅲ·Ⅳ층)으로 구분하였지만 최근에는 다시 초기·중기·후기의 3시기로 구분하고 있다.

초기(9·8·7·6층)의 토기는 무늬없는 것과 덧무늬가 주체를 이루나, 8·7·6층으로 갈수록 어골문·점렬문 등 압인문계통의 무늬가 많아지고 있다. 석기는 타제석기가 많은데, 9층에서는 사냥용이 많으나 7·6층으로 갈수록 긁개·자르개·밀개 등이 늘어나며 송곳·찌르개 등 골각기도 다양하게 출토되었다.

전기(5층)의 토기는 덧무늬토기도 출토되지만 촘촘하게 찍은 무늬가 주체를 이룬다. 석기의 갖춤새가 다양해지며 뗀석기의 비중이 줄어들었고 삿바늘·뼈송곳·찌르개·새기개 등의 골각기가 출토되었다. 특히 낚싯바늘 등 낚시도구가 증가되고 있어 주목되었다. 이전시기와는 달리 모든 유물의 질과 양이 확대되고 있으며 이 시기의 방사성탄소연대는 6,430±180BP이었다.

후기(4·3·2층)의 토기는 모래질태토의 이중구연토기가 주체이고, 석기는 간석기의 비중이 점차 높아지고 있다. 골각기도 낚싯바늘·바늘·송곳·찌르개·새기개 등 다양하고 출토량도 많았다. 이 층에서 얻어진 방사성탄소연대는 3,430±60BP이었다.

이 유적은 남해안의 전형적인 태선침선문계토기의 출토량이 아주 적은 것으로 보아 중기 신석기시대는 공백기였을 가능성이 많다. 특히 최하층에서 토기가 출토되지 않고 타제석기만 출토되어 중석기문화의 존재 가능성을 보여주고 있어 매우 주목된다.

(카) 통영 욕지도패총

통영군 욕지면 동항리(欲知島)의 한전욕지출장소 자리에 있었던 패총이다.[54] 전체 5개의 층위 가운데 유물포함층은 2·3층이며 2층의 아랫부분이 조가비층이다. 2층과 3층의 돌무지시설들은 '석기제작소 혹은 임시주거지'로 추정되었으며, 2층에서 3기의 무덤이 확인되었다.

54) 國立晉州博物館, 《欲知島》(1989).

이 유적은 Ⅰ층(표토층)까지 포함하여 3개의 층에서 덧무늬토기부터 이중구연토기까지 모두 나오고 있어 교란이 심한 편이나 대체로 아래층인 3층에서 덧무늬토기의 출토빈도가 높았다. 2층에서는 덧무늬·찍은무늬와 새김무늬가 나오며 납작밑·둥근밑의 목단지와 손잡이 등이 나와 토기모양이 다양함을 알 수 있다.

석기는 양도 많고 다양하다. 화살촉(흑요석제 포함)·작살·긁개, Hornfels로 만든 도끼·끌·자귀 등이 많다. 골각기로는 사슴뼈 찌르개가 많고 낚싯바늘·화살촉·작살·조가비팔찌 등도 보인다.

이 유적은 층위상으로 확연히 구분되지는 않지만, 덧무늬토기·압인문계토기·남해안식의 태선침선문토기·이중구연토기 등이 출토되고 있어 남해안지방의 신석기시대 전시기에 걸쳐 형성되었음을 알 수 있고, 또한 3기의 무덤과 인골이 확인되어 자료가 거의 없는 이 시대의 묘제와 사람들의 체질연구에 중요한 자료를 제공하고 있다.

(타) 사천 구평리패총

사천시 서포면 舊坪里에 있는 조개더미유적으로, 1967년에 발굴되었다.[55] 4개의 퇴적층 가운데 3층은 순패각층이며, 1·2층은 부식토층, 4층은 찰흙층인데 비문화층이다. 유물은 1층에서 가장 많고 아래로 갈수록 양이 적었다.

유물은 토기 외에 격지·숫돌·끌 등의 석기와 뼈낚싯바늘·뼈바늘·조개팔찌 등이 출토되었다. 가장 양이 많은 토기는 모래질태도에 퇴화단사선문과 격자문 등이 조잡하게 시문된 빗살무늬토기와 이중구연토기가 주류를 이루며 특히 杯身 주변에 돌아가면서 두 겹의 지그재그무늬가 새겨진 高杯形 토기가 주목된다. 이 패총은 출토유물의 특징으로 보아 남해안의 신석기시대 말기에 해당하며 그 성격은 부산의 율리·암남동, 김해 농소리패총 등과 같은 것으로 추정된다.

(파) 거창 임불리유적

남상면 壬佛里의 黃江가에 형성된 충적대지의 돌출부에 위치하는 포함층 유적인데, 1987~88년에 발굴되었다. 이 유적에서는 신석기시대 유구로 주거지 4동, 토광 3기와 고려시대 것으로 추정되는 竪穴과 柱穴 등이 조사되었는

55) 정영호 외, 《사천 구평리유적》(단국대 박물관, 1993).

데, 강변에 위치하고 있기 때문에 강물의 범람으로 인해 층위는 많이 교란된 것 같았다.[56]

주거지는 길이가 200~390㎝ 정도의 소형이며 평면형태는 장타원형과 말각방형 등 두 종류가 있다. 토광은 대체로 규모가 작은 것들인데, 옥외시설물의 일종일 것으로 추정되었다.

유물은 토기로는 융기문토기·빗살무늬토기·무문토기 등이 출토되었고, 석기로는 세석기류와 타제석기 및 마제석기가 출토되었다. 융기문토기는 가운데 노지가 있는 원형의 수혈유구에서 단도마연토기편들과 함께 출토되었는데, 경남 내륙지방에서는 최초의 예로서 주목된다. 빗살무늬토기는 深鉢 내지 鉢形토기류인데 저부는 원저가 주류이나 평저도 있다. 구연부는 직립한 것, 내만한 것, 외반한 것 등이 있고, 태토는 사질성과 점토성의 두 종류가 보인다.

무늬는 모두 구연부 끝에 2~3㎝ 정도의 공백을 두고 주로 몸통부에만 시문한 듯한데, 그 종류는 집선문·어골문·사격자문·단사선문·퇴화단사선문·장사선문·점렬문 등이 있다. 빗살무늬토기의 성격은 봉계리의 그것과 비슷한 것 같다.

(하) 합천 봉계리유적

鳳溪里 梧林마을의 중심부에 있었던 대규모 마을유적인데, 1987~88년 사이에 발굴되었다. 이 지역은 황강유역에 형성된 충적대지의 하안단구의 선단부에 해당한다.

여기에서는 신석기시대 주거지 13동과 청동기시대 주거지 3동 등이 조사되었다.[57] 층위는 표토층 밑에 2개의 황색사질토층과 그 사이에 있는 제3층인 흑갈색사질토층 및 최하층인 자갈층으로 되어 있다. 이 중 두께 20㎝ 정도의 제3층에서 신석기시대의 유물이 집중적으로 출토되고 있다. 그러나 이 유적이 사구에 형성되어 있기 때문에 홍수·개간·고분축조·택지조성 등으로 인해 유물이 뒤섞였을 가능성이 매우 높다.

신석기시대 주거지는 평균 직경이 4m 전후이고 평면형태는 모두 원형에 가깝다. 내부시설로는 돌출하는 출입구시설을 별도로 갖춘 것도 있고, 바닥 중

---

56) 安春培, 〈居昌 壬佛里先史住居址 調查概報〉(《嶺南考古學》 6, 1989).

57) 沈奉謹, 《陜川 鳳溪里先史遺蹟》(東亞大 博物館, 1989).

앙이나 한쪽으로 치우쳐 노지시설을 갖춘 것도 있다. 그 외에 주거지에 인접한 곳이나 주거지의 내부 바닥을 오목하게 파서 설치한 저장공도 있었다. 바닥은 별다른 처리를 하지 않은 생토면 그대로이나, 많이 다져져서 단단하였다.

유물은 빗살무늬토기 외에 타제 및 마제석기와 약간의 자연유물이 출토되었다. 빗살무늬토기는 심발 또는 발형토기가 대부분이고 호형토기도 약간 보이며, 구연부형태는 직립·외반·이중구연 등이 있는데 외반구연이 주종을 이루고 있다.

태토는 사질과 점토질의 두 종류인데, 대부분 고운 모래가 많이 섞여 있고 운모와 장석이 약간씩 섞여 있는 것도 일부 있다. 무늬는 구연부 끝에서 곧바로 시문한 것과 구연부에서 2~3㎝ 정도를 뗀 후 시문한 것의 두 종류가 있는데 후자의 것이 남부 내륙지역 빗살무늬토기의 한 특색이라 할 수 있다. 무늬는 시문수법에 따라 단사선문·조형문 등의 압인문계, 점렬문·죽관문 등의 자돌문계, 집선문·사격자문 등의 침선문계, 장사선문·단사선문·거치문 등의 퇴화침선문계 등 4계통으로 나뉘어진다. 석기는 타제박편석기가 대부분이며 몸돌석기와 국부마연석기도 약간 보인다.

자연유물로는 제9호 주거지의 저장혈에서 출토된 탄화된 도토리와 호도가 있는데, 당시의 식생활연구자료와 C_{14}연대측정의 시료를 제공하고 있다.

이 유적에서는 주거지시설과 함께 다양한 유물이 출토되어 남부내륙지방의 신석기문화를 연구하는데 좋은 자료를 제공하고 있다.

(갸) 금릉 송죽리유적

김천시 구성면 송죽리 고목마을에 있었던 포함층유적인데, 1991~92년 사이에 발굴되었다. 유적은 낙동강 지류인 甘川변의 충적대지에 형성되어 있었는데 신석기시대와 청동기시대의 유구와 유물들이 지역과 층위를 달리하여 확인되었다. 신석기시대 유구로는 수혈주거지와 야외노지·토기요지·석기제작장 등이 조사되었고, 유물은 빗살무늬토기와 석촉·석부·보습·갈돌·망추 등의 석기류가 출토되었다.[58]

주거지는 대형의 말각장방형주거지 9동과 소형의 원형주거지 1동 등 모두 10동이 확인되었다. 주거지의 내부 중앙에는 방형의 불땐 자리가 있고, 또

58) 啓明大博物館, 《金陵松竹里遺蹟 特別展圖錄》(1994).

원형 또는 타원형의 내부저장혈과 규모가 큰 타원형의 외부저장혈이 설치되어 있었는데 장축방향은 주거지와 같았다. 야외노지는 수혈주거지의 바깥에서 모두 15개가 조사되었다. 땅을 둥글게 파내고 납작한 냇돌을 깔거나 둘레에 돌을 돌린 것으로 직경 1m 내외의 원형이다.

토기요지로 추정되는 시설은 주거지의 분포지역에서 떨어진 북쪽에서 확인되었는데, 평면원형이며 규모는 지름 4.5~3.0m, 깊이 20~30㎝이다.

석기제작장은 가운데에 대석과 깨어진 커다란 혼펠스 원석이 있고 그 주변에는 미완성 석기 2점과 수백점의 크고 작은 박편이 흩어져 있었는데, 그 범위는 직경 5m 정도이다.

토기류의 기형은 바리형(鉢形)과 항아리형(壺形) 그리고 일부 특이형토기가 있다. 발형토기는 대다수가 밑이 뾰족하거나 둥근 V자형인데, 심발형과 천발형 2종류가 있다. 그리고 완만한 평저토기도 약간 있으며, 극히 드물기는 하지만 표면에 붉은 흙을 바른 대형홍도도 있었다. 호형토기는 장경호와 단경호 및 목이 없이 양쪽에 귀가 달린 兩耳小壺가 있는데, 대다수가 밑이 둥근 것이지만 일부 편평한 것도 있으며 규모는 크지가 않았다.

무늬는 시문구로 긋거나 찍은 것인데 그은 무늬에는 굵은 선과 가는 선이 있다. 능형집선문·밀집횡선문·파상문·之字文·꿰맨무늬 등이 단독 또는 복합시문되었다.

이 유적은 토기로 보아 남부지방의 신석기시대 전기에서 후기에 걸친 것으로 생각되는데, 경북 내륙지방에서 발견된 가장 큰 규모의 생활유적으로, 유물의 성격이 내륙적인 특징을 보이는 동시에 남해안지방과도 밀접한 관계가 있음을 보여주고 있다.

(냐) 청도 오진리유적

청도군 운문면 梧津里의 운문천변에 있는 바위그늘유적이다. 운문댐공사 때문에 1993년 발굴되었다. 바위그늘의 규모는 높이 2.5m, 너비 15.5m, 깊이 평균 3.5m이며 퇴적층은 4개층으로 형성되어 있었다.[59]

---

59) 鄭澄元, 〈淸道 梧津里遺蹟出土 櫛文土器〉(《第2回 朝鮮硏究環太平洋國際會議發表要旨》, 1994).
釜山大博物館 外, 《淸道 梧津里 岩蔭遺蹟》(1994).

1층에서는 신석기 말기의 이중구연토기, 청동기시대의 무문토기, 통일신라시대의 인화문토기 등이 출토되었고, 2층에서는 이중구연토기와 퇴화침선문 등의 빗살문토기와 돌도끼·박편 등의 석기가 출토되었으며 이 층을 파고 주거지가 설치되었다. 3층에서는 융기문토기·압인문계토기·태선침선문계토기 등 연대적으로 격차가 있는 토기들이 함께 출토되었고, 돌도끼와 자갈돌로 만든 그물추도 많이 출토되었다. 4층에서는 우리 나라에서 처음 발견된 무질서하고 조잡하게 무늬가 새겨진 질이 거친 토기가 출토되었다.

그 외에 1층을 파고 수혈주거지 1동이 설치되었고, 그 내부에서는 노지 2개가 확인되었다.

이 유적에서는 신석기시대의 조기에서 말기에 이르기까지의 전시기의 유물이 모두 출토되고 있으며, 특히 최하층인 4층에서 출토된 무질서하고 조잡한 무늬의 빗살무늬토기가 주목되는데, 이 토기가 우리 나라의 신석기토기 가운데 가장 오래된 토기의 한 종류일 가능성이 많기 때문이다. 경북 내륙지방에 위치하는 작은 규모의 유적이지만 토기 등 유물의 성격이 남해안지방의 그것과 비슷하여 두 지역간의 교류관계를 연구하는데 중요한 자료가 된다.

(다) 울진 후포리유적

울진군 후포면 厚浦里의 등대산 정상부에서 발견된 신석기시대의 분묘유적이다. 1983년 발굴되었다.[60)]

유구는 바닷가에 면한 산꼭대기의 자연적인 구덩이(동서 4.5m, 남북 3.5m)를 이용한 집단묘지이다. 구덩이 내부에 洗骨한 인골을 다발로 모으고, 그 위에 석부로 인골을 덮은 것처럼 보이며, 인골매장은 하부에서 상부로 점진적으로 이루어진 것 같은데 최소한 40인 이상이 매장된 것으로 추정된다.

유물은 모두 석제품인데 석부가 180점으로 가장 많고, 그 외에 石製垂飾과 管玉 각 2점이 출토되었다. 석부는 전면을 곱게 마연하여 제작한 장대형 석부가 주류이다. 토기가 출토되지 않아 이 유적의 연대를 정확하게 알 수 없으나 발굴자들은 신석기시대의 후기에 해당할 것으로 추정하고 있다.

이 유적은 우리 나라에서 처음 확인된 매장유적으로서 신석기시대의 세골

---

60) 國立慶州博物館, 《蔚珍 厚浦里遺蹟》(1991).

장풍습을 알려주는 귀중한 자료이며 동시에 경북 동해안지역에서는 처음으로 확인된 신석기시대의 유적으로 주목된다.

사) 강원도지방

(가) 양양 오산리유적

양양군 손양면 鰲山里에 있는 한반도 최고의 신석기시대 포함층 및 주거지유적으로, 1980~87년 사이에 3차례에 걸쳐 발굴되었다. 동해안에서 내륙쪽으로 200m 정도 떨어진 쌍호라고 불리는 자연호숫가의 사구 위에 형성되어 있는데, 유적의 범위는 약 6,000㎡로 추정되며 이 중 600㎡를 발굴하였다.[61] 현재의 지표면으로부터 생토면까지의 깊이는 약 4.5m인데 모두 6개의 자연층위가 확인되었다.

Ⅰ층은 청동기시대층으로 암황갈색점토층인데 두께는 약 40㎝이다. 유물은 무문토기·점토대토기·우각형손잡이 등이 출토되었다.

신석기시대 상층인 Ⅱ층은 암갈색사질층으로 두께는 20~65㎝이다. 여기에서는 서해안지역 신석기시대의 특징적인 토기형태인 첨저형빗살무늬토기가 출토되었다. 무늬는 구연부와 기복부에 걸쳐 시문한 것이 많은데 구연부와 기복부무늬를 구분하여 시문한 경우는, 구연부에는 평행밀집사단선문·사격자문·조대문 등으로, 기복부에는 어골문으로 시문한 것이 많다. 구연부와 기복부에 같은 무늬를 시문한 경우는 어골문이 주체를 이루고 있다. 반출된 석기 중에는 납작한 강자갈의 양끝을 쪼아내어 만든 어망추가 있다. 이렇듯 토기·석기의 여러 특징에는 서해안과 공통점이 있다.

신석기시대 중층인 Ⅲ층은 암갈색사질층으로 두께는 약 30㎝이다. Ⅱ층과는 두께 약 5㎝의 황색사질의 간층을 사이에 두고 그 아래에 있다. 토기의 기형은 예외없이 평저형인데, 저부에는 나뭇잎모양이 찍혀 있는 것이 많다. 이들 토기에는 무늬가 있는 토기와 없는 토기의 두 종류가 있으나 후자가 수적으로 많다. 무늬가 있는 토기편 중에는 동부지역 토기류와 유사한 것이 있으며, 이 토기와 함께 점토제 얼굴조각품 한 개가 채집되었다.

신석기시대 하층인 Ⅴ층에서는 6기의 주거지가 확인되었다. 지름 6m 정도

---

61) 서울大博物館, 《鰲山里》Ⅰ~Ⅲ(1984·85·88).

의 원형주거지 안에는 70×70㎝ 규모의 사각형 노지가 한두 개씩 있고, 다수의 평저형토기 및 소량의 융기선문토기, 그리고 돌로 만든 생활도구류가 출토되었다. 토기는 모두 평저인데 좁은 저부에 비하여 몸체부분이 넓은 발형토기가 대부분이나, 옹형 또는 호형의 토기도 있으며 시문은 구연부 주위에 국한하였다. 무늬의 시문수법은 세 가지로 구분되는데 압날문의 경우 점무늬가, 음각문의 경우 종위평행단선문이, 압날문과 음각문이 혼합된 경우 이들 두 무늬 요소의 결합형태가 각각 주체를 이루고 있다. 토기의 표면은 마연되어 광택이 난다. 석기로는 이음식낚싯바늘·톱·사각형석도·흑요석인기 등이 출토되었다. 특히 어업관련도구들이 다수 출토된 점으로 보아 어업에 크게 비중을 둔 생활을 영위하였음을 알 수 있다. V층에서 채집된 목탄으로 방사성탄소연대를 측정한 결과 이제껏 알려진 신석기시대의 유적 중 가장 오랜 연대인 B.C.6000~5000년 사이로 나왔다.

한편 이 곳에서 출토된 흑요석을 형광X선으로 분석한 결과 그 원석의 산지가 백두산으로 밝혀져 그 곳과의 문화적 관련성을 시사하고 있다. 이와 같은 층서관계·출토유물·방사성연대측정결과 등을 통하여 오산리신석기 하층(V층)은 우리 나라 최고의 신석기문화단계임이 밝혀졌다. 또한 동한평저유형토기문화가 서한첨저유형토기문화에 선행하였음이 확인되었으며, 우리 나라 신석기문화의 기원 및 주변지역과의 문화적 상관관계를 파악하는 데에도 좋은 단서를 제공하였다고 할 수 있다.

(나) 강릉 영진리유적

주문진 남쪽 3㎞ 지점의 옛 동해북부선과 도로가 서로 마주치는 지점에 있는 포함층유적이다. 여기서 해안까지는 약 700m이고 유적의 규모는 100×50m이다. 유물은 지표하 40~60㎝까지의 깊이에서 출토되었다.[62)]

여기서는 다량의 빗살무늬토기편과 마제석부 1점, *石英製刃器* 2점, *砂岩製刃器* 2점, 골편 1점이 출토되었다. 빗살무늬토기의 태토는 점토질이고 구연부는 대개가 직립하였고 밑은 둥글거나 뾰족했을 것으로 추정된다.

무늬는 구연부에는 단사선문과 점렬문이, 몸통에는 횡주어골문과 사격자문

---

62) 任孝宰·鄭永和, 〈溟州郡 領津里와 加屯地 櫛文土器遺蹟〉(《考古美術》 6-7, 1966).

이 주로 시문되어 있고, 그 외에 절반으로 자른 죽관문과 유엽형각문이 시문된 것도 보인다. 또 사격자문과 어골문이 그릇 전면에 시문된 것과 사선방향이 변화되면서 능형의 무문양대를 남기는 토기편도 출토되었다.

(다) 춘천 내평리유적

춘천시 북사면 內坪里 일대에 있었던 신석기시대와 청동기시대의 주거지 및 분묘유적이다. 이 곳에서는 신석기시대의 돌깐집터, 청동기시대의 고인돌·석관묘 등이 조사되었다.[63] 돌깐집터는 동서 길이 12.3m, 남북 너비 4m의 타원형으로 황갈색사질토 위에 돌이 깔려 있었는데, 일부는 깎여 나가거나 교란되어 있었다. 깐돌을 들어낸 내부에 화덕 흔적이 나오고 있는 것으로 보아 인천시 강화군 삼거리, 대동군 청호리 등지에서 발견된 돌깐집터와 같은 유형으로 생각된다. 이 움집터의 주위에서 약 11개의 노천 화덕자리가 발견되었다.

그리고 이 깔린돌 사이사이와 화덕자리 주위에서 빗살무늬토기가 많이 출토되었다. 무늬나 바탕흙으로 보아 전형적인 빗살무늬토기시대 말기의 것으로 여겨진다. 태토는 사질토에 모래를 섞은 것과 점토에 모래를 섞은 것이 있으며, 기형은 구연부가 직립하거나 약간 외반하고 저부는 둥글거나 뾰족하다. 무늬는 구연부에서 몸통까지만 시문하고 저부는 무늬가 없는 것이 대부분이다. 대부분 구연부·몸통 구분하지 않고 같은 무늬를 시문하고 있다. 무늬는 사교집선문·종주어골문·죽관문·능형문, 융기대와 결합된 단사선문·공렬문 등이 보인다. 석기는 석부·숫돌 등으로 출토량이 매우 적다.

내평유적은 빗살무늬토기의 특징으로 보아 암사동의 윗 문화층, 시도1지구 등 서해 도서지방의 패총에서 출토된 토기들과 비슷하며, 그 시기는 신석기시대 말기에 속할 것으로 생각된다. 이 유적은 서해안의 후기 빗살무늬토기문화가 한강을 따라 북상하는 과정을 보여주고 있다는 점에서 매우 중요하다.

(라) 춘천 교동유적

춘천시 교동의 봉의산 경사면에 있는 신석기시대 후기의 동굴집터 및 매장지유적이다.[64]

동굴은 풍화암벽을 파 들어간 인공동굴로 평면지름 4m, 높이 2.1m의 원형이고,

---

63) 韓炳三 외, 〈內坪住居址〉(《八堂·昭陽댐水沒地區 遺蹟發掘綜合報告》, 1974).

64) 金元龍, 〈春川 校洞穴居遺蹟과 遺物〉(《歷史學報》 20, 1963).

서쪽은 바닥이 높아지면서 위로 올라가는 돌출부가 있는데 저장고로 생각된다. 이 굴이 주거굴이었음은 천장이 까맣게 그을려 있었던 점으로도 알 수 있다. 이 동굴 안에서 발은 굴의 중심부로, 머리는 벽쪽으로 하여 방사상으로 눕혀진 인골 3구가 매장되어 있었는데, 인골 옆에서 부장품으로 매납된 대형 돌도끼, 납작자귀날 돌도끼 5점, 슴베있는 삼각형 돌활촉 1점, 돌망치 1점, 삼각도형 석기, 돌칼 1점, 흰마노제 대롱옥 1점, 납작바닥토기 5점 등이 발견되었다.

토기들은 아가리가 약간 오므라든 단지형이면서 밖으로 벌어진 짧은 목이 달린 것, 그리고 두 어깨에 고리손잡이가 달린 것이 각 한 개씩 있으며, 네 개는 아가리에서 어깨에 걸쳐 점줄아가리무늬가 새겨져 있다.

지금까지는 이와 같은 교동유적의 유물이 북한의 신석기 및 민무늬토기문화의 요소가 반영되고 있으며, 이 문화가 한강 중류에 있으므로 이 유적의 토기가 빗살무늬토기에서 민무늬토기로 변화하는 과도기적 양상을 보여주고 있다고 보아 왔다.

그러나 최근 오산리유적이 조사되고 나서는 토기 중에서 무늬의 유형·시문기법·기형·태토·정면수법·구연과 구순의 끝마무리기법 등이 서로 같거나 유사하며, 또 특징적인 이음식낚싯바늘이 모두 출토되고 있다는 사실에 주목하여, 이 유적의 연대가 신석기시대 전기까지 올라갈 가능성이 강력하게 제기되고 있다.

아) 함경도와 양강도지방

(가) 신포 강상리유적

신포시 胡滿浦 호숫가의 사구 일대에 있는 신석기시대의 포함층유적이다.[65] 모래층 30㎝ 밑에서 나타난 약 30㎝ 두께의 검은 모래층이 문화층이었다. 이 곳에서 채집된 유물은 도끼·밧돌·활촉·흑요석제의 타제석기편 등 석기류 외에 빗살무늬토기·민무늬토기·채색토기 등의 토기류와 토제방추차가 있었다.

토기의 종류는 배뚜리·단지·대접·보시기·목있는단지·손잡이달린그릇 등이 있으며, 그릇 밑창은 둥근 것과 납작한 것이 있다. 아가리가 넓게 벌어진 것은 대체로 둥근밑이고, 통이 깊은 것은 납작밑이다.

65) 변사성·안영준, 〈강상리유적의 질그릇갖춤새에 대하여〉(《조선고고연구》 1986-2).

이 유적의 빗살무늬그릇에는 무늬가 없는 것과 있는 것의 2종류가 있다. 빗살무늬는 그릇의 윗부분에만 시문하였는데, 시문수법에 따라 시문구를 굴리거나 눌러서 새긴 무늬, 침선무늬, 침선무늬와 누른무늬를 복합한 무늬 등으로 구분된다. 굴리거나 눌러 새긴 무늬에는 점선물결무늬·점삿자리무늬·곧은점선무늬·점사선띠무늬·점선능형무늬 등이 있고, 침선무늬에는 어골문·사선띠문·번개문 등이 있으며, 침선무늬와 누른무늬가 복합된 것으로는 점선무늬와 어골문이 결합된 것·손톱무늬와 사선띠무늬가 결합된 것·점선어골문과 침선어골문이 결합된 것 등이 있다.

이 강상리유적 빗살무늬토기의 특징은 침선무늬는 극히 적고 대부분 굴리거나 눌러서 새긴 무늬라는 점인데, 특히 그 중에서도 압도적 다수는 톱니바퀴모양의 시문구로 굴려서 새긴 무늬들이다. 이런 장식수법은 서포항 유형의 무늬수법들과 구별되는 특징이다. 그러나 무늬를 누르거나 굴려서 새기는 수법은 이미 서포항 2기층과 3기층출토 토기들 중에 보이고 있어 두 유적이 상호 관련이 있음을 짐작할 수 있다.

그런데 이 유적에서는 동해안 일대에서 B.C.3000년대 이후 시기부터 등장하는 타래무늬나 번개무늬가 전혀 출토되지 않고 있다. 따라서 강상리유적은 동해안지역에서 타래무늬나 번개무늬가 등장하기 이전에 형성된 유적임을 알 수 있고, 그 시기는 서포항 3기층과 비슷할 것으로 추정하고 있다. 이와 같은 강상리유적의 독특한 빗살무늬토기문화는 주변의 일정한 지역에 분포되어 있는 것으로 추정되어 조사자들은 함경남도 일대에 고유한 특징을 가진 하나의 지역적인 유형으로 구분할 수 있다고 하였다.

(나) 어랑 용평리유적

용평리의 장연호 호숫가에 위치한 신석기시대의 포함층 유적이다.66)

유적은 수로공사에 의하여 파괴되어 문화층이 드러나 있었는데, 층위는 20~30㎝의 표토층 밑에 40~50㎝ 두께로 검은 점토에 유물과 숯, 재가 섞인 문화층이 퇴적되어 있었으며, 여기에서 토기조각과 석기들이 채집되었다. 채집된 10여 점의 토기조각은 모두 적갈색의 빗살무늬토기로 기형은 구연부

66) 렴주태, 〈함경북도에서 새로 알려진 유적과 유물〉(《고고민속》 1965-2).

아래에 목이 잘록하고 배가 부르며 밑이 납작한 단지이다. 토기 위쪽에 무늬가 새겨져 있는데, 눌러 찍은 방형 혹은 장방형의 점렬문이다. 이러한 무늬는 서포항유적에서도 보이고 있다.

석기로는 단면이 타원형인 돌도끼·자귀, 날부분에 깊은 홈이 팬 끌과 날의 자른 면이 마름모꼴이고 뿌리 쪽으로 잘록하게 허리가 만들어져 있는 창과 칼이 채집되었다. 토기무늬와 석기의 형태로 보아 이 유적은 신석기시대 말기에 형성된 것으로 생각되고 있다.

(다) 경성 원수대유적

농포유적에서 서남쪽으로 3㎞ 정도 거리에 있는 梧村江 하구의 해발 약 5m의 낮은 골짜기에 형성된 패총유적이다.[67] 층위는 30㎝ 정도의 표토층 아래 유물포함층이 40㎝ 정도에 이르는데, 조개껍질을 많이 포함하고 있는 부분과 그렇지 않은 부분이 있었다.

유물은 빗살무늬토기·민무늬토기·채색토기 외에 석기류, 貝製品과 자연유물이 채집되었다. 주류를 이루는 빗살무늬계통 토기는 황갈색과 회흑색이 많고 회백색과 적갈색이 다음으로 많다. 바탕흙은 고운 점토를 사용하였고 매우 가는 모래알이 섞여 있으며 운모는 거의 보이지 않는다.

그릇의 형태로는 원통형·항아리형·깊은바리형·바리형·사발형 등 다양하였고, 바닥이 납작한 것 일색인데, 그 중 10% 정도는 올림바닥이며, 아가리부분은 직립아가리가 절대적으로 우세하다. 가장 특징적인 무늬는 2조의 평행선으로 직선적인 번개무늬띠를 가로로 연속하여 돌리고 그 안이나 밖을 점 혹은 평행선으로 채운 것인데, 이는 동북지방 특유의 무늬이다. 이런 경우에는 무늬가 전면에 시문되지 않고 몸통부에만 무늬띠가 돌아가고 있는 것이 보통이다. 그 밖에 뾰족한 무늬새기개로 여러 줄의 물결횡선문을 그리거나, 엷으로 돌려진 어골무늬·점줄무늬·손톱무늬·빗금무늬 등이 있다. 이 밖에 가락바퀴가 발견되었는데, 주판알의 하반부 2분의 1을 잘라낸 듯한 형태에 주위에 연호문을 새겼다. 또 네모난 토기편 양쪽에 홈을 내어 만든 그물추도 있었다.

---

67) 렴주태, 위의 글.

석기로는 뗀석기와 간석기가 모두 출토되었으나 전자가 대부분이며, 그 중에서도 특히 흑요석제가 우세하다. 간석기로는 돌도끼 1점, 숫돌편 3점, 석영제 공이가 1점뿐이고, 뗀석기로는 형태가 다양하고 정교하게 다듬은 흑요석제의 돌날·격지·송곳 등이 있으며, 날이 톱날처럼 요철이 있는 것도 있다. 모두 실용품이지만 무기류는 보이지 않는다. 장식품으로는 지름 3.2㎝ 정도의 납석제 돌고리가 있으며, 이 밖에 탄화된 만주호두가 많이 발견되었다.

그 밖에 가축화된 중간 크기의 개뼈가 나왔으며 줄무늬밤조개로 만든 고리도 1점 발견되었고, 또 농경의 존재를 말해주는 가리비로 만든 반달모양의 돌칼파편과 기타 노루의 발등뼈로 만든 토기무늬새기개도 발견되었다.

원수대와 성격을 같이하는 유적은 농포패총, 검은개봉, 웅기 서포항 Ⅳ·Ⅴ기, 송평동 등이 있는데, 이 유적들은 회령군·경성군 일대에 널리 퍼져 있는 함북지방 특유의 빗살무늬토기유적으로서, 연해주의 신석기시대의 유적인 Zaisanovka Ⅰ기 및 만주 일대의 유적들과 같은 문화영역에 속한다. 부근 유적인 농포패총은 이 유적과 문화내용이 거의 같고 지리적으로도 아주 가까운데, 원수대의 경우 그릇의 종류가 줄어들고 무늬가 간략화되는 점 등으로 보아 농포유적보다 약간 늦은 듯하다. 또한 농포에서 많이 보이는 뼈뿔연장이 거의 보이지 않는 것도 특이한 현상이다.

이 유적은 신석기시대 말기의 것으로, 이 시기에는 이미 만주로부터 채도와 농경이 한반도에 전해져 본격적인 농경이 이루어졌으며, 반달돌칼·납작밑토기·번개무늬토기 같은 요소들이 보이고 있어 그 연대는 대체로 서기전 2000년대로 간주되고 있다.

(ㅁ) 청진 농포동유적

청진평야의 서쪽 끝 康德 뒷산의 높이 약 30m 정도인 작은 구릉의 북쪽 경사면과 남쪽 경사면에 형성되어 있는 유물포함층유적이다.[68] 1956년에 4개 지점을 발굴하였는데, D지점 1곳만 교란되지 않은 패총유적이고, 나머지는 모두 흘러내려 쌓인 교란층이다.

유물로는 흑요석제의 타제석기가 가장 많으며 마제석기는 극히 적어 석부

68) 橫山將三郞, 〈油坂貝塚に就いて〉(《小田先生頌壽紀念朝鮮論集》, 1934).

·석촉 등 몇 점뿐이다. 출토유물 가운데 석촉류의 수렵도구가 큰 비중을 차지하는 것이 특징이다. 이 밖에 빗살무늬토기·민무늬토기 등과 토제품·골각기류가 많이 발견되었다. 흑요석기는 搔器를 비롯한 찔개·조각칼·삼각형 창끝도 있고, 刃部가 칼날 같은 것, 톱날 같은 것 등 석인을 가공한 석기가 많다. 골각기류는 첨두기가 대부분이며 종류는 바늘·송곳·작살·이음식낚시 등의 突刺用漁具類와 멧돼지이빨로 만든 토기시문구 등 다양하게 출토되었다. 토제품으로는 방추차와 어망추가 대부분이며 토제인형과 개와 같은 동물의 彫塑品도 발견되었다. 토기류는 약간의 민무늬토기와 채문토기를 제외하고는 모두 빗살무늬토기계통의 것이다. 빗살무늬토기의 저부는 모두 평저인데 간혹 굽이 있는 것도 보인다. 토기종류로는 壺·甕·鉢·盞·접시 등 다양하다. 대부분이 구연부에서 약간 사이를 띄우고 기복부 상단 쪽에 가로로 무늬띠를 돌린 것이 공통되는 점이다.

출토유물을 통하여 이 유적의 성격을 살펴보면, 검은개봉·삼봉·원수대유적 등과 함께 뇌문을 비롯한 횡대문토기·골각기·타제석촉 등을 중심으로 한 동북지방의 전형적인 중기 빗살무늬토기유적으로 볼 수 있다.

이러한 유적은 연해주지역과 중국 흑룡강성지역의 昂昂溪유적에도 분포되어 있어 이 일대가 같은 문화권이었음이 확실하다. 유적의 연대에 대하여서는 다른 학설이 많으나 서포항유적 4·5기층에서 이러한 뇌문토기가 처음 보이고 있고, 토기에서 구연부의 무늬가 소멸되는 점 등으로 보아 서기전 2000년대에 속한다고 할 수 있다.

(마) 웅기 송평동·용수동 유적

이 유적은 웅기 서쪽에 있는 龍水湖 동안의 낮은 모래구릉지 일대의 여러 곳에 포함층과 패총이 점점이 분포하고 있다.[69]

송평동유적의 층위는 표면의 담흑색부식토층 다음에 패각을 포함한 흑갈색층이 있고 그 밑에 흑색층이 있는데, 이 흑색층 가장 아래층에서 노지와 온돌지의 유구가 확인되었다. 발굴기록에 의하면 동일유적내에서 빗살무늬토기는 무문토기와는 포함지역을 달리해서 발견되었다고 한다.

69) 藤田亮策, 〈櫛目文様土器の分布に就きて〉(《青丘學叢》 2, 1930).

빗살무늬토기의 형태는 구연이 가볍게 외반한 평저원통형토기이며 무늬띠를 돌린 것이 대부분이고 작은 자돌점문과 회령부근에서 유행하는 깊고 큰 자돌점문 외에 단사선문도 있다. 몸통의 무늬로는 침선어골문이 많다.

용수동에서는 빗살무늬토기·민무늬토기·각선문토기·채색토기 외에 밧돌·흑요석제석기·활촉·창끝·갈돌·고석 등의 석기와 골촉·골검·송곳 등의 뼈연장, 석제방추차 등의 유물이 채집되었다. 또 이 유적에서는 유물이 부장된 東枕仰臥伸展葬의 분묘 14기가 확인되었다.

(바) 선봉 서포항동유적

이 유적은 함경북도 웅기군 굴포리의 西浦項洞마을 동북쪽 산기슭에 위치한다. 1960년부터 1964년까지 5차에 걸쳐 실시된 발굴조사에서 구석기시대의 문화층 2개, 신석기시대의 문화층 5개, 청동기시대의 문화층 2개 등 시기를 달리하여 퇴적된 9개의 문화층이 확인되었다.[70] 이 중 신석기시대의 문화층에서는 움집터의 유구가 발견되었는데, 조개더미유적의 1기층에서 1기, 2기층에서 4기, 3기층에서 9기, 4기층에서 5기, 5기층에서 2기 등 모두 21기가 조사되었다.

유물로는 1기층에서 빗으로 찍어 넣은 점무늬가 몸통의 윗부분에 들어 있는 납작밑토기가, 괭이·화살촉·칼·긁개·어망추·망치 등의 석기, 창·작살·장신구 등의 골기와 함께 출토되었다. 2기층에서는 1기층과 마찬가지로 모두 납작밑의 토기이나 새로이 줄무늬가 들어 있는 것이 출토되었고 아가리가 약간 바라진 것이 보인다. 새로운 기형으로 잔과 대접이 만들어졌다. 석기와 골기는 대체로 1기층과 유사하나 종류가 약간 증가하였다. 3기층에서는 토기의 형태 및 문양이 다양해졌는데 능형문·원형문·손톱문·톱날문·渦文 등이 보이고 아가리 주변에 점토띠를 덧붙인 것도 있다. 각암제석기가 사라지고 대신 흑요석제석기가 등장하고 있다. 원추형·주산알모양의 토제방추차가 새로이 나타나며 강아지·뱀·여자를 조각한 예술품과 여러 가지의 장신구가 다량으로 출토되었다. 4기층에서는 토기의 무늬에 와

70) 김용남, 〈서포항조개무지 발굴보고〉(《문화유산》 1961－3).
———, 〈웅기 굴포리 서포항동 원시조개무지유적 발굴〉(《문화유산》 1962－6).
김용남·서국태, 〈서포항 원시유적 발굴보고〉(《고고민속론문집》 4, 1972).

문이 없어지고 번개무늬가 출현하고 민무늬토기의 수가 증가하며, 또한 겉면을 붉게 칠한 적색토기가 새로이 등장한다. 대리석으로 만든 팔찌와 용도를 알 수 없는 뼈장식품 등도 출토되었다. 5기층에서는 몸통 윗부분에 어골문을 넣은 것과 아가리에 돋을무늬를 넣은 것이 출토되었으나 대부분 민무늬토기들이다. 斜刃石斧와 조개껍데기로 만든 반월형석도 등도 새로이 제작되고 있다.

이 유적은 한반도 동북지방의 신석기시대 전기간에 걸쳐 형성된 것으로 1기와 2기는 전기로, 3기는 중기로, 4기는 후기 전반으로, 5기는 후기 후반으로 편년되어 연대는 각각 B.C.5000~4000년대, B.C.3000년대 전반기, B.C.3000년대 후반기, B.C.2000년대 초로 비정되고 있다.

이 유적의 신석기시대문화는 연해주·아무르강의 중류지방문화와 같은 양상을 보이고 있으며 한반도 동북지방의 대표적인 문화로 밝혀지고 있다. 서포항의 신석기시대인들은 출토된 유물에서 볼 때, 농경·어로·수렵에 경제적 기반을 둔 것으로 생각된다.

(사) 회령 오동유적

두만강 중류 오른쪽 연안 평야지대에 형성되어 있는 청동기시대의 취락주거지이다.[71] 이 유적에서는 빗살무늬토기 조각들이 발굴지역 전체에 걸쳐서 각 층에서 한두 편씩 출토된 것이 총 150여 점에 달하는데, 그 질은 무늬없는 갈색토기와 대체로 비슷하다고 한다. 그릇의 형태는 구연부가 외반한 화분형과 직립한 단지종류가 있고 밑은 납작한 것 같다.

무늬는 크게 점렬문·자돌문·침선문의 3종류가 보이는데, 점렬문은 아가리 주변에 주로 시문되어 있고, 구연부가 외반한 것이 많으며, 자돌문은 영선동식의 어골문과 단사선문이 있고, 침선문에는 격자문·어골문·거치문·사선문 등이 있는데 다른 무늬에 비해 시문수법이 조잡한 편이다. 일부 토기의 구연 선단부 안쪽에는 각목이 새겨져 있는 것도 있다.

청동기시대 취락지가 형성되기 이전에 이 곳에는 원래 신석기시대 유적이 있었던 것으로 추정되는데, 무늬의 종류로 보아 자돌점렬문과 침선문계무늬

---

71) 도유호, 《회령 오동원시유적 발굴보고》(1960).

토기가 시기를 달리해서 존재했을 가능성이 많으며 이와 같은 토기의 출토 양상은 흑구봉유적의 경우와 비슷하다.

(아) 무산 호곡동유적

이 유적은 함경북도 무산 虎谷洞의 두만강 상류계곡에 위치한다. 1959~1961년의 3년 동안 5차에 걸친 발굴조사를 통해 신석기시대층에서는 빗살무늬토기와 민무늬토기가 반출되는 움집터 10기가 조사되었다.[72] 움집의 평면형태는 방형 또는 장방형인데, 면적은 큰 것은 180㎡ 이상이고 작은 것은 20㎡ 정도이며 깊이는 100~50㎝이고 주로 가운데에 화덕이 있었다.

주거지에서는 토기·석기·골각기 등의 유물들이 다양하게 출토되었다. 빗살무늬토기는 항아리·바리·잔·사발 등으로 그 겉면에는 집선무늬·번개무늬·고기뼈무늬 등이 일부에 베풀어져 있다. 빗살무늬토기와 공반된 민무늬토기에는 청동기시대의 특징적인 구멍무늬토기가 보여 신석기시대 최말기의 유적으로 생각된다. 석기로는 흑요석기·석촉·도끼·그물추·갈판·갈돌대·톱·창끝·괭이 등이, 골각기로는 활촉·바늘·송곳·대롱구슬 등이, 토제품으로는 가락바퀴가 보인다.

북한에서는 이 유적을 신석기시대 말기인 B.C.2000년대 초로 편년하고 있으나 구멍무늬토기가 출현하고 겉면이 마연되어 있는 민무늬토기가 많은 것으로 보아 B.C.1000년 이상 올라가지 않을 것으로 생각된다.

다. 유구와 유물의 출토양상

신석기시대 유적의 발굴은 시굴을 포함하여 지금까지 190여 건이 이루어졌다. 발굴은 대개 1960년대까지는 북한지역을 중심으로, 1970년대 이후부터는 남한지역을 중심으로 활발하게 이루어지고 있다.[73]

발굴은 주로 포함층과 패총을 대상으로 이루어졌는데, 여기에서는 여러 종류의 유구와 유물들이 확인되었다. 이들 유적에서 확인된 유구로는 주거지·무덤·야외노지·석기제작지 등이 있고, 유물로는 토기·석기·골각기·토제품·자연유물 등이 있다.

72) 황기덕, 〈무산 범의구석 발굴보고〉(《고고민속론문집》 6, 1974).

73) 韓永熙, 앞의 글(1995).

가) 유 구

주거지는 움집이 대부분이나 그 외에 부석주거지, 자연 및 인공동굴과 바위그늘을 사용한 예도 있다. 움집은 웅기 서포항, 용천 신암리, 온천 궁산리, 평양 남경, 봉산 지탑리, 서울 암사동, 양양 오산리나 지경동, 합천 봉계리, 금릉 송죽리유적 등으로 우리 나라의 전역에서 조사되고 있다. 부석주거지는 평양 청호리, 강화 삼거리, 춘천 내평에서, 동굴주거지는 의주 미송리, 상원 대동리·대흥리·용곡리, 춘천 교동, 단양 상시·도담 금굴, 제천 점말, 영동 원촌리에서, 바위그늘주거지는 부산 금곡동, 청도 오진리, 북제주 북촌리에서 각각 조사되었다.

무덤은 지금까지 옹진 시도, 부산 동삼동과 금곡동, 해미 휴암리의 적석유구와 울진 후포리의 세골장유구가 알려져 왔으나 무덤유구인지의 여부와 신석기유구인지의 여부가 확실치 않았다. 그러나 근래에 와서 상노대도의 산등, 연대도, 욕지도, 부산의 북정패총에서 각각 온전한 상태의 인골이 검출되면서 무덤유구가 확인되기 시작하였다.

이들은 일정한 크기의 흙구덩이를 파고 그 안에 시신을 안치하고 부장품까지 매납한 일종의 토장묘인데, 일부에는 그 위에 돌을 덮어 돌무지를 만든 것도 있는 것 같다. 그 외에 교동유적에서는 살고 있던 동굴바닥에 3인을 함께 매장한 예도 보인다. 장법은 일반적으로 身展葬이었던 것 같으나, 연대도의 일부 무덤과 범방인골의 경우처럼 屈身葬도 있었고, 후포유적의 경우처럼 세골장도 있었다.

야외노지는 얕은 구덩이를 파고 그 속에 냇돌을 몇 겹씩 깔아 만든 원형시설물로 오산리·산등패총 등 포함층이나 패총유적에서 몇 개씩 확인되고 있다. 석기제작지는 대석 주변에 석재 원석과 작은 박편들이 일정한 범위 안에 조밀하게 분포하고 있는 것으로, 금릉에 있는 송죽리유적의 것이 대표적이다.

나) 유 물

토기는 덧무늬토기·빗살무늬토기·단도마연토기 등이 출토되었다. 덧무늬토기는 지금까지 제주도 고산리·소흑산도·돌산 송도·연대도·상노대도·

동삼동·범방동·신암리·오산리·서수라유적 등에서 출토되고 있다.[74] 동해안의 일부 유적에서도 확인되고 있지만 역시 그 중심지는 남해안지역이다. 근래에 와서 거창 임불리와 단양 상시 3바위그늘 등 내륙지역에도 확인되고 있어 주목된다.

빗살무늬토기는 서해안·남해안·동해안 등 해안지역의 유적은 물론 내륙 강변지역의 유적을 포함한 모든 신석기유적에서 출토되고 있는 신석기시대의 대표적인 토기이다. 이 토기는 무늬의 종류, 시문방법, 시문면적 및 그릇의 모양에서 지역 및 시기적인 차이를 보여주고 있다. 즉 함경도와 평안북도 지방에서는 납작밑에 눌러찍은 무늬가 아가리 주변에만 시문되는 토기가, 청천강 이남의 서부지방과 한강을 중심으로 한 중부지방 및 남부지방에는 둥근밑에 그어서 시문한 무늬가 토기 전면에 시문되다가 점차 시문면적이 좁아지는 토기가 각각 출토되어 크게 두 지역군으로 구분된다. 그리고 평안도 지역에서는 청천강유역의 정주 당산과 영변 세죽리유적에서, 강원도지역에서는 양양 오산리나 지경리유적 등에서 납작밑과 둥근밑의 토기가 함께 출토되고 또 토기무늬도 양지역의 것이 혼재하고 있어 이 지역이 두 문화의 접변지역임은 이미 지적된 바 있다.[75]

한편 남부지방의 경우 앞시기는 덧무늬·압인문 등 아가리무늬계통의 동해안지역 납작밑토기문화가, 뒷시기는 그어서 시문한 전면무늬계통의 서해안지역 둥근밑토기문화가 각각 시기를 달리하여 분포하고 있는 한편, 이를 토착화시켜 압인문·태선침선문·단도마연토기·이중구연토기 등 남부지방만의 독특한 토기문화를 형성하고 있다.

석기는 어로용·수렵용·농경용·일상생활용 등 쓰임새에 따라 다양하게 만들고 있다. 여전히 간석기와 함께 뗀석기가 많이 사용되었으며 특히 날부분만을 간 국부마제석기가 많다. 대개 동북지방과 중·서부지방에서는 간석기의 비율이 높고 남부지방에서는 뗀석기가 압도적으로 많은 것이 특징이다.

---

74) 韓永熙, 〈신석기시대의 사회와 문화〉(《한국사》 1, 한길사, 1994).
李東注, 〈韓·日新石器文化의 關聯性再檢討〉(《第1回 韓·日新石器時代 共同硏究會發表要旨》, 1995).

75) 韓永熙, 위의 글.

청동기시대처럼 석기가 세분화되지는 않았지만 납작한 강돌의 양옆을 떼어 내어 만든 그물추·이음식낚시·낫·보습·괭이 등과 같이 용도에 따른 특징이나 지역적 특색을 보이고 있는 석기들이 꽤 많이 출토되고 있다.

골각기는 주로 패총유적에서 다양하게 출토되고 있는데, 뼈로 만들어 사용하는 것이 효율적인 바늘·송곳·찔개살·삿바늘·낚싯바늘·작살·낫 등이 있다.

그 외에 흙으로 만든 가락바퀴·흙구슬·귀걸이·펜단트와 조개껍질로 만든 팔찌와 동삼동의 가면, 동물의 이빨을 꿰어 만든 연대도의 발찌·목걸이, 서포항·오산리·동삼동·욕지도에서 나온 인물 및 동물모양의 토우 등이 있다.

자연유물은 조개껍질·물고기뼈·동물뼈 등이 출토되고 있는데, 이는 당시 사람들의 식생활은 물론 당시의 기후 및 자연환경을 복원하는 중요한 자료이며, 또 상원 용곡동굴 및 연대도·욕지도·산등·범방패총과 교동에서 확인된 인골도 이 시대의 형질인류학연구에 귀중한 자료이다.

〈鄭澄元〉

2) 신석기시대의 유적

(1) 집 터

한반도내에서 가장 오래된 집터로는 구석기시대 유적에서 발견된 집터이다. 이 시기의 집터는 대부분 자연동굴이나 바위그늘을 이용한 자연주거 또는 간단한 천막이나 돌로 쌓아 만든 돌담그늘을 이용한 인공주거가 있었던 것으로 생각된다. 동굴집터 외에는 아직 밝혀진 것이 없지만 공주 石壯里[1]와 웅기 굴포리유적[2]에서 돌담그늘의 집터가 보고되어 있다.

집터로서 확실하게 나타나고 있는 것은 신석기시대부터이다. 신석기시대의 집터는 한반도 전역에서 발견되고 있다. 구석기시대에 유행하던 동굴주거와

1) 손보기, 〈石壯里의 후기 구석기시대 집자리〉(《韓國史硏究》 9, 1973).
2) 김용간·서국태, 〈서포항 원시유적 발굴보고〉(《고고민속론문집》 4, 1972).

바위그늘주거도 계속 존재하고 있었으나 땅을 파서 만든 움집터(竪穴住居址)가 새로이 나타났으며 때로는 바닥에 돌을 깐 돌깐집터(敷石住居址) 등도 발견되고 있다. 그러나 움집터가 가장 많이 발견되고 있어 신석기시대의 일반적인 주거형태는 움집이었음을 알 수 있다.

가. 동굴집터

인공 또는 자연적으로 형성된 동굴이나 바위그늘을 이용한 예로는 의주 미송리,[3] 춘천 교동,[4] 단양 상시바위그늘[5]·도담리 금굴바위그늘[6]·수양개 유적,[7] 제천 점말동굴,[8] 부산 금곡동 율리바위그늘,[9] 제주 북촌바위그늘,[10] 청도 오진리바위그늘[11] 등이 알려져 있다.

미송리동굴집터는 석회암반에 뚫려 있는 자연동굴을 이용한 것으로 바닥에는 20~40㎝ 정도의 진흙층이 있는데 그 아래·위에 유물층이 있었다. 아래층에서는 신석기시대에 속하는 유물이, 위층에서는 청동기시대의 유물이 출토되어 오랜 기간 주거공간으로 사용되었던 것임을 알 수 있다.

교동동굴유적은 鳳儀山 동쪽 경사면에 있는 풍화화강암반을 인공으로 파 들어가 만든 것으로 동굴 내부는 지름 4m가량의 둥근 모양이고 천장은 반달모양이다. 굴의 바닥은 흙을 깔고 다졌으며 천장의 입구 쪽에는 그을음이 남아 있기 때문에 집터로 추정하고 있다. 폐기된 이후에는 무덤으로 쓰였다.

상시리 3바위그늘집터는 넓이 14㎡의 자그마한 유적으로 입구의 길이는 4m이고 그늘 안의 길이는 9m이며 안으로 갈수록 좁고 낮아진다. 모두 6개층의 문화층으로 형성되어 있는데 최하층의 6층은 후빙기 이전의 문화층이

---

3) 김용간, 〈미송리동굴유적 발굴중간보고〉(《문화유산》 1961-1·2).
4) 金元龍, 〈春川校洞穴居遺蹟 및 出土遺物〉(《歷史學報》 20, 1963).
5) 손보기, 〈단양 상시유적 발굴중간보고〉(《한국고대사의 조명》, 충북대, 1981).
   홍현선, 〈상시 3바위그늘의 문화연구〉(연세대 석사학위논문, 1987).
6) 손보기, 〈단양 도담리지구 유적발굴조사보고〉(《'84 忠州댐水沒地區 文化遺蹟發掘調査綜合報告書》, 1984).
7) 이융조, 《'83忠州댐水沒地區 文化遺蹟發掘調査略報告書》(1983).
8) 이융조, 《점말동굴 발굴보고》(1980).
9) 金廷鶴·鄭澄元, 《金谷洞栗里貝塚-岩蔭住居遺蹟》(釜山大 博物館, 1980).
10) 濟州大博物館, 《北村里遺蹟-신석기시대 바위그늘 집자리》(1988).
11) 釜山大博物館, 《淸道 梧津里 岩蔭遺蹟》(雲門댐水沒地域 文化遺蹟發掘調査報告書 1, 1994).

며, 5층은 적색점토층으로서 투박조개로 만든 팔찌가 출토되었다. 4층은 적색사질토층으로 덧무늬토기가 출토되었으며 갈색모래층인 3층에서는 빗살무늬토기와 석기가 출토되었다. 1·2층은 흐트러진 층으로서 빗살무늬토기·석기·뼈제품 등이 사람뼈·동물뼈와 함께 출토되었다. 출토유물로 보아 신석기시대 후기에서 말기까지 형성된 유적으로 보인다.

도담리 금굴유적은 남한강의 강안 언덕에 형성되어 있는 동굴유적으로 강의 수면보다 5.4m 위에 있으며 동굴의 크기는 높이 8m, 길이 8.5m, 최대너비가 7~10m 정도이다. 모두 8개의 층위로 이루어져 있는데 Ⅷ-Ⅲ층이 구석기문화층이고, 4개의 작은 층으로 세분되는 Ⅱ층은 Ⅱㄴ층이 신석기문화층이며, Ⅱㄱ층이 청동기문화층이다.

유물로는 다량의 빗살무늬토기조각을 비롯하여 그물추·찍개·망치돌 등의 뗀석기가 출토되었다. 이외에도 뼈제품과 함께 각종 동물뼈와 조가비들이 출토되었는데 신석기시대 후기의 유적으로 생각된다.

북촌리유적은 주민들에 의해 「고두기언덕」이라 불리는 해발 20m 내외의 구릉에 위치하는 용암동굴의 천장부가 무너져 최대지름 50m의 함몰지가 형성된, 동북쪽 아래에 위치하고 있다. 즉 절벽 아래가 움푹 꺼져 들어가 형성된 이른바 바위그늘집터이다. 집터의 입구너비는 11m, 입구에서 안쪽까지의 길이는 3m, 바닥에서 천장까지의 높이는 2m, 면적은 30㎡ 정도이며, 입구는 정남쪽으로 트여 있다. 대개 5개의 자연층위로 구분되지만 유물은 대부분 흐트러진 층에서 수습되었다.

나. 돌깐집터

신석기시대에 일정한 범위에 돌을 깔아 만들었던 집터가 춘천 내평리[12]와 강화 삼거리[13]·평양 청호리유적[14] 등에서 발견되고 있다.

내평리유적은 소양강의 강안단애에 위치하고 있는데 유구는 동서 길이 12.3m,

12) 崔夢龍, 〈內坪里住居址(敷石住居址)〉(《八堂·昭陽댐水沒地區 遺蹟發掘綜合調査報告書》, 1974).
13) 金載元·尹武炳, 《韓國支石墓硏究》(國立博物館 古蹟調査報告 6, 1967).
14) 笠原烏丸, 〈櫛目文土器を發見せる北鮮淸湖里遺蹟に就いて〉(《人類學雜誌》 51-5·6, 1936).

남북 길이 4m 정도의 범위에 25~30㎝ 크기의 돌을 깔아 만든 집터로서 동반부만 거의 원형으로 남아 있다. 동반부의 중앙부 아래에서는 10~15㎝의 잔돌로 구획된 1.3~1.5m의 타원모양의 화덕자리가 발견되었다. 화덕자리 내부의 흑색부식토를 걷어내자 15㎝의 잔돌이 깊이 18㎝까지 둥글게 깔려 있었다. 이외에도 집터의 북동과 동쪽에서는 8기의 화덕자리가 발견되었는데 15~20㎝ 정도의 돌을 둥글게 또는 타원모양으로 깔아 만든 것이며 크기는 48㎝×40㎝~160㎝×160㎝ 정도이다. 이 가운데 한 곳에는 남쪽으로 1.1m×0.6m, 깊이 25㎝ 정도의 구덩이가 발견되었다. 이러한 화덕자리는 집터와 관련된 야외화덕자리로 보고 있다.

삼거리집터는 국립중앙박물관이 고인돌발굴조사 때 주위에 트렌치를 넣으면서 발견된 것으로 표토 아래에 40~50㎝ 두께의 흑색토층이 형성되어 있었다. 이 층의 서쪽으로 크고 작은 돌들이 깔려 있는 것이 발견되었는데 교란이 심하고 발굴면적이 제한되었으므로 전체적인 성격을 파악할 수는 없었다. 대개 내평리·청호리에서 발견된 것과 유사한 것으로 생각된다. 유물로는 빗살무늬토기조각이 돌 사이에서 출토되었는데 작은 모래알이 섞인 점토질계 바탕흙으로 빚어진 것이다.

청호리유적은 대동강안의 사구에 위치하고 있는 포함층으로서, 층위는 5개의 자연층위로 구분할 수 있으며 집터는 최하층인 모래층(Ⅳ층)에서 발견되었다. 형태는 1변의 길이가 1.8m 정도 되는 네모꼴의 범위 안에 편평한 돌이 깔려 있는 것으로서 집터 가운데에 돌을 돌려 만든 화덕자리가 배치되어 있었다. 한편 일본 죠몬시대 중기에 해당하는 집터에서도 둥글거나 타원모양의 돌깐집터가 발견되었는데 가운데에 화덕자리가 설치되어 있다.[15]

따라서 돌깐집터는 움집에서 지상주거로 바뀌는 과도기의 집터로 볼 수 있다. 그러나 내평리와 삼거리의 경우는 완형이 아니고 기둥구멍 등 집터로 볼 만한 확실한 시설이 남아 있지 않으므로 일반적인 살림집으로 사용된 것이 아니라 특수한 경우에만 이용되었던 시설물로 생각할 수도 있다.[16]

---

15) 韓炳三 外, 〈昭陽江水沒地區 遺蹟發掘調查〉(《八堂·昭陽댐水沒地區 遺蹟發掘綜合調查略報告》, 文化財管理局, 1974), 462쪽.

16) 安承模, 〈한강유역의 신석기문화〉(《한강유역사》, 민음사, 1993).

다. 움집터

신석기시대의 움집터는 대개 큰 강이나 바닷가의 낮은 언덕에 위치하고 있는 것이 대부분이나 암사동[17]이나 미사리유적[18]과 같이 강이나 바닷가의 모래땅에서도 발견되기도 한다.

평면형태가 둥글거나 네 모서리를 줄인 네모꼴인 것이 주류이나 후기에 이르면 네모꼴이나 긴네모꼴로 바뀌게 된다. 크기는 대개 지름 또는 1변의 길이가 6m 내외이고 깊이는 60m 내외가 가장 많다. 집터의 바닥은 대부분 진흙을 깐 후 굳게 다졌으며 바닥 한가운데에는 불을 피운 화덕자리가 남아 있다. 화덕은 둥글거나 타원모양 또는 네모꼴로 바닥을 파고 그 주위에는 강돌로써 구덩이의 모양과 같이 돌리거나 진흙을 쌓아 둑을 돌렸던 것으로 생각된다. 화덕 곁에는 바닥을 판 후 항아리의 밑을 떼어내고 거꾸로 묻은 저장시설이 남아 있는데 움집 밖에 설치되는 경우도 있다.

움집 바닥에는 기둥을 세웠던 기둥구멍이 집 안쪽의 벽을 따라 6~7개 정도 남아 있는 것이 대부분인데 이들 기둥구멍을 기준으로 움집을 복원할 수 있다. 즉 기둥머리에 도리를 걸고 그 도리에 서까래를 걸쳤으며 서까래 끝은 집 바깥의 땅에 꽂고 그 위에 풀이나 짚 등으로 지붕을 덮은 원추 또는 사각추의 모양을 띠게 된다.

현재까지 조사된 집터에 대해 살펴보면 대개 별표와 같다.

이외에도 1991~1993년 사이에 2차에 걸쳐 발굴조사한 금릉 松竹里유적[33]

---

17) 金元龍, 〈岩寺洞江岸遺蹟 發掘報告〉(《歷史敎育》 13, 1970).
金光洙, 〈岩寺洞櫛文遺蹟 發掘槪要〉(《考古美術》, 9-11, 1968).
金鍾徹, 〈서울 성동구 암사동 선사시대 유적발굴〉(《박물관뉴우스》 18, 1971).
———, 〈서울 岩寺洞先史聚落址〉(《韓國考古學年報》 2, 1975).
———, 〈岩寺洞 新石器時代住居址調査〉(《韓國考古學年報》 3, 1976).
李白圭, 〈岩寺洞 新石器時代住居址調査〉(《박물관신문》 51, 1975).
任孝宰, 《岩寺洞》(서울大 考古人類學叢刊 11, 1985).
———, 《岩寺洞遺蹟緊急 發掘調査報告》(岩寺洞遺蹟發掘調査團, 1983).
國立中央博物館, 《岩寺洞》(國立博物館 古蹟調査報告 26, 1994・1995).

18) 任孝宰, 〈渼沙里遺蹟 緊急發掘調査報告〉(《韓國考古學年報》 8, 1981).
尹世英, 〈渼沙里住居址〉(《史叢》 25, 1981).
渼沙里遺蹟發掘調査團, 《渼沙里》 Ⅰ~Ⅴ(文化遺蹟發掘調査報告, 1994).

19)~32) 별지에 있음.

33) 曺永鉉, 〈金陵 松竹里遺蹟 發掘調査〉(《三韓社會와 考古學》-第17回 韓國考古學

3. 대동강유역[22)·23)·24)·25)·26)]

유적명	움의 형태							화덕의 형태			
	입지	평면형태	장축방향	크기(m)	깊이(cm)	넓이(m²)	바닥처리	위치	형태	크기(cm)	시설
궁산리	해안구릉										
1호		둥근모양(부정)		5.6~5.8	120~130	25.0	진흙다짐	중앙	타원모양	90×78	돌을돌림
2호		〃	동북-서남	4.5×6.5	70	20.0	〃	편서	네모꼴	80	진흙돌림
4호		〃		6.2	60	28.0	〃	중앙	둥근모양	85	돌을돌림
5호		둥근모양 ↓ 네모꼴		동북 2.7 남 4.4 중앙 5.2	70	18.0	생토층그대로	편남	타원모양	100×70	진흙돌림
지탑리	강안대지										
1호		네모꼴	서북-동남	7.0	40	47.0	진흙다짐	중앙	타원모양	100~120	돌을돌림
2호		둥근모양(부정)		6.4	50~60	32.0	모래층다짐	〃	〃	90	〃
3호		둥근모양		3.5	30~35	15.0	진흙다짐	〃	〃	80×110	〃
남경	강안대지										
12호		긴네모꼴		(3.7+?)×70	(50)	95.0	진흙다짐	중앙	긴네모꼴	80×103	
31호		밖 : 타원모양 안 : 모줄인긴네모꼴	남-북	밖 : 13.5×84 안 : 8.4×4.2	밖 : 20~50 안 : 120~140	32.0	밖:생토층 그대로 안:진흙깔기	편남	타원모양	170	판자돌을 돌림
37호		타원모양		4.5×2.8~3.5	45	14.5	진흙바름	편서	긴네모꼴	위:60×80 아래: 44×60	돌을돌림
금탄리	강안대지										
5호		네모꼴		4.5×4.6	(30)	20.7	생토층그대로	편북	둥근모양	40~50	
10호		〃	남-북	5.2×5.5	30~40	28.6	〃	중앙	〃		
11호		긴네모꼴	〃	4.1×7.4	110×130	30.3	진흙다짐	편북	긴네모꼴	80×100	
용연리											
1호		긴네모꼴		7×4.3	(15~20)		진흙다짐, 불땜	서남모서리 잔존	둥근모양	(50~60)	
2호		〃		4.9×7	(10~20)		〃	편서북	타원모양	(40~60)	

22) 도유호·황기덕, 〈궁산원시유적 발굴보고〉(《유적발굴보고》 2, 1957).
23) 도유호, 〈지탑리 원시유적 발굴보고〉(《유적발굴보고》 2, 1957).
24) 김용간·석광준, 《남경유적에 관한 연구》(과학백과사전출판사, 1984).
25) 과학백과사전출판사, 〈금탄리 원시유적 발굴보고〉(《유적발굴보고》 10, 1964).
26) 任孝宰, 앞의 글(1981).
尹世英, 앞의 글.

출입시설		저장시설		기둥구멍		주거 폐기	비고
위치	형식	수	위치	수	형식		
서남	경사로	1	화덕곁	21	수직·경사		
		1(1)	화덕곁 서북	28	수직·경사		
동북	계단식	(3)	화덕곁 벽밑	14	수직		
서남동북	경사로 계단식	5	화덕곁· 출입구근처			화재	·기둥이 탄 숯 잔존
동남	계단식	3	화덕곁 서남·서북	5+7	수직		·유물 대부분 화덕곁에서 출토
서남	계단식	1	화덕곁	26	수직·경사		
동남	경사로					화재	·맞배지붕을 추정
				4		〃	·기둥구멍 : 화덕곁 ·작업대석 있음 ·기둥이 탄 숯 잔존
						〃	·벽면 60°로 경사
		1	화덕의 서북				
		1	화덕의 동북				
남벽전체	경사로			6	수직		·야외 조리시설 또는 공동작업시설
							·기둥구멍 : 벽따라 배치
				11	수직		·기둥구멍 : 벽따라 배치(중앙에 3개)

에서도 신석기시대의 움집터 10기가 발견되었는데 아직 보고서가 발간되지 않았기 때문에 확실하게 알 수는 없지만 평면형태는 둥근 것과 긴 네모꼴, 모줄인 네모꼴 등이 있다. 크기는 둥근 것은 지름 4.1m, 깊이 40㎝ 정도의 소형이며, 긴 네모꼴은 크기 5.0m×3.4m, 깊이(현) 10㎝와 6.5m×4.4m, 깊이 20㎝ 정도의 중형이 주류를 이루고 있다. 모줄인 네모꼴의 집터는 크기 7.5m ×4.7~7.4m, 깊이(현) 36~60㎝ 정도로서 비교적 대형에 속한다.

바닥시설은 부분적으로 불탄 흔적이 남아 있으나 거의 아무런 시설이 없으며 화덕자리도 시설 없이 중앙부에 지름 1.2m 범위에 불땐 흔적만 남아 있다. 저장공은 집터 안팎에서 발견되는데 안쪽은 대개 2개가 원칙이며 주로 둥글거나 타원모양인데 타원의 경우는 대개 집터의 장축방향과 일치하고 있다. 밖의 것은 1개가 원칙으로 둥근 형태의 집터에서는 보이지 않으며 크기는 136㎝×75㎝, 깊이 30㎝에서 3.1m×2.38m, 깊이 50㎝까지로서 대개 집터의 크기와 비례하고 있다.

(2) 조개더미

조개더미유적은 수렵·어로·채집에 의하여 생계를 유지해 오던 선사시대의 주민들이 식량으로서 채집한 조개류를 먹고 버린 조가비가 쌓여 이루어진 퇴적층유적이다. 조개더미유적내에는 많은 종류의 조개류가 확인되고 있으나 그 중에서도 큰 굴껍질이 대부분을 차지하고 있어 굴이 신석기인들의 주된 식량으로 이용되었음을 알 수 있다.

이외에도 선사인들이 잡아 먹은 동물이나 물고기의 뼈 등과 함께 실생활에서 사용하다 못쓰게 되어 버린 토기와 석기를 비롯하여 뼈·뿔연모들이 섞여 있어 당시의 쓰레기장으로 보기도 한다.

한편 조개더미유적의 주변에서는 집자리와 매장유구가 대규모로 조사되고 있어 선사시대의 문화와 자연환경 등을 종합적으로 연구하는데 있어 가장 중요한 유적이 된다.

한반도에서는 주로 함경북도 동해안과 남해안 및 서해안가와 그 주변의 도서지방에 분포되어 있는데 유적별로 살펴보면 다음 표와 같다.

全國大會 發表要旨, 1993).

조개더미유적 일람표

1. 동북지방

유 적 명	참 고 문 헌	비 고
慶興 造山洞	藤田亮策, 《朝鮮古跡及遺物》(1924)	
海山九味	八木奘三郞, 《朝鮮咸鏡北道石器考》(1938)	
羅津 羅津洞	藤田亮策, 앞의 글(1924)	
雄基 西浦項洞	김용간·서국태, 〈서포항 원시유적 발굴보고〉(《고고민속론문집》 4, 1972)	집터유적·무덤유적
松坪洞	藤田亮策, 〈櫛目文樣土器の分布に就きて〉(《青丘學叢》 2, 1930)	
龍水洞	황기덕, 〈함경북도지방 신석기시대의 유적과 유물(1)〉(《문화유산》 1957－1)	14구의 인골출토
富寧 梨津洞	藤田亮策, 《朝鮮考古學》(1942)	
茂山 城山	利田雄治, 〈朝鮮の先史時代に就いて〉(《考古學雜誌》 4－5, 1914)	
淸津 農圃洞	橫山將三郞, 〈油坂貝塚に就いて〉(《小田先生頌壽記念朝鮮論集》, 1934)	
鏡城 元帥臺	렴주태, 〈함경북도에서 새로 알려진 유적과 유물〉(《고고민속》 1965－2)	
鶴城 雙浦洞	藤田亮策, 앞의 글(1924)	
城津 幸町	有光敎一, 《朝鮮櫛目文樣土器の硏究》(1962)	

2. 서북지방

유 적 명	참 고 문 헌	비 고
定州 大山里	차달만, 〈당산 조개무지유적 발굴보고〉(《조선고고연구》 1992－4)	
龍岡 弓山里	도유호·황기덕, 〈궁산 원시유적 발굴보고〉(《유적발굴보고》 2, 1957)	집터유적(5기발견)
龍磻里	鳥居龍藏, 〈平安南道·黃海道古蹟調査報告書〉(《大正五年度古蹟調査報告》, 1917)	
延白 鶴月里	리원근, 〈황해도 북부지방 유적답사보고〉(《문화유산》 1961－6)	
長淵 夢金浦里	朝鮮總督府, 《大正五年度古蹟調査報告》(1917)	
海州 龍塘洞	리원근, 〈해주 용당포 조개무지유적 조사보고〉(《고고민속》 1963－1)	
甕津 白翎島	崔夢龍 外, 〈白翎·延坪島의 櫛文土器遺蹟〉(《韓國文化》 3, 1982)	
延坪島	崔夢龍 外, 위의 글 任孝宰·李俊貞, 〈白翎島 新石器時代 貝塚에 대하여〉(《韓國考古學報》 31, 1994)	
長峰島	任孝宰, 〈韓國西海中部島嶼의 櫛文土器文化〉(《考古學》 2, 1969)	

3. 중서부지방

유 적 명	참 고 문 헌	비 고
甕津 矢島	韓炳三, 《矢島貝塚》(1970)	돌무덤 1기 발견
德積島	韓永熙 · 安承模, 〈서해도서지방의 지표조사(1)〉(《中島》 Ⅳ, 1983)	
蘇爺島	〃	
掘業島	〃	
靈興島	池健吉 · 安承模, 〈서해도서지방의 지표조사(2)〉(《中島》 Ⅴ, 1984)	
仙才島	〃	
大阜島	〃	
昇鳳島	金載元 · 尹武炳, 《韓國西海島嶼》(1957) 任孝宰, 〈韓國西海中部島嶼의 櫛文土器文化〉(《考古學》 2, 1969)	
堂島	任孝宰, 위의 글	
毛伊島	任孝宰, 위의 글 崔夢龍, 〈소부도 소재 신발견의 피총과 기 출토유물〉(《한국고고》 2, 서울大)	
信島	金元龍, 《韓國史前遺蹟遺物地名表》(1965)	
江華 牛島	손보기, 〈서해안 우도의 선사문화〉(《博物館紀要》 3, 1987)	
東幕洞	任孝宰, 앞의 글	
始興 烏耳島	서울大博物館, 《烏耳島貝塚》(1988)	
草芝里	金元龍, 〈草芝里(別望)貝塚發掘調査報告書〉(《韓國考古學報》 7, 1979)	
仁川 龍游島	林炳泰 外, 《수도권공항건설지역 문화유적지표조사보고서》(仁荷大 博物館, 1994)	
小舞衣島	韓永熙 · 安承模, 앞의 글	
泰安 安眠島	漢陽大博物館, 《安眠島古南里貝塚》-1次發掘調査報告書(1990) ———, 《安眠島古南里貝塚》-2次發掘調査報告書(1991)	
保寧 元山島里	國立扶餘文化財研究所, 《西海岸島嶼地域貝塚地表調査 I》(學術研究叢書 9, 1994)	
群山 飛鷹島	群山大博物館, 《群山市의 文化遺蹟》(群山大博物館學術叢書 2, 1995)	
노래섬	全北大博物館, 《群長國家工團造成地域地表調査報告書》(1993)	
駕島	忠南大博物館, 《群山駕島A貝塚發掘調査略報告》(1994)	
箕篕島	群山大博物館, 앞의 책(1995)	

4. 남부지방

유 적 명	참 고 문 헌	비 고
新安 大黑山島	金元龍 · 任孝宰, 《南海島嶼考古學》(東亞文化研究所, 1968)	
小黑山島	〃	
下苔島	崔盛洛, 〈黑山島地域의 先史遺蹟〉(《島嶼文化》 6, 목포대 도서문화연구소, 1988)	
荏子島	崔夢龍, 〈荏子島의 先史遺蹟〉(《古文化》 20, 1985).	
智島	崔盛洛, 〈智島의 先史遺蹟〉(《島嶼文化》 5, 1988)	
於義島	崔盛洛, 〈西南海島嶼地方의 先史文化〉(《島嶼文化》 7. 1990)	
押海島	李榮文, 〈新安押海島의 先史文化〉(《鄉土文化》 7, 1982)	
務安 鳥島	崔盛洛, 〈鳥島의 遺蹟과 遺物〉(《島嶼文化》 2, 1984)	
光陽 烏沙里	張明洙, 〈蟾津江下流의 貝塚文化〉(《古文化》 34, 韓國大學博物館協會, 1989)	
沃溝 仙遊島	金元龍, 〈新石器文化－各地方의 土器·石器·骨角器〉(《한국사》 1, 국사편찬위원회, 1973)	
麗川 突山松島	국립광주박물관, 《突山松島》Ⅰ·Ⅱ(국립광주박물관 학술총서 19·21, 1989·1990)	
安島	趙現鍾 外, 〈麗川郡 島嶼地表調査報告〉(《突山世救地遺蹟》, 國立光州博物館學術叢書 27, 1994)	
蔚州 無龍里	有光敎一, 《朝鮮櫛目文土器の研究》(1961)	
蔚山 新岩里	국립중앙박물관, 《新岩里》Ⅰ·Ⅱ(고적조사보고 20·21, 1988·1989)	
金海 農所里	金龍基, 〈農所里貝塚發掘調査報告〉(《釜山大論文集》 6, 1965)	
良洞里	朴敬源, 〈慶尙南道史前遺蹟遺物地名表〉(《考古美術》 2-4, 1961)	
水佳里	釜山大 博物館, 《金海水佳里貝塚》Ⅰ(1981)	
竹谷里	鄭澄元, 〈金海地方의 櫛文土器文化〉(《又軒丁仲煥博士還曆紀念論文集》, 1974)	
統營 鶴林里	金東鎬, 〈韓國東南海島嶼の先史土器とその文化〉(《考古學ジャーナル》 183, 1980)	
牛島	李東注, 〈南海島嶼地方의 先史文化資料(1)〉(《考古歷史學志》 8, 東亞大, 1992)	
蓮花島	〃	
佐沙里島	〃	
國島	〃	

유 적 명	참 고 문 헌	비 고
頭尾島	〃	
納島	〃	
葛島	〃	
下老大島	〃	
上老大島 (上里)	손보기, 《상노대도의 선사시대 살림》(1982) 東亞大博物館, 《上老大島》(1984)	
上老大島 (山登)	金東鎬 · 朴九秉, 《山登貝塚》(釜山水産大 博物館, 1989)	무덤유적
煙臺島	韓永熙 · 任鶴鍾, 〈煙臺島조개더미 斷崖部 Ⅱ〉(《韓國考古學報》 26, 1991) 국립진주박물관, 《煙臺島》 I (1993)	돌무지무덤유적
欲知島	국립진주박물관, 《欲知島》(1989)	돌무지무덤유적
泗川 舊坪里	단국대 중앙박물관, 《사천 구평리유적》(1993)	
河東 牧島里	張明洙, 〈蟾津江下流의 貝塚文化〉(《古文化》 34, 1989)	
錢島里	〃	
巨濟 山達島	鄭澄元, 〈山達島貝塚 遺物에 대한 一考察〉(《釜山大文理大論文集》 1, 1978)	
釜山 栗里	金廷鶴 · 鄭澄元, 《金谷洞 栗里貝塚》(釜山大 博物館, 1980)	바위그늘집터
朝島	韓炳三 · 李健茂, 《朝島貝塚》(1976)	
東三洞	及田民次郎, 〈南朝鮮牧ノ島東三洞貝塚〉(《考古學》 4-5, 1931) 橫山將三郎, 〈釜山絶影島東三洞貝塚報告〉(《史前學雜誌》 5-4, 1933) Sample, L. L., Tongsamdong : A Contribution to Korean Neolithic Culture History, *Arctic Anthropology XI-2*, 1974	돌무덤유구 발견
瀛仙洞	有光教一, 《朝鮮釜山瀛仙洞町の貝塚に就いて》 51-2, 1936)	
岩南洞	有光教一, 〈釜山岩南洞貝塚〉(《朝鮮學報》 36, 1965)	
多大浦	金龍基, 〈多大浦貝塚發掘調査報告〉(《釜大史學》 2, 1971)	
北亭	釜山水産大博物館, 《北亭貝塚》(1993)	
凡方	金東鎬, 앞의 글(1980) 河仁秀, 〈凡方貝塚 發掘調査成果〉(《韓日新石器文化의 諸問題》, 釜山大 博物館, 1993) 釜山直轄市立博物館, 《凡方貝塚》 I (1993)	토장묘 1기, 화덕자리 1기, 간돌로 만든 둥근 집석유구 7기
濟州 北村里	李淸圭, 《北村里》 I (濟州大 博物館, 1988)	

서포항과 궁산유적은 집터도 함께 발견되었는데 두 유적 모두 폐기된 집터의 구덩이를 쓰레기장으로 이용한 조개더미가 형성되어 있어 조개더미와 취락의 연구에 중요한 자료가 되고 있다.

상노대도와 욕지도 및 연대도유적에서는 조가비층에서 인골이 남아 있는 매장유구가 발견되어 지금까지 분명히 밝혀지지 않았던 신석기시대의 매장풍습과 아울러 신석기인들의 형질인류학적 연구에도 실마리를 제공하게 되었다.

또한 서포항과 동삼동유적은 신석기시대의 전시기에 걸쳐 형성된 대규모의 조개더미유적으로서 각각 한반도의 동북지방과 남해안지방의 신석기문화의 편년을 설정하는데 기준이 되는 자료를 제공해 준 유적으로 중요하다.

(3) 무　덤

무덤이란 사람의 시체를 매장한 시설물로서 시체를 처리하는 방법은 생활환경에 따라 여러 가지가 있다. 즉 시체를 바위나 나무 위에 얹어 놓음으로써 짐승에게 처치를 맡기는 風葬, 강변이나 해변에서는 물속에 가라앉힘으로써 물고기에게 처치를 맡기는 水葬, 열대지방에서는 급속히 진행되는 시체의 부패에 대처하거나 또한 불교에서 행해지고 있는 火葬 등이 있다.

그러나 땅을 파서 만든 무덤이라는 시설물 안에 시체를 묻는 매장방법도 발생하게 되었다. 무덤을 처음 사용한 시기는 전기 구석기시대부터 그러한 풍습이 있었던 것으로 짐작되지만 고고학적 자료에 의하면 동양에서는 후기 구석기시대부터인 것으로 보인다.

한반도 신석기시대의 유적 가운데 조개더미유적에서 인골이 출토된 예는 극히 일부로서 함경북도에서 몇 예가 보인다. 아직 정식보고서가 나오지 않고 있으며 간혹 민무늬토기시대의 것들로 보는 견해[34]도 있으므로 신석기시대의 무덤으로 단정하기는 어려운 실정이다.

예를 들면 웅기 龍水洞조개더미[35]에서는 14구의 인골이 東枕伸展仰臥葬되어 묻혀 있었는데 양다리 사이에서 10여 개의 돌살촉이 발견되었고 머리 부근에서는 채색토기가 출토되는 등 껴묻거리(副葬品)가 묻혀 있는 예이며, 또

---

34) 황기덕, 〈함경북도지방 신석기시대 유적과 유물(1)〉(《문화유산》 1957-1).
35) 황기덕, 위의 글.

한 모래땅에 묻은 것과 조개더미 아래의 생토층을 파고 묻어 마치 조가비무덤처럼 보이는 것도 있다. 경성 地境洞[36]에서는 평탄한 구릉 위에 강돌로써 긴네모꼴로 돌리고 그 안에 시체를 펴묻기한 후 석기류를 껴묻었으며, 회령 鳳儀里[37] 拘山南畔에서는 그 경사진 면에 계단모양으로 단을 만든 후 껴묻거리와 함께 동침신전앙와장되어 있었다고 전하는 예도 있다.

그러나 신석기시대의 무덤으로 확실하게 알려진 것으로는 춘천 교동의 동굴유적,[38] 시흥 시도[39] 및 부산 동삼동조개더미[40]의 돌무덤, 울진 후포리[41]의 洗骨葬무덤, 부산 범방의 토장묘,[42] 통영 연대도[43]·욕지도[44]·상노대도 산등조개더미[45] 등에서 보이는 집단土葬墓 등이 있다.

춘천 교동유적은 강원도 춘천시 鳳儀山의 동쪽 완경사지대에 있는 긴 山尾의 북쪽 경사면의 풍화화강암반을 파 들어가 만든 동굴유적으로서 1962년 옛 성심여자대학(현 한림대학교)의 신축공사중에 발견된 것이다. 신석기시대 말기에 해당되는 유적이다.

동굴은 해발 105m이며 굴 입구는 서쪽으로 치우친 북향이다. 굴의 평면은 지름 4m 정도의 둥근 형태이고 천장은 반달모양이며 가장 높은 중앙부의 높이는 2.1m이다. 서쪽에는 바닥이 높아지면서 위로 올라가는 돌출부가 있는데 저장시설로 생각된다. 굴의 바닥은 흙을 깔고 다졌으며 입구 가까이에 있는

---

36) 榧本杜人, 《朝鮮の考古學》(同朋舍, 1980).
37) 榧本杜人, 위의 책.
38) 金元龍, 〈春川 校洞穴居遺蹟과 遺物－校洞文化의 性格과 年代－〉(《歷史學報》 20, 1963).
39) 韓炳三, 《矢島貝塚》(1970).
40) 及川民次郞, 〈南朝鮮牧ノ島東三洞貝塚〉(《考古學》 4－5, 1931).
横山將三郞, 〈釜山絶影島東三洞貝塚報告〉(《史前學雜誌》 5－4, 1933).
Sample, L. L., Tongsamdong : A Contribution to Korean Neolithic Culture History, *Arctic Anthropology* XI－2, 1974.
41) 國立慶州博物館, 《蔚珍厚浦里遺蹟》(1991).
42) 金東鎬, 〈韓國東南海島嶼の先史土器とその文化〉(《考古學ジャナル》 183, 1980).
釜山直轄市立博物館, 《凡方貝塚》 I (釜山市立博物館遺蹟調査報告書 9, 1993).
43) 韓永熙·任鶴鍾, 〈煙臺島조개더미 斷崖部 II〉(《韓國考古學報》 26, 1991).
國立晉州博物館, 《煙臺島》 I (國立晉州博物館 遺蹟調査報告書 8, 1993).
44) 國立晉州博物館, 《欲知島》(國立晉州博物館 遺蹟調査報告書 3, 1989).
45) 金東鎬·朴九秉, 《山登貝塚》(釜山水産大博物館 遺蹟調査報告 1, 1989).

천장에는 그을음이 남아 있다.

이 유적은 주거로 사용되다가 폐기된 후 다시 무덤으로 사용된 것으로 보인다. 발굴 당시 3구의 인골은 똑바로 누운 자세에 각각 발을 모아 중앙으로 향하고 있는데, 머리는 각각 동·서·남쪽을 향하고 있었으며 입구 쪽의 인골 2구는 머리를 입구 쪽을 향하고 있었다. 동쪽에 있는 인골 밑에서 화덕자리가 발견되었는데 흙을 제거하자 석기류가 출토되었으며 토기는 입구 쪽에서 출토되었다고 한다. 소형의 납작바닥토기 5점을 비롯하여 도끼·망치·화살촉·낚싯바늘·칼 등의 석기류와 대롱옥·수정조각·白瑪조각 등의 유물이 출토되었다.

시도조개더미에서 발견된 돌무덤은 이 섬의 최북단의 구릉 위에 위치하고 있었으며 조개더미와는 400m 정도 떨어진 지점이다.

무덤은 풍화화강암인 생토층에 1.5m×1.2m, 깊이 30㎝ 크기의 타원형구덩이를 먼저 파고 그 위에 지름 10㎝ 내외의 깬돌(割石)을 1.65m×1.45m, 높이 20㎝ 정도의 타원형으로 쌓아 놓은 것이다. 주변의 돌은 지름 25㎝ 정도로서 중심부의 것보다는 큰 것이었다. 돌과 구덩이 사이에는 많은 숯과 부식된 흑색토가 깔려 있었고 돌 사이에는 빗살무늬토기의 조각이 섞여 있었다.

특히 숯이 많이 섞여 있는 것으로 보아 구덩이에 시체를 넣고 나무로 덮은 다음 돌을 쌓은 것으로 추측하고 있으나 실제 숯을 깔았을 가능성도 있다. 한편으로는 이 유구를 무덤이 아니라 서울 암사동의 대형 돌무지시설과 같은 야외조리시설로 보는 견해[46]도 있다.

울진 후포리유적은 경북 울진군 평해읍 후포리의 바닷가에 면한 언덕 꼭대기에서 발견된 세골장의 집단토장묘유적으로서 지름이 약 4m 내외의 불규칙한 둥근 구덩이 안에 인골이 다량으로 출토되었는데 특히 석기들과 함께 겹쳐져 있었다. 이로 보아 여러 번 改葬이 있었던 듯하다. 신석기시대 본격적인 매장시설로서 매우 희귀한 예이다.

여기에서는 간돌도끼(磨製石斧) 130여 점과 돌대롱옥, 주걱모양의 돌판 등이 출토되었는데 돌도끼는 길이 20~30㎝ 내외의 것이 주류를 이루고 있으나 50㎝가 넘는 것과 5㎝ 미만의 것도 있다. 이러한 대형의 도끼는 함경도지

46) 橫山將三郞, 〈ソウル東郊外の史前遺蹟〉(《文學論叢》 5·6, 1953).
金元龍, 《韓國考古學槪說》 第3版(一志社, 1986), 44~45쪽.

방이나 춘천 교동의 동굴유적에서도 출토된 바가 있다.

연대도유적은 다량의 인골이 출토된 집단매장유적으로서, 적당한 크기의 무덤구덩이를 얕게 파고 시체를 펴묻기 또는 굽혀묻기하여 안치하였는데 다량의 껴묻거리를 함께 넣었으며 그 위에는 잔돌과 혹색부식토 또는 조개가루를 덮은 다음, 보다 큰 돌을 다시 덮어 놓은 형태가 대부분이므로 이 지역에서 보편적으로 사용되었던 무덤형식으로 생각된다. 한편 돌도끼를 깐 위에 시체를 안치한 특이한 경우도 있으며 자갈돌로 만들어진 돌널무덤(石棺墓)의 것도 발견되고 있어 당시의 다양한 매장방법을 연구하는데 중요한 자료를 제공하는 유적이다.

〈韓永熙〉

3) 신석기시대의 유물

(1) 토 기

가. 신석기시대 토기에 대한 논의

토기는 신석기시대에 들어와 만들어지고 쓰여진 것으로서 간석기(磨製石器)와 함께 신석기시대를 나타내는 지표유물로 여겨져 왔다. 우리 나라에서도 신석기시대부터 토기가 등장했으며, 그를 대표하는 토기는 빗살무늬토기(櫛文土器)라고 여겨져 왔다. 그러나 최근에 와서는 빗살무늬토기에 앞서는 덧무늬토기(隆起文土器)가 있었음이 알려지게 되었다. 그러므로 신석기시대의 토기를 개관하기에 앞서 이들 토기가 알려지게 된 경위와 그간의 논의를 잠깐 살펴볼 필요가 있다.

우리 나라에서 신석기시대의 유적이 처음으로 발굴 조사된 것은 1916년이며 그 결과는 1917년에 보고서로 나왔다. 그러나 여기에는 평안남도 용강 용반리와 대동강가의 미림리 및 고방산, 평양 사동 등과 황해도 해주 남산, 옹진 점암동, 은율 군량리, 장연 몽금포유적 등 신석기와 청동기시대의 유적이 구분되지 못한 채 소개되어 있다.[1] 당시에는 두 시기에 각각 해당하는 토기

1) 鳥居龍藏, 〈平安南道·黃海道古蹟調査報告書〉(《大正五年度古蹟調査報告》, 1917), 767~850쪽.

에 대해서도 정확히 알지 못하였기 때문에 이들을 「有紋土器(혹은 有紋厚手土器)」와 「無紋土器(혹은 無紋薄手土器)」로 나누었다. 이 가운데 신석기시대에 해당하는 토기는 물론 유문후수토기이다.

유문토기라는 이름을 벗어나서 빗살무늬의 뜻인 「櫛文」이라는 이름을 갖게 된 것은 1930년에 발표된 글에서 비롯되었는데 그 글의 원래 목적은 석기시대 문화의 전파와 토기무늬와의 관계를 밝혀 보려 한 것이었다.[2] 즐목문토기란 이름은 櫛齒모양으로 평행해서 밀접한 이를 가진 것으로 토기면에 무늬를 인각했다고 보는 데서 유래하며, 독일에서 Kamm Keramik라고 부르는 것의 번역어이기도 하다고 정의되었다. 그리고 조선의 즐목문토기 및 석기문화는 단독으로 조선에서 발달한 것이 아니라 시베리아·스칸디나비아·알래스카 및 북미주를 포함하는 歐亞美 3대륙의 북단을 연락하는 일종의 문화연쇄로서 「북방문화」의 한 파문이라고 하였다.

이러한 논의는 조선의 즐뮤토기문화 혹은 석기시대 문화가 단독으로 발달한 것이 아니라는 의미이다. 그렇다면 그 문화의 기원지가 어느 계통인가(당시에는 시베리아) 하는 점과, 이를 만든 인종 혹은 주민집단, 그리고 전파루트를 찾는 것이 중요한 관심거리가 된다. 결국 계통을 추구하는 연구는 언제나 위의 세 가지 주제에로 귀결된다. 그리고 위의 글은 우리 나라 근 100여년의 신석기연구에서 가장 영향력이 큰 것 가운데 하나인 만큼, 이 이후로 한국의 빗살무늬토기에 대한 논의는 위의 주제들을 중심으로 이루어져 갔다. 요컨대 한국 신석기문화의 시베리아기원설이 뿌리내리게 되었던 것이다.

오산리유적[3]의 발굴은 그 동안 커다란 영향력을 끼쳐 왔던 시베리아기원설을 약화시키는 계기가 되었다. 물론 그보다 훨씬 오래 전부터 우리 나라의 빗살무늬토기와 북구의 캄케라믹은 구별된다고 하는 주장들[4]이 있었으며,

2) 藤田亮策, 〈櫛目文樣土器の分布につきて〉(《青丘學叢》 2, 1930).
3) 서울大博物館, 《鰲山里遺蹟》 Ⅰ·Ⅱ·Ⅲ(1984·1985·1988).
4) 橫山將三郎, 〈釜山府絶影島東三洞貝塚報告〉(《史前學雜誌》 5-4, 1933), 1~48쪽.
三上次男, 〈朝鮮における有文土器の分布とその文化の擴がりについて〉(《朝鮮學報》 14, 1959), 309~321쪽.
有光敎一, 《朝鮮櫛目文樣土器の硏究》(1962), 1~48쪽.

동삼동과 한강 주위의 신석기유적에서 출토된 유물을 가지고 각각 한국의 신석기문화를 연구한 경우[5]도 양자의 관련성을 강하게 부정하였다. 이들은 한국의 빗살무늬토기가 시베리아의 것과 시문법도 다르며 토착적인 요소가 많아 지역적인 발달형식이라고 보았다. 그리고 동삼동발굴로 인해 빗살무늬토기보다 시기적으로 앞서는 덧무늬토기의 존재가 강하게 부각된 것도 이러한 주장을 재고하는 계기를 가져다 주었다고 보인다. 그러나 무엇보다도 오산리유적에서 얻게 된 일련의 방사성탄소연대측정값은 우리 나라의 신석기의 개시연대와 전파관계에 대한 기존의 생각을 바꾸도록 하였다. 오산리유적은 대략 기원전 6000년 무렵부터 사람들이 살았던 곳으로 알려져 있는데, 이러한 연대값을 가지고 연대가 더 내려가는 시베리아로부터의 기원설을 주장하기는 곤란하였던 것이다.

1980년대에 들어오자 남해안지방의 조개더미유적에서 빗살무늬토기보다 더 이른 시기의 것으로 여겨지는 덧무늬토기들이 잇따라 출토되었고, 마침내 많은 관심이 덧무늬토기에 관한 문제 쪽으로 넘어가게 되었다. 그러나 연구의 향방은 여전히 전통 깊은 것으로서 예의 기원과 전파문제가 덧무늬토기에도 적용되었다. 그런데 이러한 주제를 또다시 논의한다는 것은 연구자가 의식하든 못하든 덧무늬토기를 빗살무늬토기와 별개의 것으로 다루고 있음을 의미한다. 처음부터 그러했느냐 하면 그렇지는 않다.

우리 나라에서 덧무늬토기는 비교적 일찍부터 드러나기 시작했으나 처음부터 색다른 취급을 받은 것은 아니다. 1930년 동삼동의 발굴에서는 하나의 무늬요소를 표현하는 방법에 따라 새김무늬는 沈刻式으로, 덧무늬는 隆起式으로 나뉘어진다고 보았으며, 혹은 덧무늬토기를 紐線文土器라고 하여 여러 종류의 토기무늬 가운데 하나로 보았다.[6] 대동강가의 청호리유적[7]에서도 덧무늬토기가 나왔으나 이들 역시 별다른 취급은 받지 않았다. 광복 후 북한은

---

5) Sample, L. L., Tongsamdong : A Contribution to Korean Neolithic Culture History, *Arctic Anthropology* 11－2, 1974, p. 110.
Nelson, S. M., *Han River Chulmuntogi*, 1975, pp. 70～79.

6) 横山將三郎, 앞의 글, 23쪽.

7) 笠原烏丸, 〈櫛目文土器を發見せる北鮮清湖里遺蹟について〉(《人類學雜誌》 51－5, 1936), 183～197쪽.

1956년 금탄리유적을 발굴하였으며[8] 여기에서도 덧무늬토기 여러 개체가 나왔으나 주목되지 않았다.

덧무늬토기가 관심을 끌기 시작한 것은 1970년대부터 동삼동 및 남해도서지방에서 잇따라 발굴되었기 때문이다. 그 뒤 덧무늬토기를 둘러싼 논의가 일어났는데 주로 덧무늬토기는 어디에서 왔는가, 이러한 토기를 만든 사람들은 누구인가, 이들은 빗살무늬토기를 사용하던 사람들과 같은 사람들인가 아닌가, 등에 집중되어 있다.

덧무늬토기는 어디에서 왔는가라는 문제에 대한 고찰에는 주변지역과의 비교가 필요하다. 남해안지방의 덧무늬토기보다 연대가 더 올라가는 유적은 일본에 많이 분포한다. 이런 까닭에 우리 나라의 융기문토기가 규슈지방의 토도로키(轟)식토기에서 기원했을 가능성이 있다는 것이다.[9] 한편, 아무르강유역의 덧무늬토기에서 기원했다고 하는 견해[10]도 있다. 또 다른 경우는 중국 동북지방으로부터 남해안지방까지를 하나의 문화권으로 보는 가운데 요동지방의 신석기문화를 우리 나라 신석기의 기준으로 삼으려고 하는 것이다.[11] 그리고 한·일 양국의 토기를 철저히 연구하기 전에 속단은 바람직하지 않다는 입장을 취하면서[12] 아울러 중국 동북지방의 신석기토기들과 우리 나라 토기들의 관련성에 대해서 주목하는 경우도 있다. 최근에는 이전의 막연한 시베리아기원설과는 달리, 한국과 시베리아(알타이)지역에서의 빗살무늬토기·뼈작살·동쪽으로 펴묻기(東枕伸展葬)·돌톱(植刃尖頭器) 등 여러 문화요소에서 찾아지는 유사성에 주목하여 우리 나라 빗살무늬토기의 기원지가 알타이지역 일대를 포함하는 바이칼호 주변이라고 추정하는 견해

---

8) 김용간, 《금탄리 원시유적 발굴보고》(1964).

9) 廣瀨雄一, 〈韓國隆起文土器論〉(《異貌》 11, 1984).
최근에는 토도로키토기와 우리 나라의 덧무늬토기가 관련이 없으며, 오히려 토도로키보다 연대가 올라가는 일본 最古의 덧무늬토기가 시기·문화적으로 우리 나라의 것과 더 유사하다고 본 견해가 나왔다.
李東注, 《韓國 先史時代 南海岸 有文土器硏究》(東亞大 博士學位論文, 1996) 참조.

10) 鄭澄元, 〈中國東北地方의 隆起文土器〉(《韓國考古學報》 26, 1991), 5~35쪽.

11) 宮本一夫, 〈中國東北地方における先史土器の編年と地域性〉(《史林》 68-2, 1985).

12) 任孝宰, 〈新石器時代의 韓·日文化交流〉(《韓國史論》 16, 國史編纂委員會, 1986), 1~29쪽.

도 나오고 있다.[13]

이러한 고찰과 주장들을 통해 우리 나라의 신석기연구가 점차 달라져가고 있음을 보게 된다. 즉 출자와 기원에 대한 관심은 변함없다고 하더라도 한국의 신석기문화를 선사시대 동아시아의 전체 속에서 조망하는 쪽으로 나아가고 있는 것이다. 그리하여 문화의 기원을 빨리 단정하기보다는 문화의 상호 관련성을 추구하는 연구로 이어져 가고 있다. 앞으로 우리 나라 및 주변지역의 신석기문화가 유물의 단순비교에서 벗어나 심도있게 연구된다면 그 주제도 기원문제에만 그치지 않고 각 지역의 자연환경이라든가 당시의 주민 및 생활상 등에 대해서도 종합적으로 파악되어 가리라고 본다.

덧무늬토기와 빗살무늬토기를 만든 사람들에 대한 의문에는 아직 무어라 답하기 어렵다. 현재로서 언급할 수 있는 것은 덧무늬토기에도 빗살무늬토기의 무늬새김 양식이 들어 있으며, 이와 공반되는 석기 및 석기제작수법·뼈연모 등을 살펴볼 때 양자 사이에 이질적이거나 비약적인 요소란 그다지 찾아지지 않는다는 사실이다. 최근 우리 나라 남해안지방의 조개더미유적에서 덧무늬토기 또는 빗살무늬토기를 공반한 사람뼈화석이 자주 출토되고 있으므로 이들을 이웃한 중국·연해주지방 및 일본의 사람뼈 자료들과 비교하고, 언어학·언어연대학 등 인접학문들을 잘 활용한다면 원래 모습에 근접하는 像을 얻을 수 있을 것이다.

나. 유적분포와 시기구분

1990년대 현재까지 알려진 우리 나라의 신석기유적은 160여 곳이 훨씬 넘는다. 그러나 여기에는 지표조사된 유적들이 대다수를 차지하며, 정식 발굴된 유적의 수는 매우 적은 편이다. 유적들은 주로 바닷가나 한강·대동강·두만강·낙동강 등 큰 강의 하류를 중심으로 분포되어 있다. 이러한 유적들에서 출토되는 토기는 발굴유물 중에 가장 많은 양을 차지하는데, 만들기 쉽고 자주 깨어지므로 시간의 흐름을 민감하게 반영하는 점, 또 지역에 따라 생김새가 달리 만들어지는 점 등의 특징을 가지고 있어 지역구분·시기구분

13) 韓永熙, 〈유물로 본 Altai와 한반도〉(《알타이문명전》, 국립중앙박물관, 1995), 186~189쪽.

의 지표가 되고 있다.

토기들의 시기에 따른 변천은 다음 항목에서 각 지역별로 서술될 것이나 여기에서 전체적으로 간단히 종합하자면, 우리 나라에서는 덧무늬토기가 가장 일찍 출현하며 그 다음 빗살무늬토기로 바뀌어 간다. 덧무늬토기는 현재까지의 자료로 볼 때 남해안지방에 집중 분포되어 있으며 기원전 6,000년 무렵을 전후로 나타나서 신석기 중기(기원전 3,500년 전후) 이전에 소멸되었다고 보고 있다. 뾰족밑빗살무늬토기는 기원전 5,000년 무렵에 서해안지방을 중심으로 출현하여, 신석기 중기 무렵이 되면 거의 전국적인 출현양상을 보이고 있어 신석기문화가 보편화되는 시점을 엿보게 한다. 이들은 시간이 흐를수록 점차 무늬의 생김새와 무늬를 베푼 부분이 변화하며 기원전 1,000년 무렵에 민무늬토기와 완전히 교체되나, 실제 민무늬토기의 출현은 기원전 15세기 무렵부터 시작되고 있어 지역에 따른 편차를 보인다. 대개는 서해·남해 등지의 도서지방에서 빗살무늬토기가 늦게까지 사용됨을 볼 수 있다.

다. 여러 지방의 신석기토기

이들 토기들의 형태의 유사성과 출토된 때의 밀집도로 보아 대략 남해안지방·강원도지방·동북지방·중서부지방·청천강 이북지방의 5개 지역군으로 나누어[14] 각 지역군에서 출토되는 토기들에 대해 서술하고자 한다.

---

14) 이 분류는 기존의 신석기문화권 분류와 거의 일치하고 있다. 한편 최근에는 이 지역 외에 강의 중·상류나 내륙 깊숙한 곳에서도 신석기유적들이 발견되는 예가 잇따르고 있는데 이들은 대개 각 유적이 자리잡고 있는 강 하류의 잘 알려진 유적에서 출토되는 유물들과 닮은 양상을 띠고 있다(예를 들면 합천 봉계리·거창 임불리유적출토 토기는 낙동강 하류 김해－부산지역의 신석기토기들과 비슷하다). 그러나 앞으로 이들 강의 중상류나 내륙 등지의 자료가 축적되어 간다면 이들은 오히려 우리 나라 신석기시대의 강가·바닷가 유적들과는 다소 다른 생활상을 가졌다거나, 고유의 문화권을 설정할 수 있는 쪽으로 연구가 진행될 가능성도 있다.

孫寶基, 〈丹陽 島潭里地區 遺蹟發掘調査報告〉(《忠州댐水沒地區 文化遺蹟發掘調査綜合報告書》, 1984), 15～99쪽.

홍현선, 〈상시 3바위그늘의 문화연구〉(연세대 석사학위논문, 1987).

이융조·신숙정, 〈중원지방의 빗살무늬토기 고찰〉(《孫寶基博士停年紀念 考古人類學論叢》, 1988), 341～387쪽.

忠南大博物館, 《屯山》(1995).

申鍾煥, 《淸原 雙淸里住居址》(國立淸州博物館, 1983).

趙由典, 〈南江流域의 先史文化硏究(1)－山淸 江樓里 先史遺蹟의 性格〉(《韓國考

가) 남해안지방

남해안지방 신석기유적의 수는 약 30군데가 넘을 것으로 알려져 있으나 이 숫자는 계속 늘어나고 있다. 여기에서 남해안지방이란 조개더미유적들이 주로 찾아진 경남·전남의 해안지방과 그 부속도서들을 의미한다. 지금까지 약 10여 개소의 유적발굴보고서가 나와 있는데, 부산 동삼동[15]·금곡동 율리[16]·범방[17]·북정,[18] 김해 수가리,[19] 울산 신암리,[20] 통영 욕지도[21]·연대도[22]·상노대도,[23] 사천 구평리,[24] 여천 돌산 송도[25] 등이 중요하며 김해 농소리,[26] 부산 다대포[27] 등 약보고서가 나와 있는 유적이 몇 곳 있다. 흑산도 유적은 지표조사만 되어 있으나 이 곳이 남해도서 가운데 큰 섬에 속하며, 도서지방의 조개더미 가운데는 육지로부터 상당히 떨어져 있고, 또 남해안으로부터 서해안의 신석기유적으로 연결되어 가는 길목에 있다. 그리고 출토유물도 다양하다. 이런 점들로 미루어 앞으로 중요한 유적으로 등장할 것으로 보인다.[28] 1997년 8월 현재 발굴중인 제주도 고산리유적도 덧무늬토기와 좀돌

古學報》 20, 1987), 23~58쪽.
安春培, 〈居昌 壬佛里先史住居址 調査概報〉(《嶺南考古學》 6, 1989), 73~125쪽.
申鍾煥, 〈金陵 松竹里遺蹟〉(《嶺南考古學》 7, 1989), 71~105쪽.
東亞大博物館, 《陜川 鳳溪里遺蹟》(1989).

15) Sample, L. L., 앞의 글.
16) 釜山大博物館, 《金谷洞 栗里貝塚》(1980).
17) 釜山直轄市立博物館, 《凡方貝塚》 1 (1993).
18) 釜山水産大博物館, 《北亭貝塚》(1993).
19) 釜山大博物館, 《金海 水佳里貝塚》 1 (1981).
20) 國立中央博物館, 《新岩里》 Ⅰ·Ⅱ (1988·1989).
21) 國立晋州博物館, 《欲知島》(1989).
22) 國立晋州博物館, 《煙臺島》 Ⅰ (1993).
23) 손보기, 《상노대도의 선사시대 살림》(1982).
東亞大博物館, 《上老大島》(1984).
釜山水産大博物館, 《山登貝塚》(1989).
24) 단국대 중앙박물관, 《사천 구평리유적》(1993).
25) 國立光州博物館, 《突山 松島》 Ⅰ·Ⅱ (1989·1990).
26) 金龍基, 《農所里貝塚 發掘調査報告書》(釜山大 博物館, 1965).
27) 金龍基, 〈多大浦貝塚 發掘調査報告〉(《釜大史學》 2, 1971).
28) 이 곳은 과거 1968년의 지표조사 때에 남해안 만기 신석기의 소흑산도에서 겹입술토기가 찾아져서 신석기 후기유적으로 알려졌으나 최근의 조사결과 신석기 이른 시기의 덧무늬토기도 찾아져 남해안 신석기의 전기간 동안 점유되었던 것으로 보인다.

〈그림 1〉 남해안지방의 덧무늬토기와 찍은무늬토기

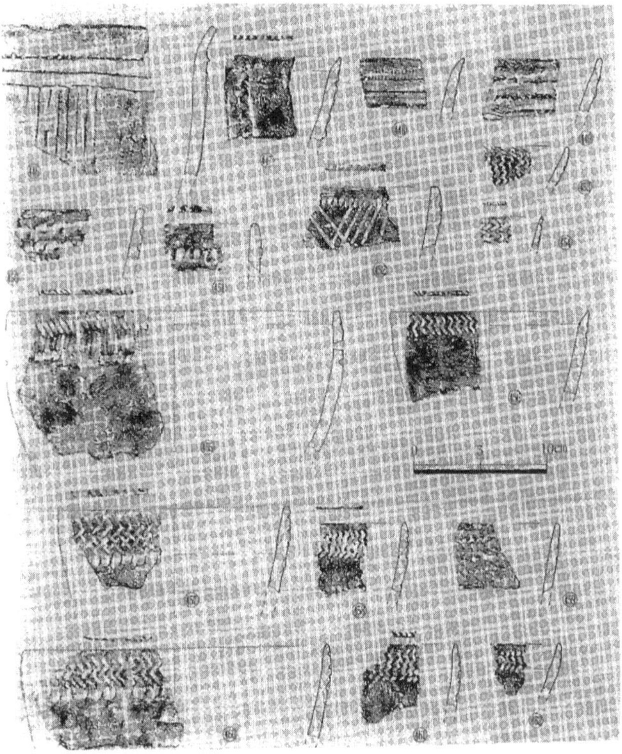

날(細石刃)·좀돌날몸돌(細石刃石核) 등의 석기류가 나오고 있어 앞으로의 귀추가 주목되는 곳이다.

이들 유적에서 출토되는 토기들은 대부분 남해안지방 신석기토기로서의 공통성을 갖고 있다. 즉 덧무늬토기로부터 시작되어 점차 찍은무늬(押引文·押捺文 또는 刺突文)토기→태선문(太線文)토기→겹입술토기로 변천되어 감을 볼 수 있다. 한편 신석기시대 전시기를 통하여 무늬없는 토기가 같이 만들어지고 있는 점도 남해안지방 토기의 특징이다. 무늬가 있는 경우에도 입술 가까

金元龍·任孝宰,《南海島嶼 考古學》(1968).
崔盛洛, 〈黑山島地域의 先史遺蹟〉(《島嶼文化》 6, 木浦大, 1988), 43~69쪽.

이에 주로 베풀어지는 경우가 대부분이어서, 무늬가 많지 않은 것이 남해안 신석기토기의 특징 가운데 하나가 될 것이다.

(가) 덧무늬토기(〈그림 1〉 ①~④)

남해안지방에서 가장 일찍 만들어진 토기는 덧무늬토기인데 이는 또 우리나라 신석기시대의 가장 이른 토기로 여겨지고 있다. 덧무늬토기는 토기 표면에 덧띠를 따로 덧붙이는 것을 말하는데 순수하게 가는 덧띠 혹은 굵은 덧띠로 이루어진 세선융기문(細線隆起文)·태선융기문(太線隆起文) 등이 있으며, 토기벽에 덧띠를 붙인 후 새겨 나가기도 하고 뒷시기로 가면 하나의 토기에 덧무늬와 새김무늬가 같이 베풀어지게 된다.

덧무늬토기가 베풀어진 토기들은 그다지 크지 않으며 대개 납작밑을 가지고 있다. 이들 토기들은 모두 찰흙질로 빚어졌으며 여기에다 토기가 잘 빚어지도록 주위의 화산암편들을 깨어 보강제로 집어넣기도 하였다.[29] 남해안지방의 토기들은 특히 토기를 만든 후 끝손질을 많이 한 것으로 나타나는데, 예를 들면 덧입힘(Slip)이나 물감칠의 발달 등이 그것이다. 흰색의 두꺼운 덧입힘층 위에 다시 붉은 물감을 칠한 붉은간토기는 대표적인 예이다.

(나) 찍은무늬토기(〈그림 1〉 ⑤~⑰)

찍은무늬(押引文)토기는 「부산기」토기[30]라고 불리기도 하는데, 이것은 덧무늬토기가 주류를 이루는 시기 다음에 나타나며 이 때부터 덧무늬토기의 빈도는 감소하게 된다. 이 토기는 입술 및 그 가까운 부분에 미세한 생선뼈무늬(魚骨文)나 빗금무늬(斜線列文) 등을 찍거나 누른 것이 대표되나 그 밖에도 문살무늬(斜格子文) 등이 눌려 찍힌 것도 나오고 있다. 어느 경우나 무늬들이 매우 작고 미세하며, 따라서 그릇의 두께도 얇은 경우가 많다. 토기에는 목이나 손잡이·귀때(注口) 등이 달리기도 한다. 대개 둥근밑의 작은 바리나 목단지류가 많다. 또 입술 자체에 금을 새긴 이른바 구순각목(口脣刻目)토기도 나오기 시작한다.

찍은무늬토기가 나오는 시기에 해당하는 방사성탄소연대로는 동삼동 부산기

29) 신숙정, 〈상노대도 조개더미유적의 토기연구〉(《白山學報》 28, 1984). 211~271쪽.
30) Sample, L. L., 앞의 글.

〈그림 2〉 태선문토기와 손잡이

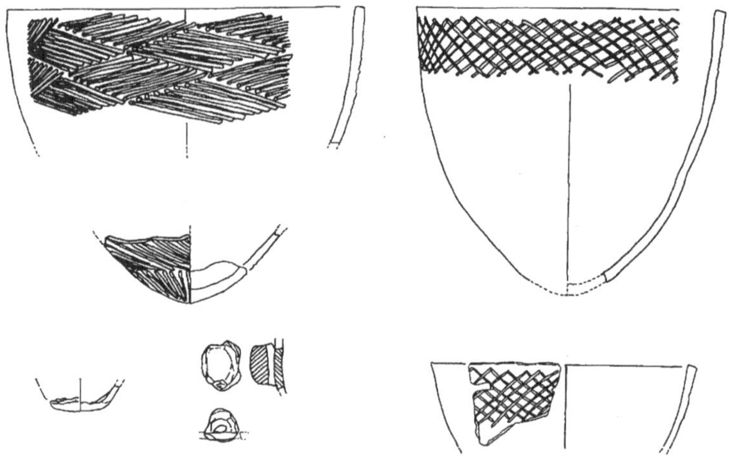

의 4945BP, 상노대도 5층의 6430BP, 송도의 5440·5430BP, 연대도의 6090·6010BP 등이 있다. 대체로 기원전 4000년 전후가 될 것으로 보인다.

(다) 태선문토기(〈그림 2〉)

太線文시기에 오면 덧무늬토기는 완전히 사라지고, 沈線文계통인 문살무늬·빗금무늬(短斜線文)·집선문·생선뼈무늬 등이 주로 쓰이게 되는데 대개 무늬를 굵고 힘있게 새겨서 태선문이라고 불린다. 이 시기를 두도기[31]라고 부르기도 하는데 이 때가 우리 나라의 신석기 시기구분상 중기에 해당한다. 무늬는 토기의 입술 가까운 데서 점차 밑부분에까지 베풀어지지만, 중기의 늦은 시기로 가면 다시 입술 쪽에 가까운 윗부분에만 무늬가 베풀어지는 쪽으로 회귀하여 토기에 무늬를 많이 베풀지 않는 남해안토기의 특징이 살아 있다. 그리고 태선문이 새겨지는 만큼, 토기살도 두터우며 무늬가 베풀어진 토기의 입술 쪽이 몸체 이하보다 약간 더 두터운 경우도 있다. 토기의 밑은 거의 둥근-뾰족밑으로 바뀌며 드물게 작은 그릇에 납작밑이 만들어진다.

태선문토기는 남해안의 거의 전 유적에서 나오는데, 이 무늬와 토기의 모양은 모두 암사동을 비롯한 서해안지방에서 익숙하게 보았던 것으로, 이 때에 와

31) L. L., Sample, 위의 글.

〈그림 3〉　겹입술토기와 가락바퀴

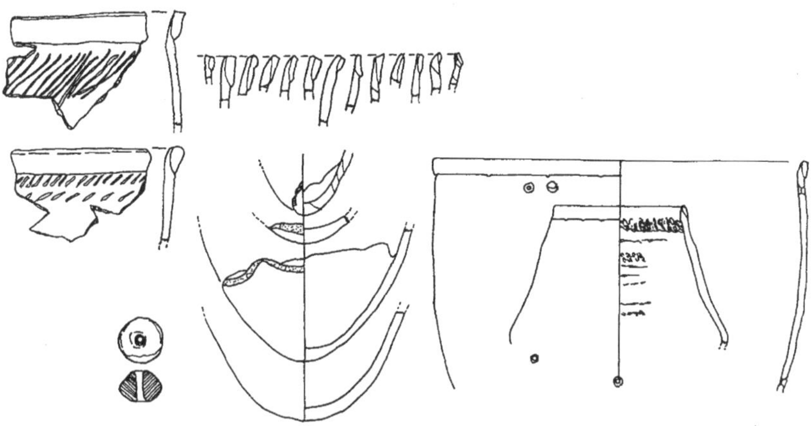

서 한강유역과의 교류 혹은 한강유역문화의 전파가 있었을 것으로 여겨지고 있다. 입술부분에 자주 베풀어지는 삼각형·마름모형의 집선문은 일본 규슈지방에서 출토되는 토기무늬에도 많아서 규슈지방과의 교류도 추정되고 있다. 태선문시기에 해당하는 탄소연대는 수가리에서 많이 얻어졌는데 4510·4490·4430·4380·4290BP 등이 나와 대략 기원전 3000년을 전후할 것으로 보인다.

(라) 겹입술토기(〈그림 3〉)

겹입술토기는 남해안 신석기 만기(또는 영도기[32])를 가장 뚜렷하게 보여주는 토기이다. 이 토기는 입술을 겹으로 덧대어 만들었으며(二重口緣), 예외없이 둥근밑을 가졌다. 무늬는 퇴화된 빗금무늬가 주종을 이루지만 늦은 시기에 가면 그마저 생략되어 민무늬로 되는 경향을 보여준다. 겹입술토기는 남해안에서 발굴된 모든 유적에서 출토되고 있으며, 사천 구평리·금곡동 율리·김해 농소리 등 겹입술토기만의 층으로 이루어진 단순유적들도 나타난다. 이것은 신석기 만기 무렵에 사람들이 널리 퍼져 나가서 살았음을 보여주는 것이다.

이 시기에는 겹입술토기와 함께, 조가비를 비짐으로 쓴 단단하고 검은 토기들이 많이 나오고 있다. 이 토기들은 흡수율이 매우 낮으므로,[33] 여늬 그릇들과

32) Sample, L. L., 앞의 글.
33) 신숙정, 앞의 글, 233~246쪽.

구별되는 쓰임새를 갖는 토기들로서, 아마도 액체저장용으로 기능하지 않았을까 추정된다. 어떻든 겹입술시기에는 여러 형태와 용도의 그릇들이 다양하게 만들어지고 있었음을 알 수 있다. 이 시기에 가락바퀴(紡錘車)도 출토된다. 겹입술토기의 실제 연대는 수가리 3문화층, 율리, 상노대도 2층, 동삼동 영도기 등에서 잰 방사성탄소연대로 볼 때 대개 기원전 1500년 무렵에 해당된다.

나) 강원도지방

강원도지방에서 최근의 지표조사로 알려진 유적은 비교적 많으나 현재까지 발굴·보고된 유적으로는 교동[34]과 오산리[35] 두 곳이 있다. 유적의 수는 적지만 두 유적이 우리 나라의 신석기문화에서 차지하는 비중은 매우 큰 편이다. 오산리유적을 발굴함으로 해서 강원도지방 신석기문화의 실상을 확인할 수 있게 되었는데, 그 때까지는 남해안지방과 함북지방 사이의 기나긴 공간이 문화상으로 과연 비어 있었던가 하는 의문이 많았던 것이다.[36]

오산리토기가 가져온 가장 큰 파문 가운데 하나는 유적의 나이가 우리 나라의 신석기 연대 가운데 가장 이르게 측정됨에 따라 한국 신석기토기의 기원이 어디인가라는 논의를 새로이 하게 된 점이다. 보정연대가 기원전 6000년 무렵으로 올라가는 데다가(탄소연대 7120·6780·6130·6080·6070BP 등으로 모두 6,000년을 넘어가는 값이다) 이른 시기의 토기들은 납작밑을 가지고 있어 종래의 시베리아기원설에 맞지 않았던 것이다. 확실히 우리 나라의 뾰족밑빗살무늬토기가 그 생김새나 무늬를 베푸는데 있어 시베리아 특히 바이칼지역과 닮은 점은 많으나[37] 그 사이의 거리와 시간상의 공백을 설명할 수 없다

---

34) 金元龍, 〈春川 校洞穴居遺蹟과 遺物〉(《歷史學報》 20, 1963), 1~27쪽.

35) 서울大博物館, 《鰲山里遺蹟》 Ⅰ·Ⅱ·Ⅲ(1984·1985·1988).

36) 함북지방의 서포항유적과 강원도 오산리유적 사이에는 함남 신포시 강상유적이 있다. 강상유적은 북한에서 1950년대 말부터 이미 알려져 있었으나 1975~76년에 발굴되었으며 최근에 일부가 보고되었는데, 여기에서는 납작밑과 함께 수박밑처럼 완만한 둥근밑의 토기가 출토되어 흥미롭다. 또 최근 강릉 지경리지방에서는 강상유적에서 출토된 것과 흡사한 토기가 발굴되어 동해안을 끼고 이루어지는 문화교류의 한 유형을 보여주고 있다.
변사성·안영준, 〈강상리유적의 질그릇갖춤새에 대하여〉(《조선고고연구》 1986-2), 16~23쪽 참조.

37) 최몽룡·이헌종, 〈러시아 고고학 : 연구현황과 과제-시베리아와 극동지역〉(《러시아의 고고학》, 學硏文化社, 1994), 42~43쪽.

면 바이칼지역으로부터의 전파를 보장할 수 없는 것이다.

또 1960년대에 보고된 교동유적의 위치에 대해서도 새로운 논의가 시작되었다. 교동유적에서는 많은 간도끼류·끌종류와 대롱구슬, 그리고 입술 가까이에만 찍은무늬가 베풀어진 납작밑토기가 나와 석기 및 토기로 볼 때 신석기 후기라고 오랫동안 여겨져 왔으나, 이 곳의 토기들이 오산리 이른 시기의 것과 생김새가 거의 같은 점, 또 공반유물인 묶음낚시 등의 존재로 해서 오산리와의 연관 아래 신석기 이른 시기의 유적으로 편년하는 견해가 나온 것이다.[38]

두 유적을 중심으로 볼 때 강원도지방의 토기는 세 시기의 것으로 나뉘어지는데, 아래 1문화층의 것이 전형적 납작밑토기로서 서포항이나 남해안지방의 찍은무늬토기들과 가장 비슷하다. 2문화층의 토기도 역시 납작밑이며 전체 유물조합의 성격이 1문화층과 비슷하여 여기서는 같이 다루었다. 3문화층이 되면 서해안지방과 생김새가 같은 뾰족밑의 새김무늬토기가 나온다.

(가) 납작밑토기(1문화층과 2문화층 : 6000~4500BC 무렵)(〈그림 4〉)

오산리의 토기들은 모두 납작밑이며 밑이 좁아 입술지름보다 상당히 줄어드는 것이 전형적이다. 일찍부터 손잡이가 달리거나 목이 있는 토기들이 많이 나온다. 몸체부분의 지름이 가장 큰 독모양의 토기도 많은 편이다. 입술 가까이부터 무늬를 3~4줄 눌러 찍은 종류가 가장 많으며 무늬없는 민토기도 나와 전체로 무늬가 적다는 점에서는 남해안지방과 비슷하다. 눌러 찍은 무늬에는 평행으로 된 점무늬나 짧은빗금무늬 및 손톱무늬가 가장 많다. 문살무늬나 생선뼈무늬 등 새김무늬(陰刻文)의 비중은 적으며 드물게 덧무늬토기도 나오고 있다.

오산리 1·2문화층 토기들의 바탕흙은 가는 모래를 섞은 찰흙이 주로 쓰였다. 토기들은 대개 적갈색을 띠며, 토기의 겉면을 덧입힘을 하거나 공들여 문질러서 광택이 나는 것이 많아 솥손질에 신경을 많이 썼음을 보여준다. 이

38) 안승모, 〈한강유역의 신석기문화〉(《한강유역사》, 민음사, 1993), 59쪽 참조.
그러나 여기에 대해 회의가 없는 것은 아니다. 교동과 좀 떨어진 무덤유적으로 경북 울진 후포리가 있는데 여기서는 교동과 비슷하게 대롱구슬과 간도끼류가 다량으로 출토되었던 것이다. 이 유적의 나이는 토기가 출토되지 않아 확정하지는 못했으나 유구의 구조와 위의 껴묻거리로 보아 대략 신석기시대 후기쯤으로 추정하였다. 그렇다면 비슷한 유물이 출토된 교동유적의 해당연대에 대한 의문이 다시 제기될 수 있다. 교동유적에는 이런 문제가 여전히 남아 있는 셈이다.

〈그림 4〉 오산리 1·2문화층의 여러 토기들

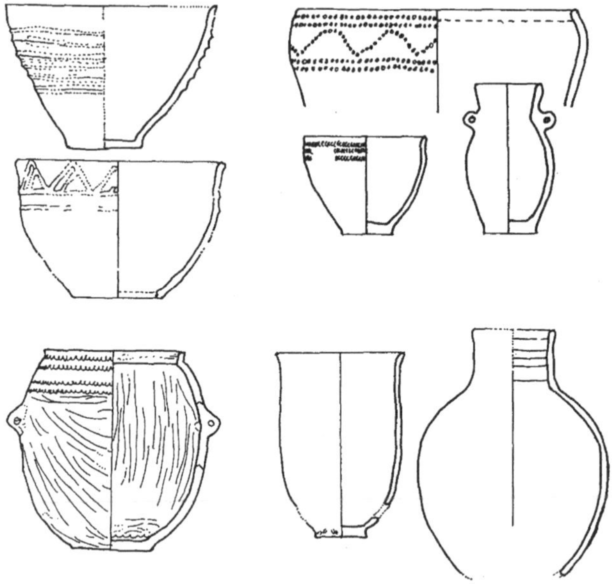

러한 점도 남해안지방의 토기들과 비슷하다.

제2문화층의 토기도 납작밑이기는 하나 세부적으로 약간 달라지는데, 토기 몸체가 줄어들며 바닥이 상대적으로 넓어져 안정감을 주게 되었다. 그리고 목단지가 증가하는 추세를 보여준다. 바탕흙에 굵은 모래를 섞은 것이 많으며 무늬를 베푼 것이 적어지고 토기의 색깔은 이전보다 밝아 매우 밝은 황갈색이 주류를 이루게 된다.

교동에서는 평균 높이 10㎝ 정도 되는 토기 5개체가 나왔는데 모래가 많지 않은 고운 찰흙으로 빚었으며 모두 납작밑이다. 1개의 민토기와 함께 점렬무늬가 찍힌 토기 3개체, 평행의 빗금무늬가 두 줄 있는 토기들이 나왔다.

(나) 뾰족밑토기(3문화층)

이 시기의 토기는 서해안의 전형적인 뾰족밑빗살무늬토기와 같다. 그리고 오산리 1·2문화층의 토기들과는 상당히 달라진 모습을 보여준다. 토기무늬는 입술부분에 평행 밀집된 빗금무늬를, 그리고 몸체부분에는 생선뼈무늬를 베푼 것이 주류를 이룬다. 그러나 때로는 입술에서 몸체에 이르는 부분을 모두 생선뼈무늬로 새긴 것과, 생선뼈무늬 대신 문살무늬나 組帶文 등을 사용하기도 하였다. 그리고 밑부분에까지 무늬를 베푼 것이 나오기도 한다.

바탕흙을 보면 찰흙질에다 석영·장석·운모 등을 넣은 것이며 적지만 석면을 섞은 것도 있다. 그리고 1·2문화층과는 달리, 덧입힘이나 갈기(磨硏) 등의 끝손질을 공들여 하지 않아 거친 느낌을 주고 있다.

다) 동북지방

동북지방의 유적으로는 신석기유적이 밀집하여 분포된 두만강 하류 및 동해안지역이 중심이 되는데, 굴포리 서포항 이외에 농포동·송평동·범의구석·검은개봉·원수대·나진유적 등이 알려져 있다. 이 가운데 농포동조개더미는 油坂貝塚이라는 이름으로 원수대와 함께 1934년에 조사되어 발표된 바 있고[39] 1956년에 다시 한 번 발굴되었다.[40] 범의구석에서는 동북지방의 신석기 최말기에 해당되는 층이 있다고 보고되었다.[41] 검은개봉과 나진유적은 널리 알려졌으나 발굴되지는 않았다.[42] 그러므로 동북지방에서는 역시 잘 알려진 서포항유적[43]을 중심으로 서술하게 된다.

서포항유적의 발굴은 우리 나라의 신석기문화에 대한 종래의 관점을 완전히 바꾸게 한 의의가 있다. 즉 궁산－지탑리를 중심으로, 우리 나라 서북지방의 뾰족밑빗살무늬토기가 가장 이르다고 보아 온 그 때까지의 시기구분을 바꾸어 동북지방의 납작밑토기가 시기상 더 앞선다고 여기게 하였으며, 이에 따라 신석기시대의 시기구분도 서포항을 중심으로 다시 하게 된 것이다.

이러한 시기구분에도 문제점이 없는 것은 아니나[44] 어떻든 서포항의 시기

39) 橫山將三郞, 〈油坂貝塚について〉(《小田先生頌壽紀念 朝鮮論集》, 1934).

40) 고고학연구실, 〈청진 농포리 원시유적발굴〉(《문화유산》 1957－4), 45~50쪽.

41) 황기덕, 〈무산 범의구석유적 발굴보고〉(《고고민속론문집》 6, 1975).

42) 황기덕, 〈조선 서북지방 원시토기의 연구〉(《문화유산》, 1958－4), 68~83쪽.
———, 〈두만강유역의 신석기시대 문화〉(《문화유산》, 1962－1), 1~32쪽.

43) 김용간·서국태, 〈서포항 원시유적 발굴보고〉(《고고민속론문집》 4, 1972).

44) 서포항유적에서는 집자리들이 겹놓여서 드러났는데, 이러한 층위상의 중첩을 별개의 문화층으로 편년했다는 비판이 계속되어 오고 있다. 북한에서의 시기구분은 1990년대에 가서 다시 한 번 바뀌게 되었으나 서포항을 중심으로 하는 종래의 관점이 바뀐 것은 아니다.

구분은 남북에서 계속 인용되어 왔다. 서포항의 시기구분은 5기로 나뉘는데, 1기층에서 2기층으로 가면서 찍은무늬에서 새김무늬로 변한다는 점에서는 남해안·오산리 등의 변화양상과 같지만 나머지 2·3·4·5기층에 있어서 무늬를 베푼 부분의 범위와 무늬 종류, 그릇의 생김새 등이 일정한 변화의 경향을 보여주지 않으며 그 변화과정을 체계적으로 설명하고 있지도 않다. 이것은 1기층에서 나온 토기의 수량이 완형 2개체로서 워낙 적은 데다가 서포항문화층의 설정이 처음부터 갖고 있는 문제 때문일 수도 있겠고 북한고고학이 원래부터 유물의 형식분류와 시기구분에 주력하지 않아서[45]일 수도 있겠다. 토기의 무늬가 일정한 모티프로부터 변화, 발전하는 양상을 찾아보기 어려운 대신 북한에서는 각 기별로 독특한 무늬나 제작수법이 등장한다고 설명하고 있다. 5기의 구분 가운데 서포항 3기가 신석기 중기로 여겨지고 있으므로 1·2기는 신석기 전기 그리고 4·5기는 신석기 후기에 해당된다.

(가) 서포항 1·2기의 토기(〈그림 5〉 ①·②와 ③·④)

1기층에서 나온 완형의 토기 2점을 보면 곧은 입술에 납작밑을 한 바리모양이다. 무늬는 입술 가까이에 4~5줄의 짧은 빗금을 눌러 찍은 것이다. 바탕흙은 찰흙에 조개가루와 가는 모래를 섞었으며 토기는 갈색을 띈다.

2기층의 토기도 역시 모두 납작밑이나 입술 바로 밑이 들어가서 짧은 목이 생겨난 그릇이 나타난다. 무늬는 주로 점줄무늬류를 몸체부분에까지 베풀었으며 새김무늬 특히 어골문이 쓰이기 시작한다. 또 가로로 짧은 금을 띄엄띄엄 돌린 것도 있다. 한편 무늬가 없는 민토기도 공반된다. 2기층의 바탕흙에는 모래·운모·조개가루 등이 섞여 있으며, 토기는 흑회색·황갈색·적갈색을 띠는데 이는 구울 때 산화가 불충분했다는 뜻이다.

(나) 서포항 3기의 토기(〈그림 5〉 ⑤~⑨)

3기층이 되면 서포항 신석기의 집자리는 모두 네모꼴로 바뀌는 변화를 겪는다. 토기도 여기에 따라 상당한 변화를 보이게 되는데 이를 가장 특징지어

---

45) 여기에 대해서는 다음의 글이 참고된다.
신숙정, 〈북한 고고학계의 신석기문화 연구동향〉(《박물관기요》 6, 1990), 49~76쪽.
——, 〈북한의 신석기문화 연구 40년〉(《북한의 고대사-연구와 성과》, 1994), 45~79쪽.

〈그림 5〉 서포항유적에서 출토된 토기

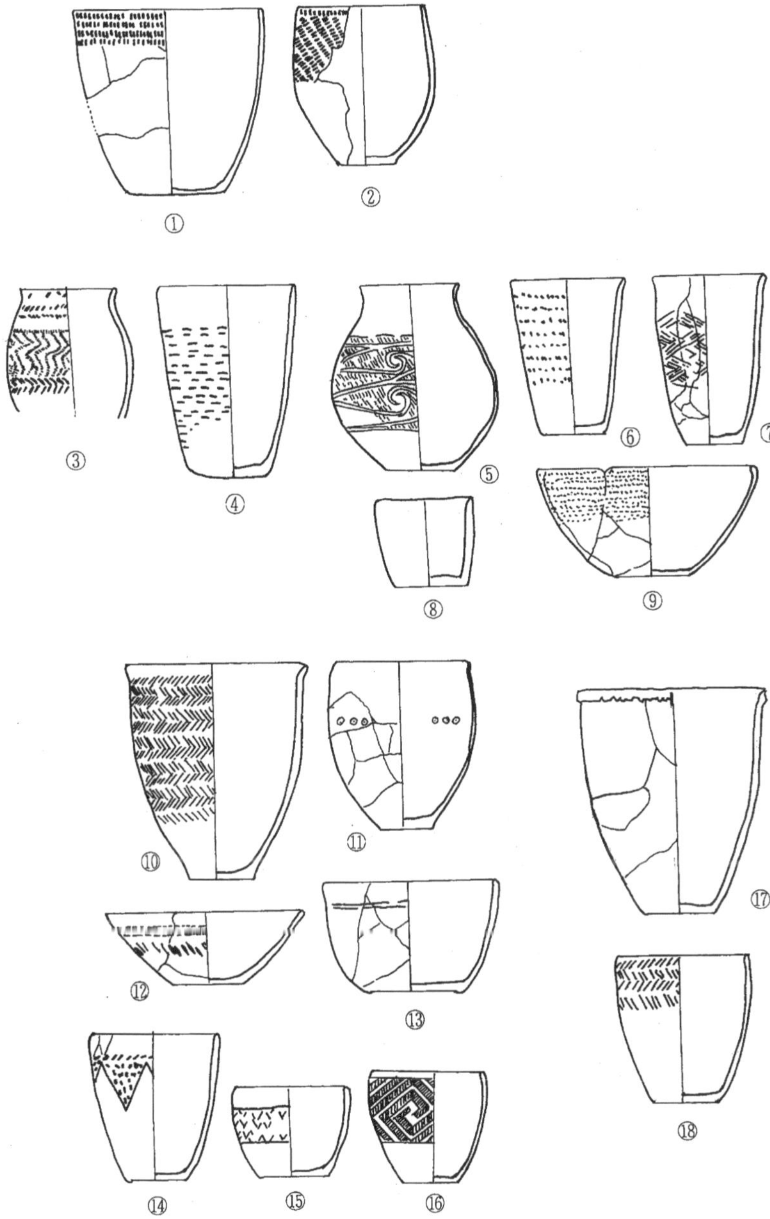

주는 것은 새로이 덧무늬와 타래무늬(螺旋文)가 출현하게 되는 점이다.

남해안지방과 달리 북한지방의 덧무늬는 늦게 출현하여 청동기시대의 민무늬토기가 나올 때까지 쓰이는 특징이 있는데, 동북지방에서는 서포항 3기에 처음 나오고 있다. 여기서는 덧무늬를 입술 가까이 한 줄 돌린 것이 나온다. 한편 타래무늬도 이 때에 출현한다. 타래무늬란 두 줄의 선을 서로 꼬여 들어가게 한 사이에 선이나 점줄로 채운 것이다. 이는 함북지방에서도 드물지만 원래 우리나라 신석기시대의 무늬양식 가운데 곡선 모티프가 드문 편이어서 주목된다.

그런데 북한의 신석기 시기구분이 서포항을 중심으로 이루어져 오는 동안 동북지방과 궁산·지탑리·암사동 등 서해안지방과의 양 지역간에 뚜렷한 관련성을 찾기 어려운 애로점이 있었다. 이 때 서포항 3기의 타래무늬가 곡선무늬인데 주목한다면 서해안지방의 곡선무늬인 점물결무늬(波狀點線文)와 대비될 수 있을 것이다. 타래무늬와 점물결무늬의 해당시기가 모두 신석기 중기 무렵으로 이미 편년되고 있는 데서도 양자의 대비는 가능하다.

(다) 서포항 4기의 토기(〈그림 5〉 ⑩~⑯)

토기는 납작한 사발류가 많으며 들린 굽이 출현한다. 이전 시기에도 계속 나오던 무늬없는 민토기가 무늬토기의 양보다 많아진다. 4기 토기의 특징이라면 번개무늬가 출현한다는 점이다. 번개무늬는 우리 나라의 서북 및 동북지방의 신석기유적에서 나타나는 것으로 연해주지방의 글랏까야유적 등에서도 나타나고 있다.[46] 시기상으로는 신석기시대 늦은 시기를 의미한다. 이 번개무늬는 3기층의 타래무늬가 직선화되면서 만들어진 것이라고 풀이되고 있다. 붉은 칠을 한 토기에 번개무늬가 베풀어져 있는 경우도 있다. 그 밖에 토기의 생김새나 무늬가 베풀어진 위치 등은 3기층의 것과 거의 같다. 이 때부터 흙으로 만든 가락바퀴(紡錘車)도 나온다.

(라) 서포항 5기의 토기(〈그림 5〉 ⑰·⑱)

5기가 되면 무늬없는 토기들이 많이 만들어지며 무늬로는 생선뼈무늬·번개무늬 등이 간혹 쓰인다. 5기 토기의 특징은 무늬의 변화에서보다는 끝손질(表面處理)에서 찾아진다. 이 시기가 되면 대부분의 토기는 겉면을 매끄럽게

46) Chard, Chester, *Northeast Asia in Prehistory,* The Univ. of Wisconsin Press, 1974, pp. 93~96.

갈아 윤이 나고 갈색을 띠며 바탕흙에는 단일하게 모래만 섞었다. 다음 시기인 청동기시대로 넘어가면 민토기들과 갈색간그릇만 만들어지며 이러한 데서 신석기-청동기의 자연스러운 이행과정을 엿볼 수 있다는 것이다.[47] 토기의 이러한 변화를 층위상으로 잘 보여주는 곳이 범의구석이나 회령 오동이다. 범의구석 1기층이 신석기 최말기에 해당한다. 突帶文과 구멍무늬토기도 이 무렵부터 나오게 된다.

라) 중서부지방

여기서 말하는 중서부지방이란 대동강유역으로부터 한강유역에 이르는, 신석기유적이 밀집된 평남·황해·경기지방 및 서해 도서지방을 가리킨다. 이곳에서는 모두 뾰족밑의 달걀 반쪽 모양에 빗살무늬를 베푼 토기들이 출토되는 공통점이 있다. 그리고 우리 나라의 신석기시대 유적 가운데 가장 많은 숫자가 몰려 있는 곳이기도 하다. 지금까지 알려진 160여 신석기유적 가운데 80여 곳 정도가 서해안지방에서 나타난다.

그러나 발굴된 유적은 의외로 적은 편이다. 대동강유역에서 보자면 평양 부근의 금탄리[48]와 남경,[49] 용강 궁산리,[50] 봉산 지탑리,[51] 해주 용당포[52]유적 등에 대한 발굴보고서가 나와 있으며, 한강유역 가운데 한강 본류에서는 암사동[53]과 미사리(하남시 미사동),[54] 일산,[55] 시흥 초지리 별망,[56] 오이도[57] 및

47) 황기덕, 앞의 글(1975), 124~226쪽.
48) 김용간, 《금탄리 원시유적 발굴보고》(1964).
49) 김용간·석광준, 《남경유적에 관한 연구》(1984).
50) 도유호·황기덕, 《궁산 원시유적 발굴보고》(1957).
51) 도유호·황기덕, 《지탑리 원시유적 발굴보고》(1961).
52) 김용남, 〈해주시 룡당리 룡당포 조개무지유적 조사보고〉(《고고민속》 1963-1), 49~54쪽.
53) 서울大博物館, 《岩寺洞》(1985).
國立中央博物館, 《岩寺洞》(1995).
54) 任孝宰, 〈渼沙里遺蹟 緊急發掘調査〉(《韓國考古學年報》 8, 1981).
尹世英, 〈渼沙里住居址〉(《史叢》 25, 1981).
渼沙里先史遺蹟發掘調査團·京畿道, 《渼沙里》 Ⅰ~Ⅴ(1994).
55) 한국선사문화연구소·경기도, 《자연과 옛사람의 삶》(일산새도시개발지역 학술조사보고, 1992).
56) 金元龍, 〈草芝里(別望)貝塚 發掘調査報告〉(《韓國考古學報》 7, 1979), 1~47쪽.
57) 서울大博物館, 《烏耳島貝塚》(1988).

시도[58] 등이 있다. 북한강유역의 교동유적은 앞에서 다루었으므로 여기서는 생략하고, 남한강유역의 신석기유적으로는 금굴과 단양 상시,[59] 그리고 황석리[60]의 세 유적이 있다.

중서부지방의 빗살무늬토기들은 끊임없이 주목을 받아 왔고, 그 동안의 신석기연구는 거의 토기연구였다고 해도 좋을 정도이므로 빗살무늬토기에 대한 연구의 전통과 업적은 많은 편이다. 그 중에서도 토기무늬 및 생김새의 형식 변천과 이를 이용한 시기구분은 우리 나라의 신석기 시기구분의 근간을 이루고 있다.

이를 요약하면 서해안지방의 뾰족밑빗살무늬토기는 입술·몸체·밑의 세 부위로 나뉘며, 각 부위별로 따로이 무늬가 베풀어지다가 점차 시간이 흐름에 따라 무늬 베푸는 면적이 줄어들어 밑에서부터 무늬가 생략되어 올라온다는 것과, 무늬의 균정함도 시간이 흐름에 따라 점차 그 규율이 흐트러져 간다는 관점에 입각하고 있다.[61] 최근에는 각 유적에서 얻어진 방사성탄소연대값과 비교하여 이러한 형식 설정이 대부분 타당함을 밝히고 있다.[62]

위 논의에서 지적받는 점은 AII식(입술과 몸체의 무늬가 다르며 밑부분의 무늬가 없는 것)과 BII식(입술과 몸체의 무늬가 같고 밑부분의 무늬가 없는 것) 등 신석기 중기에 해당하는 자료가 미흡하며, 이른 시기의 것으로 여겨지는 BI식(입술부터 밑부분까지 동일한 무늬가 베풀어진 것)이 후기 늦은 시기에서도 자주 출토되어 연대가 명확치 않고, 무늬 베푸는 부위만 강조되고 무늬 자체에 대한 검토가 부족하다는 점 등을 들 수 있다.

특히 BI의 연대가 명확치 않다는 것은 북한측 자료에 비추어 보아도 알 수 있다. 금탄리나 남경유적에서는 이른바 BI식토기가 신석기 최말기에 넣어지고 있기 때문이다. 이러한 문제를 해결하려면 층위에 따른 출토양상을 우선하

---

58) 國立中央博物館, 《矢島貝塚》(1970).
59) 孫寶基, 앞의 글.
 홍현선, 앞의 글.
60) 李隆助·申叔靜·禹鐘允, 〈堤原 黃石里 B地區遺蹟發掘調查報告〉(《忠州댐水沒地區 文化遺蹟發掘調查綜合報告書》, 1984), 391~464쪽.
61) 任孝宰, 〈土器의 時代的 變遷過程〉(《韓國史論》 12, 1983), 615~654쪽.
62) 任孝宰, 〈編年〉(《韓國史論》 12, 1983), 707~736쪽.

〈그림 6〉 중서부지방에서 출토된 빗살무늬토기

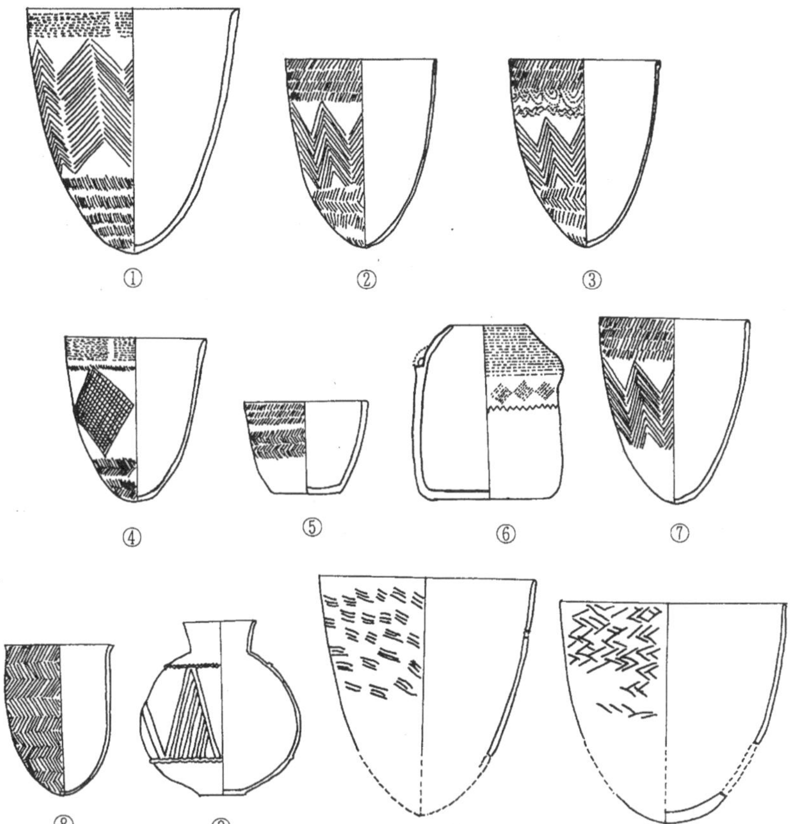

① ② ③ ④ ⑤ ⑥ ⑦ ⑧ ⑨ ⑩ ⑪

여 형식론과 대비해 나가야 할 것이나, 층서관계를 매우 강조하는 북한의 경우 형식론이 발달하지 않았고, 한강유역 대부분의 유적에서는 토기가 완형으로 나오는 경우가 드물거나 여러 형식이 섞여서 나와 층위적인 검토가 어려운 형편에 있다. 그러므로 이는 앞으로 연구가 지속되어야 할 부분이다.

(가) 신석기 전기의 빗살무늬토기(〈그림 6〉 ①~③)

토기는 모두 뾰족밑이며 입술부분에 평행밀집의 빗금무늬·점줄무늬·손톱무늬 등이, 몸체에 생선뼈무늬 또는 그 변형이라 여겨지는 빗금무늬 및 문살무늬, 밑에는 방사선식 빗금무늬 또는 조대문 등이 베풀어지는 것이 정형적인 생김새이다. 입술과 몸체 사이에 이른바 종속구연문이라고 하는 점물결무늬·무지개무늬(重弧文) 등이 들어가기도 한다. 주로 쓰이는 무늬에서 한강유역과 대동강유역의 토기는 약간의 지역 차이를 나타내는데 대동강유역의 토기는 입술 쪽에 주로 누르거나 찍은 종류의 점줄무늬, 몸체에 세로방향의 생선뼈무늬 등이 주로 베풀어지지만 한강유역의 토기들은 입술 쪽에 새긴 빗금무늬, 몸체에는 세로와 가로방향의 생선뼈무늬가 주로 나타난다. 새김무늬보다 찍은무늬를 이른 것으로 보는 우리 나라의 시기구분에서 볼 때 역시 대동강유역의 토기가 먼저이며 이것이 한강유역으로 들어온 것이라고 볼 수 있겠다.

중서부지방 토기의 큰 특징은 바탕흙과 끝손질에서 찾아볼 수 있다. 남해안·강원도지방의 토기들이 끝손질이 발달하여 덧입힘이나 붉은칠토기 등이 많이 나타나나 이 곳에서는 그러한 토기들을 거의 찾아볼 수 없고, 대신에 바탕흙에 운모 섞인 모래를 많이 넣어[63] 「전형적인 모래질」로 표현되며, 석면과 활석을 섞어 써서 겉면이 반짝거리거나 매끄러운 토기들이 많이 출토된다.

(나) 신석기 중기의 토기(〈그림 6〉 ④~⑦)

중서부지방의 중기 무렵 토기의 특징으로는 입술 바로 아래의 점물결무늬가 발전하여 허리 전체에 베풀어지거나, 입술부분에 이전의 무늬를 대신하여 문살무늬, 삿자리무늬 등이 베풀어지기도 하는 것이다. 그러나 가장 일반적인 특징이라면 무늬 베푸는 면적이 줄어들어 밑부분의 무늬가 없어지는 현상과, 또 입술과 몸체부분이 전부 어골문으로 채워진 토기가 나오게 되는 점을 들 수 있다. 또 무늬가 정형성을 잃고 성의없이 베풀어진 듯한 것이 많다. 토기의 생김새를 보면 입술부분이 오므라든 항아리나 대야밑처럼 완만한 납작밑도 나오고 있다. 그릇모양과 토기무늬를 베푸는 방법에서 모두 변화가 오고 있는 것이다.

---

63) 지금까지 암사동·미사리 빗살무늬토기의 운모는 일부러 넣은 「비짐」이 아니라 바탕흙에 원래 섞여 있던 것이라는 견해가 우세하였으나, 글쓴이들의 여러 번에 걸친 실험·분석의 결과 이 운모는 비짐으로 집어 넣은 모래에 부수된 것으로 밝혀졌다.
崔夢龍·李東瑛·申叔靜, 〈渼沙里遺蹟의 地質과 出土土器의 分析〉(《渼沙里》 1, 1994), 613~672쪽.

(다) 신석기 후기의 토기(〈그림 5〉 ⑧~⑪)

중서부지방 후기의 토기는 위에서 언급한 유적들 이외에 서해안지방(군량리·몽금포 등)과 서해 도서지방(시도·소야도·덕적도 등) 거의 전역에서 발견된다. 신석기 후기가 되자 사람들이 여러 곳에 퍼져 나가 살았음을 보여주는 것이다. 이 때에는 무늬를 베푸는 면적이 크게 줄어들어 주로 입술부분에만 새겨지며 그것도 매우 퇴화된 양식으로 되어 무늬가 거칠고 엉성하게 그려지는 것이다. 생선뼈무늬가 산만하게 그려지는 가운데 선이 교차되어 문살무늬처럼 보이는 경우도 생겨나며, 한두 줄의 빗금무늬가 나타나는 경우에도 결국은 생선뼈무늬가 해체되는 가운데 이같이 표현되는 것으로 볼 수 있겠다.

중서부지방의 후기양식으로 여겨지는 무늬 가운데 금탄리 상층이나 남경에서 보듯이 그릇 전체를 가로방향의 생선뼈무늬·줄띠무늬 등으로 채운 것이 있다. 북한에서 이들은 금탄리 2기, 궁산문화 4기로서 대동강유역에서는 가장 늦은 시기로 편년되는 것이나 앞서 말했듯이 한강유역의 시기구분에서는 BⅠ식에 해당하여 이르게 보아야 하는 것이다. 같은 토기모양을 지닌 한강유역과 대동강유역에 있어서 토기무늬에 따른 해당 시기가 이렇게 달리 편년되는 점에 대해서는 앞으로 연구되어야 할 것이다. 금탄리나 남경 등 궁산문화에서 보자면 후기에 덧무늬도 출현하며64) 무늬가 전혀 베풀어지지 않은 민토기도 나오고 있다. 밑부분이 들린 굽이 만들어진다.

토기의 바탕흙을 본다면 서해 도서지방에서는 지금까지의 「전형적인 모래질」과는 달리 찰흙질의 토기들이 만들어진다. 한편 대동강유역에서는 석면·활석 등 여러 종류의 토기 비짐이 점차 모래 한 가지로 단일화되어 간다고 지적되고 있다.65) 그릇의 민무늬화 경향으로 보거나 비짐의 단일화 경향으로

64) 북한지방에서는 신석기 중기 무렵으로 잡는 서포항 3기층에서 덧무늬토기가 약간 나오며, 위의 금탄리유적의 덧무늬토기는 신석기 후기로 편년되어 있다. 최근에 발굴된 남경유적의 덧무늬토기도 역시 양은 많지 않으며 신석기 가장 늦은 시기로 편년된다. 그리고 심귀리·공귀리 등 청동기시대의 이른 무렵에 덧무늬토기가 약간 나오고 있다. 따라서 북한지방의 시기구분에 의하면 덧무늬토기는 신석기 중기 이후부터 청동기 이른 시기까지 존속했던 토기로 볼 수 있겠다.

65) 변사성, 〈우리 나라 신석기시대 질그릇재료의 변천〉(《조선고고연구》 1988-3), 7~10쪽.

보거나 다음 시기인 민무늬토기로의 점진적인 변이를 보여주는 시기라고 설명되고 있다.

마) 청천강 이북지방(〈그림 7〉 참조)

여기서 의미하는 이북지방이란 평안북도·자강도에 해당되는 곳으로서 의주 미송리,[66] 용천 신암리[67]·용연리,[68] 중강 장성리[69]·토성리[70] 등의 유적을 말한다. 거의 최근까지 이 지역이 신석기시대의 독자적인 문화권을 가질 수 있다고 여기지는 않았다. 위에서 보듯이 유적의 수도 얼마 되지 않으며, 유적의 규모나 유물의 양에서 뚜렷한 신석기문화의 양상을 보여줄 만한 유적이 거의 없는 편이었기 때문이다. 신암리의 경우 드물게 4차례나 발굴되었지만 발굴의 목적과 성과가 신석기－청동기의 계승성의 확인과 청동유물에 있었던 만큼[71] 신석기연구에는 큰 도움이 되지 않았다.

이러한 사정들로 인해 청천강 이북의 신석기문화는 서포항을 중심으로 하는 동북지방과 유사하다고 늘 주장되어 왔다. 미송리동굴유적에 대한 발굴보고를 낸 이후 그같은 주장이 되풀이되었으나 사실 근거는 없었다. 미송리동굴은 신석기·청동기에 대한 두 문화층이 있는데, 이들이 재퇴적되었을 가능성이 있다고 보이며 따라서 아래층에서 나온 유물 가운데 확실히 신석기 유물로 볼 수 있는 것은 빗살무늬토기이다. 이들 토기도 작은 조각으로 몇 점 되지 않으며 우리 나라의 어디에서나 볼 수 있는 것들로서 이들이 동북지방과의 친연성을 뚜렷이 보여준다고 하기는 어렵다. 그러나 하여간 미송리는 서포항유적과 가까우며 신석기 후기(기원전 3000년기～2000년기 초)에 해당한다고 주장되어 왔다.[72]

---

66) 김용간, 〈미송리 동굴유적 발굴보고〉(《고고학자료집》 3, 1963).
67) 김용간·리순진, 〈1965년도 신암리유적 발굴보고〉(《고고민속》 1966－3), 20～31쪽.
68) 강중광, 〈룡연리유적 발굴보고〉(《고고학자료집》 4, 1974).
69) 김종혁, 〈중강군 장성리유적 조사보고〉(《문화유산》 1961－6), 44～51쪽.
70) 리병선, 〈중강군 토성리 원시 및 고대유적 발굴중간보고〉(《문화유산》 1961－5), 46～63쪽.
71) 신숙정, 앞의 글(1994), 57～59쪽.
72) 이같은 주장은 1980년대 후반까지 지속되었다.
서국태, 《조선의 신석기시대》(1986), 19쪽 참조.

〈그림 7〉 미송리유적의 토기 및 중국 동북지방의 토기

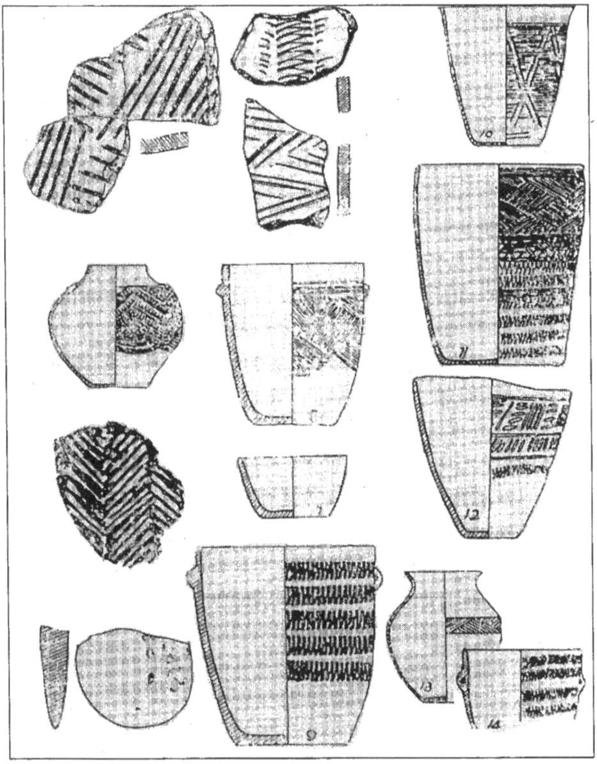

*①~③ 미송리유적 출토, ④~⑨ 후와유적 출토, ⑩~⑫·⑭ 소주산유적 출토, ⑬ 상마석유적 출토

그러나 1990년대에 들어와 북한에서는 미송리유적을 기원전 6000년에 해당하는 유적으로 보고, 압록강을 중심으로 하는 「미송리-소주산」 유형을 설정하였다.[73] 이리하여 종래 미송리를 비롯한 청천강 이북의 문화갖춤새가 서포항 중심의 동북지방과 유사하다고 주장하던 논의에서 결별하였다.

미송리-소주산유형이 생겨나고, 그리하여 청천강 이북의 독자적인 문화권이 설정된 직접적인 이유는 미송리에서 나온 꼬불무늬(「之」자무늬 : 북한에서는

73) 서국태, 〈질그릇을 통하여 본 우리 나라 신석기시대의 문화유형〉(《조선고고연구》 1990-3), 2~6쪽.

최근에 이를 「짧은이음 구불무늬」라고 부른다. 〈그림 7〉 ②·⑨·⑪·⑭)토기에 있다고 보인다. 최근에 중국 동북지방의 발굴보고 성과와 이와 관련된 방사성탄소연대의 소급으로, 요하 이동지방을 중심으로 丹東시 後窪유적,[74] 小珠山 1기층,[75] 上馬石 1기층,[76] 新樂유적[77] 등에서 꼬불무늬가 대량으로 출토되며 신락유적의 연대가 기원전 6000년을 넘어서자 북한에서는 이를 참고하여 신석기의 시대구분을 전면으로 재편하기에 이른 것이다. 그러나 미송리에서 나온 자료가 질·양면에서 너무 부족하여 더 이상의 설명이 곤란하며 북한의 새로운 시기구분도 아직 논의중에 있어 학자들의 견해가 정립되지 않았으므로[78] 앞으로 지켜보아야 할 것이다.

미송리를 제외하면 신암리·용연리·토성리·쌍학리 등 이 지역의 유적들은 대부분 신석기 후기-말기에 해당되며 자주 출토되는 번개무늬가 그 시기를 확정지어 준다고 여겨지고 있다. 신암리 1기층을 예로 들면 여기에는 바리·단지·굽접시 등 다양하나 특히 긴 목에 손잡이가 달려 있는 종류가 특징적이다. 토기무늬로는 번개무늬·참대순무늬·덧무늬·단추무늬 등과 독특한 새김무늬(이른바 刻線文)가 많고, 간그릇 및 요동반도 일대에서 나오는 것들과 동일하게 구운 후에 채색을 한 토기들이 나오고 있다. 이들의 바탕흙은 대개 진흙에 보드라운 운모나 모래를 섞었다고 한다. 용연리에서도 번개무늬와 덧무늬가 들어 있는 신암리형의 항아리가 주류이지만 민토기가 차지하는 비율이 더 높다.

다. 토기의 쓰임새와 성분분석

토기의 쓰임새에 대한 연구는 크게 두 가지로 나눌 수 있는데, 하나는 토

74) 許玉林·傅仁義·王傳普, 〈遼寧東溝縣後窪遺址發掘概要〉(《文物》 1989-1), 1~22쪽.

75) 遼寧省博物館·旅順博物館·長海縣文化館, 〈長海縣廣鹿島大長山島貝丘遺址〉(《考古學報》 1981-1), 63~109쪽.

76) 旅順博物館, 〈旅大市長海縣新石器時代貝丘遺址調査〉(《考古》 1962-7), 349~350쪽.

77) 沈陽市文物官吏辨公室, 〈沈陽新樂遺址發掘報告〉(《考古學報》 1978-4).

78) 북한은 전통적으로 통일된 견해가 제시되는 곳이지만 불과 1년 사이를 두고 간행된 《조선고고학전서》 I과 《조선전사》(1991)의 신석기시대 시기구분은 상당한 차이가 있다. 여기에 대해서는 신숙정, 〈신석기시대와 문화〉(《북한선사문화연구》, 백산자료원), 148~157쪽 참조.
그리고 중국 동북지방의 신석기유적들을 한국의 신석기문화권내에 편입시키는 문제에 대한 논의는 여기에서는 생략하기로 한다.

기의 실제 쓰임새에 관한 것이며 하나는 연구의 대상으로서이다. 연구의 대상으로서 토기는 형식분류와 시기구분을 하는데 대단히 유리하다는 점이다. 토기는, 석기처럼 돌감(石材)의 성질에 따라 미리부터 석기의 모양이 어느 정도 제한되는 경우와는 달라서 그 형태는 만드는 이에게 달려 있다. 그러나 어떤 시기의 어떤 집단 속에서 빚어지는 것이므로 정형성을 띠게 되는 것이다. 한편 잘 깨어지고, 자주 만들다 보니 그 가운데서 계속 변형이 일어난다. 그런데 우리 나라의 신석기시대 토기들은 그릇모양의 변화보다는 주로 그릇에 베풀어진 무늬가 자주 변화했다고 보인다. 이를 이용하여 무늬의 유형 및 무늬 베푸는 법(施文法)과 생김새가 시간의 흐름에 따라 변화함을 살펴보는 연구가 발달하였다.

토기의 실제 쓰임새는 저장용기와 식기(집단 준비용이거나 개인식기)로 나눌 수 있겠는데 이 가운데 저장용기라는데 대해서는 이론의 여지가 없다. 즉 신석기시대의 토기가 매우 거칠고 흡수율이 높아 보여 액체 등을 담아 두기보다는 열매, 마른 낟알 등을 담아 두기에 적합했을 것이란 생각에서이다. 실제로 궁산·지탑리·남경 등의 뾰족밑빗살무늬토기는 매우 크게 만들어진 것이 많아 저장용기로 생각되고 있다. 남경유적에서 나온 토기를 예로 들면 87*l*나 되어[79] 마을사람들의 식량창고로 여겨지고 있다.

그 다음 준비·조리용인 火食器로서의 기능이 있는데, 지금까지 토기연구자들이 여기에 대해 그다지 자신있어 하지 않았으나, 끓어 넘쳤거나 그릇가에 유기물이 붙어 있는 등 화식기로 썼던 토기들이 최근에 자주 출토됨에 따라 그 용도가 확실해졌다. 사실상 토기란 선사시대 도구 가운데 불에 직접 닿을 수 있는 유일한 비가연성 소재로 이루어졌음에도 불구하고 「화식기」임이 그리 내세워지지 않았었는데, 이 또한 그 외관이 거칠고 약하므로 액체를 끓이는 동안 기벽이 녹아 나오지 않았을까 하는 등의 우려가 크게 작용했던 듯하다. 똑같은 걱정이 「액체저장용기」라는 점에 대해서도 적용된다.

이러한 토기의 쓰임새에 대한 의문점들을 해명하기 위한 작업의 하나로 1980년대 이후 한국고고학에서 토기에 대한 여러 가지 과학분석이 발달하였

79) 김용간·석광준, 앞의 책, 66~71쪽.

다.[80] 예를 들면 저장용 및 화식기 등 그릇의 기능은 그릇의 흡수율(Porosity) 및 구운 온도와 가장 관계있을 것이라고 보아 이를 측정해 보는 것이다.[81] 그 밖에 흡수율이나 굳기(硬度) 등 토기의 외관에 관계되는 물리적 성질을 알아내기는 비교적 쉬운 편이다. 토기의 재료인 찰흙과, 그 화학조성상의 특징, 토기를 구운 온도 등 화학분석에 관계되는 부분을 알아내기 어려운데, 이것은 판단하기에 변수가 많고 자연과학자와의 제휴가 필요하며 첨단의 과학기기를 사용해야 하기 때문에 쉽지가 않은 것이다.

최근에 와서 신석기시대 토기의 재료는 여러 가지의 점토광물(kaolinite · montmorillonite · illite · chlorite 등)이라는 것, 여기에 토기 만들 때의 작업성을 좋게 하려고 석영 · 장석 · 운모 · 활석 · 석면 · 조개껍질 등의 비짐을 섞는다는 것, 토기를 대략 700도 정도에서 구웠다는 것 등을 알아낸 것은 큰 성과라고 보인다. 그리고 토기의 실제 생김새나 만들기에 관한 추정도 과학적 방법의 도움을 받고 있다.

우리 나라 신석기시대의 토기들은 대개 테쌓기(輪積法)와 서리기(捲上法)의 두 가지 방법으로 만들며, 큰 그릇일수록 테쌓기를 한다고 여겨지고 있는데 구평리에서 출토된 토기들의 X선촬영을 통해 이를 확인한 바 있다.[82] 토기의 두께는 7~8㎜ 사이가 가장 많으며 큰 그릇이면 더 두꺼워지고 작은 그릇은 얇다. 그러나 5㎜ 이하의 두께는 찾기 어려우며 10㎜ 이상의 것도 거의 없다. 결국 어떠한 크기의 토기를 만들어야겠다고 작정하였을 때 토기 쌓는 방법과 토기의 두께는 이미 결정되었다고 볼 수 있다. 왜냐하면 이는 그릇의 균형과 안정성의 문제이기 때문에 경험에 의해 항상성을 띠게 되었을 것이다.

이러한 작업들은 모두 토기를 바탕흙에 따라 구별해 보거나 그 쓰임새를 몇 가지로 나누는 등 결국 토기를 관찰하고 분류하는 과정에서의 어려움을

80) 崔夢龍 · 申叔靜, 〈한국고고학에 있어서 자연과학적 연구 : 토기편〉(《國史館論叢》 62, 1995), 1~23쪽 참조.
최몽룡 · 신숙정 · 이동영, 《고고학과 자연과학》(1996).

81) 글쓴이들이 측정한 값, 그리고 여러 사람들이 실험한 바를 종합해 보면 신석기시대 토기의 흡수율은 높은 편이다. 그러나 오늘날 실험이나 민족지학적인 관찰을 통해, 흡수율이 높은 그릇이라 하더라도 뒷손질 등을 통해 화식기나 액체 저장용기로 쓸 수 있음이 잘 알려져 있다.

82) 정영호 · 신숙정 외, 〈토기의 관찰과 분석〉(《사천 구평리유적》, 1993), 95~199쪽.

해결하기 위해 그 기준을 과학적 수단에 요청한 것이다. 여기에서 한걸음 더 나아간다면 그 유적의 사람들은 토기의 바탕흙이나 비짐 등을 어디에서 구해 왔을까 하는 원료산지에 대한 추구가 있겠는데, 이것은 물리화학적인 지식뿐만 아니라 유적 주위의 지질과 지형에 대한 지식이 필요한 만큼, 보다 전문적인 접근이 필요하게 된다. 더구나 선사인들의 교역이나 교역로에 관한 문제와도 맞물리게 되니 그 중요성은 말할 나위도 없다.

그런데 적어도 신석기시대의 사람들은 원료를 구하기 위하여 유적에서 그렇게 멀리 가지는 않았던 것으로 밝혀지고 있다.[83] 한편 선사시대 토기들은 그것들을 구워낸 제작소(가마터)를 확인하기 어렵다는 점이다. 이 문제는 앞으로 원료산지에 대한 화학적·지질학적 분석과 고고학적 고찰이 종합되어 판단되어야 할 것으로 보인다.

〈申叔靜〉

라. 토기제작

신석기시대의 유적에서 가장 많이 나오는 유물이 토기(질그릇)임은 널리 알려져 있다. 그러나 그렇게 많이 사용된 질그릇이 누구에 의해 일년 중 어느 시기에 무슨 연장을 가지고 얼마 만한 품을 들여 어떻게 만들어졌는지는 그다지 밝혀지지 않았다. 이같은 문제들은 신석기인들의 생활에서 질그릇이 차지한 비중을 제대로 가늠하는데 매우 중요하다고 생각된다.

신석기시대 질그릇에 남아 있는 자국들을 분석하고 옹기점의 작업과정[1]을 참고하여, 그릇제작에 사용된 연장과 만든 시기를 가늠해 보려 한다. 그리고 일정한 크기의 물그릇(갓 만들어 낸 젖은 상태의 그릇)을 만드는데 걸리는 시간과 드는 재료의 양을 재고, 신석기시대의 한 마을에서 연간 필요한 그릇의 수량을 추리하여 토기제작(질그릇만들기)에 든 품과 주인공이 누구였겠는가를 헤아려 보려 한다.

---

83) 글쓴이들은 미사리와 일산지역의 지질분석 및 이 곳에서 출토된 빗살무늬토기들의 성분을 분석한 바 있는데, 미사리토기의 바탕흙은 유적 가까이 팔당 주위의 산록에서, 일산토기는 유적 바로 앞에서 바탕흙을 구했던 것으로 나타났다(崔夢龍·申叔靜, 앞의 글 참조).

1) 鄭明鎬·Eddy, R. I., 〈韓國 甕器店의 作業과정에 대하여〉 上·下(《考古美術》 119·120, 1973), 8~17·11~21쪽.

〈그림 1〉 여러 유적에서 나온 무늬넣개와 밀가새(4)

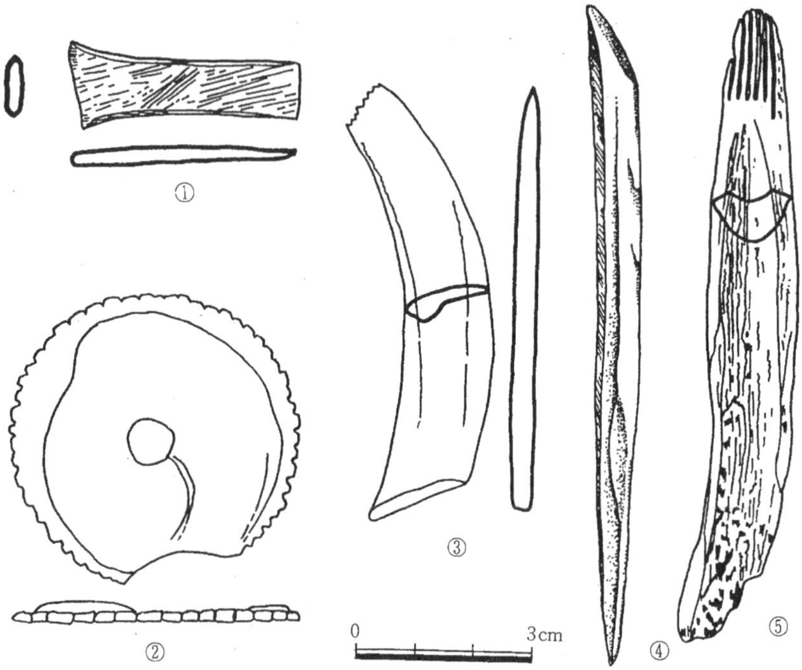

*① 지탑리유적 : 도유호 · 황기덕, 《지탑리원시유적 발굴보고》(과학원출판사, 1961).
② 검은개봉유적 : 도유호, 《조선원시고고학》(과학원출판사, 1960).
③ 농포유적 : 도유호, 위의 책.
④ 상노대도유적 : 손보기, 《상노대도의 선사시대 살림》(수서원, 1982).
⑤ 궁산유적 : 도유호 · 황기덕, 〈궁산원시유적 발굴보고〉(《유적발굴보고》 2, 1957).

가) 연 장

신석기인들이 질그릇을 만들 때 사용한 연장으로 무엇이 있었을까. 잔이나 공기 정도의 작은 그릇은 두 손만으로도 만들기가 쉬웠겠지만, 그릇살을 고르게 하거나 겉면을 다듬으려면 맨손만으로는 불편하고 힘들었을 것이다. 나아가 큰 그릇들을 만들 경우 제법 여러 가지 연장이 쓰였을 것으로 여겨진다.

질그릇제작에 쓰인 연장으로 이제까지 알려진 것은 돌이나 뼈로 만든 무늬넣개(시문구)와 그리고 밀가새 또는 못가새로 여겨지는 종류가 있을 뿐이다(〈그림 1〉). 이 밖의 연장들에 대해서는 질그릇의 겉면에 남아 있는 자국을 통해서 그 종류를 가늠할 수 있을 뿐이다.

먼저 뾰족밑과 둥근밑에서 둥글게 눌린 돌림자국들과 단이 져 있는 모습, 동심원을 이루어 나타나는 홈집자국들과 넓은잎자국, 납작밑에 찍혀 있는 넓은잎자국들이 눈길을 끈다. 잘 알다시피 질그릇은 찰기가 있는 젖은 흙으로 만들기 때문에 바닥면이 잘 달라붙고, 떼어내려면 흙이 묻어나 바닥면이 손상되기 쉽다. 그리고 벽을 쌓을 때 바닥을 돌리면서 태림(테)을 붙여야 하는데, 이 때 바닥이 상하거나 또는 원하지 않는 것들이 달라붙는다. 이같은 문제들을 해결한 방법이 바로 그릇밑에 자국으로 남아 있다. 곧 뾰족밑과 둥근밑에 남은 자국들은 「둥근 받침통」 또는 「또아리 모양의 받침대」에 바닥을 놓고 벽을 쌓는 과정에서, 그리고 넓은잎자국은 받침대의 윗면과 그릇밑이 들러붙지 않게 하려고 놓은 「나뭇잎」이 자국으로 찍힌 것임을 유추할 수 있다. 또 납작밑의 넓은잎자국도 그릇의 바닥면이 작업장의 바닥에 들러붙어 훼손되는 바를 피하려고 받쳤던 잎의 자국으로 여겨진다(〈사진 1〉).

이같은 추리는 실제 복원해 보았을 때 같은 자국들이 생겨 입증된다.[2] 따라서 신석기시대 동안 물레나 돌림판은 사용되지 않았으며, 그 역할을 대신한 것은 둥근 통이나 또아리 모양의 받침대 그리고 넓은잎이었다. 이 사실은 일부 주장[3]처럼 그릇을 엎어서 아가리부터 쌓아 올린 것이 아니라, 세워 놓고 바닥부터 만들었음을 가리킨다.

그릇의 안쪽 면에 나란히 긁힌 줄 자국들이 잘 남아 있는 예가 많은데, 이것은 울퉁불퉁한 그릇살을 고르게 다듬은 자국으로, 「근개」[4]가 사용되었음을 보여준다. 한편 근개질 자국이 보이지 않고 고운 줄 자국들로 덮여 있는 안쪽 면도 적지 않다. 바깥 면은 흔히 매끈하며 무늬가 넣어져 있다. 이는 근개질한 뒤 물손질로 겉면을 곱게 했기 때문이다. 특히 아가리 선에서 고운 줄자국들이 번갈

2) 이기길·황성옥, 〈암사동(바위절)유적의 신석기시대 뾰족밑무늬토기의 연구〉(《孫寶基博士停年紀念 考古人類學論叢》, 1988), 275~339쪽.
——, 〈동삼동유적에서 나온 신석기시대 덧문지른무늬토기의 연구(1)-물그릇만들기를 중심으로-〉(《古文化》 34, 1989), 3~32쪽.
——, 〈신석기시대 납작밑토기의 연구-납작밑의 제작기법과 분석-〉(《東方學志》 68, 1990), 33~74쪽.

3) 황기덕, 《조선 원시 및 고대사회의 기술발전》(과학·백과사전출판사, 1984), 27쪽.

4) 鄭明鎬·Eddy, R. I., 앞의 글, 11~21쪽.

〈사진 1〉 그릇에서 볼 수 있는 자국들과 그 자국을 남긴 연장 또는 물체

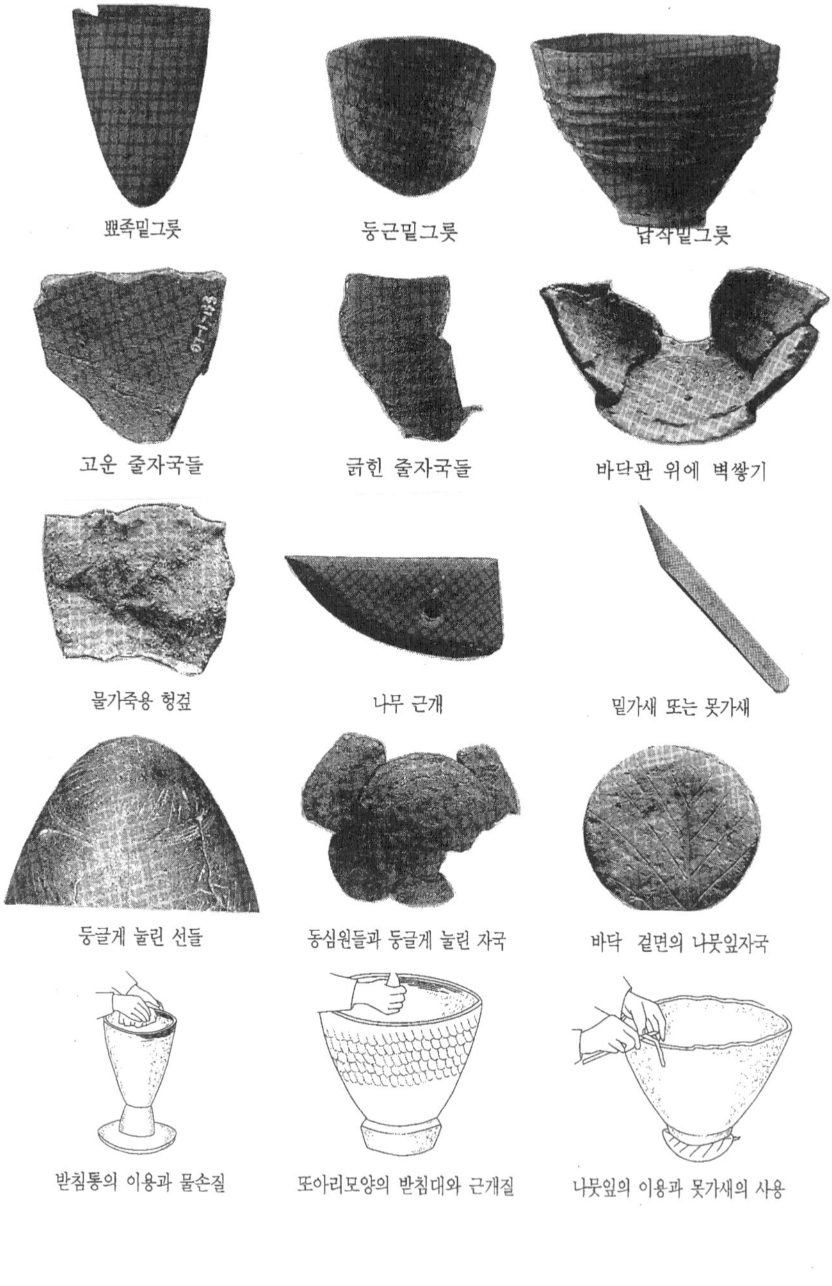

되는 것은 헝겊이나 가죽에 물을 묻혀 전의 모습을 잡은 결과이다. 따라서 오늘날 「물가죽」[5]이라 부르는 것이 당시에도 사용되었다고 하겠다(〈사진 1〉).

뾰족밑이나 둥근밑은 빚기로 만들지만 납작밑은 질흙을 둥근판 모양으로 만든 뒤 원하는 크기로 잘라야 한다.[6] 또 벽을 다 쌓은 뒤 아가리 전을 잡을 때 대개 그릇살의 높이가 들쭉날쭉하므로 같은 높이로 잘라야 한다. 이 경우 오늘날 밑창부분을 자를 때 쓰는 「밑가새」와 얇은 그릇살을 벨 때 사용하는 「못가새」[7]와 같은 연장이 필요하였을 것이다(〈사진 1〉).

끝으로 자의 역할을 하는 「정금대」[8] 같은 것이 신석기시대에도 있었을까. 북한에서는 남경유적에서 나온 뾰족밑그릇을 논하면서 그릇 높이가 14㎝ 단위로 일정한 비례를 보이기 때문에 14㎝가 당시 질그릇제작의 기준 크기였고, 나아가 이 크기는 여성들의 한 뼘에 해당한다고 보아 질그릇을 만드는데 여자들이 중심이었다고 해석하고 있다.[9]

그러나 익은그릇(가마에서 구워 낸 그릇)에서 14㎝가 물그릇일 때 15.5㎝쯤 되므로 기준 크기는 15.5㎝라고 해야 그들 논리에 맞는다. 오늘날 여대생 27명의 한 뼘을 재어 보면, 크기는 16.5~21.0㎝로 나타나고 이 가운데 18~20㎝인 사람이 22명이다. 이런 점에서 여자의 한 뼘이 기준되는 크기였다고는 인정하기 어렵다. 다만 질그릇의 크기 차이가 일정한 비례를 보이고 대·중·소로 표준화된 경향을 띠므로,[10] 신석기시대에도 정금대와 비슷한 연장이 쓰였을 것으로 생각한다.

나) 시　기

신석기인들은 질그릇을 언제 만들었을까. 이 문제는 재료 마련, 물그릇만들기, 말리고 굽기에 알맞은 절기를 꼽아 보면 쉽게 풀 수 있다

---

5) 金眞宇, 〈韓國 甕器工房의 實態硏究－製作技法·用語를 중심하여－〉(弘益大 碩士學位論文, 1972), 1~85쪽.
6) 이기길·황성옥, 앞의 글(1990), 33~74쪽.
7) 金眞宇, 앞의 글.
8) 金眞宇, 위의 글.
9) 김용간·석광준, 《남경유적에 관한 연구》(과학·백과사전출판사, 1984), 68~69쪽.
10) 任孝宰·Nelson, S. M., 〈漢江流域 櫛文土器의 容量抽出과 그 文化的 意味〉(《韓國考古學報》 1, 1976), 117~121쪽.

질그릇의 주 재료인 생질(찰흙)을 캐고 운반할 때, 생질이 얼었거나 젖어 있으면 캐기가 나쁘거니와 또한 물의 무게가 보태져 퍼담거나 나르기 힘들다. 따라서 자연 추운 겨울이나 비 많은 때를 피했을 것이다. 한편 물그릇을 겨울에 만든다면 흙이 얼어 작업하기가 매우 어려울 것이므로, 따뜻한 계절이 알맞았음을 짐작할 수 있다.

질그릇의 제작시기를 알려주는 뚜렷한 증거는 그릇바닥에 찍혀 있는 넓은 잎자국이다. 나뭇잎자국이 남아 있는 납작바닥의 지름은 4.3~10.5㎝의 크기이므로 보통 이보다 더 큰 나뭇잎이 사용되었다고 하겠다. 그만한 크기의 넓은잎은 잎이 한창 자란 늦여름부터 잎이 지기 전인 가을 사이에 얻을 수 있으므로, 질그릇은 늦여름과 초가을 즈음에 주로 만들어진 것으로 생각된다.

물그릇이 완성되면 겉과 속, 위와 아래 등을 골고루 바짝 말려야 한다. 그런데 말린 시간이 너무 차이 나는 날그릇(물그릇을 잘 말린 상태의 그릇)을 함께 구울 경우 파손율이 높으며, 구워낸 그릇이 습기찬 공기나 겨울의 찬 공기에 급히 식으면 금이 많이 생겨 불량품이 많아진다고 한다.[11]

이처럼 질그릇만들기는 사시사철 언제나 가능한 것이 아니었다. 특히 추운 겨울이나 비 많은 계절은 부적합하며, 날씨가 맑고 기온이 따스한 늦여름에서 초가을이 가장 적기였다고 생각된다.

다) 품

질그릇 만드는 과정은 재료의 마련, 물그릇만들기, 말리기와 굽기 등 크게 3단계로 나뉜다. 재료의 마련에는 찰흙을 캐어 운반하고, 비짐을 구하며, 캐온 찰흙에서 잡물을 골라 낸 뒤 비짐을 알맞은 비율로 섞어 기포가 빠지도록 잘 반죽하는 과정이 포함된다. 물그릇만들기는 질흙과 연장들이 갖춰진 상태에서 그릇꼴을 완성하는 과정이다. 말리기와 굽기단계에는 땔감의 마련, 가마만들기, 그릇 운반에 노동력이 필요하다.

여기서는 물그릇 만드는데 드는 품에 대해 생각해 보려 한다.

높이가 30~40㎝쯤 되는 중간 크기의 그릇을 도예가의 손을 빌어 실험 제작해 보니 3~4시간 정도 걸리고, 재료의 양은 5.2㎏쯤 들었다.

---

11) 新井司郞, 《縄文土器の技術》(中央公論美術出版, 1973), 1~123쪽.

물그릇만들기와 말리기 및 굽기는 연속되는 작업이어야 하므로, 한 해에 필요한 양을 한꺼번에 만들어야 효율성이 높다. 따라서 물그릇제작에 든 품을 따지려면 한 마을에서 연간 몇 개의 질그릇이 필요했는가를 셈해야 한다. 이 문제는 한 집에서 사용되는 질그릇의 종류와 개수, 종류별 질그릇의 수명 그리고 한 마을을 이루는 집의 수를 어림해야 추정이 가능하다.

먼저 집자리가 조사된 유적 가운데 온전한 집자리에서 나온 질그릇의 최소 개체수를 살펴보자(〈표 1〉).

〈표 1〉 여러 유적의 집자리에서 나온 질그릇의 최소 개체수

유적		최소 개체수	집의 크기(m)	비고	문헌
암사동	1호	7	4.4×5.2		韓永熙, 〈韓半島 中西部地方의 新石器文化〉(《韓國考古學報》 5, 1978), 17~108쪽.
	2호	6	4.2×4.5	5,000±70BP	〃
	4호	8	4.4m 이상	4,730±200BP	〃
	5호	7	5.0×4.2(?)	4,610±200BP	〃
	10호	6	4.2×3.9	5,510±110BP	〃
지탑리	1호	30이상	7.35×7.0	복원된 것만 30개체	도유호·황기덕, 앞의 책.
	2호	5이상	4.0 ×3.7	그릇 조각만 1,062점	〃
	3호	2이상	4.0 ×3.8	그릇 조각만 483점	〃
남경	12호	3이상	7.0×3.7(일부)	신석기 늦은 시기	김용간·석광준, 앞의 책.
	31호	120	13.5×8.4	〃	〃
	37호	3이상	4.5×3.5	〃	〃
오산리 A지구	1호	2	2.6×2.7	V-1층, 부속시설	任孝宰·權鶴洙, 《鰲山里遺蹟》(서울大 博物館, 1984), 1~120쪽.
	2호	5	7.2×5.9	V-2층, 6,080±210BP	〃
	3호	1	6.8×5.5	V-3층, 5,740±210BP	〃
	4호	4	7.0(원형)	V-3층, 5,740±210BP	〃
	5호	2	?	V-4층	〃
	7호	7	4.0(원형)	V-5층	金元龍·任孝宰·權鶴洙, 《鰲山里遺蹟》II(서울大 博物館, 1985), 1~76쪽.
	8호	1	4.1×3.4	V-7층, 6,130±50BP	〃
서포항	9호	4~5	12.0×6.0	신석기시대 제I기층	김용간·서국태, 〈서포항 원시유적 발굴보고〉(《고고민속론문집》 4, 1972), 31~153쪽
	3호	30	4.4(원형)	신석기시대 제II기층	〃
	26호	18	3.1×2.8	신석기시대 제III기층, 저장움	〃
	7호	23이상	6.2×6.0	신석기시대 제V기층	〃
	16호	6이상	3.2×2.8	〃	〃

위 〈표 1〉의 사례에서 보면, 한 집당 보통 4개 이상의 질그릇이 갖춰져 있었다고 보아도 별 무리가 없다.

이제 문제는 질그릇의 수명과 하나의 마을을 이루고 있는 집의 수를 추정하는 것이다. 이 문제는 다음과 같이 풀이하는 이가 있다.[12] 즉 질냄비나 질화로는 매일 사용할 경우 대개 3개월쯤 쓰면 갈라지거나 터져 못쓰게 되므로, 신석기시대에 요리용으로 사용된 질그릇의 수명도 이와 비슷할 것이다. 한 집에서 요리용으로 쓰는 질그릇의 최소수를 주식용과 부식용의 2개로 셈해서 1년에 8개, 여기에 식기용이나 저장용으로 최소 2개를 더해 한 해에 10개 이상의 질그릇이 필요하다고 셈했다. 그리고 죠몬시대의 한 마을은 10~15호로 이루어졌다고 생각하여 10집을 기준하면 연간 최소한 100개의 질그릇이 소요될 것이라고 추정하였다.

질그릇제작에 드는 품의 하한선을 셈하려 할 때 이러한 추정을 우리의 경우에 적용해도 큰 차이는 없을 것이다. 왜냐하면 앞에서 살폈듯이 죠몬마을의 질그릇 개수보다 더 많은 양을 우리의 신석기인들이 사용하였던 것으로 나타나기 때문이다.

한 마을에서 일년 동안 필요한 질그릇의 최소량을 100개로 가정하면, 물그릇만들기에 드는 품과 재료의 양은 앞에서 실험 제작했던 중형 그릇의 제작시간과 재료의 양을 기준하여 다음과 같이 셈을 하게 된다. 당시 하룻동안 일하는 시간을 8~10시간쯤으로 치면 하루에 3~4개를 만들 수 있으므로, 숙련가 한 사람이 100개의 물그릇을 완성하려면 30일 정도 걸린다. 그리고 중형의 그릇 하나를 복원할 때 든 질흙의 양은 평균 5.2㎏이므로 100개를 만들 경우 필요한 재료의 양은 최소한 520㎏이나 된다.

라) 만든이

북한학계는 민속의 사례 그리고 질그릇을 빚을 때 남은 손끝무늬(지문)와 손톱자리가 여성의 것이며, 바퀴모양의 무늬넣개는 가락바퀴를 이용한 것이고 그 가락바퀴로 실낳이를 한 것이 여성이기 때문에, 질그릇을 만든이는 여성이라고 주장하여 왔다.[13] 또한 남경유적의 질그릇 크기가 14㎝ 단위로 비

12) 江坂輝彌, 《考古學の知識》(東京美術, 1986), 1~135쪽.

13) 김용남, 〈우리 나라의 신석기시대〉(《고고민속》 1967-3), 1~11쪽.

례하며, 이 크기는 여성들의 한뼘 크기라는 점에서 여성이 분명하다고 보고 있다.[14] 그러나 질그릇만들기에 관여한 사람들의 성격을 다음과 같이 이해하는 관점도 있다.

> 질그릇을 만드는 일은 많은 경험과 숙련된 솜씨를 요구하는 일이였던 만큼 그 일에 능숙한 사람들이 중요한 역할을 하였을 것은 틀림없다.…그러나 신석기시대의 사회적 조건에서 원료를 장만하는 일부터 질그릇을 굽기 위한 연료를 마련하는 일까지의 모든 일을 한두 사람의 전문가가 다 해결할 수도 없었으며…공동로동·공동분배가 사회관계의 기본을 이루고 있는 공동체 하에서 많은 사람의 협력을 요구하며 공동체 성원들의 일상생활에서 가장 많이 쓰인 질그릇을 만드는 일에 공동체적인 관심을 돌렸을 것은 명백한 일이다(김용간, 〈우리 나라 신석기시대 질그릇갖춤새 변천에 보이는 문화발전의 고유성〉, 《고고민속론문집》 7, 1979, 50쪽).

앞에서 보았듯이 한 해에 필요한 질그릇제작에 드는 품이 최소 30일 정도이고 재료의 양은 적어도 520kg이나 되는 점에 비춰 보면, 늙은이나 어린이는 힘이 부칠 터이며 또 여성이면 누구나 할 수 있다고 보기도 어렵다. 마을 사람 누구나 질그릇을 만들 수 있었다면, 깨진 그릇의 바닥 부분을 조리용으로 이용하고 또 수리 구멍까지 내어 사용할[15] 이유가 없었을 것이다. 암사동이나 오산리·동삼동유적에서 나온 질그릇들이 몇 가지 그릇꼴로 한정되어 있음은 질그릇만들기가 마을의 몇몇 숙련가를 중심으로 이뤄졌음을 반영하는 자료로 여겨진다.

오늘날 옹기점의 인원구성을 본다면, 재료가 되는 질을 발견하고 물그릇을 만들며 가마에서 구워내는 일을 맡은 「질대장」, 질을 매질하고 질재기를 만들어 대장에게 건네줄 뿐 아니라 물그릇의 발리기 등을 담당하는 「선이꾼」, 그리고 질밭에서 질을 캐와 잡물을 걸러내고 고작대미로 만들어 움으로 날라오는 「생질꾼」으로 짜여져 있다.[16]

신석기시대에도 질그릇만들기는 누구나가 아니고 「숙련가」가 담당하였을

---

14) 김용간·석광준, 앞의 글.
15) 도유호·황기덕, 앞의 책.
16) 鄭明鎬·Eddy, R. I., 앞의 글(1973 a·b).

것이며, 일의 능률을 올리려면 오늘날의 질대장과 건아꾼처럼 최소한의 역할 분담이 있었을 것으로 헤아려진다. 그러나 바탕흙·땔감·가마축조용 돌 등을 마련하고 나르는 일은 마을사람들이 도왔을 것으로 생각한다.

〈李起吉〉

(2) 석기와 뼈연모

신석기시대의 석기와 뼈연모에 대한 그 동안의 연구는 질·양면에서 매우 빈약한 편이었다고 할 수 있다. 이는 토기연구에 비하면 형평을 잃은 셈이다. 더구나 당시의 실제생활을 생각해 보면 토기는 석기나 뼈연모로 식량을 확보한 뒤, 이를 담거나 조리하는데 쓴 용기에 불과한 것이므로 신석기연구가 토기 중심으로 이루어진다는 것은 선후가 바뀐 일이라고 할 수 있다.

그러나 연구의 경향이 이렇게 된 저간의 사정은 있다. 그것은 석기를 알아보는 데는 훈련된 눈을 필요로 하기 때문이다. 즉 쉽게 알아보기 힘든 경우가 많은데, 뗀석기(打製石器)의 경우가 특히 그러하다. 또한 신석기는 간석기(磨製石器)라는 관점 아래 그 동안 주로 간석기에 관심을 기울여 왔다. 그러나 지금까지 조사·발굴된 결과로 보자면 우리 나라의 신석기시대에는 완전히 간석기만 사용한 경우가 없었다고 할 수 있다. 도끼나 끌·대팻날 등 전형적인 간석기는 청동기시대에 가서 주류를 이루며, 신석기시대의 간석기는 화살촉을 제외한 나머지의 경우, 부분으로나 반 정도 갈고 나머지는 뗀 상태로 있는 것이 보통이다. 이러다 보니 자연히 간석기의 출토량은 적었고 적다 보니 차지하는 비중도 빈약해 소략하게 취급되기 마련이었다.

이와 비슷한 사정이 뼈연모에도 해당되는데, 뼈연모는 대부분 삭아버려 조개더미유적이 아니면 잘 남아 있지도 않았다. 우리 나라 신석기시대의 주요한 생업경제 가운데 하나가 되는 것이 물고기잡이임에도 불구하고, 그 도구인 낚싯바늘·작살 등 뼈연모는 큰 주목을 받지 못했다. 이리하여 석기와 뼈연모는 신석기시대 도구의 하나로서 그 의미가 있을 뿐, 중요성을 인정받을 수 없었다.

더욱이 석기와 뼈연모는 일단 유용한 도구로 개발되고 나면 그 모양이 잘 변하지 않기 때문에 이를 가지고 뚜렷한 시기차이나 지역차이를 찾아보기 어렵다. 지금까지 우리 나라 선사시대 연구의 중요한 주제가 형식분류-편년이었음을 생각하면 연구의 주제면에서도 석기-뼈연모가 주목받기 어려웠을 것임을 알 수 있다. 다만 북한의 연구에서는 당시의 생업경제를 알아낼 수 있는 생산도구가 가장 중요하다는 관점 아래 석기와 뼈연모를 우선적으로 다루는 편이지만, 도구의 나열이 중심이며 이들을 체계적으로 분류하거나 출토유물 상호간에 시기 차이를 찾아보려는 노력은 부족하다.

최근에 오면서 이같은 사정이 많이 바뀌게 되었다. 70년대 후반부터 집중된 남해안지방의 조개더미발굴이나 오산리 및 최근의 미사리발굴 등에서 보면 뗀석기·격지에 대한 보고가 매우 늘어나고 있으며, 특히 조개더미유적에서의 뼈연모보고가 많아지고 있다. 아직까지의 석기분류나 뼈연모연구가 짜임새있다고는 할 수 없지만 이들에 대한 관심의 증가가 연구의 심화로 이어질 것이다.

가. 남해안지방

가) 석기(〈그림 1〉 ①~⑦)

석기는 몇 개의 용도로 쓰였다는 관점 아래 구분되고 있다. 물고기잡이·사냥·농사짓기용 및 일상공구 등이 그것이다. 남해안지방에서는 간석기류의 출토가 매우 적은 대신 뗀석기가 압도적으로 많은 특징이 있다. 특히 남해안지방의 이른 신석기에는 후기 구석기시대의 뗀석기의 제작수법이 그대로 이어진다는 보고들이 나오고 있어 주목된다.[1] 이 대목은 우리 나라 신석기의 기원문제와 관련되는 부분으로서 중요한 시사를 담고 있으므로 앞으로 기억해야 할 부분이다.

남해안지방의 석기 암질은 화산암지대인 이 시역에서 구하기 쉬운 유문암·규장암·안산암 등이나 접촉변성암인 혼펠스도 많다. 늦은 시기로 가면 화산암계통인 흑요석제 석기가 많이 출토된다. 그러나 가령 화살촉이나 작살에는 단단한 흑요석이 주로 쓰이고 갈돌·숫돌 등에는 사암이 주로 쓰이는 식으로 각 석기의 쓰임새에 맞게 돌감이 선택되었음을 보여주고 있다.

---

1) 장호수, 〈상노대도 유적의 석기〉(《孫寶基博士停年紀念 考古人類學論叢》, 1988), 205~225쪽.

〈그림 1〉 남해안지방의 석기와 뼈연모

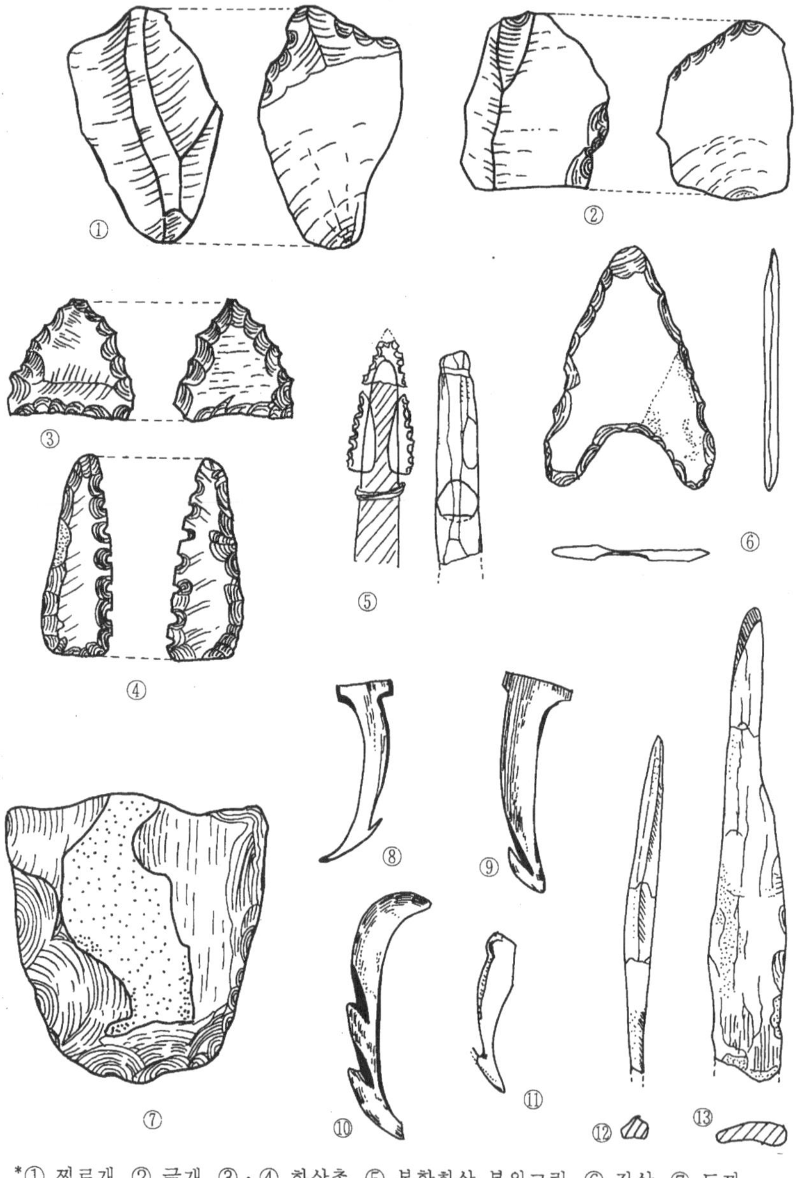

*① 찌르개, ② 긁개, ③ · ④ 화살촉, ⑤ 복합화살 복원그림, ⑥ 작살, ⑦ 도끼, ⑧~⑪ 묶음낚시 바늘, ⑫ · ⑬ 찌르개

남해안지방 이른 시기의 석기는 찌르개·화살촉 등 사냥용 석기와, 찍개·밀개·긁개 등 조리 및 일반용구, 그리고 바닷가지방의 살림살이에 맞게 작살·묶음낚시·그물추·찔개살 등이 출토되는 것이 특징이다. 가장 특이한 것으로는 흑요석으로 만든 돌톱모양의 석기가 있다. 이는 상노대도와 동삼동에서 나왔는데 대개 크기가 5㎝ 미만이다. 이들은 나무나 뼈의 옆면과 끝부분에 홈을 파고 끼워 넣어 만든 결합작살로 여겨지고 있다(〈그림 1〉 ⑤). 이러한 도구들은 일본의 서북규슈에서도 출토되고 있는데, 이들은 다랑어·상어·돌고래류와 같이 피부가 단단하고 매끄러운 것을 잡는데 사용하면 효과가 좋다고 한다.[2] 실제로 동삼동과 상노대도에서는 그러한 어류가 많이 잡혔었다.

신석기 이른 시기를 지나 중기 무렵이 되면 뗀석기의 비율은 줄어드나 석기가 다양해져서 타제의 돌도끼·자귀·화살촉 등도 출현하게 된다. 제작수법으로 보자면 석기가 커지면서 잔손질이 줄어드는 경향이 있다.

간석기는 이른 시기보다 늘어나지만 여전히 그 비중은 작은 편이다. 간석기라 하더라도 도끼·끌·대팻날 등 날부분만 간 것이 대부분이며 아직 숫돌·갈돌·갈판·공이 등이 주류를 이룬다. 늦은 시기로 가면 이러한 사암계통의 가공도구들이 남해안 모든 유적에서 자주 등장하여 낟알에 대한 의존도 증가 혹은 농사짓기단계를 추정해 볼 수 있다.

남해안지방에서 사용한 석기의 유형을 요약하면 '많은 양의 뗀석기와 간석기 약간'이라고 할 수 있다. 신석기시대가 간석기 사용의 전성기가 아니었다는 점은 널리 알려져 있었으나 예상보다 더욱 많은 뗀석기가 쓰이고 있었다는 점과 아울러, 간석기가 발달할수록 뗀석기를 그다지 공들여 만들지 않게 되는 자연스러운 현상을 보여주고 있다.

나) 뼈연모(〈그림 1〉 ⑧~⑬)

뼈연모는 재료 자체가 제한되어 있으며 잘 남아 있지를 않아 많이 사용하지 않은 것으로 여겨지기 쉬웠으나 남해안의 조개더미유적들이 발굴되면서 다량으로 출토되어 주목받게 되었다. 이들은 석기와 마찬가지로 사냥·물고

---

2) 朴九秉, 〈先史時代의 漁具〉(《韓國民俗綜合調査報告書》, 1992), 51쪽.

기잡이 및 일상생활용구로 쓰였는데, 석기보다 섬세한 연모 즉 찌르개·바늘·송곳·찔개살·삿바늘·낚싯바늘·작살 등에 주로 쓰였다.

그런데 남해안지방에서 보자면 신석기 아주 이른 시기에는 어구가 그다지 나타나지 않으며 찍은무늬토기가 만들어지는 전기 무렵부터 낚시 등이 나타나는 것으로 보아, 일찍부터 만들기 쉬운 도구로써 여러 개의 찌르개를 이용해 복합찔개살을 만들었을 가능성이 있다.

남해안지방에서 나오는 낚시로는 곧은낚시(짧고 가는 형태에 양끝이 뾰족하고 중간부분에 낚싯줄을 매기 위한 홈을 판 것)와 묶음낚시(낚시의 허리(軸)부분과 바늘부분을 따로 만들어 결합시키는 것)가 있다. 곧은낚시는 동삼동에서 다량으로 나왔으며 욕지도에서도 1점 나온 바 있다. 가장 많이 나오는 것이 묶음낚시인데, 돌의 성질상 굽은 도구가 만들어지기 어려우니까 바늘부분은 주로 뼈로 만들어지며 허리부분은 돌이나 뼈 혹은 나무로도 만들었을 것으로 보인다. 묶음낚시의 바늘부분은 동삼동·상노대도·범방·송도·욕지도·농소리·연대도·구평리 등 남해안의 거의 모든 유적에서 나오고 있다.

뼈연모의 대부분을 차지하는 생활용구는 석기로는 기능하기 어려운 섬세한 용도에 쓰이는 것들로서 찌르개·긁개·밀개·삿바늘·뼈송곳·뼈바늘 등이 대표적이다. 이 가운데 수량이 가장 많은 것이 찌르개이다. 수가리에서는 사슴 등의 사지뼈를 길이로 잘라서 끝을 갈아 이용하는 찌르개가 다량으로 나왔으며 이것은 짐승의 해체나 조리용으로 여겨졌다.[3] 한편 이 찌르개들을 몇 개씩 묶어서 결합식 찔개살을 만들어 썼다고 보는 견해도 있다.[4] 이와 같이 추정할 때 신석기시대의 어구는 현재 파악된 것보다 훨씬 많은 양이 될 것이다.

나. 강원도지방

오산리와 교동으로 대표되는 강원도지방에서는 뼈연모가 보고된 예가 거의 없으므로 여기서는 석기만 다루겠다.

---

3) 金子浩昌·牛澤百合子, 申敬澈 譯, 〈水佳里貝塚出土 骨角貝製品 및 動物遺存體〉(《金海水佳里貝塚》Ⅰ, 1981), 223~300쪽.

4) 朴九秉, 앞의 글, 53~54쪽.

가) 석 기

오산리 Ⅰ·Ⅱ문화층에서는 도끼·돌칼·화살촉·석창·묶음낚시(〈사진 1〉 윗단)·돌톱·추모양석기(〈사진 1〉 아랫단)·그물추·숫돌 등과 갈돌세트 및 긁개·찍개 등이 출토되었으며 격지와 돌감도 많이 나왔다. 이 곳의 석기는 물고기잡이와 사냥용·조리용으로 크게 나눌 수 있다. 이 가운데 가장 많은 것이 묶음낚시의 허리부분이다. 이것은 모두 70여 점이 나왔는데 10㎝ 정도로 큰 것도 있다. 허리의 아랫부분이 급하게 휘어져 있으며 바늘과의 연결부분은 접착면을 넓히기 위해 편평하게 갈아 놓았고 낚싯줄을 매는 윗부분에는 1~2줄의 홈을 파놓았다. 특히 준비된 돌감을 통해 묶음낚시의 제작과정을 잘 엿볼 수 있다. 묶음낚시는 오산리가 북한계선이며 그 위쪽에서는 나오지 않고 있다. 이와 함께 그물추도 많이 나와 오산리의 주된 생업이 물고기잡이였음을 보여준다.

오산리에서 나온 흑요석기와 석재는 이 주위에서 흑요석을 구할 수 없다는 점 때문에 주목받았다. 어디선가 교역품으로 가져온 것이라고 생각되었으며 이것을 박편으로 성분분석하고 다른 지역의 것과 비교해 본 결과 이 돌의 원산지는 백두산이라고 추정되었다. 또 오산리에서만 나오는 추형석기도 매우 독특하다. 이들은 길이 3.3~7.0㎝ 정도이며 줄을 매는 홈이 파이고 전면이 갈려 있다. 뾰족한 끝으로 향하는 한 부분은 편평하게 다듬어져 있어 어디에다 붙들어 매는 기능을 하였을 것으로 여겨지고 있다. 돌칼은 긴네모꼴 혹은 긴 배모양을 하고 있으며 단면은 렌즈형이고 날은 날카롭지 않다. 공모양석기는 화강암이며 6~10㎝ 정도의 크기인데 갈돌과 함께 조리용구로 쓰인 것으로 보인다.

한편 오산리와 같은 묶음낚시가 나온 교동유적의 석기들은 간 것이 많다. 교동의 묶음낚시는 처음에 대롱구슬의 구멍을 뚫는 도구라고 보았던 것으로서 길이 5.6㎝, 지름 0.9㎝의 원기둥모양이다. 오산리의 것과 거의 같으나 윗부분이 밋밋하고 홈을 판 흔적이 보이지 않는 것이다. 바닷가의 대형낚시를 하는데 쓰였다고 여겨지는 묶음낚시가 내륙지방인 춘천에서 발견되었다는 점으로 미루어 오산리지역과의 교역을 염두에 둔 해석이 많다.

그 밖에 교동에서는 길이 40.8㎝나 되는 간도끼, 날부분만 간 돌끌 5점, 화

〈사진 1〉 오산리유적출토 묶음낚시(허리부분)과 추모양석기

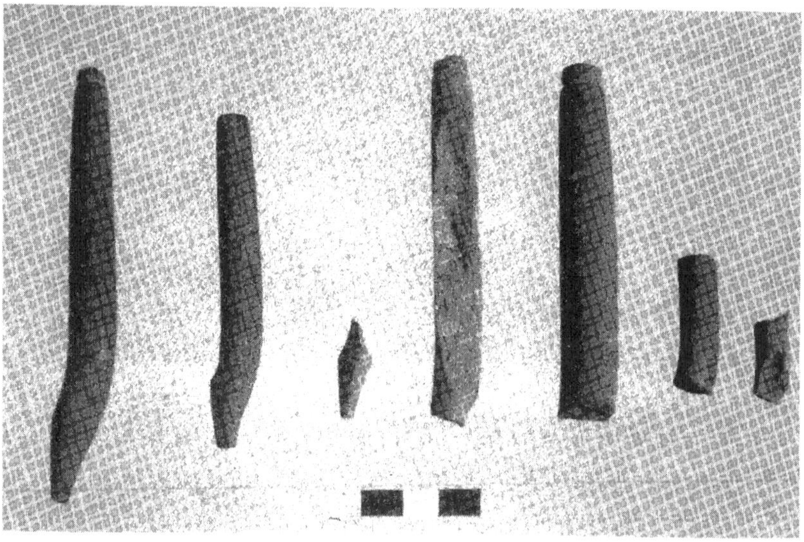

살촉 6점, 공이, 돌칼, 삼각형 돌칼, 대롱구슬 등이 나온 바 있다. 화살촉은 작은 것이 5㎝ 정도이며 큰 것은 8.7~9.8㎝ 사이에 있다.

다. 동북지방

함경북도를 중심으로 한 동북지방에는 서포항이나 농포동과 같은 조개더미들이 있어 석기와 함께 뼈연모가 매우 풍부하게 출토되었다.

가) 석기(〈그림 2〉 ①~⑪)

서포항 이른 시기(1·2기층)의 석기로는 각암으로 만든 괭이·간화살촉·응회암으로 만든 칼, 긁개, 납작한 강돌의 두 옆모서리를 떼어내어 만든 그물추·마치·숫돌·도끼 등이 있다. 수량도 많다.

서포항 3기층의 석기로는 각암 또는 안산암계통의 굳은 돌로 만든 괭이와 삽, 갈돌·갈판·화살촉·칼·긁개·그물추·도끼·자귀·끌·마치·숫돌 등 매우 다양한 종류가 나온다. 이른 시기보다 석기의 종류가 늘어나고 있음을 볼 수 있다. 이 때부터 칼이나 화살촉·긁개 같은 것을 만드는데 흑요석을 사용하고 있다. 서포항이나 남해안지방에서 보면 흑요석은 신석기 이른 시기부터 나타나지 않는 특징이 있다. 그리고 화살촉은 떼내어 만든 것과 갈아서 만든 것의 두 가지가 다 나오는데, 뗀 화살촉은 흑요석이나 각암처럼 굳은 돌로 만들며 간화살촉에는 판암 등을 쓰고 있다.

신석기 후기에 해당하는 서포항 4기의 석기로는 괭이·갈돌·갈판·활촉·그물추·칼·도끼·자귀·끌·마치 등이 나와 이전과 별 다름없다. 괭이 가운데 특히 곰배괭이가 나와 주목을 끈다. 곰배괭이란 有肩石斧라고도 하는 것으로 손잡이 아래가 옆으로 퍼져 어깨가 붙은 것처럼 보이며 대표적인 농사도구 가운데 하나로 여겨지는 것이다. 5기층의 석기로는 아래문화층의 것들과 함께 새로이 대팻날이 나온다. 이 무렵쯤에 해당하는 농포유적에서는 흑요석 석기가 많이 나왔으며 칼·찌르개·긁개, 그리고 삼각형의 화살촉과 함께 여러 점의 돌날이 있다. 도끼는 편암으로 만든 조갯날의 간도끼인데 날부분이 좁아지고 있는 것이다. 신석기 최말기인 무산 범의구석에서도 흑요석 돌날로 된 칼, 삼각형 돌촉, 간도끼, 그리고 곰배괭이가 나왔다.

〈그림 2〉 동북지방의 석기와 뼈연모

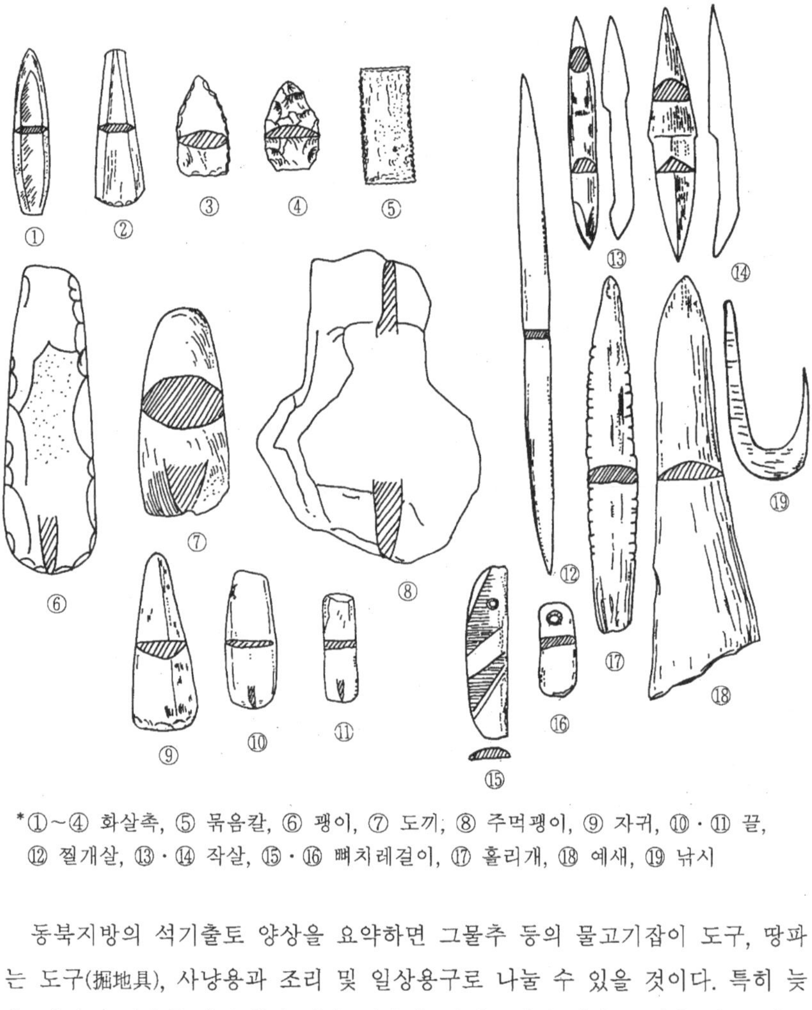

*①~④ 화살촉, ⑤ 묶음칼, ⑥ 괭이, ⑦ 도끼, ⑧ 주먹괭이, ⑨ 자귀, ⑩·⑪ 끌, ⑫ 찔개살, ⑬·⑭ 작살, ⑮·⑯ 뼈치레걸이, ⑰ 훑리개, ⑱ 예새, ⑲ 낚시

동북지방의 석기출토 양상을 요약하면 그물추 등의 물고기잡이 도구, 땅파는 도구(掘地具), 사냥용과 조리 및 일상용구로 나눌 수 있을 것이다. 특히 늦은 시기로 갈수록 흑요석의 날을 이용한 석기들이 늘어나는 점을 한 특색으로 꼽을 수 있다. 그리고 구석기형 석기가 나온다고 서술되고 있는 점(서포항 23호 집자리출토)도 주목할 필요가 있다. 이러한 점은 남해안지방의 석기제작 수법에서도 지적되었던 바로서, 우리 나라 신석기문화의 시원에 대해 생각해 볼 필요를 시사한다. 한편 서포항에서는 이른 시기부터 나오는 괭이를 농사

도구로 보고 있으며 이는 3기층의 삽, 4기층의 곰배괭이와 함께 이 지방사람들이 일찍부터 농사를 지었음을 추정케 하는 중요자료라고 한다. 늦은 시기가 되면 동북지방의 여러 유적에서 곰배괭이처럼 대표적인 농사도구가 나오지만 서포항 1·2기의 괭이를 농사도구로 보는데 대해서는 앞으로 더 연구해 보아야 할 것이다.

나) 뼈연모(〈그림 2〉 ⑫~⑲)

뼈연모는 언제나 조개더미유적에서 출토되기 마련이니 만큼 서포항과 농포유적에서 주로 나오고 있다. 동북지방 뼈연모의 특징은 무엇보다도 물고기잡이도구가 많다는 데 있다. 그러나 이 곳의 지세가 험한 만큼 화살촉이나 창끝 등 사냥도구도 많이 나온다. 서포항의 이른 시기부터와 농포에서는 뼈로 만든 치레걸이와 예술품들도 나오지만 이는 다음 항목에서 살펴보겠다.

서포항 이른 시기의 뼈연모를 보면 사슴뿔을 쪼개서 만든 창끝과 작살·화살촉·삿바늘·찔개살·송곳·예새·홀리개(물고기모양으로 만들어 물고기들을 유인하는 것) 등이 있다. 작살은 끝이 날카롭고 미늘이 한쪽이나 양쪽에 달려 있는 것이다. 형태로 보아 몸체에 줄을 매어 사용한 분리식 작살도 있다. 던지는 작살은 수면 가까이를 헤엄치는 큰 물고기나 해수류에 좋다고 하며 찔개살은 함경남북도의 하천에 산란을 위하여 대량으로 회유하는 연어·송어를 잡을 때 유용한 것으로 보기도 한다.[5)]

신석기 중기인 3기층에서는 창끝·화살촉·작살·찔개살·홀리개·송곳·예새·바늘 등이 나와 이전 시기의 것들과 거의 같다.

신석기 후기가 되면 활촉·창끝·멧돼지 이빨로 만든 칼·작살·낚시·찔개살·예새·송곳·바늘·고래뼈로 만든 노(櫓)·뼈숟가락 등이 나와 뼈연모가 다양해짐을 보여준다. 이 때부터 굽은낚시가 많이 나오고 있다. 가장 늦은 시기인 5기층에서는 뼈바늘이 들어 있는 뼈바늘통·뿔괭이 등도 나오며 조개껍질을 이용한 반달칼도 있다. 농포유적에서는 송곳·예새·찌르개·토기 무늬돋치개(施文具) 등이 나왔다. 이렇게 지금까지 출토된 것으로 보자면 동북지방의 뼈연모가 가장 다양했던 것으로 나타난다.

---

5) 朴九秉, 앞의 글, 61쪽.

라. 중서부지방

가) 석기(〈그림 3〉 ①~⑰, ㉒)

중서부지방(여기서도 석기에서와 마찬가지 구분임)의 유적 가운데 석기가 많이 출토되는 곳으로는 궁산과 지탑리, 대동강유역의 남경·금탄리, 한강유역의 암사동과 미사동 등이 있다. 중서부지방 석기의 가장 큰 특징은 일련의 농사도구들이 나오고 있다는 점이다.

궁산·지탑리 등 대동강유역을 중심으로 출토되는 석기를 보면 가장 많은 것이 화살촉인데 모두 판암으로 만들었으며 간 것이다. 화살촉의 모양은 뿌리있는 것과 뿌리없는 것, 버들잎모양의 세 가지가 있다. 버들잎모양의 활촉을 확대한 것 같은 창끝, 활촉과 비슷하나 너비 1㎝ 미만에 길이 7~8㎝(때로는 10㎝ 이상) 정도 되는 좁고 긴 찔개살 등도 있다. 중서부지방에서는 남해안지방이나 동북지방과는 달리 뚜렷한 물고기잡이도구가 잘 나타나지 않는 반면 그물추와 함께 찔개살이 많이 쓰였던 것 같다. 찔개살은 궁산에서만 30여 점이 출토되었다. 그물추는 금탄리에서 600여 점, 남경유적에서 3,000여 점이 나와 대동강유역에서 민물고기잡이가 활발했음을 잘 보여준다. 도끼는 날부분만 갈았는데 단단한 섬록암질이며 단면이 주로 렌즈모양이나 네모꼴이다. 이와 함께 대팻날과 끌도 나오고 있다. 그물추는 지름 7㎝에 두께 2~3㎝가 표준인데 화강암·규암·사암 등의 자갈돌 양면이나 네 면을 쪼아 만들었다. 화강암으로 만든 갈돌은 30여 개나 나왔다. 그 밖에 크고 작은 숫돌과 擦切具, 잘라 놓은 판암편(화살촉 반제품)들이 있다.

농경도구로는 지탑리 2지구에서 나온 보습과 낫이 가장 확실하며, 그 밖에 갈돌·갈판·괭이 등이 함께 나온다.

이러한 석기 조합은 아래쪽의 한강유역으로 내려오더라도 비슷하다. 즉 암사동·미사리와 함께 시도·백령도·연평도유적 등을 포함하여 보면 화살촉으로는 삼각형과 역자식(逆刺式:슴베가 없으며 밑부분에 결입이 있어 나래가 생긴 것)이 가장 우세하며 타제 및 마제의 도끼가 다 나오고 있다. 돌창·끌·그물추·숫돌 등도 같은 모습을 보인다. 암사동에서는 특히 돌낫·보습·돌괭이·갈돌·갈판 등 농사도구가 모두 나와 주의를 끈다.

〈그림 3〉 중서부지방의 석기와 뼈연모

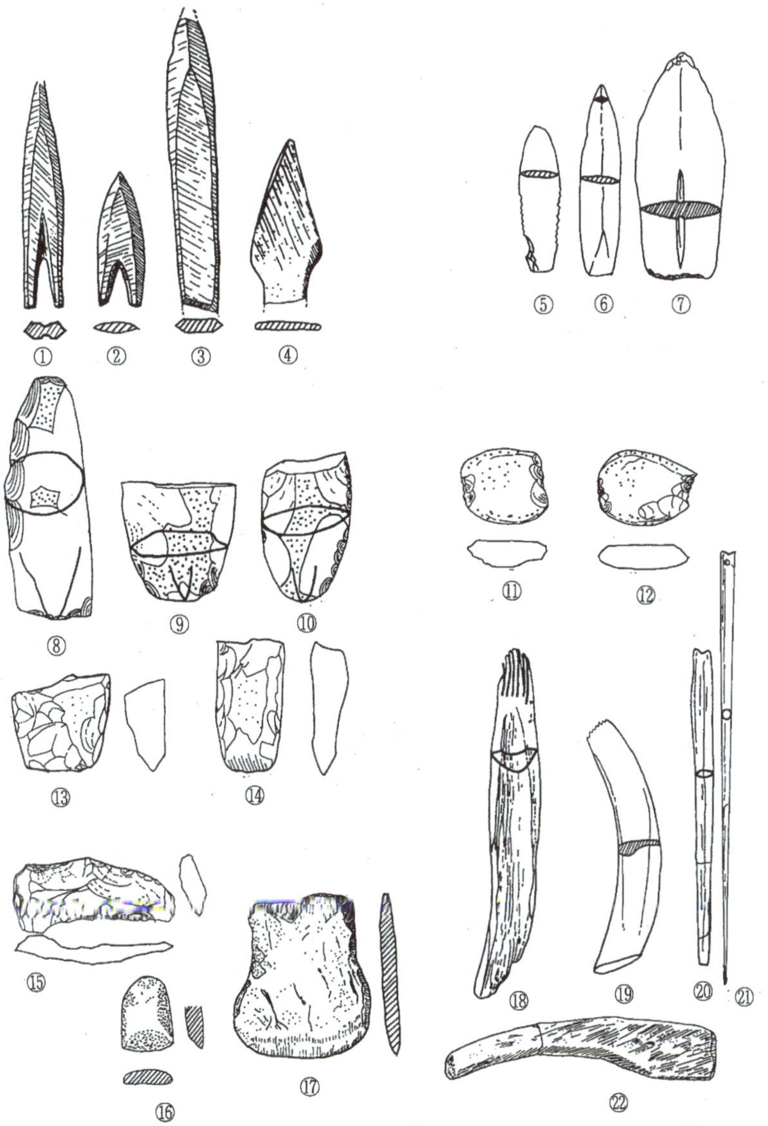

*①~④ 화살촉, ⑤~⑦ 창끝, ⑧~⑩ 도끼, ⑪·⑫ 그물추, ⑬·⑭ 도끼, ⑮ 돌낫, ⑯ 대팻날, ⑰ 괭이, ⑱·⑲ 토기 무늬돋치개(施文具), ⑳·㉑ 뼈바늘, ㉒ 낫

최근에 와서 한강유역을 발굴하거나 지표조사하여 뗀석기가 무척 많이 찾아졌는데 석기분석 결과는 다음과 같다.[6] 즉 이 곳에서는 자갈에다 간단히 타격을 가하여 그대로 긁개나 찍개로 이용한 것, 그리고 큰 격지나 길쭉한 강자갈을 가지고 거칠게 다듬어 날을 세운 도끼의 수량이 엄청나게 많다고 한다. 대부분 잔손질없이 떼어낸 것들을 그대로 도구로 이용하였기 때문에 지금까지 이들을 석기로 여기기보다 단순한 격지인 줄 아는 경우가 많았다는 것이다. 그러나 이러한 현상은 남해안지방의 석기분류에서 이미 시사된 바 있다.

종합하면, 중서부지방 석기들의 가장 특징적인 요소는 역시 농사짓는 도구가 많이 출현한다는 점이다. 우리 나라 중서부지방의 신석기시대에는 농사가 비교적 일찍 시작되거나 농사에 비중을 둔 문화였을 가능성이 높다. 이에 비하면 금굴과 상시바위그늘의 경우[7] 여전히 물고기잡이와 사냥을 중심으로 나타나므로, 역시 생활환경에 따라 사는 방법이 다르며 이에 따라 석기가 달리 만들어진다는 평범한 사실을 확인할 수 있다.

나) 뼈연모(〈그림 3〉 ⑱~㉑)

중서부지방에서 발굴된 유적 가운데 뼈연모가 나온 곳은 궁산유적뿐이며 상시와 금굴에서 약간의 뼈연모가 나왔다. 궁산에서는 뼈송곳과 예새가 각각 110점과 70여 점으로 가장 많이 나왔다. 송곳은 대개 짐승의 사지골을 쪼개어 끝을 갈아 날카롭고 뾰족하게 한 것인데 오늘날에 보면 이러한 것들은 모든 조개더미에서 나타난다. 즉 찌르개로 쓰인 것이며 짐승의 해체나 조리에도 많이 쓰였을 것으로 보고 있다. 예새는 이와 비슷하나 송곳보다 끝이 다소 둔하고 폭을 가진 것으로서 광범위하게 쓰였을 것이다. 때로는 토기의 무늬돋치개로도 쓰인다. 사슴뿔로 된 뿔괭이와 뒤지개 등 농사도구가 나온 것도 궁산의 특징이다. 뿔괭이는 뿔의 갈라진 가지를 이용하여 굵고 긴 줄기는 자루로 하고 갈라진 작은 가지를 10㎝ 정도의 길이로 잘라

---

6) 渼沙里先史遺蹟發掘調査團·京畿道,《渼沙里》Ⅰ~Ⅴ(1994).
黃龍渾,〈石器·骨角器〉(《韓國史論》12, 1983), 522~591쪽.

7) 孫寶基,〈丹陽 島潭里地區 遺蹟發掘調査報告〉(《忠州댐水沒地區 文化遺蹟發掘調査綜合報告書》, 1984).
홍현선,〈상시 3바위그늘의 문화연구〉(연세대 석사학위논문, 1987).

간 것이다. 또 산돼지의 송곳니로 만든 낫 6점과, 작은 짐승의 송곳니로 만든 칼, 베실이 꿰여 있는 뼈바늘, 삿바늘도 나왔다. 석기 반제품의 경우와 마찬가지로 짐승뼈도 미리 잘라 놓은 것이 있다. 궁산유적의 뼈연모는 아기자기한 신석기살림을 잘 보여주고 있다. 뼈연모가 나오지는 않은 나머지 중서부지방의 신석기유적에서도 뼈연모를 이용하는 양상은 대개 이와 같았을 것으로 짐작된다.

중서부지방의 뼈연모가 많지 않으므로 남한강가의 바위그늘이나 동굴유적에서 출토된 뼈연모를 참고할 수 있다. 상시에서 보면 간 뼈연모의 대부분은 끝이 뾰족한 찌르개·송곳·창끝 등이 차지한다. 그 밖에 긁개·밀개·쨰개 등의 뼈연모가 있고 자라의 배밑판을 이용하여 구멍을 뚫고 만든 치레걸이·투박조개팔찌 등이 나왔다. 금굴에서는 뼈송곳·뼈바늘·조가비팔찌·치레걸이 등이 나왔다. 투박조개는 원래 우리 나라 남동해안이 산지인데 상시와 같은 내륙지방에서 전복 등의 바다조개와 함께 나오는 것으로 보아 당시에 남동해안지방과의 교역이 있었음을 추정할 수 있다.

마. 청천강 이북지방

가) 석 기

미송리유적의 석기출토 양상은 빈약한 편이다. 신석기 이른 시기로 편년된 아래층의 경우 지름 4㎝ 정도 되는 강자갈의 두 모서리를 쪼아 만든 그물추 1점, 그보다 약간 긴 것 1점, 그리고 화살촉 반제품이 1점 있을 뿐이다. 그리고 흰 옥돌로 만든 치레걸이가 1점 있다. 한편 신석기 최말기로 편년되는 신암리유적의 석기로는 도끼·달도끼·반달칼·대팻날·낫·가락바퀴·그물추·숫돌·사귀 등이 출토되었는데, 이들은 청동기시대에 자주 나오는 것들과 생김새가 같다. 용연리에서도 반달칼·숫돌·도끼·화살촉·마치 등이 있어 다종다양하다. 자강도 쪽의 토성리유적에서는 도끼·화살촉·그물추·괭이·흑요석기 등이 출토되었다.

나) 뼈연모

이 지방의 뼈연모로는 유일하게 미송리동굴에서 나온 것이 있는데 뼈송곳 3점이 그것이다. 미송리유적의 석기·뼈연모의 출토양상이 이와 같이 부족하여 신석기 이른 시기로부터 시작되어 오랜 기간 점유되어 온 청천강 이북지방의 신석기문화권을 설정하려면 앞으로 많은 연구가 필요한 편이다.

〈申叔靜〉

(3) 예술품

우리 나라의 신석기시대 예술품의 출토량은 그다지 많지 않은 편이다. 이는 뼈연모의 경우와 마찬가지로 대부분의 예술품이 뼈로 만들어지다 보니 잘 남아 있지 않은 데서 오는 현상일 것으로 이해된다. 그러나 최근에 오면서 예술품의 출토도 조금씩 늘어가므로 앞으로 이에 따른 연구—즉 옛 사람들의 미의식이나, 예술품을 매개로 한 관념형태 나아가 신앙 등에 관한 연구도 심화되어 갈 것으로 생각된다. 여기서는 신석기시대 예술품의 양이 많지 않기 때문에 여러 곳에서 나온 유물들을 모아서 함께 서술하고자 한다.

신석기시대의 예술품을 다루기 전에 먼저 어떤 것을 예술품이라고 할 수 있는가가 정의되어야 할 것이다. 광범위하게 말한다면 토기나 석기도 하나의 예술품—즉 생활예술품이라고 한 견해가 있다.[1] 왜냐하면 하나의 토기에 있어서도 그릇모양이나 무늬·채색 등에서 미적 감각이 뛰어난 것이 있으며 그다지 실용가치가 없을 듯한 데도 불구하고 많은 공을 들여 아름다움과 장식성을 느끼게 하는 것들이 있기 때문이다. 석기에 있어서도 희귀한 돌감을 사용해 정교하게 다듬어 놓은 경우 그 자체가 하나의 치레걸이(裝身具)처럼 보이기도 하며, 실생활에서 필요한 크기보다 작은 경우도 더러 나오는데 이때의 용도는 확실히 그러하다는 것이다. 그러나 그러한 판단의 기준이 확실하지 않으며, 토기·석기·뼈연모란 유물의 대부분을 차지하는 만큼 양이 너무 많기 때문에 여기서는 제외하였다.

그러므로 여기서는 주로 실생활에 쓰이는 도구가 아닌 조각품·장신구들을 예술품으로 보려한다(〈그림 1〉 참조).

우리 나라에서 치레걸이나 조각품이 가장 많이 나온 곳으로는 역시 서포항과 농포조개더미가 있다. 서포항유적에서는 각 기층마다 사슴·멧돼지 등

1) 黃龍渾, 〈藝術과 信仰〉(《韓國史論》 12, 國史編纂委員會, 1983), 655~706쪽.

〈그림 1〉 우리 나라 여러 유적출토 각종 예술품들

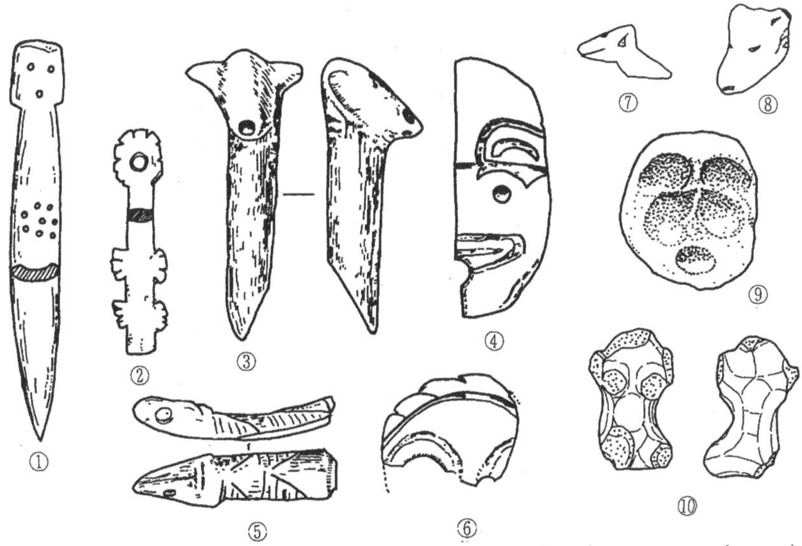

*①·② 구멍뚫은 조각품, ③ 망아지, ④·⑥ 사람얼굴모양 조각품, ⑤ 뱀,
⑦ 새머리(곱돌), ⑧ 개머리, ⑨ 사람얼굴모양(토제), ⑩ 여성상(토제)

의 뼈를 가공하거나 송곳니에 구멍을 뚫어 매달 수 있게 한 치레걸이 등이 나오고 있다. 일종의 호신부 또는 당시의 신앙과 관련될 것으로 여겨지는 것은 서포항 3기부터 출토된다. 이들은 개·뱀·망아지 등으로 여겨지는데, 이들을 통해 토테미즘의 가능성을 엿볼 수 있다. 특히 뱀조각은 사실성이 뛰어난데, 뱀은 동북아시아의 선사시대 문화에서 특별한 취급을 받으며 종족적 토템의 위치에 있다고 한다.[2] 농포동에서는 흙으로 만든 개의 머리조각품과 납석제 새의 조각품이 나왔다. 동물조각은 남한지방에서는 찾아보기 드물어 욕지도조개더미에서 출토된 멧돼지모양의 흙조각품이 유일하다.

인물조각으로는 서포항 4기층에서 두 개의 사람얼굴 조각품이 나오고 있다. 선사시대에 있어서 사람얼굴의 상징이란 때로는 구멍 3개로도 표현되는 만큼 간단한 데서 출발하며 가장 자주 등장하는 소재인 듯한데 서포항 4기

2) 黃龍渾, 위의 글, 680쪽.

층의 것은 형상미가 매우 뛰어나다. 이러한 사람얼굴 조각품은 동삼동·오산리에서도 나왔다. 동삼동의 것은 국자가리비의 껍질에 크게 세 개의 구멍을 뚫어 사람을 표현한 것이며, 오산리에서는 흙으로 만든 것인데 꾹꾹 눌러서 눈과 코·입을 표시하고 있다(〈그림 1〉 ⑨). 사람얼굴은 청동기·철기시대의 여러 유적(울주 천전리·고령 양전동 등)의 암각화에서도 나타나는 만큼 선사시대의 지속적인 소재이다. 아마도 신앙적인 의식에 관련된 듯하나 이들이 의미하는 바에 대해서도 빨리 연구되어야 할 것이다.

인물상 가운데서도 여성조각품이 출토된 곳은 비교적 많다. 서포항 3·4기층에서는 여성을 상징한다고 해석되고 있는[3] 구멍뚫은 조각품이 나왔으며(〈그림 1〉 ①·②), 농포동에서는 흙으로 만든, 매우 사실적인 여성조각이 나왔다. 농포와 서포항의 여성조각품들은 모계사회제도 아래 주민들에게서 공통적으로 볼 수 있는 모신숭배를 나타내는 것이라고 하여[4] 북한에서 신석기시대가 모계사회라는 주장을 제창하는 계기를 마련해 주었다.

남한지방에서 보자면 울산 신암리에서 흙으로 빚은 여성의 조각이 나왔고 부산 금곡동 율리에서는 흙으로 빚은 자안패모양의 조각이 나왔다. 나중의 것도 여성을 상징함은 물론이다. 즉 남한에서도 여성을 상징하는 조각들이 출토되는 것이다. 그러나 현재로는 이들이 모계사회와 관련된다고 주장하기보다는 풍요와 다산을 기원하는 관념과 관련된다고 보는 것이 무리가 없으며, 자료의 축적과 함께 더 이상의 연구가 이루어져야 할 것이다.

조가비나 돌로 만든 팔찌(또는 발찌)는 전국 각지에서 출토되고 있으며 가장 흔한 치레걸이이다. 남해안지방 조개더미유적에서는 거의 빠짐없이 출토되는데 최근에는 조개더미유적의 무덤에서 껴묻거리(副葬品)로 다량으로 출토되고 있다. 가장 흔한 것이 투박조개로 만든 것이다. 특히 단양 상시유적에서도 투박조개팔찌가 나와 바닷가와의 교역이 이루어졌음을 보여주기도 하였다. 울산 신암리의 흙귀걸이도 치레걸이로 볼 수 있겠다.

신석기시대의 조각품이나 치레걸이 등은 말 그대로 치레걸이 또는 호신부·껴묻거리 등으로 쓰이거나 어떤 기원(풍요나 다산 등의), 관념(토템 등)을 나

3) 金元龍, 〈韓國 先史時代의 神像에 대하여〉(《歷史學報》 94·95, 1982).
4) 황기덕, 〈두만강유역의 신석기시대 문화〉(《문화유산》 62-1, 1962).

타내기 위해 만들어졌을 것이다. 그러나 아직 그 시기의 예술품에 대해 거의 알지 못한다고 해도 지나치지 않다. 앞으로 많은 연구가 잇따라야 할 것이다.

〈申叔靜〉

3. 신석기시대의 생업과 사회

1) 생 업

후빙기는 빙하기의 대형동물들이 전멸되는 대신 작고 확장성이 강한 동물 종들이 새로운 서식지를 점령하는 시기이다. 선사인들은 바뀐 환경으로부터 식료획득 기술의 전문화와 분업화 또는 다양화를 주어진 환경에 맞게 추진해 나가며 이러한 과정 속에서 에너지효율이 떨어지는 야생식물과 조개 및 어류에도 눈을 돌리게 된다.

우리 나라는 북쪽 내륙 일부의 침엽수림대와 남해안 일부의 상록광엽수림대 사이의 넓은 지역이 온대 낙엽광엽수림대로 덮혀 있다. 온대 낙엽수림대는 기후의 계절적 변화가 심하고 초본류나 관목류가 낙엽수림 사이에서 서식할 수 있다. 또한 유기질층이 두텁게 쌓이면서 토양이 비옥하고 지력의 회복이 빠르다. 草地가 적기 때문에 대형동물은 드물지만 열대우림 다음으로 다양한 동물군의 존재는 수렵채집인들이 살기 좋은 환경을 제공하며 식량의 계절성도 예측이 가능하다. 우리 나라에서 낙엽광엽수림을 주종으로 하는 식생은 대략 1만년 전부터 형성되기 시작하여 신석기시대에 들어와 완성된 것으로 보인다.[1] 후빙기의 해수면 상승에 따른 해안생태계의 변화와 함께 육상생태계의 환경변화의 적응에 성공한 사람들이 선택할 수 있는 식량의 범위는 고고학적·민속학적 자료를 바탕으로 대략 밝혀질 수 있다.[2]

---

1) 후빙기 초기와 신석기시대의 자연환경과 동식물상은 앞의 다른 장에서 서술되어 있기 때문에 구체적인 언급은 생략하겠다.

2) 全京秀, 〈韓國民族文化의 起源硏究에 대한 方法論의 批判的 檢討〉(《韓國史論》 14, 國史編纂委員會, 1985), 86쪽.

(1) 수렵·어로·채취

가. 수 렵

구석기시대와는 달리 사냥대상이 중소형 짐승이나 바다짐승, 날짐승으로 바뀌면서 사냥도구도 활과 화살이 중요하게 쓰인다. 활과 화살은 이미 구석기시대 말기부터 나타나기 시작하나 신석기시대에 들어서 형태가 정형화되고 종류와 양도 증가되었다. 화살은 직접 동물에 접근하지 않아도 먼 거리에서 사냥할 수 있으며, 날쌘 짐승과 나는 새도 잡을 수 있어 사냥의 대상을 확대시켰다.

신석기시대 동굴유적과 패총에서 발견된 동물뼈로 보면 당시에 잡힌 포유류는 20여 종이 알려져 있다.[3] 먼저 뭍짐승을 보면 우제목동물로는 사슴·노루·

신석기인의 구체적인 생계전략은 유적이 위치한 입지조건과 생태환경·주거양식에 따라 공간적 차이가 있고, 같은 지역에서도 시간적인 변화가 있을 수 있다(이기길, 〈우리 나라 신석기시대 주민들의 생계유형〉, 《博物館紀要》 7, 檀國大中央博物館, 1991, 5~46쪽). 또한 생업 자체도 기술적·사회구조적 측면을 아울러 다루어야 하나 여기에서는 지면상 깊이 다루지 않겠다.

자원영역과 획득전략에 관한 이론 및 사례연구는 아래의 글들을 참조하기 바란다.

이기길, 《우리 나라 신석기시대의 질그릇과 살림》(백산자료원, 1995).

신숙정, 《우리 나라 남해안지방의 신석기문화연구》(學硏文化社, 1994).

秋淵植, 〈古經濟學派와 常用資源潛在力 評價分析〉(《先史文化》 3, 忠北大 先史文化硏究所, 1994), 23~41쪽.

3) 김신규, 〈농포원시유적의 동물유골에 대하여〉(《문화유산》 1962-2, 고고학 및 민속학연구소), 44~60쪽.

———, 〈무산 범의구석 원시유적에서 나온 짐승뼈에 대하여〉(《고고민속》 1963-4, 고고학 및 민속학연구소), 11~20쪽.

———, 〈우리 나라 원시유적에서 나온 포유동물상〉(《고고민속론문집》 2, 사회과학출판사, 1970), 73~146쪽.

———, 〈선봉 서포항원시유적에서 드러난 짐승뼈에 대하여〉(《조선고고연구》 1990-3, 사회과학출판사), 13~18쪽.

단국대 중앙박물관, 《사천 구평리유적》(단국대 중앙박물관, 1993).

도유호, 《궁산 원시유적 발굴보고》(과학원출판사, 1957).

손보기, 《상노대도의 선사시대살림》(수서원, 1982).

안덕임, 〈한국선사시대 식생활-동물성식료〉(《東아시아食生活學會誌》 3-2, 1993), 189~198쪽.

韓永熙·任鶴鍾, 〈煙臺島조개더미 斷崖部 Ⅱ〉(《韓國考古學報》 26, 韓國考古學會, 1991), 69~140쪽.

———, 《煙臺島》(國立晉州博物館, 1993).

金子浩昌·牛澤百合子, 〈水佳里貝塚出土 骨角貝製品 및 動物遺存體〉(《金海水佳里貝塚 I》, 釜山大 博物館, 1981).

고라니·누렁이 등의 사슴과동물과 멧돼지·사향노루·산양·물소 등이, 식육목 동물로는 오소리·산달·수달·곰·늑대·여우·범·표범·삵괭이 등이 있으며, 이 밖에 토끼와 각종 쥐가 있다. 물론 이러한 동물들이 모두 식료로 이용되었다는 증거는 없다. 산달·수달·오소리 등의 족제비과동물은 털과 가죽을 얻기 위해 잡았을 가능성도 있으며 쥐과는 사냥과 관계없이 유적에 매몰되었을 수도 있다.

이들 뭍짐승 가운데 각종 사슴과동물과 멧돼지가 차지하는 비중이 압도적이며 거의 모든 유적에서 고루 출토되고 있는 반면, 나머지 동물들은 전체 동물수에서 차지하는 비중이 1%도 되지 않은 경우가 많아 식량감으로는 별 관심을 끌지 못한 것으로 보인다. 노루는 동북지방에서 많이 잡히는데 서포항유적에서는 뼈수 40%, 최소 마리수 30%, 농포유적에서는 뼈수 42.5%, 최소 마리수 33.3%로 가장 많이 잡힌 짐승이며, 서해안의 궁산, 남해안의 구평리유적에서도 발견되나 소량이다. 복작노루라고도 불리는 고라니는 서부와 남부의 구릉성 저지대에서 주로 잡힌다. 궁산유적[4]에서는 뼈수에서는 25.2%로 두번째, 최소 마리수에서는 41.6%로 가장 많이 잡힌 짐승이며, 동삼동유적에서도 뭍짐승 가운데서는 사슴 다음으로 많이 잡혔다. 사슴은 북부 내륙의 고지대를 제외한 전국에 분포하고 있다. 특히 궁산유적에서는 턱뼈만도 100여 점이 출토되면서 뼈수 47.3%, 최소 마리수 29.9%로 가장 많은 고기를 공급하고 있으며,[5] 상노대도·수가리·구평리·연대도 등의 남해안유적에서도 그러하다. 누렁이는 북부와 동북부에서만 발견되고 있는데 서포항유적에서는 뼈수 25.9%, 최소 마리수 18.3%, 농포유적에서는 뼈수 32.2%, 최소 마리수 16.7%로 노루 다음으로 많이 잡힌 짐승이다.

멧돼지도 전국적으로 분포하고 있는데, 특히 동북 내륙지방인 호곡동유적에서는 뼈수 38.6%, 최소 마리수 19.9%를 차지하고 있으며, 다른 유적들에서도 주된 사냥감이다. 멧돼지는 사슴과짐승에 비해 사냥이 힘드나 고기무게가 많이

Sample, L. L., Tongsamdong : A Contribution to Korean Neolithic Culture History, *Arctic Anthropology 11-2,* 1974.

이하 위의 주에 언급된 유적이 다시 인용될 때는 가능한 각주를 생략한다.

4) 도유호, 위의 책(37~38쪽)에서는 영양으로 보고되어 있으나 김신규(위의 글, 1970, 94쪽)에 의해 복작노루로 재감정되었다.

5) 김신규, 위의 글, 106쪽.

나가고 고기질도 좋아 당시 신석기인들에게는 귀중한 식량자원이었다. 사슴과와 멧돼지 외에 호곡동유적에서 사향노루가 최소 마리수 18.5%, 곰이 최소 마리수 14.81%를 차지하여 주목되나, 다른 유적에서는 거의 출토되지 않는다.

신석기인들은 바다짐승에도 눈을 돌려 동·남해안의 패총유적에서는 바다표범·물개·바다사자·돌고래·고래 등의 기각목과 고래목의 바다짐승뼈가 상당량 검출되고 있다. 서포항유적에서는 바다짐승이 차지하는 비중이 마리수에서 10%가 넘으며 특히 바다사자·바다표범·물개가 많이 출토되고 있다. 동삼동유적에서는 고래와 바다사자가 사슴 등의 뭍짐승보다도 많이 잡히고 있으며, 상노대도유적에서도 고래·바다사자·물개가 차지하는 비중이 크다. 이들 바다짐승, 특히 고래와 돌고래는 해변으로 떠밀려 온 것을 잡았을 것으로 보고 있으나, 바다짐승뼈가 전체 짐승뼈 중에서 차지하는 비중, 바다짐승을 잡을 수 있는 대형 작살의 존재, 한일간의 교류에서 추론되는 배의 존재 등으로 미루어 일부는 외해에서 잡았을 가능성도 배제할 수 없다.

날짐승도 중요한 사냥대상이었으며 특히 꿩이나 오리가 많이 발견된다. 그러나 새뼈는 뭍짐승이나 바다짐승에 비해 보존이 어렵고 분석된 유적 또한 극히 드물다. 동삼동에서는 까마귀·매·솔개·황오리·검은머리 흰죽지·검둥오리·가마우지·슴새·농병아리·바다쇠오리·꿩 등 14종의 새가 확인되었으나 이 가운데 검둥오리·가마우지·농병아리만이 출토빈도가 높다. 이것들은 대부분 우리 나라에서 월동하는 철새로 바위터에 군집하고 있어 새알을 채집하기도 용이하다.

짐승을 사냥하는데 쓰인 도구로 유적에서 발견되는 것으로는 화살촉과 창끝·찔개살이 있고 바다짐승에는 작살도 사용되었을 것이다. 신석기유적에서 주로 출토되고 있는 사슴과 짐승을 잡기 위해서는 화살이 효율적인 사냥수단이다. 화살촉의 경우 동북지방과 남해안에서는 각혈암과 흑요석을 이용한 타제석촉과 사슴뼈를 다듬은 골촉이 주로 사용되나 서해안에서는 마제석촉이 많이 출토되고 있다. 동북지방의 서포항유적 1기층에서는 멧돼지의 다리뼈에 각혈암으로 만든 타제석촉이 박혀 있어 석촉의 위력을 알 수 있다.[6]

6) 서국태, 《조선의 신석기시대》(사회과학출판사, 1986), 107~108쪽.

그러나 신석기시대 수렵의 중요성에 비해서 사냥용 도구들이 각 유적에서 출토되는 양이 그리 많지 않기 때문에 민속학적 예를 감안하면 나무창과 올가미·덫·그물·함정 등의 사냥수단도 많이 사용되었을 것이며 사냥감의 종류에 따라 포획방법과 기술도 달랐을 것이다.

끝으로 짐승을 잡고 해체 분해하는 과정과 방법은 일정한 절차에 따라 기술적으로 진행되고 있음이 동물뼈에 남아 있는 자른 자국을 검토한 결과 밝혀졌다.[7)]

나. 어로와 조개채취

강가나 바닷가에 터를 잡고 생활한 신석기인들은 바다짐승의 포획에서 보이듯이 수산자원에도 눈을 돌리기 시작하여 어로라는 생산기술을 적극적으로 개발하였다. 패총유적에서는 대구, 농어, 참돔·검은돔·하스돔·감성돔·붉돔 등의 돔류, 다랑어, 숭어, 고등어, 가오리, 양놀래기, 명태, 청어, 방어, 가자미, 상어, 광어, 가오리, 졸복 등의 수십종이 넘는 고기종류가 발견되었다. 유적별로 보면 동삼동에서는 상어·참돔·다랑어·방어·대구·숭어가 주로 잡혔는데 특히 하층의 牧島期에 물고기뼈의 출토량이 가장 많다. 목도기에는 상어가 가장 많이 출토되고 이어 참돔과 대구가 그 뒤를 잇고 있는 반면, 頭島期에는 참돔이 가장 많이 잡히고 다음이 상어·다랑어이고, 상층의 影島期에는 다랑어가 주로 검출되어 시기별로 잡히는 물고기의 종류가 변화하였음을 보여준다. 상노대도에서는 참돔·졸복·농어·양놀래기가 주종을 이루고 있으면서 상층으로 갈수록 물고기종류가 증가하며, 연대도에서도 참돔이 가장 많이 잡히고 있다. 내만에 위치한 수가리는 물고기뼈의 출토량이 적어 대구·농어·가오리·어름돔·졸복이 소량 출토되고 있는데 대구와 농어는 만의 입구로 이동하여 어획한 것이다.

민물고기도 강안유적에서 출토되는 그물추의 존재로 보아 당연히 잡혔을 것이나 패총으로 보존되는 바다물고기와는 달리 유적에서 검출된 예가 아직 없다.

---

7) 최삼용·한창균, 〈우리 나라 신석기시대 짐승잡이의 예〉(《博物館紀要》 2, 檀國大 中央博物館, 1986), 15~36쪽.
최삼용, 〈상노대도유적의 동물뼈화석에 나타난 자른 자국〉(《孫寶基博士停年退任紀念 考古人類學論叢》, 知識産業社, 1988), 227~274쪽.

신석기시대의 어로기술을 출토유물로 고찰하면 작살이나 창·찔개살 같은 刺突具로 찔러서 잡는 자돌어법, 화살로 쏘아 잡는 弓矢어법, 낚시를 이용한 釣어법, 그물로 포획하는 網어법 등이 있다. 화살을 제외한 나머지 어로도구에 대하여 기존의 연구성과를 이하 간략히 소개해 보자.[8]

자돌구 중에서 작살과 찔개살은 주로 바닷가유적에서 발견되고 있다. 삼각형화살촉이나 톱날처럼 생긴 돌작살(石銛·石鋸)은 동삼동·상노대도·욕지도·연대도 등 남해안에서 융기문토기가 나오는 유적에서 주로 출토되었다. 石銛은 바다짐승, 石鋸는 상어류와 대형어류를 잡는데 쓰인 것으로 추정된다. 뿔이나 뼈, 멧돼지어금니로 만든 작살은 미늘이 한쪽 면 또는 양쪽 면에 하나 내지 여러 개가 달린 미늘작살, 가운데를 中柄과 결합이 가능하도록 만든 결합식작살, 허리를 만입시키거나 골수홈을 이용한 분리식작살 등 상당히 다양한 형태가 보인다. 동북지방에서는 고정식의 미늘 달린 작살이, 남해안에서는 분리식작살이 특징이다.

낚시에는 낚싯바늘과 낚시축이 하나로 된 외낚시 또는 겹낚시와 양자가 분리된 결합식낚시의 두 종류가 있다. 전자는 갈고리형(曲釣針)과 찌르개형(또는 홀리개:直釣針)으로 구분되는데 갈고리형은 동북지방의 후기유적에서만 출토된다. 결합식낚싯바늘은 갈고리와 축을 결합하는 방법에 따라 다양한 형태가 나타나며, 전자는 뼈가 주로 이용되고 후자는 나무·뼈·돌 등 다양한 재질이 쓰인다. 결합식낚시는 동해안과 남해안의 오산리·동삼동·상노대도·연대도·송도 등의 이른 시기의 유적에서 주로 출토되고 있는데 오산리에서만 70여 개가 넘는 조합식낚시가 발견되었으며 동북지방의 서포항유적에서도 출토된다. 결합식낚시는 대구·다랑어 등 비교적 큰 바다물고기를 잡는데 이용하였으며 작살과 같이 外洋的 성격의 유적에서 출토된다.

그물은 단독 또는 집단적 공동작업으로 이용되고 대량의 어획을 가능하게 하는 획기적인 어로기술이다. 유기질이기 때문에 그물 자체는 남아 있지 않

---

8) 張明洙, 〈新石器時代 漁具의 形式分類와 編年硏究〉(中央大 碩士學位論文, 1991).
金建洙, 〈韓半島의 原始·古代漁業〉(《韓國上古史學報》 20, 1995), 7~101쪽.
李相均, 〈新石器時代의 南海岸과 西北九州地方의 生業〉(《全州史學》 4, 1996), 321~349쪽.

지만 동삼동유적에서는 그물이 찍힌 토기가 발견되어 신석기시대의 그물모습을 보여준다. 그물에 매달아 사용한 그물추는 유적마다 발견되고 있는데 두만강유역의 동북지방과 대동강·재령강·한강유역의 서부지방에서 주로 출토되며 남해안에서는 출토된 예가 적다. 서포항유적에서는 1기부터 그물추가 발견되어 지역에 따라서는 신석기 전기부터 그물이 사용되기 시작하였음을 보여준다. 그물추가 나온 예를 보면 서포항 2기의 17호 주거지에서는 31개, 3기의 8호 주거지에서는 100여 개, 금탄리 2기의 5호 주거지에서는 60여 개, 10호 주거지에서는 200여 개, 9호 주거지는 600여 개나 되는 그물추가 한데 뭉쳐 있었으며, 남경 31호 주거지에서는 3,000여 점이나 출토되어, 한 곳에 뭉쳐진 그물추를 1개체분의 그물로 볼 때 상당히 큰 규모의 그물이 이용되었음을 짐작할 수 있다.[9)]

기타 민속지적 자료를 감안하면 물길을 막거나 웅덩이를 파놓고 잡는 법, 나무울타리를 세워 만든 어살, 대나무나 싸리나무를 엮어 만든 통발, 간단한 망태기나 사내끼 등도 이용하였을 가능성이 높지만 확실한 증거는 없다.

물고기의 서식습성과 어획법과는 밀접한 관계가 있어 예를 들면 조류가 잘 통하는 암초부근에 서식하는 참돔은 낚시와 찌르기가 효과적이다. 어류 중에서 농어는 염도가 낮은 연안이나 강어구에 산란되어 성장하다가 성어가 되면 바다로 나가는 어종으로 수가리패총에서는 7마리분이 한곳에 모여 있었으며, 겨울철에 리만해류를 따라 남하하는 대구 역시 4~5마리분이 모여 있었는데, 이것은 이 어종들이 회유하는 시기를 이용하여 한꺼번에 잡았음을 알게 해준다.[10)]

조개류는 대부분 바다에서 채취되고 있다. 남해안패총의 경우 동삼동패총에서 42종, 상노대도패총에서 43종, 구평리패총에서 32종 등 유적마다 수십 종이 넘는 조개류가 보고되고 있다. 이 조개들 중 식용을 목적으로 의도적으로 채집한 것은 그 종류가 제한되어 있으며, 대부분은 식용조개를 채취할 때 딸려 들어온 것이라 출토량이 극히 적다. 패총에서 출토되는 조개들은 유적의 입지조건에 따라 종류에서 차이를 보인다. 간조 때 노출되는 조간대에 서

9) 서국태, 앞의 책, 96~97쪽.

10) 宋銀淑, 〈韓國 南海岸地域 新石器文化에 대한 考察〉(서울大 碩士學位論文, 1991), 17쪽.

식하는 조개류로는 굴·가무락조개·백합·바지락·우렁이·갯고둥·눈알고둥·꼬막·소라 등이 있으며, 조간대나 외해의 비교적 깊은 곳에 서식하고 있는 조개류도 홍합·전복·피뿔고둥·키조개·투박조개 등이 채집되고 있다. 후자는 잠수에 의해서만 채취가 가능한데 욕지도돌무지무덤 2호에 묻힌 장년기의 남성[11]과 연대도집단무덤에 묻힌 성년 여성[12]의 두개골에서 관측되는 外耳道骨腫이 잠수작업과 연관된 것으로 보기도 한다.[13]

패총을 구성하는 조개류에서 굴류가 차지하는 비중이 압도적으로 커 요즘처럼 신석기시대에도 굴이 애용식품임을 알 수 있다. 당시에 주로 채취된 굴은 굴(참굴)과 토굴이 있다. 참굴은 내만 등 염도가 낮은 조간대와 얕은 바다의 암초에 주로 서식하며 산란기가 6~7월이고, 토굴은 수심 5~20m의 암초에 착생, 서식하며 산란기가 5~8월이라 여름을 제외한 나머지 계절에 채취된다. 조개구성을 보면 구평리패총은 95%가 굴, 오이도패총[14]은 99%가 토굴과 굴로 구성되어 있으며 기타 송도[15]·북정[16] 등의 남해안패총과 다른 서해안 패총도 굴류로 형성되어 있다. 그러나 동일유적에서도 후기로 갈수록 굴의 크기와 굴이 차지하는 비중이 줄어드는 현상이 나타나는데 이것은 굴의 과잉채취로 말미암은 것으로 추정된다. 안면도 고남리패총[17]의 경우 하층에서는 무게비로 보아 굴이 93.5%, 바지락이 5.3%를 차지하나 상층에서는 굴이 68.8%로 줄어들고 바지락이 29%로 증가한다. 수가리패총도 5~4층에서는 굴류가 85~88%, 3층에서는 굴이 87~95%를 점하는데, 상층으로 갈수록 굴의 크기가 소형화하는 경향이 있으며, 2층에서는 굴이 부족하여 대신 돌고부지

---

11) 한영희·권상렬·임학종, 《욕지도》(國立晉州博物館, 1989), 120~121쪽.

12) 韓永熙·任鶴鍾, 앞의 글, 85~87쪽.

13) 욕지도와 연대도의 조개분석이 완료되지 않아 확실치 않지만, 잠수에 의해서만 채취가 가능한 조개류가 전체 조개류에서 차지하는 비중이 그리 크지 않을 경우는 잠수작업에 의해 채취된 조개가 식용보다는 장식 등 다른 목적에 이용된 것일 가능성도 고려되어야 한다.

14) 任孝宰·朴淳發, 《烏耳島貝塚》(서울大 博物館, 1988), 78~79쪽.

15) 國立光州博物館, 《突山 松島》Ⅰ(1989).

16) 金子浩昌·徐姈男, 〈北亭貝塚出土 動物遺存體에 對하여〉(《北亭貝塚》, 釜山水産大 博物館, 1993), 44~57쪽.

17) 金秉模·沈光注, 《安眠島古南里貝塚－1次發掘調査報告書－》(漢陽大 博物館, 1990), 180~181쪽.

와 바지락이 채취되고 있다.

반면 동삼동패총에서는 토굴은 20% 정도에 불과하고 홍합이 60% 정도를 차지하면서 주로 채취되는데 이들 외에 전복·소라·밥고둥·따개비도 상당량 채취되었으며 釜山期에서는 소라가 많이 채취되었다. 홍합은 조간대나 얕은 바다의 수심 20m 암초에 서식하는 염수산조개로 동삼동유적의 외해성 성격을 잘 보여준다. 같은 외해성유적인 상노대도·상리·산등패총에서도 토굴과 굴·전복·소라·홍합 등 외해의 바다밑 암초에 서식하는 조개류의 출토율이 높지만 굴과 토굴이 역시 주종이라 유적에 따라 조금씩 조개구성의 차이를 보인다.

〈표 1〉 일본 죠몬시대 주요 식료의 영양가

먹이감의 구분	먹이감의 종류 (각 1kg으로서)	폐기율 (%)	가식부 (g)	먹이감 100g당 Cal(Cal)	종류별 가식부의 Cal(Cal)	먹이감의 구분별합산 Cal(Cal)	식물식과 동물식의 Cal比(Cal)
根菜類	나리뿌리	15	850	128	1088	2,976	12,631 (66.6%)
	마	15	850	120	1020		
	칡(녹말)	95	50	336	168		
	얼레지(녹말)	80	200	350	700		
種實類	왕가래나무	30	700	612	4284	9,655	
	밤	75	250	672	1680		
	도토리	30	700	180	1260		
		35	650	374	2431		
魚 類	가다랭이	35	650	137	890.5	2,823.5	6,348.4 (33.4%)
	연어	40	600	141	846		
	참돔	55	450	101	454.5		
	문어	45	550	105	632.5		
貝 類	바지락	85	150	63	94.5	628.4	
	굴	75	250	96	240		
	대합	75	250	64	160		
	가막조개	87	130	103	133.9		
鳥獸肉	멧돼지	47	530	147	779.1	2,896.5	
	사슴	43	570	112	638.4		
	청둥오리	35	650	126	819		
	꿩	50	500	132	660		

*李盛雨, 《東아시아 속의 古代韓國食生活史硏究》(鄕文社, 1992), 83쪽에서 인용. 원전은 鈴木公雄, 〈繩文時代論〉(《日本考古學を學ぶ》 3-新版, 1988), 205쪽에 실려 있음. 우리 나라의 자료가 없어 일본것을 인용하였으나 폐기율을 보여주는 자료로 큰 차이가 없을 것으로 보인다.

조개와 굴은 무게에 비해 속살이 적어 폐기율이 높으며 칼로리도 다른 어류나 견과류에 비해 낮기 때문에 대규모의 조개무지가 주는 인상과는 달리 실제로 전체 생계에서 차지하는 비중은 그리 높지 않았을 것이다. 또한 조개만 상용할 경우 단백질독에 중독될 위험성마저 있다. 다만 안정된 식량을 공급해 주며 다른 단백질원이 부족할 때 단백질을 쉽게 보충할 수 있다는데 큰 장점이 있으며, 어류·견과류와 함께 농경이 아니라도 정주생활을 가능케 한 요인으로 손꼽힌다(〈표 1〉 참조).

다. 야생식물의 채취

대부분의 수렵채집인들은 주어진 생태적 조건에 따라 동물성·식물성식료를 적절히 배합하여 취득하고 있으며, 식물성식료가 주식을 차지하고 있는 수렵채집인들도 의외로 많다. 그러나 식물에는 날로 먹을 경우 사람이 소화시키기 힘든 부분이나 유독성분을 갖고 있는 것이 많다. 이 경우 불이나 물을 이용하여 유독성을 제거, 먹을 수 있게 가공하여야 하는 추가비용이 들어간다. 따라서 도토리나 곡류와 같이 가공과 요리에 시간과 노동이 많이 들어가는 식물성식료는 대형동물이 전멸되거나 감소된 후빙기 이후 집중적으로 이용되고 있다.

세계적으로 보아 북반부 중위도지대의 Oak-belt에는 도토리를 산출하는 참나무류가 급증한 중석기와 신석기시대에 도토리를 비롯한 견과류가 집중적으로 이용되고 있다. 우리 나라도 양양 오산리, 서울 암사동, 하남 미사리, 합천 봉계리, 평양 남경 등의 신석기유적에서 도토리가 출토되어 도토리가 신석기인들의 중요한 식량이었음을 보여준다.[18)]

도토리는 칼로리와 영양가가 곡류 못지 않게 높으나 대부분은 타닌에서 나오는 떫은 맛을 제거하기 위한 특수처리가 필요하며, 우리 나라에서는 전통적으로 가열처리와 물우리기가 이용되고 있다.[19)] 신석기시대에 토기가 출

---

18) 渡邊 誠, 〈鳳溪里遺跡出土の植物遺體〉(《考古歷史學志》 5·6, 東亞大 博物館, 1990), 475~484쪽.

19) 辻 稜三, 〈韓國のおけるドングリの加工と貯藏に關する硏究〉(《季刊人類學》 16-4, 講談社, 東京, 1985), 117~150쪽.
———, 〈東アジアの堅果食 I〉(《朝鮮學報》 132, 朝鮮學會, 東京, 1989), 145~190쪽.
渡邊 誠, 〈韓國におけるドングリ食〉(《名古屋大學文學部硏究論集》 XCV. 史學 32, 名古屋, 1986), 1~19쪽.

현하게 된 배경을 도토리류의 타닌제거와 연결시키는 주장도 있다.[20] 우리 나라에서 주로 이용되는 상수리나무·떡갈나무·속소리나무 등의 낙엽수 도토리는 밥이나 떡처럼 粒食하는 경우 가열처리와 물우리기를 동시에 이용하나, 국수·전·묵 등 가루와 녹말을 이용하는 粉食의 경우는 제분과 물에 우리는 것만으로 떫은 맛을 우려 낸다. 한국의 선사유적에서 출토되는 것은 모두 낙엽광엽수의 도토리[21]로 따라서 입식할 경우는 가열처리와 물우리기가 병용되고, 분식할 때는 물우리기가 이용되었을 것이다.

신석기시대에는 碾石이 성행하고 있기 때문에 물우리기에 의한 도토리분식이 존재하였다고 할 수 있다. 그러나 현재까지의 고고학적 증거로 볼 때 우리 나라에서 연석이 처음 사용되기 시작한 시기는 즐문토기문화의 단계부터이며, 융기문토기와 압문토기가 사용되는 先즐문토기단계인 상노대도 1·2문화층, 동삼동 하층, 오산리, 서포항 1·2기에서는 연석이나 叩石이 출토되고 있지 않다.[22] 따라서 분식보다 입식이 먼저 이용되었을 가능성이 높다. 일본 죠몬시대에서는 도토리가루로 만든 쿠키모양의 음식물이 발견되고 있으나 우리 나라에서는 아직 실물증거가 없으며, 봉계리유적[23]에서는 도토리 열매가 모두 화덕자리 주변에서 토기와 함께 공반되고 있어 오히려 입식의 가능성도 보여준다.

부언하면 물우리기법은 열매나 가루를 그대로 또는 마대 속에 넣어 물에 며칠 이상 담가 놓으며, 가열처리법은 불에 장시간 가열하여 익히는 법으로 일본의 경우 재를 이용하기도 한다. 물우리기는 동아시아의 상록광엽수림대에 주로 분포하는 가공기술의 일부로 마나 서류 등 전분이 많은 根莖植物의 전분을 물속에 가라앉혀 채취하는 기술체계의 일부로 존재하다고 한다.[24]

도토리 외의 나무열매로는 봉계리유적에서 호두(가래나무과 왕가래나무), 살구

20) 渡邊 誠, 〈繩文土器の形と心〉(《葉町歷史民俗資料館紀要》 1, 1992), 1~6쪽.
———, 〈죠몬토기의 기능과 발달〉(《'93 제2회 문화재연구 국제학술대회논문집》, 문화재연구소, 1993), 19~26쪽.

21) 渡邊 誠, 앞의 글(1990), 477쪽.

22) 池健吉·安承模, 〈韓半島 先史時代出土 穀類와 農具〉(《韓國의 農耕文化》, 京畿大 博物館, 1983), 73쪽.

23) 李東注, 〈陝川鳳溪里出土の食用植物遺體〉(《季刊考古學》 38, 雄山閣, 1992), 86~88쪽.

24) 佐々木高明, 《日本史誕生-日本の歷史①》(集英社, 東京, 1991), 139~142쪽.

(또는 매실)와 보리수과 열매가 검출되었으며, 신석기시대 후기와 초기 철기시대에 형성된 한강 하류 일산지역의 토탄층[25]에서도 졸참나무와 함께 가래·감·개살구·사과속 등의 식용나무가 발견되었다.

이 밖에 토란(芋)·마(薯)·칡 등의 야생 根莖類의 역할도 과소평가되어서는 안되지만 나무열매와는 달리 보존이 안되고 분석도 어렵기 때문에 아직은 고고학적으로 구체적인 자료를 제시하기 곤란하다. 참고로 1944년 일본에서 편찬된 한 저서[26]에는 총 851종의 한반도산 야생식용식물이 수록되어 있는데 그 중 평소 식용되는 것이 304종, 유사식용종이 213종이다. 상용되는 식물 중 7할은 초본류고 나머지는 나무류이며, 서식지별로 보면 246종이 산과 들에서 채취된 것이다. 채소용으로 이용된 각종 나물류의 줄기나 잎·뿌리를 먹는 것이 260종으로 가장 많고, 산딸기·개살구·다래 등 과육을 먹는 것이 40종, 도토리·밤 등 種實이 16종이며, 기타 꽃과 꽃가루·나무껍질 등도 이용되었다. 이들 구황식물의 대부분은 고고학적 증거가 발견되기 어려운 줄기나 잎·뿌리이지만 신석기시대 식료로도 이용되었을 가능성이 높다.

(2) 농경과 목축

가. 농 경

현재까지 발견된 신석기시대의 재배식물유체로는 황해도 봉산군 지탑리 2지구 2호 주거지 내부 벽가에서 출토된 피 혹은 조로 보이는 탄화된 곡물[27]과, 황해도 봉산군 마산리 7호 주거지와 평양 남경 31호 주거지에서 출토된 탄화된 조[28]가 있다. 지탑리유적과 마산리 7호 주거지는 기원전 4천년기로 편년되기 때문에 중서부지방에서는 늦어도 신석기시대의 중기부터 조 중심의 밭농사가 시작되었다고 볼 수 있다. 그러나 대부분의 신석기시대 유적에서는

---

25) 박상진, 〈나무화석〉(《일산새도시개발지역 학술조사보고》 1, 한국선사문화연구소·경기도, 1992), 112~130쪽.

26) 林泰治, 《救荒植物と其の食用法》(京都書籍, 京都, 1944).

27) 도유호·황기덕, 《지탑리 원시유적 발굴보고》(과학원출판사, 1963).

28) 김용간·석광준, 《남경유적에 관한 연구》(과학·백과사전출판사, 1984).
변사성·고영남, 〈마산리유적의 신석기시대 집자리에 대하여〉(《조선고고연구》 4, 1989), 18쪽.

유물의 조합에서 농경도구의 비중이 크지 않아 농경이 전체 생계에서 차지하는 비중이 크다고는 할 수 없고 한반도의 신석기시대는 일본의 죠몬시대와 마찬가지로 여전히 수렵채집경제의 연속으로 보아야 할 것이다. 또한 先즐문토기문화는 수렵·어로 중심의 문화로 농경이 있었다는 증거는 전혀 없다.

북한에서는 신석기 초기단계부터 농경이 있었다고 주장하고 있으며 괭이농사에서 보습농사로의 발전단계를 상정하고 있다.[29] 즉 서포항 1·2기, 궁산문화 1기에 보이는 괭이·뒤지개·연석의 존재를 근거로 화전과 괭이농사가 있었다고 보고 지탑리 2지구가 속하는 궁산문화 2기부터 보습농사가 시작되었다고 본다. 지탑리에서 출토된 「돌보습」은 크기·생김새·무게 등으로 보아 쟁기의 초기형태로 추정하였다. 그러나 「돌보습」의 용도에 대해서는 괭이·가래·삽 등 여러 견해가 있어 보습농사단계의 설정이 불확실하며[30] 「보습」은 오히려 堀地棒에서 발전한 일종의 외날따비일 가능성이 크다. 초기의 괭이농사도 재배식물유체의 발견이 없는 한 가설단계에 머무를 뿐이다.

지금까지 우리 나라의 벼농사는 청동기시대에 시작된 것으로 보는 학설이 주류를 이루어 왔다. 벼농사가 신석기시대 후기에 시작되었을 가능성이 제시되기 시작한 것은 영산강유역의 화분분석결과와 경기도 우도패총에서 출토된 토기 바닥에 인디카로 추정되는 볍씨자국이 발견되고서부터이다. 그러나 전자는 연대추정에 오류가 있고 후자도 신석기시대 토기가 아니라는 지적이 있었다.[31] 그런데 최근 들어서 신석기시대 후기인 기원전 2천년경 전후에 속한다는 볍씨들이 한강 하류 김포와 일산의 토탄층에서 잇따라 발견되어 신석기 후기 도작농경설을 뒷받침하고 있다.

김포 가현리의 토탄층에서는 쌀과 조의 탄화물이 검출되었으며 토탄 자체는 4020±25BP의 연대가 얻어졌다. 일산지구의 성저리(1지역)와 가와지(2지역)에서

29) 서국태, 앞의 글, 79~90쪽.
남한의 한 연구에서도 뒤지개농사 → 괭이농사 → 보습농사로의 단계를 설정하였으나 괭이농사는 채집경제단계, 보습농사는 농경단계로 간주하고 있다(길경택, 〈한국선사시대의 농경과 농구의 발달에 관한 연구〉, 《古文化》 27, 韓國大學博物館協會, 1985).

30) 安承模, 〈遼西地方의 先史時代 石製耕具〉(《三佛金元龍敎授停年退任紀念論叢》 I, 一志社, 1987), 721쪽.

31) 安承模, 〈稻作과 稻作文化의 出現〉(《한국짚문화》, 국립민속박물관, 1991), 139쪽.

도 4070±80BP・4330±80BP의 연대를 가진 토탄층에서 볍씨가 출토되었는데, 성저리 볍씨는 길이 6.45~7.18㎜, 폭 2.92~3.24㎜, 장폭비 1.99~2.33이며, 가와지의 볍씨는 길이 6.6~7.4㎜, 폭 2.5~3.0㎜, 장폭비 평균 2.53의 크기를 보여준다.[32] 이들 볍씨들은 전형적인 자포니카도 있으나 그 중에는 현재 재배되고 있는 벼보다는 크기가 약간 작고 세장하여 청동기시대 유적에서 발견된 단립형의 벼와는 다소 다른 모습을 보이고 있는 것들도 있다. 한편 낙동강 하류역의 김해 농소리패총에서 출토된 말기 즐문토기의 胎土에서 벼의 식물규소체가 검출되기도 하였다.[33] 그러나 이들 볍씨와 토기가 출토된 층위와 연대에 대하여 회의적 견해를 보이는 고고학자들도 있기 때문에 신석기시대 벼농사의 존재 여부는 앞으로도 계속 심도 있는 연구가 이루어져야 할 주제이다.[34]

나. 동물사육

동물사육에 대한 고고학적 증거는 많지 않으나 개와 돼지가 신석기시대부터 가축으로 길러진 것으로 생각되고 있다.[35] 개뼈는 서포항 1・2기에서부터 나타나고 있어 이른 시기에 이미 사육되었다고 보여진다. 동물뼈 중에서 개가 차지하는 비중을 마리수로 보면 서포항유적은 7.9%, 농포유적은 8.3%, 호곡동유적은 7.4%로 많은 수를 차지하고 있으며, 특히 동북지방에서 개를 많이 길렀음을 알 수 있다. 개뼈는 궁산・동삼동・상노대도 등 다른 신석기유적에서도 발견되어 전국적인 분포를 보이며[36] 농포동유적에서는 개머리모양 토제품도 발견되었다.

---

32) 한국선사문화연구소・경기도, 《일산새도시개발지역 학술조사보고 1》(1992).
박태식・이융조, 〈高陽 家瓦地 1地區出土 벼 낟알들과 韓國先史時代 벼농사〉(《農業科學論文集》 37-2, 농업진흥청 농사시험연구소, 1995), 1~12쪽.

33) 郭鍾喆 外, 〈新石器時代 土器胎土에서 검출된 벼의 plant-opal〉(《韓國考古學報》 32, 1995), 149~162쪽.

34) 안승모, 〈재배식물로 본 동아시아의 신석기시대 농경〉(《東아시아의 新石器文化》, 文化財硏究所, 1994), 15~17쪽.
───, 〈韓國 先史農耕硏究의 成果와 課題〉(《先史와 古代》 7, 韓國古代學會, 1996), 6~7쪽.

35) 김신규, 앞의 글(1970).

36) 동삼동유적(L. L. Sample, 앞의 글, 94쪽)에서는 출토층위가 보고되어 있지 않고, 상노대도유적(손보기, 앞의 책)에서는 상층인 Ⅱ층에서 보고되었다. 수가리유적에서는 교란층에서 발견되어 신석기시대 뼈라는 확증이 없다.

각 유적에서 출토된 개의 두개골로 보면, 긴 얼굴의 다소 원시적인 형과 작고 짧은 분화된 형 등 크기와 이마·주둥이에서 여러 모습이 나타나고 있어 개의 종류가 다양하였음을 보여준다.[37] 개의 선조인 늑대가 신석기시대뿐 아니라 이전의 구석기시대의 사냥감에서 차지하는 비중이 극히 적기 때문에 개는 식용보다는 사냥용으로 많이 이용되었을 가능성이 크다.

멧돼지에서 기원한 집돼지는 내한성이 강하고 기름진 고기를 제공하여 동아시아에서 사육된 가축 중 가장 중요한 위치를 차지하고 있다. 우리 나라에서는 신석기시대 후기에 속하는 서포항 4기 이후의 층, 호곡동 1기층 등에서 발견되고 있는데 전체 동물뼈에서 차지하는 비중을 마리수로 보면 서포항은 0.63%, 호곡동은 3.7%에 불과하다. 같은 동북지방이라도 농포동에서는 모두 멧돼지만 발견되었고, 서포항과 호곡동에서도 멧돼지가 차지하는 비중이 훨씬 높다. 집돼지뼈로 보고되고 있는 것들도 멧돼지의 표징이 잔존하고 있는 것들이 많아 가축화가 과도기적 단계에 있었던 것으로 추정된다.[38]

끝으로 궁산유적에서는 열대성동물에 속하는 물소뼈 2마리분이 발견되었는데 북한에서는 뿔의 길이가 짧다 하여 가축으로 보면서도 고기를 제공하는 짐승이라기보다는 농업이 발전하면서 부림짐승으로 길렀다고 주장한다.[39] 그러나 뿔의 길이만으로 가축 여부를 판단할 수 있는지 의심스럽고, 아래턱뼈가 대단히 늙은 개체에 속한다고 한 점으로 보아도 가축으로 볼 근거는 미약하다.

〈安承模〉

2) 사 회

(1) 사회구성

인류의 역사와 문화의 발전은 인간의 개인적인 힘에 의해서가 아니라 인간이 사회집단을 이루어 생활하고 행동함으로써 이루어지는 것이다. 인류의

37) 김신규, 앞의 글(1970), 86·114쪽.
38) 김신규, 위의 글, 114쪽.
39) 김신규, 위의 글, 103·113쪽.

원초적인 집단은 「무리(群)」 또는 씨족이라 한다. 그 후 차츰 인구가 증가하여 혈연을 중심으로 하는 씨족이 확대되고 일정한 영역내에 여러 씨족이 모여 地緣 중시의 부족사회가 이루어졌던 것이다.[1)]

현재로서 신석기시대의 사회에 대한 내용은 신화·전설·유습 등을 통해 살펴볼 수밖에 없으나 후대의 신화·전설·유습 등은 신석기시대의 원초적인 모습을 그대로 전하지는 않으므로 이들 자료를 통한 연구는 방법론적으로 여러 가지 어려움이 따른다. 따라서 인류학이나 언어학 등 실증적 과학의 힘을 빌리거나 다른 미개사회의 사회상태에 대한 연구[2)]의 도움이 필요하다.

신석기시대 사회의 기본단위는 여러 움집(竪穴住居)이 모여서 이룬 취락이었다.[3)] 이 마을은 4~5기의 움집으로 이루어져 있었는데, 움집의 면적으로 보아 하나의 움집에는 대개 4명 정도의 식구가 살 만한 조그마한 크기의 것으로, 구석기시대의 무리와는 다른 사회적 구성단위가 발생하였음을 알 수 있다. 즉 장년부부와 성장한 자녀 2명 정도, 때로는 성인부부와 미성년 자녀 2~3명 정도의 식구로 구성된 가족이 살고 있었던 것으로 보고 있다.[4)]

신석기시대에는 가족이 없었다고들 흔히 믿고 있지만, 이것은 고고학적인 조사결과에 나타난 집터의 상황과는 일치되지 않는 현상이다. 이렇게 여러 가족으로 나누어져 있기는 하였지만, 취락은 모두 혈연을 중심으로 뭉쳐진 혈연집단으로서 이 집단을 사회조직면에서는 흔히 씨족이라 부르고 있다.

씨족을 구성하는 취락의 주민들은 혈연집단으로서 그 공동의 조상을 동물로 생각하기도 하였는데 이러한 생각을 보통 Totemism이라고 한다.[5)] 토테미즘은 자기 자신을 남과 구별하고자 하는 중요한 의미가 내포되어 있다.

신석기시대에는 취락을 단위로 하는 씨족의 구성원들이 그들의 중요한 일

---

1) 金廷鶴, 〈韓國民族 및 文化의 起源〉(《韓國上古史研究》, 범우사, 1990).
2) 金廷鶴, 〈韓國民族形成史〉(《韓國文化史大系》 Ⅰ, 高麗大 民族文化研究所, 1964).
3) 高承濟, 〈原始聚落의 形成과 展開過程〉(《李瑄根紀念韓國學論叢》, 1974).
———, 《韓國村落社會史研究》(1977).
4) 金正基, 〈韓國竪穴住居址考(1)〉(《考古學》 1, 韓國考古學會, 1973).
———, 〈新石器文化－住居址와 墳墓〉(《한국사》 1, 국사편찬위원회, 1973).
———, 〈住生活〉(《韓國史論》 17, 國史編纂委員會, 1987).
5) 李萬烈, 〈韓國古代에 있어서의 토테미즘적 요소에 대하여〉(《李海南博士華甲紀念史學論叢》, 1970).

을 공동으로 처리해 나가는 원시공동체였다. 원시공동체는 씨족이 하나의 단위가 되어 생산수단에 대한 공동소유, 노동과정에서의 공동노동, 그리고 거기에서 생산된 물자의 공동분배 등을 바탕으로 형성된 평등한 인간관계를 특징으로 하였다. 즉 원시공동체내에서는 구성원 사이에 계급관계가 성립되지 않았으며 공동체의 우두머리는 지배자나 권력자가 아니라 사회생활과 경제생활의 「지도자」에 불과하였다.

신석기시대에는 씨족이 생산과 소비의 주체로서 이 씨족을 단위로 취락을 형성하였는데 고기잡이·사냥·농경 등의 중요한 생산활동은 주로 씨족 전체의 공동노동에 의해 이루어졌으므로 자연히 분배와 소비도 그 속에서 공동으로 이루어졌던 것이다. 현재 농촌에서 볼 수 있는 「두레」는 신석기시대의 공동노동과 같은 성격을 띠고 있다.[6] 신석기인들은 생산활동에서 뿐만 아니라 종교의식도 씨족 전체가 공동으로 행해졌을 것으로 생각된다.

다음으로 이들 씨족은 대체로 산과 강을 경계로 하는 일정한 영역내에서 자급자족의 경제활동을 원칙으로 하는 경제적 독립체였다는 점이 주목되는데 이 영역을 벗어난 지역, 즉 다른 씨족의 영역 안에서의 경제적 활동은 엄격하게 제한되어 있었다.

따라서 신석기시대의 씨족은 상당히 고립적인 성격을 띠고 있었으나, 한편으로는 교역이나 결혼과 같은 방법을 통하여 상호 접촉이 있었다고 생각된다. 이 시대의 결혼은 씨족원내에서는 허락되지 않았고 반드시 다른 씨족원과 결혼을 해야 하는 족외혼이 성행하였다. 현대에까지 남아 있는 동성불혼의 관습은 후대에 유교의 영향으로 강화되기는 하였으나 그 근원은 신석기시대의 족외혼에서 찾아볼 수 있다.[7]

한편 가족이 모여서 씨족을 형성하듯이 씨족이 모여 부족을 구성하였다. 인구의 증가로 인하여 분열된 씨족 혹은 혼인관계로 인하여 가까운 사이가 된 씨족들이 결합하여 부족이라는 보다 큰 사회를 형성하게 되었던 것이다. 이 부족은 지연적인 성격을 지니고 있었는데 사회구성의 원칙은 씨족과 거의 유사하였던 것으로 생각된다. 또한 신석기시대의 일정한 시기에는 자식이

---

6) 李丙燾, 〈古代南堂考〉(《韓國古代史硏究》, 1976), 621~623쪽.
7) 李基白·李基東, 〈新石器時代의 社會와 文化〉(《韓國史講座》 1 古代篇, 一潮閣, 1982).

아버지의 씨족에 속하는 것이 아니라, 어머니의 씨족에 속하는 이른바 모계사회가 형성되어 있었다.[8)]

이상으로 사회구성면에서 볼 때 신석기시대는 대체로 세 번 변화·발전해 왔다고 생각하고 있다.[9)] 즉 한반도에 처음 등장한 신석기인은 둥근바닥의 무늬없는 토기를 사용하던 사람들이었다. 다만 현재 알려진 유적의 분포상태나 조사결과만으로써는 그들의 인종계통을 말하기가 힘든 형편이다.

그 후에 빗살무늬토기(櫛文土器)를 사용하던 사람들이 해안과 강줄기를 따라 등장하였으며, 이들이 신석기시대의 주인공으로 오랜 기간 살고 있었다. 구석기인과는 달리 신석기인은 끊이지 않고 계속 계승되어 오면서 한민족의 형성에 참여한 것으로 생각되는데 오랜 역사적인 과정을 거치는 동안에 서로 융합되고, 또한 이후 청동기시대의 새로운 주민들과 결합되면서 한민족의 조상으로서 발전되었던 것이다. 즉 종래에는 이 빗살무늬토기인들을 퉁구스족 혹은 알타이족의 한 갈래인 것으로 흔히 생각해 왔었다.[10)] 그러나 최근에는 이 빗살무늬토기인을 옛 기록에 나오는 濊人으로 보기도 하고,[11)] 혹은 고아시아족으로 보기도 한다.[12)] 그러나 두 견해는 종래와는 달리 최근 고고학·인류학 등의 연구성과에 기초를 두고 제시되었다는 점이 주목되는데, 전자의 경우 濊와 貊을 갈라서 예는 빗살무늬토기인으로, 맥을 민무늬(無文)토기인으로 보고 있으나, 예와 맥의 구분이 타당한 것인지 또는 예가 맥보다 앞서는 신석기인인지 등은 문제점이 있으며, 후자의 경우 신석기시대를 단군조선에 해당하는 시기로 보면서 곰숭배사상이 단군신화나 고아시아족에 모두 나타나고 있으므로 결국 한반도 신석기인과 고아시아족과는 일치한다고 보았으나, 알타이족에도 곰숭배사상이 존재하고 있기 때문에 문제점이 있음을

8) 崔在錫, 〈韓國古代 家族에 있어서의 母系·父系의 문제〉(《韓國社會學》 4, 1968), 75쪽.
金毅圭, 〈新羅母系制社會說에 대한 檢討〉(《韓國史硏究》 23, 1979), 42~43쪽.
李基東, 〈新羅 中古時代 血族集團의 特質에 관한 諸問題〉(《震檀學報》 40, 1975).

9) 李基白·李基東, 앞의 글.

10) 金貞培, 《韓國民族文化의 起源》(高麗大 出版部, 1973).

11) 三上次男, 〈東北アジアにおける有文土器系社會と穢人(2)〉(《朝鮮學報》 3, 1952).
———, 《古代東北アジア史研究》(1966).

12) 金貞培, 〈古朝鮮의 民族構成과 文化的 複合〉(《白山學報》 12, 1972).

지적하는 견해도 있다.[13]

다만 새로운 토기의 사용이 단순한 문화의 변화만이 아니라 새로운 종족의 출현을 함께 내포하고 있다는 사실은 대체로 학계에서 의견을 같이하고 있다. 이러한 일반적인 견해에 따른다면, 신석기시대에 있어서는 세 차례에 걸쳐서 종족의 이동이 있었다는 이야기가 된다. 그런데 같은 종족 안에서도 여러 다른 계통이 있을 수 있으므로 구체적인 종족의 변화에 대한 문제는 아직 밝혀져 있지 않다.

(2) 교 역

신석기시대에는 아직 씨족사회내에서 자급자족에 의한 생활이 기본적이나 후기에 농경이 시작되고 생활내용이 다양해짐에 따라 생활에 필요한 물자들을 다른 씨족과의 교류를 통하여 얻었으며 이러한 행위를 물물교환이라 한다. 또한 이러한 교역행위는 생각보다 광범위했을 것으로 생각할 수 있다. 교역은 첫단계로서 물물교환을 통해서도 가능하였지만 식량·재료 등을 구입해 옴으로써 현지에서 제작하여 사용하기 위한 목적으로서의 물물교환도 이루어졌던 바, 이는 지리적으로 인접한 지역에서 시작되어 외국으로까지 확대된 것으로 보여진다.

즉 점판암이나 기타 특수한 석재를 구하기 위해서는 물물교환에 의한 교역에 의존할 수밖에 없다. 예를 들면 꾸미개류인 옥제품이나 옥의 원석은 반드시 교역을 통해서만이 얻을 수 있는 것으로, 옥제품의 경우 한반도 신석기시대에는 두만강유역에서 많이 출토되고 있다. 옥의 원석은 지리적으로 시베리아·만주지방에서 생산되는 것으로 두만강유역과 이들 지방과의 교역활동이 있었음을 생각할 수 있는 자료로 중요하다.[14]

또한 춘천 교동유적[15]에서도 백색의 대롱옥(管玉)이 출토되고 있는데 대롱옥과 함께 납작바닥[밑]의 빗살무늬토기는 당시 이 지역과 두만강유역의 함경도지방과의 교역활동을 알 수 있는 자료로서 함경도지방에서 재료를 구해와서 스스로 가공했던 제품으로 생각되어진다.

---

13) 李基白·李基東, 앞의 글.
14) 金元龍, 〈新石器文化-生業經濟〉(《한국사》 1, 국사편찬위원회, 1973).
15) 金元龍, 〈春川 校洞穴居遺蹟과 出土遺物〉(《歷史學報》 20, 1963), 1~27쪽.

단양 상시바위그늘유적[16]은 내륙 깊숙한 남한강안에 위치하고 있는 유적으로 여기에서는 동남해안의 깊은 바다 모래땅에서만 서식하는 전복과 투박조개가 출토되었다. 이들 조개류는 여기에서 출토된 덧무늬(隆起文)토기와 함께 이 내륙지방과 동남해안지역과의 교역활동을 보여주는 자료가 된다.

서울 암사동유적[17]에서의 물결점줄무늬(波狀點線文)가 새겨진 토기의 바탕흙(胎土)은 활석이나 석면이 섞인 점토질로서, 이는 운모가 섞인 사질계의 바탕흙으로 만들어진 빗살무늬토기가 우세한 이 지역에서는 다른 전통의 토기제작기술이 유입된 것임을 짐작할 수 있는데, 이 기술은 주로 대동강유역에서 유행했던 것이다. 이로 미루어 보아 이 곳과 대동강유역과의 사이에 교류가 있었음을 알 수 있다.

또한 암사동유적에서는 강안유적이지만 담수산과 바닷산의 조개가 함께 출토되고 있는데, 이는 한강을 통하여 서해안 도서지방의 주민들과도 접촉이 있었음을 알 수 있는 자료가 된다.[18]

미사리유적[19]은 한강 중류지역에 위치하는 유적이지만, 여기에서 두만강

---

16) 손보기, 〈단양 상시유적 발굴중간보고〉(《韓國古代史照明》, 忠北大, 1981).
홍현선, 〈상시 3바위그늘의 문화연구〉(연세대 석사학위논문, 1987).

17) 金元龍, 〈岩寺里遺蹟의 土器·石器〉(《歷史學報》 17·18, 1983).
———, 〈岩寺洞江岸遺蹟 發掘報告〉(《歷史敎育》 13, 1970).
金光洙, 〈岩寺洞櫛文土器遺蹟 發掘概要〉(《考古美術》 9-11, 1968).
金鍾徹, 〈서울 성동구 암사동 선사시대 유적발굴〉(《박물관뉴우스》 18, 1971).
———, 〈서울 岩寺洞先史聚落址〉(《韓國考古學年報》 2, 1975).
———, 〈岩寺洞新石器時代 住居址調査〉(《韓國考古學年報》 3, 1976).
李白圭, 〈岩寺洞新石器時代 住居址調査〉(《박물관신문》 51, 1975).
任孝宰, 《岩寺洞》(서울대 고고인류학총간 11, 1985).
———, 《岩寺洞遺蹟 緊急發掘調査報告》(1983).
이기길·황선옥, 〈암사동유적의 신석기시대 뾰족밑토기연구〉(《孫寶基博士停年紀念 考古人類學論叢》, 知識産業社, 1988).

18) 金元龍, 앞의 글.
島津義昭, 〈日本の文物交流〉(《季刊考古學》 38, 1992), 54~58쪽.

19) 金元龍, 〈廣州 渼沙里櫛文土器遺蹟〉(《歷史學報》 14, 1961).
崔淑卿, 〈渼沙里遺蹟의 一磨石器〉(《考古美術》 4-6, 1963).
金鍾徹, 〈廣州 渼沙里櫛文土器遺蹟에 對한 小考〉(《韓國考古》 1, 1967).
任孝宰, 〈渼沙里緊急發掘調査〉(《韓國考古學年報》 8, 1981).
尹世英, 〈渼沙里住居址〉(《史叢》 25, 1981).
渼沙里遺蹟은 1988~1992년에 걸쳐 숭실대를 주관으로 하여 경희대·고려대·서울대·성균관대·한양대가 합동으로 발굴하여 보고서가 출간되었다.
渼沙里先史遺蹟發掘調査團, 《渼沙里》 Ⅰ~Ⅳ(文化遺蹟發掘調査報告, 1994).

유역의 동북지방에서 유행했던 번개무늬(雷文)토기가 출토된다는 사실은 이 지역과 동북지방이 서로 교류가 있었음을 보여주는 것이다.

오산리[20]와 동삼동유적[21]을 비롯하여 한반도 동북부와 남해안지역 각 유적에서는 흑요석제 석기가 다량 출토되고 있는데 흑요석은 한반도 남부에서는 생산되는 곳이 발견되지 않기 때문에 현재로서는 이 석기의 원석을 어느 다른 지역으로부터 교역을 통하여 구입하였음을 짐작하게 된다.

흑요석의 산지로 밝혀진 곳은 백두산·시베리아·일본 五島諸島 등으로서 남해안지역의 흑요석기는 한반도 동북부지방과의 교류를 통하여 구하였을 가능성을 짐작해 볼 수도 있다. 한편으로는 남해안지역의 유적에서는 흑요석기와 함께 간혹 일본 죠몬(繩文)토기조각도 출토되고 있기 때문에 일본 북규슈지방과의 교역활동을 통해 이키섬(壹岐島) 등에서 흑요석의 원석 자체를 가져왔을 가능성도 배제할 수 없다. 따라서 신석기시대의 활발한 교역이나 물물교환은 특히 남해안지역과 일본의 규슈지방과의 사이에서 많이 나타나고 있었다는 사실은 흑요석 외에도 남해안지역의 빗살무늬토기가 북규슈지방에 전해져 일본 죠몬시대의 토도로키식(轟式)토기 또는 소바타식(曾畑式)토기의 성립에 영향을 미친 것을 미루어 보아도 알 수 있다.

흑요석과 같은 희귀한 광물 등은 교역이나 문화전파의 경로 등을 추정하는데 좋은 자료가 된다. 따라서 이 시기의 교역활동 등에 사용된 물자로는 모피·건어·특수석기·목기·꾸미개·뼈 또는 뿔제품 등이었을 것이고 그물이나 직물 따위도 포함되었을 것이다. 농경이 시작된 이후에는 고기잡이 위주의 집단과 농경 위주의 집단이 분리되어 상호간 필요한 물품을 교역활동을 통해 구했을 것으로 생각된다.

---

20) 서울대박물관, 《鰲山里遺蹟》(서울대 考古人類學叢刊 9, 1984).
———, 《鰲山里遺蹟》 II (서울대 考古人類學叢刊 10, 1985).
———, 《鰲山里遺蹟》 III (서울대 考古人類學叢刊 13, 1988).

21) 金元龍, 〈新石器文化－各地方의 土器·石器·骨角器〉(《한국사》 1, 1973).
及川民次郎, 〈南朝鮮牧ノ島東三洞貝塚〉(《考古學》 4－5, 1931).
橫山將三郞, 〈釜山府絶影島東三洞貝塚報告〉(《史前學雜誌》 5－4, 1933).
Sample, L. L., Tongsạmdong : A Contribution to Korean Neolithic Culture History, *Arctic Anthropology XI－2*, 1974.

(3) 의식 · 신앙 및 예술

가. 의식과 신앙

신석기인들은 자연환경의 변화에 크게 좌우될 수밖에 없는 상황에서 자연에 대한 관심은 매우 컸을 것으로 생각된다. 따라서 산이나 바위 등 자연물에까지도 영혼이 있다는 이들의 믿음은 천재지변의 공포로부터 벗어나려는 의지와 식생활의 풍요를 기원하려는 생각에서 자연물에 주술적인 의미를 부여하고 숭배의 대상으로 삼았던 것이다.

신석기시대에는 아직 기술문화가 발달하지 못하여 일상생활에 미치는 자연의 힘을 매우 강대하게 느꼈기 때문에 신석기인들의 사고방식은 기본적으로 종교적이면서도 현실적인 생활과 매우 밀접한 관계가 있었다고 보고 있다.[22] 신석기인들은 산 · 바다 · 나무와 같은 자연물을 포함한 우주의 만물에 영혼이 있다고 믿는 Animism의 신앙을 가지고 있었으며 그 영혼은 멸하지 않는 것으로 생각했던 것이다.

한편 인간도 영혼을 가지고 있으며 비록 육체는 죽더라도 영혼은 멸하지 않고 살아 있다고 믿었으므로, 죽은 사람의 시체를 매장할 때 머리는 해가 뜨는 동쪽으로 두고 얼굴은 위로 향하게 한 후 몸을 똑바로 눕혀 묻는 東枕伸展仰臥葬法이 성행하였다. 또한 시체의 주위에 돌을 돌려서 의도적으로 이를 보호하고자 하였으며 혹은 살았을 때 즐겨 사용하거나 아끼던 물건을 함께 묻어 주었다고 생각되는데,[23] 신석기시대의 유적에서 출토되는 인골의 손목이나 발목에 조가비나 짐승의 이빨 또는 옥 등으로 만들어진 꾸미개들이 출토되고 있는 것을 보아도 짐작할 수 있다.

신석기시대에는 자연물을 신격화하거나 다신적인 신앙의 성격을 띠고 있었는데 그 중 가장 비중이 컸던 것으로는 태양신으로서, 태양은 빛과 열을 발생하여 천지를 밝혀 줄 뿐만 아니라 모든 생물을 보호 · 소생 · 번식시키는 일을 담당하고 있었으므로 일상생활의 실제적 필요성에서 태양숭배사상이 자연발생적으로 나타났다고 보고 있다.[24] 이러한 태양숭배사상은 농경사회에

22) 李基白 · 李基東, 앞의 글, 20쪽.

23) 梅原末治, 《朝鮮古代の墓制》(1946), 14~16쪽.
金正基, 앞의 글(1973b).

서 더욱 중요시된 듯하다.

〈그림 1〉 조가비가면

*동삼동유적

따라서 신석기인들의 경우, 태양신은 선신으로서 인간에게 행복을 가져다 주지만 암흑의 鬼類들은 악신으로서 인간에게 불행을 가져다 준다고 믿었기 때문에 선신을 맞이하고 악신을 물리치기 위한 목적으로 제의라는 행사를 행하였으며, 이 행사를 주도하기 위해서는 주술사를 필요로 하였는데 현재까지 그 전통이 남아 있는 것으로서 무당을 들 수 있다.[25] 한편 제의를 행할 때 주술사는 여러 가지 儀器를 사용하였을 것으로 생각되어진다. 부산 동삼동유적에서 출토된 조가비가면을 악귀를 쫓는데 사용하였던 것으로 보는 경우도 있다(〈그림 1〉).[26]

한반도 신석기시대의 유적 가운데 신앙적 성격을 띠는 유물인 호신부가 출토된 유적으로는 서포항 2·3·5기층[27]·동삼동[28]·농포동[29]·문호리유적[30] 등을 들 수 있다(〈그림 2〉). 이러한 호신부는 그 사용의 목적 자체가 자신의 보호나 종족의 수호 및 종족의 상징 등의 의미가 내포되어 있어 신앙을 위한 주술적 목적으로 패용한 것으로 해석되고 있다.[31]

---

24) 崔根泳, 〈韓國 先史·古代人의 太陽崇拜思想의 一側面〉(《千寬宇先生還曆紀念 韓國史學論叢》, 正音文化社, 1985), 23~24쪽.
25) 李基白·李基東, 앞의 글, 21~22쪽.
26) 李基白·李基東, 위의 글, 22쪽.
27) 김용간·서국태, 〈서포항 원시유적 발굴보고〉(《고고민속론문집》 4, 1972).
28) 金元龍, 앞의 글(1973b), 138~144쪽.
29) 고고학연구실, 〈청진 농포리 원시유적 발굴보고〉(《문화유산》 1957-4).
30) 文化財管理局, 《八堂·昭陽댐水沒地區 遺蹟發掘綜合調査報告》(1974).
31) 黃龍渾, 〈藝術과 信仰〉(《韓國史論》 12, 國史編纂委員會, 1983), 676쪽.

〈그림 2〉 호신부

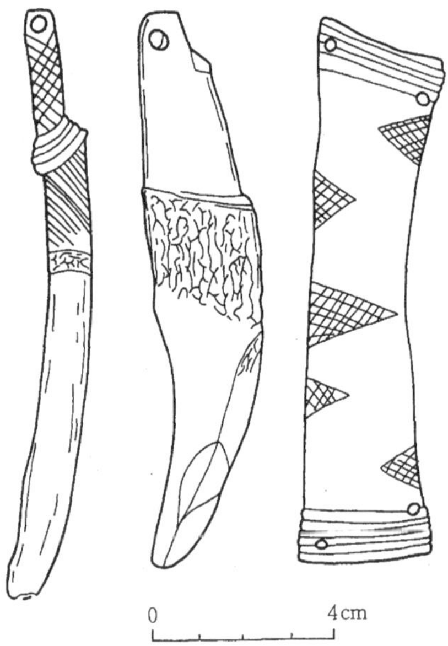

*서포항유적

서포항유적에서는 뼈나 뿔로 만든 여러 가지 호신부로 생각되는 유물이 다량 출토되었는데, 종류로는 사슴뿔로 만들어진 망아지의 형상과 패도, 멧돼지 이빨로 조각한 뱀, 짐승뼈로 만들어진 두 쌍의 인물상이 있다. 이 중 망아지의 형상의 경우 곰으로 보는 견해[32]가 있는데 곰은 시베리아 및 북방아시아에서 곰신으로 숭배되고 있다. 한편 뱀숭배사상은 거의 세계적으로 퍼져 있던 원시신앙의 하나였다.

농포동유적에서 출토된 흙으로 만들어진 인형과 개머리조각, 납석으로 된 새모양 등도 주술신앙적인 요소가 내포되어 있는 유물로 생각되며, 동삼동유적에서도 뼈로 만들어진 조각품이 있는데 이것을 호신부로 착용하기 위하여 만들어진 것으로 보고 있다.[33] 또한 문호리유적에서는 자갈돌에 물고기가 선각되어 있는 것이 출토되었다(〈그림 3〉). 이 유물은 고기잡이의 풍성을 기원하기 위해 강물에 넣고자 만들어졌던 것으로서 주술신앙적인 요소가 내포되어 있는 유물로 보고하고 있다.[34]

호신부 중에는 사슴뿔로 만들어진 것이 가장 많이 출토되고 있다. 이것은 북방아시아에서 사슴 자체가 성스러운 동물로 숭배되었던 것을 보아도 이해할 수 있다. 또한 사슴은 당시의 중요한 식량공급원으로서 풍요한 생산을 상징하는 태양과 함께 영적인 존재로 신성시되는 신앙적 동물로서 등장하게 되었다고 한다.[35]

---

32) 金廷鶴, 앞의 글(1990).
33) 黃龍渾, 앞의 글.
34) 文化財管理局, 《八堂・昭陽댐水沒地區 遺蹟發掘綜合調査報告》(1974).
35) 加藤九祚 譯, 《黃金のトナカイ》(東京, 1968).

〈그림 3〉 돌에 새겨진 물고기그림

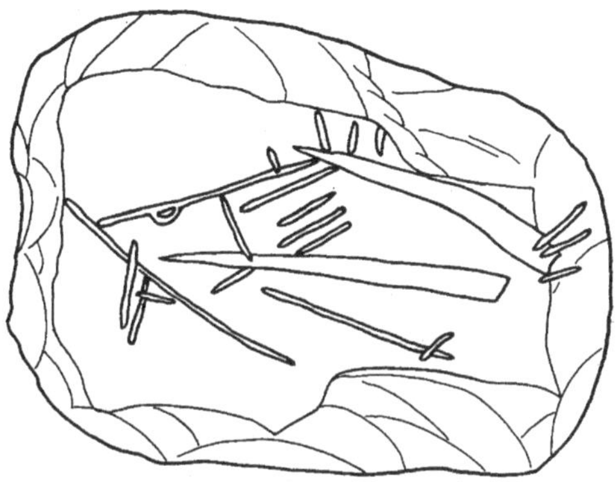

*문호리유적

이외에도 짐승뼈나 이빨로 만든 치레걸이 가운데 양면이 오목하게 보조개(圈點文)가 새겨져 있는 것이 있는데, 사슴·소·말 등의 뿔·어깨뼈·팔뼈 등에 어떠한 자국을 낸 후 불에 구워 길흉을 점치는 풍속이 시베리아를 비롯한 북방아시아의 여러 민족 사이에서 널리 행해졌던 것[36]을 미루어 이 유물도 점치는 뼈(卜骨)로 추정하고 있다(〈그림 4〉). 이러한 보조개가 새겨진 것 또한 주술적 의미가 있었을 것으로 생각하면서 보조개가 새겨져 있는 치레걸이는 액을 쫓고 복을 부르는 주력이 있다고 믿고 호신부로 해석하고 있다.[37]

〈그림 4〉 점치는 뼈

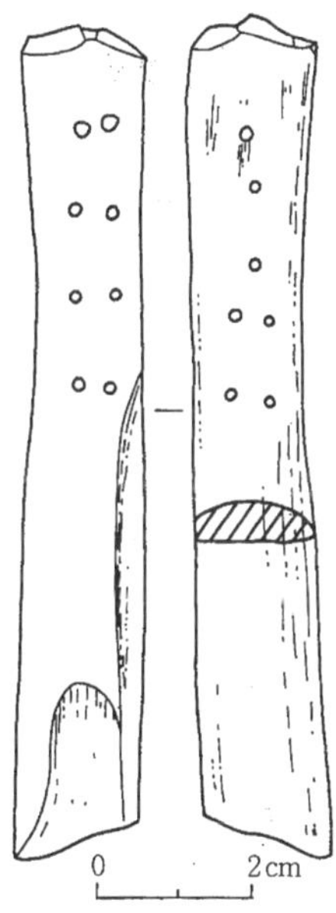

*서포항유적

이상에서 신석기시대의 신앙을 대개 巫覡信仰이라고 부르며 이러한 무격신앙과 같은 성격의 원시종교를 Shamanism이라고 일컬어 왔는데, 이는 원시종교가 동북아시아 일대에 널리 행해졌으며 당시 이 지역에서는 주술사를 Shaman이라고 불렀기 때문이다. 그러나 샤머니즘과 같은 신앙은 세계 어디서나 흔히 발견되고 있으므로 동북아시아에서

36) Kroeber, A. L., *Anthropology*, new edition(revised), 1948, p. 447.
37) 金廷鶴, 앞의 글.

세계의 다른 곳에서와 구별되는 특이한 원시종교가 있었다고 하는 것은 잘못된 생각으로 해석하고 있다.

나. 예 술

신석기시대의 예술은 종교와 밀착되어 있으므로 미술품인 경우에도 사실적이라기보다는 오히려 추상적인 수법으로 어떤 상징적인 의미가 내포되어 있다는 것이 특징이다. 특히 신석기인들이 일상생활에 사용하였던 토기와 도구의 표면에 각종 기하학적인 무늬를 새겨 넣거나 형태도 여러 가지를 보기 좋게 만들었으며 또한 거기에 일정한 예술적 장식을 하였다는 데서도 쉽게 알 수 있다.

즉 평행빗금(平行斜線)은 원시예술에서는 물을 상징하는 것으로 표현되었던 것으로 생각할 수 있으므로 빗살무늬토기에 평행빗금무늬가 일반적으로 새겨져 있다는 것은, 당시의 주민들이 물을 그들의 식량원으로서 중요하게 여겼음을 상징하는 것으로 짐작할 수 있다. 그러나 빗금 방향을 줄에 따라서 엇갈리게 표현한 것도 있는데 이러한 무늬는 단순한 미적인 관점에서 뿐만 아니라 종교적인 의미도 함께 포함된 것으로 보여진다.

신석기시대 후기에는 직선적인 무늬가 곡선적으로 발전하고 또한 줄을 꺾어 돌리는 번개무늬가 새로이 나타나게 되는데, 이 무늬는 만물을 생겨나게 하는 천둥을 상징하는 것으로서 농경의 시작과 더불어 식물의 성장에 필요한 물의 근원인 비와 관련되어 발생하게 되었던 것으로 보고 있다.[38]

번개무늬 외에도 지탑리유적[39]에서 출토되고 있는 물결점줄무늬(派狀點線文)가 새겨진 납작바닥토기, 서포항유적[40]에서 출토된 타래무늬(渦文)토기 등과 남해안지방에서 출토되는 덧무늬토기 등은 그릇의 형태와 특징적인 무늬로 보아 상당한 수준의 공예품으로 볼 수 있어 당시 신석기인들의 예술적 재능을 충분히 짐작할 수 있다. 토기 외에도 일상생활에 흔히 사용되었던 가락바퀴나 뼈·뿔연모(骨角器) 등에도 직선적이며 단조로운 무늬가 새겨져 있

38) 金元龍, 〈原始美術〉(《韓國美術全集》 1, 1980). 6쪽.
39) 도유호·황기덕, 〈지탑리유적 발굴중간보고(1·2)〉(《문화유산》 1957-5·6).
도유호, 〈지탑리 원시유적 발굴보고〉(《유적발굴보고》 8, 1961).
40) 김용간·서국태, 앞의 글.

기도 하지만 점과 선으로 구성된 기하학적인 무늬가 새겨진 것과 자루부분에 어떤 물체를 상징적으로 형상화하여 조각한 것도 보인다. 따라서 신석기시대의 주민들은 일상생활용품에도 장식을 함으로써 예술적인 정서를 표현하고자 하였으며 이후 각종 조각품까지도 만들게 되었던 것이다.

신석기시대에는 주로 사람이나 동물의 형상을 뼈나 돌 등에 새긴 것 외에도 흙으로 빚어 구워 만든 것이 있다. 이 가운데 사람을 형상화한 것으로는 서포항유적에서 사슴뿔을 쪼개어 갈아서 만든 것과 짐승뼈를 납작하게 갈아서 만든 인형이 있으며 농포동유적[41]에서는 흙으로 빚어 사람의 몸 전체를 형상화하여 만든 인형이 출토되었는데 여성을 나타낸 것으로 보고 있다(〈그림 5〉).

또한 짐승을 형상화한 것으로는 서포항유적에서 짐승의 뿔로 어린 짐승을 형상화한 것과 멧돼지의 이빨로서 뱀을 형상화한 것이 출토되었는데 뱀의 조각품은 세모꼴 안에 평행줄이 새겨져 있다. 농포동유적에서는 곱돌로 날짐승을 형상화한 것과 흙으로 만든 개머리조각품이 있다. 특히 이 두 유적에서 출토된 조각품에는 모두 끈으로 맬 수 있도록 구멍이 뚫려 있음이 주목된다(〈그림 6〉).

신석기시대의 유적에서 출토된 각종 조각품은 간혹 사실적으로 표현된 것이 출토되기도 하지만 대부분 도식화되고 상징적으로 표현된 것이다. 동삼동유적[42]에서는 조가비에 3개의 구멍이 뚫려 있는 것이 1점 출토되었는데 보고자는 가면으로 생각하여 어린이들의 장난감으로 보고[43]하고 있으나 남성을 나타내는 탈의 종류로서 상징적인 의미를 부여하기 위한 예술품으로 보는 견해[44]도 있다.

현재까지 발견된 자료들을 볼 때 신석기시대에는 구석기시대에 비해 활동이

---

41) 고고학연구실, 앞의 글.
황기덕, 〈두만강유역의 신석기시대 문화〉(《고고민속》 1962－1).

42) 金元龍, 앞의 글(1973b).
及川民次郎, 앞의 글.
橫山將三郎, 앞의 글.
Sample, L. L., 앞의 글.

43) 金元龍, 위의 글.
———, 앞의 글(1980).

44) 이융조, 《한국선사문화의 연구》(평민사, 1980), 56·57쪽.

〈그림 5〉 사람모양 조각품

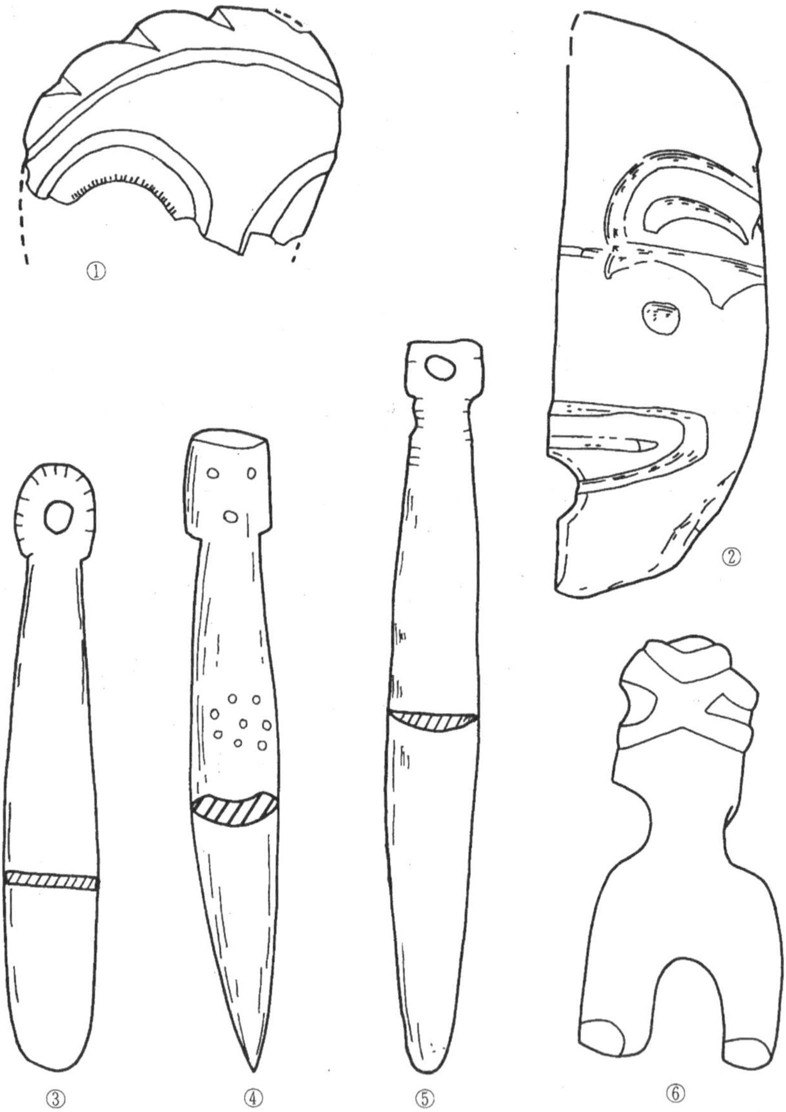

*①~⑤ 서포항유적, ⑥ 농포동유적

〈그림 6〉 동물모양 조각품

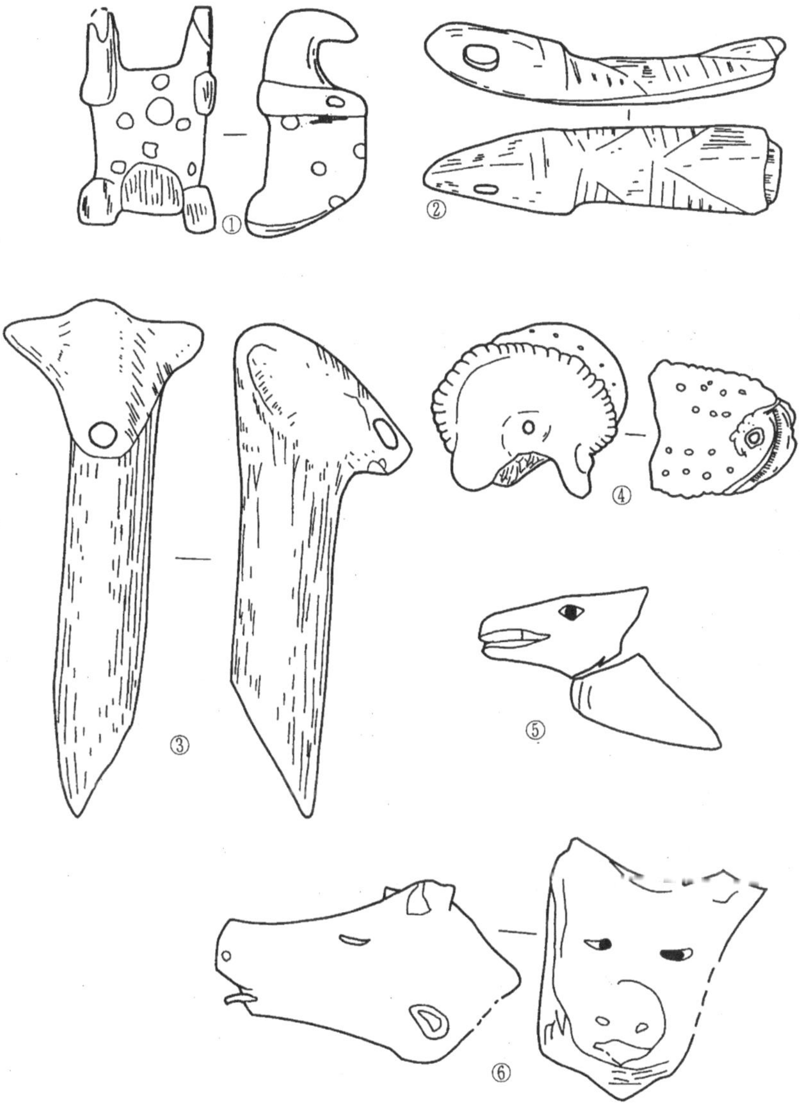

*①~④ 서포항유적, ⑤·⑥ 농포동유적

다양해지고 경제적으로 여유가 생김에 따라 예술을 비롯한 정신문화에 상당한 관심을 가지게 되었으며 그 수준 또한 상당히 발전되었던 것을 짐작할 수 있다. 즉 생산이 발전됨에 따라 신석기인들은 나무·풀·가죽·돌·짐승의 뼈와 뿔 등을 재료로 하여 여러 가지의 공예품과 예술품 등을 만들었던 것으로 보인다. 그 외에도 음악이나 춤 등도 그들의 일상생활이나 제의행사 때에 행하였을 것으로 추측할 수 있으며, 이러한 원시예술은 예술 자체로서 뿐만 아니라 신석기인들의 의식이나 신앙에 결부되어 많이 나타나고 있다.

(4) 의식주

현대사회에서도 의식주는 인간생활의 기본이 되듯이 빙하시대가 끝나고 간빙기의 새로운 자연환경이 시작되는 신석기시대에도 예외는 아니었을 것이다. 즉 새로운 자연환경의 변화에 따라 의식주는 신석기인이 우선적으로 해결해야 할 과제였을 것이며, 결과적으로 이러한 의식주의 해결을 위한 활동이 신석기시대의 새로운 문화가 탄생할 수 있는 토대를 마련하게 되었던 것이다.

가. 의생활

빙하시대가 끝나고 후빙기의 새로운 환경을 맞이하면서 이러한 자연환경의 변화에 보다 적극적으로 대응해 나간 신석기인들은 의생활에 있어서도 새로운 발전을 이룩하게 되었다. 즉 신석기시대의 유적에서 재봉용으로 생각되는 뼈바늘(骨針)과 방직용 가락바퀴(紡錘車)가 출토되고 있는 것으로 보아, 나뭇잎이나 동물가죽으로 몸의 일부만 가리던 구석기인들과는 달리, 신석기인들은 방직기술을 개발하여 직물로 옷을 만들어 입었음을 알 수 있다.

궁산[45]·서포항유적[46]에서 출토된 뼈바늘 중에는 삼베실(麻絲)이 꿰인 채로 발견되었으므로,[47] 처음에는 종래와 같이 사슴·멧돼지 등의 짐승가죽에서 돌칼로 살을 긁어 낸 다음 뼈바늘로 꿰매어 만든 가죽옷을 입었던 것으로

45) 도유호·황기덕, 〈궁산원시유적 발굴보고〉(《유적발굴보고》 2, 1957).
46) 김용간·서국태, 앞의 글.
47) 도유호·황기덕, 앞의 글(1957b).

생각되며 서포항유적의 신석기 후기층에서는 뼈로 만든 바늘을 보관하는 바늘통까지 출토되었다고 한다(〈그림 7〉).[48]

〈그림 7〉 뼈바늘

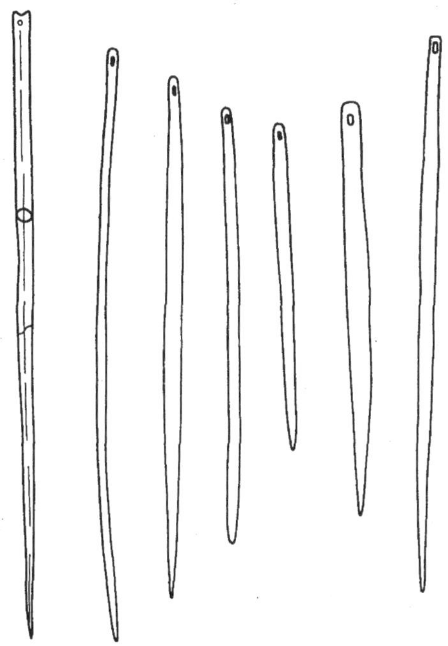

또한 많은 유적에서 출토되는 각종의 가락바퀴는 방직법의 존재를 말해주는 것으로서, 주로 가락바퀴를 이용하여 짐승의 털이나 삼베(麻)와 같은 재료로 옷감을 만들어 입었던 것으로 짐작된다.

그리고 옷에는 꾸미개(裝身具)류의 착용도 다양해진 것으로 생각되는데, 꾸미개 가운데는 짐승의 뼈·뿔·이빨 또는 돌로 만든 치레걸이(垂飾)가 가장 많이 출토되고 있다.

뼈·뿔·돌·조가비 등으로 만들어진 꾸미개가 출토된 유적들을 살펴보면 서포항·농포동[49]·궁산리·금탄리[50]·청등말래[51]·세죽리[52]·당산[53]·동삼동[54]

48) 김용간·서국태, 앞의 글.
49) 고고학연구실, 앞의 글.
황기덕, 앞의 글.
50) 김용간, 〈금탄리원시유적 발굴보고〉(《유적발굴보고》 10, 1964).
51) 리순진, 〈신암리유적 발굴중간보고〉(《고고민속》 1965-3).
김용간·리순진, 〈1965년도 신암리유적 발굴보고〉(《고고민속》 1966-3).
52) 김정문, 〈세죽리유적 발굴중간보고(1)〉(《고고민속》 1964-2).
김명우, 〈세죽리유적 발굴중간보고(2)〉(《고고민속》 1964-4).
53) 도유호, 《조선원시고고학》(1961), 53~58쪽.
54) 金元龍, 앞의 글(1973b).
及川民次郎, 앞의 글.
横山將三郎, 앞의 글.
Sample, L. L., 앞의 글.

· 암남동[55] · 금곡동 율리[56] · 교동[57] · 연대도[58]유적 등이 있다. 서포항유적에서는 뼈나 뿔로 만들어진 여러 가지의 치레걸이가 출토되었으며, 농포동유적에서는 벽옥제 팔찌가, 궁산유적에서는 새다리뼈로 만든 대롱옥이, 금탄리와 청등말래유적에서는 곱돌로 만든 팔찌와 판암제 고리(環)가, 세죽리유적에서는 판암으로 만들어진 타원형 꾸미개가, 당산유적에서는 판암제 꾸미개가, 동삼동과 암남동유적에서는 조가비팔찌가, 율리유적에서는 돌로 만든 꾸미개 등이 출토되었다(〈그림 8〉).

또한 교동유적에서는 반투명의 유백색 대롱옥과 함께 수정조각과 白瑪瑙石조각 등이 출토되었고, 특히 연대도유적에서는 조가비팔찌와 함께 짐승이빨의 한쪽에 구멍을 뚫어 여러 개를 꿰어서 발목에 장식되어 있는 인골이 출토되었는데 이러한 현상은 현재에도 미개사회에서 흔히 볼 수 있다.

서포항유적에서는 사슴뿔을 갈아서 만든 유물이 출토되었는데 머리 쪽에 네모 또는 둥근 모양의 구멍이 뚫려 있고, 아래로 좁아지면서 끝이 뾰족하게 처리되어 있는데 보고자는 용도가 분명하지 않다고 하였다.[59] 그러나 동일본지방의 죠몬시대 유적에서 비슷한 것이 출토된 예가 있는데 일본고고학에서는 이것을 '헤어핀'(笄)이라고 보고[60]하고 있으므로 이 유물도 머리꽂이로 해석하고 있다.[61]

이러한 유물들은 신석기인들이 자신의 몸치장에 있어 적지 않게 관심을 가지고 있었음을 알 수 있는 자료로서 당시의 의생활이 보다 다양하게 발전되었음을 짐작할 수 있다.

나. 식생활

신석기시대는 해수면의 상승으로 인하여 이전에 넓게 전개되었던 삼림이나 해수에 침수되는 등 자연환경이 변화함에 따라 그 동안 식량확보의 대상물이었던 대형동물의 활동영역이나 먹이가 감소하게 되어 그 수가 급격히

---

55) 有光敎一, 〈釜山岩南洞貝塚〉(《朝鮮學報》 36, 1965).
56) 金廷鶴 · 鄭澄元, 《金谷洞 栗里貝塚－岩蔭住居遺蹟》(釜山大, 1980).
57) 金元龍, 앞의 글(1963), 1～27쪽.
58) 韓永熙 · 任鶴鍾, 〈煙臺島조개더미 斷崖部 Ⅱ〉(《韓國考古學報》 26, 1991).
59) 김용간 · 서국태, 앞의 글.
60) 江坂輝彌 編, 〈櫛文土器と貝塚〉(《古代史發掘》 2, 1973).
61) 金廷鶴, 앞의 글(1990).

〈그림 8〉 치레걸이(①~⑧)와 팔찌(⑨~⑪)

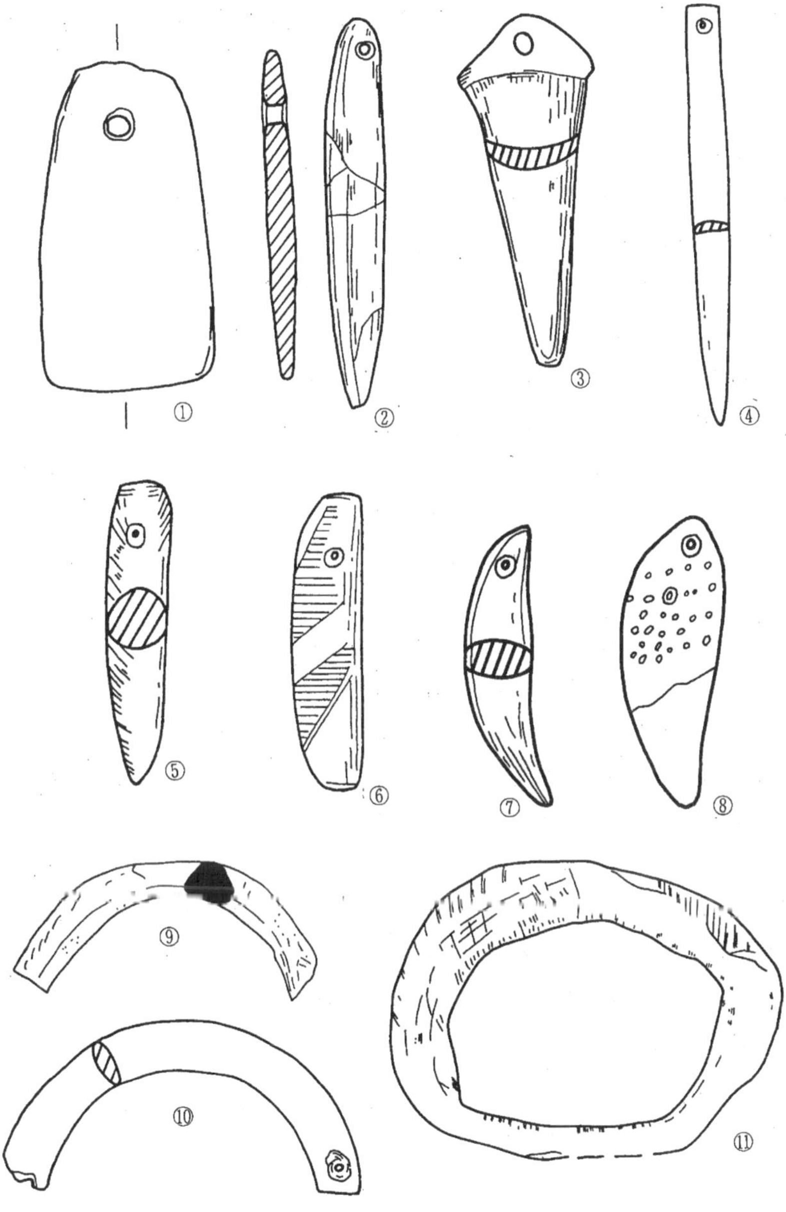

줄어들게 되었다.[62] 이에 신석기인은 식량확보문제로 커다란 시련에 부딪히게 되었고, 따라서 새로운 환경의 변화에 적응하기 위한 새로운 기술의 개발이 불가피하게 되었다.

신석기시대는 구석기시대 이후 위험이 뒤따르고 계속성이 없는 사냥보다는 비교적 손쉽고 계속적으로 얻을 수 있는 조개줍기와 고기잡이에 중점을 두고 바닷가나 강가에서 생활하였음을 알 수 있다. 즉 집터의 입지조건이 바닷가나 강가라는 사실과, 신석기인들이 채집하여 먹은 뒤 버린 조가비가 쌓여 형성된 이른바 당시의 쓰레기장이었던 조개더미(貝塚)유적이 한반도 전지역에 걸쳐 분포되어 있는 것으로 보아 고기잡이를 위주로 하는 경제생활을 영위하였다고 보여진다. 이외에도 구석기시대에 성행하였던 사냥과 식물채집 행위도 병행하였다고 생각된다.

한편 후기에 이르면 북방에 접하여 원시적이나마 잡곡을 재배하는 농경과 함께 집에서 짐승을 기르게 되었다. 한반도는 산악·준평야·해양·분지·강수면 등을 고루 갖추고 있으므로 작은 영토이지만 식량공급원을 다양하게 구할 수 있었던 것이다.

신석기시대의 집터의 한가운데에는 화덕자리(爐址)가 배치되어 있는데 이러한 화덕은 난방이나 조명을 위해 마련된 것으로 생각할 수 있다. 그러나 밑바닥에 그을음이 묻은 토기와 불에 타다 남은 동물뼈·조가비 등이 발견되는 것으로 미루어 보아 음식을 조리하는 데에도 이용되었던 시설이었음을 짐작할 수 있다. 또한 함경도지방의 신석기시대의 유적에서는 땅속에 큰 독을 묻어 만든 저장시설내에서 진흙·숯 등이 출토되고 있어 당시에 이미 火食을 하였음을 알 수 있다. 즉 조개나 물고기를 토기에 담아 끓이거나 때로는 불에 그을려 굽기도 하였으며 식물 등을 삶거나 하는 등 식품을 가공하여 먹는 방법을 알고 있었던 것으로 보여진다.

한편 궁산[63]·지탑리[64]·암사동[65] 집터 내부의 화덕이나 출입시설 부근에는

62) 任孝宰, 〈編年〉(《韓國史論》 12, 國史編纂委員會, 1983).
63) 도유호·황기덕, 앞의 글(1957b).
64) 도유호·황기덕, 앞의 글(1957a).
도유호, 앞의 글.
65) 金元龍, 앞의 글(1983).

큰 토기의 밑부분을 떼내고 땅속에 거꾸로 묻은 저장시설이 발견되었는데, 화덕 곁의 것은 취사도구나 음식물을 저장했던 시설이고 출입구 부근의 것은 고기잡이·사냥 등의 작업에 사용되었던 도구들을 준비해 둔 시설로 생각할 수 있다.

신석기인들은 고기잡이·사냥·식물채취 등을 중요한 수단으로 삼았다. 이러한 사실은 신석기시대의 유적에서 출토되는 유물 가운데 석기나 뼈제품 등에서도 알 수 있다. 석기로는 작살·그물추·이음식낚시도구·창·화살촉·도끼 등이, 뼈제품으로는 낚싯바늘·화살촉·작살 등이 출토되고 있다. 이 가운데 작살·그물추·낚시도구 등은 고기잡이용으로 사용되었는데 이외에도 발견된 것은 없으나 나무작살·대나무망태·용수 따위도 고기잡이에 사용되었을 것이지만 부식되어 남아 있지 않은 듯하다.

신석기시대의 유적에서 출토되고 있는 생선의 뼈·이빨 등을 미루어 보아 도미·삼치·상어·성게·대구·민어 등을 식용으로 이용하였음을 알 수 있다. 그리고 조개더미유적에서는 매우 큰 굴껍질이 대부분을 차지하고 있으므로 당시 사람들의 주식으로 굴이 많이 채취되었음을 짐작하게 한다. 굴 외의 조개류로는 전복·투박조개·우렁이·대복·고둥·떡조개·반지락·백합·새꼬막·바다가리비·가무락조개·소라 등의 조가비가 출토되고 있다. 특히 조개더미에서 출토되는 긁개·찍개 등은 이러한 굴이나 조개류를 까먹는 데에 이용되었던 도구로 생각할 수 있다.

한편 전복이나 투박조개 등은 5~20m 정도의 깊은 바다 모래땅에서 서식하는 것이며, 남해안의 연대도[66]와 욕지도유적[67]에서 출토되었던 인골 가운

——, 앞의 글(1970).
金光洙, 앞의 글.
金鍾徹, 앞의 글(1971).
——, 앞의 글(1975).
——, 앞의 글(1976).
李白圭, 앞의 글.
任孝宰, 앞의 글(1985).
——, 앞의 글(1983a).
이기길·황선옥, 앞의 글.

66) 韓永熙·任鶴鍾, 앞의 글.
國立晉州博物館, 《煙臺島》Ⅰ(국립진주박물관 유적조사보고서 8, 1993).

67) 國立晉州博物館, 《欲知島》(국립진주박물관 유적조사보고서 3, 1989).

데에 건장한 남성의 뼈에서 잠수생활을 장기간 할 경우 나타나는 현상인 外耳道骨腫이 발견되고 있어 신석기시대에는 남성의 작업으로서 잠수활동이 성행하였음을 짐작할 수 있다.

돌살촉이나 돌창은 사냥에 사용되었던 도구로 생각되는데 사냥은 구석기시대 이후 오랜 전통을 가지는 것으로 신석기시대에는 시작과 더불어 화살촉이 새로운 사냥도구로서 등장하게 된다. 활은 원거리용으로 동물에 직접 가까이 접근하지 않아도 날쌘 짐승이나 날짐승 등을 쉽게 잡을 수 있기 때문에 종래에 집단으로 행해졌던 무리사냥 외에 개별적인 사냥도 가능하게 되었으며 사냥대상의 종류와 수량도 증가하게 되었던 것이다.

실지로 각지의 유적에서는 사슴·노루·멧돼지·소·말·토끼·영양·고라니·여우·너구리·오소리·곰·쥐·꿩·물개·돌고래·바다사자·바다표범 등의 동물뼈가 출토되고 있다. 특히 사슴·노루·멧돼지의 뼈는 각 유적에서 고루 출토되고 있으며 궁산유적에서는 100마리분 이상의 뼈가 출토되고 있어[68] 신석기시대 주민의 주된 식량공급원이었던 것으로 볼 수 있다.

지탑리·암사동·미사리유적[69] 등에서는 탄화된 도토리가 다량 출토되었는데 신석기시대에는 도토리와 같은 열매나 식물을 채집하여 주식으로 이용하였던 것으로 짐작된다. 특히 도토리는 일본 죠몬시대에 가장 중요한 식량자원이었으며 캘리포니아의 인디안사회에서도 주식으로 이용되었다고 한다.[70]

신석기시대 유적에서 다량 출토되고 있는 굵개와 돌도끼는 조개를 캐거나 짐승을 내려쳐서 잡는데 이용되기도 하였으나 간혹 풀 또는 나무 등의 뿌리를 파는데 사용되었던 도구로도 생각할 수 있다. 한편 서포항유적에서는 짐

68) 도유호·황기덕, 앞의 글(1957b).

69) 金元龍, 앞의 글(1961).
崔淑卿, 앞의 글.
金鍾徹, 앞의 글(1967).
任孝宰, 앞의 글(1981).
尹世英, 앞의 글.

70) Koyama, Shuzo·D. H. Thomas, Affluent Foragers, *Senri Ethnological Studies No. 9*, National Museum of Ethnology, 1979.
迂稜三, 〈東アジアの堅果食－日韓先史時代におけるドングリ食の共通性〉(《朝鮮學報》 12, 1989), 145～190쪽.

숭뼈를 갈아서 만든 숟가락이 출토된 것으로 보고되어 있는데[71] 이 유물이 숟가락으로 사용된 것이 확실하다면 당시에 이미 식생활에서 상당한 문화적인 생활을 하였음을 말해주는 자료가 될 것이다(〈그림 9〉).

〈그림 9〉 뼈숟가락

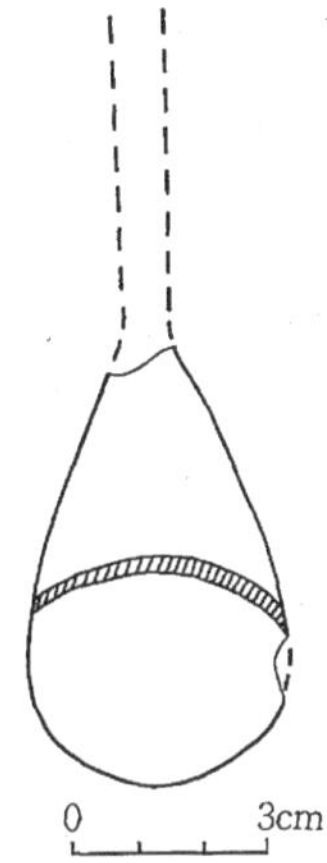

*서포항유적

후기에 이르면 중국 화북지방에서 발생한 仰韶·龍山의 농경문화가 간접적으로 파급됨에 따라 원시적이나마 농경에 의한 식량생산이 나타나게 되었다.

후기에 속하는 지탑리유적에서 탄화된 조가 출토되었으며[72] 돌로 만든 보습·낫·괭이·땅파는 막대기 등과 멧돼지 이빨로 된 낫·뿔괭이·뒤지개 등의 농구가 출토되는 것으로 보아도 농경이 시작되었음은 충분히 짐작할 수 있다.[73] 갈판(碾石)과 갈돌(碾石棒), 공이(敲石) 등은 도토리와 같은 열매나 곡물 등을 갈아 먹는데 사용되었던 도구였다. 이 시기에는 조뿐만 아니라 작은 입자의 다른 잡곡도 재배되었을 것으로 보고 있다.[74]

또한 신석기인들이 자연을 정복하고 오랜 기간 사냥활동을 해오면서 축적된 경험을 통하여 창안해 낸 것으로는 집에서 짐승을 기르는 가축기르기를 들 수 있다. 가축을 기르게 된 것은 사냥을 통하여 얻을 수 있었던 짐승의 고기나 털을 쉽게 구하고자 하는데 목적이 있었으며 차차 발전하여 초기의 목적 외에도 짐승의 젖을 얻기도 하였으며 사냥이나 호신용으로도 이용하게 되었던 것이다.

---

71) 김용간·서국태, 앞의 글(1972).

72) 도유호는 앞의 글(1961)에서 피나 조로 보고하고 있다. 佐藤敏也는 《シンポジウム·日本農耕文化の起源》(1968), 101쪽에서 피로 단정하고 있다.

73) 李春寧, 〈韓國農耕起源에 대한 硏究〉(《民族文化硏究》 7, 1973), 3~12쪽.

74) 李春寧은 위의 글, 10쪽에서 작은 입자의 곡물인 피·기장·조 등이 초기의 주곡이었을 것으로 보고 있다.

신석기시대의 유적에서 출토되는 집짐승뼈로는 개·돼지뼈가 있는데 개는 한반도에서 일찍부터 가축으로 길러졌기 때문에 당시에 이미 인간과 친숙했던 집짐승이었음을 알 수 있다. 돼지도 일찍부터 집에서 길러졌던 짐승이었으며 농경을 하던 사람들이 흔히 기르던 짐승 중 식용에 사용되었던 중요한 짐승으로 알려져 있다. 한반도 외에도 아시아나 유럽의 신석기시대에 농사를 짓던 사람들이 돼지를 키웠던 것으로 밝혀져 있다.[75] 가축기르기를 주된 생업으로 삼고 있었던 주민들은 돼지를 기르지 않고 양이나 염소를 기르고 있었던 것으로 짐작된다.

이외에도 궁산유적에서는 물소뼈가 발견되었는데 물소는 아열대지방의 동물로서 현재 양자강 이남의 동남아시아와 같은 더운 지방에서 사육되고 있는 가축이다. 따라서 현재 한반도의 서북지방은 추운 지대이나 신석기시대의 한 시기에는 지금보다 훨씬 따뜻했을 것으로 짐작할 수 있다.

다. 주생활

구석기인들은 산지의 동굴이나 지상의 간이천막 및 돌담그늘을 집으로 이용하여 생활하였으며[76] 신석기인들도 동굴이나 바위그늘을 이용한 인공 및 자연주거가 존재하였다. 의주 미송리,[77] 단양 상시리[78]·도담리 금굴[79]·수양개,[80] 부산 금곡동 율리,[81] 청도 오진리유적[82] 등은 자연적인 동굴이나 바위그늘을 이용한 자연주거이고, 춘천 교동유적[83]은 인공적인 요소가 가미되어 있는 주거형식이다. 한편 새로이 땅을 파서 만든 움집이 가장 많이 발견

75) 사회과학원 력사연구소, 〈모계씨족사회의 발전〉(《조선전사》 1－원시편, 과학·백과사전출판사, 1979).
76) 任孝宰, 앞의 글(1983b).
77) 김용간, 〈미송리 동굴유적발굴 중간보고〉(《문화유산》 1961－1·2).
78) 손보기, 앞의 글.
홍현선, 앞의 글.
79) 손보기, 〈단양 도담리지구 유적발굴조사보고〉(《'84忠州댐水沒地區 文化遺蹟發掘調査略報告書》, 1984).
80) 충청북도, 《忠州댐水沒地區 文化遺蹟發掘調査綜合報告書》(1984).
81) 金廷鶴·鄭澄元, 앞의 글.
82) 釜山大博物館, 《淸道 梧津里岩蔭遺蹟》(雲門댐水沒地域 文化遺蹟發掘調査報告書 1, 1994).
83) 金元龍, 앞의 글(1963).

되고 있기 때문에 움집이 일반적으로 보편화된 주거양식이었음을 짐작할 수 있다. 한편 춘성 내평리유적[84]에서는 일정한 범위에 돌을 깔아 만든 돌깐집(敷石住居)이 발견되고 있다. 움집은 발견된 기둥자리·서까래조각 등을 토대로 집의 모양을 추정할 수 있는데 대개 집터 바닥에 세운 기둥 사이에 가로로 굵은 나뭇가지를 엮은 후 이것에 서까래를 땅위에서부터 걸쳐 풀·나무·흙 등으로 지붕을 이어 만든 형태로 복원할 수 있다. 따라서 종전의 지상천막과 비교해 볼 때 거의 반영구적이라는 사실에서 당시 생활이 매우 안정되어 있었을 뿐만 아니라 정착된 생활을 하였음을 짐작할 수 있다.

움집터(竪穴住居址)의 유적수는 그다지 많지 않으나 현재까지 발견된 유적을 중심으로 집터가 만들어졌던 입지를 살펴보면, 대개 큰 강가나 바닷가의 고운 모래퇴적지 또는 강안에 면한 경사면에 형성되어 있다. 신석기시대의 집터는 낮은 습지대나 널찍한 평지에 만들어지기도 하나, 대부분 구릉지대 특히 그 경사면에 만들어졌던 것이다. 간혹 조가비층에 만들어지는 경우도 보인다.[85]

움집의 양상은 다양하게 나타나고 있으며 대개 시기에 따라 전기와 후기로 구분하고 있다.[86] 집터의 모습이 시기적으로 변화했다는 것은 그 속에서 살았던 사람들의 주거생활이 달랐다는 의미도 내포하고 있는 것이다.

움집의 평면형태는 둥글거나 혹은 네 모서리를 줄인 네모꼴이 대부분을 차지하지만 차츰 네모꼴로 바뀌며 후기에 이르면 긴네모꼴의 형태로 바뀌어진다. 움집의 크기는 지름 또는 1변이 6m 내외의 것이 대부분이다. 깊이는 60㎝ 정도가 가장 많으며 얕은 것은 30㎝ 내외이고 깊은 것은 1.2~1.5m 정도의 것도 발견되고 있다. 이로 보아 면적은 20~30㎡ 내외가 일반적이다.

움집의 바닥이나 벽은 진흙을 깔고 이를 굳게 다진 것이 일반적이나 서포항 제3호 집터의 경우[87]는 진흙을 깔고 다진 위에 불을 때어 매우 단단하게 하였다는데 이것은 집터 바닥이 조가비층이었기 때문인 것으로 짐작된다. 집

84) 韓炳三 外, 〈昭陽江水沒地區 遺蹟發掘調査〉(《八堂·昭陽댐水沒地區 遺蹟發掘綜合調査報告》, 文化財管理局, 1974).
85) 김용간·서국태, 앞의 글(1972).
86) 김용간·서국태, 위의 글.
87) 金正基, 앞의 글(1987), 122~130쪽.

터의 바닥이나 벽의 전체를 짚 또는 풀 등을 깐 흔적은 발견되지 않았으나 사람들이 앉거나 누울 때는 그 곳에만 동물의 가죽으로 만든 자리 같은 것을 깔고 생활했던 것으로 생각된다.

또한 집터 바닥에는 크고 작은 구멍들이 발견되고 있는데 처음에는 움집의 벽에서 얼마간의 사이를 두고 벽을 따라 둥글게 배치된 기둥구멍이 발견되지만 후기에는 집터의 한 변, 특히 긴네모꼴의 집터에서는 기둥구멍이 긴변을 따라 평행하게 2줄 또는 3줄 등으로 배치되어 나타나고 있다. 전자의 경우는 원추형의 집과 원통형의 蒙古包式집의 주거형식[88]으로 시베리아·몽고 등 북방아시아의 특징적인 주거형식이며, 후자는 중앙의 기둥을 중심으로 하여 양쪽으로 경사진 지붕을 이루는데 이른바 맞배지붕의 주거형식을 나타낸다.

집터 내부에는 화덕자리·저장공 및 출입을 위한 시설 등이 있는데 화덕의 경우는 대부분 둥근모양·타원모양 또는 네모지게 바닥을 약간 파고 주위에는 길쭉한 강돌을 돌린 것이 대부분이나 진흙을 쌓아 둑을 돌린 것도 있다. 크기는 길이 1m 내외이다. 이른 시기에는 집터 바닥의 중앙에 배치되어 있는 것이 대부분이나 늦은 시기에는 중앙에서 약간 떨어져 바닥 한쪽으로 치우쳐 배치된다. 간혹 집터 안에서 발견되지 않는 경우도 있는데 화덕을 집 밖에 설치하거나 취락 전체의 공동시설로서 따로 만들어졌던 것이 아닌가 생각된다. 화덕은 주로 추위를 막고 음식을 끓이거나 굽기 위한 조리용 시설이며, 한편으로는 짐승이나 적의 습격을 막는 방편으로 이용되기도 하였던 것 같다.[89]

화덕 곁에는 저장공이 발견되기도 하는데 간혹 저장공내에 모래를 깔고 그 속에 곡물이나 때로는 석기들이 넣어진 채 발견되고 있으므로 음식을 조리하는데 필요한 도구나 식량을 보관해 두었던 시설이었음을 증명해 주는 자료가 된다. 때로는 집 바깥에 땅을 파고 큰 항아리의 밑을 떼어내어 거꾸로 묻은 것을 이용하기도 하였다.[90]

---

88) 도유호, 앞의 책.
金鴻植, 〈先史時代 살림집의 構造에 대한 硏究(假說)〉(《文化財》 11, 1977).

89) 도유호·황기덕, 앞의 글(1957b).
김용남, 〈궁산문화에 대한 연구〉(《고고민속론문집》 8, 1983).

90) 金廷鶴, 앞의 글(1990).

또한 집안으로 출입하기 위한 시설로는 간단한 계단이나 경사로가 남아 발견되기도 하지만 그러한 시설이 없는 경우에는 나무로 만든 사다리를 이용하였거나 또는 나무토막·큰돌을 이용하여 출입시설을 대신하였을 것으로 생각해 볼 수 있다. 출입시설은 낮은 채광을 고려하여 동남쪽과 서남쪽의 햇볕이 잘 드는 곳에 만들어져 있다.

집터 안에서 출토되는 유물의 분포상태로 보아 신석기시대에 이미 주거내에서 공간기능의 분화가 이루어졌음을 알 수 있다. 예를 들면 지탑리 제1호 집터의 경우[91] 출입시설이 있는 곳에서는 돌살촉·돌창·돌도끼 등이 발견되었고 움집의 가장 안쪽의 화덕 곁에서는 갈돌 등이 출토되고 있어, 그 분포상황으로 보아 화덕을 중심으로 입구의 반대쪽 깊숙한 곳은 주로 여자들이 취사 등의 작업을 행하던 공간이고, 출입구 부근은 남자들이 간단한 석기를 만드는 작업을 행하던 공간으로 구분할 수 있다. 이는 주거 내부를 필요에 따라 적당하게 공간을 분할하여 생활하였던 것으로서 주거의 기능이 잠을 자고 비바람을 피하는 원시적인 목적에서 벗어나 보다 다목적인 용도로 개발되었음을 알 수 있다.

그러나 후기에는 주거의 면적이 넓어질 뿐만 아니라 작업대가 흔하게 발견되며 남성들의 작업공간으로 생각되는 화덕과 출입구의 사이가 넓어진 점 등은 남성들의 주거내 활동이 많아졌음을 알 수 있다.

〈韓永熙〉

4 주변지역 신석기문화와의 비교

1) 한반도 신석기문화의 영역구분과 지역성

한반도 신석기시대의 문화는 사냥과 채집에 전적으로 의존하는 이동생활의 구석기시대와는 달리 정주생활과 토기의 제작·사용에 그 특징이 있다. 이러한 문화는 일부 학자들에 의해 한반도 안에서 자체적으로 발생한 것으

91) 도유호·황기덕, 앞의 글(1957a).

로 주장되기도 하나 대체로 주변지역 주민들과 접촉하는 가운데 성립된 것으로 보는 견해가 일반적이다. 따라서 한반도 신석기문화의 해명은 반도를 둘러싸고 있는 중국·시베리아·극동지방·일본 등 동아시아의 한 지역문화라는 커다란 틀 속에서 이루어져야 된다고 생각하며, 이러한 견해가 최근의 고고학계의 연구동향이기도 하다.

따라서 주변의 지역지역마다와 따로따로 비교할 수도 있겠으나 동아시아 내에서의 한반도 신석기문화의 위치와 흐름을 파악해 봄으로써 보다 폭넓게 한반도의 문화를 이해하는데 도움이 되리라 생각된다. 이와 같은 작업을 위해서는 먼저 한반도 신석기문화의 특성을 파악하여 같은 시기 주변지역 문화와의 상사성과 상이성을 인식하는 작업이 선행되어져야 할 것이며, 이러한 인식을 바탕으로 주변지역 문화와의 실상이 비교·검토될 때 두 지역간 문화의 상관관계가 보다 확연히 드러날 것으로 여겨진다. 이미 우리 신석기학계에는 이와 같은 주제로 쓰여진 여러 편의 글이 있다. 그 글들은 과거에는 대부분 대한해협을 사이에 두고 있는 우리 나라의 남해안과 일본 규슈(九州) 지방을 대상으로 하였으나 최근에는 아무르강과 송화강유역을 중심으로 하는 중국 동북지방과 아무르중·하류역까지 연구의 폭이 넓어지고 있으며 여기에 일본 혼슈(本州)의 신석기문화상도 언급되고 있어 그야말로 한반도 신석기문화를 동아시아 속에서 정립시키고자 하는 노력이 이어지고 있다.[1)]

여기서는 시베리아·한국·일본지역의 신석기문화가 하나의 커다란 흐름 속에 놓여 있는 것으로 여겨지기 때문에 세 지역을 하나로 묶고 이에 더해 중국 동북지방과 한반도 서북지방의 지역문화상을 언급하여 한반도 신석기문화의 전반적인 양상을 아울러 살펴볼 것이다. 그러나 우리 나라의 신석기시대의 연구상은 아직 이들 지역과의 비교연구가 충분하지 못하며 그나마

---

1) 李東注, 《韓國先史時代 南海岸 有文土器硏究》(東亞大 博士學位論文, 1996).
李相均, 《新石器時代における韓國南海岸と九州地方の文化交流》(東京大 博士學位論文, 1994).
任孝宰, 〈한·중 신석기문화 관련성에 대하여〉(《東아시아 韓國新石器文化의 諸問題》-제9회 한국고대학회 학술발표요지-, 1996).
韓永熙, 〈新石器時代 中·西部地方 土器文化의 再認識〉(《韓國의 農耕文化》 5, 京畿大 博物館, 1996), 129~147쪽.

중국 동북지방과 시베리아지방의 광활한 지역의 문화상을 살필 수 있을 만큼 그 지역의 고고학적 발굴조사가 원활히 이루어지고 있지 못한 실정으로 서로의 관계를 구체적으로 파악하기에는 시기상조임을 느끼지 않을 수 없다. 따라서 큰 줄기를 잡는데 그치게 될 우려가 없지 않다.

한반도의 신석기문화와 주변지역의 신석기문화를 비교하는 데 가장 중요한 요소가 한반도 신석기문화의 영역구분과 편년 그리고 토기·석기·골각기 등 유물의 종류와 형태에 대해 살펴보는 일이다. 한반도의 신석기문화는 동북지방, 서북지방, 중·서부지방, 중부 동해지방, 남해안지방 등 크게 5개의 영역으로 구분된다.[2] 각 문화영역은 중심되는 지역의 위치와 그에 따른 자연환경의 차이에 따라 경제형태가 다름을 알 수 있는데, 이로 인하여 토기의 기형과 문양이 다르고 도구의 종류와 제작방법이 달라 각각의 영역에 따른 문화의 특성을 파악할 수 있다.

각 영역은 해로와 육로를 이용하여 주변지역과 활발한 문화교류를 하게 되는데 청천강 이북·압록강 하류역의 서북지방과 두만강유역의 동북지방 등 북쪽으로 대륙과 이어져 있는 지역은 육로에 의한 문화교류가, 대동강·한강·재령강유역의 중·서부지방과 남해안 일대의 남부지방 등 바다에 면해 있는 지역은 육로보다는 해류의 흐름에 따른 해로에 의한 교류가 활발하였다. 한편 강릉·양양·속초 등 중부 동해지방은 지리적 특성에 따라 육로는 물론 해로로도 문화교류가 활발하였음을 알 수 있다. 이러한 문화전파 및 접촉에 의한 지역간 교류에 따라 서북지방은 遼河유역을 중심으로 하는 중국 동북지방과, 동북지방은 아무르·송화강·목단강·연해주지역의 신석기문화와, 중·서부지방은 내몽골·몽골·바이칼호 주변지역의 문화, 남해안지방은 한반도의 동북지방·연해주지역·아무르중류역을 비롯한 松嫩평원지역과 밀접한 관계에 있음을 알 수 있다. 한편 중부 동해지방은 해로를 통하여 한반도의 동북·남부지방 및 아무르중류역과, 그리고 육로를 통해서는

2) 종래 한반도 신석기시대의 영역은 넷으로 구분하는 견해가 일반적이었다. 이번에 여기에 중부 동해안지방을 추가한 것은 이 지역이 동해의 중간쯤 그리고 한강 상류의 끝쪽에 위치하는 지리적 특성으로 인하여 각 영역의 문화가 혼합된 모습을 보이는 외에도 문화의 지역적 특성이 강하게 나타나는 점에 그 바탕을 두었다.

한강유역의 중·서부지방과 밀접한 관계를 유지했던 것으로 믿어진다.

그런데 좁은 한반도도 중부지방을 중심으로 대체로 낙엽광엽수림대가 넓게 분포되어 있으나, 동북지방은 여기에 부분적으로 침엽수림대가 형성되어 있고, 남해안지방은 사계절 푸르름을 유지하는 조엽수림대에 해당되어 자연환경상의 차이점이 드러나는 것을 알 수 있다.[3] 또한 북쪽에 위치하는 동·서·중부지방은 북방으로부터 전래된 잡곡농경이 신석기시대의 이른 시기부터 시작되나, 중부 동해지방과 남해안지방은 해안가에 위치하는 지리적 특성에 따라 어로와 조개채취에 큰 비중이 두어지는 생활을 영위해 도구의 종류에 있어서 많은 차이점을 보여준다.

이와 같은 차이점은 일단 외부로부터의 문화유입에 의해 생성된 지역문화가 어느 지역에 정착하게 되면 그 지역의 자연환경에 따라 지역특성에 알맞는 문화로 변형·발전되어 나아가는데 기인하는 것으로 생각된다. 그러므로 주변지역의 문화와의 비교를 시도할 때 우리가 경계해야 할 점은, 어느 한 시기에 유사한 내용의 문화를 두 지역에서 보여준다고 하더라도 시기가 경과하면서 문화의 기본적 상사성은 점차로 옅어진다는 점을 염두에 두어야 된다는 사실이다. 또한 비교대상이 되는 두 지역의 문화가 같은 뿌리에서 연유된 문화라고 하더라도 지역성이라는 틀, 그리고 여러 사고 속에 존재하는 인간의 다양성에 의해 나름대로의 변화가 다양하게 전개될 수 있는 가능성을 대수롭지 않게 여겨서는 안된다는 점이다. 따라서 지나치게 세밀히 상사점과 상이점을 분석하는 것은 큰 흐름을 파악하는 데에는 별 도움이 되지 않을 것으로 생각되며 오히려 문제의 핵심을 찾아 나가는데 장애요인이 되지 않을까 우려된다.

한반도와 주변지역의 신석기문화를 비교할 때는 유물 외적으로 각 지역의 인문·지리적 환경 그리고 그것에 따른 식생대와 경제생활의 양태가 고려되어야만 한다. 이러한 문제들이 정리될 때 유물상에 보이는 문화의 전파와 유입 그리고 생성과 변화의 양상이 보다 분명히 부각될 것이기 때문이다.

〈韓永熙〉

---

3) 佐佐木高明, 〈東アジア農耕文化の類型と展開〉(《日本人の起源》, 小學館, 1986), 89쪽.

2) 동아시아 신석기문화의 이동

(1) 신석기문화의 이동

두 지역간 문화의 전파경로를 추적해 보는데 비교연구의 대상으로 가장 크게 부각되는 것이 토기이다. 토기는 만들기도 쉬운 반면, 구운 온도가 높지 않아 깨지기도 쉬우므로 비교적 사용기간이 짧아 다른 재질이나 다른 용도의 유물보다는 유적발굴조사에서 항상 다량으로 출토되고 있다. 또한 제작자의 의도가 보다 많이 반영되고 용도에 따른 기형변화가 아직 충분히 분화되지 않은 이른 시기일수록 제작전통이 보다 많이 남아 있게 된다. 한편 밖으로부터 더 나은 새로운 토기제작기술이 유입되면 사용기간은 짧아지게 되고 제작빈도는 반비례하여 잦아지게 되니까 곧 제작에 반영되는, 앞서 이야기한 제작자의 전통이 오래 남는다는 속성에 상반되는 모습도 보이게 된다. 이러한 점에 의해 토기는 신석기시대에 있어서 지역에 따른 문화접변과 한 지역의 시대편년에 가장 큰 자료가 된다.

한반도 신석기시대의 편년은 각 지역마다 큰 차이점이 보이지만 주변지역의 연대관과 비교하여 볼 때 그 개시연대는 BC10,000년 이상으로 소급된다.[1)]한반도 최초의 토기문화로는 제주 高山里[2)]와 청도 梧津里유적[3)]에서 출토된 민무늬토기가 덧무늬(隆起文)토기에 앞서는 것으로 언급되고 있으나 아직 출토된 예가 많지 않아 분명하지 않다. 따라서 현재로서는 남해안 일대의 해안가와 도서지역, 웅기 西浦項, 양양 鰲山里, 울산 新岩里 등지를 중심으로 하는 동해안에서 주로 출토되는 덧무늬토기가 가장 이른 시기의 확실한 토기양식으로 여겨진다. 덧무늬토기는 단양 상시동굴유적[4)]과 거창 壬佛里유적[5)]

---

1) 韓永熙, 〈新石器時代 中·西部地方 土器文化의 再認識〉(《韓國의 農耕文化》 5, 京畿大 博物館, 1996), 104~141쪽.

2) 李淸圭·高才元, 〈高山里遺蹟과 石器遺物〉(《濟州 新石器文化의 源流》-1995年度 韓國新石器硏究會 發表要旨-, 1995), 6~26쪽.

3) 釜山大博物館, 《淸道 梧津里岩蔭遺蹟》(1994), 210~216쪽.

4) 홍현선, 〈상시 3바위그늘의 문화연구〉(延世大 碩士學位論文, 1987).

5) 安春培, 〈居昌 壬佛里遺蹟 發掘進展報告〉(《제12회 한국고고학전국대회 발표요지》, 1988), 135~148쪽.

에서도 출토되는 등 내륙지방에서의 출토사례도 증가하고 있어 앞으로의 조사에서 분포범위가 더욱 넓어질 것으로 예상된다. 덧무늬토기는 C_{14}연대의 분석에서 그 상한이 BC5,000년 무렵인 것으로 밝혀져 있으나 층위를 갖추어 출토되는 오산리 Ⅰ식토기와의 형식학적 비교에서 10,000년 전까지 소급할 수 있을 것으로 기대되고 있다. 한편 임불리유적에서는 덧무늬토기에 잔석기(細石器)들이 함께 출토되어 그 상한연대는 더욱더 올라갈 수 있을 가능성이 제기되었다.

덧무늬토기 다음 단계의 토기로는 한반도 신석기시대를 대표하는 빗살무늬토기가 전국적인 범위로 출토된다. 이것은 한반도 신석기시대의 문화영역을 5개로 구분하는 기본자료가 되는데 서북지방에서는 중국 동북지방에 넓게 분포하는 之字文深鉢形토기를 비롯해 요하 이서지방의 요동반도와 유사한 토기양식을 보이는 新岩里 Ⅰ·Ⅱ식토기가 출토되고 있으며 동북지방에서는 아무르중·하류역과 연해주 남부해안지방과 유사성을 보여주는 납작바닥의 심발형토기문화권을 이루고 있다. 한편 중·서부지방에서는 尖底長卵形의 岩寺洞 Ⅰ·Ⅱ·Ⅲ식, 金灘里 Ⅰ·Ⅱ식, 內坪式, 矢島式토기 등이 대표적 토기양식이 되고 있으며, 남부지방에서는 덧무늬토기에 이어 영선동식토기, 남해안식의 둥근바닥빗살무늬토기, 겹아가리(二重口緣)토기가 나타난다.

위에 열거한 신석기시대의 한반도출토 토기 가운데 주변지역과의 관련성을 보여주는 토기로는 중국 동북지방, 아무르유역과 연해주 그리고 일본열도의 혼슈·규슈지방과의 관련을 보여주는 덧무늬토기, 그리고 규슈지방과 덧무늬토기 이래 밀접한 관련을 보여주는 영선동식토기(押引文토기), 남해안식 빗살무늬토기(沈線文토기)가 있다.

일본열도에서의 덧무늬토기는 홋카이도(北海道)를 제외한 혼슈와 시코쿠(四國) 그리고 규슈에 넓게 분포되고 있다.[6] 혼슈에서는 니이가타(新瀉)縣 코세가자와(小瀨が澤)洞窟遺蹟, 후쿠이(福井)縣 토리하마(鳥浜)貝塚 등 해안가와 내륙지방에서 고루 발견되고 있으며 규슈지역에서는 해안가에 집중적으로 분포하고 있다. 한반도와 일본지역에서의 덧무늬토기의 출토양상으로 볼 때 이

6) 横浜市歷史博物館, 《繩文時代初創期》(1996), 7쪽.
小野昭 外, 《圖解日本の人類遺蹟》(東京大學出版會, 1992), 54쪽.

것은 동해를 중심으로 하여 그 양안에 고루 분포하는 것을 알 수 있다.

한편 북쪽 내륙지방에서의 덧무늬토기는 송화강의 북쪽 지류인 嫩江과 洮兒河流域·아무르중류역의 昻昻溪地區, 鎭賚縣, 安廣縣, 洮安縣, Novopetrovka, Gromatukha, 연해주 우수리강 상류의 Chanka호 북쪽에 위치하는 新開流遺蹟 등이 알려져 있다.

이상 세 지역의 덧무늬토기는 덧무늬의 시문방법과 무늬내용에서 유사하고 여기에 口緣部孔列, 豆粒文手法의 토기가 공반되고 있으며 석기문화에서도 잔석기문화라는 공통인자를 갖고 있다. 이 토기양식이 동해를 중심으로 해서 그 주변에 넓게 퍼지는 분포의 특징으로 볼 때 각기 해당지역에서의 자체 발생보다는 어느 한 지역에서 발생하여 다른 지역으로 확산되었을 가능성을 더 크게 보여준다. 이제 각 지역별로 연대관을 살펴봄으로써 이 토기의 기원지를 추적해 보도록 한다.

규슈 나가사키(長崎)縣의 泉福寺와 福井洞窟, 에히메(愛媛)縣의 上黑岩岩蔭遺蹟 등에서는 층위적 발굴에 의해 확인된 덧무늬토기층에서 BP12,000년 전후의 C_{14}연대가 얻어졌으며 남규슈지방의 鹿兒島市 婦除山遺蹟 등에서는 화산재층의 연대에 의해 BP11,000년 전으로 확인된 薩摩화산재층 아래에서 無文·豆粒文·隆帶文·隆線文·微隆起線文토기 등이 확인되어 일본지역의 덧무늬토기가 대체로 BP12,000년경에는 존재했던 것으로 밝혀졌다.

아무르강유역을 중심으로 하는 북방지역 토기문화의 출현시기는 30년 전까지만 해도 BC5,000년경인 것으로 생각되었으나 최근 15년간의 고고학적 조사에서 BP12,000년을 상회하는 것으로 밝혀지고 있고 덧무늬토기로 대표되는 Novopetrovkaya 2호 주거지는 BP11,000~9,000년까지 올라가는 것으로 발표되었다. 이제까지의 자료와 정보에 따르면 아무르강유역이 동부시베리아 초창기 토기문화의 중심지가 되고 있으며 최초의 토기제작자는 Osivskaya문화의 담당자로 그 연대는 BC13,000~10.000년경에 편년된다.

한반도의 덧무늬토기는 전술한 대로 그 상한이 10,000년 전으로 소급될 수 있을 것으로 기대되나 현재의 자료로는 BC5,000년경인 것으로 의견이 모여지고 있다. 특히 이것이 가장 집중적으로 출토되고 있는 남해안지역의 패총유적에서는 일본의 동굴유적과는 달리 덧무늬토기와 함께 豆粒文·無文·口緣孔列文

등이 층위의 구분없이 섞여서 출토되고 있다. 이렇게 C_{14}연대가 BC5,000년 이하로 나오고 서로 다른 문양의 토기들이 혼합상태로 출토되고 있는 것은 남해안 덧무늬토기의 규슈전래설을 주장케 하는 한 원인이 되었다. 그러나 최근 거창 임불리와 제주 고산리유적에서 잔석기와 덧무늬토기가 공반되는 층위의 출현 가능성이 높아졌고 오산리 B지구에서 BC10,000년에 해당하는 C_{14}연대도 얻어지고 있어 한반도에서의 덧무늬토기 출현시기의 연대가 아무르강 유역과 일본지역의 그것과 비슷한 시기로 상향조정될 가능성이 높아졌다.

이와 같이 덧무늬토기를 중심으로 해서 문화공동체를 형성하고 있었던 세 지역은 비슷한 시기에 편년된다. 그렇다면 그 문화의 기원지가 어디인가를 생각해 보도록 한다. 한국과 일본의 고고학자나 유전인자의 연구자에 따르면 두 나라 민족의 기원은 자체 기원설보다는 북방기원설에 더 큰 비중을 둔 것으로 판단된다. 북방계문화의 일본 쪽으로의 남하는 바이칼→아무르강→사할린→홋카이도→혼슈 쪽으로의 유입설, 아무르→송화강→우수리강→연해주→북륙지방을 통한 혼슈유입설, 그리고 한반도를 통한 규슈유입설 등이 상정되어 있다. 이러한 북방계문화의 일본유입은 GM유전자를 비롯한 여러 유전자의 분석을 통해 볼 때 그 원류를 바이칼호 주변에 둘 가능성이 가장 높은 것으로 밝혀졌다. 한편 북방계문화의 한반도로의 남하는 내몽고→발해만→서해를 통한 서부지방으로의 루트와 아무르→송화강→우수리강→연해주→동해를 통한 동·남부지방으로의 루트가 알려져 있다. 이러한 문화전파의 루트 그리고 한·일 두 지역에서의 덧무늬토기의 분포로 볼 때 이 토기는 아무르중류역의 기원지로부터 각각 두번째 루트를 통해 동해를 중심으로 하는 한·일 두 나라 일대에 널리 분포되는 것으로 판단된다. 이러한 추정은 최근 발표된 아무르유역의 고고학적 성과 그리고 일본의 홋카이도지역에서 아직 덧무늬토기유적이 발견되지 않은 것으로도 뒷받침된다 하겠다.[7)]

시베리아지역에서는 후기 구석기인 30,000년경부터 *石刃*기법의 석기제작기술이 발달하여 신석기시대에 이르기까지 오랜 기간에 걸쳐 사용된다. 이 기법은 동아시아 일대로 확산되어 시베리아를 비롯해 중국 동북지방, 한반도, 사할

---

7) 덧무늬토기의 분포지역·연대에 대해서는 韓永熙, 앞의 글, 133~135쪽 참조.

린과 홋카이도지역을 포함하는 일본 전역에서 출토의 예가 보고되어 있고 그 연대는 대체로 15,000년 전쯤인 것으로 밝혀졌다.8) 이러한 수법으로 만든 石刃鏃은 동아시아 각지에서 새롭게 만들어지는 토기와 함께 출토되는데 노보페트로후카유적을 중심으로 시원되는 덧무늬토기문화는 세루게네후카·오시노뷔에호·구로마도우·콘돈·新開流 등 아무르하류역과 우수리강에 이르기까지 넓은 지역으로 확산된다. 노보페트로후카덧무늬토기는 진흙띠를 만들어 붙이는 貼付덧무늬토기(진흙띠의 굵기에 따라 太線덧무늬토기와 細線덧무늬토기로 구분된다)와 판상의 整面具를 가로로 이어 눌러 당길 때 자연적으로 양쪽에 돋게 되는 微덧무늬토기로 구분된다. 송눈평원지대와 아무르중류역을 중심으로 발생한 첩부덧무늬토기와 미덧무늬토기는 시기를 달리하여 아무르하류역 →송화강→우수리강→연해주지방을 경유하여 해안가를 따라 한반도 동해안지방으로 그리고 동해의 해류를 따라 일본열도의 북륙지방을 중심으로 하는 주변해역으로 전파되어 내륙지방으로 확산된 것으로 판단된다.

이와 같이 덧무늬토기가 첩부덧무늬토기와 미덧무늬토기로 구분되는 것은 일본과 한반도에서도 마찬가지 현상이나 한반도에서는 대부분이 융기선문토기인데 반해 일본지역에서는 한 토기에 융기선문과 微덧무늬가 같이 베풀어져 있는 토기 외에 미덧무늬가 단독으로 들어 있는 토기가 활발하게 제작되었다. 특히 규슈지방에서는 繩文전기 前半토기의 대표적 양식인 토도로키식(轟式)토기가 미덧무늬토기에 기본을 두고 있어 두 지역 덧무늬토기의 지역차를 뚜렷이 보여준다.

과거 한반도와 일본열도 덧무늬토기의 상관관계를 이야기할 때 앞에서 서술한 바와 같이 덧무늬토기가 출토되는 규슈지역의 유적에서 얻어진 C_{14}연대를 근거로 해서 덧무늬토기가 규슈에서 한반도 남해안으로 북상 전파되었다는 견해도 있었고9) 거꾸로 화산재에 의한 규슈지역 주민이 절멸된 뒤 한반도로부터 남하 전래되었다는 견해도 있었다.10) 그러나 아무르중류역·한반도

8) 木村英明, 〈北海道の石刃鏃文化と東北アジアの文化〉(《季刊考古學》 38, 1992), 43~47쪽.

9) 廣瀨雄一, 〈韓國隆起文土器の系譜と年代〉(《異貌》 12, 共同體研究會, 1986), 18쪽.

10) 甲元眞之, 〈日本の古代文化と朝鮮半島〉(《日本人の起源》, 小學館, 1986), 109~113쪽.

・일본열도의 덧무늬토기를 살펴본 결과에 따르면 이 토기가 아무르중류역에서 시원되어 연해주를 경유해서 따로따로 두 지역으로 내려가 정착되었다고 생각되는 것이다. 다만 한반도에는 두립문・구멍무늬(孔列文) 일부 공반관계에 있는 첩부덧무늬토기가 동해안지방과 남해안지방에 정착한 후 한반도 내의 중・서부지방계 토기인 尖底半卵形빗살무늬토기의 영향에 의해 침선문계빗살무늬토기로 변화되기까지 오랜 기간 사용되었으리라 생각되며 일본열도에서는 첩부덧무늬토기가 전래된 후 미덧무늬가 다시 들어와 공존하였으며 지역에 따라서는 첩부덧무늬토기가 없어지고 미덧무늬토기만이 존재했던 것으로 믿어진다. 이를 도식화하면 다음과 같다.

〈Novopetrovka유적을 중심으로 하는 아무르중류역〉
・貼付덧무늬토기
・太線덧무늬토기
・細線덧무늬토기
・微덧무늬토기
・豆粒文・口緣孔列文・爪形文

⇒

아무르下流
松花江
우수리江
沿海州南海岸

⇗ 해류에 의해 북륙・동북지방 현 일대로 유입 내륙지방으로 확산
・貼付덧무늬토기
(太線・細線덧무늬토기)
・微덧무늬토기
・口緣孔列文・爪形文

⇒ 동해안을 따라 남하해서 남해안 지방에 주로 정착
・貼付덧무늬토기
(太線・細線덧무늬토기)
・口緣孔列文・爪形文

⇘ 해류에 의해 서북규슈로 직래 혹은 한반도를 경유해서 서북규슈로 남하(단지 경유에 불과)
・貼付덧무늬토기
(太線・細線융기문토기)
・微덧무늬토기(轟식토기)
・豆粒文・口緣孔列文・爪形文

위에서 보면 한반도 남해안에서 덧무늬토기가 만들어질 때 같은 시기 규슈에서는 덧무늬에서 條痕文에 의한 미융기선문을 특징으로 하는 뾰족・둥

근·납작바닥의 깊은바리형(深鉢形)토기의 토도로키식토기문화로 변화했음을 알 수 있다. 이와 같은 변화가 일어나게 된 배경에는 앞서 언급한 문화유입단계의 생략과정에도 그 원인이 있다고 보여지나 그 밖에 두 지역 주민의 토기제작 및 문양시문의 방법에 있어서의 선호도에 더 큰 까닭이 있지 않았나 생각된다.

이 시기 두 지역의 토기문화는 근본적으로 독자적인 지역성을 바탕으로 생성·발전해 나갔다고 보는 것이 현재의 고고학적 자료로서는 보다 타당한 결론이 아닐까 여겨진다. 그러나 두 지역의 주민은 북방어로민에 뿌리를 둔 주민으로서 지리적으로 가까운, 공동어로구역인 대한해협을 사이에 둔 공통의 문화권으로 설정될 만큼 밀접한 관계를 갖고 있었음이 두 지역에서 출토되는 유물상에서 밝혀진다. 이러한 관계를 보여주는 유물로는 두 지역에서 출토되는 이음식낚시, 뼈작살, 植刃石器의 한 부분인 石鋸와 돌작살(石銛), 조가비가면(貝面), Scraper류석기, 土製멧돼지조각품, 조가비팔찌(貝輪) 등이 있다.[11] 한편 남해안의 각 유적에서 출토되는 돌살촉(石鏃) 등의 재료인 黑曜石은 규슈 佐賀縣의 腰岳産일 가능성이 높은 것으로 밝혀지고 있으며 연대도패총에서 출토된 石匙와 조흔문에 의한 미덧무늬가 베풀어진 토도로키식토기 그리고 울산 신암리와 통영 연대도패총에서 출토된 몸통부에 段을 갖는 토도로키 B식토기는 규슈지역과의 관계를 보여주는 좋은 예가 되고 있다.[12] 그러나 여기에 보이는 규슈계유물은 남해안주민의 문화에 아무런 영향도 주지 못하고 있어 두 지역간의 교역관계에서 나타나는 하나의 부산물에 불과한 것으로 판단된다.

(2) 남해안계와 규슈지역의 신석기문화

아직 확실한 유적에서의 출토된 예가 없는 短斜線文系 아가리무늬토기를 설정하여 중·서부지방 초창기토기로 명명한 바 있다. 따라서 口緣短斜線文·胴部魚骨文·底部放射線文의 고전식 토기인 암사동 I식토기를 전기 전반

11) 島津義昭, 〈日韓の文物交流〉(《季刊考古學》 38, 雄山閣出版, 1992), 54~58쪽.
12) 李相均, 〈繩文前期前半期における轟B式土器群の樣相〉(《東京大學文學部 考古學研究室 研究紀要》 12, 1994), 157~158쪽.

에 편년하고, 이 시기의 늦은 시기에 이 토기양식이 중부 동해안지방과 남부지방으로 널리 퍼져 나가 두 지역의 토기문화에 큰 영향을 주는 것으로 판단하였다. 이 때 중부 동해안지방은 덧무늬토기문화권에서 벗어나 지역적 특징을 보여주는 오산리 평저 II식에, 남해안지방은 刺突文·押引文·沈線文이 베풀어지는 영선동식토기가 전단계의 토기양식인 덧무늬와 침선문이 결합된 말기형덧무늬토기와 병존하는 시기에 해당되는 것으로 여겨지며, 그 시기는 중·서부지방의 신석기시대 전기 중반인 BC4,500~4,000년 무렵으로 생각된다(〈표 1〉 참조).

〈표 1〉 한반도 중·서부지방 토기편년

시기 / 지역	초창기	전 기	중 기	후기	민무늬토기시대
대동강 재령강	短斜線文系口緣 文樣土器(未發見)	岩寺洞 I 式 岩寺洞II式	岩寺洞II式·金灘里 I 式	金灘里 II 式	팽이形土器
한강	〃	〃 〃	岩寺洞 II 式	岩寺洞III式 內坪式(?)	팽이形土器 紅陶 孔列土器
서해도서 서해안	〃	〃 〃	矢島式 岩寺洞 II 式	矢島式 岩寺洞 III 式 栗里式 北村里式	漢江式無文土器
중부 동해안	隆起文土器 —鰲山里平底 I 式	鰲山里平底II式 —岩寺洞 I 式	岩寺洞 II 式(?) 鰲山里III式	? ?	孔列土器 紅陶
금강	隆起文土器(?)	岩寺洞 I 式	岩寺洞II式	錦江式	漢江式無文土器

*韓永熙, 〈新石器時代 中·西部地方 土器文化의 再認識〉(《韓國의 農耕文化》 5, 京畿大 博物館, 1996), 140~145쪽.

영선동식토기는 목단지·바리·둥근바닥 깊은바리형의 기형을 갖추고 있는데 남해안 일대는 물론 서해안의 부안 界火島, 군산 앞바다의 노래섬을 비롯한 서해 중부지방과 동해안의 경주 하서리[13]·양양 오산리를 비롯한 중부 동해안지방에까지 널리 분포하는 토기양식으로, 처음에는 덧무늬토기와 공존

13) 洪鎭根, 〈慶州市 陽南面 下西里 新石器時代遺蹟〉(《國立慶州博物館年譜》, 1995), 133~146쪽.

하나 후기가 되면 독립된 지역토기로 성립되는 한 시기를 긋는 토기양식이다. 이러한 영선동식토기가 남해안 일대에서 제작되고 있을 때 규슈지방으로의 진출이 적극적으로 이루어져 니시가라츠(西唐津)토기라는 새로운 양식의 토기를 성립시킨다.[14] 한편 토도로키 B식토기는 단순한 깊은바리형의 전통을 갖는 여러 줄의 横隆帶文토기로의 변천과 함께 자돌문·압인문·침선문과 덧무늬가 결합되는 토기, 이들 무늬 중 덧무늬가 생략되는 토기, 민무늬토기 등이 같이 출토되는 토기양식인 후카호리(深堀)식·노구치(野口)식토기로 변화해 간다.[15] 이러한 양식의 토기들이 서북규슈에 존재하고 있을 때 남해안으로부터 세 부위 무늬에 기본을 두고 있는 빗살무늬토기가 전해져 새로운 토기양식인 소바타식(曾畑式)토기로 성립되는데 그 연대는 BC4,000년 전후였던 것으로 생각된다.

소바타식토기는 빗살무늬토기와 마찬가지로 구연부·동부·저부의 세 부위에 서로 다른 내용의 무늬가 베풀어져 기본적으로 빗살무늬토기의 한 지역양식으로 여겨지나 貝殼條痕文에 의한 기면 조정이 토기제작의 기본적인 방향이 되며 한편 동부에 횡문양구획대를 돌리고 그 안에 무늬를 채우고 있어 토도로키 B식토기의 전통이 강하게 남아 있음을 알 수 있다. 또한 반출되는 석기와 골각기에도 규슈지역 이른 시기 이래의 문화전통을 갖고 있어 지역적 특성을 지니면서 변화하였음이 인지된다.

이제까지 남해안 덧무늬토기와 규슈지역 토도로키식토기가 각각 영선동식토기와 침선문계빗살무늬토기로, 니시가라츠식토기·후카호리식·노구치식토기와 소바타식토기로 변화되어 가는 과정을 살펴보았다. 이를 통하여 덧무늬토기와 규슈지방 덧무늬 및 토도로키식도기는 서로 유사한 문화내용을 가지고 있으면서 계통을 달리하는 지역적 토기양식인 것으로 보았으나 규슈의 니시가라츠식토기는 남해안의 영선동식토기의, 소바타식토기는 침선문계빗살무늬토기의 직접적인 영향을 받아 성립된 규슈지역의 토기양식인 것으로 밝혀 보았다. 그렇다면 전시기 깊은 교류 속에도 서로의 독자적 문화

---

14) 李相均, 〈東아시아 속에서의 韓國 新石器時代文化〉(《第9回 韓國古代學會 學術發表要旨》, 1996), 66~67쪽.

15) 水ノ江和同, 〈曾畑式土器の成立〉(《季刊考古學》 38, 雄山閣出版, 1992), 75~78쪽.

를 유지해 온 두 지역 주민들이 영선동식토기를 사용하는 시기에 왜 남해안계의 문화가 갑자기 규슈에 대거로 흘러 들어가게 되었을까 하는 의문에 접하게 된다.

이러한 의문을 풀어주는 것이 아카호야화산재설이 아닐까. 아카호야화산재설은 BC4,500~4,000년 사이에 가고시마(鹿兒島)縣 三島村의 硫黃島에서 화산이 폭발할 때 쌓인 화산재로 인해 서북규슈의 내륙부와 먼 섬지역을 제외한 규슈 전역의 인간과 동·식물이 사멸되었고 이후 식생이 회복되는 시기에 한반도 남해안 쪽에서 대거 주민의 유입이 이루어졌다고 하는 내용이다. 이러한 주장은 우선 영선동식토기와 빗살무늬토기의 전래시기가 화산폭발시기와 멀지 않다는 점에서 논리적 뒷받침이 주어진다. 한편 규슈에 인간이 살아남아 있던 서북규슈에서는 가장 오랜 소바타식토기가 출토되는 반면, 화산재의 피해가 가장 극심했던 가고시마현과 그 주변 섬들에서 가장 늦게 소바타식토기가 등장하는 점, 그리고 일단 성립된 소바타식토기가 빠른 속도로 남진하는 모습에서도 그 원인을 찾을 수 있다 하겠다.

〈韓永熙〉

3) 서북한·동북한지역과 요동반도의 신석기문화

중국과 한반도지역간의 신석기문화를 비교하기 위해서는 먼저 두 지역의 신석기시대 유적·유물에 대한 편년체계가 확립되어 있어야 하겠으나, 현재까지는 중국과 한반도 전역에 걸쳐 신석기문화를 직접 비교할 수 있을 만큼 두 지역의 편년체계가 확립되지 못하였다. 다만 최근 한반도 북부지방과 인접한 중국 동북지방의 유적조사가 급진전되어 이 지역 전반에 걸친 신석기문화의 지역분포권이 세분화되고 있으며, 각개 지역의 개별편년도 시도되고 있다[1](〈지도 1〉). 특히 1970년대 후반기에 들어와서 요동반도 남부지역에서는 郭家村유적·小珠山유적·于家村유적 등이 분층발굴됨으로써 이 지역 신석

1) 白弘基, 〈東北亞 平底土器의 硏究-遼東半島와 韓半島 北部地域을 中心으로〉(《韓國上古史學報》 12, 1993), 7~20쪽.

〈지도 1〉 중국 동북지방 및 한반도 북부지방의 주요 신석기시대 유적분포도

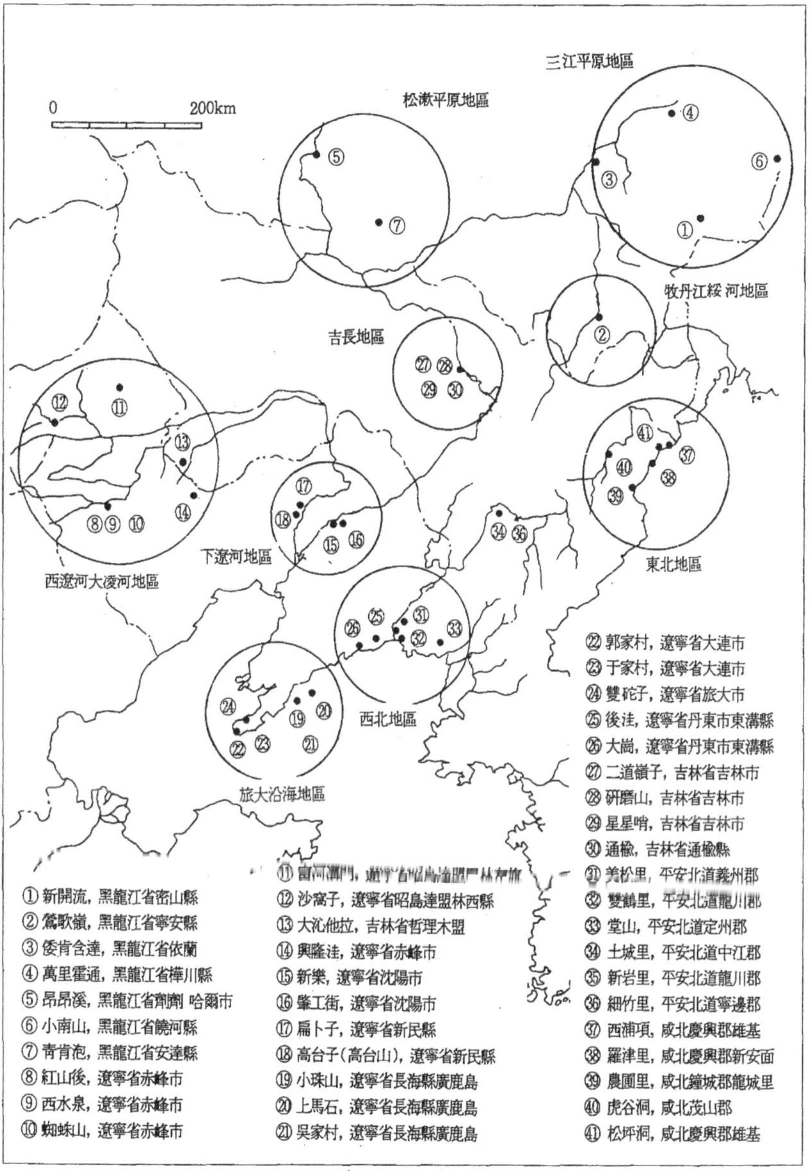

기문화편년의 기초가 확립되었으며,[2] 이러한 편년체계를 토대로 각 시기별 문화의 특징이나 변천양상도 어느 정도 밝혀져 가고 있다.

이와 같이 요동반도 신석기문화의 편년이 확립되어 그 변천양상이 파악됨에 따라 여기에 인접한 미송리·당산·쌍학리·신암리 Ⅰ기 등 서북한지방 유적들의 병행시기와의 상호관계도 비교해 볼 수 있게 되었는데, 여기에 대한 연구가 1980년대 전반 일본측 학자들에 의해서 제시되었으며,[3] 같은 무렵 국내에서도 요동반도와 서북한 및 동북한지방과의 관계를 검토한 연구가 나온 바 있다.[4]

그 뒤 1980년대 후반에 요동반도지역에서는 압록강 하류역의 丹東地區의 東溝縣 後洼와 石佛山유적조사가 진전되었을 뿐 아니라, 후와유형과 석불산유형의 여러 유적들이 요동반도 북부지역의 일정한 범위에 걸쳐 분포권역을 이루고 있음이 밝혀졌다.[5] 이 지역은 서북한지방과는 압록강을 사이에 둔 인접지역권이기 때문에 두 지역 신석기문화의 상호관계를 더 구체적으로 비교해 볼 수 있게 되었다. 이러한 압록강 하류지역의 유적조사의 진전은 요동반도지역 신석기문화의 편년체계를 보정했을 뿐 아니라 한반도 서북 및 동북지방의 신석기문화와의 상호관계를 비교해 보는데 있어서도 보다 구체적인 자료가 추가되었다.

편년별로 나누어 살펴보겠지만 중국 요동반도지역과 서북한 및 동북한지역의 신석기시대 토기문화는 먼저 요동반도지역에서 선도적 변용이 일어나

---

2) 許玉林, 〈旅大地區新石器時代文化和青銅器時代文化概述〉(《東北考古與歷史》, 文物出版社, 北京, 1982).

3) 小川靜夫, 〈極東先史土器の一考察〉(《東京大學 文學部 考古學研究室 研究紀要》 1, 東京, 1982), 123~149쪽.
宮本一夫, 〈中國東北地方における先史土器の編年と地域性〉(《史林》 66-2, 東京, 1985), 167~217쪽.

4) 白弘基, 앞의 글.

5) 許玉林, 〈後洼遺址考古新發現與硏究〉(《1987年代中國考古學會第6次年會論文集》, 文物出版社, 北京, 1987), 13~23쪽.
———, 〈遼寧東溝縣後洼遺址發掘概要〉(《文物》 1989-12, 文物出版社, 北京), 1~12쪽.
———, 〈遼寧東溝縣石佛山新石器晚期遺址發掘簡報〉(《考古》 1990-8, 科學出版社, 北京), 673~683쪽.

고, 그러한 토기변용은 서북한 및 동북한지역으로 파급되면서 축차적 변화양상이 나타나는 것을 알 수 있다. 이러한 변화양상은 아래의 〈표 1〉에서 보이는 바와 같이 소주산 중층기 이후 기하무늬와 덧띠무늬의 발생과 소멸이 축차적 시간차를 보여주는 점에서도 그 한 측면이 드러나고 있음을 파악하게 된다. 평저유형의 토기를 특징으로 하는 중국 동북계 신석기문화의 영향은 비록 단편적인 자료이긴 해도 양양군 오산리·지경리, 춘천 교동 등 동해안지역과 상노대도, 김해 수가리 등 동남부지역에서도 그 흔적이 나타나고 있으므로 앞으로의 조사진전이 주목된다고 하겠다.

〈표 1〉 요동반도지역과 한반도 서북 및 동북지역별 토기문양 편년대조표

분 기		요동반도	小珠山(하)	大嵒·後洼(상)	小珠山(중)	吳家村期	小珠山(상)	于家村(하)
		서북한		美松里(하)		堂 山	雙鶴里	新岩里(Ⅰ)
		동북한	서포항(Ⅰ)	서포항(Ⅱ)	서포항(Ⅲ)		서포항(Ⅳ)-農圃-虎谷洞(Ⅰ)	
沈線文	螺旋文	요동반도						
		서북한						
		동북한						
	幾何文	요동반도						
		서북한						
		동북한						
	三角文	요동반도						
		서북한						
		동북한						
隆起文	덧띠무늬	요동반도						
		서북한						
		동북한						
	乳釘文	요동반도						
		서북한						
		동북한						
	口緣隆起帶文(二重口緣·疊唇)	요동반도						
		서북한						
		동북한						

(1) 미송리 하층과 후와 하층

1980년대 전반에 요동반도와 서북한 및 동북한지역 신석기문화의 상호관계에 관한 여러 연구들에 의하여 제시된 편년안 중에서 관계되는 부분을 요약·정리해 본 것이 다음의 〈표 2〉이고, 〈표 3〉은 그 뒤 1980년대 후반에 동구현 후와와 석불산유적조사의 진전에 따라서 보완된 편년안이다.

다음의 〈표 2〉와 〈표 3〉에서 보이는 바와 같이 요동반도 남부지역에서 절대연대상으로나 층위상으로 가장 이른 시기의 유적은 소주산 하층이고 여기에 후속되는 유적은 요동반도 북부에 있는 단동지구의 大崗·후와유적이다.[6] 압록강 북안이기도 한 대강·후와는 상호 인접된 유적이고, 후와유적은 최근 분층발굴되어 후와 상하층으로 구분되었으며, 후와 하층유형으로 부르게 되었다.[7]

후와 하층유형은 토기의 바탕흙(胎土)제법이 소주산 하층과 유사하고, 토기의 문양에 있어서도 編織弧線文(之字文), 集線文이 있고, 기형은 直口筒形深鉢(罐)이 주류인 점에서 소주산 하층과 공통된다. 그러나 후와 하층에서 출토된 횡선문, 압인과 刻劃의 人字文, 網文 등이 소주산 하층에서는 거의 보이지 않으며, 후와 하층에서 深鉢(罐)과 共伴된 壺·碗·杯·盤·勺·舟形土器 등은 소주산 하층에서 보이지 않는다.

또한 후와 하층에서는 마제의 石斧·鑿·鏃 등이 주요석기이고 비교적 정교한 활석조각품이 출토되었으나, 소주산 하층에서는 타제석기가 주요석기이며 활석조각품은 출토되지 않았다.[8]

이와 같이 후와 하층유형의 문화는 소주산 하층유형의 문화보다 전반적으로 후대적 양상을 보일 뿐 아니라 후와 하층유형의 유적은 단동지구의 大洋河에서 북쪽으로는 압록강유역의 蒲石河지구로 한정되어 나타나고 있으며,[9] 소주산 하층유형의 유적이 주로 분포하는 요동반도 남부지역과는 그 분포권

---

6) 白弘基, 앞의 글.
7) 許玉林, 앞의 글(1987·1989·1990).
8) 白弘基, 〈요하유역의 신석기문화연구－요동반도북부지역을 중심으로－〉(《國史館論叢》 69, 國史編纂委員會, 1996), 8~13쪽.
9) 許玉林, 앞의 글(1987·1989·1990).

〈표 2〉 요동반도와 한반도 북부지역 편년대조표

연 대	중 국	일 본				
	許玉林(1982)	小川靜夫(1982)			宮本一夫(1985)	
	요동반도지역	요동반도 서부	요동반도 중부	서북한	요동반도지역	서북한
B.C.5000 B.C.4000	小珠山 하층유형		小珠山 하층	美松里 하층	小珠山 하층	美松里 하층
B.C.3000	小珠山 중층·郭家村 하층유형	郭家村(하) 5 4 3	小珠山 중층 吳家村	堂 山	小珠山 중층 吳家村	土城里 堂山 하층
B.C.2000 이상	小珠山 상층·郭家村 상층유형	郭家村(상) 2 1 四平山 雙砣子 Ⅰ 雙砣子 Ⅱ	小珠山 상층 雙砣子 포함층 單砣子 MⅠ	新岩里 Ⅰ 雙鶴里 Ⅱ	小珠山 상층	堂山 상층
B.C.2000 이하	于家村 하층유형			新岩里 Ⅱ	雙砣子 Ⅰ 雙砣子 Ⅱ 雙砣子 Ⅲ	新岩里 Ⅰ

연 대	한 국			북 한	
	白弘基(1986)			1969	
	요동반도지역	서북한	동북한	요동반도지역	서북한
B.C.5000 B.C.4000	小珠山 하층 大崗·後洼	美松里 하층	서포항 Ⅰ 서포항 Ⅱ		
B.C.3000	小珠山 중층 吳家村	堂 山	서포항 Ⅲ		
B.C.2000 이상	小珠山 상층	雙鶴里	서포항 Ⅳ 農圃	沙包子村·李牆子·淸化宮 南玉 上馬石(하), 郭家村(하), 吳家村	金灘里 Ⅰ(細竹里 Ⅰ) 金灘里 Ⅱ(堂山·細竹里 Ⅱ)
B.C.2000 이하	于家村 하층 (雙砣子 Ⅰ)	新岩里 Ⅰ	호곡동 Ⅰ 서포항 Ⅴ	姚家溝	新岩里 Ⅰ(新岩里 Ⅰ·雙鶴里·龍淵里)

〈표 3〉　　요동반도와 한반도 북부지역의 신석기 편년대조표

연　　대	요동반도지역		한반도 북부지역	
	남부지구	압록강 하류지구	서부지방	동부지방
B.C.5000 B.C.4000	小珠山 하층	後洼 하층·大崗	美松里 하층	서포항 Ⅰ 서포항 Ⅱ
B.C.3000	小珠山 중층 吳家村	後洼 상층?	堂　山	서포항 Ⅲ
B.C.2000 이상	小珠山 상층 郭家村 상층	石佛山	雙鶴里	서포항 Ⅳ 農　圃
B.C.2000 이하	于家村 하층· 雙砣子 Ⅰ		新岩里 Ⅰ	虎谷洞 Ⅰ·서포항 Ⅴ

*白弘基, 앞의 글, 7~20쪽 참조.

을 달리하고 있다. 후와 하층의 연대는 B.C.4000년이고,[10] 소주산 하층의 연대는 B.C.4000~5000년이다.[11]

한편 후와 하층유형의 토기는 서북한의 미송리 하층에서도 보인다(〈그림 1〉가). 종래 미송리 하층은 금탄리 Ⅰ층이나 금탄리 Ⅱ층에 대비되는 늦은 시기로 알려져 왔으나,[12] 소주산유적의 분층발굴 성과에 의해서 미송리 하층의 토기는 소주산 하층의 토기문양과 일치된다는 점을 들어서 소주산 하층과 대비되는 것으로 보는 견해들이 제시되어 있다.[13] 그러나 미송리유적의 지리적 위치로 보나 문화의 성격상으로 보아서 소주산 하층보다는 오히려 후와 하층유형에 대비되는 것이 보다 더 타당한 것으로 생각된다[14](〈그림 1〉가~다).

---

10) 許玉林, 위의 글(1987), 19쪽.

11) 許玉林, 앞의 글(1982), 41쪽.

12) 고고학연구소, 〈기원전 천년기 전반기의 고조선문화〉(《고고민속론문집》 1, 사회과학출판사, 평양, 1969), 37쪽.

13) 小川靜夫, 앞의 글.
宮本一夫, 앞의 글.

14) 白弘基, 앞의 글(1993), 80쪽.

〈그림 1〉 소주산 · 후와 · 미송리 토기문양

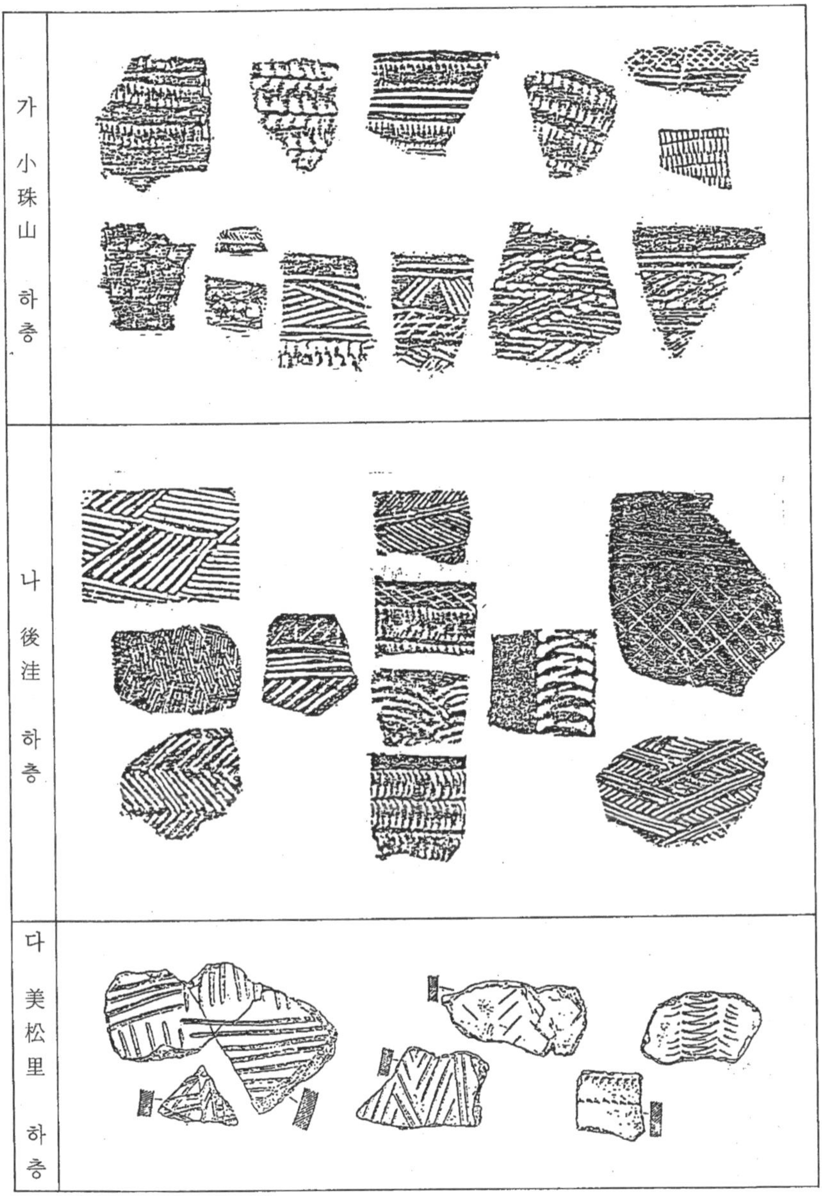

(2) 서포항 Ⅰ~Ⅲ기층 당산유적과 소주산 중·하층, 오가촌기

소주산 하층기에 명백하게 대비될 수 있는 동북한지역의 유적은 아직 알려져 있지 않으나, 동북한지역에서 가장 이른 시기의 서포항 Ⅰ기층은 黑龍江省密山縣 新開流遺蹟 상층과 대비되고, 신개류 상층은 沈陽 新樂遺蹟이나 소주산 하층과 같은 시기의 유적으로 알려져 있는 것을 고려한다면 서포항 Ⅰ기층은 연대상 소주산 하층과 근접한 것으로 추정된다.[15] 서포항 Ⅰ기층의 押型文은 나진패총의 문양과 함께 三江平原의 신개류 상층토기와 상통하는 문양이다(〈그림 2〉가·나). 뿐만 아니라 서포항 Ⅰ기층의 괭이·활촉·긁개·그물추·마치·숫돌 등은 모두 압제석기와 타제석기들인데, 이 가운데 괭이를 제외하고는 모두가 신개류의 상층출토 석기와 유사한 것이며, 서포항 Ⅰ기층의 창끝·삿바늘·찔개살·송곳·치레걸이 등 골각기 역시 세부적인 형태는 다르지만 모두 신개류 상층출토품과 유사한 것이다.[16] 신개류 상층의 C_{14}측정연대는 5,430±90BP(樹輪校正年代 6,080±130BP)이다.[17]

그러나 서포항 Ⅱ기층출토 토기문양을 보면 서포항 Ⅰ기층이나 나진패총과는 구별되는 다양한 양상을 보여준다. 서포항 Ⅱ기층의 주류를 이루는 토기문양은 직선과 점선에 의한 어골문이고, 그 밖에 압형문토기편이 17호·19호 주거지에서 출토되었다(〈그림 2〉나-⑤~⑩). 서포항 Ⅱ기층의 압형문과 압인문은 서포항 Ⅱ기에 있어서 주변지역과의 관계를 설명해 주는 중요한 자료라고 생각된다. 압형문은 서포항 Ⅰ기층과 관련되는 것이나 압인문은 요동반도지역의 특징적인 문양이다. 서포항 Ⅱ기층의 주류 문양은 어골문인데, 이것은 첨저권에 속하는 한반도 중서부지방의 주류 문양이고 弓山문화 Ⅰ기층과 관계되는 것으로 보는 견해도 있다.[18] 서포항 Ⅱ기층의 토기가 서포항 Ⅰ기층이나 나진패총과는 상이하고 요동반도지역이나 한반도 중서부지방의 토기와 상통하는 양상을 보이기 시작한 것은 동북한신석기문화의 지역권이

---

15) 白弘基, 위의 글, 111쪽.

16) 白弘基, 위의 글.

17) 楊 虎, 〈密山縣 新開流遺址〉(《考古學報》 1979-4, 科學出版社, 北京), 514쪽.

18) 金用玕, 〈우리 나라 신석기시대 질그릇 갖춤새 변천에 보이는 문화발전의 고유성〉(《고고민속론문집》 7, 1979), 59쪽.

〈그림 2〉 신개류 상층, 서포항 Ⅰ·Ⅱ기층 토기

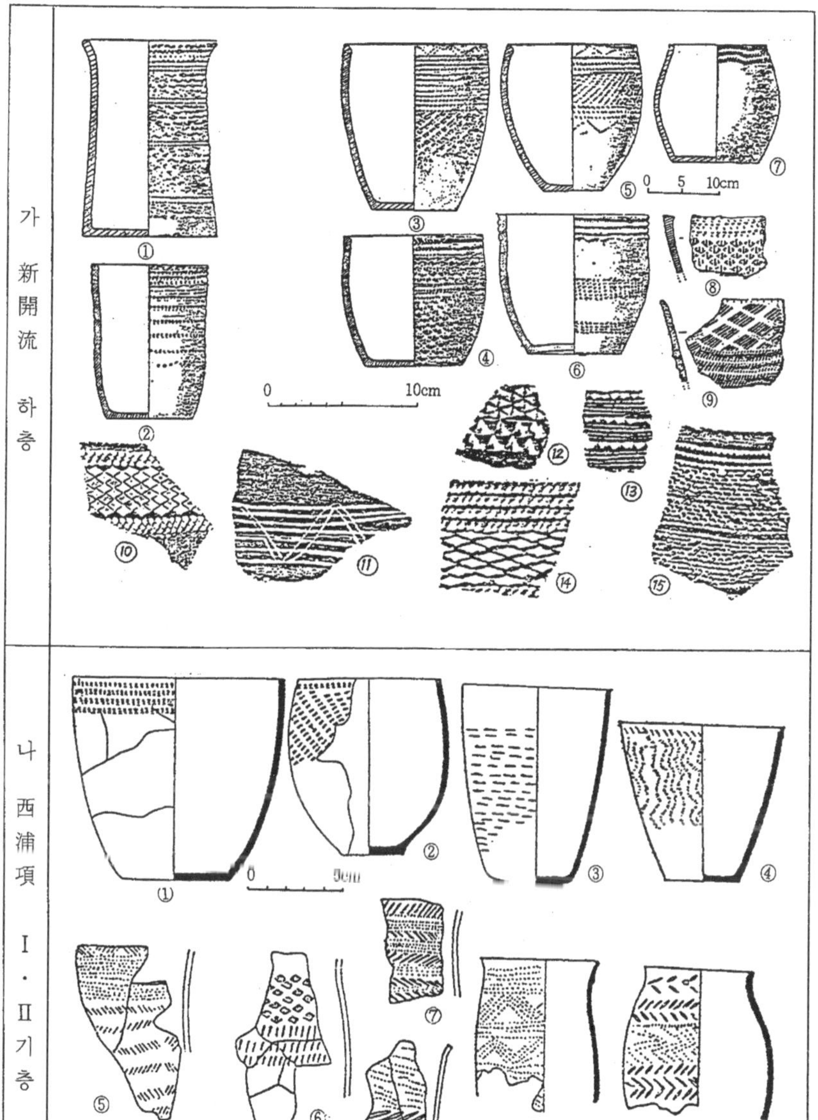

변화되기 시작하였음을 보여주는 것으로 생각된다.[19)]

요동반도지역에서 소주산 하층기에 후속되는 것은 소주산 중층기이다. 소주산 중층기에는 전시기에 주류를 이루었던 連續之字文이나 집선문 등이 거의 소멸되고, 沈線系의 어골문·단선문·집선문·망문 등이 많아지며 기하문이 처음 나타난다. 그 밖에 山東大汶口文化에 속하는 紅地黑彩의 彩陶가 보이나 재지계토기의 변혁에 영향을 미칠 만한 것은 아니다.[20)]

한편 서북한지역에서 소주산 중층기와 대비되는 것은 토성리로 보는 견해가 있으나,[21)] 토성리에는 농포형뇌문토기편과 용당포에서 출토된 縱線文토기편이 출토되었기 때문에 토성리의 편년적 위치를 소주산 중층기에까지 올려보기는 어렵다. 현 시점에서 서북한지역에서 소주산 중층기에 대비해 볼 만한 적절한 유적은 보이지 않는다. 반면 동북한의 서포항 Ⅲ기층은 주목되는 몇 가지 토기요소가 보인다. 그 첫째는 나선문과 집선문이다. 나선문은 시문기법의 측면에서는 즐문계토기에 속하는 것이지만, 태토와 기형 및 문양의 형태는 모두 中原彩陶나 龍山大汶口文化의 토기요소에 속하는 것이다. 서포항 Ⅲ기층의 나선문의 모티브는 소주산 중층에서 출토된 채도의 나선문과 똑같은 것이며(〈그림 3〉①·②), 압인집선문은 요동반도지역에서는 소주산 하층기로부터 나타나는 주류 문양 중의 하나이지만, 소주산 중층기의 집선문은 침선문(刻劃文)이며 동북한지역에서는 이 시기에 처음 보이는 문양인데, 서포항 Ⅲ기층의 삿자리무늬는 소주산 중층기의 席文이나 능형집선문이 퇴화된 양상의 문양이다. 이 밖에 서포항 Ⅲ기층에서는 덧띠무늬(북한측 무늬명칭)도 보이는데 이 문양도 이 시기에 처음 보이는 것이며, 요동반도지역 오가촌기의 附加堆文(중국측 무늬명칭)과 같은 유형이다.[22)]

소주산 중층기에 후속하는 오가촌기의 특징적인 문양은 부가퇴문과 기하문이 배합되는 것이고 기하문은 이 시기에 더욱 다양해진다. 그 밖에 단사선문·어골문·망문 등이 토기의 구연부에만 시문되는 것도 이 시기 특징 중의

19) 白弘基, 앞의 글(1993), 111~113쪽.
20) 白弘基, 위의 글, 47~49쪽.
21) 宮本一夫, 앞의 글, 167~217쪽.
22) 白弘基, 앞의 글(1993), 113~114쪽.

〈그림 3〉 서포항 Ⅲ기층과 소주산 중층의 나선문

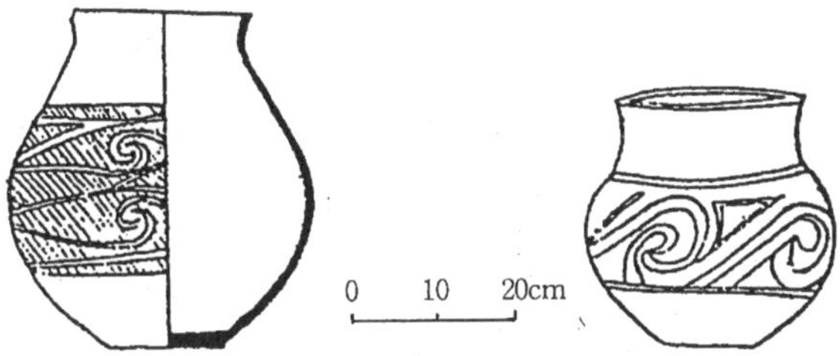

① 서포항 Ⅲ기층 출토 나선문토기

② 소주산 중층 출토 나선문토기

하나이다. 이러한 오가촌토기의 특징이 대부분 보이는 유적은 서북한지역의 당산유적이다(〈그림 4〉①·②). 당산유적에는 오가촌이나 곽가촌과 구별되는 지역적 특징이 없는 것은 아니지만 이 시기에 있어서 요동반도지역과 서북한지역과의 관계는 가장 명백하고, 이 지역 토기의 상대편년을 설정하는데 있어서도 표준으로 삼을 수 있는 시기라고 믿어진다.[23] 한편 동북한의 서포항 Ⅳ기층에서도 오가촌기의 특징적인 기하문과 덧띠무늬가 보이긴 하지만 서포항 Ⅳ기층의 토기문양에는 문양대를 세로로 구획하는 수법이 보이는데, 이러한 문양수법은 오가촌기에 후속하는 소주산 상층기에 속하는 곽가촌 상층이나 쌍학리에 보이는 문양수법이다. 따라서 서포항 Ⅳ기층은 소주산 상층기에 대비되는 것이 타당한 것으로 생각된다.[24]

---

23) 白弘基, 위의 글, 81~83쪽.
24) 白弘基, 위의 글, 114~116쪽.

〈그림 4〉 오가촌·당산출토 토기

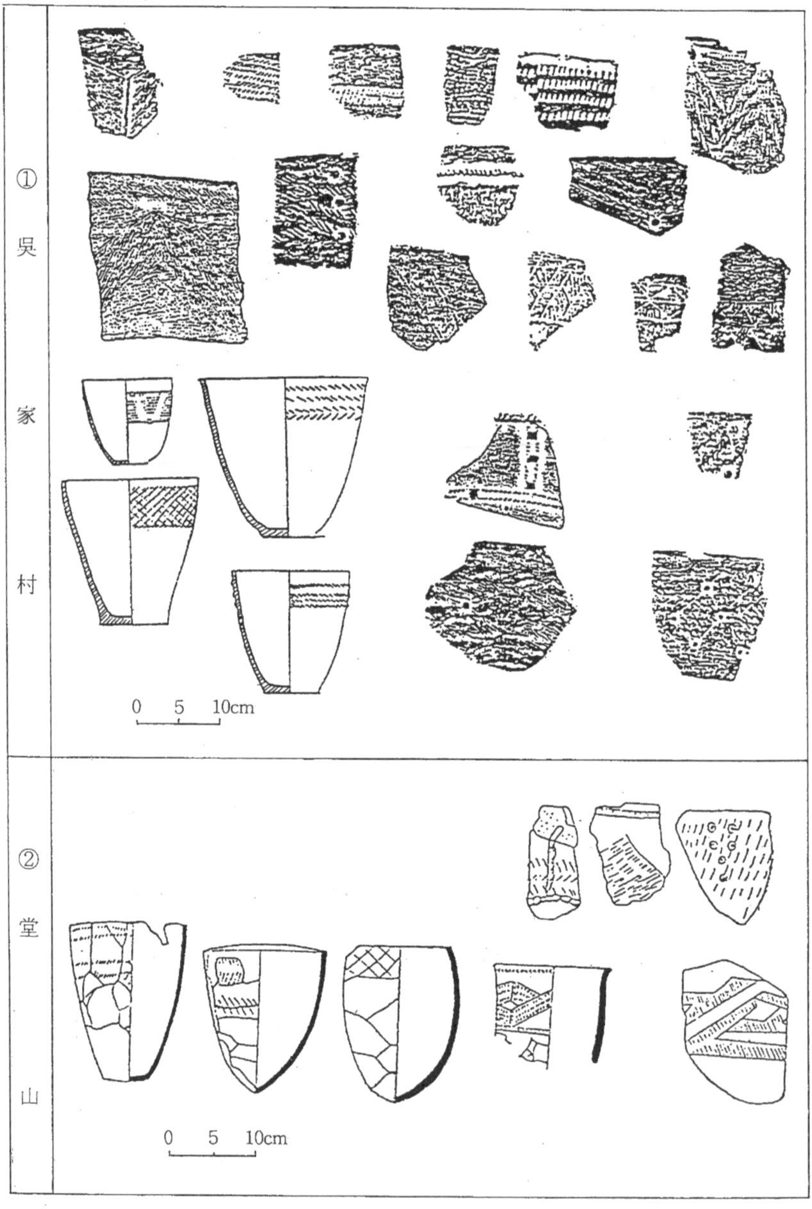

(3) 쌍학리유적, 서포항 Ⅳ기층과 소주산 상층기

요동반도지역에서 오가촌기에 후속하는 것은 소주산 상층기이다. 이 시기의 토기를 보면 卵殼黑陶·三環足器·袋足鬹·鏤孔豆 등 전형적인 산동 용산기물이 재지계토기와 공반된다. 그러나 이 시기의 유적인 곽가촌 상층토기 [illegible]기을 보면,[25] 점토질의 홍도가 없어지고 모래가 섞인 홍도도 곽가촌 하층에서 47.8%였던 것이 15.8%로 감소되며 점토질의 흑도와 난각흑도가 새로 나타나는 변화가 보이지만, 재지계의 갈색토기는 50%에서 82.2%로 증가되고 산동 용산계토기와 관계되는 점토질토기는 2%에 불과하다. 이러한 사실로 미루어 볼 때 소주산 상층기에 요동반도에 파급된 산동 용산문화 역시 재지계토기의 변혁에 결정적인 영향을 미칠 만한 것은 아니었던 것으로 이해된다. 그러나 이 시기의 재지계토기를 보면 전시기인 오가촌기에 비해서 상당한 변화가 있었다는 것을 보여준다.[26] 즉, 기형은 일반적으로 구연이 좁혀졌다가 밖으로 벌어져서 목이 생기고 몸통이 둥근 단지(外反口緣有頸壺)가 많으며 돌기모양의 손잡이가 붙은 것도 보인다. 특히 구연부에 진흙띠를 덧붙이고 그 위에 망문·人字文·鋸齒文·錐刺文 등을 새긴 구연융기대문토기(중국 보고문의 疊唇·二重口緣土器를 말함)가 처음 나타난다(〈그림 5〉①). 또 문양에 있어서도 망문·집선문·유정문·횡조선문 등 전시기로부터 전승되어 온 문양 등이 보이나 전시기에 비하여 퇴화상이 뚜렷하고, 문양대를 세로로 구획하여 문양을 달리하거나 혹은 무문으로 남겨 두는 문양수법이 처음 나타난다. 이러한 문양은 서북한지역의 쌍학리유적에서도 나타났다[27](〈그림 5〉③).

---

25) 許玉林, 〈大連市郭家村新石器時代遺址〉(《考古學報》 1984-3, 科學出版社, 北京), 297쪽·315쪽.
   許明綱, 〈長海縣廣鹿島大長山島貝丘遺址〉(《考古學報》 1981-1, 科學出版社, 北京), 67쪽.
   白弘基, 위의 글, 139쪽.

26) 白弘基, 위의 글, 50~51쪽.

27) 都宥浩, 〈平北地方의 나머지 유적-쌍학리니탄유적〉(《朝鮮原始考古學》, 1960), 146~148쪽.
   李炳善, 〈압록강유역 빗살무늬 그릇들의 계승성에 대한 약간의 고찰〉(《고고민속》 1965-2), 3~11쪽.

〈그림 5〉 요동반도 · 서북한지역출토 외반구연 및 이중구연(첩순)토기

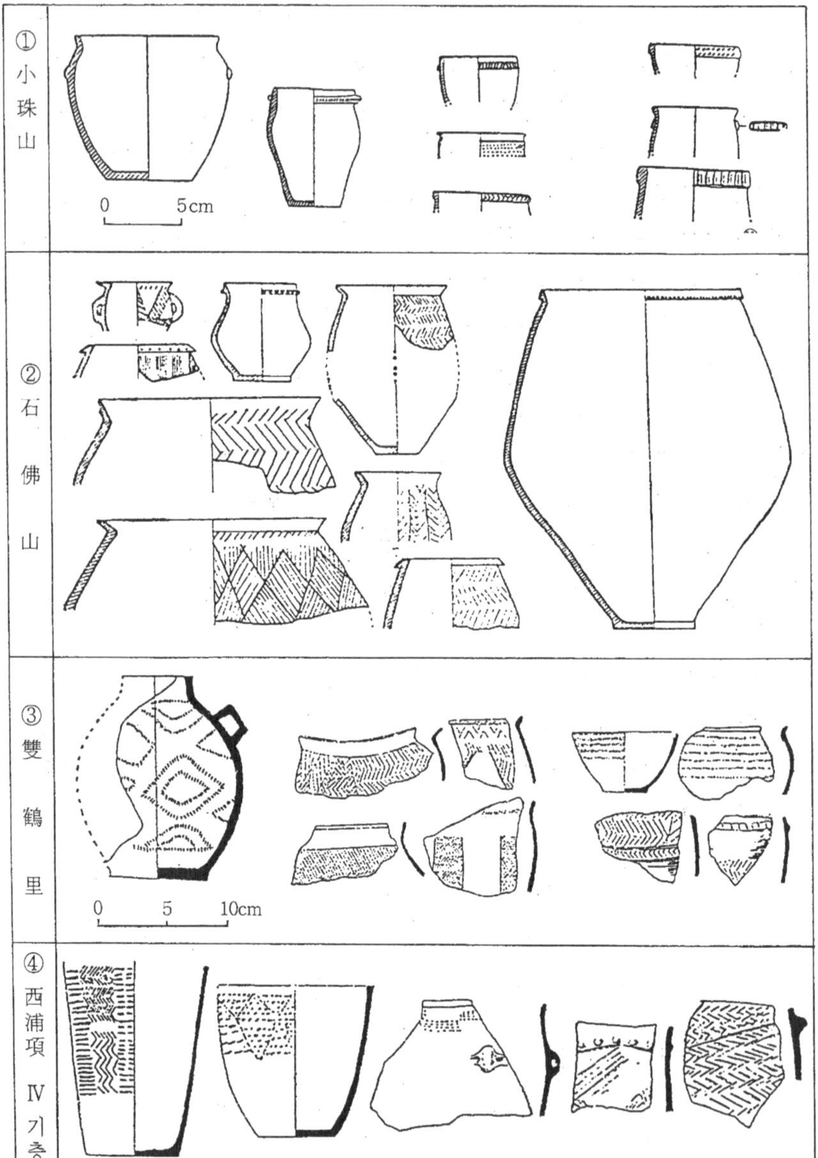

〈그림 6〉 석불산 · 쌍학리출토 기하문 · 파상문토기편

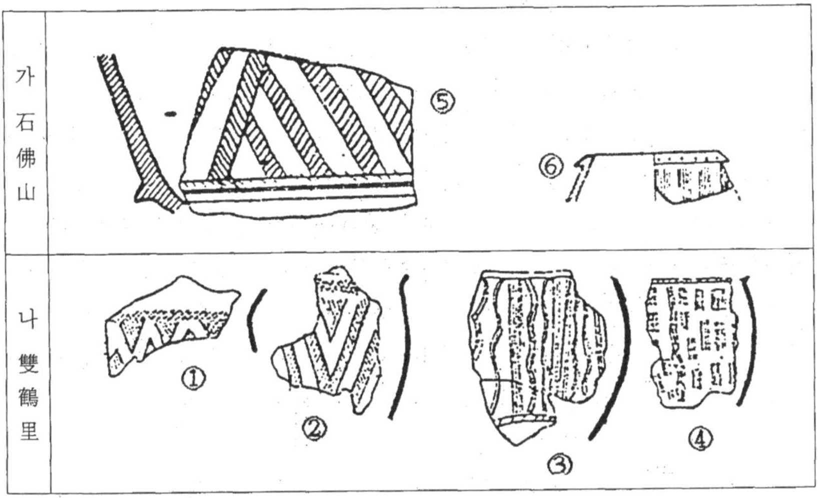

쌍학리토기의 경우 문양뿐만 아니라 기형의 측면에서도 곽가촌 상층의 토기와 마찬가지로 구연외반의 有頸壺가 많으며, 구연융기대문토기(二重口緣土器)도 성행하는 등 두 유적의 토기는 상호 공통되는 점이 많다. 쌍학리에서는 곽가촌 상층토기의 요소 이외에 V자 구획대를 겹새기고 구획대 속을 단사선으로 채우는 기하문과 집선문대를 직선으로 내려긋거나 파상으로 내려긋는 문양 등이 보이는데, 이러한 문양은 沈陽 偏卜子와 肇工街 등 심양지방의 유적에서 볼 수 있는 문양이다.[28] 쌍학리와 같이 하요하유적의 심양지방과 요동반도 남부지방의 토기요소가 혼합된 특징을 갖는 유적이 최근 압록강 북안의 동구현 석불산에서 발굴조사되었다[29](〈그림 6〉⑤ · ⑥).

석불산유적의 외반구연(折沿 · 卷沿) 및 이중구연(疊唇)의 深鉢(罐)과 長頸鼓腹壺는 쌍학리토기의 기형과 같고, V자 구획대(斜線文을 채운 것) 몇 개를 포개어 놓은 문양과 뇌문 등 다양한 기하문과 이중구연 밑에 몇 줄의 직선이나 파상선을 한 묶음으로 내려그은 문양은 쌍학리토기문양과 일치되고 있다

28) 白弘基, 앞의 글(1996), 26~30쪽.
29) 許玉林, 앞의 글(1987 · 1989 · 1990).

(〈그림 6〉①~⑥). 특히 석불산유적에서는 이른바 「농포형뇌문」이 나타남으로써 지금까지 주로 서북한과 동북한 및 연해주지역에서 나타났던 「농포형뇌문」이 요동반도지역에서는 처음으로 나타났다(〈그림 7〉가). 현 시점에서 특징적인 「농포형뇌문토기」의 기원을 요동반도지역에서 찾으려는 것은 시기상조일지 모르겠으나, 「농포형뇌문토기」는 크게 보아 요동반도지역의 소주산 중층기에 처음 나타나서 오가촌기에 성행하였으며, 이어서 소주산 상층기에까지 전승되어 온 요동반도지역의 기하문 중의 하나이며, 또한 다양한 뇌문 중의 한 종류라는 점, 그리고 농포형뇌문토기가 크게 성행한 서북한의 신암리 Ⅰ기층이나 동북한의 농포 및 연해주 Zaisanovka Ⅰ기층 등은 석불산이나 쌍학리보다 모두 늦은 신석기 후기유적이라는 점 등을 고려한다면 「농포형뇌문」도 요동반도지역(석불산유형)의 소산일 가능성이 높은 것으로 추정된다[30](〈그림 7〉가~다).

석불산유적에서 출토되는 유물과 유사한 유물들이 東溝縣新農鄕蚊子山·石固山·龍王廟鄕西泉眼·北井子鄕柞木山·十字街鄕一字街 등지에서도 발견되어 요동반도 북부일대에 석불산과 유사한 신석기 후기문화가 일정한 범위에 분포되고 있음이 드러나고 있다.[31] 보고자들은 이를 석불산유형으로 분류하고 있다.

한편 동북한지역에서 소주산 상층기와 쌍학리나 석불산에 대비되는 유적은 서포항 Ⅳ기층이다. 서포항 Ⅳ기층의 토기문양을 보면 기하문·융기문· 등 요동반도지역의 오가촌기에 해당하는 토기문양도 보이지만, 소주산 상층기의 곽가촌 상층과 쌍학리에서 출토된 덧띠무늬와 문양대를 세로로 구획하는 문양과 동일한 것이 보이기 때문에 소주산 상층기에 대비되는 것이 타당한 것으로 생각된다[32](〈그림 5〉④).

(4) 신암리 Ⅰ기층, 농포·호곡동 Ⅰ기층과 우가촌 하층기

요동반도지역의 토기 편년상으로 소주산 상층기의 다음에 후속되는 것은

30) 白弘基, 앞의 글(1996), 30쪽.
31) 許玉林, 앞의 글(1987·1989·1990).
32) 白弘基, 앞의 글(1993), 116쪽.

〈그림 7〉 요동반도 북부 및 동북한·서북한 뇌문토기

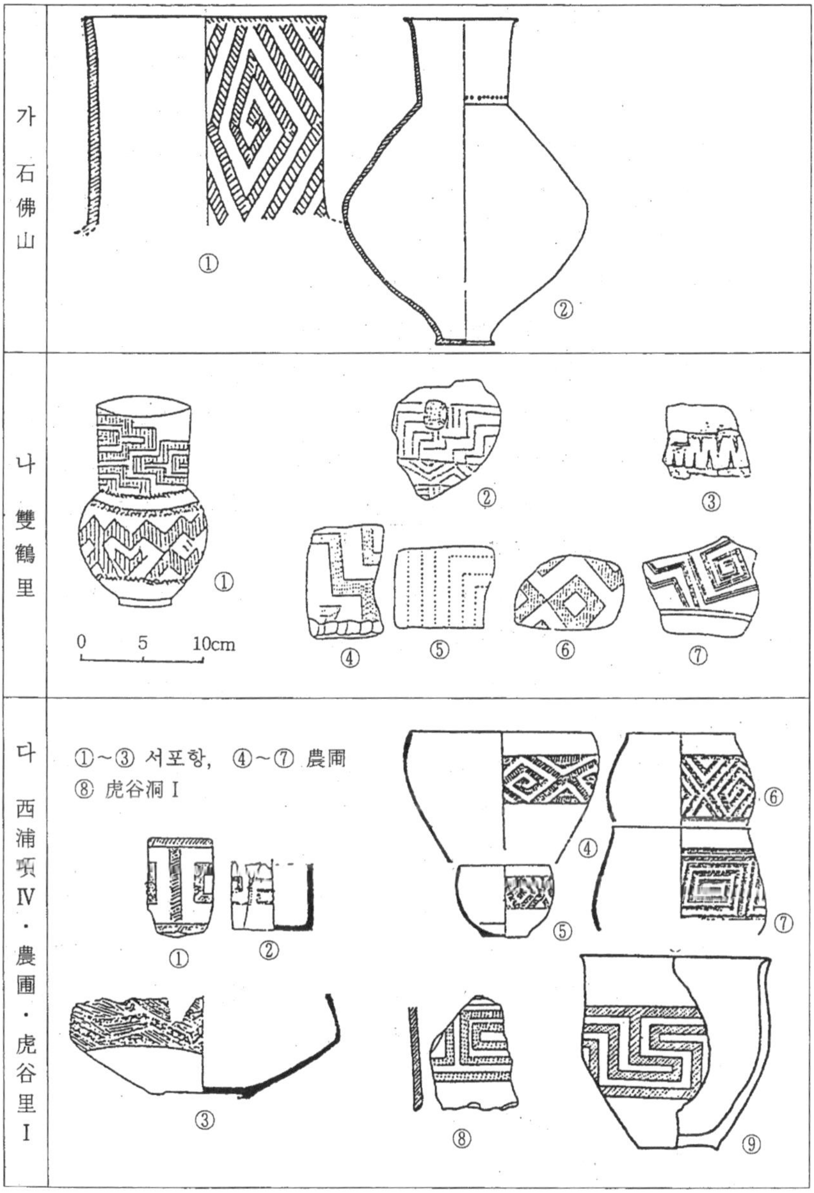

于家村 하층기로써 그 대표적인 유적은 우가촌 하층과 雙砣子 Ⅰ기층이다.[33] 이 시기는 신석기시대 말기에서 청동기시대로 넘어가는 과도기적 시기이다. 요동반도지역에 있어서 우가촌 하층유형과 전시기인 소주산 상층유형과의 층위상의 관계는 아직 해결되지 않았으나, 유물의 형태상 두 유형의 선후관계는 분명한 것으로 알려져 있다. 즉, 두 유형의 유적에는 산동 용산문화와 관련되는 磨光黑皮陶·鏤孔豆·帶把杯가 있고, 弦文·乳釘文이 있는 점에서 상호관계되는 것은 분명하나, 곽가촌 상층에는 卵殼黑皮陶·鬶 등이 있으나 우가촌 하층에는 보이지 않고, 재지계토기에 있어서도 소주산 상층기까지는 주류를 이루던 심발형의 평저토기가 우가촌 하층기에는 거의 보이지 않는다.[34]

앞에서 살펴본 바와 같이 서북한과 압록강 북안지역에서 소주산 상층에 대비되는 것은 쌍학리와 석불산유적이고, 여기에 후속되는 것은 신암리 Ⅰ기층이다. 한편 소주산 상층기에 후속되는 것은 우가촌 하층기이나 우가촌 하층과 신암리 Ⅰ기층의 상호관계는 층위상으로는 해명되어 있지 않다. 그러나 두 유적의 토기를 보면 문양면에서는 상당한 차이가 있으나 평저심발토기와 구연융기대문토기(이중구연·첩순토기)가 완전히 소멸되고, 외반구연호와 유경호가 주류인 점, 현문·유정문·彩繪陶 등이 모두 포함되어 있는 점 등으로 미루어 보아 두 유적 상호간의 관계는 밀접하고 시기도 근접한 것으로 보더라도 큰 무리는 없을 것이다.[35]

우가촌 하층기와 신암리 Ⅰ기층에 병행되는 동북지방의 유적은 농포와 호곡동 Ⅰ기층이다.[36] 농포유적에서 출토된 토기는 평저심발의 기형이나 빗살무늬의 전통이 여전히 존속되고 기하문으로 「농포형뇌문」이 나타나는데, 「농포형뇌문」은 앞에서 지적한 바와 같이 석불산과 쌍학리유적에서도 동일한 문양이 보이고 신암리 Ⅰ기층에서도 보이지만, 신암리 Ⅰ기층에서는 「농포형뇌문」의 변형으로 보여지는 「신암리형뇌문」이 주류를 이룬다. 호곡동 Ⅰ기층에서는 평저심발이 보이기는 하나 소멸되고 있음이 분명하다. 반면 쌍학리에서

33) 許玉林, 앞의 글(1982), 26쪽.
34) 許玉林, 〈略談郭家村新石器時代遺址〉(《遼寧大學報》 1980－1), 45~46쪽.
35) 白弘基, 위의 글, 89쪽.
36) 白弘基, 앞의 글(1993), 116~124쪽.

볼 수 있었던 외반구연의 유경호가 많아지고, 신암리 I기층의 굽이 높은 그릇과 유사한 굽손잡이 그릇이 출토되며 신암리 I기층 유형의 뇌문도 보인다. 그러나 전반적으로 보아서 호곡동 I기층의 토기문양은 퇴화상이 뚜렷하다.

이와 같이 청동기시대로 넘어가기 직전의 신석기시대 최말기에 있어서 요동반도지역과 한반도 북부지역의 평저유형토기는 상호간에 접촉되었음이 분명한 것으로 인정되지만 각개 지역의 변천양상은 지역에 따라 상당한 차이가 보인다. 예를 들면 요동반도의 우가촌 하층기의 토기 중에는 평저심발형토기가 보이지 않고 재래의 문양기법도 소멸되는데 비해서, 병행기의 서북한의 신암리 I기층에서는 역시 평저심발형토기는 소멸되나 재래의 문양기법은 존속되며, 동북한의 호곡동 I기층에서는 재래의 기형이나 문양기법이 모두 존속되는 양상을 보여준다. 이러한 각개 지역간의 차이는 문화의 본질적 차이라기보다는 유적의 지리적 위치의 차이에서 초래된 결과로 보인다. 다시 말하면 동북아지역의 토기문화는 주민들의 장기 토착적 성격이 강하다는 것을 시사해 주는 것으로 인식된다.

〈白弘基〉

집 필 자

개 요 ………………………………………… 정영화

Ⅰ. 구석기문화

1. 구석기시대
1) 구석기시대의 시기구분 ………………………… 배기동
2) 구석기시대의 자연환경
(1) 제4기의 지질과 자연환경 ………………… 한창균
(2) 식물상과 동물상 …………………………… 박영철
3) 화석인골과 편년 ………………………………… 권이구

2. 구석기시대의 유적과 유물
1) 구석기유적의 분포
(1) 남한의 구석기유적 ………………………… 이융조
(2) 북한의 구석기유적 ………………………… 이융조
(3) 집자리 복원 ………………………………… 박희현
2) 구석기시대의 유물 ……………………………… 정영화

3. 구석기시대의 생활
1) 생업과 의식주생활 ……………………………… 배기동
2) 의식과 예술 ……………………………………… 이융조

4. 주변지역 구석기문화와의 비교
1) 중 국 …………………………………………… 배기동
2) 일 본 …………………………………………… 최복규
3) 시베리아 ………………………………………… 최복규

Ⅱ. 신석기문화

한국사 2

구석기, 신석기 문화

편찬간행 **국사편찬위원회**

초판1쇄 2003년 11월 30일
2쇄 2013년 6월 4일

번각발행 **탐구당**

등록일 1950년 11월 1일
등록번호 서울 제 03-00993 호

주소 서울특별시 용산구 한강대로 62 나길 6
전화 (02) 3785-2211(대표)
팩스 (02) 3785-2272
홈페이지 www.tamgudang.co.kr
전자우편 tamgudang@paran.com

ISBN 978-89-8236-568-3
978-89-8236-566-9(세트)

값 23,500 원